国家出版基金项目
NATIONAL PUBLICATION FOUNDATION

『十四五』时期国家重点出版物出版专项规划项目

张西堂文集

张西堂 著

张铭洽 编

卷五

陕西新华出版传媒集团
三秦出版社

《张西堂文集》卷五

目录

《诗经》选注

《文心雕龙》笔记

王船山学谱

颜习斋学谱

《诗经》选注

国风·周南

一、关雎

关关雎鸠①，在河之洲②。窈窕淑女③，君子好逑④。
参差荇菜⑤，左右流之⑥。窈窕淑女，寤寐求之⑦。
求之不得，寤寐思服⑧。悠哉悠哉⑨，辗转反侧⑩。
参差荇菜，左右采之⑪。窈窕淑女，琴瑟友之⑫。
参差荇菜，左右芼之⑬。窈窕淑女，钟鼓乐之。

【注释】

① 关关：雎鸠鸣声。《尔雅》云："音声和也。"此处指雎鸠鸣声，不必如《毛传》解释为"和声也"。雎（音居）鸠：水鸟，"雎"《说文》作"**鴡**"，王先谦《三家诗义集疏》（下简称《三家》）引《禽经》："**鴡**鸠，鱼鹰。"**鴡**鸠是大小如鸱的一种鸷鸟，《左传·昭公十七年》："雎鸠氏，司马也。"司马是主兵的，可为证明。陈奂《毛诗传疏》以为白鹭，近人或以为是鸠类，非是。

② 河：朱熹《诗集传》（下简称《朱注》）："北方流水之通名。"不一定是指黄河。洲：河中泥沙形成的小块陆地。《说文》作"州"，《三家》："水中可居曰州。"

③ 窈窕：《广雅·释诂》："窈窕：美貌。"《方言》："美状曰窈，美心曰窕。"窈窕是聪明美丽的样子。

④ 逑：《毛传》："匹也。"配偶。《三家》作"仇"；徐灏《通介堂经说》云："其正字当为'雔'。"《说文》："雔，双鸟也。读若畴。"

⑤ 参差：《王疏》："不齐一也。"长短不齐的样子。孔颖达《毛诗正

义》：妇人谓夫为君子，上下之通名。荇（音杏）菜：多年生水草，叶圆，夏天开黄色花，茎及嫩叶可食，俗名“金莲子”。

⑥ 流：顺水之流而取之，此处是“求”、“择”的意思。马瑞辰《毛诗传笺通解释》（下简称《通解》）：“流适作‘摎’，摎，求也。”牟庭《诗切》以为即今之“捞”字。

⑦ 寤（音务）：睡醒、醒着，指白天；寐（音妹）：睡着，指黑夜。可作日夜解。

⑧ 思服：《尔雅·释诂》：“服，事也。”一说“思”、“服”都是思念的意思。《尚书·康诰》：“服念五六日。”服、念二字连用，服亦念也。

⑨ 悠：《毛传》：“悠，思也。”

⑩ 辗转反侧：辗转：翻来覆去的样子。辗：半转；反侧：反身，侧身。皆卧不安席之意。

⑪ 采：捋取。《朱注》：“取而择之也。”

⑫ 琴：五弦或七弦乐器。瑟：二十五弦乐器。友：《广雅·释诂》：“友，亲也。”亲密的意思。

⑬ 芼（音帽）：择取之意。《韩诗》作“覒”。《王疏》引《广雅》云：“覒，视也。”覒是看的意思。此一说较好。现在山西话还说“覒一覒去”，北话说“瞄一瞄”。二章“捞”，三章“采”，四章“覒”，这还是表示采来仔细端详欣赏的意思，引起下文“乐之”。

解：这是一首咏新婚的诗，在婚礼时用的乐歌。这首诗虽然产生在古代社会，但它描写的是一个男子倾慕女子的恋爱过程，结果他们终于结婚。在这里面没有丝毫父母之命、媒妁之言的封建气息，所以一直流传至今。这首诗用雎鸠翱翔水上捕鱼，引发窈窕淑女君子好逑，是第三者的叙述，不是诗中人物的自白；以下各章也不应机械地理解作：一个捞，一个就求；一个采，一个就友；一个择，一个就钟鼓乐之；而是比兴引起下文。这诗当依毛、郑本作五章，不应依朱子作三章。

二、葛覃

葛之覃兮①，施于中谷②，维叶萋萋③。

黄鸟于飞④，集于灌木⑤，其鸣喈喈⑥。

葛之覃兮，施于中谷，维叶莫莫⑦。

是刈是濩⑧，为絺为绤⑨，服之无斁⑩。

言告师氏⑩，言告言归。

薄污我私⑪，薄澣我衣⑫。

害澣害否⑬？归宁父母⑭。

【注释】

① 葛：草名，多年生草本植物，蔓生，花紫红色，茎可做绳，纤维可织葛布。覃（音谈）：《毛传》：“延也。”延长。

② 施于中谷：施（音易）：《毛传》：“施，移也。”蔓延。中谷：《毛传》：“谷中也。”

③ 维叶萋萋：维：《尔雅》：“伊，维也。”伊、维一声之转。此处之“维”，可以转释为“伊”，即口语“那个”、“它的”之意。萋萋：《毛传》：“茂盛貌。”

④ 黄鸟：王先谦云黄鸟当是黄莺。郝懿行云：“其声调和而圆亮。”于飞：于：曰、聿，作语助。正在飞的意思。

⑤ 灌木：《毛传》：“灌木，丛木也。”

⑥ 喈喈（音接）：与“关关”都只是鸟鸣声，不必解释为“和声之远闻”。

⑦ 莫莫：《广雅·释训》：“莫莫，茂也。”茂盛貌。

⑧ 是刈是濩：《朱注》：“刈：斩也；濩（音获）：煮也。”割下来并煮开。

⑨ 为絺为绤：为：王先谦云：“为者，煮葛以为衣。”《说文》：“絺（音吃），细葛也；绤（音戏），粗葛也。”细的和粗的葛纤维织的布。

⑩ 言告师氏：裴学海《古书虚字集释》：“言：于也。”《诗经》中之“言”，用作虚字的，大体可以照“于”字解。“言”与“爰”、“焉”声近义通。“言告师氏”就是“于是告诉师氏”，“师氏”《毛传》：“女师也。”类似奴隶管家。

⑪ 薄：《释名·释言语》：“薄，迫也。”诗经中的薄字是“赶快的”或

"急忙的"的意思。诗三百篇中的"薄"，差不多可以这样解释。污（音务）：洗去污垢。《朱注》："去其污，犹治乱而曰乱也。"私：内衣。王先谦曰："近身衣。"

⑫ 澣（音缓）：浣，洗。《说文》："澣，濯衣垢也。"衣：上曰衣，下曰裳。

⑬ 害（音何）：《郑笺》："何也。"通曷、盍，疑问词。

⑭ 宁：看望、问候的意思。宁、安义近。如金文睘卣："王姜令作册睘安夷伯。"盂爵："王令盂宁登邓伯。"

解：这一首诗写的是一个妇女在采葛织布完后，恭恭敬敬告诉她的师傅，将回她母家去看望父母的诗。末章以变调表出她愉快的心情。

三、卷耳

采采卷耳[①]，不盈顷筐[②]。
嗟我怀人[③]，寘彼周行[④]。
陟彼崔嵬[⑤]，我马虺隤[⑥]。
我姑酌彼金罍[⑦]，维以不永怀[⑧]。
陟彼高冈，我马玄黄[⑨]。
我姑酌彼兕觥[⑩]，维以不永伤。
陟彼砠矣[⑪]，我马瘏矣[⑫]。
我仆痡矣[⑬]，云何吁矣[⑭]！

【注释】

① 采采：反复采摘。依《毛诗·芣苢》说，"非一（采）词也"。是采了又采。卷耳：又名苓耳，即苍耳。菊科一年生草本植物，开白花，细茎，果实呈枣核形，上有钩刺，名"苍耳子"，可作药用。嫩苗可食。

② 顷筐：《说文》："倾，头不正。"在此处是歪着的意思。顷筐，后高前低，倾低不正，前浅故易盈。一说斜口筐。

③ 怀：思念。

④ 寘（音置）：林义光《诗经通解》（下简称《通解》）：“寘，久也。”《大雅·瞻卬》“孔填不宁”。《毛传》云：“‘填，久也。’寘与填古同音相通。”案：“寘”当通作“蹎”（音滇），《说文》：“蹎，跋也。”长久跋涉之意。周行（音杭）：大道。行，道。

⑤ 陟：《说文》：“登也。”升上、登上的意思。崔嵬：土山之戴石者。崔嵬又有高大不平之意。

⑥ 虺隤（音灰颓）：马疲极而病。《朱注》：“马罢（疲）不能升高之病。”

⑦ 金罍（音雷）：云雷纹青铜酒器。《朱注》：“酒器，刻为云雷之象，以黄金饰之。”

⑧ 维：是“只”、“只是”之意，不能说无意义。怀：《通解》：“‘怀’与‘伤’同义，《终风》传：‘怀，伤也。’”

⑨ 玄黄：《尔雅》：“病也。”马因病过劳而变了色的样子。

⑩ 兕觥（音四公）：《朱注》：“兕，野牛，一角，青色。觥，酒器。”为野牛角制的酒杯，一说系牛形青铜酒器。

⑪ 砠（音居）：有土的石山。

⑫ 瘏（音途）：《尔雅》：“瘏，病也。”马因过劳不能前进。

⑬ 痡（音扑）：《尔雅》：“痡，病也。”因过劳致病。

⑭ 吁（音虚）：《毛传》：“吁，忧也。”《尔雅·释诂》：“盱，忧也。”相通。

解：这是一首妇人思念丈夫行役的诗。方玉润《诗经原始》说：“下三章皆从对面着笔，思想其劳苦之状，末乃极意摹写，有急管繁弦之意。”崔述《读风偶识》说：“‘寘彼周行’，即指所怀之人；犹《大东》‘佻佻公子，行彼周行’也。”又说：“六我字仍当指行人言。”

四、桃夭

桃之夭夭[1]，灼灼其华[2]。

之子于归[3]，宜其室家。
桃之夭夭，有蕡其实[4]。
之子于归，宜其家室。
桃之夭夭，其叶蓁蓁[5]。
之子于归，宜其家人。

【注释】

① 夭夭：桃含苞貌。《说文》作“枖枖”，木少盛貌。《毛传》：“夭夭，其少壮也。”是少壮、少好的意思。

② 灼灼（音茁）：《广雅·释训》：“灼灼，明也。”是鲜明、鲜艳的意思。

③ 之子：《朱注》：“之子，是子。”于归：古代谓女子出嫁曰归。《通解》说：“‘于’、‘曰’、‘聿’皆词，旧皆训‘于’为‘往’，并失之。”此说足证自来注家之误。

④ 蕡：《通解》：“蕡读为‘肥’。蕡、肥双声对转。”形容草木果实繁盛硕大的样子。

⑤ 蓁蓁（音真）：枝叶很美、很茂盛状。

解：这也是一首咏新人的诗，如后世“催妆”、“坐筵”等词。《关雎》从男求女一面说，此从女归男一面说。“桃之夭夭”，借桃花初开，喻德色双美。再以渐层写出绿叶成阴子满枝的繁荣景象。

五、兔罝

肃肃兔罝[1]，椓之丁丁[2]。
赳赳武夫[3]，公侯干城[4]。
肃肃兔罝，施于中逵[5]。
赳赳武夫，公侯好仇[6]。
肃肃兔罝，施于中林[7]。

赳赳武夫，公侯腹心[⑧]。

【注释】

① 罝（音居）：捕兽的网。俞樾《群经平议》："此经云肃肃兔罝，不云肃肃罝兔，则以器言，非以人言。《文选·西京赋》：'飞罕潚箾。'薛综注：'潚箾，罕（网）形也。'肃肃说罝形，犹以潚箾说罕形。"案，"肃肃"据我看来是直长的样子，"肃"与"缩"古通用。孟子说："自反而缩，虽千万人吾往矣。"（自己反省理直气壮，就是千万人我也去）缩是直义，不是小的意思。

② 椓：椓（音浊），敲击。《说文》："椓，击也。"《集疏》："设罝于地，椓击其橜也。"丁丁（音争）：伐木声。《毛传》："椓，戕声也。"陈兴云："椓，戕声，谓杙（打）橜。"

③ 赳赳：《毛传》："赳赳，武貌。"

④ 干：《毛传》："干，扞也。"保卫的意思。

⑤ 逵：四通八达的大道。《毛传》："逵，九达之道。"其正字当依《韩诗》作"馗"。《说文》："馗，九达道也。"王念孙云："馗，九，首声；故与好仇韵。逵从坴得声，读如逐，读《韩诗》自知其误。"

⑥ 好仇：仇（音求）：通逑。参看《关雎》"好逑"注。

⑦ 中林：《毛传》：林中。林：郊外谓之野，野外谓之林。

⑧ 腹心：心腹。《左传·成公十二年》："朝而不夕，此公侯之所以扞城其民也。""天下有道，则公侯能为民干城，而制其腹心。乱则反之。"《盐铁论·备胡》篇："贤良曰：匈奴……如中国之麋鹿耳。好事之臣，求其义，责之礼，使中国干戈至今未息，万里设备。此《兔罝》之所刺，故小人非公侯腹心干城也。"

解：对这位猎士这首诗虽然是歌颂他可以为"民之干城"，但一方面也想到他可以被统治阶级利用，美中有刺，古说已如此。

六、芣苢

采采芣苢[①]，薄言采之[②]。

采采芣苢，薄言有之[3]。
采采芣苢，薄言掇之[4]。
采采芣苢，薄言捋之[5]。
采采芣苢，薄言袺之[6]。
采采芣苢，薄言襭之[7]。

【注释】

① 芣苢（音浮以）：植物名，即车前子，大叶，长穗，种子和全草入药，据说妇人吃了“宜子”。

② 薄言：“薄”是急迫的、赶快的意思；“言”是“于”的意思。“薄言”即“赶快在这儿”。

③ 有：取也。

④ 掇（音多）：拾取，起拾也。

⑤ 捋（音罗）：以手掌握物而脱取，系捋下来的意思。

⑥ 袺（音洁）：手拿起衣襟兜东西。

⑦ 襭（音协）：翻转衣襟把衣襟两角插于腰带以兜东西。

解：这是一首妇人拾菜的劳动歌，工作紧张而愉快。

七、汉广

南有乔木[1]，不可休思[2]；汉有游女，不可求思。
汉之广矣，不可泳思；江之永矣[3]，不可方思[4]。
翘翘错薪[5]，言刈其楚[6]；之子于归，言秣[7]其马。
汉之广矣，不可泳思；江之永矣，不可方思。
翘翘错薪，言刈其蒌[8]；之子于归，言秣其驹[9]。
汉之广矣，不可泳思；江之永矣，不可方思。

【注释】

① 乔木：《淮南子·原道训》高注：“乔木，上竦少阴之木。”“乔”与

"高"古字通用，"乔木"即现代语言中"高树"。

② 休思：休，息也。《朱注》："思，语词也。"《毛诗》"思"本作"息"，今依《韩诗外传》改。

③ 永：水流长也。《毛传》："永，长。"

④ 方：桴，木筏。《毛传》："方，泭也。"《方言》："泭谓之䉫，䉫谓之筏。"

⑤ 翘翘：密集而高举貌谓之"翘"，本指鸟尾上的长羽，此处为重音词。《集疏》："凡众盛而高举者皆谓之'翘'，重言之为'翘翘'也。"错薪：《毛传》："错，杂也。"薪：柴草。

⑥ 言：于。说见前。刈：割也。楚：《说文》："楚，从木，一名荆也。"

⑦ 秣（音莫）：《毛传》："秣，(喂）养也。"

⑧ 蒌（音楼）：蒌蒿。《楚辞》王注："蒌，香草也。"《朱注》："蒌，蒌蒿，叶似艾，青白色。《传疏》：嫩时可食，老则为薪。"

⑨ 驹：《毛传》：马五尺以上曰驹。《通解》说："金文伯晨鼎、兮甲盘皆云'锡驹车'，此谓驾车之驹。"

解：这是一首恋歌，游女是在路上偶然遇见的，不知是哪一户人家的。旧说附会为汉神女，为郑交甫遇二女事，这是用神话来解这诗的，也不可信。方玉润说这诗是江干樵唱之词，较为有理。

八、汝坟

遵彼汝坟[1]，伐其条枚[2]；
未见君子，惄如调饥[3]。
遵彼汝坟，伐其条肄[4]；
既见君子，不我遐弃[5]。
鲂鱼赪尾[6]，王室如毁[7]；
虽然如毁，父母孔迩[8]。

【注释】

① 遵：沿。《毛传》："遵，循也。汝，水名也（汝河，源出河南省）。坟，大防（大堤）也。"

② 条枚：树干。《毛传》："枝曰条，干曰枚。"

③ 惄（音逆）：忧。《毛传》："惄，饥意也。"《释文》引《韩诗》作"愵"。《说文》："愵，忧貌。"调饥：犹言早晨饥饿。调（音周）：《鲁诗》作"朝"，早晨。

④ 肄（音异）：《毛传》：余也。斩而复生曰肄。即树砍后再生的小枝。

⑤ 遐（音狭）：远。《毛传》："遐，远也。"

⑥ 鲂鱼：鳊鱼。马瑞辰云：《尔雅》：鲂，魾。郭注：江东呼鲂鱼为鳊。赪（音称）：赤也。红色。

⑦ 毁：火。《毛传》：毁，火也。火焚。

⑧ 孔迩：《毛传》：孔，甚；迩，近也。

解：这是一首妇人思行役之词，她痛惜"王室如毁"，只好以"父母也是很亲近的"来劝他的丈夫。

国风·召南

九、鹊巢

维鹊有巢[1]，维鸠[2]居之；
之子于归，百两御（迓）[3]之。
维鹊有巢，维鸠方之[4]；
之子于归，百两将之[5]。
维鹊有巢，维鸠盈之；
之子于归，百两成之[6]。

【注释】

①维：发语词，读如“维叶萋萋”之“维”。如口语中常用的“那个”。鹊：喜鹊。《集疏》：“今俗称喜鹊。”有巢：比兴男子已造家室。

②鸠：一说鸤鸠，《集疏》：严粲、李时珍、毛奇龄、陈启源皆谓即今之八哥，喜居鹊之现成巢是也。……吾乡谚云：“何鹊盖大屋，八哥居现窝。”谓此。

③两：同“辆”。《毛传》：“百两，百乘也（两，一车两轮）。”《郑笺》：“御（音亚）：迎也。《释文》本一作迓，迎迓。”

④方：占据。俞樾云：“方之，犹附之也。”

⑤将：送。《毛传》：“将，送也。”

⑥成：迎送成礼，婚礼已成。

解：这一首婚姻的祝词，似乎是在女家时唱的。方玉润说：《关雎》是后世催妆花烛的诗，则此诗近祝词，祝福女子住进新的家。

十、草虫

喓喓草虫[①]，趯趯阜螽[②]；未见君子，忧心忡忡[③]。

亦既见止[④]，亦既觏止[⑤]，我心则降[⑥]。

陟彼南山，言采其蕨[⑦]；未见君子，忧心惙惙[⑧]。

亦既见止，亦既觏止，我心则说[⑨]。

陟彼南山，言采其薇[⑩]；未见君子，我心伤悲。

亦既见止，亦既觏止，我心则夷[⑪]。

【注释】

① 喓喓（音腰）：虫鸣声。《毛传》："喓喓，声也。"草虫：即蝈蝈。体青绿色，较蝗虫粗短，振羽而鸣。郝懿行《尔雅义疏》："顺天人亦谓之聒聒。音如哥，体青绿色，比蝗粗短，状类蟋蟀，振翼而鸣，其声清滑，及至晚秋，鸣声犹壮。"

② 趯趯（音替）：昆虫跳跃之状。《毛传》："趯，跳也。"阜螽：传草虫鸣阜，螽跃而从之。螽是一种同类的昆虫，蚱蜢或蝗虫。《集疏》："草虫、阜螽同类，故草虫鸣而阜螽跳从之，以喻声应气求之义。"

③ 忡忡（音冲）：心跳。《毛传》："忡忡，犹冲冲也。"

④ 止：语助词。《朱注》："止，语词。"

⑤ 觏（音够）：遇见。《毛传》："觏，遇。"

⑥ 降：放下。《毛传》："降，下也。"

⑦ 蕨：蕨菜。郝懿行曰："初生如小儿拳，故名拳菜；其茎紫色，故名紫蕨。"今北京名曰"吉祥菜"。

⑧ 惙惙（音绰）：愁苦的样子。《毛传》："惙惙，忧也。"

⑨ 说：音、义同"悦"。

⑩ 薇：草本植物。又名巢菜或野豌豆，嫩茎、叶可食。《集疏》："薇，山菜也。"项安世云："今之野豌豆也。"

⑪ 夷：《尔雅·释言》："夷，悦也。"

解：这也是妇人思念行役之诗。

十一、甘棠[①]

蔽芾甘棠[②]，勿翦勿伐[③]，召伯所茇[④]。
蔽芾甘棠，勿翦勿败[⑤]，召伯所憩[⑥]。
蔽芾甘棠，勿翦勿拜[⑦]，召伯所说[⑧]。

【注释】

① 题解：《韩诗外传》："邵（召）伯出而就黎庶于阡陌陇亩之间，而听断焉。暴处远野，庐于树下，百姓大说。于是诗人见召伯之所休息树下，美而歌之。"

② 蔽芾（音费）：《毛传》："小貌。"案，当如马瑞辰说读如"我行其野，蔽芾其樗"之"蔽芾"。樗为大树，足见"蔽芾"非小貌。而应为盛貌。甘棠：《朱注》："甘棠，杜梨也。"落叶乔木，果实圆而小，味涩可食。

③ 翦：《韩诗》、《鲁诗》并作"划"。是去掉的意思。

④ 茇（音拔）：草舍。《郑笺》："草舍也。"

⑤ 败：伐也。通扒。《广韵》："十六怪，扒，拔也。《诗》曰：勿翦勿拔。"

⑥ 憩：休息。

⑦ 拜：拔也。拜，与"败"、"扒"通。

⑧ 说（音税）：休憩，止息。《毛传》："说，舍也。"

解：召伯是召穆公虎，他做了对人民有好处的事，所以后人思念他，作了这一首诗。

十二、行露

厌浥行露[①]，岂不夙夜[②]？谓行多露[③]。
谁谓雀无角[④]？何以穿我屋？
谁谓女无家？何以速我狱[⑤]？

虽速我狱，室家不足！
谁谓鼠无牙[6]？何以穿我墉[7]？
谁谓女无家？何以速我讼？
虽速我讼，亦不女从！

【注释】

① 厌浥（音夜易）：沾湿。《集疏》：“厌无湿义。”《韩诗》作“湆”，与“厌”通；《鲁诗》“厌”作“湇”，《广雅》：“湇浥湿也。行，道也。”

② 夙夜：《郑笺》：“夙，早也。”马瑞辰云：“诗言夙夜不一，有兼朝暮言者。”《陟岵》“行役夙夜无已”之类是；有专指夙兴言者，此诗（《采繁》）夙夜在公，及他诗“岂不夙夜”夙夜敬止，庶几夙夜是。

③ 谓：马瑞辰说谓读为畏。

④ 角：王夫之说：“角本音录，借音为觉。角味也。故曰与之角者去其齿，传之翼者两其足。”

⑤ 速：《毛传》：速，召也。招致。

⑥ 乐：《说文》：牙，壮齿也。

⑦ 墉：《毛传》：墉，墙也。

解：据诗意是女子不为强暴所迫，作诗言志，以绝其人。

十三、殷其雷

殷其雷[1]，在南山之阳[2]。
何斯违斯，莫敢或遑[3]？
振振君子[4]，归哉归哉！
殷其雷，在南山之侧。
何斯违斯，莫敢遑息[5]？
振振君子，归哉归哉！
殷其雷，在南山之下。
何斯违斯，莫或遑处？

振振君子，归哉归哉！

【注释】

① 殷：《韩诗》作“殷”。“云：隐也。”马瑞辰说：“此以雷声之远而可闻，与君子之远而难见。”

② 阳：山南曰阳。

③《毛传》：斯，此。违，去。遑，暇也，闲暇。

④ 振：戴震《诗经补注》：“振，容仪之盛也。”

⑤《说文》：”息，喘也。”何斯：斯，此人也。违斯：斯，此地也；违，远也。莫敢遑息：言不暇喘息也。

解：妇人盼望远役的丈夫早早归来。

十四、摽有梅

摽①有梅②，其实七兮③！
求我庶士④，迨其吉兮⑤！
摽有梅，其实三⑥兮！
求我庶士，迨其今兮⑦！
摽有梅，顷筐塈之⑧！
求我庶士，迨其谓之⑨！

【注释】

① 摽（音鳔）：《尔雅》云：“摽，落也。”《说文》引作“𠬪”：“物落上下相付也。”摽，击也。是打落的意思。

② 梅：《说文》：“某，酸果也；梅，枏也。”此处之梅，指酸梅言；其正字古写作“某”。

③ 其实七：旧说指“梅实尚余七未落”。以语法言，其指落下之梅，则“七”应指落下来了可以获取的梅子，不应指树上“尚有七个留下未落”。七是七成，十分之七。

④ 庶士：庶：众。士：本指贵族中最低一阶层，此处当宽泛指男士、

众士。

⑤ 迨（音代）：及，及时。《经典·释文》引《韩诗》注：“迨，愿也。”

⑥ 其实三：“三”是十分之三，表示掉落得更多，可以获取的只剩三成，已经较少了。

⑦ 今：指“现在”而言。《毛传》：“急辞也。”

⑧ 塈（音既）：《毛传》：取也。《玉篇》引诗作“摡”，是尽取之义。表示可获取的已没多少了，十分之七再加十分之三，已打完了。这一章是说把它全取走。

⑨ 谓：《朱注》：谓，但相告语而约可定。

解：这应是一群少女在打酸梅子时所唱的歌，她们说要赶紧找对象，一个比一个说得着急。这和现在民歌《拾棉花》中未出门的闺女将自己的女婿夸奖是一样的说法。

十五、小星

嘒彼小星①，三五在东②。

肃肃宵征③，夙夜在公。寔命不同④！

嘒彼小星，维参与昴⑤。

肃肃宵征，抱衾与裯⑥。寔命不犹！

【注释】

① 嘒（音慧）：微光闪烁。嘒，当依马瑞辰说作“明亮的”讲。

② 三五：犹言三颗五颗。一说参三星，昴五星，指参昴。

③ 肃肃：《毛传》：“疾也。”疾行貌。

④ 寔：《毛传》：“是也。”

⑤ 参、昴：《朱注》：参、昴，西方二星宿之名。

⑥ 裯（音绸）：被单。王先谦说：《三家》“裯”作“帱”，《鲁诗》说曰帱谓之帐，韩说曰帱军帐也。郑志：今人名帐为裯，虽古无名被为裯。

解：这是一个小臣慨叹日夜奔忙的命运言劳之诗。过去以《小星》为妾媵之诗，殊不知那不全是天天抱衾与裯的。裯依古义是帐幕之类的东西，也不是被，更不会天天抱衾与裯。这一小臣自己抱衾与裯，他的地位是很低级的，不要误会为他是贵族。

十六、江有汜

江有汜①，之子归，不我以②！
不我以；其后也悔。
江有渚③，之子归，不我与！
不我与；其后也处④。
江有沱⑤，之子归，不我过⑥！
不我过；其啸也歌⑦。

【注释】

① 汜（音似），水之歧流复还本水者曰汜。

② 以：《郑笺》："以，犹与也。"

③ 渚（音煮）：《毛传》："渚，小洲也。水歧成渚。"王先谦说："水中小洲曰渚，洲旁之小水亦称渚。《鹤鸣》：'鱼在于渚或潜在渊。'渚与渊对文，是水深者为渊，浅者为渚。《楚辞·湘君》注：'渚，水涯也。'足证渚非无水之地。"（陈乔枞说："今俗所云，水滨之洲。东坍而西涨者也。"）

④ 处：《通解》："安乐也。古人多以誉、处连言，誉为豫之借字。"《尔雅》：'豫，乐也。'一说为忧愁。

⑤ 沱：《说文》："江别流也。"

⑥ 过：至也。

⑦ 啸：《说文》："吹声也。籀文从'欠'作'啸'。"王先谦说："与《白桦》'啸歌伤惜'同义。凡言'啸'者感伤之词。《中谷有蓷》之'条其啸矣'亦一证也。"

解：这是男子失恋的诗歌。开始还希望他的情人后悔，殊不知竟安然无事，而且她竟不与他来往了，他更长啸悲歌。

十七、野有死麕

野有死麕①，白茅包之；
有女怀春，吉士诱之。
林有朴樕②，野有死鹿；
白茅纯束③，有女如玉！
舒而脱脱兮④，
无感我帨兮⑤，
无使尨也吠⑥。

【注释】

① 野：《说文》："野，郊外也。"麕（音军）：獐子。鹿属，比鹿小，无角。

② 朴樕（音速）：《毛传》："小木。"灌木。

③ 纯束：纯，同缠，捆扎。《毛传》："犹包之也。"《史记·苏秦列传》："锦绣千纯。"《索引》引《战国策》高注："音屯，束也。"

④ 舒而：《毛传》："舒，徐也。"而，王先谦注："'而'读为'如'，'而'字通用。舒而犹舒然。"脱脱（音兑）：《毛传》："舒迟也。"陈鱼说：《集韵十四》："'娧娧，舒迟貌。一曰喜也。'此《三家诗》义。《玉篇》：'娧，好貌。'娧娧为本字，脱脱为假借字。"即"慢慢的、好好的"之义。

⑤ 无感（音撼）："无"通"毋"；"感"通"撼"，《毛传》："动也。"亦即"别动"。帨（音税）：《说文》："帅佩巾也。或从兑作帨。"《礼记·内则》："女子生，设帨于门右。"注："帨，事人之佩巾也。"亦即围腰。

⑥ 尨（音忙）：《说文》："犬之多毛者。"

解：这首诗描写的是一位青年携带猎取来的麕鹿作为礼物向一位女子求爱的经过，结果他们是两心相悦的。诗人以"吉士"、

“如玉”来说明男女双方本是很善良、很纯洁的，没有迂腐的气味。

十八、驺虞

彼茁者葭[①]，壹发五豝[②]，于嗟乎驺虞[③]！
彼茁者蓬[④]，壹发五豵[⑤]，于嗟乎驺虞！

【注释】

① 茁（音浊）：草初生出之貌。《毛传》：“茁，出也；葭，芦也。”葭（音家）：初生的芦苇。

② 壹：发语词。发：发矢。《汉书·匈奴传》“矢四发”注：服虔曰：发，十二也。韦昭注：礼射三而止，每射四矢故以十二矢为一发也。师古曰：发犹今言箭一放两放也。今则以一矢为一放也。豝（音巴）：母猪。《毛传》：“豕牝曰豝。”

③ 驺虞（音邹于）：古畋猎官。《毛传》：虞，翼五豝以待发。（《尚书·多士》注：翼犹驱也）据贾谊《新书·礼篇》：“驺者，天子之囿也；虞者，囿之司兽者也。”驺虞是司兽之官。

④ 蓬（音朋）：草名。《说文》：“蓬，蒿也。”

⑤ 豵（音宗）：小猪。《毛传》：“一岁曰豵。”

解：这首诗描写的是一位善于射箭的射手，一般的人只能“每射四矢”，他却一次发射能中“五豵”。称赞猎人的射击本领。

国风·邶风

十九、柏舟[①]

泛彼柏舟[②]，亦泛其流。耿耿不寐[③]，如有隐忧。
微我无酒[④]，以敖以游[⑤]。
我心匪鉴[⑥]，不可以茹[⑦]。亦有兄弟，不可以据[⑧]。
薄言往愬[⑨]，逢彼之怒[⑩]。
我心匪石，不可转也。我心匪席，不可卷也[⑪]。
威仪棣棣[⑫]，不可选也[⑬]。
忧心悄悄[⑭]，愠于群小[⑮]。觏闵既多[⑯]，受侮不少。
静言思之，寤辟有摽[⑰]。
日居月诸[⑱]，胡迭而微[⑲]？心之忧矣，如匪澣衣[⑳]。
静言思之，不能奋飞。

【注释】

① 此诗为《邶风》第一首《柏舟》，另有《鄘风·柏舟》。邶、鄘、卫其实都是卫诗，《三家诗》同列为一卷。（《汉书·艺文志》云：《诗经》二十八卷鲁、齐、韩三家。又云，《毛诗故训传》十三卷）《左传》载吴季札观乐，为之歌邶、鄘、卫。吴季札曰：“是其《卫风》乎。”可见邶、鄘、卫原都是《卫风》。王国维以为邶是北国，鄘是鲁国。（《观堂集林·北伯鼎跋》）尚待证明。

② 泛：《说文》：“泛，浮貌。”此“泛”字为形容词，下“泛”字为动词。即浮行，随水冲走。

③ 耿耿：当依《鲁诗》作“炯炯”。如同《楚辞·远游》王注：“忧以

愁戚，目不眠也。”形容心中深忧和不安。

④ 微：《毛诗》释为“非”，不是。《集疏》：微，非也。

⑤ 敖：今字作“遨”。出游也。

⑥ 匪：同“非”。匪鉴，匪石，匪席，匪与非同。鉴:《朱注》：鉴：镜。

⑦ 茹：容纳之意。《广雅》：茹，食也。《集疏》：影入鉴中，若食之入口，无不容者。

⑧ 掂：《毛传》：据，依也。

⑨ 薄言：赶快的、急忙的。愬：《朱注》：愬，告也。告诉。

⑩ 逢：遭遇。《尔雅·释诂》：适，遇也。

⑪ 卷：《毛传》：石虽坚，尚可转。席虽平，尚可卷。

⑫ 棣棣：贾子《新书·容经》：“棣棣，当也。”《通解》：“棣棣，相次之貌。”“棣”与“逮”古同音，逮，及也。相及即相次之意。本句指威仪有序。

⑬ 选：《说文》：“选，遣也，一曰择也。”《三家》作“算”，古“选”、“算”字通。《通解》：“一曰择也。”

⑭ 悄：《说文》：“悄，忧也。”

⑮ 愠（音运）：《说文》：“愠，怒也。”

⑯ 觏（音够）：觏，《三家》作“遘”，遇也。遭逢之意。《楚词》王注：遘，遇也。闵（音敏）：《三家》作“愍”。《说文》：“愍，痛也。”

⑰ 辟：其正字当为“擗”，《玉篇·手部》：“擗，拊心也。”抚摸之意。摽：击也。“摽”是捶胸之貌。

⑱ 居、诸：孔颖达《毛诗正义》（疏）云：“居、诸，语助也。”

⑲ 迭：陈乔枞《三家诗遗说考》云：“《广雅》：迭，代也。《毛诗》‘迭’、‘微’，训为更迭而食。《经典释文》：‘迭，《韩诗》作“臷”，音同。云：臷，常也。’王先谦云：‘《韩》义较《毛》为优。’”

⑳ 如匪澣衣：《毛传》：“如衣之不澣矣。”《说文》：“澣，濯衣垢也。”同“浣”。

解：这是描写一个妇人在既嫁之后，遭到了男子的变心抛弃，娘家兄弟也不能依靠，只能独自徘徊排解忧愁。以“薄言往愬”句看来，她的兄弟的居处是很近的，诗中的主角，不是既嫁不能逾境的国君夫人，不要误会为国君夫人的诗。她是被大家庭旧礼数所束缚，在诗中很显明地被透露出来。全诗多形象的描写。

二十、绿衣

绿兮衣兮，绿衣黄里①。心之忧矣，曷维其已②！
绿兮衣兮，绿衣黄裳。心之忧矣，曷维其亡③！
绿兮丝兮④，女所治兮。我思古人，俾无訧兮⑤！
絺兮绤兮，凄其以风⑥。我思古人，实获我心⑦！

【注释】

①绿：《毛传》："绿，间色；黄，正色。"《朱注》："间色贱而以为衣，正色贵而以为里，言皆失其所也。"

②已：《朱注》：已，止也。"心之忧矣，曷维其已，"是不满意于那种"失所"的情况。

③亡：王引之云："亡犹已也。"

④丝：《郑笺》：先染丝，后制衣，皆女之所治为也，而女以乱之。

⑤俾：《毛传》：俾，使。訧兮：是"让（我）没有错过"的意思。

⑥凄：《毛传》：凄，寒风也。笺：絺绤所以当暑，今以待寒，喻其失所也。

⑦实获我心：《通解》：犹言自得于心也，亦自责解之语。

解：这是一首缝纫女恭恭敬敬所作的劳动歌，毛诗以为庄姜伤己，不可信，《朱注》已有说。如说是男子思念亡妻的，那就需要改"古"字为"故"字。而且从"心里发愁啊！什么时候是个完"这两句看来，思亡妻也无所谓发愁的。后二章尤不像睹物思人的样子，所以我觉着不如以为是缝纫女恭恭敬敬所作的劳动歌。

二十一、日月

日居月诸[①]，照临下土。
乃如之人兮[②]，逝不古处[③]？
胡能有定？宁不我顾[④]。
日居月诸，下土是冒[⑤]。
乃如之人兮，逝不相好。
胡能有定？宁不我报[⑥]。
日居月诸，出自东方[⑦]。
乃如之人兮，德音无良[⑧]。
胡能有定？俾也可忘[⑨]。
日居月诸，东方自出。
父兮母兮，畜我不卒。
胡能有定？报我不述[⑩]。

【注释】

①居、诸：作语助词。《毛传》：犹“日乎月乎！”

②之人：《郑笺》：“之人，是人也。”

③逝：发语词。古处：一说旧处，原来相处。一说姑处。《毛传》：“古，故也。《集疏》：《硕鼠》‘逝将去女’训为行将去女，此诗‘逝不古处’犹言渐不如前也。”

④宁、顾：《郑笺》：“宁犹曾也。”《说文》：“顾，还视也。”回念之意。

⑤冒：《毛传》：“冒，覆也。”覆盖。

⑥《通解》：“犹相交也。”不我报：如问而不答，往而不来之类。

⑦自：《郑笺》：自，从也。

⑧德音无良：陈启源《毛诗稽古编》：“无良德音。”

⑨俾也可忘：《郑笺》：“俾，使也。”今案：俾，当依《说文》：“俾，益也”之义解释此句。“俾也可忘”与《邶风·泉水》“兹之永叹”、《小雅·棠棣》“况也永叹”句法相同，“俾”、“况”、“滋”并训为益。为口语“更是”的意思。

⑩不述：不循义理。《毛传》："述，循也。"报我不述，是"报答我不循执道"的意思。

解：这是一首女子在结婚后失了爱情的诗，控诉丈夫对她的遗弃。

二十二、终风

终风且暴①，顾我则笑，谑浪笑敖②，中心是悼③。
终风且霾④，惠然肯来⑤，莫往莫来，悠悠我思。
终风且曀⑥，不日有曀⑦，寤言不寐，愿言则嚏⑧。
曀曀其阴⑨，虺虺其雷，寤言不寐，愿言则怀⑩。

【注释】

①终：一说"终日"，一说"既"。王念孙云："终，犹既也。言既风且暴也。《燕燕》：'终温且惠'；《北门》：'终窭且贫'；《伐木》：'终且和平'；《甫田》：'终善且有'。终字皆训为既。"暴：《通解》："暴读为瀑。《说文》：瀑，疾雨也。"

②谑浪笑敖：《尔雅·释诂》：谑浪笑敖，戏谑也。"敖"即"傲"字。案：关于"浪"字，旧释均不妥，朱骏声说是"愓（荡）"的假借，依我看来这"浪"字可能是责让的"让"字古别字。从良从襄得声之字是往往通用的。如左虫右襄，一作蜋，"孃"今作"娘"是其证。故应为"谑让笑敖"。

③中心：心中。悼：害怕。《说文》："悼，惧也。"

④霾：阴霾。《尔雅·释天》："风而雨土曰霾。"

⑤惠：《尔雅·释言》：惠，顺也。

⑥曀（音意）：天气阴沉。《尔雅·释天》："阴而风曰曀。"《释名》："曀，翳也。"曀，《韩诗》作㙪，云，天阴尘也。

⑦有：《郑笺》："有，又也。"

⑧愿：《郑笺》："愿，思也。"嚏：《韩诗》作"疐"。《通解》："疐误如《大学》'心有所忿懥'，懥是言懥，碍也，谓心不能平也。"

⑨虺（音灰）：形容雷声。虺虺，《集疏》："震雷声。"

⑩案：这个"怀"亦当作"伤"解，"愿言则懥"是盼着（盼不来）心里好像有个疙瘩，"愿言则怀"是盼着（盼不来）心里只有伤感。

解：这是一首女子失恋的诗。

二十三、击鼓

击鼓其镗①，踊跃用兵②。土国城漕③，我独南行。
从孙子仲④，平陈与宋⑤。不我以归⑥，忧心有忡⑦。
爰居爰处⑧？爰丧其马？于以求之⑨？于林之下。
死生契阔⑩，与子成说⑪。执子之手，与子偕老。
于嗟阔兮⑫，不我活兮⑬。于嗟洵兮⑭，不我信兮。

【注释】

①镗：《毛传》："镗然，击鼓声也。"

②踊跃用兵：练习兵械，踊跳之状。《说文》："踊，跳也"。"跃，迅也"。"兵，械也"。

③土国城漕：《郑笺》："或役土功于国，或修理漕城。"《毛传》："漕：卫邑也。"在今河南滑县东。案：古字"土"与"堵"音近相通，"土"与"城"均系动词，"土"之意常为"堵"。"城"、"堵"在此均为修理之意。

④孙子仲：时卫国主将。《毛传》谓即公孙文仲，不可信。

⑤平：和也。姚际恒云："此乃卫穆公背清丘之盟救陈，为宋所伐，平陈、宋之难，数兴军旅，其下怨之而作此诗也。……《春秋·宣公十二年》：宋师伐陈，卫人救陈……因陈、宋之争而平之，故曰'平陈与宋'。陈、宋在卫之南，故曰'我独南行'。"

⑥以：《郑笺》："以，犹与也。此处'与'有'许'义，'不与'即'不许'也。"

⑦忡：《说文》："忡，忧也。"

⑧爰（音元）：《郑笺》："爰，于也。"

⑨于以：《通解》："于以，'于'读作'乌'。乌者，何处之词也。《经传》或以'恶'为之，而《诗》中多以'于'为之。《说文》：'乌，古文作于'，是'于'即'乌'也。此诗'于以'疑当作'于以'，传写误改为'于'耳。"（见《诗经通解·采蘩》）

⑩死生契阔：《通解》：契阔叠韵，契有合义，"阔"、"会"古同音。死生契会：言生则同居，死则同穴，永不相离也。

⑪成说：《集疏》：成说，犹成言，谓与之定约也。

⑫阔：《说文》："阔，疏也。"《尔雅·释诂》："阔，远也。"远离别之意。

⑬"活"与"佸"通用，会也。《通解》：活读为《君子于役》"曷其有佸"。《毛传》：佸，会也。

⑭洵：《毛传》云："远也。"《释文》引《韩诗》作"琼（无'王'旁）"，琼（无"王"旁）本字，"洵"借字。

解：这是戍卒思妇的怨歌。

二十四、凯风

凯风①自南，吹彼棘心②。棘心夭夭③，母氏劬劳④。
凯风自南，吹彼棘薪⑤。母氏圣善⑥，我无令人。
爰有寒泉？在浚之下⑦。有子七人，母氏劳苦。
睍睆黄鸟⑧，载好其音⑨。有子七人，莫慰母心。

【注释】

①凯风：和风。凯，即"恺"字。《说文》："恺，乐也。"

②棘：落叶灌木，即酸枣。枝上多刺，开黄绿色小花，实小，味酸。《集疏》：棘，"小枣丛生者。"心：王引之云："心与钀声义相近。《释名》：心，钀也。"棘心，是棘之小者。

③夭夭：《毛传》：夭夭，盛貌。

④劬（音渠）：辛苦。劬劳：操劳。《毛传》："劬，劳；病，苦也。"

⑤棘薪：《郑笺》：棘长大可为薪。

⑥圣：《说文》："圣，通也。"《集疏》："言通于事理有美德也。"

⑦浚：《毛传》：浚"卫邑"也。(在今濮伤附近)

⑧睍睆（音现换）：《毛传》：好貌。据《集疏》，睍睆，大概是"燕婉"之假借。黄鸟：黄莺也。

⑨载：《郑笺》：载，之言则也。

解：这是孝子对母亲抚育劳苦的咏叹，并自伤不能安慰他们的母亲所作的诗。

二十五、匏有苦叶

匏有苦叶①，济有深涉②。深则厉，浅则揭③。

有弥济盈④，有鷕雉鸣⑤。

济盈不濡轨⑥，雉鸣求其牡。

雝雝鸣雁⑦，旭日始旦⑧。士如归妻⑨，迨冰未泮⑩。

招招舟子⑪，人涉卬否⑫。人涉卬否，卬须我友⑬。

【注释】

①匏（音袍）：《说文》："匏，瓠也。"葫芦之类。苦叶，当读为"枯叶"。《集疏》："'苦'当读为'枯'。"

②济：《毛传》："济，渡（渡口）也。"一说济即济水。《广雅·释诂》："涉，渡（过渡）也。"

③厉：《说文》作"砅"，是"厉"的本字，谓"履石渡水也"。从水石。戴震云："诗意以浅水可褰裳而过，若水深则必依桥梁乃可过。《卫》诗'淇梁'、'淇厉'并称，'厉'固梁之属。"案，"厉"与下文"揭"俱属动词，此句"砺"承上文"匏有苦叶"而来，当是利用匏瓜过河。古家"厉"、"赖"、"利"通用，此"厉"字当解为"赖"或"利"。全句之意是水深了就利用它。连衣涉水，是由利用匏瓜，不解衣渡水而来。揭（音契），《说文》："高举也。"是提起衣服下摆渡水的意思。

④弥：《说文》："弥，满也。"是一片大水茫茫的意思。

⑤鷕（音咬）：《说文》："鷕，雌雉鸣也。"

⑥不濡轨：不：《通解》："古语不字或为发声而无义。"语助词。濡：沾湿。轨：王念孙云："轴之两端。"

⑦雝雝（音拥）：大雁叫声。雁：《说文》云："鹅也。"雁鸣声。不必解为"声和也"。

⑧旭日：《说文》："旭日，日旦出貌。一曰，明也。"

⑨归妻：娶妻。《郑笺》："归妻：使之来归于己。"

⑩迨冰未泮：迨（音带）：及，乘时。泮（音盼）：《毛传》："泮，散也。"冰消。

⑪招：《说文》："手呼也。"

⑫卬（音昂）：《尔雅·释诂》："卬，我也。"

⑬卬：《释诂》："须，待也。"（《说文》："须，面毛也。"《鲁诗》正字，《毛诗》借字）

解：这一首诗要依王先谦《诗三家义集疏》所说，是贤者不遇时而作的诗。《论语·宪问》篇，子击磬于卫，荷蒉者讽之曰：莫己知也，斯己而已矣。深则厉，浅则揭。卫人引卫《诗》来说处理事务应当因时而定，不能冒进。这是全诗主旨，所以放在第一章；末章的"卬须我友"，也正是不冒进的意思。第二、三章借婚姻作比喻，但不可误会作女方盼望男方的诗，如解女子盼望则第一章与全诗之意不相关，不合开始第一句，如同"在音乐上全曲的音调都是她给予的"这个原则。民歌多是开门见山地说出，不绕弯子，第一章没有婚姻的事，可以决定这是不是女方盼望男方的诗。冰泮古词汇里也不可解冰封，冰封了也可以过河的。从"冰泮"一词看来济盈冰泮是由夏秋到冬春，不是一时间的事，也可见不是天天在河边等候的情形。

二十六、谷风

习习谷风[①]，以阴以雨。黾勉同心[②]，不宜有怒。

采葑采菲[③]，无以下体[④]。德音莫违，及尔同死。

行道迟迟，中心有违[5]。不远伊迩[6]，薄送我畿[7]。
谁谓荼苦[8]？其甘如荠[9]。宴尔新昏[10]，如兄如弟。
泾以渭浊[11]，湜湜其沚[12]。宴尔新昏，不我屑以[13]。
毋逝我梁[14]，毋发我笱[15]。我躬不阅[16]，遑恤我后[17]！
就其深矣，方之舟之；就其浅矣，泳之游之。
何有何亡，黾勉求之。凡民有丧，匍匐救之[18]。
能不我慉[19]，反以我为雠，
既阻我德[20]，贾用不售[21]。
昔育恐育鞠[22]，及尔颠覆。
既生既育，比予于毒[23]。
我有旨蓄[24]，亦以御冬。宴尔新昏，以我御穷。
有洸有溃[25]，既诒我肄[26]。不念昔者，伊余来塈[27]。

【注释】

①习习：象声词。《毛传》："和舒貌。东风谓之谷风。"王先谦云："习与袭通。……习之言袭，亦谓和风徐来，若袭人然也。"

②黾（音敏）勉：勉力也。

③葑菲：葑，葑即芜菁，一名蔓菁也。叶、根可食。菲：菲即，萝卜之类植物。《集疏》："葑即芜菁，一名蔓菁。""菲即芦菔，今作萝卜。"

④无：俞樾云："读如《文王》篇'无念尔祖'之无。"《毛传》曰："无念，念也；然则无以，以也。"下体：《毛传》云："下体：根茎也。"意指要叶不要根，比喻恋新人而弃旧人。

⑤迟迟：迟缓，徐行貌。违：《释文》引《韩诗》云："违，很（恨）也。"马瑞辰云："《广雅·释诂》：怨、愇，很（恨）也。'中心有违'犹云心中有怨（恨）。"

⑥伊：维。

⑦薄：很快地，急忙地。畿：《毛诗》："门内。"《集疏》：段玉裁曰："门限也。"即门槛。

⑧荼：《尔雅·释草》："苦菜也。"

⑨荠：地菜，荠菜。集疏："荠菜亦讹呼地菜。"

⑩宴：《朱注》："宴，乐也。"

⑪泾以渭浊：全句之意为"泾水因与渭水合流而浊"。案：泾水清，渭水浊，在泾水流域的人是全知道的。地质学家实地考察和地质研究，泾水的河床与上游都是石层，所以清；渭水河床是泥土，所以浊。应当泾清渭浊，旧说为清渭浊泾，不合实际。且如旧说，对于泾渭命名之意，也不相合。故以当解释为"泾水流入渭水后也变浑浊了"。

⑫湜（音时）：《说文》："湜，水清底见也。"沚（音"止"）：《说文》引《诗》作"止"。马瑞辰："水流则易浊，止则常清。沚作止为是。"

⑬不我屑以：此句为"不屑以我"之倒装句式，屑：《毛传》："屑絜（洁）也。"以：犹与也。本句之意为"不愿意和我好"。

⑭毋逝我梁：《说文》："毋：止之也。"禁止。逝：待。梁：用石块堆砌起来，横拦着流水，中间留些空洞，认便鱼通过，好来捕鱼的鱼梁。

⑮毋发我笱：发：拨动之意。笱：竹篾编成的鱼篓，放在鱼梁空洞处用来捕鱼。

⑯阅：《左传·襄公二十五年》引《诗》作"说（悦）"，不阅，即不喜悦也。

⑰遑：《郑笺》："何暇。"

⑱匍匐：《朱注》："方，桴；舟，船也。潜行曰泳，浮水曰游。匍匐：手足并行，急遽之甚也。"

⑲能不我慉：《毛诗》："不我能慉。慉，养也。"《说文》引作"能不我慉"。陈奂《毛诗传疏》云："能不我慉"与"宁不我顾"、"既不我嘉"、"则不我遣"同。"能"、"宁"、"既"、"则"皆语词之转。

⑳阻：《朱注》：伹，却。

㉑贾用不售：《郑笺》："如卖物之不售。"

㉒鞫：《毛传》：穷也。

㉓比：致。王先谦说："比，犹致也。"

㉔旨蓄：《毛传》："旨，美。"蓄：干菜。旨蓄即美菜。

㉕有洸（音光）有溃：《毛传》："洸：武也。溃：怒也。"

㉖诒：《郑笺》："遗也。"《毛传》："肄，劳也。"肄（音义）：《毛传》："劳也。"

㉗伊余来塈：王引之云："伊，维也，来犹是也。皆语词也。塈读为既。

忾，怒也。言不念昔日之情而惟我是怒也。”

解：男子有了新欢，女方愤而与之决绝的控诉。

二十七、式微

式微，式微①！胡不归？
微君之故②，胡为乎中露③！
式微，式微！胡不归？
微君之躬④，胡为乎泥中⑤！

【注释】

①式：《毛传》：“式，用也。”作语助词。微：昧，天晚，天黑。郝懿行《尔雅义疏·释诂》：“微有幽隐薆昧之意。”

②微：非。吕贤《离俗篇》高注：“微亦非也。”

③露：《鲁诗》作路，《集疏》：中路，“路中”倒文以协韵。言非吾君之故，我何为在山路。

④躬：《通解》：“躬读为‘穷’”。穷凶极虐。

⑤泥中：《集疏》：泥中，犹中路也。方玉润《诗经原始》：“犹言泥途也。”

解：这首诗说不是因为君的穷凶极虐，为什么我们天黑了还不能回家，还要滚在泥途中？这首诗是人民对统治阶级强迫他们服劳役的抗议。

二十八、旄丘

旄丘之葛兮①，何诞之节兮②！
叔兮伯兮③，何多日也？
何其处也？必有与也④！何其久也？必有以也！
狐裘蒙戎⑤，匪车不东⑥。叔兮伯兮，靡所与同⑦。

琐兮尾兮[8]，流离之子[9]。叔兮伯兮，褎如充耳[10]。

【注释】

①旄（音毛）丘：前高后低的土山。《集疏》："《释名》作髦，云，前高曰髦丘，如马举头垂髦也。"

②诞：延，长。马瑞辰云："诞者，延之借字。之，犹其也。"节：葛节。

③叔兮伯兮：译为口语是兄弟们的意思。

④与："与"通作"以"（详《江有汜》），"必有以"是说必定有个原因。第一章说盼望的时间很长，这一章还想着是必定有了原因。

⑤蒙戎：篷松，乱貌。《毛传》："以言乱也。"《左传·僖公五年》引作"龙茸"，是杂乱之意。

⑥《广雅》：匪，彼也。诗中"匪"字、"彼"字多通用。东是名词作动词用。彼车不东，是说那些车子不东来的意思。这是人民失望之辞。

⑦《释言》：靡，无也。靡所与同：《朱注》："不与我同心。"没有和他们同想法的。

⑧《集疏》："尾"、"微"字训互通，尾即微琐，若今言猥琐矣。

⑨流离：《毛传》：鸟也。其正字依《尔雅》当作"鹠鷅"。这是借音双关。

⑩褎（音又）：《毛传》："褎，盛服也。"《集疏》："然"、"如"同训，褎如即褎然也。是傲慢之态。《郑笺》：充耳，塞耳也。全句之意是袖手旁观装着不知道的样子。

解：全诗之意是当卫为狄侵，人民痛恨那些大夫不早到东方诸侯的国家去求救，当人民流离失所又无人理睬的意思。

二十九、简兮

简兮简兮[1]！方将万舞[2]。日之方中，在前上处。

硕人俣俣[3]，公庭万舞。有力如虎，执辔如组[4]。

左手执籥[5]，右手秉翟[6]。赫如渥赭[7]，公言锡爵[8]。

山有榛[9]，隰有苓[10]。云谁之思[11]？西方美人。

彼美人兮，西方之人兮。

【注释】

①简：俞樾云应读为“僩”（音现），释为“武”。案：当如《卫风·淇奥》释文引《韩诗》云：“僩，美貌。”解为“美呀！好啊！”

②方将：正要。《朱注》：万者，舞之总名，武用干戚，文用羽钥也。

③硕人俣俣（音与）：《释诂》：硕，大也。俣俣，《韩诗》作“扈”，训为美貌。即大而美之意。

④执辔如组：辔（音配）：马缰。组：丝织的宽带子。《通解》云：“谓其动而成文。”

⑤籥：乐器，《毛传》：“六孔。”

⑥翟（音敌）：《毛传》：“翟，翟羽也。”即野鸡的尾羽。

⑦赫：《说文》：“赫，火赤貌”，即红色。渥（音握）：《说文》：“沾也”。赭：赤褐色，赭石，赤土。诗意为舞毕而体热面赤，好像擦上红土粉一样。

⑧锡爵：锡：赐予。爵：青铜酒器，用以盛酒。王国维《观堂集林·释斝》以为应是“斝”字之误。

⑨榛：落叶灌木或小乔木。花黄褐色，果实叫榛子，果皮坚硬，果肉可食。《说文》：“榛，木也。……果实如小栗。”

⑩隰（音席）：低下的湿地。苓：《毛传》：“大苦。”《孔疏》：今甘草是也。

⑪之：是也。

解：诗中写的是善于舞蹈的男子，他的技巧、他的雄壮为一个女子所爱慕。

三十、泉水

毖[1]彼泉水[2]，亦流于淇。[3]有怀于卫，靡日不思。

娈[4]彼诸姬，聊[5]与之谋。

出宿[6]于泲，饮饯[7]于祢[8]，女子有行，远父母兄弟。

问我诸姑，遂及伯姊。

出宿于干，饮饯于言。载脂载舝[9]，还车言迈[10]。

遄臻于卫[11]，不瑕有害[12]？

我思肥泉[13]，兹之永叹[14]。思须与漕[15]，我心悠悠。

驾言出游，以写[16]我忧。

【注释】

①毖：《通解》："毖读为泌。"《说文》："泌，水駃（快）流也。"

②泉：卫地水名。泉水上源即今辉县苏门山百泉。

③淇：淇水源出今淇县。

④娈：《集疏》："娈当训思慕。"《说文》："娈，慕也。"

⑤聊：一说愿，《毛传》："聊，愿也。"一说姑且。

⑥宿：《广雅·释诂》：宿，舍也。泲（音子），《毛传》："泲，地名。"祢（音米）、干、言：均为地名。

⑦饯：送行饮酒曰饯。

⑧《毛传》：祢，地名，《韩诗》作"坭"。《郑笺》：干，言犹"泲"，祢，未闻远近同异。

⑨脂：《朱注》："脂：以脂膏涂其舝使滑泽也。"舝：车辖。《说文》："车轴端键也。"

⑩迈：《尔雅·释言》云："迈，行也。"

⑪遄臻：《释诂》："遄，疾也。臻，至也。"

⑫《通解》："瑕"、"遐"古通用。遐之言胡"胡"、"无"一声之转。凡诗言"遐不"犹云"胡不"；信之之词也。易其词则曰不遐。凡诗言"不遐"，犹云"不无"；疑之之词也。

⑬肥泉：《集疏》，此肥泉是指异出同流之泉。

⑭咏叹：《集疏》："兹，益也。兹之永叹者，益之长叹也。"

⑮思须与漕：须、漕均为地名。《集疏》："蓝城陈蔚林《诗说》：《说文》：'须'下云：古文沬从页，是须即沬也。《桑中》'沬之乡矣'，是也。"

⑯写：同泄，宣泄，去除。《毛传》：“写，除也。”《集疏》：“言惟驾言出游，置我之忧于度外耳。”

解：这是卫女思归的诗，当亦许穆公夫人作。

三十一、北门

出自北门，忧心殷殷。
终窭且贫①，莫知我艰。
已焉哉！天实为之，谓之何哉！
王事适我②，政事一埤益我③。
我入自外，室人交徧谪我④。
已焉哉！天实为之，谓之何哉！
王事敦我⑤，政事一埤遗我⑥。
我入自外，室人交徧摧我⑦。
已焉哉！天实为之，谓之何哉！

【注释】

①窭（音巨）：贫寒，艰窘。《经典释文》：“窭，谓贫无以为礼。”

②适：《通解》：“适”读为“责”，案：“适我”与下“谪我”，亦义同字变之一例。

③王引之云：“一犹皆也。”《说文》：“埤，增也。”《集疏》：“一埤益我，皆以增益于我也。”

④谪：《毛传》：“谪，责也。”

⑤敦：“敦”与“督”一声之转，《广雅》：“督，促也。”

⑥埤遗：即“埤益”。《毛传》：“遗，加也。”

⑦摧：《韩诗》作（**⿰言崔**），《玉篇》：“摧，适也。”今案：“摧”当读如“堆”，言王事都堆集到我身上。

解：这是一首政治讽刺诗，作者身受贫困、忙迫，而且得不到温饱，回到家来家人都责骂他，他只有骂天，实际上就是当时的君王。

三十二、北风

北风其凉，雨雪其雱[①]。惠而好我[②]，携手同行。
其虚其邪[③]？既亟只且[④]！
北风其喈[⑤]，雨雪其霏。惠而好我，携手同归。
其虚其邪？既亟只且！
莫赤匪狐[⑥]，莫黑匪乌[⑦]。惠而好我，携手同车。
其虚其邪？既亟只且！

【注释】

①雱（音乓）：雪盛貌。《说文》："雱，旁之籀文，溥，大也。"

②惠：爱也。《集疏》："犹言惠然好我。"

③虚：《通解》：虚者，"舒"之同音假借。《野有死麕》传："舒，徐也。"《郑笺》："邪读如徐。"

④亟：急。《毛传》："亟，急也。"只且（音居）：一般注释以为是语助。今案："只"与"旨"通，此处作"是"字解；"且"与"徂"通，是"行"的意思。

⑤喈（音皆）：《集疏》："喈即湝之假借。"《说文》"湝"下云：一曰寒也。

⑥莫：《集疏》："莫，与；匪，非也。"

⑦乌：《集疏》："狐、乌皆妖异不祥之物。"

解：由诗中的"莫赤匪狐，莫黑匪乌"看来，诗中的人物感到了当时的虐政，他们要逃出那个黑暗统治，准备急了只有相携一走。

三十三、静女

静女其姝[①]，俟我于城隅[②]。

爱而不见[③]，搔首踟蹰[④]。
静女其娈[⑤]，贻我彤管[⑥]。
彤管有炜[⑦]，说怿女美[⑧]。
自牧归荑[⑨]，洵美且异[⑩]。
匪女之为美[⑪]，美人之贻。

【注释】

①静："静"与"靖"通，善也。静女犹如淑女，犹言佳人之意，娴雅安详。《通解》："凡经传"静"字皆"竫"之假借。"竫"又与"靖"通。此诗"静女"亦当读为靖；谓善女，犹云淑女，硕女也。"姝(音书)：美好。《朱注》：姝，美色也。

②城隅：城角楼台隐蔽处。《通解》："城偶，即城角也。"

③爱而：戴震云："爱而犹隐然。"隐藏。《鲁诗》"爱"作"薆"，《韩诗》"而"作"如"。

④踟躇（音池除)：徘徊不定貌，犹豫也。

⑤娈：年轻美丽。《朱注》："娈，好貌。"

⑥彤管：彤，赤也。一说红色的管；一说"管"应作"菅"。菅是和荑相类的草，较茅草为柔滑。

⑦炜：色红而有光泽。

⑧说怿（音月义)：即悦怡，喜悦。女：此处及后文的"女"，皆同"汝"，为代词。"女"指彤管而言。

⑨牧归：牧：野外。《尔雅・释地》："郊外谓之牧。"归：古字通"馈"，《广雅・释诂》："归，馈也。"荑（音提)：白茅。《毛传》。"茅之始生者。"象征婚媾。

⑩询：《郑笺》："洵，信也。"实在、诚然之意。异：《文选・神女赋》李注引《韩诗》，"异"作"瘱"，云："瘱，悦也。"此句即"真漂亮且可爱啊"之意。

⑪匪女之"女"，指荑言。

解：诗中描写的是青年男女两情相好，女方的馈赠虽只是一些柔荑，他也赞不绝口，衬托出他对对方爱情之深。

三十四、新台

新台有泚[①]，河水弥弥[②]。
燕婉之求[③]，蘧篨不鲜[④]。
新台有洒[⑤]，河水浼浼[⑥]。
燕婉之求，蘧篨不殄[⑦]。
鱼网之设，鸿则离之[⑧]。
燕婉之求，得此戚施[⑨]。

【注释】

①泚：《说文》引作“此”，“新玉色鲜也”。是鲜明貌。

②弥弥：大水茫茫。《玉篇》：“弥，深也，盛也。”

③燕婉：《毛传》：“燕，安；婉，顺也。”指夫妇和好。

④蘧篨（音渠除）：《说文》：“蘧篨，粗竹席也。“《集疏》：“蘧篨之训，当从本义以为粗恶之物。”鲜：《郑笺》：“善也。”

⑤洒（音傕）：《通解》：洒、洗双声古通用。《白虎通》：“洗者，鲜也。”

⑥浼浼（音美）：水盛貌。《释文》：《韩诗》作“浘浘”，盛貌。

⑦殄（音舔）：善。《郑笺》：“殄当作腆，腆，善也。”《通解》：“殄借作珍。”

⑧《集疏》：《易序卦传》，“离者，丽也。”附着之义。这个“离”字应当解释为“罹”。

⑨戚施：《说文》引作詹诸（蟾蜍）也。诗曰：“得此戚施。”《通解》：“粗竹席，卷而竖之，不可使俯。蟾蜍，匍匐而行，不可使仰。”《尔雅》释训：“蘧篨，口柔也。戚施，面柔也。则以口柔者常仰，面柔者常俯，以此二疾。诗言：蘧篨，戚施。但取丑恶口柔为义。”得此戚施，根据《说文》及王、林诸家说，应当直接翻译作“得到这个癞蛤蟆”。上文“鸿则离之”的“鸿”，实是指的飞鸿，这是一种强烈对比的描写，表示出于意外。如以鸿为蟾蜍，反而丧失文学意味，且与下文重复。

解：《新台》不是如《毛序》所说的刺卫宣公纳妻，前人如洪迈、范家相、崔述俱有说。这应当是嘲骂一个丑恶的男子，骗取一位女子结婚所作的诗。在这诗中表现女子在当时社会中所受的欺骗压迫，不得自由的悲哀。末章以夸大的描写衬托出这意想不到的事。

三十五、二子乘舟

二子乘舟，泛泛其景①。
愿言思子②，中心养养③！
二子乘舟，泛泛其逝。
愿言思子，不瑕有害④？

【注释】

①景：《集疏》：王引之云："景读如憬，远行貌。"与下章"泛泛其逝"同义。

②愿：思念。《郑笺》："愿，念也。"这个"愿"字也应读如"适我愿兮"之"愿"。

③养养：思念担忧貌。《集疏》：《鲁诗》"养养"作"洋洋"。《尔雅·释训》："悠悠，洋洋，思也。"

④不瑕有害：《集疏》："即不无有害"，疑虑之词。

解：这是母亲思念他远行的儿子所作的诗。

国风·鄘风

三十六、柏舟

泛彼柏舟，在彼中河①。髧彼两髦②，实维我仪③。
之死矢靡它④。母也天只⑤！不谅人只⑥！
泛彼柏舟，在彼河侧。髧彼两髦，实维我特⑦。
之死矢靡慝⑧。母也天只！不谅人只！

【注释】

①中河：《毛传》："中河，河中。"

②髧（音旦）：头发下垂状。《朱注》："髧，发垂貌。"髦（音毛）：《说文》："发至眉也。"男子未成年时将额前的头发剪至齐眉。"髧彼两髦"指额上披着头发的人。

③仪：读如"俄"。《毛传》："匹也。"即配偶。此处指符合心目中标准的人。

④之死矢靡它：《毛传》：之，至；矢，誓；靡，无。靡它：无他心。诗意为至死也不会改变。

⑤母也天只：《朱注》：只，语助词。"母也天只"可译作"妈呀！天哪"！

⑥谅：《毛传》："谅，信也。"

⑦特：《释文》引《韩诗》："特"作"直"，系相当、相配之意。此处应指正当的对象而言。

⑧慝：马瑞辰云："读为忒。"忒，差也。"靡慝"即不会变主张。《通解》："慝"当作为"忒"之假借。靡忒犹靡他也。也是至死发誓没有别人的意思。

解：这是女子为反抗包办婚姻所作的诗。她心目中已有她理想的标准人物，至死也不愿改变她的意愿。

三十七、墙有茨

墙有茨[①]，不可扫也。中冓之言[②]，不可道也[③]。
所可道也，言之丑也。
墙有茨，不可襄也[④]。中冓之言，不可详也[⑤]。
所可详也，言之长也。
墙有茨，不可束也。中冓之言，不可读也。
所可读也[⑥]，言之辱也。

【注释】

①茨（音词）：植物名，蒺藜。一年生草本植物，果实有刺。《尔雅》："茨，蒺藜也。"郭注："布地蔓生，细叶，籽有三角刺人。"《说文》引作"荠"《郑笺》："今其宫内，有淫昏之行，犹墙之生蒺藜。"

②中冓（音垢）：内室，宫中龌龊之事。《说文》："垢，浊也。"中垢谓事涉暗昧，言之而中多垢浊。《通解》：凡"后"声、"冓"声之字，古多相通。

③道：《广雅·释诂》：道，说也。

④襄：《毛传》：除也。

⑤详：《释文》引《韩诗》作扬。云：犹道也。

⑥读：《广雅·释诂》："读，说也。"

解：这是痛骂统治阶级秽行的诗。

三十八、君子偕老

君子偕老，副笄六珈[①]。
委委佗佗[②]，如山如河，象服是宜[③]。
子之不淑，云如之何？

玭兮玭兮[4]，其之翟也[5]。鬒发如云[6]，不屑髢也[7]；
玉之瑱也[8]，象之揥也[9]，扬且之皙也[10]！
胡然而天也[11]？胡然而帝也？
瑳兮瑳兮[12]，其之展也[13]，蒙彼绉𫄨[14]，是绁袢也[15]。
子之清扬，且之颜也。
展如之人兮，邦之媛也！[16]

【注释】

①副：《毛传》：“后夫人之首饰。编发为之。”笄：《朱注》：“衡笄也，垂于副之两当耳。”珈：《朱注》：珈之言加也。以玉加于笄而为饰也。六珈：笄饰，用玉做成，垂珠有六颗。副，据《周礼》注，是像当时的步摇一样的装饰。

②委委佗佗：《尔雅·释训》美也。

③象服：刻画着有图像的华丽的礼服。

④玭：《毛传》：鲜盛貌。

⑤之：《集疏》：之为言变也。“之翟”、“之辰”，犹言变服。《朱注》：翟衣，刻缯为翟雉之形，而彩画以为饰也。

⑥鬒（音诊）：黑而浓密的头发。说文：作“珍（无‘王’旁）”。云：稠发也。

⑦髢（音敌）：假发。《郑笺》：“髢，髲也。”《释文》：“髲，被也。发少者得以被助其发也。”

⑧瑱（音钿）：冠冕上垂在两耳旁的玉。《说文》：“瑱，以玉光耳也。”

⑨揥：《孔疏》：“以象骨搔首，因以为饰，名之揥。”

⑩扬：《通解》：“《猗嗟》：美目清兮，美目扬兮。”清扬，犹清明也。皙：《毛传》：白皙。《通解》：扬且之皙也。与“玉之瑱也，象之揥也”句法相类。且，句中语助之词也。

⑪胡然：《郑笺》：胡，何也。“胡然”译为口语是“何以这样的”意思。《集疏》：“笺”读而为“如”，“如”、“而”古通。

⑫瑳：《说文》：瑳，玉色鲜白。

⑬展：《集疏》：《周礼·内司服》注：郑司农云：展衣，白衣也。

⑭蒙：《毛传》：蒙，覆也。绉絺：《集疏》：绉谓文之缩蹙也。

⑮绁袢：夏天穿的薄衫。绁：《说文》引作“亵”，云：私服也。（《集疏》：亵谓亲身之衣也）《说文》：袢，无色。

⑯展：《毛传》：展，诚也。媛：《释文》：“《韩诗》作援。”《郑笺》：“邦人所依倚以为援助也。”

解：这首诗方玉润说是赞美卫庄姜的诗。《左传》说庄姜无子而以州吁为己子，诗中的“子之不淑”是指州吁言，上句说“象服是宜”，肯定她可以做君夫人，不是指庄姜言。

三十九、桑中[1]

爰采唐矣[2]？沬之乡矣[3]。云谁之思？美孟姜矣。
期我乎桑中[4]，要我乎上宫[5]，送我乎淇之上矣。
爰采麦矣？沬之北矣。云谁之思？美孟弋矣。
期我乎桑中，要我乎上宫，送我乎淇之上矣。
爰采葑矣？沬之东矣。云谁之思？美孟庸矣[6]。
期我乎桑中，要我乎上宫，送我乎淇之上矣。

【注释】

①桑中：即桑间，卫地名。据《礼记·乐记》郑注：“在（今河南）濮阳南。”

②爰：《毛诗》：“爰：于也。”此处与“于以”之于同，为“在何处”之意。唐：《毛传》：“唐蒙，菜名。一名菟丝。”《尔雅·释草》：唐蒙，女萝、菟丝。寄生蔓草，秋初开小花，籽、实入药。

③沬（音妹）：卫地名，原为商郊牧野。

④期：《说文》：期，会也。

⑤要：《集疏》：要，约也。上宫：地名。一说建筑名。

⑥孟庸：即孟姜、孟弋、孟庸。孟，排行老大。姜、弋、庸，皆贵族姓。

解：这是一首与劳动相结合的恋歌，实际上还是一首劳动歌。采唐、采麦、采葑是歌者劳作中的事，但从三章都是期我桑中，要我上宫，送我淇上，不会有三个情人同约在一个地点相见的事，所以孟姜等只是他们所想象的情人。表面看来是恋歌，实际上是劳动歌。

四十、鹑之奔奔

鹑之奔奔，鹊之强强①。
人之无良，我以为兄②？
鹊之强强，鹑之奔奔。
人之无良，我以为君③？

【注释】

①鹑：《说文》作“杂”，云（鹌）属。郝懿行云：黄黑杂文，大小如秋鸡，无尾。鹑窜伏草间，无常居而有常匹，而雄相值则斗而不释。《集疏》：“今人多畜令搏斗。燕地尤多。”鹊：喜鹊，常被其他不筑巢的鸟类侵占其巢。王先谦云：“鹊值他鸟争巢，列队相距，亦善斗之鸟。”奔奔、强强：《鲁诗》、《齐诗》作“贲贲”、“姜姜”。郑玄《礼记·表记》注云：“贲贲姜姜，争斗恶貌。”《集疏》：贲有愤义。故训争斗恶貌。《广雅·释诂》：姜，强也。“姜”、“强”字通。

②《说文》：兄，长也。案：“兄”与“皇”古字通。《今文尚书》作“无兄”。是其证。

③人之无良，我以为君：《毛传》以君为国小君，指宣姜（卫宣公夫人）。王先谦云：“刺宣公也。”《左传·襄公二十七年》传：“郑七卿享赵孟，伯有赋《鹑之奔奔》。赵孟曰：‘床笫之言不逾阈，况在野乎？非使人人之所得闻也。’”杜注：“卫人刺其君淫乱，鹑鹊之不若，意取‘人之无良，我以为君’也。”又传云：“文子告叔向曰：‘伯有将为戮矣！诗以言志，志诬其上，而公怨之，以为宾荣，其能久乎？’”杜注：“言诬则郑伯未有其实。”《正义》：“伯有赋此诗，有谦君之意。”是伯有之赋，赵孟之言，皆不以诗之君为小君。司马迁、

刘向用《鲁诗》，而《史记》、《列女传》无公子顽通宣姜事，是《鲁诗》义必与《毛传》异，不以“兄”为顽也。《礼记·表记》子曰：“唯天子受命于天，士受命于君。故君命，则臣有顺命；君命逆，则臣有逆命。《诗云》：鹊之姜姜，鹑之贲贲，人之无良，我以为君。”郑注：“姜姜、贲贲，争斗恶貌也。良，善也。言我以恶人为君，亦使我恶。如大鸟姜姜于上，小鸟贲贲于下。”《礼记》义与郑注皆不以君为小者，知《齐诗》义必与《毛传》异，不以君为宣姜也。然则诗刺宣公甚明。

四十一、定之方中

定之方中①，作于楚宫②。揆之以日③，作于楚室。
树之榛栗，椅桐梓漆④，爰伐琴瑟⑤。
升彼虚矣⑥，以望楚矣。望楚与堂⑦，景山与京⑧。
降观于桑，卜云其吉，终焉允臧⑨。
灵雨既零⑩，命彼倌人⑪，星言夙驾⑫，说于桑田⑬。
匪直也人⑭，秉心塞渊⑮，騋牝三千⑯。

【注释】

①定：《朱注》：北方之宿，营室星也。此星皆而正中，夏十月也。十月之交，定星昏中而正，宜定方位，造宫室。

②于：《集疏》：三家“于”作“为”；“为”、“于”古通。《朱注》：楚宫，楚丘之宫也。

③揆：《毛传》：度也。揆之以日，是度之以日之影，以定东西。

④榛：其正字当为“亲”。宋注：榛小栗大，皆可为边（臣之）实。榛、栗、椅、桐、梓、漆，皆木名。椅桐：《陆疏》：梓实桐皮曰椅。《朱注》：“桐，梧桐也。梓，楸之疏理白色而生子者。漆，木有液黏黑，可饰器物。”

⑤爰：《朱注》：爰，于也。

⑥虚：《释文》：本作“墟”。《孔疏》：盖地有故墟，高可登之以望。

⑦楚、堂：《朱注》：楚，楚丘也。堂，楚邱之旁邑也。

⑧景山与京：《朱注》：景山名见商颂，京，高丘也。

⑨臧：《毛传》：信臧，善也。

⑩灵雨：《说文》：零余，雨也。霝，雨垎（落）也。

⑪倌：《说文》：倌，小臣也。驾车小臣。

⑫星言：星读为晴，《说文》：星雨而夜徐星见也。星即今之晴。“星言”即晴焉。《郑笺》：夙：早也。

⑬说：通作“税”，舍也。

⑭匪直也人：《通解》：俞樾云，匪直也人，犹云彼直者人，与“彼姝者子”句法相似。

⑮塞渊：《集疏》：寨当为塞不。《说文》：塞，实也。《广雅·释诂》：渊，深也。

⑯騋：《说文》：騋，马七尺为騋。据《左传》卫文公“元年革车三十乘，季年乃三百乘”。騋牝三千是期望颂美之词。

解：这是卫国人民在卫被狄灭后歌唱他们国家又复兴起来的爱国诗篇。

四十二、蝃蝀

蝃蝀在东[①]，莫之敢指。
女子有行，远父母兄弟。
朝隮于西[②]，崇朝其雨[③]。
女子有行，远父母兄弟。
乃如之人也[④]，怀婚姻也[⑤]。
大无信也，不知命也！

【注释】

①蝃蝀（音帝东）：《毛传》：虹也。

②隮（音基）：《毛传》：升。一说虹。

③崇：《毛传》：终也。从旦至食时为终朝。“崇”、“终”同声通用。

④如：往。《集疏》：《鲁诗》、《韩诗》“也”作“兮”。

⑤《集疏》：苏舆云："怀"盖"坏"之借字。

解：这是描写一个女子不顾父母之命、媒妁之言，反抗不合理的婚姻而又逃婚的诗。诗中主人是勇于反抗当时的压迫的年轻女子。

四十三、相鼠

相鼠有皮①，人而无仪②！
人而无仪，不死何为？
相鼠有齿，人而无止③！
人而无止，不死何俟④？
相鼠有体⑤，人而无礼！
人而无礼，胡不遄⑥死？

【注释】

①相：《毛传》："相，视也。"
②《礼记·檀弓》注："而，犹乃也。"《孟子》"九一而助"；注：而，如也。仪：与人的身份地位相应的行为举止。
③止：《郑笺》：止，容止（仪容）。指守礼法的行为。
④俟：《毛传》：俟，待也。
⑤体：《毛传》：体，支（肢）体也。
⑥遄（音船）：《尔雅·释诂》："遄，速也。"

解：这是咒骂统治阶级的诗，文义甚明。

四十四、干旄

孑孑干旄①，在浚之郊②。素丝纰之③，良马四之④。
彼姝者子⑤，何以畀之⑥？
孑孑干旟⑦，在浚之都。素丝组之⑧，良马五之⑨。

彼姝者子，何以予之？

孑孑干旌⑩，在浚之城。素丝祝之⑪，良马六之⑫。

彼姝者子，何以告之⑬？

【注释】

①孑孑：持出之貌。《集疏》：《汉书·高、惠、高后、文、功臣表》颜注：孑，孑然，独立貌。干旄（音毛）：以牦牛尾饰旗杆，竖于车后，以壮威仪。“干”通“竿”、“杆”。《三家》“干”作“竿”。竿，正字；干，借字。《尔雅》邢疏：旄，牛尾着（置）竿首。《周礼·旄人》注：旄，旄牛尾，舞者所持以指麾。全句的意思是“持出的那些竿头上作装饰用的牦牛尾”。这是作者对于他们见到持上面有牦牛尾的旗竿做指挥的人的印象。

②浚：《朱注》：“浚，卫邑名。”郊：邑外谓之郊。

③纰（音皮）：连缀。在衣冠或旗帜上镶边。《集疏》：“纰之谓以丝缝织。”《释言》：“纰，缘边。”

④四：《朱注》：“四之，两服两骖，凡四马以载之也。”

⑤姝：《说文》：“姝，好也。”

⑥畀（音必）：给，予。《毛传》：“畀，予（与）也。”

⑦旟（音于）：画有鸟隼的旗。《说文》：“旟，错（置）革，画鸟其上。”《尔雅》郭注说，是剥鸟皮毛置之竿头。

⑧组：《郑笺》：“以素丝缕缝组于旌旗上，以为之饰。”

⑨五之：《朱注》：“五马。”

⑩旌（音京）：彩旗的一种。挂牦牛尾于竿头，下有五彩鸟羽。《尔雅》邢疏：“析五采羽注（置）旄上。”

⑪《郑笺》：“祝当作属。属，著也。”

⑫六之：《朱注》：六马。

⑬告（音谷）：告之与畀之、予之义近，均有搭话、联系、交往之意。

解：这一首诗，按文义看来，是途中遇见“彼姝”心内有所爱慕，而无法表达自己的感情，因而作的私情诗。《易林》说：

“干旄旌旗，执帜在郊；虽有宝珠，无路致之。”大致是这意思。那位拿着旗杆的或更是一位舞者也未可知。

四十五、载驰

载驰载驱[①]，归唁卫侯[②]。驱马悠悠[③]，言至于漕[④]。
大夫跋涉[⑤]，我心则忧。
既不我嘉，不能旋反。视尔不臧[⑥]，我思不远[⑦]。
既不我嘉，不能旋济[⑧]。视而不臧，我思不閟[⑨]。
陟彼阿丘[⑩]，言采其蝱[⑪]。女子善怀，亦各有行。
许人尤之[⑫]，众穉且狂[⑬]。
我行其野，芃芃其麦[⑭]。控于大邦[⑮]，谁因谁极[⑯]？
大夫君子，无我有尤。
百尔所思，不如我所之[⑰]。

【注释】

①载：《郑笺》：“载，则也。”

②唁：《众经音义》十三引《韩诗》：“吊生曰唁，吊失国亦曰唁。”

③悠悠：《毛传》：悠悠，远貌。

④言：于是。

⑤跋涉：《释文》引《韩诗》：“不由蹊遂（路径）而涉曰跋涉。”《郑笺》：跋涉者，卫大夫来告难于许时。案：许穆公夫人非真归国，非许大夫跋涉也。

⑥尔：《韩诗外传》引作“我”。臧：《朱注》：“嘉、臧皆善也。”

⑦不远：《毛传》：“不能远卫也。”

⑧济：《毛传》：“止也。”《通解》：“雨止谓之霁，霁与济亦同音相通。”

⑨閟（音必）：《毛传》：“闭也。”王先谦说：“閟与秘同，密也。”

⑩阿丘：《毛传》：“偏高曰阿丘。”

⑪蝱（音萌）：《毛传》：“蝱，贝母也。”

⑫尤：责难。《毛传》：“尤，过也。”

⑬众：既是。王引之云：“众读为终。终犹既也，众穉且狂，既穉且狂

也。穉，骄也。”穉：幼稚。

⑭芃（音彭）：《说文》：“草盛也。”

⑮控：控告。犹言投告。胡承珙《毛诗后笺》：“控，告；犹言投告也。”

⑯谁因谁极：《通解》：“极读为亟，亟，急也。谁因谁极，言谁有恩我急我者。”

⑰之：马瑞辰说：“犹思也。”

解：这是许穆公夫人听说卫为狄灭，她要回到卫国去，谋救卫国，但为“妇人既嫁不逾境”的礼教所束缚，终于不能还卫，她作了这首诗。篇中爱国主义思想溢于字里行间。（《左传·闵公二年》：狄灭卫，卫之遗民立戴公于曾，许穆夫人作《载驰》）

国风·卫风

四十六、硕人

硕人其颀[1]，衣锦褧衣[2]。齐侯之子，卫侯之妻。
东宫之妹，邢侯之姨，谭公维私[3]。
手如柔荑[4]，肤如凝脂[5]，领如蝤蛴[6]，齿如瓠犀[7]。
螓[8]首蛾眉[9]，巧笑倩[10]兮，美目盼[11]兮。
硕人敖敖[12]，说于农郊[13]。
四牡有骄，朱幩镳镳[14]，翟茀[15]以朝。
大夫夙退，无使君劳。
河水洋洋[16]，北流活活[17]。
施罛濊濊[18]，鳣鲔发发[19]，葭菼揭揭[20]。
庶姜孽孽[21]，庶士有朅[22]。

【注释】

①硕：《郑笺》："大也"。颀（音其）：《毛传》："长貌。"修长。

②衣锦褧衣：锦：锦衣，《毛传》："文衣。"褧（音窘）：《说文》："褧，苘也。"又云："苘，大麻。"以苎麻一类麻织品做的披风外衣，锦衣上再加上褧衣，是因为锦衣色彩鲜明，更要穿上一件能挡尘土的外衣。

③东宫：《朱注》："齐太子所居之宫。"此处指太子。私："姊妹之夫曰私。""齐侯之子"以下五句，都是形容庄姜的。

④柔荑（音题）：《朱注》："茅之始生曰荑。言柔而白也。"

⑤凝脂：《朱注》："脂寒而凝者，亦言白也。"

⑥蝤蛴（音求其）：天牛的幼虫，色白身长。

⑦瓠犀（音户西）：《毛传》："瓠瓣"即瓠瓜子儿。犀：《鲁诗》："《尔雅》作栖。"

⑧螓（音秦）：似蝉而小，额宽方正。《三家注》作䪼，《说文》："（䪼），好貌。"

⑨蛾眉：蚕蛾触角，细长而曲。段玉裁云："蛾者娥之假借字。"娥，美好轻扬之意。

⑩倩：笑靥美好貌。陈奂说："嫣（嗎），笑貌。嫣（嗎）、倩一声之转。"

⑪盼：眼儿黑白分明。《毛诗》："盼，黑白分。"

⑫敖敖：《毛传》："（身）长貌。"

⑬说（音税）：《释文》："'说'本或作'税'，舍也。"农郊：《毛传》："近郊。"

⑭四牡有骄，朱幩镳镳：骄：《毛传》："骄，壮貌。幩（音坟）：饰也。镳镳（音标）：盛貌。"

⑮翟茀（音敌扶）：以雉羽为饰的车围子。《毛诗》："翟，翟车；夫人以翟羽饰车。茀，蔽也。"

⑯洋洋：《毛传》："盛大也。"

⑰活活（音郭）：《毛传》："流也。"水流声。

⑱施罛濊濊：罛（音古），《说文》："鱼罟（网）也。"濊濊（音或）：《说文》："濊，碍流也。"此处作撒网入水声解。

⑲发发（音泼）：《毛传》："盛貌。"

⑳揭揭：高而长貌。

㉑孽孽：《毛诗》："盛饰。"《释文》引《韩诗》作长貌。

㉒朅（音怯）：《毛传》："武壮貌。"武勇矫健。

解：据《左传·隐公三年》："卫庄公娶于齐东宫得臣之妹，曰庄姜，美而无子，卫人所赋硕人也。"诗义甚明。

四十七、氓

氓之蚩蚩[①]，抱布贸丝。匪来贸丝，来即我谋[②]。

送子涉淇，至于顿丘[3]。匪我愆期[4]，子无良媒。
将子无怒[5]，秋以为期。
乘彼垝垣[6]，以望复关[7]。不见复关，泣涕涟涟[8]。
既见复关，载笑载言。尔卜尔筮[9]，体无咎言。
以尔车来，以我贿迁。
桑之未落，其叶沃若[10]。于嗟鸠兮，无食桑葚[11]；
于嗟女兮，无与士耽[12]。士之耽兮，犹可说也[13]；
女之耽兮，不可说也。
桑之落矣，其黄而陨[14]。自我徂尔[15]，三岁食贫。
淇水汤汤[16]，渐车帷裳[17]。女也不爽[18]，士贰其行[19]。
士也罔极[20]，二三其德。
三岁为妇，靡室劳矣[21]；夙兴夜寐，靡有朝矣[22]。
言既遂矣，至于暴矣。兄弟不知，咥其笑矣[23]。
静言思之，躬自悼矣。
及尔偕老，老使我怨。淇则有岸，隰则有泮[24]。
总角之宴[25]，言笑晏晏[26]。信誓旦旦[27]，不思其反[28]。
反是不思，亦已焉哉！

【注释】

①氓：《说文》："民也。"男子。蚩蚩：痴笑的样子（王先谦说），老实、无知貌。

②即：《郑笺》："就也。"靠近。

③顿丘：地名。

④愆（音千）：《说文》："过也。"

⑤将：《郑笺》："请也。"

⑥垝垣（音鬼员）：《说文》："毁垣也。"破颓的墙。

⑦复关：《朱注》："（诗中）男子之所居。"

⑧涟涟：《玉篇》："泪下貌。"

⑨"尔卜尔筮"下四句：《毛传》："龟曰卜，蓍曰筮。体：卦兆之体；

贿，财；迁，徙也。”

⑩沃若：《国语·鲁语》注：“肥美也。”

⑪葚：《说文》：“桑实。”桑葚。

⑫耽：沉湎。《毛传》：“乐也。”

⑬说：同脱。《毛传》：“解也。”

⑭陨：坠落。《说文》：“自高下（落）也。”

⑮徂：《郑笺》：“往也。”徂尔：嫁给你。

⑯汤汤：《毛传》：“水盛貌。”

⑰渐车帷裳：渐（音尖），《郑笺》：“浸也。”沾湿。帷裳，《孔疏》：“以帷障车之旁如裳。”

⑱爽：《尔雅》：“差也。”差错。

⑲贰（音特）：王引之云：“当为贷之讹，贷即忒之借字也。爽与忒同训为‘差’。”即差错。

⑳罔极：极，《毛传》：“中也”；《朱注》：“至也”。这个‘极’有‘一’的意思，‘罔极’是不一心一意，没有准则之意。

㉑靡室劳矣：《郑笺》：“靡，无也。言不以妇事见困苦。”

㉒靡有朝矣：王先谦说：“言不可以朝计。”

㉓咥（音系）：《说文》：“大笑貌。”

㉔泮（音判）：《毛传》：“陂也。”陈奂云：“泮乃陂之假借字。《说文》‘隰，阪下湿也。’阪与隰对文，隰者下湿，其边高之处，谓之陂，亦谓之阪。”通畔，岸，水边。

㉕总角：《毛传》：“结发也。”《释文》宴本或作“丱”，古时儿童两边梳辫，如双角。指童年。

㉖晏晏：和柔也。

㉗旦旦：《朱注》：“明也。”

㉘不思其反：《朱注》：“曾不思其反复，以至于此也。”

解：这首诗是描写女子因色衰爱弛，在婚后遭到男子的遗弃诗。篇中叙述他们在婚前的热恋，婚后渐渐遭到她丈夫的冷眼相待，终于情感破裂，用今昔对照的手法来控诉男方的无情。读此诗可见女子在当时社会所遭受的苦痛是令人难以想象的。诗人多形象具体的描写，比起《谷风》，尤为动人。

四十八、竹竿

藋藋竹竿[1]，以钓于淇。岂不尔思？远莫致之[2]。
泉源在左，淇水在右[3]。女子有行，远兄弟父母。
淇水在右，泉源在左。巧笑之瑳[4]，佩玉之傩[5]。
淇水滺滺[6]，桧楫松舟[7]。驾言出游，以写我忧。

【注释】

①藋藋（音替）：长而尖削貌。《毛传》："长而杀也（细长而渐尖）。"

②致：这个"致"字读如《小雅·楚茨》"工祝致告"之"致"，口语"致送""传达"之意。

③在右：《朱注》：泉源即百泉，在卫之西北而东南流于淇水，故曰在左。淇在卫之西南，即东流与泉源合，故曰在右。

④瑳（音搓）：玉色洁白。《通解》："瑳当为䶡之假借。《说文》'䶡'字注：一曰口开见齿之貌。读若傑。"

⑤傩（音挪）：《说文》："傩，行有节也。诗曰，佩玉之傩。"通娜，婀娜。

⑥滺（音悠）：河水流淌荡漾之状。《通解》："滺古作攸，《说文》：攸，水行也。"

⑦桧、松：木名。《毛传》："桧，柏叶松身，揖所以棹（掉）舟也。"

解：这一首诗也是许穆公夫人所作，从末二句所述，可以看出。

四十九、芄兰

芄兰之支[1]，童子佩觿[2]。
虽则佩觿，能不我知[3]？
容兮遂兮[4]，垂带悸兮[5]。

芄兰之叶，童子佩韘[⑥]。
虽则佩韘，能不我甲[⑦]？
容兮遂兮，垂带悸兮。

【注释】

①芄（音丸）兰：植物名。草本，蔓生。《通解》："芄兰，蔓生，结美之草，其藤缭曲纷乱，故名芄兰。"芄兰叠韵字，本纵横之貌。支，即枝。

②觿（音西）：象骨制的解结用具，形同锥，也可为佩饰的装饰品。《毛传》："觿所以解结，成人之佩也。"（宋）沈括《梦溪笔谈》："芄兰生荚，支出于叶间，垂之，正如解结锥。"

③能：《集疏》："能乃语词之转，当读为而。"知：智。

④容：《通解》："容，犹雍容也。"遂：《说文》云夂，行迟曳夂夂也。遂、夂，古文同音通借。《毛传》："佩玉遂遂然。"

⑤悸：下垂貌。《释文》引《韩诗》"悸"作"萃"，垂貌。《说文》："萃，草聚貌。"

⑥韘（音社）：骨制用具，着于右手拇指，射箭时用于钩弦。《毛传》："韘，玦也。能射御则佩韘。"《集疏》：胡承珙以为即今之扳指，而制微不同。今之扳指如环无端，（头）古之玦则如环而缺。

⑦甲：《释文》引《韩诗》作"狎"。

解：这首诗据《左传·闵公二年》："初，惠公即位也少。"诗中的童子应是指的惠公，说他的服装虽是一位成人，但是他的能力不配作"卫君"，讽刺他是装腔作势，虚有其表。如说是一首恋爱诗，这位童子就不一定"佩觿""佩韘"那样装酸。

五十、伯兮

伯兮朅兮[①]，邦之桀兮。伯也执殳[②]，为王前驱。
自伯之东，首如飞蓬[③]。岂无膏沐[④]？谁适为容[⑤]！
其雨其雨，杲杲出日[⑥]。愿言思伯[⑦]，甘心首疾[⑧]。

焉得谖草[⑨]？言树之背[⑩]。愿言思伯，使我心痗[⑪]。

【注释】

①伯兮朅兮：伯，《朱注》："妇人目其夫之字也。"这"伯"字现在可为"哥"。朅（音切）：《毛传》："朅，武貌"，英武高大。《通解》："朅，桀（杰）之借字。《硕人》篇同。下用桀，上变用朅，此为义同字变之例。"

②殳（音书）：《毛传》："殳，古兵器，长丈二而无刃。"

③蓬：《朱注》："草名。其花如柳絮，聚而飞，如乱发也。"

④膏沐：《朱注》："膏，所以泽发者；沐，涤首去垢也。"

⑤适：马瑞辰云："《众经音义》六引《三苍》：'适，悦也。'"此"适"字应读如《野有蔓草》之"适我愿兮"的"适"。适是适合的意思。

⑥杲（音稿）：《说文》："明也"。

⑦愿：《郑笺》："念也。""愿"也应读如《野有蔓草》之"适我愿兮"的"愿"，意为盼望着在此想着你（"思伯"）。

⑧甘：马瑞辰云："甘与苦，古以相反为义。故甘草《尔雅》名为'大苦'。《方言》：'苦，快也。'《左传·成公十三年》：'诸侯每闻此言，斯用痛心疾首。'《杜注》：'疾犹痛也。''甘心疾首'与'痛心疾首'文正相类。"

⑨谖草：萱草，忘忧草。《说文》引作"藼"，云："令人忘忧。"

⑩背：同北。《毛传》："北堂也。"

⑪痗（音妹）：《毛传》："病也。"

解：这是妇人思行役之辞。第一章写其夫为邦之桀，是值得她特别思念的人物；第二章转写其别后不施脂粉，懒于梳妆的慵散心情；第三章写其盼念之情如大旱之望云霓，而头痛心痛，相思成疾；第四章直叙其相思之苦，至于希望能不相思，从反面说起，更深刻说出其相思之苦。

五十一、有狐

有狐绥绥[①]，在彼淇梁。

心之忧矣，之子无裳。
有狐绥绥，在彼淇厉[②]。
心之忧矣，之子无带。
有狐绥绥，在彼淇侧。
心之忧矣，之子无服。

【注释】

①绥绥：从容独行的样子。《集疏》：《齐诗》“绥”作“夊夊”，行迟貌。

②厉：胡承珙云：“‘厉’当为‘濑’之借字。”(《史记·南越传》：为戈船下厉将军，《汉书》作“下濑”)《说文》：“濑，水流沙上也。”据《齐风·南山》：“雄狐绥。”

解：此诗有以雄狐喻指男而言，这是女慕男之诗。《郑笺》说是妇人丧其配偶，却不一定。

五十二、木瓜

投我以木瓜[①]，报之以琼琚[②]。
匪报也，永以为好也！
投我以木桃，报之以琼瑶[③]。
匪报也，永以为好也！
投我以木李，报之以琼玖[④]。
匪报也，永以为好也！

【注释】

①木瓜：《尔雅》：木瓜，楙木。

②琼：《毛传》：玉之美者。琚：佩玉。

③琼瑶：《毛传》：美玉。

④玖（音久）：《说文》：石之次玉者。一说浅黑色玉石。

解：《朱注》：疑亦男女相赠答之词，如《静女》之类。

国风·王风

五十三、黍离

彼黍离离①，彼稷之苗。行迈靡靡②，中心摇摇③。
知我者，谓我心忧；不知我者，谓我何求。
悠悠苍天④！此何人哉！
彼黍离离，彼稷之穗⑤。行迈靡靡，中心如醉。
知我者，谓我心忧；不知我者，谓我何求。
悠悠苍天！此何人哉！
彼黍离离，彼稷之实。行迈靡靡，中心如噎⑥。
知我者，谓我心忧；不知我者，谓我何求。
悠悠苍天！此何人哉！

【注释】

①彼黍离离：程瑶田《九谷考》云："黍，今之黄米；稷，今之高粱。"离离：王先谦云："离离者，状其有行列也。"《广韵》："穲穲，麦、稷行列也。"

②行迈靡靡：马瑞辰云："《通解》：'《说文》："迈，行远也。"说"文迈"'、"行迈"连言，犹古诗云"行行重行行"也。'"靡靡：《毛传》："犹迟迟也。"行步迟缓貌。

③摇摇：《毛传》："忧无所诉。"形容心神不安。

④悠悠：《毛传》："悠悠，远意。"

⑤穗：《毛传》："穗，秀也。"

⑥噎：《毛传》："忧不能息也。"案：噎有食塞咽喉闭塞。忧深气逆、食

塞咽喉，不能呼吸。

解：《毛传》以为周大夫行役至于宗周，过故宗庙，宫室尽为禾黍，悯周室之颠覆，彷徨不忍去，而作是诗。细玩诗中词句并无悯宗周之意。这诗应与《小星》为一类，是奉使言劳之诗，不过诗中怨天尤人之意显然，诗人是痛恨派遣他出去的统治阶级，对当时的政治是忿恨的。

五十四、君子于役

君子于役[①]，不知其期[②]，曷至哉[③]？
鸡栖于埘[④]，日之夕矣，羊牛下来。
君子于役，如之何勿思！
君子于役，不日不月[⑤]，曷其有佸[⑥]？
鸡栖于桀[⑦]，日之夕矣，羊牛下括[⑧]。
君子于役，苟无饥渴[⑨]！

【注释】

①君子于役：《朱注》：君子，妇人目其夫之词。于役：当差、服劳役。

②期：期限。《毛传》：不知其反期。

③曷：《通解》："诗中'曷'字皆训'何时'。"至：归家。

④埘（音时）：鸡舍，《毛传》："凿墙而栖曰埘。"墙壁上挖洞做成。

⑤不日不月：不止一天一月。《集疏》："不能以日月计。"

⑥有佸（音活）：《毛传》："会也。"相会。《释文》引《韩诗》："佸，至也。"王先谦云："佸、括、会，古声、义并同。"

⑦桀：《毛传》："鸡栖于杙（音义）为桀。"王先谦云："盖乡里贫家编竹禾为鸡栖之具，四无根据，系之于橛（木椿）。"

⑧下括：《朱注》："括，至。"下括是下来的意思。

⑨苟无饥渴：《郑笺》："且得无饥渴。"《朱注》："苟，且也。庶几免于饥渴。"

解：这也是一首妇人思在外行役丈夫的诗，从环境的描写，衬托出她渴盼的情思，所以说“君子于役，如之何勿思”。

五十五、君子阳阳

君子阳阳①，左执簧②，
右招我由房③，其乐只且④！
君子陶陶⑤，左执翿⑥，
右招我由敖⑦，其乐只且！

【注释】

①阳阳：“阳”通作“扬”。《荀子·儒效篇》杨注：“扬，得意之貌。”阳阳，得意状。

②簧：《通解》：“簧亦乐器之一，簧为笙之大者。”

③由房：“由”与“犹”、“谣”，古字通用。《礼记·檀弓》：“咏斯犹。”“犹”亦即歌谣之谣。房：《毛传》：房中之乐。

④只：《玉篇·旨部》引《韩诗》作“旨”云：“旨亦乐也。”“只”、“旨”本通假之字。“且”应当是“此”的意思。《周颂·载芟》传：“且，此也。”“只”通作“旨”，是“是”的意思。“其乐只且”即现代汉语“那个乐是这样子的”。

⑤陶陶：和乐貌。《郑笺》：“陶陶，犹阳阳也。”

⑥翿：《毛传》：“翳也。”《说文》：“翳，翳也。所以舞也。”《郑笺》：“翳，舞者所持以指麾。”（详见《陈风·宛丘》）

⑦由敖：王夫之、俞樾并读“敖”为“骜”。《仪礼》郑注：“骜夏亦乐章也。”

解：这应是描写已婚夫妇闺房之乐的诗，与《郑风》的《女曰鸡鸣》一类。《朱注》：“此诗盖亦前篇《君子于役》妇人所作。”

五十六、扬之水

扬之水①，不流束薪②。彼其之子③，不与我戍申④。

怀哉怀哉，曷月予还归哉？
扬之水，不流束楚。彼其之子，不与我戍甫[⑤]。
怀哉怀哉[⑥]，曷月予还归哉？
扬之水，不流束蒲[⑦]。彼其之子，不与我戍许[⑧]。
怀哉怀哉，曷月予还归哉？

【注释】

①扬之水：扬，激扬也。

②不流束薪：为疑问句。“不流束薪”是“连一束薪也不能流吗？”“流”与“留”同音。

③彼其之子：现代汉语是“就是那个小子”。

④与：“与”与“以”通。“不与我戍申”是“不是他把我派来戍申吗？”戍：《毛传》：“守也。”申：《朱注》：“姜姓之国，平王之母家。”

⑤甫：《朱注》：“甫即吕（国）也。亦姜姓。”

⑥怀：伤也。

⑦蒲：《郑笺》：“蒲柳。”

⑧许：《朱注》：“许，国名，亦姜姓。”

解：这是戍卒思归的诗。他痛骂派遣他的人，他伤心不知哪天才能还归。这虽然是乐章，然一弹再三叹，令人觉着他戍申戍甫又戍许，更加引起人的同情。

五十七、中谷有蓷

中谷有蓷[①]，暵其干矣[②]。有女仳离[③]，嘅其叹矣[④]。
嘅其叹矣，遇人之艰难矣。
中谷有蓷，暵其脩矣[⑤]。有女仳离，条其啸矣[⑥]。
条其啸矣，遇人之不淑矣。
中谷有蓷，暵其湿矣[⑦]。有女仳离，啜其泣矣[⑧]。
啜其泣矣，何嗟及矣[⑨]。

【注释】

①中谷有蓷：中谷，即谷中。蓷（音推）：药草名，陆玑《诗疏》引《韩诗》注："益母草也。"

②暵（音汉）：《说文》引作"滩"，"言水濡而干也。"

③仳（音痞）：《毛诗》："仳，别也。"别离。

④嘅（音慨）：《朱注》："叹声。"叹息。遇人之艰难矣：即嫁个好男人不容易。

⑤脩：《毛传》："且干也。"陈奂云：《说文》："脩，脯也；脯，干肉也。因之凡干皆曰脩矣。"

⑥条：王先谦云："长也。"

⑦湿：王引之说："湿，当作隰，欲干也。"不如王先谦云："蓷本恶湿，今生谷中，水频浸之。首章虽濡旋干，次章且濡且干，三章虽干终湿。"

⑧啜：《韩诗》作"惙"，短气也。

⑨何嗟及矣：胡承珙《毛诗后笺》说："当作嗟何及矣，传写者误倒之。"即嗟叹后悔莫及。

解：这是描写婚后女方遭受离弃的痛苦的诗，是以第三者的口吻，仅从形象上刻画的叹息。

五十八、兔爰

有兔爰爰①，雉离于罗②。我生之初，尚无为；
我生之后，逢此百罹③。尚寐无吪④！
有兔爰爰，雉离于罦⑤。我生之初，尚无造⑥；
我生之后，逢此百忧。尚寐无觉！
有兔爰爰，雉离于罿⑦。我生之初，尚无庸⑧；
我生之后，逢此百凶。尚寐无聪！

【注释】

①爰爰（音缓）：逍遥自在。《毛传》："缓意。"此爰字读如《书·盘庚》"既爰宅于兹"之"爰"，是迁居之意。表示狡兔三窟，不安于其居，引起下文，不是兔缓缓地。

②离：同"罹"，陷，遭难。罗：《毛传》："鸟网为罗。"罗网。

③罹：《毛传》："忧。"

④吪：《说文》："动也。"同"讹"，《尔雅》："讹，动也。"吪、讹皆后出字，古字当作"为"，《说文》："为，母（猕）猴也。其为禽好爪。"

⑤罦（音浮）：覆车网。《尔雅·释器》："罦，覆车也。"郭璞注："今之翻车也。"

⑥造：《通解》："造读为遭，古同音通假。"

⑦罿（音冲）：覆车网。《韩诗》："张车上谓之罿。"罿、罦是同类的东西。

⑧庸：劳役。《尔雅·释诂》："庸，劳也。"

解：这是在平王东迁以后，人民目睹当时政治日趋混乱，统治者更加紧压迫人民，劳役人民，人民不堪其苦所作的政治讽刺诗。据《孟子》"雉兔者住焉"这一句所说的看来，雉、兔同是打猎的对象，所以诗人以雉起兴，不当以兔与雉分别看待。

五十九、葛藟

绵绵葛藟①，在河之浒②。
终远兄弟，谓他人父。
谓他人父，亦莫我顾！
绵绵葛藟，在河之涘③。
终远兄弟，谓他人母。
谓他人母，亦莫我有④！
绵绵葛藟，在河之漘⑤。
终远兄弟，谓他人昆。

谓他人昆，亦莫我闻[⑥]！

【注释】

①绵绵：《毛传》："长不绝之貌。"葛、藟（音垒）：藤类蔓生植物。《释文》："藟，似葛之草。"《陆疏》："一名巨荒，似蘡薁，亦延蔓生；叶似艾，白色；其子赤，可食。"

②浒：《毛传》："水涯曰浒。"

③涘（音四）：水边。《说文》："涘，水涯也。"

④有：《广雅疏证》："古者谓相亲曰有。"亦莫我有，谓莫相亲有也。

⑤漘（音纯）：河岸，水边。

⑥闻：《通解》："闻"古通"问"，闻读如愠问之问。亦莫我问，是莫有人问我。

解：这是东迁以后人民流离失所、无所依附，所作的政治讽刺诗。

六十、采葛

彼采葛兮[①]，一日不见，如三月兮！
彼采萧兮[②]，一日不见，如三秋兮[③]！
彼采艾兮[④]，一日不见，如三岁兮！

【注释】

①葛：草名，蔓生，可以作葛布之用。"彼采葛兮"，即那个采葛的啊！

②萧：草名，蒿也。有香气。

③三秋：通常一秋为一年，后又有专指秋三月的用法。这里三秋长于三月，短于三年，义同三季。

④艾：植物名，蒿属，可供针灸之用。

解：这是暂别相思的恋歌。诗中文义自明。

六十一、大车

大车槛槛①，毳衣如菼②。
岂不尔思？畏子不敢。
大车啍啍③，毳衣如璊④。
岂不尔思？畏子不奔⑤。
穀则异室⑥，死则同穴⑦。
谓予不信，有如皦日⑧。

【注释】

①大车：古代用牛拉货的车。槛槛（音砍）：《毛传》："槛槛，车行声也。"《集疏》："服虔《通俗文》：车声曰槛。"

②毳（音粹）衣：《毛传》："以毳衣为大夫之服。"案，《通解》："《说文》：毳，兽细毛也。罽，西胡毳布也。"罽"通作"罽"，罽衣，盖褐衣之类，取其可以御雨。"毳衣是赶这大车的人所穿的衣服。菼（音坦）：初生的荻苇，形容嫩绿色。《朱注》："菼，芦之始生。毳衣之服，其青者如菼。"

③啍啍（音吞）：重滞徐缓的样子。《毛传》："啍啍，重迟之貌。"

④璊（音门）：红色美玉，喻红色。《说文》："璊，玉，赪色也。"《韩诗》作"㒼"，云："异色之衣也。"

⑤奔：私奔。

⑥穀：《毛传》：穀，生。活着。

⑦穴：墓穴。

⑧如：读为"若"，苦，此也。有如皦日指日为证。皦（音缴）：同皎，光亮。《毛传》：皦，白也。

解：毳衣是褐衣之类，据《七月》"无衣无褐"的句子来看，是劳动人民常穿的衣服，可以确定这诗一二章首二句描写的一位赶车的人。诗中语气是一位女子爱上了这位赶车的人，但他们同是奴隶或农奴，婚姻不得自由，所以女方在暂别后想起他，希望他能逃奔，她指天为誓绝无二心。旧说均非是。

六十二、丘中有麻

丘中有麻，彼留子嗟[①]。
彼留子嗟，将其来施施[②]。
丘中有麦，彼留子国。
彼留子国[③]，将其来食。
丘中有李，彼留之子[④]。
彼留之子，贻我佩玖[⑤]。

【注释】

①留：《通解》："留、刘古通。"根据《毛传》，刘是姓，子嗟是字。

②将：请，愿，希望。《朱注》："愿也。"施施：俞樾云："《颜氏家训·书证篇》：江南旧本悉单为施，正以江南旧本为正。"施，旧说均不妥。当读如《葛覃》"施于中谷"之"施"。《毛传》："施，移也。"是这"施"字的正解。移麻与下章食麦，都含有以实物来相好之意。

③子国：子国也是字。

④彼留之子：即他是刘家的人。

⑤玖：《说文》："石之次玉黑色者。"《朱注》说："此诗是妇人望其所与私者而不来，故疑丘中有麻之处，后有与之私而留之。"

解：这只应是一个女子希望她所爱的人来和她相好的诗。

国风·郑风

六十三、缁衣

缁衣之宜兮[①]，敝，予又改为兮。
适子之馆兮，还，予授子之粲兮[②]。
缁衣之好兮，敝，予又改造兮。
适子之馆兮，还，予授子之粲兮。
缁衣之蓆兮[③]，敝，予又改作兮。
适子之馆兮，还，予授子之粲兮。

【注释】

①缁（音资）衣：《朱注》："缁，黑色。缁衣，卿大夫居私朝之服也。宜，称，合适。"

②粲：《毛传》："粲，餐也。"

③蓆（音席）：宽大舒适。《毛传》："大也。"《朱注》引程子曰："蓆有安舒之意。"

解：旧说以缁衣为好贤之诗，比较允妥，因缁衣为大夫居私朝之服，非一般人之服，下文"适馆"可作证明，为人爱戴，故诗人云"蔽，予又改为兮"。如以为妻对夫言则不应，始改为而且可很快就做一件新的，所以细按诗意，旧说是可从的。

六十四、将仲子

将仲子兮[①]，无逾我里[②]，无折我树杞[③]。

岂敢爱之？畏我父母。
仲可怀也，父母之言亦可畏也。
将仲子兮，无逾我墙[4]，无折我树桑。
岂敢爱之？畏我诸兄。
仲可怀也，诸兄之言亦可畏也。
将仲子兮，无逾我园，无折我树檀。
岂敢爱之？畏人之多言。
仲可怀也，人之多言亦可畏也。

【注释】

①将（音枪）：《毛传》：将，请也。一说发语词。仲子：《朱注》：仲子，男子之字也。同于称二兄。

②逾：越。里：《毛传》：里，居也。

③杞（音起）：木名，即杞柳。又名榉。落叶乔木，树如柳叶，木质坚实。《陆疏》："杞，柳属也。"树桑、树檀：即桑树、檀树。倒文以协韵。

④墙：《朱注》，墙，垣也。古者树下以桑。

解：此诗明言"仲可怀也"，诗中及主角无拒绝之意甚明。逾里逾墙，应系已有之事，否则从何说起？所以据诗意看来，女方只是怕日子久了闲话多，劝仲子另想更妥善的办法来达到他们的目的。他们的恋爱婚姻不自由，可以想见。

六十五、叔于田

叔于田[1]，巷无居人[2]。
岂无居人？不如叔也。洵美且仁[3]。
叔于狩[4]，巷无饮酒。
岂无饮酒？不如叔也。洵美且好。
叔适野，巷无服马[5]。

岂无服马？不如叔也。洵美且武。

【注释】

①于田：《毛传》："田，取禽也。"于田是去打猎。

②巷：《毛传》："巷，里涂也。"《郑笺》："叔往田，国人注心于叔，似如无人处。"

③洵（音询）：真正的，的确。《郑笺》："洵，言也。"

④于狩：《通解》："狩又为田猎之通称。于狩犹于田也。"

⑤服马：《郑笺》："服马犹乘马也。"

解：《朱注》：疑此诗亦民间男女相悦之辞。诗中的"叔"或下首《大叔于田》诗中的"叔"。

六十六、大叔于田

叔于田，乘乘马。执辔如组[①]，两骖如舞[②]。
叔在薮[③]，火烈具举[④]。襢裼暴虎[⑤]，献于公所。
将叔勿狃[⑥]，戒其伤女。
叔于田，乘乘黄。两服上襄[⑦]，两骖雁行[⑧]。
叔在薮，火烈具扬。叔善射忌[⑨]，又良御忌。
抑磬控忌[⑩]，抑纵送忌[⑪]。
叔于田，乘乘鸨[⑫]。两服齐首，两骖如手。
叔在薮，火烈具阜[⑬]。叔马慢忌，叔发罕忌，
抑释掤忌[⑭]，抑鬯弓忌[⑮]。

【注释】

①执辔如组：见《邶风·简兮》注。

②骖（音参）：车辕外侧两马。《郑笺》："在旁曰骖。"

③薮（音擞）：沼泽地。《毛传》："薮，泽。"《释文》引《韩诗》："禽兽居之曰薮。"

④火烈：《朱注》："火焚而射也。烈，炽盛貌。"

⑤襢裼（音檀西）：赤膊。《毛传》："襢裼，肉袒也。""暴虎，空手以搏之。"

⑥狃（音纽）：反复做某事。狃，据《毛传》和《郑笺》是习惯的意思。无狃，是不要习惯这样的意思。

⑦服：中央驾辕的马。《集疏》："《吕览》高注，四马车，两马在中为服。"上襄：王引之云："上者，前也。"襄：陈乔枞云："襄盖驤之借。"上襄犹言并驾于前，即下章之"两服齐首"也。

⑧雁行：王引之云："雁行谓在旁而差后。"即下章之"两骖如手"。

⑨忌：《朱注》："忌，抑。皆语助辞。"

⑩抑：《通解》："抑读为噫，叹辞也。"古"噫"、"抑"、"懿"三字通用。

⑪磬、控、纵、送：俞樾云："磬、控双声，纵、送叠韵。磬即控也。言止马也。送即从也。言骋马也。"

⑫鸨：《毛传》："骊白杂毛曰鸨。其正字当作鴇。"

⑬阜：旺盛。《毛传》："阜，盛也。"

⑭掤：《朱注》："《说文》'掤，矢筒盖'。《春秋传》作'冰'。"（见《左传·昭公十二年》传杜注）

⑮鬯（音唱）：《朱注》："弓囊也。"鬯弓是装到藏弓的口袋中去的意思。这是名词用作动词。

解：诗中的"叔"，应即《叔于田》中之"叔"，这位青年骑士，他既勇武有力，可以为人民除害，又能射善御。其打猎时的描写既具体，又夸张，富于文学色彩。

六十七、清人

清人在彭[1]，驷介旁旁[2]。
二矛重英[3]，河上乎翱翔。
清人在消，驷介麃麃[4]。
二矛重乔[5]，河上乎逍遥。

清人在轴，驷介陶陶⑥。

左旋右抽⑦，中军作好⑧。

【注释】

①清人在彭：《朱注》："清，郑邑名。彭、消、轴，河上地名。"

②驷介：《朱注》："驷介，四马而被甲也。旁：《说文》作'騯'，马盛也。"

③矛：《说文》："矛，酋矛也，长二丈。英，刻画也。"

④麃麃：《毛传》："武貌。"

⑤乔：《集疏》："乔，《韩诗》作'鷮'"（一名长尾雉）。《通解》："谓以鷮羽为重饰。"

⑥陶陶：《通解》："陶陶，《说文》：'騊，马行貌。'"陶、騊同。

⑦旋：《通解》："旌旗之指挥亦曰旋。"抽：《说文》引作"搯"，云："拔兵刃以习击刺也。"

⑧中军作好：《毛传》："居军中为容好。"

解：这一首诗据《春秋·闵公二年》及《左传》，是郑人讽刺"郑弃其师"的诗。《左传·闵公二年》云："郑人恶高克，使帅师次于河上，久而弗召，师溃而归。高克奔陈。郑人为之赋《清人》。"

六十八、遵大路

遵大路兮，掺执子之袪兮①，

无我恶兮，不寁故也②！

遵大路兮③，掺执子之手兮，

无我魗兮④，不寁好也⑤！

【注释】

①掺（音闪）：执。《通解》："掺即操字，隶（体）变为掺。汉议郎宾碑，即有殊掺；以掺为操。"

②寁（音赞或捷）：迅速。俞樾云："寁之言接也。寁以妻声，接从妾声，两声相近，诗言无以恶我丑我之故，而不接续故旧之情好也。"也：《释文》："一本作兮。"

③路：王引之云："二章'路'字当作'道'，与手、丑、好，为韵，凡诗次章全变首章之韵，则第一句先变韵。"

④䰩：《孔疏》："'䰩'与'丑'古今字。"

⑤好：旧好。

解：这是一首女子失恋而欲续旧好的诗。

六十九、女曰鸡鸣

女曰鸡鸣，士曰昧旦①。子兴视夜②，明星有烂③。
将翱将翔④，弋凫与雁⑤。
弋言加之⑥，与子宜之⑦。宜言饮酒，与子偕老。
琴瑟在御，莫不静好⑧。
知子之来之⑨，杂佩以赠之⑩。
知子之顺之⑪，杂佩以问之⑫。
知子之好之，杂佩以报之。

【注释】

①昧旦：天色将明未明之际。《说文》："昧，闇也。""旦，明也。"昧旦为未大明貌，直译为"黑亮"或"麻亮"，昧旦的时间比鸡鸣晚。

②兴：起。

③明星：启明星。《朱注》："明星，启明之星。"光日而出也。有烂：粲烂。

④将：案：将，相也。

⑤弋（音贻）：射箭，以生丝系矢。《朱注》："弋缴，射，谓以生丝击矢而射也。凫，水鸟如鸭，青色，背上有纹。

⑥加：《朱注》："加，中也。"

⑦宜：《毛传》："宜，肴也。"案："宜"字古写作"俎"，"宜"即"俎"

字，中为俎实，故“宜”可以解释为“肴”。

⑧案：静与“静女”之“静”同，当作“善”解。

⑨来：王引之云：“来，读为劳来之来。”慰劳之意。

⑩《朱注》：“杂佩，左右佩玉也。”《毛传》：“杂佩者，珩、璜、琚、瑀、冲牙之类。（珩，平；璜，半璧；琚，赤色；瑀，白色；冲在中，牙其旁）”《郑笺》：赠，送也。（“赠”读如“载”）

⑪顺：《朱注》：“顺，爱也。”

⑫问：赠送。《集疏》：“《左传·哀公二十六年》‘卫侯以弓问子贡’，皆遗人物谓之问。”

解：这诗描写一对感情笃好的猎人夫妇，在他们日常生活中的一瞥，首二章以个别的事为例，第三章是概括的描写。

七十、有女同车

有女同车，颜如舜华①，
将翱将翔，佩玉琼琚②。
彼美孟姜，洵美且都③。
有女同行，颜如舜英④，
将翱将翔，佩玉将将⑤。
彼美孟姜，德音不忘⑥。

【注释】

①舜：植物名，即芙蓉花，又名木槿。《吕览·仲夏纪》高注：“木槿树高五六尺，其叶与安石榴相似，花可用作蒸，杂家谓之朝生，一名蕣。”

②琚：见《木瓜》篇注。

③都：闲雅。《毛传》：“都，闲也。”

④英：《毛传》：“英犹华也。”

⑤将将（音枪）：即锵锵。《集疏》：“《鲁诗》‘将’作‘锵’。王逸《楚辞·九歌》注：“锵，佩玉声也。”

⑥忘：王引之云：亡犹已也，作忘者假借字。

解：这是一首男子所作的怀念女方的恋歌。

七十一、山有扶苏

山有扶苏①，隰有荷华。
不见子都②，乃见狂且③。
山有乔松④，隰有游龙⑤。
不见子充⑥，乃见狡童。

【注释】

①扶苏：以第二章“乔松”例之，是指的大树。扶苏古书多作“扶疏”，是大树枝叶分布的意思。这里是以形容性区别词作名词用。(《集疏》依《毛传》段玉裁、胡承珙诸家说亦定为大木)

②子都：《毛传》：“世之美好者也。”

③且：《通解》：“且读为怚。《说文》：‘怚，骄也。’狂且谓狂而骄者。”案：且当读如驵，《后汉书·郭泰传》注引《说文》，一曰驵侩也。《吕览·尊师》：“段干木，晋国之大驵也。”可见市侩之称古已有之。

④乔松：乔即高，古字通。

⑤游龙：植物名。即荭草。《毛传》：“龙，荭草也。”《陆疏》：“叶大而赤色，生水泽中，高丈余。”

⑥子充：同“子都”意。《孟子》：“充实之谓美。”诗句是说山上的、水下的、人间的，都有可爱好的事物，但是没有看见，偏偏遇着了这个市侩、狡童。

解：这诗应是女方戏弄男子之词，她骂他是市侩，也有诮骂的成分。

七十二、箨兮

箨兮箨兮①，风其吹女②。

叔兮伯兮[3]，倡予和女[4]。
萚兮萚兮，风其漂女[5]。
叔兮伯兮，倡予要女[6]。

【注释】

①萚（音拓）：脱落的木叶。《毛传》：“萚，槁。”《郑笺》：“槁谓木叶落也。”

②女：《朱注》：“女，指萚而言也。”

③叔：《朱注》：“叔，伯，男子之字。”

④倡予和女：《朱注》：“予，女子自予也。女，叔伯也。”倡予和女，是“予唱女和”的意思。

⑤漂：《朱注》：“漂，飘同。”

⑥要：《毛传》：“要，成也。”这是以“要”为完成的意思。要女：你们来完成吧。《通解》：“要，会也。”《礼记·乐记》：“要，其节奏。”《郑注》：“会也。”这是会合之意。要女，你们来合唱吧。这样解释较好。

解：这应是一首在扬场时女方对男方所作挑战的歌。女方先唱起来，要求男方合唱。

七十三、狡童

彼狡童兮，不与我言兮。
维子之故，使我不能餐兮？
彼狡童兮，不与我食兮。
维子之故，使我不能息兮[1]？

【注释】

①息：《朱注》：“息，安也。”

解：这一首诗在表面上看来是失恋的诗，但与《日月》、《终风》等诗不同，没有伤感的情调。

七十四、褰裳

子惠思我①，褰裳涉溱②。
子不我思，岂无他人？
狂童之狂也且③！
子惠思我，褰裳涉洧④。
子不我思，岂无他士⑤？
狂童之狂也且！

【注释】

①惠：《毛传》：“惠，爱也。”

②褰（音千）：揭起。褰，《说文》作“攐”，云抠衣（提衣使起）也。溱：郑国水名，源出河南密县。本名潧。

③且：《通解》：“且”读为“怚”，骄也。言其狂而且骄。

④洧：亦水名。溱水东北流至新郑与洧水合。洧水出河南登封县。

⑤他士：《郑笺》：“他士，犹他人也。”

解：这一首也应是女子对她的情人所作的戏谑之诗。

七十五、丰

子之丰兮①，俟我乎巷兮②。悔予不送兮③！
子之昌兮④，俟我乎堂兮⑤，悔予不将兮⑥！
衣锦褧衣⑦，裳锦褧裳。叔兮伯兮⑧，驾予与行！
裳锦褧裳，衣锦褧衣。叔兮伯兮，驾予与归。

【注释】

①丰：《毛传》：“丰，丰满也。”

②巷：《毛传》：“门外也。”

③不送：《通解》：“不送，不相随也。”致女曰送，亲迎曰逆。

④昌：《毛传》：“盛妆貌。”

⑤堂：《集疏》：“一里之巷，巷外有门，门侧有堂。”

⑥将：《郑笺》：“将，亦送也。”

⑦褧（音窘）：妇女出嫁时御风尘用的麻布罩衣，即披风。见《卫风·硕人》篇注。

⑧叔兮伯兮：《传疏》：“从者也。”

解：《毛诗序》说这首诗是“刺乱”，是“阳倡而阴不和，男行而女不随”。据诗意来看，表面好像是亲迎不行，既而悔之。但实际并不如此。戴震以为“婚姻而卒有变志，非男女之情”，诗言迎者之美“固所愿嫁也”，可见并不是真的亲迎不行，既而悔之。只是最初羞涩不自立，而终于打破了这一关。

七十六、东门之墠

东门之墠[①]，茹藘在阪[②]。
其室则迩，其人甚远。
东门之栗[③]，有践家室[④]。
岂不尔思？子不我即[⑤]。

【注释】

①墠（音善）：土坪。《集疏》：“《韩（诗）》说曰：‘墠，犹坦也。’《说文》：墠下云：‘野土也。’坦下云：‘安也。’言其地平安无险阻也。”

②茹藘（音如虑）：草名。即茜草，可作红色染料。《集疏》：“茹藘，茅搜也。一名苦，可以染绛。”阪（音板）：坡。《说文》：“陂者曰阪。”

③栗：栗树。《毛传》：“行（道）上栗也。”

④践：《集疏》：“《韩（诗）》践作‘靖’，云：栗，木名。靖，善也。”有践家室是有个好的家。

⑤即：《郑笺》：“即，就也。”

解：这是女子思慕男子所作的诗。

七十七、风雨

风雨凄凄[1]，鸡鸣喈喈。
既见君子，云胡不夷[2]！
风雨潇潇[3]，鸡鸣胶胶[4]。
既见君子，云胡不瘳[5]！
风雨如晦[6]，鸡鸣不已[7]。
既见君子，云胡不喜！

【注释】

①凄凄：《孔疏》："凄凄，寒凉之意。"

②云胡不夷：《毛传》："胡，何。夷，说也。"案，云当训为有，"云胡不夷"是"有什么不喜欢呢？"的意思。

③潇潇：《毛传》："潇萧，暴疾也。"

④胶胶：鸡叫的声音。胶，三家作"嘐"。

⑤瘳：病好，病痊愈。俞樾云："瘳当为憀，憀与聊字义同，聊，乐也。"

⑥如：《传疏》："如，犹而已。"晦：《毛传》："晦，昏也。"

⑦已：《郑笺》："已，止也。"

解：在风雨如晦、鸡鸣不已的环境中，妇人思念她的丈夫，忽然得见了她所想念的人。

七十八、子衿

青青子衿[1]，悠悠我心。
纵我不往，子宁不嗣音[2]！
青青子佩[3]，悠悠我思。
纵我不往，子宁不来！
挑兮达兮[4]，在城阙兮[5]。

一日不见，如三月兮！

【注释】

①衿：衣领。《释文》：“衿，本亦作襟。”

②嗣音：传音讯。嗣，《释文》引《韩诗》作“诒”，云：“寄也，曾不寄问也。”

③青青子佩：《毛传》：“佩，佩玉也。”《孔疏》：“青青谓组绶也。”（绶者，所以贯佩玉相承受也）

④挑达：《通解》：“挑达双声字。谓行不相遇也。”《集疏》：“挑达又作叜达。”《说文》：叜，滑也。达，行不相遇也。”今案，滑有滑脱之意，“挑兮达兮”可解作“滑脱了啊！碰不着啊”。

⑤城阙：正门两旁之楼。《尔雅·释宫》：“观谓之阙。”在诸侯南城之两边，有楼台可以观望，故谓之观。

解：这一首诗写的是暂别的相思，诗中主角想着她的情人能来，或者带个消息来，她自己更在城阙眺望。终于不见他来，她只有长叹一声“一日不见，如三月兮”。一、二章所写的也只是一日之间的心理。

七十九、扬之水

扬之水，不流束楚①。
终鲜兄弟，维予与女②。
无信人之言，人实迋女③！
扬之水，不流束薪。
终鲜兄弟，维予二人。
无信人之言，人实不信！

【注释】

①激扬之水，不流束楚：是表示有疑问的意思。不流束楚是疑问句，

“不”非发声字。

②维：同惟。

③迂：《朱注》：“迂，与诳同。”

解：这是妻劝夫之词，从诗的起兴看来，他们的处境是在艰苦的时间，她劝他勿信谗言，不要受了别人的欺骗。

八十、出其东门

出其东门，有女如云。
虽则如云，匪我思存。
缟衣綦巾①，聊乐我员②。
出其闉阇③，有女如荼④。
虽则如荼，匪我思且⑤。
缟衣茹藘⑥，聊可与娱。

【注释】

①缟（音稿）：白色；素白绢。《毛传》：“缟衣，白色。”綦（音机）：暗绿色。《毛传》：“綦巾，苍艾色。”《郑笺》：“作者之妻服也。”

②员：《通解》：“《广雅》：员，有也。”

③闉阇（音因都）：城外曲城的重门。《毛传》：“闉，曲城也。阇，城台也。”

④荼：《汉书·礼乐志·郊祀歌》：“颜如荼。”应劭注：“荼，野菅，白华也。”

⑤且：《释文》音徂，通作徂。徂，往也。《郑笺》：“犹非我思存也。”

⑥茹藘：茜草。《郑笺》：茹藘，“茅蒐，染巾也。”《集疏》：“不言巾者省文。”

解：这是男子对他爱有所专的女子的歌唱，缟衣綦巾刻画出一个节俭、朴素、美丽姑娘的形象。

八十一、野有蔓草

野有蔓草[①]，零露漙兮[②]。
有美一人，清扬婉兮[③]。
邂逅相遇[④]，适我愿兮。
野有蔓草，零露瀼瀼[⑤]。
有美一人，婉如清扬[⑥]。
邂逅相遇，与子偕臧[⑦]。

【注释】

①蔓（音万）：茂盛。《毛传》："蔓，延也。"

②零：《郑笺》："零，落也。"漙：《释文》"'漙'，本亦作'团'。"《后笺》："《说文》无漙：字，古止作团。"

③清扬：《集疏》："清扬犹清明也。"婉：《毛传》："婉，婉然美也。"

④邂逅（音谢后）：不期而遇，喜悦也。王先谦疏："思见其人，求而忽得，则志意开豁，欢然相迎，即所谓邂逅矣。"

⑤瀼（音瓤）：形容露水多。《毛传》："瀼瀼，盛貌。"

⑥如：《集疏》读"如"为"然"。

⑦臧：《毛传》："臧，善也。"

解：这是一首描写情人不期而遇，喜悦而两情相好的恋歌。

八十二、溱洧

溱与洧[①]，方涣涣兮[②]。士与女，方秉蕑兮[③]。
女曰观乎？士曰既且[④]，且往观乎？
洧之外，洵訏且乐[⑤]！
维士与女，伊其相谑，赠之以勺药。
溱与洧，浏其清矣[⑥]。士与女，殷其盈兮[⑦]。
女曰观乎？士曰既且。且往观乎？

洧之外，洵訏且乐！

维士与女，伊其将谑[8]，赠之以勺药。

【注释】

①溱（音针）、洧（音伟）：郑两水名，见前《褰裳》注。

②涣涣：《毛传》：“涣涣，春水盛也。”

③《集疏》：“《韩》说曰：‘溱与洧，说（悦）人也。郑国之俗，三月上巳之日，于两水之上，招魂续魄，拂除不祥，故诗人愿与所说者俱往也。’又《韩》云：秉，执也。蕳，兰也。当此盛流之时，众士与兴众女，执兰而祓（拂）除邪恶。”

④既且：《郑笺》：“既，已也。”《通解》：“‘既且’是‘暨’字之伪”，说“既”是“再”的意思。“既且”是“再去”的意思。今案此三说皆不甚确。“既”与“即”古字通。“且”与“徂”通，二字连言，意即“就去”。女的问道：“去看看吗?”男的如答应“已去过了”，或是“再去”，是士与女原不相识，勉强人去不大合理。如说“就去”，是他们感情本来很融洽，一方提议，一方面即痛快地说就去，毫无原不相识勉强人去之意。“既”、“即”通用，古有其例。

⑤訏：《尔雅》：“吁，大也。”

⑥浏：《毛传》：“浏，深貌。”

⑦殷《毛传》：“殷，众也。”

⑧将谑：《通解》：“将谑，犹相谑也。”

解：这首诗三家诗说已认为是男女相悦之词。有情，有景，有动态，有语言，形象显见。

国风·齐风

八十三、鸡鸣

鸡既鸣矣，朝既盈矣。
匪鸡则鸣，苍蝇之声。
东方明矣，朝既昌矣①。
匪东方则明，月出之光。
虫飞薨薨②，甘与子同梦。
会且归矣，无庶予子憎③。

【注释】

①昌：《朱注》："昌，盛也。"

②薨薨：《集疏》："此代君谓其夫人之词。"薨薨，众多貌。

③庶：《通解》："庶，幸也。"《大雅·抑》诗"庶无大悔"，"无庶"即"庶无"之倒文。《通解》："《正义》引定本作'无庶与子憎'。按与犹贻也。"

解：这一首诗是诅咒齐君荒淫无耻的诗。他和另一女子幽会，早眠不起。女的用鸡鸣了、天亮了、朝上的人满了，劝他早起上朝，但他推托是"苍蝇之声"，"月出之光"。还说，"虫飞薨薨，甘与子同梦"。诗中最后用女方的口吻，说是朝会的人将散了，希望他不要让人讨厌。全诗是用对话的方式活画出那荒淫无耻君王不上早朝的情况。

八十四、还

子之还兮[①]，遭我乎猺之间兮[②]。
并驱从两肩兮[③]，揖我谓我儇兮[④]。
子之茂兮[⑤]，遭我乎猺之道兮。
并驱从两牡兮，揖我谓我好兮。
子之昌兮[⑥]，遭我乎猺之阳兮。
并驱从两狼兮，揖我谓我臧兮。

【注释】

①还（音玄）：轻捷貌。《毛传》："还，便捷之貌。"《韩》诗作"璇"，云"好貌"。王念孙云："《韩》说是也。二章子之茂兮，三章子之昌兮，昌、茂皆好则还亦好也。"

②遭：《韩诗传》："遭，遇也。"猺（音挠）：《毛传》："猺：山名（在临淄县南）。"

③从：《毛传》："从，逐也。"肩：《毛传》："兽三岁曰肩。"

④儇：《毛传》："儇，利也。"《释文》引《韩诗》作"婘"，云"婘，好貌"。王念孙云："《韩诗》说是也。二章言好，三章言臧，臧与好同义，则婘同也。"

⑤茂：《毛传》："茂，美也。"

⑥昌：《毛传》："昌，盛也。"

解：猎人互相赞美。章潢评此诗："子之还兮"，己誉人也，"谓我儇兮"，人誉己也。并驱则人己皆有能也，寥寥数语自具分合之妙：猎固便捷，诗亦轻利，神乎。

八十五、著

俟我於著乎而[①]，充耳以素乎而[②]，
尚之以琼华乎而[③]。俟我于庭乎而[④]，

充耳以青乎而，尚之以琼莹乎而[5]。
侯我於堂乎而，充耳以黄乎而，尚之以琼英乎而[6]。

【注释】

①著：《集疏》："著与宁通。"《尔雅·释宫》：门屏之间为宁，是伫立等待的地方。这诗是描写亲迎的诗，是女子初见女婿等待在门屏之间的情况。乎而：语助词。全句可释为等待我在着那儿呢！

②充耳：是古代的男女帽旁的一种装饰。戴帽的时候，用一根长簪横插在发髻上露出帽外，在簪的两头，略垂一条白青色或黄色的绳到两耳旁（名"紞"），在绳的末端各系上一块玉石，名瑱。因瑱当耳，所以名充耳。

③尚：《朱注》："加也。"琼华：美石似玉者。

④庭：大门之内，寝门之外。

⑤琼莹：《毛传》："石似玉。"

⑥琼英：《朱注》："美石似玉者。"

解：这是记女子初见夫婿的诗，诗三章只是变文押韵，不是在三处等待，充耳由素变为青黄，也只是变文押韵。不可能由一人在一时一地由素变为青黄，此诗为乐章之证明。

八十六、东方之日

东方之日兮[1]，彼姝者子[2]，在我室兮。
在我室兮，履我即兮[3]。
东方之月兮[4]，彼姝者子，在我闼兮[5]。
在我闼兮，履我发兮[6]。

【注释】

①东方之日兮：《文选注》引《韩诗》薛君章句："诗人言所说者颜色盛美，如东方之日。"《通解》："《神女赋》云：'其始出也，耀乎若白日，初出照屋梁。'即本此诗意。"

②姝：《说文》："姝，美也。"

③履我即兮：《朱注》："履，蹑。即，就也。言此女蹑我之迹而相就也。"《通解》："即，就也，谓就所止之处，即，行也。即为就亦为行。"案：蹑更有追意，《文选·籍田赋》注引《说文》，"蹑，追也。"

④马瑞辰云："古者喻人颜色之美，多取譬于日月，诗'日出皎兮'传'妇人有美白皙也。'《神女赋》：'其少进也，皎若明月舒其光。'皆其义。"

⑤闼（音榻）：《毛传》："闼，门内也。"

⑥发：《毛传》："发，行也。"《通解》谓"即"读为"节"，以礼我之节制，"发"读为"法"，以礼为我检束。或说："即"为"次"，"发"为"茇"，皆舍也。履：蹑也。蹑我之迹而求舍于我也。皆非是。

解：这诗是两情相好的恋歌。

八十七、东方未明

东方未明，颠倒衣裳。
颠之倒之，自公召之[1]。
东方未晞[2]，颠倒裳衣。
倒之颠之，自公令之[3]。
折柳樊圃[4]，狂夫瞿瞿[5]。
不能辰夜[6]，不夙则莫[7]。

【注释】

①自：从也。

②晞：《毛传》："明之始升。""晞"者"昕"之假借，《说文》：'昕，旦明，日将出也，读若希。'"昕"与"晞"一声之转。"

③令：当是使令之令。

④柳：《朱注》："杨之下垂者。"《毛传》："柔脆之木。"樊：藩也。圃：菜园也。全句是折柳来作菜园的藩篱的意思。

⑤瞿瞿：《集疏》："瞿瞿者，(䀠)(䀠)之借字，《说文》(䀠)下云：'左右视之也。'"这是说叫他们早起就来折柳做圃的篱笆，还有狂夫在

那里看守着。狂夫是骂那个监工的人。

⑥辰：《毛传》："辰，时。"时与"司"、"伺"同，是看守着的意思。

⑦不夙则莫：是说不是早了，就是晚了。

解：这是人民怨恨齐君起居无节，号令不时，致使他们忙得早晚不宁的政治讽刺诗。

八十八、南山

南山崔崔①，雄狐绥绥②。
鲁道有荡③，齐子由归④。
既曰归止，曷又怀止？
葛屦五两⑤，冠緌双止⑥。
鲁道有荡，齐子庸止⑦。
既曰庸止，曷又从止⑧？
蓺麻如之何⑨？衡从其亩⑩。
取妻如之何？必告父母。
既曰告止，曷又鞠止⑪？
析薪如之何？匪斧不克。
取妻如之何？匪媒不得。
既曰得止，曷又极止⑫？

【注释】

①南山：齐南山也。崔崔：山势高峻。崔，据《易林》即崔嵬。

②绥绥：行迟貌，见《有狐》篇注。

③荡：平坦。《毛传》："荡，平易也。"

④齐子：《毛传》："文姜也。"是齐襄公之妹，鲁桓公夫人。

⑤五两：《传疏》："五疑读为午（纵横相交），'五两'犹'午绞'（《说文》：緉，履两枚也），谓屦綦也。《魏风·葛屦》之'纠纠'也。"全句可译为"葛屦用双绳纵横相绞"。这是说贫穷的人结婚成双对。

⑥冠緌双止：《集疏》：“《礼内则》注，緌者缨之饰。”全句是“系在脖子上的帽缨子是成双的”的意思，这是说有钱的人结婚也应当夫妇和睦。

⑦庸：《毛传》：“庸，用也。”《郑笺》：用此道文姜嫁于鲁。

⑧从：相从。是随从鲁桓入齐。

⑨蓺（音异）：种植。“蓺”即“艺”，《毛传》：“树（种）也。”

⑩衡从：即“横从”。贾思勰《齐民要术》：“凡种麻，耕不厌熟，纵横七遍以上，则麻叶盛也。”

⑪鞠：《毛传》：“穷也。”《传疏》：“言夫道穷。”

⑫极：《毛传》“极，至也。”

解：这诗是讽刺文姜和齐襄公的诗。他们兄妹淫通，嫁后又常来齐，并谋杀了鲁桓公。所以遭到两国人民的愤怒，在《齐风》有这样的讽刺其最高统治者的诗。

八十九、甫田

无田甫田①，维莠骄骄②。
无思远人，劳心忉忉③。
无田甫田，维莠桀桀④。
无思远人，劳心怛怛⑤。
婉兮娈兮，总角丱兮⑥。
未几见兮，突而弁兮⑦。

【注释】

①田：《朱注》：“谓耕治之也。”这是名词作动词用。甫：《毛传》：“甫，大也。“这句诗是说不要耕种大田。

②骄：《集疏》：“鲁作乔。诸经‘乔’、‘骄’多通假。”《释诂》：“乔，高也。”

③忉忉（音刀）：忧劳貌。《毛传》：“忉忉，忧劳也。”

④桀：《通解》：“桀读如《硕人》‘葭菼揭揭’之揭，高举也。”

⑤怛怛（音达）：悲伤。《毛传》：“怛怛，犹忉忉也。”

⑥丱：《集疏》：“丱兮像两角之貌。”参见《卫风·氓》“总角”注。

⑦突而：《集疏》：“突而与突如同，正义作突若，犹突然也。”弁（音辨）：《毛传》：“弁，冠也。”

解：这是女子想念远别的一个男子的诗，想到很久未见面，他该长得更高大了。

九十、卢令

卢令令[1]，其人美且仁。
卢重环[2]，其人美且鬈[3]。
卢重鋂[4]，其人美且偲[5]。

【注释】

①卢：《毛传》：“卢，田犬。”猎犬，黑犬。《孔疏》引《战国策》：“韩国卢，天下之骏犬也。”令令：铃声。《说文》：“令，引作獜，健也。”

②重环：《毛传》：“重环，子母环也。”

③鬈（音全）：《毛传》：“鬈，好貌。”《郑笺》：“当读为权，勇壮也。”

④重鋂（音梅）：一个大环套两个小环。《毛传》：“鋂，一环贯二也。”

⑤偲（音猜）：《毛传》：“偲，才也。”

解：这是赞美猎人的诗。这诗上一句写猎犬，犬行在前；下一句写猎人，人行在后，寥寥二语，章法不乱，传神在后一句。

九十一、敝笱

敝笱在梁[1]，其鱼鲂鳏[2]。
齐子归止，其从如云。
敝笱在梁，其鱼鲂鱮[3]。
齐子归止，其从如雨。

敝笱在梁，其鱼唯唯[④]。

齐子归止，其从如水。

【注释】

①敝笱：破旧鱼网，喻文姜。

②鳏：《毛传》："鳏，大鱼。"王引之云："即《尔雅》之鲩，一作鲲。"

③鱮：《孔疏》引《义疏》："鱮似鲂厚而头大，鱼之不美者。"今谓之鲢。

④唯唯：《毛传》："出入不制水。"《通解》："读如恣睢之睢。"

解：这一首诗与下一首诗应都是刺鲁庄公夫人齐哀姜秽行的诗。

九十二、载驱

载驱薄薄[①]，簟笰朱鞹[②]。鲁道有荡，齐子发夕[③]。

四骊济济[④]，垂辔沵沵[⑤]。鲁道有荡，齐子岂弟[⑥]。

汶水汤汤[⑦]，行人彭彭[⑧]。鲁道有荡，齐子翱翔[⑨]。

汶水滔滔[⑩]，行人儦儦[⑪]，鲁道有荡，齐子游敖。

【注释】

①薄薄：《毛传》："疾驱声也。"《集疏》："薄薄，薄之言迫也。"

②簟（音电）：《毛传》："簟，方文席也。车之蔽曰茀。"笰（音浮）：车帘。《朱注》："茀，车后户也。朱漆也。"鞹：兽皮之去毛者。《通解》："朱鞹，以朱革覆轼也。"

③发夕：《通解》："夕读为释，'发释'谓出行也。"

④骊：《说文》："骊，马深黑色。"济济：《传疏》："济济，犹齐齐也。"

⑤沵沵（音你）：柔和。《传疏》："《玉篇》：䩦，乃米切。辔垂貌。沵即䩦之借。"

⑥岂弟（音凯替）：出发。《尔雅·释言》："岂弟，发也。"《郑笺》："岂弟犹言发夕。"

⑦汶水：《朱注》："在齐南鲁北二国之境。"汤汤：《氓》篇《毛传》："大貌。"

⑧彭彭：《毛传》："多貌。"

⑨翱翔：此处为游逛之意，与下文游敖义近。

⑩滔滔：水流浩荡。《毛传》："（水）流貌。"

⑪儦儦（音标）：《毛传》："儦儦，众貌。"

解：这诗是说齐襄公女儿嫁到鲁国，但途中故意迟迟不入鲁境，逼迫鲁庄公答应她的条件。

九十三、猗嗟

猗嗟昌兮[①]，颀而长兮[②]。抑若扬兮[③]，
美目扬兮，巧趋跄兮[④]，射则臧兮。
猗嗟名兮[⑤]，美目清兮。仪既成兮，
终日射侯[⑥]，不出正兮[⑦]。展我甥兮[⑧]。

猗嗟娈兮，清扬婉兮。舞则选兮[⑨]，
射则贯兮，四矢反兮[⑩]，以御乱兮。

【注释】

①猗嗟：《毛传》："叹辞。"是"我们现在说啊呀！"之意。《郑笺》："昌，佼好貌。"

②颀而：颀然也。长貌。

③抑：《毛传》："抑，美色。"《述闻》："抑与懿古字通。"扬：额角丰满。

④巧趋：轻巧地疾走。跄：趋步摇曳生姿。《毛传》："跄，巧趋貌。"《说文》："跄，动也。"

⑤名：俞樾云："名犹明也。"昌盛之意。

⑥侯：侯是练习射箭挂起的一块方布，当靶用。《朱注》："侯，张布而射之者也。"

⑦正（音征）：正是射靶上的更小的目标。靶中心。《朱注》："正，设的

于侯中而射之也。”

⑧展：《郑笺》：“诚也。”

⑨选：《毛传》：“齐。”《述闻》：“谓舞者之齐于乐节也。”

⑩反：《郑笺》：“反，复也。礼，射三而止。每射四矢，皆得其故处。”《集疏》：“如《笺》所云，是（《周礼》）保氏五射所谓参连者也。（《周礼》）贾疏释‘参连’云：‘前放一矢，后三矢连续而去。’”

解：这一首诗刻画的是鲁文姜子，齐国之外甥鲁庄公射箭技术的诗。《朱注》引吕氏祖谦说：“此诗三章，讽刺之意皆在言外。”

国风·魏风

九十四、葛屦

纠纠葛屦①，可以履霜。
掺掺女手②，可以缝裳。
要之襋之③，好人服之。
好人提提④，宛然左辟⑤，
佩其象揥⑥。维是褊心⑦，
是以为刺。

【注释】

①纠纠：《说文》："纠"下云："绳三合也。"纠纠，复叠词，缠绕之意。

②掺掺（音仙）：《韩诗》作"纤纤"。《朱注》："掺掺，犹纤纤也。"

③要：《朱注》："要，裳腰。"襋（音及）：《说文》："襋，衣领也。"

④提提（音时）：《朱注》："提提，安舒之意。"

⑤宛然：《朱注》："宛然，让之貌也。"左辟：《通解》："左辟，行路与人相值，避于左侧也。"

⑥象揥（音替）：以象牙做成之搔首。

⑦是：此也。《三国志·向夔传》注引作"唯此"。褊：《集疏》：《说文》"急"下云："褊也。""褊"下云："衣小也。"《广韵》："褊，衣急。"贾谊书："反裕为褊。"褊小、褊陋，皆自衣旁推之。是心地狭窄之意。

解：这是一首政治讽刺诗，在末句说得很明显。作者似为缝衣女恭恭敬敬。“好人”是反言，是不好的人。

九十五、汾沮洳

彼汾沮洳[①]，言采其莫[②]。彼其之子，美无度[③]；
美无度，殊异乎公路[④]。
彼汾一方，言采其桑。彼其之子，美如英；
美如英[⑤]，殊异乎公行。
彼汾一曲，言采其藚[⑥]。彼其之子，美如玉；
美如玉，殊异乎公族。

【注释】

①汾：《朱注》：“汾，水名也。出太原府晋阳山，西南入河。”沮洳：《集疏》：“沮洳，即渐洳，沮、渐双声字。”《广雅》：“渐洳，湿也。”犹言汾旁之湿地矣。

②莫：草名。即酸模，又名羊蹄菜。多年生草本，有酸味。《陆疏》：莫，似柳，叶厚而长，有毛刺，始生可以为羹，《五方通》谓之“酸迷”。《通解》：“《本草》‘羊蹄’，陶隐居注：‘又一种极相似而味酸，呼为酸摸。’即‘酸迷’之声转。”

③度：衡量，尺度。

④公路：官名。掌诸侯的路车。公行（音杭）：官名。掌诸侯的兵车。《通解》：“公路、公行、公族，皆在公之行列也。”

⑤英：《通解》：“如玉同。英亦玉也。”

⑥藚（音序）：即泽泻草。多年生草本，地下球茎可入药。《陆疏》：“藚，今泽泄也。”

解：这首诗是女子想念男子之诗，她赞爱人的品质才能超过贵族将军。

九十六、园有桃

园有桃，其实之殽[①]。心之忧矣，我歌且谣[②]。

不我知者，谓我士也骄。
彼人是哉[3]，子曰何其[4]？
心之忧矣，其谁知之？其谁知之，盖亦勿思[5]。
园有棘[6]，其实之食。心之忧矣，聊以行国[7]。
不我知者，谓我士也罔极。
彼人是哉，子曰何其？
心之忧矣，有谁知之？有谁知之，盖亦勿思。

【注释】

①殽：《朱注》："殽，食也。"

②歌、谣：《毛传》："曲合乐曰歌，徒歌曰谣。"

③彼人：《郑笺》："彼人，谓君也。"

④其：《朱注》："其，语辞。"

⑤盖（音何）：通盍，何。《集疏》："盖与盍同。皆训'何不'。"王引之云："凡言盍亦者，以亦为语助。"案："盖亦勿思"可译作"何不也就不想他"，这是"强自解说之词"。

⑥棘：指酸枣。《毛传》："棘，枣也。"《集疏》："聊，愿也。行国，去国。罔极，失其中正之心。"案："罔极"应该也是不一心一德的意思。

解：诗中的"我歌且谣"，"聊以行国"，彷佛如屈原的行吟泽畔，远游他方。"彼人是哉，子曰何其"是对统治者表示疑问。

九十七、陟岵

陟彼岵兮[1]，瞻望父兮。
父曰嗟，予子行役，夙夜无已。
上慎旃哉[2]，犹来无止[3]！
陟彼屺兮，瞻望母兮。
母曰嗟！予季行役，夙夜无寐。

上慎旃哉，犹来无弃[④]！
陟彼冈兮，瞻望兄兮。
兄曰嗟，予弟行役，夙夜无偕[⑤]。
上慎旃哉。犹来无死！

【注释】

①岵：《尔雅》："多草木岵；无草木赅。（"赅"、"屺"同）"《说文》："岵，山有草木也。屺，山无草木也。"《释名》："山有草木曰岵。岵，怙也，人所怙取以为事用也。"山无草木曰屺。屺，圮也，无所出生也。《毛传》说："山无草木曰岵，山有草木曰屺。"误。

②上：《朱注》："上，犹尚也。"旃：《毛传》："旃，之。"

③止：《通解》："《左传》隐七年：'公之为公子也，与郑人战于狐壤止焉。'桓七年传：'骖絓而止。'止，皆退败不能前进之称。"

④无弃：《通解》："无弃与无死同义。"《说文》："（殑），弃也。俗语谓死曰大殑。'大殑，犹大弃也。"

⑤偕：《通解》："偕，《说文》云：'强壮也。'则此偕字亦当训强。"义光案："勉强之强与强壮之强，古者无别，实为一字。此偕字训为勉强。"

解：这是战士思念家乡的诗，他想象着父母盼他生还，他的哥哥尤其盼望他健壮。虽是厌战，但有爱国主义精神。

九十八、十亩之间

十亩之间兮，
桑者闲闲兮[①]，
行与子还兮[②]。
十亩之外兮，
桑者泄泄兮[③]，
行与子逝兮[④]。

【注释】

①闲闲：《集疏》："闲闲，犹言是也。"

②还：《说文》："还，复也。"王引之云："《汉书·扬雄传》注：'行，且也。'"

③泄泄：《通解》："泄泄，舒散貌。"

④逝：《朱注》："往也。"案，行也。

解：这一首诗《毛序》以为刺魏国肖小，人民羡慕他国。《朱注》说是政乱国危，贤者要隐居在农圃。都以为诗意是羡慕这十亩桑间。这诗实是男女相悦而想到那十亩内外的桑间，同享受那宽阔间舒散之乐的抒情诗。

九十九、伐檀

坎坎伐檀兮[①]，寘之河之干兮[②]。河水清且涟猗[③]。
不稼不穑，胡取禾三百廛兮[④]？
不狩不猎，胡瞻尔庭有县貆兮[⑤]？
彼君子兮，不素餐兮[⑥]！
坎坎伐辐兮[⑦]，寘之河之侧兮[⑧]。河水清且直猗[⑨]。
不稼不穑，胡取禾三百亿兮[⑩]？
不狩不猎，胡瞻尔庭有县特兮[⑪]？
彼君子兮，不素食兮！
坎坎伐轮兮，寘之河之漘兮[⑫]。河水清且沦猗[⑬]。
不稼不穑，胡取禾三百囷兮[⑭]？
不狩不猎，胡瞻尔庭有县鹑兮？
彼君子兮，不素飧兮[⑮]！

【注释】

①坎坎：《玉篇》："'坎坎伐檀。'斫木声也。"

②寘：《毛传》："寘，置也。干，崖也。"

③涟猗：《毛传》："风行水成文曰涟。"《尔雅·释水》引作"澜"。《集疏》："石经《鲁诗》残碑'猗'作'兮'。'猗'、'兮'古通用。"

④廛（音蝉）：《毛传》："一夫之居曰廛。"三百廛是三百家。俞樾《毛诗评议》以"廛"通"缠"，二章"亿"通"繶"，三章"囷"通"稛"，皆为"束"义。

⑤县貆：县：古悬字。貆（音欢）：獾。一说幼小的貉。《郑笺》："貉子曰貆。"

⑥素：《毛传》："素，空也。"餐：吃，食。素餐意为不劳而获，白吃。

⑦辐：《朱注》："辐，车辐也。"

⑧侧：《毛传》："侧，犹崖也。"

⑨直：《毛传》："直，直波也。"

⑩三百亿：《郑笺》："三百亿，禾秉之数。"

⑪特：《毛传》："兽三岁曰特。"

⑫漘（音纯）：河坝。《说文》："漘，水崖也"。

⑬沦：《释文》引《韩诗》："顺流而风曰沦。沦，文貌。"《集疏》："《释名》：'沦，伦也，水文相次有伦理也。'"

⑭囷（音逡）：束。一说圆形的谷仓。《说文》："廪之圆者。从禾，在囗中。"

⑮飧（音孙）：晚餐。《盐铁论》引作"湌"。《说文》飧下云："飧，餔也。从夕、食。"餔，餔下云："申时食也。"湌下云："餐，或从水。"《玉篇》："飧，水和饮也。"

解：这应是一首制车的工匠——轮人、舆人对统治者不劳而获所作的讽刺诗，诗意是用他们的辛勤劳动来显现统治阶级的贪污剥削、巧取豪夺，愤恨之情充满字里行间。河水清且涟漪，语意双关。说劳动的人民是清廉的，显示剥削的人的污秽丑恶。

一〇〇、硕鼠

硕鼠硕鼠[①]，无食我黍[②]！三岁贯女[③]，莫我肯顾。
逝将去女[④]，适彼乐土。乐土乐土，爰得我所。

硕鼠硕鼠，无食我麦！三岁贯女，莫我肯德。
逝将去女，适彼乐国。乐国乐国，爰得我直⑤。
硕鼠硕鼠，无食我苗！三岁贯女，莫我肯劳。
逝将去女，适彼乐郊。乐郊乐郊，谁之永号⑥。

【注释】

①硕鼠：《郑笺》：“硕，大也。大鼠大鼠者，斥其君也。”

②无：石经《鲁诗》残碑“无”作“毋”。《郑笺》：“女无复食我黍，疾其税敛之多也。”

③贯：事也。《毛传》：“贯，事（奉）也。”

④逝：《郑笺》云：“逝，往也。”王引之云：“逝，发声也。”案：这个“逝”字应当与“行”同义。女：《韩诗外传》引作“汝”。“逝将去女”即行将去汝，马上就要离开你们之意。

⑤直：王引之云：“直，当读为职，职亦所也。”

⑥永号：长声呼号。《毛传》：“号，呼也。”《郑笺》：“郭外曰郊。之，往也。永，歌也。乐郊之地，谁独当往而歌号者。言皆喜说无忧苦。”案：这个“之”字应当解释为“是”或训为“实”，全句是“有谁会在那里长声地呼号”的意思。

解：这一首诗以大鼠食黍刺其君，前人已有说明。硕鼠虽大，贪而畏人，比喻确切。尤其第三章说到苗，表示这可憎的鼠连苗都要吃，表示对人民的剥削压榨已到了敲骨吸髓的程度，只能抛弃这可恶的东西，远远地离开他到没有剥削的乐土去。

国风·唐风

一〇一、椒聊

椒聊之实[①]，蕃衍盈升[②]。
彼其之子，硕大无朋[③]。椒聊且，远条且[④]！
椒聊之实，蕃衍盈匊[⑤]。
彼其之子，硕大且笃[⑥]。椒聊且，远条且[⑦]！

【注释】

①椒：《朱注》："椒，树似茱萸，有针刺，其实味辛而香烈。"聊：聊之正字当为"莍"。《尔雅·释木》郭注："椒之房里名为莍也。"莍亦通作'梂'、'朻'、'聊'"。《集疏》："莍、梂通用字，朻、聊亦以声近通借。"

②蕃衍：《文选》李注引作"蔓延"。蕃衍、蔓延声同字变。

③朋：《毛传》："朋，比也。"

④条：《毛传》："条，长也。"

⑤匊：《毛传》："两手曰匊。"两手合捧也。

⑥笃：《毛传》："笃，厚也。"

⑦远条且：香气远闻。

解：古以椒房为妇人所居之房，这一首诗说成是男慕女之词，较为有理。

一〇二、绸缪

绸缪束薪[①]，三星在天[②]。今夕何夕？见此良人[③]。

子兮子兮，如此良人何！
绸缪束刍，三星在隅。今夕何夕？见此邂逅[4]。
子兮子兮，如此邂逅何！
绸缪束楚，三星在户。今夕何夕？见此粲者[5]。
子兮子兮，如此粲者何！

【注释】

①绸缪（音仇谋）：缠绕，捆束。《毛传》："绸缪，犹缠绵也。"

②三星：即参宿三星。《毛传》："在天，谓始见东方也。"在天：《朱注》："昏始见于东方，建辰之月也。"

③良人：《朱注》："良人，夫称也。"案：孟子良人者所仰望而终身也。周代实以良人为夫称。《毛传》云美，指妇人言，误以汉时称呼为周时称呼。

④邂逅：《毛传》："邂逅，解说之貌。"《后笺》："邂逅，会合之意。"《淮南子·俶真训》："孰肯解构人间之事。"高注："解构，犹会合也。"传云解说之貌，即因会合而心解意悦耳。

⑤粲：《朱注》："粲，美也。"

解：束薪、束刍、束楚是婚礼时用来喂马的东西；三星在户，可见婚礼是在住所举行的，不是幽会的诗。旧说像是幽会的诗，其实还是咏新婚的诗。

一〇三、杕杜

有杕之杜[1]，其叶湑湑[2]。独行踽踽[3]。
岂无他人？不如我同父。
嗟行之人，胡不比焉[4]？人无兄弟，胡不佽焉[5]？
有杕之杜，其叶菁菁。独行睘睘[6]。
岂无他人？不如我同姓[7]。
嗟行之人，胡不比焉？人无兄弟，胡不佽焉？

【注释】

①杕（音地）、杜：杕，独特。《毛传》："杕，特貌。杜，赤棠也。"

②湑湑：《集疏》："湑湑与菁菁同为茂盛貌。"

③踽踽（音举）：独行。《说文》："踽踽，疏行貌。"

④比：《郑笺》："比，辅也。"

⑤佽（音次）：同情，帮助。《孔疏》："佽，古次字。欲使相推以次弟助之耳。"

⑥睘睘（音穷）：同"茕茕"。《毛传》："睘睘，无所依也。"《通解》："《说文》：'茕，独行也。'"

⑦同姓：《通解》："姓读为生，同生谓兄弟也。"

解：这是一首行乞的人所唱的"莲花落"一类的作品。

一〇四、羔裘

羔裘豹袪[①]，自我人居居[②]。
岂无他人？维子之故[③]。
羔裘豹褎[④]，自我人究究[⑤]。
岂无他人？维子之好[⑥]。

【注释】

①豹袪：豹，饰也。《毛传》："袪，袂（袖口）也。"

②自我人：我的人。自，当读如"东方自出"之自，从也。居：《通解》："居，古倨字。"

③故：《通解》："故读为固，固犹拥护也。谓岂无他人拥护而必拥护汝乎？"

④褎：通"袖"。《毛传》："褎，犹袪也。"

⑤究究：恶也；傲慢。《通解》："'究究'与《正月》篇'仇仇'同；仇仇，缓也；'仇'通作'执'。言其对吾人甚倨慢也。"

⑥好：《通解》："好，爱也，岂无他人而必爱汝乎？"

解：这诗是咒骂当时的大夫的诗，诗意很显明。

一〇五、鸨羽

肃肃鸨羽①，集于苞栩②。
王事靡盬③，不能蓺稷黍。
父母何怙？悠悠苍天，曷其有所④！
肃肃鸨翼，集于苞棘。
王事靡盬，不能蓺黍稷。
父母何食？悠悠苍天，曷其有极⑤！
肃肃鸨行⑥，集于苞桑。
王事靡盬，不能蓺稻粱。
父母何尝？悠悠苍天，曷其有常！

【注释】

①肃肃：鸟翅扇动之声。《毛传》："肃肃，鸨羽声。"陈奂说："'风雨潇潇'句云'潇潇'犹'肃肃'也。《小星》传，'肃肃疾也。'"肃肃不惟是形容声音，也应当说飞得很快的意思。鸨：鸟名，似雁而有斑纹，足无后趾（故不能在树上稳固站立）。《陆疏》：鸨鸟"性不止树（树止则为苦也）。"

②集：《毛传》："集，止。"苞栩：《朱注》："苞，丛生也。""栩"即柞丝蚕所食柞栎树叶之"柞"。"栩"今"柞栎"也，《陆疏》："徐州人谓栎为杼，或谓之栩。"

③盬（音古）：闲暇。王引之云："《尔雅》：盬，苦，息也。苦读与靡盬之盬，同王事靡盬者，王事靡盬有止息也。"

④所：《通解》："《三苍》：所，处也。《广雅》：处，止也。'曷其有所'，犹言'曷其有止'。"

⑤极：《郑笺》："极，已也。"

⑥鸨行：马瑞辰云："鸨行，犹雁行也。"《说文》："𠧪，相次也。"盖鸨

之飞，比次有行列。

解：这是劳动人民不堪统治阶级劳役之苦所作的怨歌，每章首句以鸨鸟连号，树止则为苦，引起行役在外不得片刻的休息。第二章“苞棘”、“苞桑”是借音双关（参看下《秦风·黄鸟》篇）。“父母何尝”，偶有所食都不能得，写出他的内心的苦楚。

一〇六、有杕之杜

有杕之杜，生於道左[①]。
彼君子兮，噬肯适我[②]？
中心好之，曷饮食之？
有杕之杜，生於道周[③]。
彼君子兮，噬肯来游？
中心好之，曷饮食之？

【注释】

①道左：《郑笺》：“道左，道东也。”

②噬：通“逝”。《毛传》：“噬，逮也。”王引之云：“逝与噬同。”这个“噬”字也当解释为“行”。是“就”之意。

③道周：《释文》引《韩诗》作“右”。道右当是道西。

解：诗意与《杕杜》同。

一〇七、葛生

葛生蒙楚，蔹蔓于野[①]。予美亡此[②]，谁与独处[③]。
葛生蒙棘，蔹蔓于域[④]。予美亡此，谁与独息。
角枕粲兮，锦衾烂兮[⑤]。予美亡此，谁与独旦。
夏之日，冬之夜。百岁之后，归于其居。
冬之夜，夏之日。百岁之后，归于其室[⑥]。

【注释】

①蔹（音敛）：白蔹。多年生攀缘性蔓草，开黄花，根可入药。《陆疏》：“蔹似栝楼，叶盛而细，子正黑如燕薁，不可食。”

②予美：犹言“我的爱”。亡：这个“亡”字应当是不存在的意思。《穀梁传》说：“乃者亡乎人之辞也。”亡乎人是不存乎的人的意思。

③与：《后笺》：“与当音余，自问也。”

④域：坟地。《朱注》：“域，茔域也。”

⑤粲、烂：《朱注》：“粲、烂，华美鲜明之貌。”

⑥室：《朱注》：“室，圹也（坟墓）。”

解：这明是一首悼亡的诗，是妇女的作品。从“百岁之后，归于其居”等句看来，不具久别可以生还之情调。

一〇八、采苓

采苓采苓[①]，首阳之巅[②]。人之为言[③]，苟亦无信！
舍旃舍旃[④]，苟亦无然！人之为言，胡得焉！
采苦采苦[⑤]，首阳之下！人之为言，苟亦无与[⑥]！
舍旃舍旃，苟亦无然！人之为言，胡得焉！
采葑采葑，首阳之东！人之为言，苟亦无从！
舍旃舍旃，苟亦无然！人之为言，胡得焉！

【注释】

①苓：甘草。《毛传》：“苓，大苦也。”《通解》：“诗言隰有苓，是苓宜隰不宜山之证。埤雅言葑生于圃，何氏楷言苦生于田，是三者皆非首阳山所宜有，而诗言采于首阳者，盖设，为不可信之言。”

②首阳：《毛传》：“山名也。”据《集疏》，在今山西翼县。

③为言：伪言。《传疏》：“古为、伪、譌（讹）三字同。《毛传》本作

“为”，读为“伪”也。

④旃：之也。

⑤苦：苦菜。陆玑云：“苦菜生山田友泽中，得霜甜脆而美。”

⑥无与：勿用也。指不要理会。《朱注》：“与，许也。”

解：这一首诗旧说是刺晋献公子听谗言，在我们现在看来，这是人民互相劝告不要听统治阶级欺骗人民的话，所唱出的一支歌。

国风·秦风

一〇九、小戎

小戎俴收[①]，五楘梁辀[②]。游环胁驱[③]

阴靷鋈续[④]，文茵畅毂[⑤]，驾我骐馵[⑥]。

言念君子，温其如玉。在其板屋[⑦]，乱我心曲。

四牡孔阜，六辔在手。骐駵骝是中[⑧]，騧骊是骖[⑨]。

龙盾之合[⑩]，鋈以觼軜[⑪]。言念君子，温其在邑。

方何为期[⑫]？胡然我念之。

俴驷孔群[⑬]，厹矛鋈錞[⑭]，蒙伐有苑[⑮]。虎韔镂膺[⑯]，

交韔二弓[⑰]，竹闭绲縢[⑱]。言念君子，载寝载兴，

厌厌良人[⑲]，秩秩德音[⑳]。

【注释】

①小戎：兵车。因车厢较小，故称小戎。《毛传》："小戎，兵车也。俴，浅。收，轸也。"轸是舆下四面木框，用来收束舆的；所以诗说是"收"。后轸无遮掩的板，所以说是"俴收"。

②五楘（音木）：用皮革缠在车辕上成 X 形。五，古文作"**X**"。《孔疏》："五楘是辕上之饰，故以五为'五束'，言以皮革五处束之。"楘的形式，据王夫之说是如同纺车之左右交萦，为的是缠牢车的梁辀。辀：辀是车辕从车厢的底面前出，渐渐弯曲如桥梁形式，所以叫作"梁辀"。

③游环：活动的环。设于辕马背上。游环是以皮为环游移在两匹马的胸背之间，无一定处，将骖马的外辔，穿到环中，来制止骖马的外出。

胁驱：一皮条，上系于衡，后系于轸，限制骖马内入。胁驱也是以一肢系于衡，后系于轸，在服马协之外，来制止骖马的内入。

④阴：《毛传》："阴，掩轨也。"据《孔疏》，阴是用木板横侧车前，用来阴映轨的，所以叫作"阴"。阮元云："轨之为物盖在舆之前轸下正中，为半规形，以围辀身。"靷：《说文》："靷，引轴。"靷是用两条皮前面系在骖马的颈上，后面系在轴上，所以说是引轴。鋈续：鋈是白青铜，续是用白青铜做成的续靷的环。因距离长，所以必须续。

⑤文茵：虎皮坐垫。《朱注》："文茵，车中所坐虎皮褥也。"畅毂（音古）：长毂。毂，车轮中心的圆木，中有圆孔，用以插轴。《毛传》："畅毂，长毂也。"

⑥骐馵（音住）：骐，青黑色如棋盘格子纹的马。《说文》："骐，马青骊文如博棋也。"馵，左后蹄白或四蹄皆白的马。《毛传》："馵，左足白馵。"

⑦在其板屋：其，指君子言；板屋，用木板盖的房屋，系戎俗。

⑧駵（音留）：赤身黑鬣的马。《郑笺》："赤身黑鬣曰駵（骝）。"中：《朱注》："两服马也。"

⑨騧（音瓜）：《毛传》："黄马黑喙曰騧。"《朱注》："骊，黑色也。"

⑩龙盾：画龙纹的盾牌。《朱注》："盾，干也。"《通解》："龙、尨、蒙三字，古声近通用。"此诗"龙盾"，盖即下章"蒙伐"，作"龙"者假借字。（参看下注）合：是合而载之的意思。

⑪觼軜（音决纳）：有舌的环，以舌穿过皮带，使骖马内辔绳固定。《说文》："觼，环之有舌者。"《毛传》："軜，骖内辔也。"《郑笺》："鋈以觼軜軜之，觼以白金为饰也，軜系于轼前。"

⑫方：将在，将于。《通解》："方之言将也。"

⑬俴驷：披薄金甲的四马。《郑笺》："谓以薄金为介之札。"孔群：群马很协和的意思。

⑭厹（音求）：三角矛。《毛传》："厹，三偶（角）矛也。錞，鐏也（矛的下端平底）。"

⑮蒙伐：《朱注》："蒙，杂也。伐，中干也，盾之别名。苑，文貌。画杂羽之文于盾上也。"

⑯虎韔（音唱）：虎皮弓囊。《朱注》："虎韔，以虎皮为弓室（袋）也。"

镂膺：在弓囊前刻金。《集疏》："严粲云：镂饰弓室之膺。弓以后为背，则以前为膺（膺是当胸处）。"

⑰交韔：《朱注》："交韔，交二弓于韔中，谓颠倒置之。"

⑱闭：弓檠。竹制，弓卸弦后缚在弓里防损伤的用具。闭，弓檠也。（《说文》："檠，榜也。""榜所以辅弓弩也。"）绲：绳。縢：约也。以竹为闭，而以绳约之于弛弓之里，檠弓体使正也。

⑲厌厌：《毛传》："安静也。"正字当作"懕"，安也。

⑳秩秩：进退有礼节。《毛传》："秩秩，有知也。"

解：这是妇人思念她从军的丈夫的诗，她回忆到他临行的情况，从回忆车马、武器到思念他的美德。幻想到他在外面的情况，她焦急地盼着他归来。

一一〇、蒹葭

蒹葭苍苍[①]，白露为霜。所谓伊人[②]，在水一方。
溯洄从之[③]，道阻且长[④]。溯游从之[⑤]，宛在水中央[⑥]。
蒹葭凄凄[⑦]，白露未晞[⑧]。所谓伊人，在水之湄[⑨]。
溯洄从之，道阻且跻[⑩]。溯游从之，宛在水中坻[⑪]。
蒹葭采采[⑫]，白露未已。所谓伊人，在水之涘[⑬]。
溯洄从之，道阻且右[⑭]。溯游从之，宛在水中沚[⑮]。

【注释】

①蒹葭（音兼佳）：蒹，没长穗的芦苇。葭，初生的芦苇。《尔雅·释草》郭注："蒹似萑而细，高数尺。芦苇也。"《毛传》："苍苍，盛也。"

②伊人：这人，此人。《毛传》："伊，维也。"《郑笺》："伊，当为医，医犹是也。"

③溯洄：逆流而上。《毛传》："逆流而上曰溯洄。"

④阻：《说文》："阻，险也。"

⑤溯游：顺流而下。《毛传》："顺流而涉曰溯游。"

⑥宛：仿佛。《郑笺》："宛，坐见貌。"
⑦凄凄：《毛传》："凄凄，犹苍苍也。"
⑧晞：《朱注》："晞，干也。"
⑨湄：岸边。《毛传》："湄，水隒（崖）也。"
⑩跻：《毛传》："跻，升也。"
⑪坻：《毛传》："坻，小堵也。"
⑫采采：《毛传》："采采，犹凄凄也。"
⑬涘（音四）：水边。《毛传》："涘，崖也。"
⑭右：绕弯。马瑞辰云："周人尚左，故以右为迂回。"
⑮沚（音止）：水中的小沙滩。《毛传》："小渚曰沚。"

解：这是一首恋爱的诗歌。蒹葭、白露，都是洁白的，彷佛对方是一个凛若冰霜的人物，可望而不可即，在追求时，饱含无限情意，是不能轻易冒犯的。

一一一、黄鸟

交交黄鸟①，止于棘②。谁从穆公？子车奄息③。
维此奄息，百夫之特④。临其穴，惴惴其栗！
彼苍者天，歼我良人！如可赎兮，人百其身。
交交黄鸟，止于桑。谁从穆公？子车仲行⑤。
维此仲行，百夫之防⑥。临其穴，惴惴其栗。
彼苍者天，歼我良人！如可赎兮，人百其身。
交交黄鸟，止于楚。谁从穆公？子车针虎。
维此针虎，百夫之御⑦。临其穴，惴惴其栗。
彼苍者天，歼我良人！如可赎兮，人百其身。

【注释】

①交交：《通解》："交交通作咬。谓鸟声也。"
②止于棘：《通解》："诗以黄鸟之止棘，止桑，止楚，为不得其所。兴三良之从死为不得其死也。棘之言急，桑之言丧也，楚之言楚楚也。"

③子车奄息：《毛传》："子车氏，奄息名。"

④特：杰出之称。一说匹敌。《通解》："《柏舟》'实维我特'，《传》：'特，匹也。'此亦训特为匹，匹之言敌也，当也。"

⑤仲行：《郑笺》："仲行，字也。"

⑥防：比也。《通解》："防读为并。""防"、"并"古同音，"并"即"比"也。

⑦御：《毛传》："当也。"《通解》："御读为相参伍之伍。御从午得声，午、五字相通。"

解：这是诅咒殉葬制度的诗。秦穆公死后，杀三良以殉葬。诗人无比愤怒地痛斥秦君将善良的人夺去活埋，"彼苍者天"不是怨天，只是指责秦君。"百夫之特"，"人百其身"，只是极意描写，我们可以理解超过百人。

一一二、晨风

鴥彼晨风[①]，郁彼北林[②]。未见君子，忧心钦钦[③]。
如何如何！忘我实多。
山有苞栎，隰有六驳[④]。未见君子，忧心靡乐。
如何如何！忘我实多。
山有苞棣[⑤]，隰有树檖[⑥]。未见君子，忧心如醉。
如何如何！忘我实多。

【注释】

①鴥（音玉）：疾飞貌。《说文》："鴥，鹯飞貌。"《注文》："鹯，鷐，风也。"

②郁：《朱注》："郁，茂盛貌。"《毛传》："北林，林名也。"

③钦钦：《尔雅》："钦钦，忧也。"

④驳：《朱注》："驳梓榆也，其皮青白如驳。"崔豹《古今注》："六驳，山中有木，叶似豫章，皮多癣驳，名六驳木。"

⑤棣（音地）：木名。即唐棣。《毛传》："棣，唐棣也。"

⑥檖（音岁）：木名。即赤罗，山梨。《正义》引《陆疏》云：“檖，一名山梨。”“一名广梨，一名鼠梨。”

解：这是一首女子怀念爱人的诗。

一一三、无衣①

岂曰无衣！与子同袍。
王于兴师，修我戈矛②，与子同仇！
岂曰无衣！与子同泽③。
王于兴师，修我矛戟④，与子偕作⑤！
岂曰无衣！与子同裳。
王于兴师，修我甲兵，与子偕行！

【注释】

①题解：《左传·定公四年》：吴伐楚，入郢，申包胥如秦乞师，秦哀公为之赋《无衣》。王夫之云：“此诗哀公为申胥作也。若所赋为古诗，如子展赋《草虫》之类，但言赋，不言为赋也。”子指申胥、于，曰也。

②戈：《毛传》：“戈长六尺六寸。“

③泽：里衣。《郑笺》：“泽，亵衣近污垢。《齐诗》泽作襗。”

④戟：《郑笺》：“戟，车戟常也。”《孔疏》：“《考工记》：常长丈六。”

⑤作：《毛传》：“作，起也。”

解：诗中“王”字亦可理解秦人自称其君为王。同仇敌忾，是具有爱国主义精神的作品。

一一四、权舆

於我乎夏屋渠渠①，今也每食无馀。
于嗟乎，不承权舆②！

於，我乎每食四簋[3]，今也每食不饱。

于嗟乎！不承权舆。

【注释】

①夏屋：《尔雅》云："夏，大也。""夏屋，大屋也。"（《淮南子·本经训》高注）渠渠：《广雅·释诂》："渠渠，盛也。"

②权舆：《尔雅·释诂》："权舆，始也。"

③簋：古代食器，青铜或陶质。《毛传》："四簋，黍稷稻粱。"《朱注》："簋，瓦器，容斗二胜。方曰簠，圆曰簋。"

解：这是一首是没落贵族所作，或是嘲笑没落贵族而作的诗。

国风·陈风

一一五、宛丘

子之汤兮①，宛丘之上兮②。
洵有情兮，而无望兮③。
坎其击鼓④，宛丘之下。
无冬无夏，值其鹭羽⑤。
坎其击缶⑥，宛丘之道。
无冬无夏，值其鹭翿⑦。

【注释】

①子：《毛传》："子，大夫也。"汤：《鲁诗》作"荡"。荡是舞时动荡、回荡的姿态。此处作游荡、放荡解。

②宛丘：四方高、中央低曰宛丘。据《尔雅》，宛丘又读为"韫丘"，是陈人游观之地，在陈城南道东。

③望："望"与"妄"通，无妄，是没有虚伪做作之意。

④坎：《毛传》："坎坎，击鼓声。"

⑤值：《毛传》："值，持也。"鹭羽：鹭鸟之羽，可以为翳。《郑笺》："翳，舞者所持以指麾。"

⑥缶：《朱注》："缶，瓦器（盆），可以节乐。"（奏出音乐节奏）

⑦翿：《毛传》："翿，翳也。"《尔雅·释言》："翿，纛也。"郭注："舞者所以自蔽翳。"翿的形式应当如纛（音道，大旗）。

解：这诗与下一首《东门之枌》都是描写陈国人民好舞的习

俗。这是赞美那个善于跳舞的人。

一一六、东门之枌

东门之枌①，宛丘之栩②。
子仲之子③，婆娑其下④。
穀旦于差⑤，南方之原⑥。
不绩其麻，市也婆娑。
穀旦于逝⑦，越以鬷迈⑧。
视尔如荍⑨，贻我握椒⑩。

【注释】

①枌：《毛传》："枌，白榆也。"

②栩：见《唐风·鸨羽》注。

③子仲之子：子仲，陈国的姓氏。之子，指女子。

④婆娑：《毛传》："婆娑，舞也。"是舞时盘旋的姿态。

⑤穀（音古）：良辰，好日子。《尔雅》："穀，善也。差，择也。"《通解》："穀旦于差，谓择此善曰也。"句法与"猃狁于襄"、"四国于蕃"同。

⑥南方之原：指宛丘言。宛丘在陈城南道东，接近东门，实在城南。

⑦逝：往也。

⑧越以：作语助。"越"与"粤"、"于"古通，"越以"即"于以"。《毛传》："鬷（音宗），数；迈，行也。"《集疏》："数有急聚之义。""数行"（鬷迈）即赶紧去。

⑨视尔如荍："看你像荆葵花那样小而可爱的意思"。荍，《广雅》："荍，荆葵也。荆葵一名锦葵，茎高二三尺，夏日开花，大可径寸，色淡紫，瓣有深色线纹。"

⑩握椒：一握之椒。椒，花椒。

解：从末二句看来是描写与舞者两情相悦的诗。

一一七、衡门

衡门之下①，可以栖迟②。

泌之洋洋[3]，可以乐饥[4]。
岂其食鱼，必河之鲂[5]？
岂其取妻，必齐之姜？
岂其食鱼，必河之鲤？
岂其取妻，必宋之子[6]？

【注释】

①衡门："衡"读作"横"。《毛传》："衡门，横木为门。言浅陋也。"指陈国东西向的城门。

②栖迟：《毛传》："栖迟，游息也。"

③泌，洋洋。《毛传》："泌，泉水也。洋洋，广大也。"

④乐饥：乐的正字作"**㽠**"，说文："**㽠**，治也。"《列女传》、《韩诗外传》"乐"均引作"疗"。前四句是说地方虽然简陋也可以居住；流出的泉水也可以充饥。表示不必在生活上如何苛求的意思。

⑤鲂：见《汝填》篇注。

⑥子：宋国微子后代的姓。

解：这应是没落贵族所作，他自我满足于现状。这诗二、三两章只是完成前一章之意。

一一八、东门之池

东门之池，可以沤麻[1]。
彼美淑姬[2]，可与晤歌[3]。
东门之池，可以沤贯纻[4]。
彼美淑姬，可与晤语。
东门之池，可以沤菅[5]。
彼美淑姬，可与晤言。

【注释】

①沤麻：《朱注》："沤，渍也。治麻者必先以水渍之。"

②彼美叔姬：犹言"彼美孟姜"。淑，据《释文》及《郑笺》本应作"叔"，是排行第三的意思。

③晤歌：对歌，用歌声互相唱和。《毛传》："晤，遇也。"

④纻：苎麻。多年生草本植物，茎皮含纤维质，可作绳，织麻布。《陆疏》："纻亦麻也。"

⑤菅（音间）：菅草。茅属，多年生草本植物，叶子细长，可作索。《陆疏》："菅似茅而滑泽无毛，根下五寸中有白粉者，柔韧宜为索。"

解：这是沤麻的劳动歌，与《汉广》、《桑中》诗意略同。

一一九、东门之杨

东门之杨[①]，其叶牂牂[②]，
昏以为期，明星煌煌[③]。
东门之杨，其叶肺肺[④]，
昏以为期，明星晢晢[⑤]。

【注释】

①东门：《朱注》："东门，相期之地。"

②牂牂（音脏）：风吹树叶的响声。一说茂盛貌。《毛传》："牂牂然，盛貌。"《齐诗》作"将"，将，大也。

③明星：金星，长庚星。《朱注》："煌煌，大明也。"

④肺肺（音配）：通"芾"。芾芾，盛貌。

⑤晢：同"晣"。《广雅》："晣晣，明也。"

解：这是男女相约会的诗。正如后世所说的月上柳梢头，人约黄昏后。

一二〇、墓门

墓门有棘[①]，斧以斯之[②]。

夫也不良[3]，国人知之。
知而不已[4]，谁昔然矣[5]。
墓门有梅[6]，有鸮萃止[7]。
夫也不良，歌以讯之[8]。
讯予不顾[9]，颠倒思予。

【注释】

①墓门：王引之说："疑是陈国城门之名。"郑有城门曰墓门（《左传·襄公三十年》）。《楚辞·天问》："何繁鸟萃棘，负子肆情。"王注云："言解居父聘吴，过陈之墓门，见妇人负其子，欲与淫佚，肆其情欲。"足见墓门当是陈之城门。

②斯：砍，斫。《说文》："斯，斫也。"

③夫：这一首是妇人痛恨她丈夫的诗，夫应是作者之夫。

④已：有改去之意。《郑笺》："已，犹去也。"

⑤谁昔：往昔，由来已久。《尔雅·释训》："谁昔，昔也。"郭注："犹言畴昔。"

⑥梅："梅"字误，《楚辞》王注引作"棘"。

⑦鸮：今曰猫头鹰。《毛传》："恶声之鸟也。"萃：集也。

⑧讯、之：《鲁诗》、《韩诗》"讯"作"谇"，"之"作"止"。《尔雅》："谇，告也。"

⑨讯：谏，劝。《集疏》："讯予，犹言予讯。"

解：这一首是妇人痛恨她丈夫不良所作的歌，骂他他不理睬，最终反而颠倒过来想他。《毛序》之说，《朱注》已不以为然。观《朱注》之所谓的"良人亦不知如何指也"，可知。

一二一、防有鹊巢

防有鹊巢[1]，邛有旨苕[2]。
谁侜予美[3]？心焉忉忉[4]。
中唐有甓[5]，邛有旨鹝[6]。

谁侜予美？心焉惕惕[7]。

【注释】

①防：《说文》：“防，堤也。”

②邛（音穷）：山丘。《毛传》：“邛，丘也。”苕（音条）：草名。《朱注》：“苕，苕饶也，茎如劳豆而细，叶似蒺藜而青，茎绿色，可生食，如小豆霍。”

③侜（音舟）：谎言欺骗。《毛传》：“侜，张诳也。”予美：指作者之爱人。参见《葛生》注。

④忉忉（音刀）：忧念貌。《说文》：“忉，忧也。”

⑤唐：中庭道也。甓（音辟）：古代的砖瓦。《集疏》：“甓为砖，亦得为瓦称。”

⑥鹝（音义）：绶草，十样锦。《玉篇》：“小草有杂色似绶。”

⑦惕惕：忧惧。疾也，瞿也。

解：这一首诗的情调与《郑风·扬之水》一样是妇人害怕她的丈夫受旁人的挑拨欺骗所作的歌。

一二二、月出

月出皎兮，佼人僚兮[1]。
舒窈纠兮[2]，劳心悄兮。
月出皓兮，佼人懰兮[3]。
舒忧受兮，劳心慅兮[4]。
月出照兮，佼人燎兮[5]。
舒夭绍兮[6]，劳心惨兮[7]。

【注释】

①佼（音嚼）：姣之借，美好貌。《说文》：“佼，好也。”僚：好。《说文》：“僚，好也。”

②窈纠（音咬角）：谓女子行步轻盈。《通解》：“窈纠犹窈窕，皆叠韵，

与下‘忧受’、‘夭绍’同为形容美好之词，非舒迟之义。舒者……又作舍……发声字。”案：“舒”通作“舍”。《小雅·雨无正》“舍彼有罪”，《孟子·滕文公》“舍皆取诸宫中而用之”，“舍”是今语一切之意。此句应解作“一切都是美好的啊”。舍非，声字。

③懰（音柳）：妩媚。《释文》：“懰，好貌。”

④慅（音草）：忧愁貌。《说文》：“慅，动也。”

⑤燎：姣美。《通解》：“燎读为憭。《说文》：憭，慧也。”

⑥夭绍：体态柔美。《通解》：“《文选·西京赋》‘要绍修态’，注：‘要绍，谓婵娟作姿容也。’”

⑦惨（音草）：《释文》：“惨，忧也。”

解：这是作者思念他的情人所作的诗歌。诗中每章的前三句是写他们相见的一个场合给他们所留的深刻印象。末一句是说“累得我的心只愁念啊”，是别后相思之情。从诗中的环境及人物刻画，可看出是月下活现一美人而非其他。

一二三、株林

胡为乎株林[①]？从夏南[②]？
匪适株林[③]，从夏南[④]。
驾我乘马[⑤]，说于株野。
乘我乘驹，朝食于株[⑥]。

【注释】

①株林：陈国大夫夏徵舒所居之地名。陈灵公与夏徵舒之母夏姬私通，常到株林去，国人痛恨此丑行，作了这一首诗讽刺他。本句意思是：干什么到株林去？

②从夏南：夏南是徵舒的字，不便明说是找徵舒的母亲夏姬，所以说是从夏南去。

③匪适株林：不是为要到那个地方。

④从夏南：再说“从夏南”是指出陈灵公的目的。

⑤我：指陈灵公。

⑥朝食：早饭。赶到株林朝食。这四句是说陈灵公到株林的频繁。这诗

大胆地揭露了陈灵公的丑恶行为。

解：全篇大意已详注文中。

一二四、泽陂

彼泽之陂①，有蒲与荷。有美一人，伤如之何②。
寤寐无为，涕泗滂沱③。
彼泽之陂，有蒲与蕳④。有美一人，硕大且卷⑤。
寤寐无为，中心悁悁⑥。
彼泽之陂，有蒲菡萏⑦。有美一人，硕大且俨⑧。
寤寐无为，辗转伏枕。

【注释】

①陂（音杯）：堤防、堤岸。一说水池的边沿、湖滨。《毛传》："陂，泽障也。"《孔疏》："泽障，谓泽畔障水之岸。"

②伤：此处作女性第一人称代名词。伤，《鲁诗》、《韩诗》并作"阳"。《尔雅·释诂》："阳，予也。"《集疏》："言此有美一人，我奈之何也。"

③涕泗：涕，眼泪。泗，鼻涕。《毛传》："自目曰涕，自鼻曰泗。"

④蕳（音肩）：兰草。《郑笺》："蕳当作莲。莲，芙蕖实也。"

⑤卷（音全）：通"婘"，品德好貌。《毛传》："卷，好貌。"

⑥悁悁（音冤）：郁郁不乐。《集疏》："悁悁，盖悲哀不舒之意。"

⑦菡萏：《毛传》："菡萏，荷华也。"《尔雅·释草》："荷，芙蕖，其华菡萏。"《集疏》："华未发为菡萏，已发为夫容。"

⑧俨：双下巴。《韩诗》作"妗"，云："重颐也。"《集疏》："'俨'训矜庄，非状妇人之美。重颐，丰下，斯为男子之貌。"

解："彼泽之陂"是二人相遇之地，不是起兴。从"涕泗滂沱"、"辗转伏枕"看来，诗中主角是女子，她喜欢遇到的男子，但无由交往。她哭泣，而至于涕泗滂沱，究属失态的女子状态。

国风·桧风

一二五、素冠

庶见素冠兮[①]？棘人栾栾兮[②]，劳心慱慱兮[③]。
庶见素衣兮？我心伤悲兮，聊与子同归兮[④]。
庶见素韠兮[⑤]？我心蕴结[⑥]兮，聊与子如一兮。

【注释】

①素冠：素冠不一定是丧服，古代男子生时亦可冠素。(见《孟子·许行》)

②棘：疲弱之意。《通解》："《吕氏春秋·任他篇》高注：'棘，羸瘠也。'"栾栾：瘦瘠貌，憔悴。《通解》："栾栾亦羸瘠之貌。"

③慱慱：《尔雅》："慱慱，忧也。"《通解》："劳心慱慱，见之为之忧劳也。"

④聊：愿也。同归：如一。

⑤韠（音毕）：朝服的蔽膝。《朱注》："韠，蔽膝，以韦为之。"《孔疏》："丧服始终无韠。"这也可见素衣素冠都不是朝服。

⑥蕴结：《朱注》："思之不能解也。"

解：这一首诗应是守灵或悼亡的诗，看见死者白色的衣冠、瘦弱的面容，心中不觉着就悲伤而痛不欲生，要与之"同归"、"如一"。旧解以素冠为丧服，误。

一二六、隰有苌楚

隰有苌楚[①]，猗傩其枝[②]，

夭之沃沃[3]，乐子之无知[4]。
隰有苌楚，猗傩其华，
夭之沃沃，乐子之无家。
隰有苌楚，猗傩其实，
夭之沃沃，乐子之无室。

【注释】

①苌（音常）楚：植物名，又名羊桃、猕猴桃。《尔雅·释草》："苌楚，铫弋。"郭注："今羊桃。"《陆疏》："叶长而狭，华紫赤色，其枝茎弱，过一尺，引蔓于草上。"

②猗傩（音婀娜）：同"婀娜"，轻盈柔美貌。王引之云："猗傩，美盛之貌，字又作'旖旎'。"

③夭：少。沃沃：光泽。

④子：指苌楚。无知：一说无妻。《尔雅·释诂》："知，匹也。""乐子之无知"是很高兴你还没有配偶的意思，与下文"无家无室"同。

解：这一首诗参照着《桃夭》诗来看，显然是男慕女之词。男子知道女方没有配偶，没有许配人家很高兴。

一二七、匪风

匪风发兮[1]，匪车偈兮[2]。
顾瞻周道[3]，中心怛兮[4]。
匪风飘兮，匪车嘌兮[5]。
顾瞻周道，中心吊兮[6]。
谁能烹鱼？溉之釜鬵[7]。
谁将西归[8]？怀之好音[9]。

【注释】

①匪：彼之借。王念孙说："匪读为彼。"（详《旄丘》篇注⑥）"匪风"

即“彼风”。发：风声。《毛传》：“发发飘风，非有道之风。”

②偈（音杰）：疾驰貌。《毛传》：“偈偈疾驱，非有道之车。”

③周道：大路。“周道”与“周行”同，通往周王室之道路也。

④怛（音达）：悲伤。《毛传》：“怛，伤也。”

⑤嘌（音飘）：轻捷、疾速貌。《说文》：“嘌，疾也。”

⑥吊：《毛传》：“吊，伤也。”

⑦溉（音盖）：洗。“溉”又作“概”。《说文》：“溉，条也。”引《诗》“溉之低于釜鬵”。鬵（音心，上声）：大釜。《毛传》：“鬵，釜属。”《集疏》：“即今所谓锅。”

⑧归：《通解》：“归者遗也。”怀、归、琮古并同音。

⑨怀：归。指带个好信。

解：这一首诗应是桧国人民看见自己的国家衰弱，期望同室来帮助他们的诗。

国风·曹风

一二八、候人

彼候人兮[①]，何戈与祋[②]。彼其之子，三百赤芾[③]。
维鹈在梁[④]，不濡其翼？彼其之子，不称其服。
维鹈在梁，不濡其咮[⑤]？彼其之子，不遂其媾[⑥]。
荟兮蔚兮[⑦]，南山朝隮[⑧]。婉兮娈兮[⑨]，季女斯饥[⑩]。

【注释】

①候人：《毛传》："道路迎送宾客者。"（如《左传·宣公十二年》："岂敢辱候人。"）

②何："荷"之省，扛。《说文》："儋（担）也。"即今"负荷"之"荷"。祋：《毛传》："祋，殳也。"这是讥刺曹君的诗。《毛传》解此句说："言贤者之官，不过候人。"

③三百赤芾（音服）：言穿赤芾的人很多。赤芾，冕服之称。大夫以上高官朝服的一部分。《朱注》："赤芾，冕服之韠。"据《礼记·王藻》"三命赤韨葱衡"，赤芾是卿大夫之服。《左传·僖公二十八年》："（晋文公）侯入曹，数（责）之以不用僖负羁，而乘轩者三百人。"这首诗所讽刺的应是此事。

④鹈（音提）：鸟名，鹈鹕。《陆疏》："鹈，水鸟，形如鹗而极大。喙长尺余，直而广，口中正赤，颔下胡（嗉）大如数斗囊。若小泽中有鱼，便群共抒水，满其胡而弃之，令水竭尽，鱼在陆地，乃共食之。"欧阳修云："鹈当居泥中以自求鱼而食，今乃高处鱼梁之上，窃人之鱼以食，而终不濡其翼；如彼小人窃禄于高位而不称其服也。"

⑤不濡其咮：鸟喙未湿，指不曾吃到鱼。咮（音宙），鸟喙。《毛传》：

"味，喙也。"

⑥媾：《通解》："《尔雅·释言》，'对，遂也。遂亦可训对。"媾"读为"遘"，遘，遇也。不遂其媾，谓无以对答其所得之优遇也。'"即不配其厚禄之意。

⑦荟：《说文》："荟，草多貌。"蔚（音为）：《文选·西都赋》注："蔚，草大盛茂貌。"

⑧跻（音基）：《毛传》："跻，升云也。"这两句是说小人如林木之成群，早早地爬上高位。

⑨婉、娈：《毛传》："婉，少貌。娈，好貌。"

⑩季女斯饥：《通解》："季读为穉。'季女斯饥'喻君子贫困。"

解：这一首诗是讽刺曹君不用贤，以至被晋文公拘执之事。"侯人"应是作诗者所熟悉的一位有才能的人。

一二九、下泉[1]

冽彼下泉[2]，浸彼苞稂[3]。忾我寤叹[4]，念彼周京[5]。
冽彼下泉，浸彼苞萧[6]。忾我寤叹，念彼京周[7]。
冽彼下泉，浸彼苞蓍[8]。忾我寤叹，念彼京师。
芃芃黍苗[9]，阴雨膏之[10]。四国有王，郇伯劳之[11]。

【注释】

①下泉：明何楷《诗经世本·古义》说此诗是曹人美晋荀跞纳（周）敬王于成周，而作此诗。据《春秋》，从鲁昭公二十二年，（周）王子朝作乱，至昭公三十二年"城成周"止，周天子皆出居于狄泉。十年之中，周室无王。昭公三十二年，晋荀跞才纠合诸侯，纳敬王于成周。曹国人民曾参与此事，所以作此诗。

②冽（音列）：寒冷。《说文》："冽，寒貌。"下泉：何楷云："昭二十三年'天王居于狄泉'。即此诗下泉。"

③苞稂（音郎）：《朱注》："苞，草丛生也。"稂：《毛传》："童梁（莠属）。""冽彼下泉，浸彼苞稂"是寒冷的下泉浸到了那不成才的童梁

的意思，比喻天王出居。

④忾：《朱注》："叹息之声。"

⑤周京：指周室京师。此句是因这十年内周室既乱，侵我频繁，供应困苦，所以想念周京之意。

⑥萧：植物名。蒿的一种，即青蒿。

⑦京周：《朱注》："京周，犹周京也。"

⑧蓍：《朱注》："筮草也。"

⑨芃芃（音朋）：茂盛。《毛传》："芃芃，美貌。"

⑩膏：润泽之意。

⑪四国有王，郇伯劳之：是说四方诸侯之所以又有王，是荀跞的劳迹。这是高兴他们从此免于侵伐、供应之苦。王先谦说："自是以后，不复勤王，故列国风诗，亦终于此。"《三家》说以"风"终于《下泉》。

解：篇义已详注文中。

国风·豳风

一三〇、七月

七月流火[1]，九月授衣。
一之日觱发[2]，二之日栗烈[3]。
无衣无褐[4]，何以卒岁？
三之日于耜[5]，四之日举趾[6]。
同我妇子，馌彼南亩[7]，田畯至喜[8]。
七月流火，九月授衣。
春日载阳[9]，有鸣仓庚[10]。
女执懿筐[11]，遵彼微行，爰求柔桑。
春日迟迟，采蘩祁祁[12]。
女心伤悲，殆及公子同归[13]。
七月流火，八月萑苇[14]。
蚕月条桑[15]，取彼斧斨[16]，
以伐远扬，猗彼女桑[17]。
七月鸣鵙[18]，八月载绩。
载玄载黄，我朱孔阳，为公子裳。
四月秀葽[19]，五月鸣蜩[20]。
八月其获[21]，十月陨箨[22]。
一之日于貉[23]，取彼狐狸，为公子裘。
二之日其同，载缵武功[24]。
言私其豵，献豜于公[25]。

五月斯螽动股，六月莎鸡振羽[26]。
七月在野，八月在宇，
九月在户，十月蟋蟀入我床下。
穹窒熏鼠[27]，塞向墐户[28]。
嗟我妇子，曰为改岁，入此室处。
六月食郁及薁[29]，七月亨葵及菽[30]。
八月剥枣[31]，十月获稻。
为此春酒，以介眉寿[32]，。
七月食瓜，八月断壶，九月叔苴[33]
采荼薪樗[34]，食我农夫。
九月筑场圃，十月纳禾稼，
黍稷重穋[35]，禾麻菽麦。
嗟我农夫，我稼既同，上入执宫功。
昼尔于茅，宵尔索绹[36]。
亟其乘屋[37]，其始播百谷。
二之日凿冰冲冲[38]，三之日纳于凌阴[39]。
四之日其蚤[40]，献羔祭韭。
九月肃霜，十月涤场[41]。
朋酒斯飨[42]，曰杀羔羊[43]。
跻彼公堂[44]，称彼兕觥[45]，万寿无疆。

【注释】

①流火：火，星名，大火星，即心宿二。《毛传》："火，大火（星）也。流，下也。大火，即心宿也。以三四月皆见东方，六月昏见南方正中，（月令，季夏之月昏心中）至秋时向西而下，谓之西流（《左传·哀公十二年》云：'今火犹西流。'）。"

②觱发：《毛传》："一之日，周正月也。觱发，风寒也。《说文》作'毕发'"毕发（音伯），风寒盛。

③栗烈：凛冽。《毛传》："二之日，殷正月也。栗烈，寒气也。"《释文》

引《说文》“栗烈”作“𩙣，颲”。“仌部”凓冽二字，当是正字。

④褐：粗麻或粗毛制短衣，穷人所穿。《郑笺》：“褐，毛布也。”

⑤于耜（音四）：整修农具。《毛传》：“于耜，始修耒耜也。”

⑥举趾：《通解》：“趾，足也。举趾，谓行往耕也。”

⑦馌（音夜）：送饭食到田间。《毛传》：“馌，馈也。”

⑧畯（音郡）：管农事的管家。《毛传》：“田畯，田大夫也。”

⑨载阳：《郑笺》：“载之言则也。阳，温也。”

⑩仓庚：黄莺。

⑪懿筐：《毛传》：“懿筐，深筐也。”

⑫蘩：《毛传》：“蘩，白蒿也。所以生蚕。”祁祁：《毛传》：“祁祁，众多也。”

⑬殆：恐，怕。《毛传》：“殆，始。及，与也。”

⑭萑（音环）苇：《朱注》：“萑苇，即蒹葭也。”《毛传》：“豫畜萑苇，可以为曲也。”（曲，养蚕器）

⑮条桑：修剪桑枝。“条”，《韩诗》作“挑”。《玉篇·手部》：“挑，拨也。”

⑯斨（音枪）：斧，受柄之孔方形。《朱注》：“斧，隋銎。斨，方銎。”

⑰猗：又作“掎”。集疏：《说文》：“掎，偏引也。”《诸家益读》“猗”作“椅”。女桑：《郑笺》：“少枝。”

⑱鵙（音局）：鸟名。又名“伯劳”，体态华丽，嘴大锐利，鸣声洪亮。《毛传》：“鵙，伯劳也。”

⑲秀：《毛传》：“不荣而实曰秀。”葽：草名，即远志。《尔雅注》：“葽，今之远志也。”

⑳蜩：《朱注》：“蜩，蝉也。”

㉑获：《毛传》：“获，禾可获也。”

㉒陨箨（音唾）：《毛传》：“陨，坠。箨，落也。”

㉓于貉：《郑笺》：“往搏貉，以自为裘也。”“貉”当作“貈”，《集疏》：“《说文》：‘貈，貈似狐善睡。’《论语》：‘狐貈之厚以居。’今之通假作‘貉’。‘貈’与‘裘韵’，若作‘貉’则诗失韵矣。”

㉔缵：继续。《毛传》：“缵，继。功，事也。”武功：武事，一说田猎。

㉕豜：《毛传》：“豕一岁曰豵，三岁曰豜。”

㉖斯螽、莎鸡：《朱注》："斯螽、莎鸡、蟋蟀，一物，随时变化而异其名。"

㉗熏鼠：《通解》："穹读为空，窒读为室，谓将熏鼠而空其室。"

㉘向、墐：《朱注》："向，北出牖也。墐，涂也。"

㉙郁：木名。郁李。一说樱桃，一说山楂。薁（音玉）：木名，野葡萄。《朱注》："郁，棣属。薁，蘡薁也。"

㉚葵、菽：《朱注》："葵，菜名。菽，豆也。"

㉛剥：《朱注》："剥，击也。"

㉜以介眉寿：人老眉长，表示长寿。《通解》："介读为匃（音盖），乞也。金文多言祈匃眉寿。"

㉝叔：拾取。苴（音居）：麻子。《说文》云："叔，拾也。"《毛传》："苴，麻子也。"

㉞荼：《朱注》："荼，苦菜也。"樗：《集疏》："樗即臭椿。"

㉟重：晚熟作物。穋（音路）：晚种早熟的谷类。《说文》："种，先种后熟也。穋，疾熟也（后种先熟）。""重"、"种"、"穋"、"稑"同。

㊱索绹：王引之云："索者纠绳之名，绹即绳也。"

㊲乘：《说文》："乘，覆（盖）也。"

㊳冲冲：凿水声。

㊴凌阴：《毛传》："凌阴，冰室也。""阴"作"窨"。

㊵蚤：《通解》："蚤读为叉，取也。"一说通"早"。

㊶九月肃霜，十月涤场：王国维云："肃霜涤场，皆互为双声，乃古之联绵字，不容分别释之。肃霜犹言肃爽，涤场犹言涤荡也。……九月肃霜，谓九月之气清高颢白而已。至十月则万物摇落无余矣。"（《观堂集林·肃霜涤场》）

㊷朋酒：两樽酒。《毛传》："两樽曰朋。"

㊸曰：语助词。

㊹跻、公堂：《朱注》："跻，升也。公堂，君之堂也。"

㊺称：《朱注》："称，举也。"

解：此诗描绘了一幅全景瑰丽的豳地农事图。农奴虽勤苦终岁，仍不免饥寒交迫。

一三一、鸱鸮

鸱鸮鸱鸮[①]，既取我子，无毁我室。
恩斯勤斯[②]，鬻子之闵斯[③]！
迨天之未阴雨，彻彼桑土[④]，绸缪牖户。
今女下民，或敢侮予[⑤]？
予手拮据[⑥]，予所捋荼[⑦]，予所畜租[⑧]，
予口卒瘏[⑨]，曰予未有室家！
予羽谯谯[⑩]，予尾修修[⑪]，予室翘翘，
风雨所漂摇，予维音哓哓[⑫]！

【注释】

①鸱鸮：《朱注》："鸱鸮，鸺鹠，恶鸟，攫鸟子而食者也。"胡承珙云："《楚词·九歌》：'鸱鸮集于木兰。'王逸注云：'鸱鸮，鵩鸠，贪鸟也。'"

②恩斯勤斯：《朱注》："恩，情爱也。勤，笃厚也。"《三家诗》"恩"作"殷"。全句可译作"殷殷勤勤地"。

③鬻（音玉）：养育。《朱注》："鬻，养。闵，忧也。"案：闵当解为怜悯之悯。

④彻：撤，剥。《广雅》、《通解》、《释诂》皆云"取"也。"彻"者"撤"之借字。桑土：《毛传》："桑土，桑根也。"意为剥桑根。

⑤今女下民，或敢侮予：上文"无毁我室"乃对鸱鸮而言，此章在说"绸缪牖户"之后而承以"今女下民，或敢侮予"，"下民"在实质上是指鸱鸮而言。全句应译作"现在你们这般卑下的人们"。

⑥拮据：辛劳。《释文》引《韩诗》："口足为事曰拮据。"《朱注》："拮据，手口共作之貌。"

⑦荼：苦菜。《毛传》："荼，萑苕也。"

⑧租：聚。《释文》引《韩诗》："租，积也。"

⑨卒瘏：卒，尽。瘏（音涂）：病苦。《通解》："卒瘏与拮据相时成文，'卒'当读为'顇'。《尔雅》：'顇，病也。'"

⑩谯谯（音瞧）：（羽毛）残敝。《集疏》：“‘谯谯’当为‘燋燋’，悴也。‘燋燋’正形容苦悴之状。”

⑪修修：羽毛枯焦。《集疏》：“脩，缩也，干燥而缩也。”

⑫哓哓（音消）：因恐惧发出的凄苦叫声。《朱注》：“哓哓，急也。”

一三二、东山

我徂东山[①]，慆慆不归[②]。我来自东，零雨其濛[③]。
我东曰归，我心西悲。制彼裳衣[④]，勿士行枚[⑤]。
蜎蜎者蠋[⑥]，烝在桑野[⑦]。敦彼独宿[⑧]，亦在车下。
我徂东山，慆慆不归。我来自东，零雨其濛。
果赢之实[⑨]，亦施于宇[⑩]。伊威在室[⑪]，蠨蛸在户[⑫]。
町畽鹿场[⑬]，熠耀宵行[⑭]。不可畏也，伊可怀也[⑮]。
我徂东山，慆慆不归。我来自东，零雨其蒙。
鹳鸣于垤[⑯]，妇叹于室。洒扫穹窒，我征聿至。
有敦瓜苦[⑰]，烝在栗薪。自我不见，于今三年[⑱]。
我徂东山，慆慆不归。我来自东，零雨其蒙。
仓庚于飞，熠耀其羽。之子于归，皇驳其马[⑲]。
亲结其缡[⑳]，九十其仪。其新孔嘉，其旧如之何[㉑]？

【注释】

①徂（音粗，上声）：往。

②慆慆（音滔）：久。《毛传》：“慆慆，言久也。”《三家》“慆”亦作“悠”，“慆”、“悠”古同声通用，“悠”亦“久”也。

③濛：细雨貌。濛，《鲁诗》作“蒙”，蒙蒙，盛貌。

④制：《通解》：“制，古‘製’字。”

⑤士：《毛传》：“士，事。”行枚：士兵行军口中衔枚（似筷），以防喧哗。一说枚，微也。朱骏声云：“微者，‘徽’之误字。行军，将帅以下衣皆有题识，今无事，制此行间衣（军衣）也。”

⑥蜎（音冤）：蠕动貌。《朱注》：“蜎蜎，动貌。”蠋：《朱注》：“蠋，桑虫如蚕者也。

⑦烝：久也。《毛传》：“蒸，寘也。”《郑笺》：“古者声寘，填，尘同也。”

⑧敦：卷成一团。《通解》：“敦为宛转之貌。敦之言蠢也。”今案：“敦”当读如“王亭敦我”之“敦”。敦，堆也。独宿：独宿者蜷，宿车下蜷缩如一堆也。

⑨果蠃（音裸）：栝楼，又名瓜蒌，蔓生葫芦科植物。《毛传》：“果蠃，栝楼也。”

⑩施：蔓延。《通解》：“施读为延。”

⑪伊威：一名鼠妇，潮虫。《孔疏》引《陆疏》云：“伊威，在壁根下、瓮底土中，生似白鱼者是也。”（今名土鳖）

⑫蟏蛸（音消烧）：长脚蜘蛛。《尔雅》郭注：“小蜘蛛。”俗呼为喜子。

⑬町畽（音厅湍）：田舍旁空地。《毛传》：“町畽，鹿迹也。”《通解》：“町畽犹言打撞。”

⑭熠（音义）耀：萤光。《毛传》：“熠耀，燐也。燐，荧火也。”

⑮怀：案，“怀”亦与“伤”同意。

⑯鹳：《郑笺》：“鹳，水鸟也。”垤：《毛传》：“垤，蚁冢也。”《文选》李德引《韩诗》薛君《章句》：“天将雨蚁出蛭土，鹳鸟见之，长鸣而喜。”

⑰敦（音堆）：圆的。瓜苦：苦瓜，一说瓠。《郑笺》：“烝，尘；栗，析也。……古者声栗、裂同也。”

⑱于今三年：《通解》：“此惟家居乃得见之，故曰于今三年也”。

⑲皇驳：《毛传》：“黄白曰皇驳。”

⑳缡（音离）：古时女子的佩巾。《毛传》：“缡，妇人之祎也。母戒女，施衿结帨。”《说文》：“祎，蔽膝也。”

㉑其新孔嘉，其旧如之何：《郑笺》：“其新来时甚善，至今则久矣，不知其如何也。”

解：这是战士久戍还家在归途中所作，一章喜其远离战争，二章想象家中情景，三章想象妻在渴盼，四章想象与其妻久别重逢之情，勾起他们对新婚时的回忆。

一三三、破斧

既破我斧，又缺我斨[1]。周公东征，四国是皇[2]。

哀我人斯，亦孔之将[3]。

既破我斧，又缺我锜[4]。周公东征，四国是吪[5]。

哀我人斯，亦孔之嘉。

既破我斧，又缺我銶[6]。周公东征，四国是遒[7]。

哀我人斯，亦孔之休。

【注释】

①斧、斨：见《七月》篇注。

②皇：通“匡”，匡正。《尔雅·释言》：“皇，正也。”

③将：《广雅》：“将，美也。”王念孙云：“首章言将，二章言嘉，三章言休，将、嘉、休皆美也。”

④锜（音奇）：锸类工具。《毛传》：“凿属曰锜。”

⑤吪（音俄）：化，教化。《毛传》：“吪，化也。”

⑥銶（音求）：《后笺》：“珙云：‘銶亦锸类，盖起土之物。’”

⑦遒（音求）：稳固，安全。《毛传》：“遒，固也。”

解：这也是东征戍卒还归之诗。“破斧”、“缺斨”，说战争不休带来的各种损失，“是皇”、“是遒”说平定了四方，稳固了天下。“哀我人斯，亦孔之将”，说可怜我们这些人死里逃生还是很好的，是说他幸得生还。

一三四、伐柯

伐柯如何[1]？匪斧不克。

取妻如何？匪媒不得。

伐柯伐柯，其则不远[2]。

我觏之子，笾豆有践[3]。

【注释】

①柯：《说文》："柯，斧柄也。"

②则：《郑笺》："则，法也。伐柯者必用柯，其大小长短，尽取法于柯。"

③笾（音边）：古代祭祀、宴飨时盛果品的竹篾礼器。豆：古代盛肉或其他食品的木制器皿。践：成行成列之状。《毛传》："践，行列貌。"俞樾云："践当读为翦，翦训齐，故为行列之貌。"这一句应是说我见的那个人是很有礼貌的。这一句与《东门之墠》"有践家室"的意思很相近，但这一首诗应属于婚姻仪式诗。

小雅

一三五、采薇

采薇采薇[①]，薇亦作止[②]。曰归曰归[③]，岁亦莫止[④]。
靡室靡家[⑤]，猃狁之故[⑥]。不遑启居[⑦]，猃狁之故。
采薇采薇，薇亦柔止[⑧]。曰归曰归，心亦忧止。
忧心烈烈[⑨]，载饥载渴。我戍未定[⑩]，靡使归聘[⑪]。
采薇采薇，薇亦刚止[⑫]。曰归曰归，岁亦阳止[⑬]。
王事靡盬，不遑启处[⑭]。忧心孔疚[⑮]，我行不来[⑯]。
彼尔维何[⑰]？维常之华[⑱]。彼路斯何[⑲]？君子之车。
戎车既驾[⑳]，四牡业业[㉑]。岂敢定居？一月三捷[㉒]。
驾彼四牡，四牡骙骙[㉓]。君子所依，小人所腓[㉔]。
四牡翼翼[㉕]，象弭鱼服[㉖]。岂不日戒[㉗]？猃狁孔棘[㉘]。
昔我往矣，杨柳依依[㉙]。今我来思，雨雪霏霏。
行道迟迟，载渴载饥。我心伤悲，莫知我哀。

【注释】

①薇：菜名，即野豌豆（见《草虫》篇注）。

②作：初生。《朱注》：“作，生出地也。”

③曰：此“曰”与《七月》篇“曰为改岁”之“曰”同。

④莫止：《郑笺》：“莫，晚也。”止，语助词。

⑤靡：《郑笺》：“靡，无。”

⑥猃狁：《毛传》：“猃狁，北狄也。”

⑦遑：《郑笺》：“遑，暇。”启：启是危坐。《郑笺》：“启，跪也。”跪是

在坐下之前或坐后起来之时的形状。古人是席地而坐，坐时屈膝着地与跪相似。不过跪时臀部不坐下，坐时臀部才坐在脚跟上。居：依《说文》是“依几而坐”。所以可说跪是危坐，居是安坐。

⑧柔：嫩。《毛传》：“柔，始生也。”

⑨烈烈：《郑笺》：“烈烈，忧貌。”

⑩定：《郑笺》：“定，止也。”下同。

⑪聘：问，问候。《毛传》：“聘，问也。”这一句是说没有法子派人回去慰问。

⑫刚：坚硬。《朱注》：“刚，既成而刚。”

⑬阳：农历十月。

⑭启处：犹启居也。

⑮疚：《毛传》：“疚，病。”

⑯来：《郑笺》：“来犹反也，据家曰来（《集疏》引黄山说略同）。”这一句是说我出行一直到现在还不能回去。

⑰尔：《说文》作“薾”，《毛传》：“华（花）盛貌。”

⑱常：《毛传》：“常，常棣也。”

⑲路：同辂，大车。《复笺》：“路当为大车之貌。”《释诂》：“路，大车也。”斯何：《通释》：“斯何，犹为何。”

⑳戎车：兵车。

㉑业业：《毛传》：“业业然壮也。”

㉒捷：胜。

㉓骙骙（音葵）：马强壮貌。《毛传》：“骙骙，强也。”

㉔腓（音肥）：掩护。“腓”当依鲁诗作“芘”，“芘”是庇荫的意思。这是说步卒以戎车为掩护。《说文》：“匪，隐也。”“腓”、“匪”同。

㉕翼翼：《朱注》：“翼翼，行列整治之状。”

㉖弭（音迷）：弓末的弯曲处，以骨为之。《通释》：“古者弓末通名弭，弓之无缘者亦名为弭。”鱼服：鲛鱼皮制的箭袋。服，同“箙”。《说文》：“箙，弩矢服也。”《朱注》：“鱼，兽名，似猪，东海有之。”

㉗戒：相警戒。

㉘棘：《郑笺》：“棘，急也”。

㉙依依：盛貌（见《文选注》引《韩诗》薛君章句）。

解：这是一首驻守边防的士兵久役归来时所写的诗。第一章总说他们被派遣的时间和原因；二、三两章叙述他们在外思家的种种忧念；四、五两章叙述在外戍边的一些琐节；末章叙述他们在归途中的感想。全诗极道其劳伤之情。

一三六、斯干

秩秩斯干[1]，幽幽南山[2]。如竹苞矣[3]，如松茂矣。
兄及弟矣，式相好矣，无相犹矣[4]。
似续妣祖[5]，筑室百堵[6]。
西南其户，爰居爰处，爰笑爰语。
约之阁阁[7]，椓之橐橐[8]。
风雨攸除，鸟鼠攸去，君子攸芋[9]。
如跂斯翼[10]，如矢斯棘[11]，
如鸟斯革[12]，如翚斯飞[13]，君子攸跻[14]。
殖殖其庭[15]，有觉其楹[16]。
哙哙其正[17]，哕哕其冥[18]，君子攸宁。
下莞上簟[19]，乃安斯寝[20]。乃寝乃兴[21]，乃占我梦。
吉梦维何，维熊维罴[22]，维虺维蛇[23]。
大人占之，维熊维罴，男子之祥；
维虺维蛇，女子之祥。
乃生男子，载寝之床，载衣之裳，载弄之璋[24]。
其泣喤喤[25]，朱芾斯皇[26]，室家君王[27]。
乃生女子。载寝之地，载衣之裼[28]，载弄之瓦[29]。
无非无仪[30]，唯酒食是议，无父母诒罹[31]！

【注释】

①秩秩：《尔雅·释训》："秩秩，清也。"干：《毛传》："干，涧也。"

②幽幽：《毛传》："幽幽，深远也。"

③苞：草盛貌。《朱注》："苞，从生而固也。"

④犹：尤，过失。《通释》："犹、尤古通用。"《方言》："犹，诈也。"《广雅》："犹，欺也。"

⑤似续：同嗣续、继承。似，《毛传》："嗣也"。

⑥这里的百应是虚数，极言其大。不可说是连高与长计算。百堵：《毛传》："五板为堵。"

⑦约：《毛传》："约，束也。"阁阁：《鲁诗》作"格格"。"约之阁"应是一格一格将板约束起来。

⑧椓：击。见《兔罝》。橐橐（音拓）：《广雅》："橐橐，声也。"板筑时用杵击实土的声音。

⑨芋：王引之读为"宇"。宇，居也。

⑩跂：同"企"，是踮起脚用足尖立地。翼：端正也。这里指房屋高大如人用足尖立地，显得更高。

⑪棘：《朱注》："急也。"矢行直则直。这里指房屋正直。

⑫革：翼也。《韩诗》作"鞆"，云"翅也"。这里是说栋宇宏壮，如鸟展翼。

⑬翚（音辉）：野鸡。《朱注》："其檐阿华采而轩翔，如翚之飞而矫其翼也。"

⑭跻：《毛传》："升也。"这个"跻"也应如《载驰》"不能旋济"之"济"，是止、居之意。

⑮殖殖：《毛传》："平正也。"

⑯有觉：《毛传》："有觉，言高大也。"

⑰哙哙（音快）：宽明之貌。《郑笺》："快快也。"正：指正中明亮的地方。

⑱哕哕（音会）：光明貌。《郑笺》："犹煟煟也。"《广雅》："煟煟，光也。"冥：指奥窔、幽暗的地方。

⑲莞：《朱注》："蒲席。"簟：方文席，见《齐风·载驱》注。

⑳寝：卧房。

㉑寝乃兴：卧起。

㉒罴：熊的一种，是比熊大的兽。

㉓虺（音毁）：泛指小蛇。

㉔弄：使之玩弄。璋：玉器。《毛传》：“半珪曰璋。”

㉕喤：大声也。

㉖芾：即蔽膝，参《素冠》、《候人》注。“朱芾”是红色的蔽膝，“皇”是辉煌。《郑笺》：“皇犹煌煌也。”

㉗室家君王：这里说可以为周室的君王。

㉘裼：方形的小儿被。宽八寸，长二尺，可以用来背小儿于背上。

㉙瓦：古代纺线的纺锤。《毛传》：“纺砖。”

㉚仪（音俄）：《广雅·释诂》：“俄，邪也。”

㉛诒罹：诒同遗。罹，忧也。

解：这一首诗是周王室建筑房屋落成时的颂诗，篇中明说朱芾斯皇，室家君王，可以证明。篇中有几句刻绘房屋的形势高大壮阔是这诗可取的地方。

一三七、无羊

谁谓尔无羊，三百维群。谁谓尔无牛，九十其犉[①]。
尔羊来思，其角濈濈[②]。尔牛来思，其耳湿湿[③]。
或降于阿[④]，或饮于池，或寝或讹[⑤]。
尔牧来思，何蓑何笠[⑥]，或负其糇[⑦]。
三十维物[⑧]，尔牲则具[⑨]。
尔牧来思，以薪以蒸[⑩]，以雌以雄[⑪]。
尔羊来思，矜矜兢兢[⑫]，不骞不崩[⑬]。
麾之以肱[⑭]，毕来既升[⑮]。
牧人乃梦，众维鱼矣[⑯]，旐维旟矣[⑰]。
大人占之，众维鱼矣，实维丰年。
旐维旟矣，室家溱溱[⑱]。

【注释】

①犉：《尔雅·释畜》：“牛七尺为犉。”

②濈濈（音及）：聚集貌。《通释》：“濈，《释文》亦作‘戢’。”《尔雅》：“戢，聚也。”

③湿湿：牛反刍时耳动的状态。

④阿：山丘，高岗。

⑤讹：动。《集疏》：“《玉篇》引诗作讹，讹，动也。”是正字。

⑥何（音贺）：何犹荷，戴着。蓑：《说文》：“衰者，草雨衣也。”《毛传》：“蓑所以备雨，笠所以御暑。”

⑦糇：干粮。《说文》：“糇，干食也。”

⑧三十维物：《通解》：“物，毛色也。”《毛传》：“异毛色三十也。”

⑨具：备也。

⑩以薪以蒸：《郑笺》：“此言牧人有余力，则取薪蒸搏禽兽以归来也。粗曰薪，细曰蒸。”

⑪以雌以雄：《朱注》：“雌雄禽兽也。”

⑫矜矜兢兢：《朱注》：“坚强也。”《通解》：“矜矜兢兢，为坚持恐失之貌。”

⑬骞、崩：《通解》：“小失曰骞，全失曰崩。不骞不崩，言群羊驯谨相随，无走失之患也。”

⑭肱：《毛传》：“肱，臂也。”

⑮既升：《朱注》：“既，尽也。升，入牢也。”

⑯众：蝗虫。《通释》：“众又为‘螽’之省借。螽，蝗也。”

⑰旐、旟：旗名。《毛传》：“所以聚众也。”在旗上正幅画有龟蛇的是旐；在旗正幅尽鸟隼的是旟。

⑱溱溱（音真）：《毛传》：“溱溱，众也。”

解：这一首诗是写牧人如何畜牧牛羊。牛羊成群，最后一章为牧人的梦，被解释为符合于主人的愿望的梦。

一三八、节南山

节彼南山①，维石岩岩②。赫赫师尹③，民具尔瞻④。
忧心如惔⑤，不敢戏谈。国既卒斩⑥，何用不监⑦？

节彼南山，有实其猗[8]。赫赫师尹，不平谓何？

天方荐瘥[9]，丧乱弘多[10]。民言无嘉，憯莫惩嗟[11]。

尹氏大师，维周之氐[12]。秉国之均[13]，四方是维。

天子是毗[14]，俾民不迷。不吊昊天[15]，不宜空我师[16]。

弗躬弗亲，庶民弗信。弗问弗仕[17]，勿罔君子[18]。

式夷式已[19]，无小人殆[20]。琐琐姻亚[21]，则无膴仕[22]。

昊天不佣[23]，降此鞠讻[24]。昊天不惠，降此大戾[25]。

君子如届[26]，俾民心阕[27]。君子如夷，恶怒是违[28]。

不吊昊天，乱靡有定。式月斯生[29]，俾民不宁。

忧心如酲[30]，谁秉国成？不自为政[31]，卒劳百姓[32]。

驾彼四牡，四牡项领[33]。我瞻四方，蹙蹙靡所骋[34]。

方茂尔恶[35]，相尔矛矣[36]。既夷既怿[37]，如相醻矣[38]。

昊天不平，我王不宁。不惩其心，覆怨其正[39]。

家父作诵[40]，以究王讻[41]。式讹尔心[42]，以畜万邦[43]。

【注释】

①节：《毛传》：“节，高峻貌。”《释文》引《韩诗》：“节，视也。”

②岩岩：积石貌。

③赫赫：显盛貌。师：太师。《毛传》：“尹氏为大师。”

④具、瞻：《毛传》：“具，俱。瞻，视。”

⑤惔（音谈）：《释文》引《韩诗》作“炎”。如惔，如同火烧。

⑥卒：尽。斩：断。言国祚已尽灭断绝。

⑦用：以也。监：视也。言何以不起而临治之。

⑧有实其猗：山坡壮阔。实，广大貌。猗，为何。

⑨荐瘥：《毛传》：“荐，重。瘥，病。”

⑩弘：《毛传》：“弘，大也。”

⑪憯莫惩嗟：《传疏》：“憯，当作替，曾也。”这是说就没有惩戒嗟叹的意思。

⑫氐：《通解》：“《说文》：‘柢，木根也。氐、柢同。’”

⑬均：“均”当依《齐诗》作“钧”。钧是陶人制圆器所用的可以使陶器

圆匀的车盘，是古来制造上最巧的工具，秉国之钧，可译作“掌握着转动国家的把柄”。

⑭《郑笺》：“毗，辅也。”

⑮吊：善。昊天：老天。

⑯空：《毛传》：“空，穷也。”马瑞辰云：“谓此不善之昊天，不宜使此人居尊位，空穷我之众民。”

⑰仕：《郑笺》：“仕，察也。”

⑱罔：《朱注》：“罔，欺也；君子，王也。”这两句是说不闻问考察岂不是欺骗了周王？

⑲式：语助辞。《朱注》：“夷，平也；已，止。”

⑳殆：《朱注》：“殆，危。”《通解》：“无小人殆，不危及小民。”

㉑琐琐姻亚：婿之父曰姻，两婿相谓曰娅。琐琐，小貌。

㉒膴仕：高位厚禄。膴（音舞），《毛传》：“膴，厚也。”仕，任用。

㉓佣：《释文》引《韩诗》作“庸”，“云（平）易也”。

㉔鞠：《朱注》：“鞠，穷。”讻：凶，祸乱。

㉕戾：《郑笺》：“戾，乖也。”

㉖届：《毛传》：“届，极。”《通释》：“‘极’与‘殛’通用。”

㉗阕：《毛传》：“阕，息。”这两句是说君子无殛。君子如小心执政，去掉不公，则人民心中平息。

㉘违：《毛传》：“违，去也。”这是说君子如若平定他，恶怒必不可以免去。

㉙月：俞樾云：“抈之省。”《说文》：“抈，折也。”式月斯生：言用折其生也。

㉚酲：《毛传》：“病酒曰酲。”

㉛不自为政：《礼记》引作“谁能秉国成，不自为正”。秉国平与秉国之均意同。

㉜卒：《郑笺》：“卒，终也。”

㉝项：《毛传》：“项，大也。”

㉞蹙蹙：《郑笺》：“蹙蹙，缩小之貌。”

㉟茂：《朱注》：“茂，盛”。

㊱相：《郑笺》：“相，视也。”这两句是说，在你们正盛行为恶之时，你

们就互相倾轧。

㊲怿：悦也。

㊳醻：同酬。这两句是说平服了喜悦了，就可以如相酬酢。这四句总说是看他们也可转变。

㊴覆怨其正：《朱注》：“覆怨其正，反怨人之正己也。”

㊵家父：周大夫。

㊶究：追究。

㊷讹：《郑笺》：“讹，化。”

㊸畜：《郑笺》：“畜，养也。”

解：这一首诗实是周平王东迁以后的诗，“尹氏”、“家父”都见于春秋。这是家父控诉尹氏太师的，希望周王能改变他信任尹氏的态度。一至四章是责尹氏，五至六章望王惩治尹氏，七章言无所逃避，八章言假定他们可以转变，九章又恐王不能惩治其心，十章述作诗之意。

一三九、正月

正月繁霜[①]，我心忧伤。民之讹言[②]，亦孔之将[③]。
念我独兮，忧心京京[④]。哀我小心，癙忧以痒[⑤]。
父母生我，胡俾我瘉[⑥]？不自我先，不自我后？
好言自口，莠言自口[⑦]。忧心愈愈[⑧]，是以有侮[⑨]。
忧心惸惸[⑩]，念我无禄[⑪]。民之无辜[⑫]，并其臣仆[⑬]。
哀我人斯，于何从禄？瞻乌爰止，于谁之屋[⑭]？
瞻彼中林，侯薪侯蒸[⑮]。民今方殆，视天梦梦。
既克有定，靡人弗胜[⑯]。有皇上帝[⑰]，伊谁云憎[⑱]？
谓山盖卑[⑲]，为岗为陵[⑳]。民之讹言，宁莫之惩[㉑]。
召彼故老，讯之占梦。具曰予圣，谁知乌之雌雄[㉒]。
谓天盖高？不敢不局[㉓]。谓地盖厚，不敢不蹐[㉔]。
维号斯言，有伦有脊[㉕]。哀今之人，胡为虺蜴[㉖]。

瞻彼阪田[27]，有菀其特[28]。天之扤我[29]，如不我克。
彼求我则，如不我得。执我仇仇[30]，亦不我力。
心之忧矣，如或结之。今兹之正[31]，胡然厉矣[32]？
燎之方扬，宁或灭之[33]？赫赫宗周，褒姒灭之[34]。
终其永怀[35]，又窘阴雨。其车既载，乃弃尔辅[36]。
载输尔载[37]，将伯助予[38]。无弃尔辅，员于尔辐[39]。
屡顾尔仆[40]，不输尔载。终踰绝险[41]，曾是不意[42]？
鱼在于沼[43]，亦匪克乐。潜虽伏矣，亦孔之炤[44]。
忧心惨惨[45]，念国之为虐。
彼有旨酒，又有嘉殽。洽[46]比其邻，昏姻孔云[47]。
念我独兮，忧心殷殷[48]。
佌佌彼有屋[49]，蔌蔌方有谷[50]。
民今之无禄，天夭是椓[51]。
哿矣富人[52]，哀此惸独[53]。

【注释】

①正月：《通释》："正月，周之六月，古亦谓之正月。"繁：《毛传》："繁，多也。"这两句，六月多霜，比喻政令失常，引起下文。

②讹言：即流言。讹，动也。

③将：大也。

④京京：《尔雅·释训》："京京，忧也。"《朱注》："京亦大也。"

⑤癙忧以痒：指因流言而兴忧。癙（音鼠）、痒（音养），皆病也。

⑥瘉：《尔雅》："瘉，病也。"

⑦莠：《毛传》："莠，丑也。"

⑧愈愈：《鲁诗》作"瘐瘐"，病也（《尔雅·释训》）。

⑨有侮：《朱注》："我之忧心益甚，而反见侵侮也。"

⑩惸惸（音琼）：忧念貌。《尔雅·释诂》："惸惸，忧也。"

⑪无禄：《朱注》："无禄，犹言不幸尔。"

⑫辜：《朱注》："辜，罪。"

⑬并其臣仆：奴隶主相互并吞，抢夺奴隶。

⑭瞻乌爰止，于谁之屋：比喻人民无处投奔。

⑮侯薪侯蒸：是惟有粗的薪细的蒸。《郑笺》：“侯，维也。”

⑯既克有定，靡人弗胜：这两句指天帝言，是说无人能胜得了天。

⑰皇：《朱注》：“皇，大也。”

⑱伊谁云憎：是说究竟憎恶的人是谁呢？这是对于天也有疑问。

⑲盖卑：《传疏》：“盖读如盍。”《广雅》：“盍，何也。谓山盍卑，言山何卑也。”

⑳为岗为陵：岗是山脊，陵是丘陵，是高大的地方。

㉑惩：《朱注》：“惩，止也。宁，乃也。”这四句是说小人自以为是，对人民的流言就没有悔改的意思。说山何营卑，全是高冈高陵。

㉒具曰予圣，谁知乌之雌雄：这些人也自以为是而实在不知事。

㉓局：《毛传》：“局，曲也。”局有曲脊之意。

㉔谓地盖厚，不敢不蹐：这四句是说天何尝高？我们不敢不弯着腰，怕碰着什么；地何尝厚，我们不敢不小步走，怕地有了沦陷。蹐，《说文》：“蹐，小步也。”

㉕伦、脊：《毛传》：“伦，道。脊，理也。”这两句是说但是那些呼号的话是有道理的。

㉖虺蜴：皆毒螫之虫。

㉗阪田：高处之田。

㉘有菀其特：《朱注》：“苑，貌盛之貌。特，特生之留也。”这两句是比喻在显位之人得天独厚。

㉙天之扤我，如不我克：这两句是说但是天扼杀我无所不至。扤（音误），“扤”读为“抈”。《说文》：“抈，折也。”

㉚执我仇仇，亦不我力：求我则如不得我，但是用起我来却甚缓慢。执、仇仇，《通释》：“《广雅》云：执执，缓也。仇仇同。”

㉛正：《通释》：“正，官之长。”

㉜厉：《毛传》：“厉，恶也。”

㉝燎之方扬，宁或灭之：火正盛时，还可以被人扑灭。宁，乃。

㉞赫赫宗周，褒似灭之：赫赫的宗周，褒姒也能使之灭亡。

㉟终：《通释》：“终，结果。”怀：读为“坏”。

㊱辅：《传疏》：“揜舆之版也。”是大车载物之后，加在两旁的板。“辅”

各家说法不同，依我看来其正字当为“棐”，非即辅的形。

㊲载输尔载：《郑笺》：“输，堕也。”《广雅·释言》：“输，写（泻）也。”

㊳将伯：《毛传》：“将，请。伯，长也。”这几句是拿车来作比喻，说结果车是坏了，又受到阴雨的困窘；车子已经装载了，并扔掉了车厢板，那样装的东西会掉下来，而要请那位仁兄来帮忙了。比喻国家要亡了，才求救于贤者，那又未免太晚。

㊴员于尔辐：《通释》：“员读为围。”这是加大的意思。意为帮助的办法不惟不扔掉车辅，还加固车的辐条。

㊵顾：照顾。

㊶终：终于。

㊷意：意想。

㊸沼：《毛传》：“沼，池也。”

㊹炤：《礼记》引作“昭”。

㊺惨：《通释》：“惨当作懆。”见《月出》篇。

㊻洽：《朱注》：“洽，比皆合也。”

㊼云：《通释》：“云读为圆。”圆满之意。

㊽殷殷：《毛传》：“殷殷然，痛也。”

㊾佌佌（音此）：小也，地位低微。《毛传》：“佌佌，小也。”

㊿蔌蔌：《毛传》：“蔌蔌，陋也。”

51夭夭是椓：《朱注》：“夭，祸。椓，害也。”这四句是说小民刚有了吃的住的但是不幸要遭到天灾。

52哿（音可）：表称许之词。《毛传》：“哿，可。”

53惸：《楚辞》王德引作“茕”，茕，独，孤也。

解：由“赫赫宗周，褒姒灭之”两句看来，这首诗应是作于西周亡了以后，这诗作者应是一位忧国忧民、感时愤世的人。一章说他因讹言兴忧。二章说他生不逢时，他的忧念反招侮辱。三章说他们的不幸将不知止于何时。四章说这时人民对天帝也不能信任。五章说坏人们仍自以为是。六章说人民所呼号的是有理的。七章说周天子不用他。八章说西周终于灭亡。九章说以大车终将坏来作此喻。十章说挽救并非没有办法。十一章说祸已潜伏，看他们还作恶。十二章说坏人们一样快乐，他却特别忧念。十三章说人民连受灾害，可怜那些穷困的人。

一四〇、十月之交

十月之交[①]，朔月辛卯。日有食之，亦孔之丑[②]。
彼月而微，此日而微[③]。今此下民，亦孔之哀。
日月告凶，不用其行[④]。四国无政，不用其良。
彼月而食，则维其常。此日而食，于何不臧[⑤]？
烨烨震电[⑥]，不宁不令[⑦]。百川沸腾[⑧]，山冢崒崩[⑨]。
高岸为谷，深谷为陵[⑩]。哀今之人，胡憯莫惩[⑪]。
皇父卿士[⑫]，番维司徒，家伯维宰，仲允膳夫。
棸子内史，蹶维趣马，楀维师氏[⑬]，艳妻煽方处[⑭]。
抑此皇父[⑮]，岂曰不时[⑯]？胡为我作[⑰]，不即我谋，
彻我墙屋[⑱]，田卒汙莱[⑲]？曰予不戕[⑳]，礼则然矣[㉑]。
皇父孔圣，作都于向[㉒]。择三有事[㉓]，亶侯多藏[㉔]。
不慭遗一老[㉕]，俾守我王。择有车马，以居徂向[㉖]。
黾勉从事，不敢告劳。无罪无辜，谗口嚣嚣[㉗]。
下民之孽[㉘]，匪降自天。噂沓背憎[㉙]，职竞由人[㉚]。
悠悠我里[㉛]，亦孔之痗[㉜]。四方有羡[㉝]，我独居忧。
民莫不逸，我独不敢休。
天命不彻[㉞]，我不敢效，我友自逸[㉟]。

【注释】

①十月：周历十月。交：交替，晦朔之间。

②丑：《毛传》："丑，恶也。"古来以日食象征君道衰弱被臣子欺凌，所以说是甚丑恶。

③彼月而微，此日而微：那是月亮不明，这是太阳不明。微：无光，指日月之食。《郑笺》："微，谓不明也。"

④行：道，度。

⑤于何：《集疏》："于犹如也。"

⑥烨烨（音叶）：声光之盛也。《朱注》："烨烨，电光貌。"震电：现在说打雷闪电，一说地震时出现的地光和声响。

⑦宁：安徐也。令：善。

⑧沸腾：《玉篇》："沸腾，水上涌也。"

⑨冢：《毛传》："山顶曰冢。"崒：《红义述闻》："崒，当作卒，读为猝。猝，急也，暴也。"

⑩高岸为谷，深谷为陵：《朱注》："高岸崩陷，故为谷。深谷填塞，故为陵。"这是比喻社会发生的巨大变化，是非颠倒不明。

⑪憯：曾也。

⑫皇父：《郑笺》："皇父、家伯、仲允，皆（为大臣的）字。番、聚（音邹）、蹶（音贵）、楀（音举），皆（为大臣的）氏。"

⑬卿士、司徒、宰、膳夫、内史、趣马、师氏：均为职名。

⑭艳妻：当依《鲁诗》作"阎妻"。据《汉书·谷永传》、《外戚传·班捷妤传》，褒姒、阎妻确为二人。据前数年出土之皇父鼎，皇父亦姓阎，尤足证当依鲁诗作阎。煽：炽。《毛传》："煽，炽也。"方处：应依《郑笺》作并处位解。《孔疏》说皇父、家伯、仲允盖与后同姓。这七个人实是因阎妻的关系被任用。这一章列举这七人说明当时小人成群，居在上位。

⑮抑：《通释》："抑读同噫。"

⑯时：《毛传》："时，是也。"

⑰我作：役使我。作，役使。

⑱彻：摧毁。

⑲汙：《通解》："汙（淤），积水也。"莱：《周礼》郑注："田休不耕曰莱。"

⑳戕：残害。《郑笺》："戕，残也。"

㉑礼则然矣：这是皇父掩饰的话，可见诗人不满意这个借口。

㉒向：地名，在河南尉氏县西南。

㉓择三有事：选择人来担任三卿。《通解》："三有事，即《雨无正》篇所谓三事大夫，在内卿大夫之统称。

㉔亶，侯，藏：《朱注》：“亶，信。侯，维。藏，蓄也。”

㉕憖（音印）：愿也，强也。《通释》：“憖，犹言姑且。”

㉖徂向：《通释》：“徂向以居也。”

㉗嚣嚣：《郑笺》：“嚣嚣，众多貌。”

㉘孽：灾难。

㉙噂（音尊）沓背憎：噂，噂沓是聚则相语，背憎是背则相憎也。噂，《集疏》：“噂，《说文》：‘聚语也’。”沓，《说文》：“沓，语多沓沓也。”

㉚竞由人：直是真的由于人。职，当读为“直”，职是即直是之意。《通解》：“竞读为谅。《说文》：‘谅，信也’。”

㉛悠：忧思。《毛传》：“悠悠，忧也。”里：病。《玉篇》引“里”作“瘇。”

㉜痗（音妹）：病。

㉝羡：宽裕。《朱注》：“羡，余。”

㉞天命不彻：上天不遵循常道。彻，《毛传》：“彻，道也。”

㉟友：《通释》：“友，同僚也。”

解：这是一首忧国忧民、感时愤世的诗，主要是诅咒和揭露当时的外戚皇父干政，众多小人群居高位，以至无恶不作，所以作者揭露他们的罪恶。一章因日食引起君道衰微，下民哀怜；二章说政治混乱，不用贤良；三章说上天用灾异来警告他们也不知悔改；四章说皇父等人盘踞要津；五章说皇父等人借口礼法荼毒人民；六章说皇父将人民的财产搜刮一空并作都于向；七章说贤者反遭到谗害；八章说下民的灾难由皇父这些人引起，他们还过着安逸的生活。

一四一、雨无正

浩浩昊天[1]，不骏其德[2]。降丧饥馑[3]，斩伐四国。
昊天疾威[4]，弗虑弗图[5]。舍彼有罪，既伏其辜[6]。
若此无罪，沦胥以铺[7]。

周宗既灭[8]，靡所止戾[9]。正大夫离居[10]，莫知我勚[11]。
三事大夫，莫肯夙夜[12]。邦君诸侯，莫肯朝夕。
庶曰式臧，覆出为恶[13]。
如何昊天，辟言不信[14]。如彼行迈，则靡所臻[15]。
凡百君子[16]，各敬尔身。胡不相畏？不畏于天。
戎成不退，饥成不遂[17]。曾我暬御[18]，憯憯日瘁[19]。
凡百君子，莫肯用讯[20]。听言则答[21]，谮言则退[22]。
哀哉不能言，匪舌是出[23]，维躬是瘁[24]。
哿矣能言[25]，巧言如流，俾躬处休。
维曰于仕，孔棘且殆[26]。云不可使[27]，得罪于天子。
亦云可使，怨及朋友。
谓尔迁于王都[28]，曰予未有室家。
鼠思泣血[29]，无言不疾[30]。昔尔出居，谁从作尔室[31]？

【注释】

①浩浩：《朱注》："浩浩，广大貌。"

②不骏其德：《朱注》："骏，大；德，惠。"

③饥馑：《毛传》："谷不熟曰饥，蔬不熟曰馑。"

④疾威：《朱注》："疾威，犹暴虐也。"

⑤弗虑弗图：《郑笺》："虑、图，皆谋也。"

⑥舍彼有罪，既伏其辜：《通释》："言凡有罪者，皆伏其辜也。欲舍有罪之人，而匿其罪状。"

⑦沦胥以铺：沦胥是相牵连，使无罪者见牵，率相引而遍得罪。《毛传》："沦，率也。"铺当依《韩诗》作痡。《集疏》："痡，病也。"

⑧周宗：《集疏》："周宗当为宗周，左昭十六年引诗正作宗周。"

⑨戾：《毛传》："戾，定也。"

⑩正大夫：大正，六卿之长。《郑笺》："正，长也。正大夫，长官之大夫。"

⑪勚（音义）：劳。《尔雅》："勚，劳。"

⑫三事：官名。指太师、太傅、太保。夙夜：此处应兼指早晚而言，与

下句朝夕同。

⑬覆出为恶：《毛传》："覆，反也。"《通释》："出者咄之省。是相诃责之意。"这是说长官大夫已经离居，无人知我之劳。百官诸侯也都不早晚效劳，庶几说我是好，而反责备我为恶。

⑭辟言不信：《毛传》："辟，法也。"辟言即合法度之言。这一句是说合乎法度的言论你也不信。

⑮臻：《朱注》："臻，至。"如彼行迈，则靡所臻：这两句是说正如行极远的路，你也不能到达。

⑯凡百君子：指群臣言。

⑰戎成不退，饥成不遂：戎成不退，指用兵不息。《朱注》："戎，兵；遂，安也。"这两句是说外患来了，不能打退；饥荒成了，不能安抚。

⑱暬（音泄）御：《毛传》："御，侍御（左右亲近之臣）。"

⑲憯（音惨）：《朱注》："憯憯，忧貌；瘁，病。"曾我暬御，憯憯日瘁：这两句是说只是我们近御之臣忧劳而病。

⑳讯：告，谏。《郑笺》："讯，告也。"《鲁诗》作谇。

㉑听言则答：《郑笺》："答犹拒也。"这是指拒绝善言。

㉒谮言则退：这是指有谮言及己则被大家排挤。

㉓匪：《通释》："匪读为彼。"

㉔瘁：病。《朱注》："瘁，病。"哀哉……是瘁：这三句说可怜不会说话的，不是不会说话，而是怕说了后遭殃。下三句是说那些会说话的，巧言如流，结果很美。

㉕哿（音阁或可）：表称许之词。

㉖维曰于仕，孔棘且殆：《毛传》："于，往也。"《朱注》："棘，急；殆，危也。"

㉗云不可使：《集疏》："可使不可使，即今谚云使得使不得。"

㉘尔：《朱注》："尔谓离居者。"

㉙鼠思：即癙忧。

㉚疾：是彼人急恶。

㉛昔尔出居，谁从作尔室：这是说从前你出外居时，谁跟着你盖房子？是以反问语气作结。

解：这一首诗写的是西周亡后，迁都未定时一些政治不稳定的情况。这是近臣讽刺当时一般长官大夫的诗。以政令如雨之多作比，然皆苛虐，非所以为政之道，故曰雨无正。

一四二、大东

有饛簋飧①，有捄棘匕②。周道如砥③，其直如矢。
君子所履，小人所视④。睠言顾之，潸焉出涕。
小东大东⑤，杼柚其空⑥。纠纠葛屦，可以履霜。
佻佻公子⑦，行彼周行。既往既来，使我心疚⑧。
有冽氿泉⑨，无浸获薪⑩。契契寤叹⑪，哀我惮人⑫。
薪是获薪，尚可载也⑬。哀我惮人，亦可息也。
东人之子，职劳不来⑭。西人之子，粲粲衣服。
舟人之子⑮，熊罴是裘。私人之子，百僚是试⑯。
或以其酒，不以其浆⑰。鞙鞙佩璲⑱，不以其长。
维天有汉，监亦有光⑳。跂彼织女㉑，终日七襄㉒。
虽则七襄，不成报章㉓，睆彼牵牛㉔，不以服箱㉕。
东有启明，西有长庚。有捄天毕㉖，载施之行㉗。
维南有箕㉘，不可以簸扬㉙。维北有斗，不可以挹酒浆㉚。
维南有箕，载翕其舌㉛。维北有斗，西柄之揭㉜。

【注释】

①饛（音蒙）：《说文》：“饛，盛器满貌。”簋（音鬼）：食器，青铜或陶制，圆口，圈足，有耳或无耳。

②捄（音求）：捄是弯曲貌。《通释》：“捄亦曲也。”棘匕：匕是杓子，棘匕是以棘为匕。

③砥（音底）：磨刀石。《朱注》：“砥，砺石，言平也。”

④视：这个视字应作看解。下文云“睠（音倦）言顾之”。顾之亦是视。

⑤小东大东：东方大小以及远近之国。

⑥杼（音住）：梭。盛纬器。杼，织布机所用的梭。柚（音轴）：织机受

经者也。柚即轴，织布机所用轴。空：尽也。这是说他们国家被剥削完了。

⑦佻佻（音挑）：佻当从韩诗作“嬥”，《广雅》：“嬥嬥，好也。”

⑧小东大东，杼柚其空。纠纠葛屦，可以履霜。佻佻公子，行彼周行。既往既来，使我心疚。这八句是说远近的东方各国将财货都送给周，以致人民衣屦不足，冬日只能穿葛屦，就是一般公子也被安排当差赴周，来来往往看着使我伤心。

⑨有冽氿泉：《毛传》：“冽，寒意也。”氿（音鬼）泉：侧出曰氿泉。

⑩获薪：获薪是斩伐了的木柴。

⑪契契：忧苦貌。《毛传》：“契契，忧苦。”

⑫惮（音但）：劳。惮当依《鲁诗》作“瘅”。《释诂》：“瘅，劳也。”

⑬载：装载。已浸湿之薪，尚可以装载起来备用，引起下文那些可怜的劳人实当休息。

⑭职：直。（说见《硕人》）来是安慰。“职劳不来”是一直是劳而没有安慰。

⑮舟人：《郑笺》：“舟，当作周。”舟与周古同音而通用。

⑯私人之子，百僚是试：私人之子：家庭奴隶。百僚：百仆。一说百官。《朱注》：“僚，官；试，用也。”这是说周人的私家奴仆，也试用于百官。这一章说赋役财富不均，用人唯亲，小人得志。

⑰以：用也。“或以其酒，不以其浆”是只饮酒，不饮水，拿酒来当水喝。

⑱鞙鞙（音捐）：《毛传》云：“玉貌。”字当从《尔雅》作“琄”。琄当谓玉形之圆。璲（音遂）：瑞玉名，可以为佩。瑞是宋玉。《毛传》云：“瑞也。”按，璲犹坠也，所佩玉下垂如坠。以玉为之，故字作璲。全句之意可译为“圆圆的那些玉坠子”。

⑲不以其长：不用那些长的。以上四句，是说西人（周人）的奢侈。

⑳维天有汉：汉是天上的银河。《毛传》：“汉，天河也。”监亦有光：监，《集疏》：“视也。”光谓细碎的淡光，而无水光。

㉑跂（音起）：通歧。分歧。跂是织女三星，分歧的形象。《通释》：“跂即岐字。”

㉒襄：骧的假借。《郑笺》：“襄，驾也。”七襄是从早到晚的七个时辰，

每个时辰移一次，所以说是七襄。《通释》：“织女在天，往经七次（周天十二次），谓之七襄。”以上四句，是说西人徒有其表，实际无用。

㉓报章：报：反复，梭子引线往复织作。章：经纬纹理、色彩。不成报章是说织不了布。

㉔睆：是一串的意思。《通释》：“睆读为贯，牵牛三星一贯，故言贯以肖其形。”

㉕服箱：服：负。箱：大车之箱。《朱注》：“服，驾也。箱是车箱也。”不以服箱是说驾不了车，车厢是空的。

㉖毕：原是捕鸟或兽所用的网，“有捄天毕”是弯弯曲曲的那个天上的毕宿。《说文》：“毕，田网也。”《通释》：“天毕八星，像田网形，除竿柄外，其七星斛然似角（宿）。”

㉗载施之行：施读为柂（拖）。《通解》：“载柂之行，柂启明长庚而行也。”这都是说西人实际无用。

㉘箕：箕是箕宿，共四星。

㉙簸：《说文》：“簸，扬米去糠也。”

㉚斗：《孔疏》以为是南斗，在箕星北，故说维北有斗。南斗六星。斗柄常向西而高举。勺向下，所以说不可以挹酒浆。挹（音义）：舀。

㉛载翕其舌：翕是短缩，舌是箕的底。箕的底短缩所以不可簸扬。《通解》：“翕，歙。歙，缩也。”

㉜揭：高举。西柄之揭，是那个斗柄高举着，向着西边。好像这是天也帮助西人。这更补足前两章的意思，比喻西人向东方各国的搜刮和榨取，以见种种不合理的现象。

解：写周室对东方诸侯国的严重压榨，反映王室与诸侯的矛盾。

一四三、北山

陟彼北山，言采其杞。偕偕士子[①]，朝夕从事。
王事靡盬，忧我父母[②]。

溥天之下[3]，莫非王土。率土之滨[4]，莫非王臣。
大夫不均，我从事独贤[5]。
四牡彭彭，王事傍傍[6]。嘉我未老，鲜我方将[7]？
旅力方刚[8]，经营四方。
或燕燕居息[9]，或尽瘁事国[10]。
或息偃在床[11]，或不已于行。
或不知叫号[12]，或惨惨劬劳[13]。
或栖迟偃仰[14]，或王事鞅掌[15]。
或湛乐饮酒[16]，或惨惨畏咎[17]。
或出入风议[18]，或靡事不为。

【注释】

①偕偕：《毛传》："强壮貌。"

②忧我父母：只是忧我父母，不当如《笺》说"父母思己而忧"。

③溥（音普）：三家诗均作普，普遍、全部也。

④率：《尔雅》："自也。"滨：《毛传》："涯也。"这是说从地边到天涯，即四海之内之意。

⑤贤：苦，艰苦。《小尔雅》："贤，多也。"

⑥彭彭：不得息。傍傍：无穷尽。《通释》："《广雅》：彭彭，旁旁，盛也。"

⑦嘉我未老，鲜我方将：《郑笺》："嘉、鲜皆善也。"《毛传》："将，壮也。"

⑧旅力：犹言气力。《通解》："旅读为膂。"《说文》："吕，脊骨也，篆文作膂。"

⑨燕燕：《毛传》："安息貌。"

⑩瘁：病。见《雨无正》注。

⑪偃：也是休息。参看下注⑭。

⑫不知叫号：《朱注》："深居安逸，不闻人声。"

⑬惨惨劬劳：惨当为懆，忧也；劬劳：辛劳。

⑭栖迟：游息也，说见《衡门》注。偃仰：《通释》："偃仰犹息偃娱乐

之类，皆二字同义。偃亦仰也。”
⑮鞅掌：叠韵连绵字，犹言扰攘。《通释》：“人事之多曰鞅掌。”
⑯湛（音单）：喜乐；逸乐无度。一说湛与酖同，《说文》：“酖，药酒也。”
⑰咎：咎，犹罪也。
⑱风议：即吹牛，说大话。《集疏》：“风议犹放言也。”

解：这一首诗是作者借用一个青年官吏的口气，描写出周时大夫劳逸不均的现象，他们经营四方，靡事不为；但有的人却栖迟偃仰，湛乐饮酒，毫不知忧劳国事。

一四四、大田

大田多稼①，既种既戒②。既备乃事，以我覃耜③。
俶载南亩④，播厥百谷⑤。既庭且硕⑥，曾孙是若⑦。
既方既皂⑧，既坚既好⑨。不稂不莠⑩，去其螟螣。
及其蟊贼⑪，无害我田稚⑫。田祖有神⑬，秉畀炎火⑭。
有渰萋萋⑮，兴云祁祁⑯。雨我公田，遂及我私。
彼有不获稚⑰，此有不敛穧⑱，
彼有遗秉⑲，此有滞穗⑳，伊寡妇之利㉑。
曾孙来止，以其妇子，馌彼南亩，田畯至喜。
来方禋祀㉒，以其骍黑㉓，与其黍稷。
以享以祀，以介景福㉔。

【注释】

①多稼：多稼是可以多种庄稼。
②种：选种。戒：准备。《朱注》：“种，择其种。戒，饬（治）其具。”
③覃（音眼）：锋利。《鲁诗》作剡，《尔雅》：“剡、利也。”
④俶载：是开始种植。《朱注》：“俶，始；载、事。”
⑤播：种也。

⑥既庭且硕：既生出而长大。庭，俞樾读为挺，生出也。

⑦曾孙：指周王。是若：是以为好。《尔雅》："若、顺也。"

⑧既方既皂：是长了谷粒，灌了浆。《郑笺》："方，房也。谓孚田始生而未合时也。"《毛传》："实未坚者曰皂。"

⑨既坚既好：既坚既好是全都结实了，长好了。

⑩不稂不莠：《朱注》："稂，童梁；莠似苗，皆害苗之草。"稂即稗子，莠即狗尾草。

⑪螟（音冥）螣（音特）、蟊贼：螟蛾的幼虫。《毛传》："食（稻）心曰螟，食叶曰螣，食根曰蟊，食节曰贼。"

⑫稚（音至）：晚植的谷类。引申为幼苗、幼禾。

⑬田祖：田祖是稷神。

⑭秉畀：是持与，《韩诗》秉作卜，段王裁云："卜畀犹俗言付与也。"

⑮有渰萋萋：渰（音眼）：云兴起貌。萋萋：雨云起。即满天的乌云起了。《通释》："渰读为晻。《说文》：晻，不明也。萋读为凄，《说文》：雨云起也。"

⑯兴云：汉以前本均作兴云。祁祁：《毛传》："徐也。"

⑰不获稚：是未长成因而不割的幼禾。

⑱穧（音即）：是已割而未收敛的禾。《说文》："穧，获刈也。一曰撮也。"

⑲遗秉：遗漏下成把的禾。

⑳滞穗：遗漏下的谷穗。

㉑伊：那是。

㉒来方禋祀：方，且。来方禋祀是来而且禋祀，《朱注》："精意以享谓之禋。"

㉓骍黑：指牛豕。骍，赤色牛，黑，羊豕。

㉔介：乞求。说见七月"以介眉寿"注。景：大也。

解：这诗《朱注》说是"为农夫之辞以颂美其上，若以答前篇(《甫田》）之意"。诗中没有像《甫田》"我取其陈，食我农夫"；"乃求千斯仓，乃求万斯箱"那样词句，确是用农夫的语气写出的农事诗。一章说他们准备开始耕作。二章说庄稼长好了，薅去杂草，除去害虫。三章说收获的情形，四章说田主来祭祀。

一四五、苕之华

苕之华，芸其黄矣[1]。心之忧矣，维其伤矣。
苕之华，其叶青青。知我如此，不如无生[2]！
牂羊坟首[3]，三星在罶[4]。人可以食，鲜可以饱！

【注释】

①苕（音条）：陵苕，一名凌霄花，藤本，蔓生在乔本上，花黄红色。芸，很多的意思。《裳裳者华》（《小雅》）《毛传》：“芸，黄盛也。”马瑞辰云：“芸者，（造字：左员右云）之借字，谓多则盛矣。”

②苕之华，其叶青青。知我如此，不如无生！这四句是诗人感物之盛而叹人之衰。

③牂（音脏）羊坟首：牂羊，母的绵羊。坟首，大头。《朱注》：“羊瘠则首大。”母绵羊大头，指瘦瘠。比喻人的穷困。

④三星在罶：罶，鱼篓。三星，参宿（猎户座）三星。在罶，《朱注》：“罶中无鱼而水静。但见三星之光。”

解：饥民描述荒年饥馑，人民困顿的情况。这诗可以看出当时人民饥饿难捱的困苦境况，以至发出“知我如此，不如无生！”的呼号，也表现了周室将亡的状况。

一四六、何草不黄

何草不黄[1]？何日不行？何人不将[2]，经营四方？
何草不玄[3]？何人不矜[4]？哀我征夫，独为匪民[5]。
匪兕匪虎，率彼旷野[6]。哀我征夫，朝夕不暇！
有芃者狐[7]，率彼幽草。有栈之车[8]，行彼周道。

【注释】

①黄：萎黄，是有病的颜色。是象征征役之苦，使人面色黄萎，引起下文。

②将：《朱注》："亦行也。"

③玄：《毛传》："赤黑色。"也是有病的颜色。徐灏《通介堂经说》："凡物之病非云则黄。"

④矜（音官）：王引之说："矜与瘝通，《尔雅》：瘝，病也。"一说通鳏，老而无妻者。

⑤匪：非也，诗意是说非兕非虎本不当在旷野，而现在被带到旷野。《通释》："匪彼古通用，此说不确。"（详见《集疏》）。

⑥率：循也。旷：空也。

⑦芃（音蓬）：兽毛蓬松貌。《通释》："芃，草盛貌。芃本众草丛蔟之貌，狐毛之丛杂似之，故曰有芃者狐。"

⑧栈：棚。《通释》："古者编木为棚板谓之栈。编竹木为车有似于棚，因谓之栈车。"

解：统治者征役不息，征夫疲惫不堪，如同野兽。第二、三章明说"哀我征夫，独为匪民，朝夕不暇"，这明是征夫诅咒统治阶级所作的诗。

大雅

一四七、绵

绵绵瓜瓞[①]，民之初生。自土沮漆[②]，古公亶父[③]。
陶复陶穴[④]，未有家室。
古公亶父，来朝走马[⑤]。率西水浒[⑥]，至于岐下。
爰及姜女，聿来胥宇[⑦]。
周原膴膴[⑧]，堇荼如饴[⑨]。爰始爰谋，爰契我龟[⑩]。
曰止曰时[⑪]，筑室于兹。
迺慰迺止[⑫]，迺左迺右[⑬]。迺疆迺理[⑭]，迺宣迺亩[⑮]。
自西徂东，周爰执事[⑯]。
乃召司空，乃召司徒。俾立室家，其绳则直。
缩版以载[⑰]，作庙翼翼[⑱]。
捄之陾陾[⑲]，度之薨薨[⑳]。筑之登登，削屡冯冯[㉑]。
百堵皆兴，鼛鼓弗胜[㉒]。
迺立皋门[㉓]，皋门有伉[㉔]。迺立应门[㉕]，应门将将[㉖]。
迺立冢土[㉗]，戎丑攸行[㉘]。
肆不殄厥愠[㉙]，亦不陨厥问[㉚]。柞棫拔矣[㉛]，行道兑矣[㉜]。
混夷駾矣[㉝]，维其喙矣[㉞]。
虞芮质厥成[㉟]，文王蹶厥生[㊱]。
予曰有疏附[㊲]，予曰有先后[㊳]。
予曰有奔奏[㊴]，予曰有御侮[㊵]。

【注释】

①绵绵：《朱注》："绵绵：不绝貌。"瓜瓞（音蝶）：大曰瓜，小曰瓞。

②土：应依《齐诗》作"杜"，水名。属今陕西麟游、武功二县。王引之云："武功县西南有故郃城，杜即是郃地。"沮：沮当为徂。徂，往也。漆：漆也是水名，在今彬县西，王引之云："今邠州东北有故邠（豳）城，是漆即邠也。"这一句大意说由杜水流域去到漆水流域，也就是说由有郃到豳。

③古公亶父：古公是号，亶父是名字，是文王的祖父，因被狄人侵迫，他率族人迁居到此。

④陶：挖掘。陶即今天之掏字。复：《说文》："地室也。"穴：《说文》："土室也。"全句是说，挖一些地下的覆室和一些窑洞。

⑤来：《通解》："来当为黎。黎朝即黎明也。"

⑥率：《尔雅》："率，自也。"

⑦胥宇：《毛传》："胥，相；宇，居也。"

⑧周原：《毛传》："周原，沮、漆之间也。"膴膴（音午）：美。膴膴当依《韩诗》作腜腜。《通释》："腜，腜当作每，草盛上出也。"

⑨堇荼，野菜、苦菜。《毛传》："堇，菜也。荼，苦菜也。"饴：饧（糖）也。

⑩契：刻。《通解》："读为挈。《说文》挈，刻也。"

⑪曰止曰时：王引之云："时亦止也。"爰契我龟。曰止曰时：这两句说的是龟卜所得的结果，是当停止在这里。

⑫迺慰迺止：《毛传》："慰，安。"《通释》："迺慰迺止，犹言爰居爰处。"

⑬迺左迺右：左右，《朱注》："东西列之也。"

⑭迺疆迺理：《朱注》："疆，谓划其大界；理，谓别其条理。"

⑮迺宣迺亩：宣是普遍的经营，亩是一亩一亩的经营。

⑯周：《朱注》："周，遍也。"自西徂东，周爰执事：这两句是说从西方来到东方的人都完全做到他们所执行的任务。

⑰缩版以载：《通释》："载当读为栽，谓树立其筑墙长版也。"缩字当依《孟子》"自以而缩"之"缩"作"直"解。

⑱翼翼：《朱注》："翼，严正也。"

⑲捄（音纠）之陾（音仍）陾：《说文》："捄，盛土于梩（土车）也。"

⑳薨薨：《通解》："陾陾、薨薨、登登、冯冯，皆众也。"这些叠词应是形容他们的声音的词。度：《释文》引《韩诗》注："填也。"

㉑削屡：《通释》："屡当读同佝偻之偻。"削屡即削去墙土之隆高者，使之平且坚也。

㉒鼛鼓弗胜：《毛传》："鼛鼓，大鼓也。"弗胜：俞樾云："众声并作，鼛鼓之声，转不足以胜。故曰弗胜。"

㉓皋门：《毛传》："王之郭门曰皋门。"《韩诗》皋作高。

㉔伉：《毛传》："伉，高貌。"

㉕应门：《毛传》："王之正门曰应门。"

㉖将将：《毛传》："将将，严正貌。"这个"将将"当读如"鲜我方将"的"将"，是雄壮的意思。

㉗冢土：《毛传》："大社也。"《通解》："土即社之借字。"

㉘戎丑：《毛传》："戎，大；丑，众也。"

㉙肆不殄厥愠：《集疏》："肆为承接之词，犹言自昔至今。"殄：绝。愠：怒。全句是从来没有尽绝他们被迫来岐下的愠怒。

㉚不陨厥问：《毛传》："陨，坠也。"问是声问，是名誉。这是说也没有更受昆夷的侵略，丧失了他们的名誉。

㉛柞棫：《朱注》："柞，栎也。枝长叶盛，丛生有刺；棫，白桵也。小木，亦生有刺。"

㉜兑：《朱注》："通也。"

㉝駾（音退）：受惊奔窜。《毛传》："駾，突也。"这是说混夷惊觉奔走。混夷即昆夷，是古代西方的另一少数民族。

㉞喙：《毛传》："困也。"

㉟虞、芮：虞国、芮国是今陕、晋、豫三省交界处的两个小国。成：是订和约。这两个小国，争田兴讼，要求周文王质证他们所订的和约。

㊱蹶（音贵）厥生：蹶：动。生：性。"蹶厥生"是感动他们的天性之意。《尔雅》："蹶，动也。"《通释》："生、性古通用。"传说虞、芮之君被感动而互让他们所争之田。

㊲予曰有疏附：《朱注》："诗人自予也。"这以下四句都是诗人的歌颂之词。疏附的附，应依《齐诗》作胥，胥附是彼此相依附。

㊳先后：是知道何先何后。

㊴奔奏：奔奏的“奏”，应依《鲁诗》作“走”，奔走是说辛苦奔忙。

㊵御侮：御侮是说如何抵御外侮。

解：这是周初的史诗，叙述文王的祖父被狄人侵扰，由豳（邠）迁居到岐山之下周原的故事。一章说他们原来还居窑洞，二章说古公和他的妃子来到岐山看好居住的地方。三章、四章说他们看好了周原那个地方，可以安居立业，耕种田亩。五、六、七章说他们开始建筑房屋。八章说狄人在他们开辟经营好了之后，终于退走，九章又叙及文王平虞、芮的争执的故事，诗人更以歌颂的词语作结。

一四八、皇矣

皇矣上帝①，临下有赫②。监观四方，求民之莫③。
维此二国④，其政不获。维必四国⑤，爰究爰度⑥。
上帝耆之⑦，憎其式廓⑧。乃眷西顾，此维与宅⑨。
作之屏之⑩，其菑其翳⑪。脩之平之，其灌其栵⑫。
启之辟之⑬，其柽其椐⑭。攘之剔之，其檿其柘⑮。
帝迁明德，串夷载路⑯。天立厥配，受命既固。
帝省其山⑰，柞棫斯拔⑱。松柏斯兑⑲，帝作邦作对⑳。
自大伯王季，维此王季。因心则友㉑，则友其兄。
则笃其庆㉒，载锡之光。受禄无丧㉓，奄有四方㉔。
维此王季，帝度其心㉕。貊其德音㉖，其德克明。
克明克类㉗，克长克君。王此大邦，克顺克比㉘。
比于文王㉙，其德靡悔。既受帝祉㉚，施于孙子。
帝谓文王，无然畔援㉛。无然歆羡㉜，诞先登于岸㉝。
密人不恭，敢距大邦㉞。侵阮徂共㉟，王赫斯怒㊱。
援整其旅，以按徂旅㊲。
以笃于周祜㊳，以对于天下㊴。

依其在京[40]，侵自阮疆[41]。陟我高冈。
无矢我陵，我陵我阿。无饮我泉，
我泉我池。度其鲜原[42]，居岐之阳，在渭之将[43]。
万邦之方，下民之王。
帝谓文王，予怀明德[44]。
不大声以色[45]，不长夏以革[46]。
不识不知，顺帝之则。帝谓文王，询尔仇方[47]。
同尔兄弟[48]，以尔钩援[49]，与尔临冲[50]，以伐崇墉[51]。
临冲闲闲[52]，崇墉言言[53]。执讯连连[54]，攸馘安安[55]。
是类是祃[56]，是致是附[57]。四方以无侮，临冲茀茀。
崇墉仡仡[58]，是伐是肆[59]。是绝是忽[60]，四方以无拂[61]。

【注释】

①皇：《毛传》："皇，大。"
②赫：《朱注》："赫，威明也。"
③莫：《说文通训定声》："莫，假为瘼。瘼，病也。"
④二国：殷纣及崇侯也。本诗最后一章说到伐崇。
⑤四国：《毛传》："四方也。"
⑥爰究爰度：究、度，研究、度量。《毛传》："究，谋。"《郑笺》："度亦谋也。"这是就四方之国来研究度量。
⑦耆（音其）：《毛传》："耆，恶也。"
⑧廓：《尔雅》："大也。"
⑨此维于宅：宅与度同，也是谋划的意思。王充《论衡·初禀》篇引作度，"乃眷西顾，此维于宅"二句，"乃"表示一转折，表示最后才眷顾到西方，觉着这个周是可以同他谋划的。足见上文的"耆"是憎恶的意思，不当解释为"向"。
⑩作：依王念孙读为柞。《载芟》篇："载芟载柞……"《毛传》："除木曰柞。"屏：《朱注》："去之也。"
⑪其菑其翳：《毛传》："木立死曰菑，自毙为翳。"
⑫灌：《毛传》："丛生也。"栵（音立）依王引之读为烈，斩而复生者

也。《尔雅》："烈：枿，余也。"

⑬启之辟之：启辟，现在说开辟。

⑭其柽（音称）其椐（音居）：柽：木名，又名三春柳；椐：木名。灵寿木。《毛传》："柽，河柳也；椐，樻也。"

⑮檿（音掩）：《毛传》："檿，山桑也。"柘（音折）：树名，《朱注》："可为弓干，又可蚕也。"

⑯串夷载路：《郑笺》："串夷，西戎国名。路，瘠也。"串夷载路是说昆夷很疲劳的退去了。和《绵》篇"混夷駾矣"意同。

⑰省：《说文》："省，视也。"

⑱柞棫：见《绵》篇注。

⑲兑：与《绵》篇"行道兑矣"之"兑"意同。

⑳作邦作对：邦与封通，封是边疆。对与遂通，遂是道路。

㉑因：依也。

㉒笃：厚也。

㉓无丧：《通解》："丧读为爽，无爽，无差忒也。"

㉔奄：《毛传》："奄，大也。"

㉕度：度量。

㉖貊（音陌）：静。貊，《左传》、《乐记》、《韩诗》并作莫。《释诂》："貊：莫，定也。"《集疏》、《玉篇》："嗼，静也。"莫盖嗼之省借字。

㉗克明克类：《朱注》："克明，能察是非也；克类，能分善恶也。"

㉘克顺克比：《朱注》："顺，慈和遍服也；比，上下相亲也。"

㉙比于：《朱注》："至于也。"

㉚祉：《郑笺》："祉，福也。"

㉛畔援：《郑笺》："犹跋扈也。"

㉜歆羡：《朱注》："歆，欲动之也；羡，爱慕也。"

㉝岸：《毛传》："高位也。"帝谓……于岸：这四句是说帝谓文王，既不要那样跋扈，任意出兵，也不要那样贪图他人土地，才能达到很高的地位。

㉞密人不恭，敢距大邦：《毛传》："国有密须氏，侵阮遂往侵共。"距是对抗的意思。

㉟阮：国名。共：阮国之地名。

㊱赫：《郑笺》："怒意。"

㊲以按徂旅：《毛传》："按，止也。"《孟子·梁惠王》篇引作"以遏徂旅"。徂旅，《朱注》："密师之往共者也。"

㊳祜：《朱注》："福。"

㊴对：答也。

㊵依其在京：王引之云："依，兵盛貌。依其是言殷也，殷盛也。"京：《毛传》："大阜也。"

㊶侵：戴震云："当作寝兵之寝。寝，息也。"全句是说从阮国边境那儿就息了兵。

㊷鲜（音显）：巘的假借。山地。《尔雅》："鲜，小山别（不相连）大山。"鲜，即《盘庚》"后胥戚鲜"之"鲜"，《公刘》篇作巘。

㊸将：《毛传》："侧也。"

㊹怀：《毛传》："归也。"

㊺声以色：《通释》："以、与古通用，声以色犹云声与色。""不大声以色"是指不声色俱厉地发号施令。

㊻长夏以革：《平议》："长之言常也。《集疏》引汪德钺言夏谓夏楚，革谓鞭革。"夏革是指的鞭扑之类刑罚。"不长夏以革"即不常施之以扑刑与鞭刑。

㊼仇：《毛传》："匹也。"

㊽兄弟：《齐诗》作"弟兄"，诗以"王"、"方"、"兄"为韵，当从《齐诗》作"弟兄"。

㊾钩援：古时攻城工具。云梯之类。《毛传》："钩，梯也。所以钩引上城者。"

㊿临冲：《毛传》："临，临车也；冲，冲车也。"

51崇墉：崇，国名。崇墉，崇国的城墙。《郑笺》："当此之时，崇侯虎倡纣为无道。"

52临冲闲闲：《广雅》："闲闲，盛也。下文'临冲茀茀'亦强盛之貌，茀与勃同。"

53言言：《毛传》："高大也。"

54连连：《毛传》："徐也。"

55攸馘（音国）安安：《毛传》："攸，所也；馘，获也。不服者杀而献其左耳曰馘。”

㊻是类是祃：类：古代军队祭天与天神叫类。祃（音骂）：古代军中之祭名。《尔雅》云：“是类是祃，师，祭也。”

㊼是致是附：《通释》：“附读为傅。是致是傅则师行已达。”

㊽仡：《说文》作圪，墙高也。

㊾肆：袭击。《郑笺》：“肆：突犯也。《春秋传》曰：使勇而无刚者肆之。”

㊿忽：《毛传》：“灭也。”《尔雅·释诂》：“忽，尽也。”

(63)拂：违抗。

解：这一首诗前四章叙文王兴起以前周得天命，开辟土地，以及太王王季的一些事迹。后四章是叙文王抵抗密人的侵略，攻伐迫害他的崇国。

一四九、生民

厥初生民[1]，时维姜嫄[2]。生民如何？克禋克祀[3]。
以弗无子[4]，履帝武敏歆[5]。攸介攸止[6]，载震载夙[7]。
载生载育，时维后稷。
诞弥厥月[8]，先生如达[9]。不坼不副[10]，无菑无害[11]。
以赫厥灵[12]，上帝不宁[13]，不康禋祀，居然生子[14]。
诞寘之隘巷，牛羊腓字之[15]。
诞寘之平林，会伐平林[16]。
诞寘之寒冰，鸟覆翼之[17]。
鸟乃去矣，后稷呱矣。实覃实讦[18]，厥声载路[19]。
诞实匍匐[20]，克岐克嶷[21]。以就口食[22]，蓺之荏菽[23]。
荏菽旆旆[24]，禾役穟穟[25]。麻麦幪幪[26]，瓜瓞唪唪[27]。
诞后稷之穑，有相之道[28]。茀厥丰草[29]，种之黄茂[30]。
实方实苞[31]，实种实褎[32]。实发实秀[33]，实坚实好。
实颖实栗[34]，即有邰家室[35]。
诞降嘉种，维秬维秠[36]。维穈维芑[37]，恒之秬秠[38]。

是获是亩[39]。恒之穈芑。是任是负[40]，以归肇祀。
诞我祀如何？或舂或揄[41]。或簸或蹂[42]，释之叟叟[43]。
烝之浮浮[44]，载谋载惟[45]。取萧祭脂[46]，取羝以軷[47]。
载燔载烈[48]，以兴嗣岁[49]。
卬盛于豆[50]，于豆于登[51]。其香始升，上帝居歆[52]。
胡臭亶时[53]，后稷肇祀。庶无罪悔，以迄于今。

【注释】

①厥初生民：《郑笺》："厥，其；初，始也。"《朱注》："民，人也；谓周人也。"

②时维姜嫄：《郑笺》："时，是也。"《朱注》："姜嫄：姜姓，有邰氏女，名嫄。为高辛氏（帝喾）之世妃。"以上二句说生出最初的周人（后稷）的是那个姜嫄。

③禋（音因）：升烟以祭天。《说文》："禋，洁祀也。"一曰精意以享曰禋，祀祭无已也。

④弗：《毛传》："弗，去也。去无子，求有子。"《郑笺》："弗之言祓也。"祓是祷告拂去不祥的意思，是弗的正字。

⑤履帝武敏歆：履，《毛传》："履，践也。"帝，《郑笺》："上帝也。"武，《尔雅》："迹也。"敏，《尔雅》，"拇也。"歆，《朱注》："歆，动也。"全句是说姜嫄在祭祀时践踏上了上帝的足迹，还只能踏满那足迹的大拇指，而心体受了感动。

⑥攸介攸止：《通解》："介读为愒。《说文》：愒，愒息也。"

⑦载震载夙：《朱注》："震，娠；夙，肃也。"这是说因受孕而有了戒备。

⑧诞弥厥月：诞，爰也，于是的意思。（鲁语爰居，《广雅·释鸟》作延居）《毛传》："弥，终。"《郑笺》："终人道，十月而生。"

⑨先生如达：《朱注》："先生，首生也。达，小羊也。羊子易生无留难也。"

⑩坼（音彻）：分裂。副（音辟）：分离。《朱注》："坼、副，皆裂也。姜嫄首生后稷，如羊子之易，无坼、副灾难之苦。"

⑪菑：灾字之借字。

⑫赫：《毛传》："赫，显也。"

⑬不宁：《毛传》："不宁，宁也；不康，康也。"《郑笺》："宁、康，皆安也。"此可以证明不非发声字。不宁不康实为疑问句。

⑭居然：《传疏》："居，犹其也；然，犹是也。""居然生子"，现在说"是这样地生了一个孩子"。

⑮腓：读为庇。此处是庇护的意思。字：《毛传》："爱也。"此处是喂养的意思。

⑯会：《朱注》："会，值也。值人伐木而收之。"

⑰覆：《朱注》："覆，盖。"

⑱实覃实訏：《毛传》："覃，长；訏，大。"

⑲路：《毛传》："路，大也。"

⑳匍匐：手足并行。

㉑克岐克嶷（音尼）：《毛传》："岐，知意也。"嶷，识也。《说文》作"㠜"，云，"小儿有知也"。

㉒就：《通释》："就之言求也。"

㉓蓺之荏菽：蓺：同艺。种植。荏，《韩诗》作戎，《郑笺》"戎菽，大豆也"。

㉔旆旆（音配）：《通解》："旆旆，犹勃勃也。"

㉕役：《说文》引作颖。是禾穗的尖。穟穟（音遂）：《毛传》："苗美好也。"

㉖幪幪（音猛）：茂盛貌。《毛传》："幪幪然，茂盛也。"

㉗唪唪（音绷）：多实貌。《通释》："唪唪即奉奉之假借。唪唪犹旆旆、幪幪，皆盛貌也。"

㉘相：《毛传》："相，助也。"

㉙茀（音伏）：《尔雅》、《毛传》云："治也。"这个茀字正字应是拂，《广雅·释诂》："拂，除也，拔也。"解为拔。

㉚黄茂：《朱注》："黄茂，嘉谷也。"

㉛实方实苞：《朱注》："方，房也；苞，《尔雅》：丰也。"

㉜实种实褎：种，是肿大。《毛传》："种，雍（臃）肿也。"褎（音又），长。《通解》："褎、修古同音。《毛传》：褎，长也。"

㉝发：禾苗长大。秀：扬花。《毛传》：“发，尽发也。不荣而实曰秀。”

㉞实颖实栗：《毛传》：“颖，垂颖也（垂穗向根）；栗，《尔雅》：栗栗，众也。”

㉟邰：《毛传》：“姜嫄之国也。”邰在今陕西省武功县内。

㊱维秬（音巨）维秠（音匹）：《毛传》：“秬，黑黍。秠，一稃二米。”

㊲维穈维芑：《毛传》：“穈，赤苗也。芑，白苗也。”

㊳恒：《毛传》：“恒，遍。”《朱注》：“谓遍种之。”

㊴是获是亩：《郑笺》：“成熟则获而亩计之。”

㊵是任是负：《朱注》：“任，肩任也。负，背负也。”

㊶或舂或揄：揄，《说文》引作“舀”，云：“抒臼也。”

㊷或簸或蹂：《毛传》：“或簸糠者，或蹂米者。”

㊸释：《鲁诗》“释”作“淅”，《毛传》：“释，淅米也。”叟叟：声也。

㊹浮浮：《毛传》：“气也。”

㊺载谋载惟：谋、惟均为计划、思维之意。

㊻取萧祭脂：萧，蒿。脂，祭牲的肠间脂。在萧上涂脂合黍稷焚烧之，使香气上升。

㊼羝：公羊。《郑笺》：“羝，牡羊也。”軷（音拔）：道（路）祭也。

㊽燔、烈：《通释》：“犹燔燎也。”

㊾以兴嗣岁：将求新岁之丰年也。嗣岁，继续的年月，即是来年。

㊿卬（音昂）：《毛传》：“卬，我也。”

51于豆于登：《毛传》：“木曰豆，瓦曰登。”豆内装酱菜一类的食品，登内装羹汤一类的食物。

52居：这个居也当作“其”解（参看注⑭）。歆：乡也。“上帝居歆”是上帝其来飨食。

53胡臭亶时：胡，哪儿。胡臭即“哪儿臭？”之意。亶时，是诚然好。《集疏》：“亶时，犹云诚善也。”这是以一问一答组成一句。

解：这一首诗是叙周民族始祖后稷降生的故事诗。一、二、三章叙他降生的神话；四、五、六章叙他会种谷的故事；七、八章说他将谷物种熟以后祭祀的故事。

一五〇、公刘

笃公刘[①]，匪居匪康[②]，迺埸迺疆[③]。
迺积迺仓，迺裹糇粮[④]，于橐于囊[⑤]。思辑用光[⑥]。
弓矢斯张，干戈戚扬[⑦]，爰方启行[⑧]。
笃公刘，于胥斯原[⑨]，既庶既繁[⑩]。
既顺迺宣[⑪]，而无永叹[⑫]。陟则在巘[⑬]，复降在原。
何以舟之[⑭]？维玉及瑶，鞞琫容刀[⑮]。
笃公刘，逝彼百泉，瞻彼溥原[⑯]。
迺陟南冈，乃觏于京[⑰]，京师之野。
于时处处[⑱]，于时庐旅[⑲]。于时言言，于时语语。
笃公刘，于京斯依[⑳]，跄跄济济[㉑]。
俾筵俾几，既登乃依[㉒]，乃造其曹[㉓]。
执豕于牢，酌之用匏。食之饮之，君之宗之[㉔]。
笃公刘，既溥且长[㉕]，既景迺冈[㉖]。
相其阴阳，观其流泉[㉗]。其军三单[㉘]。
度其隰原，彻田为粮[㉙]。度其夕阳[㉚]，豳居允荒[㉛]。
笃公刘，于豳斯馆，涉渭为乱[㉜]。
取厉取锻[㉝]。止基迺理[㉞]，爰众爰有。
夹其皇涧[㉟]，溯其过涧[㊱]，止旅迺密[㊲]，芮鞫之即[㊳]。

【注释】

①笃：《毛传》："厚也。"公刘是后稷的远孙，他在夏代末年遭受了迫逐，由有邰（武功）迁居到豳（邠县）。这诗是叙述他迁豳的故事。

②匪居匪康：非安非宁。《郑笺》："不以所居为居，不以所安为安。"

③迺埸迺疆：埸、疆，《朱注》："田畔也。"此处场、疆是名词作为动词用。即开垦疆域之意。

④糇粮：干食。见《无羊》篇注。

⑤于橐于囊：《郑笺》："小曰橐，大曰囊。"

⑥思辑用光：《朱注》："辑，和。""光"与"广"通用。"思辑用光"是想用和平的方式来扩大他们的疆域。
⑦干戈戚扬：《毛传》："戚，斧也。扬，钺也。"
⑧方：《广雅》："方，始也。"
⑨胥：《朱注》："胥，相也。"
⑩既庶既繁：《朱注》："庶、繁，谓居之者象。"
⑪既顺迺宣：《通释》："宣之言通也。畅也。言民心既顺，其情乃宣畅也。"
⑫永叹：《朱注》："得其所，不思旧也。"
⑬𪩘（音眼）：《毛传》："𪩘，小山。别于大山也。"
⑭何以舟之：《集疏》："舟、周古通，喻公刘周行上下，惟一身任其劳。"
⑮鞞琫（音丙崩）：刀鞘上的装饰物。《通释》："鞞琫：刀室（鞘）之饰也。"容刀：佩刀。《释名》："佩刀或曰容刀。"何以……容刀：这三句是说怎样的周围上下看呢？是那个佩带着玉瑶和有佩刀的人，那就是公刘。
⑯瞻：《郑笺》："瞻、视。"溥原：《毛传》："溥，大。"大的广阔之原。
⑰乃觏于京：《毛传》："觏，见也。"《朱注》："京，高丘也。"
⑱于时：于是时也。
⑲庐旅：《通释》："庐旅读为旅旅。庐与旅古时同声通用。"庐旅是造做芦室来安居。庐旅实当作芦庐。
⑳依：《郑笺》："依而筑宫室也。"
㉑跄（音枪）跄济济：跄跄：步趋有节貌。济济：庄严恭敬貌。《通释》："谓公刘群臣。"
㉒既登乃依：《朱注》："登，使登廷也；依，依几也。"
㉓乃造其曹：《三家》："造，作告。"《毛传》："曹，群也。"
㉔君之宗之：《郑笺》："宗，尊也。公刘虽去邰国来豳，君臣从而君之尊之犹在邰也。"
㉕既溥且长：《朱注》："溥，广也。言其芟夷垦辟土地既广而长也。"
㉖景：同影，日影。《毛传》："景，考于日景。"
㉗流泉：《朱注》："流泉，水泉灌溉之利。"
㉘三单：单读为禅。俞樾《达斋诗说》："禅者禅代之义。为三军而用其

一军，使之更番相代，故曰三单。”

㉙彻：治；开发。《毛传》：“彻，治也。”

㉚夕阳：《尔雅》：“山西曰夕阳。”

㉛荒：《毛传》：“荒，大也。”

㉜乱：《朱注》：“乱，舟之载流横渡者也。”

㉝取厉取锻：厉，砺的本字。磨刀石。《通释》：“厉为砺石，锻为椎物之石。”

㉞止基迺理：宫室之功既止，而后疆理其田野。《通释》：“止犹既也。止基迺理，犹言既基迺理也。”

㉟皇涧：《毛传》：“皇涧，名也。”

㊱溯其过涧：《毛传》：“溯，向也；过，涧名也。”夹其皇涧，溯其过涧，是说他们的居住之处，有的夹着皇涧，有的向着过涧。

㊲止旅迺密：既居而人口益密。

㊳芮鞫之即：《通释》：“芮读为汭，汭，澳也。水厓深入之处为澳，其对岸凸出则为鞫。即，就也。就水涯而居也。”

解：这一首是周人叙公刘迁豳的史诗。一章说他准备起程迁居。二章说他考察到一个平原。三章说他找到了豳地安居。四章说他得到了群众的尊敬。五章说他们安居在豳地发展农业治田粮。六章说他们在那里一天一天繁盛起来。

一五一、瞻印

瞻卬昊天[①]，则不我惠[②]？孔填不宁[③]，降此大厉。
邦靡有定，士民其瘵[④]。蟊贼蟊疾[⑤]，靡有夷届[⑥]。
罪罟不收[⑦]，靡有夷瘳[⑧]！
人有土田，女反有之！人有民人，女覆夺之！
此宜无罪，女反收之；彼宜有罪，女覆说之[⑨]！
哲夫成城，哲妇倾城。懿厥哲妇[⑩]！为枭为鸱！
妇有长舌，维厉之阶[⑪]。乱匪降自天，生自妇人。
匪教匪诲[⑫]，时维妇寺[⑬]。

鞫人忮忒[14]，谮始竟背[15]。岂曰不极[16]，伊胡为慝[17]？
如贾三倍，君子是识[18]。妇无公事[19]，休其蚕织。
天何以刺[20]？何神不富[21]？舍尔介狄[22]，维予胥忌[23]。
不吊不祥[24]，威仪不类[25]。人之云亡，邦国殄瘁[26]！
天之降罔[27]，维其优矣[28]。人之云亡，心之忧矣。
天之降罔，维其几矣[29]。人之云亡，心之悲矣！
觱沸槛泉[30]，维其深矣。心之忧矣，宁自今矣！
不自我先，不自我后。藐藐昊天[31]，无不克巩[32]。
无忝皇祖[33]，式救尔后[34]。

【注释】

①瞻卬：卬读为仰。瞻仰，仰望也。

②惠：《郑笺》："惠，爱也。"

③填：《毛传》："填，久。"参看《东山》篇注。

④瘵：《毛传》："瘵，病。"

⑤蟊贼：《朱注》："蟊贼，害民之虫也。"参见《大田》篇注。

⑥夷届：夷，语助。届，读如《节南山》"君子如届"之"届"。《郑笺》："届，极也。"

⑦罪罟不收：《通解》："罟读为辜。"收：逮捕。

⑧夷瘳（音抽）：病愈，平愈。

⑨覆：《潜夫论·述赦篇》引覆作"反脱"。说：《通释》："说，赦。"

⑩懿：懿是感叹词。《郑笺》："懿，有所痛伤之声也。"《通解》："懿读为噫。古以懿、抑、噫三字通用。"

⑪阶：《朱注》："阶，梯也。"

⑫匪教匪诲：是没有受到教育。

⑬妇寺：《毛传》："寺，近也。"近女色。

⑭鞫人忮忒：《通解》："《郑笺》：鞫读为告，忮读为歧。告人忮忒者，告人之言两歧而有差忒也。"

⑮谮始竟背：《通解》："谮读为僭。僭始竟背者，虚妄于始而背之于终也。"

⑯岂曰不极：是“谁说到达转折的极点了？”

⑰伊胡为慝：这一句大意是：“她为什么这样为恶？还在为害国家？”《郑笺》：“慝，恶也。”

⑱如贾三倍，君子是识：这两句大意是说“像物价涨了三倍，大家要看清楚，他们只知道像商贾那样牟利”。

⑲公事：《通释》，“公读为功。王引之云：公事即功事。”

⑳刺：《毛传》：“刺，责。”

㉑何神不富：《毛传》：“富，福。”天何以刺？何神不富：这两句说天将要以什么来责罚？而且神将何以不降福？

㉒介狄：《朱注》：“介，大。”《毛传》：“狄，远。”

㉓忌：《毛传》：“忌，怨也。”

㉔不吊：吊，善。不吊，不善、不淑。

㉕类：《毛传》：“类，善”。

㉖殄瘁：《毛传》：“殄，尽；瘁，病也。”

㉗降罔：《通解》：“罔读为荒，降荒犹降灾也。”

㉘优：《通解》：“优，读为忧。亦义同字变之例。”

㉙几：《毛传》：“几，危也。”

㉚觱沸槛泉：《朱注》：“觱沸，泉涌貌；槛泉，泉正出者。”

㉛藐藐：《朱注》：“高远貌。”

㉜巩：《通释》：“巩读为邛，《小旻》篇《毛传》云：邛，病也。言天之降罚，将无所不至。”

㉝忝：辱也。

㉞式救尔后：《郑笺》：“式，用也，后，谓子孙也。”

解：这一首诗是讽刺周王因“妇寺”以致国家衰亡的诗。诗的作者从“维予胥忌”看来，是一个被害者，他是“此亦无罪，女（汝）反收之”的人物，他是一个忧国忧民的贤者。旧说以这首诗为凡伯刺幽王（宠褒姒），这诗当是东迁以前的作品。

一五二、召旻

旻天疾威[①]，天笃降丧[②]。

瘨我饥馑[3]，民卒流亡，我居圉卒荒[4]。
天降罪罟，蟊贼内讧[5]。
昏椓靡共[6]，溃溃回遹[7]，实靖夷我邦[8]！
皋皋訿訿[9]，曾不知其玷[10]。
兢兢业业[11]，孔填不宁，我位孔贬[12]！
如彼岁旱，草不溃茂[13]。
如彼栖苴[14]，我相此邦，无不溃止[15]！
维昔之富，不如时[16]！维今之疚，不如兹[17]！
彼疏斯粺[18]，胡不自替[19]，职兄斯引[20]！
池之竭矣，不云自频[21]。泉之竭矣，不云自中。
溥斯害矣，职兄斯弘[22]，不灾我躬[23]？
昔先王受命，有如召公。
日辟国百里[24]，今也日蹙国百里[25]。
於乎哀哉！维今之人，不尚有旧[26]。

【注释】

①旻天疾威：旻，《朱注》：“幽远之意（见《小旻》篇注）。疾，《郑笺》：犹急也。”

②笃：厚也。说见《公刘》篇注。

③瘨（音颠）：病。一说降灾。《郑笺》：“瘨，病也。”

④居圉卒荒：圉，《朱注》：“圉，边陲也。”荒，《郑笺》：“虚也。”全句是说我居住的边境以内都空虚了。

⑤讧：《郑笺》：“争讼。”

⑥昏椓（音浊）靡共：《朱注》：“昏椓，昏乱椓丧之人也。”椓系宫刑。引申为太监，宦官。共与恭同。

⑦溃溃回遹：《朱注》：“溃溃，乱也。回遹，邪僻也。言此蟊贼错椓者，皆溃乱邪僻之人。”

⑧实靖夷我邦：《通解》：“靖读为静。”即今之净字。夷读为芟夷之夷，即“薙”之通假字。全句是“完全薙净了我们国家”。就是上文所说“我们边境以内全都空虚”的意思。

⑨皋皋訿訿：《朱注》："皋皋，顽慢之意；訿訿，务为毁谤也。"皋皋訿訿，应是说的小人叫喊毁谤，他们不知道他们自己的缺点。古皋字可借为呼号之号。（《周礼·乐师》"诏来瞽皋舞"注当为"告"，又如《大祝》"来瞽，令皋舞"）《毛传》解为"顽不知道"，不确。

⑩玷：《郑笺》："缺也。"

⑪兢兢业业：《郑笺》："兢兢，戒也；业业，危也。"

⑫我位孔贬：《毛传》："贬，坠也。"以上三句是说"我很兢兢业业，很久都不安宁，但是我的职位还是遭到了贬退"。

⑬溃茂：李黼平《毛诗䌷义》："《说文》，债，一曰长貌。溃当读债。"溃茂即繁茂，《朱注》："溃，《集注》作遂"。

⑭苴（音叉）：《毛传》："水中浮草也。"

⑮溃：《郑笺》："溃，乱也。无不乱者言皆乱也。"

⑯时：《郑笺》:"时，今时也。"这是说从前的富人不如今时剥削得更多。

⑰疚：《朱注》："疚，病也。"兹：《郑笺》："此也。《集疏》：不如此时之尤甚。"

⑱彼疏斯粺（音败）：疏，糙米。《郑笺》："疏，粗也。"粺读为"稗"，精米。"彼疏斯粺"是说那些小人过去吃糙米，如今吃精米。

⑲替：废，告退。《毛传》："替，发（去）。"

⑳职兄斯引：职读为祗。兄，古况字。况斯引，是更是长。《毛传》："况，兹（滋）也；引，长也。"彼疏……斯引：这三句是说"那些粗恶的败类为什么不自行废去？只是更加长久地为恶"!

㉑频：《毛传》："频，厓。《郑笺》：厓，犹外也。"

㉒溥斯害矣，职兄斯弘：这是说普遍的这灾害，只是更扩大。

㉓不灾我躬：这一句是疑问语气。

㉔辟：扩大，开辟。

㉕蹙（音促）：缩小；紧迫。

㉖不尚有旧：这一句是说不能保持原来状态。

解：这也是讽刺周王任用小人以致遭到饥馑侵削的诗。从"日蹙国百里"看来，这也当是东迁以前的作品。

周颂

一五三、载芟

载芟载柞[①]，其耕泽泽[②]。千耦其耘[③]，徂隰徂畛[④]。
侯主侯伯[⑤]，侯亚侯旅[⑥]。侯强侯以[⑦]，有嗿其馌[⑧]。
思媚其妇[⑨]，有依其士[⑩]。有略其耜[⑪]，俶载南亩。
播厥百谷，实函斯活[⑫]。驿驿其达[⑬]，有厌其杰[⑭]。
厌厌其苗[⑮]，绵绵其麃[⑯]。载获济济[⑰]，有实其积[⑱]。
万亿及秭[⑲]，为酒为醴。烝畀祖妣[⑳]，以洽百礼[㉑]。
有飶其香[㉒]，邦家之光。有椒其馨[㉓]，胡考之宁[㉔]。
匪且有且，匪今斯今[㉕]，振古如兹[㉖]！

【注释】

①载芟载柞：芟（音山），除草。柞（音择），砍伐杂木。《毛传》："除草曰芟，除禾曰柞。柞如槎、磋、斮，声义并近。"

②泽泽：泽读为释。《尔雅》："释释，耕也。"《郑笺》："耕之则泽泽然解散。"

③耦：《噫嘻》篇《朱注》："二（人）并耕也。"

④徂隰徂畛：郑笺："隰，新发田也；畛，谓旧田有径路者。"

⑤侯主侯伯：侯，维也。《毛传》："主，家长也，伯长子也。"

⑥侯亚侯旅：《毛传》："亚，仲叔也；旅，（众）子弟也。"

⑦侯强侯以：强，《毛传》："强，强力也。"以，《朱注》："能左右之曰以。"这一句说的一般的壮年和被强迫使用的人（奴隶）。

⑧嗿：《毛传》："嗿，众貌。《说文》：嗿，声也。"嗿应是这一群送饭的

妇女和男子相见时所发出的笑语声。

⑨媚：《朱注》：“媚，顺。”

⑩有依其士：依，《郑笺》：“依之言爱也。”士，《朱注》：“夫也。”这是说送饭的妇人和耕田的男子相亲相爱。

⑪略：《尔雅·释诂》作畧，云，“利也”。

⑫实函斯活：《郑笺》：“函，含也；活，生也。”皆成好含生气，这函应是指的灌了浆。

⑬驿驿其达：驿，《尔稚·释训》作绎，是络绎不绝之意。达，《郑笺》：“达，出地也。”皆谷出生之貌。

⑭厌：《通释》：“厌当即懕之省，《说文》、《广雅》并云，懕，好也。”杰：是特殊的。

⑮厌厌：这一句厌厌是整齐的意思，《通释》：“《集韵》**稖稖**，苗齐等也。厌厌，即**稖稖**之假借。”

⑯绵绵其麃：绵，《说文》引《韩诗》作民民，众貌。引《说文》云：“麃，耨鉏田也。”

⑰载获济济：收获得很多。

⑱有实其积：堆积得很广大。实读如“有实其猗”之实。

⑲万亿及秭：万万为亿，亿亿为秭。

⑳烝畀祖妣：《郑笺》：“蒸，进；畀，与。”蒸畀祖妣，谓祭先祖先妣。

㉑洽：《郑笺》：“洽，合。”以洽百礼，谓飨燕之属。

㉒飶：《毛传》：“飶，芬香也。”飶芬指的是上文的酒香。

㉓椒：《三家》椒作馥，云香气盛也。

㉔胡考：《毛传》：“胡，寿也。”《通解》：“考当为老。”

㉕匪且有且，匪今斯今：《通解》：“且读为祖，《尔雅》：祖，始也。始犹昔也。匪祖有祖，言昔时之事非独昔时有之。匪今斯今，言今时之事非独今如是，盖比等事为今昔所同然也。”

㉖振古如兹：自古如此。《毛传》：“振，自也。”

一五四、良耜

畟畟良耜[①]，俶载南亩。播厥百谷，实函斯活[②]。

或来瞻女[③]，载筐及筥[④]。其饷伊黍[⑤]，其笠伊纠[⑥]。

其镈斯赵[⑦]，以薅荼蓼[⑧]。荼蓼朽止，黍稷茂止。
获之挃挃[⑨]，积之栗栗[⑩]。其崇如墉[⑪]，其比如栉[⑫]。
以开百室，百室盈止。妇子宁止，杀时犉牡[⑬]。
有捄其角[⑭]，以似以续[⑮]，续古之人[⑯]。

【注释】

①畟（音册）畟：是人执耜在田地中前进貌。《说文》："畟，治稼。畟畟，进也。"

②函与含同，说见上篇注⑫。

③瞻：视。《郑笺》："有来视女，谓妇子来饷者也。"

④筐、筥：《郑笺》："筐、筥，所以盛黍也（方曰筐，圆曰筥）。"

⑤饷（音响）：用食物款待。饷，《齐诗》作饷，饷是送来的饭食。

⑥其笠伊纠：纠读如"纠纠葛屦"之纠。纠是形容戴的笠帽，帽尖很高。

⑦其镈斯赵：镈是锄类的农具，赵是尖锐的意思。《毛传》："赵，刺也。"赵，《三家诗》作捎，《集韵》引作肖，又说（肖或作削）肖即是削也；以声求之，应是削尖的意思。

⑧以薅荼蓼：《说文》："薅，拔去田草也。"《朱注》："荼，陆草；蓼，水草；一物而有水陆之异也。"今南方人犹称蓼为辣荼，或用以毒溪取鱼，即所谓荼毒也。

⑨挃挃（音至）：收割作物的声音。《毛传》："挃挃，获声也。"

⑩栗栗：众多貌。《毛传》："栗，众多也。"

⑪其崇如墉：崇，高也。墉，《说文》："墉，城垣也。"是说高得像城墙一样。

⑫栉：栉是梳头用的篦子，这是比喻排比得很整齐很密。

⑬犉：黄牛黑唇曰犉，说见《无羊》篇注。

⑭捄：弯弯曲曲的，说详见《大东》"有捄棘匕"注。

⑮似：似也是续。《毛传》："似，嗣也。"

⑯续古之人：《朱注》："续先祖以奉祭祀。"

解：叙一年农事，丰收，祭祖，祈福。

一五五、时迈

时迈其邦①，昊天其子之②，实右序有周③。
薄言震之④，莫不震叠⑤。
怀柔百神⑥，及河乔岳⑦，允王维后⑧。
明昭有周⑨，式序在位⑩。
载戢干戈⑪，载櫜弓矢⑫。
我求懿德，肆于时夏⑬，允王保之⑭。

【注释】

①时迈：《通释》："《尔雅》：时，时时是也。"《通解》："迈读为万，诸彝器'万年'多作'迈年'，遂与'万'古通用。"

②昊天其子：《郑笺》："天其子爱之。"《通解》："子读为慈。慈字古或作子。"时迈其邦，昊天其子之：这两句是说这成百上千的邦国，都是上天所慈爱的。

③序：《通解》："序读为付予之予。"（《桑柔》"诲尔序爵"，《墨子》引"序"作"予"）这是说天实左右将他们付予我有周。

④震：《毛传》："震，动。"

⑤叠：《毛传》："叠，惧也。"《通解》："叠读为慴。"《说文》："慴，惧也。读若叠。"这是说很快地就惊动了他们而且没有不惊惧慴伏的。

⑥怀柔：《毛传》："怀，来；柔，安。"

⑦及：急也。《释名》："急，及也。"二字声同义近。乔：高也。怀柔百神，及河乔岳：这两句说的是来安百神还有那急流的河与高大的山。

⑧允：《郑笺》："允，信也。"允王维后：是真的是王是后。

⑨明昭有周：是光明照见到有周。

⑩序：《通解》："序犹维也。式序在位，言继世在位也。"

⑪戢：《毛传》："戢，聚。"

⑫櫜：《毛传》："櫜，韬。"盛放弓矢的皮囊。

⑬肆于：《通解》："肆于是大也。"

⑭允：《通解》："允读为骏。骏，长也。"骏训为长者，金文作吮（吮即畯字），故又讹省为允。允王保之：即周王长久保有也。

解：这一首诗据《左传》宣十二年："楚庄王云：昔武王克商，作颂曰：'载戢干戈，载櫜弓矢，我求懿德，肆于时夏。'"看来，这可能就是所谓《大武》诗的第一章。诗中开始二句，与《大武》第六章《桓》篇"绥万年，屡丰年"意相同，目的本是在奄有万邦。证一。诗中有"薄言震之，莫不震叠"二句，这是《大武》的主题思想。证二。诗中说"怀柔百神，及河乔岳"，与《般》篇"堕山乔岳，允犹翕河"词义相同。证三。诗中说"载戢干戈，载櫜弓矢"，旧说以为收敛干戈似乎是不用弓矢了，是收兵的情况；而恐怕实是说的收敛干戈，用以出征。证四。从这种种方面看来，这一首诗实是《大武》诗的第一章。我们与其相信其他说法，不如即据《左传》为确实可靠之证。以这一首为《大武》的第一章比王国维推断以《昊天有成命》等要妥当得多。

一五六、武

於皇武王①，无竞维烈②。
允文文王③，克开厥后。
嗣武受之④，胜殷遏刘⑤，耆定尔功⑥。

【注释】

①於皇武王：《朱注》："於，叹辞。皇，大也。"於音乌，皇可作光明讲。

②无竞维烈：竞，竞读为疆。烈，《毛传》："烈，业也。"《郑笺》："无疆乎其克商之功业也。"

③允文文王：《郑笺》："信有文德哉文王也。"

④嗣武受之：《郑笺》："嗣子武王受文王之业。"

⑤遏：《郑笺》："遏，止也。"刘：《毛传》："刘，杀。"

⑥耆定尔功：《通解》："耆读为底。"耆定尔功，是终于奠定了你的功

劳。《左传》宣十二年引此诗说："又作《武》，其卒（终）章曰'耆定尔功'"。

一五七、赉

文王既勤止①，我应受之②。
敷时绎思③，我徂维求定④。
时周之命⑤，於绎思⑥。

【注释】

①勤：《毛传》："勤，劳也。"

②应：《通解》："应读为膺。"《说文》："膺，胸也。"服膺。

③敷时绎思：《郑笺》："敷，犹遍也。"《通解》："敷读为溥。溥，普也。绎，悦怿也。"敷时绎思，是普遍地很快乐呀。时字不必做时代读。

④求定：《通解》："求定功也。"

⑤时：《尔雅》："时，是也。"参看《时迈》注①。"时周之命"是"那是周的使命"。如将时作"承"讲，与上文不相连。

⑥於绎思：是"啊！快乐呀！"之意。《左传·宣公十二年》以此为《大武》之三章。

一五八、般

於皇时周①，陟其高山②。
嶞山乔岳③，允犹翕河④。
敷天之下⑤，裒时之对⑥，
时周之命。〔於！绎思！〕⑦

【注释】

①皇：光明的。时，是。

②高山：《朱注》："泛言山耳。"

③嶞山：《尔稚·释山》郭注："谓山形长狭者。"嶞山是蜿蜒的山。乔岳：《朱注》："乔，高也。"乔岳是高大的山岳。

④允犹翕河：允读为骏，长也；犹通作游，游是流水。骏游是奔骏的流水，翕当为滃，(《小旻》“滃滃泚泚”，《尔雅》滃作翕)《说文》：“滃，水疾声。”滃河是湍疾的河流。

⑤敷：普。说见上篇注③。

⑥裒（音掊）时之对：《郑笺》：“裒，众也；对，配也。”“裒时之对”是聚集那些能对得起周的，那是周的使命。裒时之对，句法与《殷武》“裒荆之旅”相同。也可以解为俘虏那些与周敌对的人。时是时周的时，不当作时代讲。比较这两个句法：a.《六月》“共武之服”；b.《采芑》“师干之试”。

⑦於！绎思！：据《释文》、《三家诗》有此句。《般》篇《三家》有“於绎思”句与《赉》篇同。又“与《赉》、《酌》、《桓》次于《颂》末，皆取诗之义以名篇”(王国维说)。这一篇应是《大武》的第四篇。

一五九、酌

於铄王师[①]，遵养时晦[②]。
时纯熙矣[③]，是用大介[④]。
我龙受之[⑤]，蹻蹻王之造[⑥]。
载用有嗣[⑦]，实维尔公允师[⑧]！

【注释】

①於：《朱注》：“於，叹辞。”铄：《毛传》：“铄，美。”是有光辉的意思。

②遵养时晦：《毛传》：“遵，率；养，取；晦，昧。”《通释》：“遵养时晦，言用王师以取是晦昧也。”於铄王师，遵养时晦：这两句是“啊，有光辉的王师，率领着去攻取那些昏庸的国家”。

③纯熙：《通释》：“纯熙，谓那是大光明呀。”

④介：《尔雅·释诂》：“介，善也。”大介是很好。

⑤龙：《郑笺》：“龙，宠也。”宠是光荣的之意。

⑥蹻蹻：《毛传》：“蹻蹻，武貌。造，为也。”高亨说：“造读为曹。曹，群也。”

⑦载用有嗣：《通解》："言既始之，则必有嗣之。"

⑧实维尔公允师：公读为功，说详《瞻卬》"妇无公事"注。允亦骏也。这句是说那是你们的功劳，伟大的王师。这师字与首句的师同义。旧说即以此诗为《大武》诗，《毛序》："《酌》告成大武也。"

一六〇、桓

绥万邦①，娄丰年②。

天命匪解③，桓桓武王④。

保有厥士⑤，于以四方⑥。

克定厥家，於昭于天⑦，皇以间之⑧。

【注释】

①绥：《毛传》："绥，安也。"

②娄（音旅）：《齐诗》作屡。

③解：懈。

④桓桓：《朱注》："武貌。"

⑤士：惠栋、马瑞辰并云当为土之误字。此诗当作"保有厥土"与"克定厥家"为韵。

⑥于以四方：于是就去保有四方。

⑦於昭于天：《通解》："叹美天之光明昭昭乎也。"

⑧皇以间之：皇，光明。间，高享说，间是监视的意思，此说是。本句为"这就是光明的来监临"。《左传·宣公十二年》以此为《大武》诗之六章，《大武》诗六章今是为《时迈》、《武》、《赉》、《般》、《酌》、《桓》。王国维根据晚出《礼记》祭统舞莫重于武宿夜明测为《昊天有成命》不可从。试以《时迈》比较《我将》，《我将》词义软弱，也不像《大武》诗的开唱。

《文心雕龙》笔记

前言

张西堂教授讲　冯岭安记

一、命名

《序志》篇云："夫文心者，言为文之用心也。昔涓子《琴心》，王孙《巧心》，心哉美矣！故用之焉。古来文章，以雕缛成体；岂取驺奭之群言雕龙也。"

二、分类

依范文澜《文心雕龙注》一书中所称，记之于下：

上篇：

第一组，文章之枢纽，定《原道》、《徵圣》、《宗经》、《正纬》、《辨骚》、《诸子》六篇属之。

第二组，自《易》衍出之文，定《论说》篇属之。

第三组，自《书》衍出之文，定《诏策》、《章表》、《奏启》、《议对》、《书记》五篇属之。

第四组，自《诗》衍出之文，定《明诗》、《乐府》、《诠赋》、《颂赞》、《杂文》、《谐隐》六篇属之。

第五组，自《礼》衍出之文，定《祝盟》、《铭箴》、《诔碑》、《封禅》、《哀吊》五篇属之。

第六组，自《春秋》衍出之文，定《史传》、《檄移》二篇属之。

下篇：

第一组，《总术》、《神思》篇以下至《物色》篇（《时序》篇不在内）

皆文术也。

故首列《总术》,而下析《情志》、《事义》、《辞采》、《宫商》四类。

第二组,《情志》、《神思》、《养气》、《物色》、《体性》、《风骨》、《通变》、《定势》等,以《神思》、《体性》为主。

第三组,《事义》、《镕裁》为主,《附会》辅之。

第四组,《辞采》:

(一)以《章句》为主,《丽辞》、《练字》辅之。与《镕裁》、《附会》相表里者也。

(二)以《情采》为主,《事类》、《比兴》、《夸饰》、《指瑕》辅之。与《神思》、《体性》相表里者也。

第五组,《宫商》、《声律》篇属之。

第六组,杂篇《时序》、《才略》、《知音》、《程器》等非阙文术,故定为杂篇。

依《小说月报》第十七期《文心雕龙之研究》一文中所称记之于下,分为八组:

(一)文学本源论《原道》、《徵圣》、《宗经》、《正纬》等篇属之。

(二)文章流别论《辨骚》、《明诗》、《乐府》、《诠赋》、《颂赞》、《祝盟》、《铭箴》、《诔碑》、《哀吊》、《杂文》、《谐隐》、《史传》、《诸子》、《论说》、《诏策》、《檄移》、《封禅》、《章表》、《奏启》、《议对》、《书记》等属之。

(三)文学家功力论《神思》、《风骨》、《物色》、《养气》等篇属之。

(四)修辞分论《情采》、《丽辞》、《夸饰》、《镕裁》等篇属之。

(五)文学的品格《程器》一篇。

(六)文学的批评观《知音》、《体性》二篇。

(七)文学的环境与作者之才情《时序》、《才略》二篇。

(八)批评宣言《序志》一篇。

三、基本观念

(一)提倡自然

《明诗》篇:“人禀七情、应物斯感,感物吟志,莫非自然。”

《定势》篇:“即体成势也,自然之趣也。”

《原道》篇:“心生而言立、言立而文明,自然之道也。”

(二)提倡真实

《情采》篇:“故为情者要约而写真,为文者淫丽而烦滥。”

《物色》篇:“故巧言切状,如印之印泥,不加雕削,而曲写毫芥。”

《通变》篇:“故练青之濯绛,必归蓝蒨。”

(三)提倡创造

《通变》篇:“夫青生于蓝,绛生于蒨,虽踰本色,不能复化。”

《通变》篇:“通变无方,数必酌于新声。”

《风骨》篇:“然后能孚甲新意,雕画奇辞。昭体,故意新而不乱;晓变,故辞奇而不黩。”

四、文学的评批观

(一)不贱今

《知音》篇:“夫古来知音,多贱同而思古,所谓‘日进前而不御,遥闻声而相思’也。昔《储说》始出,《子虚》初成,秦皇汉武,恨不同时。既同时矣,则韩囚而马轻,岂不明鉴同时之贱哉!”

又:“故鉴照洞明,而贵古贱令者,二主是也。”

(二)不崇已

《知音》篇:“至于班固、傅毅,文在伯仲,而固嗤毅云:‘下笔不能自休。’及陈思论才,亦深排孔璋;敬礼请润色,叹以为美谈;季绪好诋诃,方之于田巴;意亦见矣。故魏文称:‘文人相轻’,非虚谈也。”

又:“才实鸿懿,而崇已抑人者,班曹是也。”

(三)不信伪

《知音》篇:"至如君卿唇舌,而谬欲论文,乃称史迁著书,咨东方朔;于是桓谭之徒,相顾嗤笑。彼实博徒,轻言负诮;况乎文士,可妄谈哉?"

(四)去偏见

《知音》篇:"夫篇章杂沓,质文交加,知多偏好,人莫圆该。慷慨者逆声而击节,酝藉者见密而高蹈;浮慧者观绮而跃心,爱奇者闻诡而惊听。会己则嗟讽,异我则沮弃,各执一隅之解,欲拟万端之变,所谓'东向而望,不见西墙'也。"

(五)博学识

《知音》篇:"凡操千曲而后晓声,观千剑而后识器。故圆照之象,务先博观。阅乔岳以形培塿,酌沧波以喻畎浍。无私于轻重,不偏于憎爱,然后能平理若衡,照辞如镜矣。"

(六)唯是非

《知音》篇:"夫麟凤与麏雉悬绝,珠玉与砾石超殊,白日垂其照,青眸写其形。然鲁臣以麟为麏,楚人以雉为凤,魏氏以夜光为怪石,宋客以燕砾为宝珠。形器易征,谬乃若是;文情难鉴,谁曰易分?"

(七)贵分析

《知音》篇:"夫缀文者,情动而辞发;观文者,披文以入情;沿波讨源,虽幽必显。世远莫见其面,觇文辄见其心。岂成篇之足深?患识照之自浅耳。夫志在山水,琴表其情,况形之笔端,理将焉匿?故心之照理,譬目之照形,目瞭则形无不分,心敏则理无不达。然而俗监之迷者,深废浅售。此庄周所以笑《折杨》,宋玉所以伤《白雪》也。"

五、文学的创造

(一)文学的修养

《养气》篇:"率志委和,则理融而情畅;钻砺过分,则神疲而气衰:此性情之数也。”

(二)自然的观察

《物色》篇:“情以物迁,词以情发。”

(三)兴会的文学

《神思》篇:“是以秉心养术,无务苦虑,含章司契,不必劳情也。”

六、《文心雕龙》的面面观

(一)文学概论

《原道》篇(主旨为文学的起源及定义);《神思》篇(文学与想象);《情采》篇(文学与感情);《时序》篇(文学与时代);《才略》篇(文学与个性);《程器》篇(文学与道德)。

(二)文学评论之原理

《神思》篇(文学与想象);《情采》《通变》二篇(文学的感情元素);《镕裁》《附会》二篇(文学的形式元素);《征圣》《宗经》二篇(文学的理智元素)。

(三)修辞学

《总术》、《神思》、《情采》诸篇(通论修辞);《事类》、《比兴》、《丽辞》、《夸饰》、《声律》等篇(修辞上的消极修辞);《镕裁》、《附会》、《章句》、《练字》诸篇(修辞上的积极修辞);《体性》、《定势》、《风骨》等篇(修辞学上的文体论)。

附:范文澜《文心雕龙》分类表:

(一)上篇

《原道》——《徵圣》——《宗经》

——《易》:《论说》

——《书》:《诏策》、《章表》、《奏启》、《议对》、《书记》

——《诗》:《明诗》、《乐府》、《颂赞》、《辨骚》、《诠赋》、《杂文》、《谐隐》

——《礼》:《祝盟》、《铭箴》、《诔碑》、《封禅》、《吊丧》

——《春秋》:《史传》、《檄移》

——《诸子》

(二)下篇

《总术》——

——《情志》:《神思》、《体性》、《通变》、《养气》、《风骨》、《定势》、《物色》

——《事义》:《镕裁》、《附会》

——《辞采》:——《章句》

——《丽辞》

——《练字》

——《情采》:——《隐秀》

——《事类》

——《比兴》

——《夸饰》

——《指瑕》

——《宫商》:——《声律》

《神思》篇

“神思”二字，见于萧子显《南齐书·文学传论》：“属文之道，事出神思，感召无象，变化不穷。”盖为讲文章创造之论也。今人朱光潜在其《文艺心理学》一书中称：“创造在未经传达之前只是一种想象，这种想象就是在心眼中见到的意象，故曰之为创造的想象。”朱先生分析这种创造的想象含有三种成分：（一）理智的，（二）情感的，（三）潜意识的。——理智的和情感的两种成分，都是意识所能察觉的；却还有意识所不能察觉的成分，这就是所谓灵感（Inspiration）。灵感之来，往往出于作者自己的意料之外，作品已经完成了，才发现自己又创造了一件作品。有时苦心搜索而不能得，都是在无意中得到灵感，所以灵感的特征可以说有二：（一）突如其来，即找不出预备的痕迹，往往出于意外，故灵感的作品，大半成得极快。（二）不由自主，作者希望它来时，它偏不来，没有期待它来，它却蓦然出现。所以灵感在心理学上叫做潜意识，因为潜意识可以作想象思考之活动和酝酿，灵感便起于这种潜意识的活动和酝酿。法人李波（Rilot）分创造为两种：一是反省的，即作者拟定主旨，而逐渐发展，至于完成。二是直觉的，即无确定观念，让潜意识中酝酿一种观念到时机成熟时爆发出来，趁着这股灵感，构成作品。我们拟定题目作文章，便是反省的，而有时候偶然兴到，即作一诗一文，这便是直觉的。用下表比较之：

（一）反省的创造

——中心观念的生发（有意识的思索）

——创造（作品的完成）

——修改

——普遍的修养（潜意识的酝酿）

（二）直觉的创造

——中心观念的涌现（灵感）

——中心观念的发展及作品的完成

由上引述，可以知道本篇讨论文学的创造而命题曰“神思”，乃今日所谓灵感也。

神与物游：“游”，明嘉靖本作“遊”，何氏本同。

神犹主观之谓也，物犹客观之谓也，即作者之情与景物之喻，神与物游，即主观与客观或作者之情与景物之融合也。故“游”即今所谓“直观”之意；是下文所谓“我才之多少，将与风云并驱矣”之意也。

枢机：枢，户枢也，户因以开闭之所。机，弩牙也，弩因以张驰之处。

陶钧文思，贵在虚静：谓运用文思之时，最贵虚静。虚静，心中无成见之谓也。

《荀子·解蔽》篇：“虚一而静……不以所已藏害所将受谓之虚……不以夫一害此一谓之一……不以梦剧乱知，谓之静。”

《老子》（第十六章）：“致虚极，守静笃。”

傅东华先生论直观之三阶段及六元素，亦暗合虚静之旨。

三阶段乃：

（一）经验

——《文赋》：“其始也，皆收视反听，耽思傍讯，精骛八极，心游万仞。”

（二）灵感

——《文赋》：“其致也，情曈昽而弥鲜，物昭晰而互进……观古今于须臾，抚四海于一瞬。”

(三）构思

——《文赋》：“然后选义按部，考辞就班。”《神思》篇：“规矩虚位，刻镂无形。”

六元素乃：

(1）想象，(2）情绪，(3）意识，(4）意匠，(5）选辞，(6）综合。

志气统其关键：“键”，何氏汉魏丛书本作“建”，朱襄校本作“键”。

驯致以怿辞：“怿”，两京遗编本作“绎”，嘉靖本同，何氏本作“怿”，朱校本云：“怿原作绎。”

元解之宰：“元”，两京遗编本作“玄”，嘉靖本同，梅庆生本、何氏本均作“玄”。

《荀子·正名》篇：“心者道之工宰也”。故“宰”者，心也，工者，匠也。

寻声律而定墨，窥意象而运斤：谓应依规矩而成方圆，以意旨而之剪裁也。

刘熙《文概》：“文之所尚，不外当无者尽无，当有者尽有。”

又：“昌黎论文曰：惟其是尔。余谓‘是’字注脚有二，曰正，曰真。”

含章司契：《易·贲卦》：“含章可贞。”故含章犹含美也。《文赋》：“意司契而为匠。”《老子》：“有德司契。”故“司契”犹把握纲要而施发也。

含笔腐毫：《汉书·枚皋传》：“司马相如善为文而迟，故所作少而善于皋。”《西京杂记·二》：“司马相如为《上林》《子虚》赋，意思萧散，不复与外事相关，控引天地，错综古今，忽然如睡，焕然而兴，几百日而后成。”此皆言相如文迟，含笔腐毫之说，想彦和以意为之。

扬雄惊梦：桓谭《新论》：“成帝时……每上甘泉，诏（扬子云）令作赋，为之卒暴，思精苦，赋成，遂因倦小卧，梦其五藏出在地，以手收而内之。……由此言之，尽思虑，伤精神也。”

桓谭苦思：桓谭《新论》：“余少时见扬子云之丽文高论，不自量年少新进，而猥欲逮及。尝激一事而作小赋，用精思太剧，而立感动发病，弥日瘳。”王充思虑：《后汉书·王充传》：“充好论说，始若诡异，终有理实。以为俗儒守文，多失其真，乃闭门潜思，……著《论衡》八十五篇，二十余万言。……年渐七十，志力衰耗，乃造《养性书》十六篇，裁节嗜欲，颐神自守。”

张衡研京：《后汉书·张衡传》：“衡乃拟班固《两都》作《二京赋》，因以讽谏，精思傅会，十年乃成。”

左思练都：《文选李善注》引臧荣绪《〈旧〉晋书》曰：“左思，字太冲，齐国人。少博览文史，欲作《三都赋》，乃诣著作郎张载，访岷、邛之事。遂构思十稔，门庭、藩溷皆著纸笔，遇得一句即疏之。征为秘书。赋成，张华见而咨嗟，都邑豪贵，竞相传写。”

淮南赋骚：孙诒让《离骚札迻十二》：“高诱《淮南子序》云：‘诏使为《离骚赋》，自旦受诏，日早食已上。’即彦和所本也。案‘赋’，应作‘传’。《汉书·淮南王传》‘安入朝献作内篇新出，上爱秘之，使之为《离骚传》。’班固《离骚序》‘淮南王安叙《离骚传》，以国风好色而不淫之也。’”

本书《辨骚》篇：“昔汉武爱《骚》，而淮南作《传》，以为《国风》好色而不淫，《小雅》怨诽而不乱，若《离骚》者，可谓兼之。蝉蜕于秽浊之中，浮游尘埃之外，皭然涅而不缁，虽与日月争光可也。”

如上所引皆称传文，并非赋体，高诱不得其解，改“传”为“傅”（略用杨树达《汉书札记》语）。疑此‘赋’本作‘传’。“传”、“傅”形近易伪（如《练字》篇“师傅”之传，集成本、天启本、梅本均为“传”。又《明诗》篇傅毅之傅，两京遗编本，嘉靖本，何氏本，均作“传”，即可证也。后人不得其解，竟改“传”为“赋”耳。

枚皋成赋：《汉书·枚皋传》：“上有所感，辄使赋之。为文疾，受诏辄成，故所赋者多。”

子建援牍：《文选·杨修答临淄侯笺》：“握牍持笔，有所造作，若成诵在心，借书于手，曾不斯须，少留思虑。”《魏志·陈思王传》：“年十岁余，诵读《诗》论及辞赋数十万言，善属文。太祖尝视其文，谓植曰：‘汝倩人邪?’植跪曰：‘言出为论，下笔成章，顾当面试，奈何倩人?’时铜雀台新成，太祖悉将诸子登台，使各为赋。植援笔立成，可观。”

仲宣举笔：《魏志·王粲传》：“善属文，举笔便成，无所改定，时人常以为宿构。”

阮瑀据案：《典略》：“太祖尝使瑀作书与韩遂。时太祖适近出，瑀随从，因于马上具草，书成呈之。太祖揽笔欲有所定，而竟不能增损。”“案”，梅本作“鞍”，朱校本作“案”。

祢衡草奏：《后汉书·祢衡传》：“刘表尝与诸文人共草章奏，并极其才思。时衡出，还见之，开省未周，因毁以抵地。表怃然为骇。衡乃从求笔札，须臾立成，辞义可观。表大悦，益重之。”又：“黄祖长子射……射时大会宾客，人有献鹦鹉者，射举卮于衡曰：‘愿先生赋之，以娱嘉宾。’衡揽笔而作，文无加点，辞采甚丽。”案，草奏一事，当食作赋又一事，所云“当事草奏”殆合两事而言之。

情饶歧路：“歧”，嘉靖本、天启本、何本、梅本均作“岐”，朱校本作“歧”。

临篇缀虑：“虑”，《御览》五八五明抄本云“虑”作“翰”。案，实当作“虑”。《神思》篇《赞》语：“结虑思契”。《风骨》篇：“是以缀虑裁篇，务盈守气。”

《附会》篇：“斯缀思之恒数也。”缀，结义也，思、虑义同，足证实作“缀虑”，即构思也。

必有二患：《札记》云“意之患二，曰杂曰竭；竭者不能自宣，杂者无复统序。辞之患二，曰枯曰繁；枯者不能求达，繁者徒逐浮芜。枯竭之弊宜救之以博览，繁杂又弊宜纳之于镕裁。”

博见为馈贫之粮：“博见”是上文所述“积学以储宝，酌理以富才，研阅以穷照，驯致以绎辞”之意也。严羽《沧浪诗话》：“夫学诗以识为主，入门须正，立志须高……若自退屈，即有下劣诗魔入其肺腑之间。”

清魏际瑞《伯子论文》：“文章首贵识，次贵议论；然有识则议论自生，有议论则词章不能自已。”

《事类》篇：“是以将赡才力，务在博见，狐腋非一皮能温，鸡跖必数千而饱矣。”

《知音》篇：“故圆照之象，务先博观。”

贯一为拯乱之乐：《镕裁》篇：“二意两出，义之骈枝也；同辞重句，文之疣赘也。”

又：“绳墨以外，美材既斫，故能首尾圆合，条贯统序。”

《附会》篇：“附辞会义，务总纲领，驱万途于同归，贞百虑于一致。”

又：“首尾周密，表里一体，此附会之术也。”

《章句》篇：“章总一义，须意穷而成体。”

又：“启行之辞，逆萌中篇之意；绝笔之言，追媵前句之旨。”

又：“外文绮交，内义脉注。跗萼相衔，首尾一体。”

陆机《文赋》：“立片言而居要，乃一篇之警策；虽众辞之有条，必待兹而效绩。”

梅伯言《与孙芝房书》：“夫古文与他体异者，以首尾一气，不可断耳。有二首尾焉，则断矣……其能成章者，一气也。”

曾国藩《复陈宝箴书》：“一篇之内，端绪不宜繁多，譬如万山旁薄，必有主峰。龙衮九章，但挈一领。否则首尾衡决，陈义芜杂，兹足戒也。”

管异之《文集书复》：“子之文病杂，一篇之中，数体互见。武其冠，儒其衣，非全人也。”

温彻斯特《文学评论之原理》（Some Principles of Literary Criticism）：“艺术作品之情，有顺即有逆，有明即有暗，固也；然试更以音乐之理譬之，抑扬高下，虽有不同，而其隶于某宫，属于某调，未始不一以贯之也。故作者应顺乎人情之自然，不当有一段或一节，仅图敷陈事实而忘其使之合于文情之职，盖全篇之中，虽千变万化，实可以一致之情贯之。”（《文学上之感情原素》章）

又：“狭义形式的唯一要素，可以包括一切者，厥惟一贯一切美术，绝不可少。文学虽千变万化，而要在不离乎此也。使为纯粹思想之作，则当仅得一结论；使为记叙之品，则当仅谈一事，余皆为之附属；使纯为表情的如抒情诗者，则以一情为之主，想象声调则环拱而煊染之；其复杂作品，有众多之人物，繁复之情景，如高等戏剧者，必仍集中观者之意，使视纷纶为一体，以显其主要之动作，尤必有唯一之情感，为之主焉。”（《文学上之形式原素》章）

情数诡杂：情术奇异之谓也。《通变》篇：“通变则久，此无方之数也。名理有常，体必资于故实；通变无方，数必酌于新声。”

拙辞或孕于巧义，庸事或萌于新意：“于”读若《诗经》“定之方中，作于楚宫”之“于”，为也。

《札记》云：“此言文贵修饰润色。拙辞孕巧义，修饰则巧义显；庸事萌新意，润色则新意出。凡言文不加点，文如宿构者，其刊改之功，已用之平日，练术既熟，斯疵累渐除，非生而能然者也。”

全篇可分始、中、终三段：开始释神思之意，中间述神思之法，末尾余说神思，要点约为六：

（一）故思理为妙，神与物游

——谓灵感之精妙，在使情景合于一也。

（二）陶钧文思，贵在虚静

——谓运用文思，贵在己无成见。

（三）秉心养术，务无苦虑，含章司契，不必劳情也

——谓为文应修养心术，单只苦虑则无成效。若胸有成竹，则一触即发，不须劳情也。

（四）人之禀才，迟速易分

——谓迟速由乎禀才，无关乎文章，盖古今文士之成名，半由于天才，半由于学力，失一焉则其所至必画。

（五）难易虽殊，并资博练

——谓难易有别，却可以博练救之。

（六）博见为馈贫之粮，贯一为拯乱之药

——谓为文应以博学为基础，以一情为干流。

其末论中“杼轴献功，焕然乃珍”诸语，则神思之理，乃括尽无余。

古人有所谓神助神韵之说，即灵感之昔名也，盖因其不由自主也故曰“神”。

《诗品》：“《谢氏家录》云：康乐每对惠连，辄得佳语。后在永嘉西堂，思诗竟日不就。寤寐间，忽见惠连，即成‘池塘生春草’。故尝云此语有神助，非吾语也。赞曰：‘池塘生草谢家春，万古千秋五字新，传语闭门陈正字，可怜无补费精神。’”

《冷斋夜话》：“黄州潘大临工诗，多佳句，然甚贫，东坡、山谷尤喜之。临川谢无逸以书问：‘有新作否？’潘答书曰：‘秋来景物，件件是佳句，恨为俗氛所蔽翳。昨日闲卧，闻搅林风雨声，欣然起，题其壁曰：“满城风雨近重阳”，忽催租人至，遂败

意。止此一句奉寄。’”

以上二例，盖皆灵感之作用也。

——《神思》篇终

《情采》篇

水天明记

蕲春黄季刚侃，曩执教北雍，为诸生说刘舍人《文心雕龙》，次为札记若干卷，独见县解，情要间出，间令，辞乏凝滞，义无残遗，令札识《情采》一篇，体略仿此，析为三目：曰校注，曰互证，曰疏说，其于不知，盖阙如也，曲阜桂明经未谷有《札璞》，瑞安孙比部仲容作《札迻》，愚篇亦冠以“札”字，聊以景行于古之作者云尔。

目甲　　校注

古籍传世，经时既久，则版本之间，文字互异，非雠校无以识基本初，《文心雕龙》，校者多家，以北平黄叔琳校今最善，即依据黄本，更参以孙仲容先生手录，顾千里黄荛圃合校本，谭复堂校本，又张师西堂时有旁证，亦并入之。

注书之途有二：曰诂名义，曰标出处；一在穷推名原，一则极究意指，二者翼辅，注斯明矣，今采范文澜叔云集注，参以兴化李审言详补注，庶无遗漏。

（一）校雠之属

五情发而为词章：范文澜曰：“情”疑作“性”。张师曰：“《明诗》篇‘人秉七情，应物斯感’，言情则当云七情，不当作五情，上文‘三曰情文，五性是也，则此处紧接上文，当云五性。’”

君子常言未尝质也：范文澜曰：“常”一作“尝”。

研味李、老：黄叔琳曰：“案‘冯’本作‘孝’”。孙诒让曰：“案，孝、老不误，当据改”。纪昀曰：“‘李’当作‘孝’，孝老，犹云‘老易’。”李详曰：“详案此段首引《孝经》《老子》，次引庄周、韩非，其下文则曰‘研味李老，详览庄韩’，纪以‘李’当为‘孝’是也。‘李’字易伪为‘孝’，《列女传·班婕妤传》：‘寡孝之行’伪为‘寡李’，可以取证。”

将欲明经：汪本“经”作“理”。黄叔琳曰：“案，冯本作‘理’，诗纪作‘理’，两京本嘉靖本作‘理’。朱校云‘经当作理。’案作理是。”

设谟位理：谢云：“‘谟’当作‘模’，何氏校作‘模’，朱校云元作‘谟’，集成本作‘模’。

（二）注释之属

《礼记·乐记》：“文采节奏，声之饰也。”文采文章，皆《夸饰》篇明义。

沦漪：张师曰：“《诗·伐檀》‘河水清且沦漪’，沦漪，水纹也，沦从水，从仑，凡从仑之属，有条理义车之轮，言之论，行之伦皆是。(天明案：番禺陈沣《东塾读书记·小学卷》有此说)漪有摇动意，象山陈汉章曰‘沦漪本《诗·伐檀》篇，沧、漪犹’；《吴都赋》云‘刷荡漪澜’，刘渊林注‘漪澜，水波也’，澜即涟漪之涟，《毛诗》、《释文》亦云‘猗’本作‘漪’。”

花萼振：张师曰：“振发也。”

鞟同犬羊：《论语·颜渊》：“子贡曰：‘文犹质也，质犹文也。虎豹之鞟，犹犬羊之鞟’。”

犀兕：《左传·宣二年》：“宋城，华元为植，巡功。城者讴曰：‘睅其目，皤其腹，弃甲而复。于思于思，弃甲复来。’使其骖乘谓之曰：‘牛则有皮，犀兕尚多，弃甲则那？’役人曰：‘从其有皮，丹漆若何？’”

鸟迹：许慎《说文解字叙》：“黄帝之史仓颉，见鸟兽蹄迒之迹，知分理之可相别异也，初造书契。”天明案，“鸟迹”即文字。

鱼网：《后汉书·宦者蔡仑传》：“伦乃造意，用树肤、麻头及敝布、鱼网以为纸。”

彪炳：张师曰：“《易》曰：‘大人虎变，其文炳也；君子豹变，其文蔚也。’”案，“彪”，虎属，兽也。

《孝经》垂典，丧言不文：《孝经·丧亲》章：“子曰：‘孝子之丧亲也，哭不偯，礼无容，言不文。’”

美言不信：老子《道德经·八十一章》：“信言不美，美言不信。”

辩雕万物：《庄子·天道》篇：“故古之王天下者……辩虽雕万物，而不自说也。”《释文》：“‘说’音‘悦’。”

艳采辩说：《韩非子·外储说左上》：“范且、虞庆之言，皆文辩辞胜而反事之情，……夫不谋治强之功，而艳乎辩说文丽之声，是却有术之士，而任坏屋折弓也。”

范文澜曰：“此云‘艳乎’，‘采’岂‘乎’字之误欤?”

郁陶：张师曰：“阎若璩《尚书古文疏证·第五十六》言《尔雅》解‘郁陶’为喜，今误作‘忧’。《尚书·五子之歌》‘郁陶乎予心！颜厚有忸怩。’”

几务：孙蜀丞曰：“《文选·嵇叔夜与山巨源绝交书》云：‘几务缠其心。’《尚书》‘一日万几’。”

桃李不言而成蹊：《史记·李广传赞》：“桃李不言，下自成蹊。”《淮南子·缪称训》：“男子树兰，美而不芳。”

翠纶桂饵：马国翰《玉函山房辑佚书·七十二》曰：“《太平御览》卷八百二十四引《阙子》：‘鲁人有好钓者，以桂为饵，黄金之钩，错以银碧，垂翡翠之纶。’”

言隐荣华：《庄子·齐物论》：“言隐于荣华”。

衣锦褧衣：《诗·卫风·硕人》：“硕人其颀，衣锦褧衣。”《正义》曰“锦衣所以加褧者，为其文之大著也，故《中庸》云‘衣锦尚絅’，恶其文之大著，是也。”

五千：《老子传》：“著书上下篇，言道德之意，五千余言而去。”

泾渭：《诗·邶风·谷风》：“泾以渭浊，湜湜其沚。”《毛传》：“泾、渭相入而清浊异”。

真宰：《庄子》：“若有真宰，而特不得其朕。”

贲象穷白：《易·贲卦》：“上九，白贲，无咎，象曰：白贲无咎，上得志也。”王弼注曰：“处饰之终，饰终反素，故任其质素，不劳文饰，而无咎也。以白为饰，而无患忧，得志者也。”

摛藻：《汉书·叙传上》：“摛藻如春华。”

雕琢其章：《诗·大雅·棫朴》：“追琢其章。”天明案，古音雕、追二字同纽互用。

言以文远：《论语》：“言之不文，行之不远。”

舜英：《诗·郑风·有女同车》：“有女同行，颜如舜华。”《毛传》：“舜，木槿也。”陆机：《毛诗草木鸟兽虫鱼疏》：“舜，一名木槿……今朝生暮落者是也。”

目乙　　五证

高文典册，陈义奥妙，非证莫明。是以学者或则反勘本经，比其殊途同归之辞，所谓以此证彼者也；或则旁嵬异说，发掘匪谋而合之理，所谓以彼证此者也，并此两途，夫可以典剩义矣。

（一）内证之属（即以此证此）

故情者文之经：《知音》篇：“夫缀文者情动而辞发，观文者披文以入情；沿波讨源，虽幽必显。”

男子树兰而不芳，无其情也：此殆言文家禀赋之不同，故情性斯异。《体性》篇：“才力居中，肇自血气。气以实志，志以定言，吐纳英华，莫非情性。是以贾生俊发，故文洁而体清……触类以推，表里必符，岂非自然之恒资，才气之大略哉?”

（二）外证之属（即以彼证此）

情者文之经：《文概》曰：“圣人之情见乎辞，为作《易》言也。作者情生文，斯读者文生情。《易》教之神，神以此也。使情不称文，岂惟人之难感，在己先‘不诚无物’矣。”

魏际瑞《伯子论文》曰：“诗文不外情、事、景，而三者情为本。然置顿不得法，则情为章句所匿。”

为情而造文：《史记·自序》：“《诗》三百篇，皆圣贤发愤之所为也。”

《汉书·礼乐志》曰：“夫民有血气心知之性，而无哀乐喜怒之常，应感起动而动，然后心术形焉。”

《汉书·食货志下》曰：“男女有不得其所者，因相与歌咏，各言其伤。”《公羊宣十四年传》注：“男女有所怨恨，相从而歌，饥者歌其食，劳者歌其事”。

为文而造情：《抱朴子·应嘲》篇：“非不能属华艳以取悦，非不知抗直言之多吝，然不忍违情曲笔，错滥真伪。欲令心口相契，顾不愧景，冀知音之在后也。”“华艳相悦，违情曲笔，即为文而造情，彦和之所讥也。”

为文者淫丽而烦滥：陆灵《与兄平原书》曰：“此是情文，但本少情，而颇能作氾说耳”。

彬彬君子矣：昭明太子《答湘东王求〈文集〉及〈诗苑英华〉书》曰：“夫文典则累野，丽亦伤浮。能丽而不浮，典而不野，文质彬彬，有君子之致。”

诚哉斯验：《文学评论之原理》：“各派批评家皆以为描写人生之要件，唯在于真；真也者，根于人生也。”（《文学上之感情原素》章）

修辞鉴衡：“李格非善论文章，尝曰：‘诸葛孔明《出师表》、刘伶《酒德颂》、陶渊明《归去来辞》、李令伯《乞养亲表》，皆沛然如肺肝中流出，殊不见斧凿痕。是数君子，在后汉之末，两晋之间，未尝欲以文章名世，而其词意超迈如此，吾是以知文章以气为主，气以诚为主。’”

曾涤生《鸣原堂论文》：“文忌卑弱，然矫卑弱之，病便易有矜气。矜气从浮伪中出来，运以沉思，真气出则无此失矣。真气从诚意来，沉思以朴笔出之，故《易》曰修辞立其诚。”

情感之本质：（1）真实性。（2）普遍性——又称共受性。鲍桑葵在其《美学三讲》中称“所谓共受者即并非仅为己身所有之心，而起之有私感（Selfish）乃为可以分享于他人之快感”。《荀子》：“千人万人之情，一人之情也。”（3）永续性。《文学评论之原理》：“一人之情感终属暂时，而人类一般之性情则有共同之点，为情感联属之波动虽生灭于瞬息，而感情之大海则洋溢古今未尝或变也。”又云：文学情感有永久价值之征者五：1. 情感之合理与适当。2. 情感之生动或有势。3. 情感之持续或永久。4. 情感之错综或变化。5. 情感之格式性质。

情感之抉择：张师曰：“（一）当排斥自私的；（二）当排斥无含蓄的。”拉司金于其《近代画家论》中谓：“高尚之情绪分为‘爱’、‘敬’、‘叹美’、‘欢悦’四种神圣之情绪。”

情之差别：《白虎通》：“性者，阳之施；情者，阴之化也。人禀阴阳气而生，故内怀五性六情。”

（1）禀赋之不同。《体性》篇：“吐纳英华，莫非情性。是以贾生骏发，故文洁而体清；长卿傲诞，故理侈而辞溢……安仁轻敏，故锋发而韵流；士衡矜重，故情繁而辞隐。”

（2）遭遇之不同。孟郊《下第》诗：“弃置复弃置，情如刀割伤。”《再下第》诗：“两度长安陌，空将泪见花。”《及第》诗：“昔日龌龊不足夸，今朝放荡思无涯。春风得意马蹄疾，一日看尽长安花。”

目丙　疏说

古之作者，执于简要，词费理庸，洵属大忌，时易世迁，风声有殊。后之学者，每于一字之间，剖析微茫，或乃综其蕃变，敷陈大略，虽未标树新解，抑亦有所补益，因次疏说一目，尽以属之。

黄侃《文心雕龙札记》曰：

舍人处齐梁之世，其时文体方趋于缛丽，以藻饰相高，文胜质衰，是以不得无救正之术。此篇恉归，即在挽尔日之颓风，令循其本，故所讥独在采溢于情，而于浅露朴陋之文未遑多责，盖揉曲木者未有不过其直者也。虽然，彦和之言文质之宜，亦甚明了矣。首推文章之称，缘于采绘，次论文质相待，本于神理，上举经子以证文之未尝质，文之不弃美，其重视文采如此，曷尝有偏畸之论乎？然自义熙以来，力变过江玄虚冲淡之习而振以文藻，其波流所荡，下至陈隋，言既隐于荣华，则其弊复与浅露朴陋相等，舍人所讥，重于此而轻于彼，抑有由也。综览南国之文，其文质相剂，情韵相兼者，盖居泰半，而芜辞滥体，足以召后来之谤议者，亦有三焉：一曰繁，二曰浮，三曰晦。繁者，多征事类，意在铺张；浮者，缘文生情，不关实义；晦者，窜易故训，文理迂回。此虽笃好文采者不能为讳。爱而知恶，理固宜尔也。或者因彦和之言，遂谓南国之文，大抵侈艳居多，宜从屏弃，而别求所谓古者，此亦失当之论。盖侈艳诚不可宗，而文采则不宜去；清真固可为范，而朴陋则不足多。若引前修以自张，背文质之定律，目质野为淳古，以独造为高奇，则又堕入边见，未为合中。方乃标树风声，传诒来叶，借令彦和生于斯际，其所讥当又在此而不在彼矣。故知文质之中，罕能不越，或失则过质，或失则过文。救质者不得不多其文，救文者不得不隆其质。刍狗有时而见弃，澼絖有时而利师，善学者高下在心，进退可法。何必以井蛙夏虫自处，而妄诮冰海也哉！

一曰形文……一曰声文，五音也：范文澜曰：“形文如《练字》篇，所论声文如《声律》篇所论。”

故情者文之经……此立文之本源也：纪昀曰：“此一篇之大旨。”

此为情而造文也：范文澜曰：“诗人什篇，皆出于性情，盖苟有其情，则耕夫织妇之辞，亦可观可兴。汉之乐府，后世之谣谚，皆里闾小子之作，而情文真切，有非翰墨之士所敢比拟者。即如古诗十九首，在汉代当亦谣谚之类，然拟古诗者如陆机之流，果足以抗颜行论短长乎？彦和‘诗什篇为情而造文，辞人赋颂为文而造情’，寥寥数语，古今文章变迁之迹、盛衰之故尽于此矣。”

此为文而造情也：范文澜曰：“《宋书·王微传》载，微《与从弟僧绰书》曰：‘文思不怨思抑扬则流澹无味，夫怨思发于性情，强作抑扬，非为文造情而何？’”

故有志深轩冕……真宰弗存，翩其反矣：范文澜曰：“刘歆作《遂初赋》，潘岳作《秋兴赋》，石崇作《思归引》，古来文人类此者甚。依然不得谓其必无皋壤，人外之思，盖鱼与熊掌本所同欲，不能得兼，势必去一，而反身绿水固未尝忘情也。故尘俗之缚愈急，林泉之慕愈深。彦和所讥，尚非伊人。若夫庸禄蠹鄙性天成，亦复摇笔鼓舌，虚言遐往，斯则所谓‘真宰弗存，翩其反矣’者也。”

《情采》篇札记终 三十六年三月纂次

《镕裁》篇

一、释题

1. 本文："规范本体谓之镕，剪截浮词谓之裁。"

2. 札记："为文最要者：一命意，二修辞。"

按，"镕"，《说文》："治器法也"。"裁"，《周易·系辞上传》："化而裁之谓之变"。《国语·吴语》："救其不足，裁其有余"。

二、校勘

设位：《两京遗编》："设下遗'乎其'二字。"

献替：《两京遗编》嘉靖本"替"均作"赞"。梅云："元作赞，何、朱均校作质。"

随分所好：《两京遗编》嘉靖本、何本、梅本"随"均作"适"。

又，引本书为证：《明诗》："随性适分，鲜能通圆"。《养气》："并适分胸臆，非牵课才外也。"《风骨》："文术多门，各适所好。"

辞殊意显：汪本"意"作"义"。

三、诠释

刚柔以立本：刚柔者，阳刚阴柔也，指上文情理而言，二字屡见本书，《体性》："才有庸俊，气有刚柔"；"风趣刚柔，宁或改其气”。

变通以当时：变通，指上文文采而言。《通变》：“变则可久，通则不乏。”隐括：隐，揉曲也；括，正方也。

审分：分者，分所当得也。黄侃《文心雕龙札记》：“洵令多寡得宜，修短合度，酌中以立体，循实以敷文，斯镕裁之要术也。”

骈拇：《庄子》：“骈拇枝指，出乎性哉，而侈于德。附赘县疣，出乎形哉，而侈于性。”

履端于始：《左传·文公元年》：“履端于始，序则不愆。举正于中，民则不惑。归余于终，事则不悖。”

美材既斫：《文赋》：“苟伤廉而愆义，亦虽爱而必捐。”

条贯统序：条理贯穷而统一也。《定势》：“若雅郑而共篇，则总一之势离。”

游心窜句：《庄子·骈拇》：“骈于辩者，累瓦结绳窜句，游心于坚白同异之间。”《释文》引司马彪注云：“窜句，谓邪说微隐，穿凿文句也。”

引而伸之：引伸之法，据 DEVELOPMENT OF PARAGRAPHS 所列凡七，一引用，二比拟，三原因，四结果，五反正，六对照，七疑问（见英文《作文要略》）。

谢艾：十六国时期前凉将领。《晋书·张重华》：“主簿谢艾，兼资文武……”

清新：《陆清河集·与兄平原书》云：“兄文章之高远绝异，不可复称言，然犹皆欲微多，但清新相接，不以此为病耳。”

友于：《论语·为政》：“孝乎惟孝，友于兄弟。”旧读“孝乎，惟孝友于兄弟”。按，“孝乎惟孝”犹今之“微乎微”“贱乎贱”也，故当作“孝乎惟孝，友于兄弟”。

陶渊明《庚子岁五月中从都还阻风于规林·其一》诗：“一欣侍温颜，再喜见友于。”“友于”借代兄弟也。

美锦制衣：《左传·襄公三十一年》："子有美锦，不使人学制焉。"

榛枯：陆机《文赋》："石韫玉而山辉，水怀珠而川媚。彼榛楛之勿翦，亦蒙荣于集翠。"注："榛楛，喻庸音也。以珠玉之句既存，故榛楛之辞亦美。"

庸音：《文赋》："放庸音以足曲。"

荣卫：荣，指血液循环；卫，指气的周流；犹"气血"也，《内经》："荣卫不行，五藏不通。"

斟酌浓淡：曹子建《洛神赋》："秾纤得衷，修短合度"；《登徒子好色赋》："增之一分则太长，减之一分则太短，著粉则太白，施朱则太赤。"

弛于负担：《左传·庄公二十二年》："齐侯使敬仲为卿，辞曰：'羁旅之臣，幸若获宥，及于宽政，赦其不闲于教训，而免于罪戾，弛于负担，君之惠也。"

四、问题集议

1. 三准问题：刘氏三准之说，曰始、曰中、曰终、与三段论法大致相同，古人谓诗文有起承转合，实则承、转可以纳之于中而仍为三也，兹举名家之说以证之。

亚里斯多德云："始有发端，中有发挥，末有收束，此三者均不可废。"斋藤正谦《拙堂文话》："文章有头、有腹、有足，头欲小，腹欲满，足欲重而不欲大。"

陈绎曾《古今文式》："头起欲紧而重，大文五分腹，一分头颔；小文三分腹，一分头颔，腹中欲满而曲折多，欲健而快，尾结欲轻而意足，如骏马驻坡，三分头，二分尾。"

朱东润《文学批评史》引元陶宗仪《南村辍耕录》："乔孟符(吉)，博学多能，以乐府称。尝云：'作乐府亦有法'，曰：'凤头、猪肚、豹尾'六字是也。大致起要美丽，中要浩荡，结要响亮，尤贵在首尾贯穿，意思清新，能若是，斯可以言乐府矣。”

范德玑（梈）《诗法》：“作诗有四法：起要平直，承要舂容，转要变化，合要渊永。”

《艺概·文概》：“兵形象水，文脉亦然。水之发源、波澜、归宿，所以示文之始、中、终，不已备乎？”

又：“揭全文之旨或在篇首或篇中或在篇末，在篇首则后必顾之，在篇末则前必注之，在篇中则前顾之后注之，顾注亦所谓文眼也。”

《文学批评原理》：“行文所根据者二事：一为作者之性情，一为题旨之所在，即所表之情思，与表之之人也。”

又，“一贯统包完备、合法、和谐三意……完备者应有尽有，不容增减之谓；合法即架构是置篇中各部于适当之次序与比例；和谐较适当为进，不但不适当之事在所不容，即事之适于动作、言论而足使感情减色或损其感人之力者亦宜除去。”（按此条亦可与下繁简问题相发明）

2. 繁略问题：文之繁略人各异辞，兹举名家之说如下：

《日知录》卷十九：“辞主乎达，不论其繁与简。繁简之论兴而文亡矣，《史记》之繁处必胜于《汉书》之简处。”

《伯子论文》：“文章繁简非因字句多寡，篇幅长短，若庸絮懈慢一句亦谓之繁，切到精详连篇亦谓之简。”

钱大昕曰：“文有繁有简，繁者不可减之使少，犹简者不可增之使多。《左传》之繁，胜于《公》、《穀》之简，《史记》、《汉书》，互有繁简，谓文未有繁而能工者，非通论也。”

方苞《与程若韩书》：“夫文未有繁而能工者，如煎金锡，粗矿去，然后黑浊之气竭而光润生。”

3. 存瑕问题：“《文赋》之‘榛楛勿剪，庸音足曲’，刘勰以为情苦芟繁。《孟子》云：‘西子蒙不洁，则人必掩鼻而过之。’是瑕之不可存矣，然今论者以为缺陷可以益美，故文章亦宜以山川衬珠玉也。”

《伯子论文》：“诗文句句要工，使不在行。”

又：“古人文字有累句不成句处，而不改若非不能改也。改之或伤气格，故宁存其自然；名帖之存败笔，古琴之仍焦尾是也。昔人论《史记·张苍传》，有年老口中无齿句，宜删曰老无齿；《公羊传》齐侯是跛者逆跛者，秃者逆秃者，眇者逆眇者，宜删曰各以类逆，简则简而非《公羊》；史迁之文又于神情特不生动，知此说者可以悟存瑕矣。”

五、述评

1. 章节

全文三大段：①解题；②论法：a. 法在三准 b. 法在繁简 c. 举例证明；③总结。

2. 评议

刘氏镕裁之法一曰标三准，二曰审繁简，三准之法证以名家之说实为缀文之经，而统一条理之术也。至于繁简之论，虽难轩轾，而刘氏修短有度，自为不易之言。为文之要，首在明白、明眸、善睐，秾纤得衷，美人之美亦文章之宜也，增之一分则太长，减之一分则太短，不可增减之度斯镕裁之极也。东坡自谓“作文如行云流水，初无定质，但常行于所当行，止于所不可不止。”其此之谓乎。

《附会》篇

刘俊贤记

《附会》：

1.《后汉书·张衡列传》："乃拟班固《两都》，作《二京赋》，因以讽谏。精思傅会，十年乃成。""传"与"傅会"为通用字。

2.本篇云："附辞会义，务总纲领，驱万涂于同归，贞百虑于一致；使众理虽繁，而无倒置之乖，群言虽多，而无棼丝之乱；扶阳而出条，顺阴而藏迹，首尾周密，表里一体，此附会之术也。"

3.范注："附会者，使通篇相会而会于一，盖讨论如何'首尾圆合条贯统序'如何'异端不至骈赘尽去'。"

4.附会者，首尾一贯，使通篇相附而会于一，即后来所谓章法也。弥纶：《易经·系辞》："故能弥纶天地之道。"注：弥为弥缝之弥，谓联合也。纶为经纶之纶，谓条理也。

杂而不越：杂而不越者愈变化愈整齐之谓也。

才最学文："最"，疑当作"优"或"系"，传写之误，殆由学优而任意化成此语。"最"当作童体性："夫才有天资，学慎始习……故童子雕琢，必先雅制。"

事义为骨髓："《宗经》：'洞性灵之奥区，极文章之骨髓者也。'"《风骨》："乃其骨髓峻也。"《章句》："外文绮交，内义脉注。"脉即骨髓也。

情志为神明，事义为骨髓，辞采为肌虑，宫商为声气：《知音》："是以将阅文情，先标六观：一观位体，二观置辞，三观通变，四观奇正，五观事义，六观宫商。斯术既行，则优劣见矣。”《总术》：“视之则锦绘，听之则丝簧，味之则甘腴，佩之则芬芳。”

元黄：天启本、嘉靖本、何氏本、梅氏本均作“玄黄”。

以裁厥中：中者适也，当也。程伊川言《春秋》曰：“欲知中庸，无如权。何物为权？义也，时也。”

恒数：两京遗编本、集本、天启本、嘉靖本、何氏本、梅本均作“常数”。

棼丝：《左传》：“治丝而棼之也”。

首尾周密，表里一体：《修词鉴衡》：“秦少游之文，文章有首有尾，无一言乱说，观少游五十策可见。”

同上，“东坡在儋耳时，葛延之自江陵担簦绝海往见，留一月，坡尝诲以作文之法曰：‘儋州虽百家聚州，人须取之市而足，然亦不可徒得也，必有一物以摄之，然后为已用，所谓一物者钱是也。作文亦然，天下之事散在经史中，不可徒使，必得一物以摄之，然后为已用，所谓一物者意是也。不得钱不可以取物，不得意不可以取事。’”

曾文正公论文：“谋篇见叠出，使一览而尽，而自首至尾意绪一线。”仪毫而失墙：《吕氏春秋·处方》篇：“今夫射者仪毫而失墙，画者仪发而易貌，言审本也。”

锐精细巧：《伯子论文》：“著佳语佳事太多，如京肆列杂物，非不炫目，正为有市井气，语言无味，面目可憎，此庸俗人病也；而专好新奇谲怪者，病甚于此，好奇好怪即是俗见，大雅之士不然耳。”

诎寸：《文子》：“《淮南子·氾论训》：‘诎寸而伸尺，圣人为之。小枉而大直，君子行之。’”

偏善之巧：《文赋》：“苟伤廉而愆义，亦虽爱而必捐。”

文变多方：两京遗编本、集本、《太平御览》、嘉靖本、何氏本“多”字均作“无”。

率故多尤：《文赋》：“或率意而寡尤。”

需为事贼：《左传·哀公十四年》：“需，事之贼也。”

制首以通尾：林语堂《论翻译》：“寻常作文之心理程序‘必是分析的，而非组合的，先有总意义，而后分为一句之各部，非先有零碎之辞字，由此辞字而组织成一句之总意义……此所谓句之分析说（原于温德氏），很容易由各人经验证明，凡做文章通顺之人，行文时于未下笔之先，必先有一句要说的意思在心里，即所谓总意象，心知其所欲言；直至下笔成文之时，然后不得不依练习之语法，一字一字写出来，绝非先由各字之意义堆积成句，然后明其所欲言是全句意义。若行之顺转，必于笔未下时，文句自现宛然于耳中预先闻见此句之声响，若得到处再求辞字，由辞字而后堆积成句者，其文必不能雅训，前者即所谓auto-—-dictation，后者即所谓extemporizing（依Palmer名称）……此所谓总意象之分析，即寻常行文之心理。（《语言学论丛》）

林语堂行文之理：“当先有。统统意象。”

偏枯文体：《吕氏春秋》：“鲁人有公孙绰者……曰：‘我固能治偏枯……’”。

悬识：《史记·扁鹊仓公列传》：“扁鹊过齐，齐桓侯客之。入朝见，曰：‘君有病在腠理，不治将深。’”喻见微知著。

豆之合黄：释凡三：

1. 范文澜疏：“‘豆之合黄’未详其说，按《广雅》，豆林落也，黄作觵，兕牛角可以饮者也，岂黄必事托而六朝有此成语耶。”

2. 范注引铃木虎雄《文心雕龙校勘记》（《御览》五八五五引）：“豆之合黄作石之合玉，铨木石之合玉，玉石之声，其调和合也。”

3. 黄侃曰：“‘豆’疑当作‘曰’。”本书《颂赞》篇：“徒张虚论，有似黄白之伪说矣。”黄注引《吕氏春秋·别类》篇曰，“相剑者曰：白所以为坚也，黄所以为牣也，黄白杂则坚且牣，良剑也。”是其义。

修短在手：《镕裁》：“修短有度。”

总辔：《孔子家语》：“善御马者，正身以总辔”。

善附者异旨如肝胆，拙会者同音如胡越：

1.《修辞鉴衡》：“过换处不可忽，看文须要看他过换处，及转接处。”

2. 魏禧《日录》论文尝言：“古文转接之法一定不可易。或问：‘古文转接有极奇变出人意外处，何谓一定？’曰：‘试将原文转接处，以己意改换，至再至十，终不能及，便知此奇变乃是一定也。”

3. 唐彪《读书作文谱》：“文章不贯患之弊有二，如一篇中有数句先后倒置，或数句辞意少碍，理即不贯串矣，承接处字句或虚实失宜，或反正不合，气即不贯矣，二者之弊，虽名文亦多有之。”

同音如胡粤：《汉书·贾谊传》：“夫胡、粤之人，生而同声，耆欲不异，及其长而成俗，累数译而不能相通，行者有虽死而不相为者，则教习然也。”

《荀子·劝学篇》：“干、越、夷、貉之子，生而同声，长而异俗，教使之然也。”

易字艰于代句：《练字》篇：“善为文者，富于万篇，贫于一字，一字非少，相避为难也。”

兒宽更草，而汉武叹奇：《汉书·兒宽传》：“张汤为廷尉，廷尉府尽用文史法律之吏，而宽以儒生在其间，见谓不习事，不署曹，除为从史，之北地视畜数年。还至府，上畜簿，会廷尉时有疑奏，已再见却矣，掾史莫知所为。宽为言其意，掾史因使宽为奏。奏成，读之皆服，以白廷尉汤。汤大惊，召宽与语，乃奇其材，以为掾。上宽所作奏，即时得可。异日，汤见上。问曰：'前奏非俗吏所及，谁为之者?'汤言兒宽。上曰：'吾固闻之久矣。'"

钟会易字，晋景称善：《魏晋世语》："司马景王命中书郎虞松作表，再呈不可，意令松更定之，经时竭思不能改，心有忧色……会（钟会）取草视，为定五字。松悦服，以呈景王。景王曰：'不当尔耶?'"

绝笔断章，譬乘舟之振楫：《修辞鉴衡·结语》："结文字须要精神，不要闲言语。"

上重下轻之病：《唐子西文录》："凡为文，上句重，下句轻，则或为上句压倒。《书锦堂记》云：'仕宦而至将相，富贵而归故乡。'下云：'此人情之所荣，而今昔之所同也。'非此两句，莫能承上句。"

又，《六一居士集序》云："言有大而非夸"，此虽只一句，而体势则甚重，下乃云："达者信之，众人疑焉。"非用此两句亦载上句不起。

《伯子论文》："收结恒须紧束；或故为散弛懈缓者；亦如劳役之际，闭目偃倚，乃不至于困竭也。"

克终：《诗经》："靡不有初，鲜克有终。"

底绩：《尚书·舜典》："询事考言，乃言底可绩。"

间关：有三义：

1. 车声：《诗经·车辖》："间关车之辖兮"。

2. 鸟声：白居易《琵琶行》诗："间关莺语花底滑"。

3. 行路之曲折：《汉书·王莽传》："间关至渐台。"间关，艰难状也，此处状文字之艰涩。

苏轼《戏和正辅一字韵》诗：“改更句格各蹇吃，姑因狡狯加间关。”

如乐之和：《左传》：“如乐之和，无所不谐。”

《章句》篇

李书堃记

《文心雕龙札记·释〈章句〉之名》曰《说文》：“‘有所绝止，而识之也。’施于声音，则语有所稽，宜谓之；施于篇籍，则文有所介，宜谓之。一言之驻，可以谓之，数言联贯，其辞已究，亦可以谓之。假借为读，所谓句读之读也，凡一言之停驻者用之。或作句投，或作句豆，或变作句度，其始皆但作‘、’耳。其数言联贯而辞已究者，古亦同用绝止之义而但作‘亅’。从声以变则为章，《说文》‘《乐竟》为一章’是也。言乐竟者，古但以章为施于声音之名，而后世则泛以施之篇籍。舍人言章者明也，此以声为训，用后起之义傅丽之也。句之语原于𠄌，《说文》：𠄌（Ƨ），钩识也，从反亅（S）。是𠄌亦所以为识别，与‘、’同意。章先生说：‘《史记·滑稽列传》，东方朔至公车上书，公车令两人共持举其书，人主从上方读之。止，辄乙其处。乙非甲乙之乙，乃钩识之𠄌。𠄌字见于传记，惟有此耳。声转为曲，曲古文作𠃊，正象句曲之形，凡书言文曲，《荀子》言曲折，《汉书·艺文志》言曲度，傅毅《舞赋》皆言声音于此稽止也。又转为句。《说文》曰：‘句，曲也。’句之名，秦汉以来众儒为训诂者乃有之。此由讽诵经文，于此小驻，正用钩识之义。舍人曰：‘句者，局也。’此亦以声为训，用后起之义傅丽之也。《诗疏》曰：‘古者谓句为言。’……案古称一言，非必词意完具，但令声有所稽，即为一言，然则称言与称句无别也。总之，句、读、章、言四名，其初但以目声势，从其终竟称之则为章，从其小有停驻言之则为句、为曲、为读、为言。降后乃以称文之词意完具者为一句，结连数句为一章。……篇章之分，一著简册之实，一著声音之节，以一篇所载多章皆同一意，由是谓文义首尾相应为一篇，而后世或即以章为篇，则又违其本义。案《诗》三百篇，有一篇但一章者，有一篇累十六章者，此则篇章不容相混也。其他文籍，如《易》二篇不可谓之二章，《孟子》七篇不可谓之七章，《老子》著书上下篇，不可谓之二章。自杂文猥盛，而后篇章之名相乱。舍人此篇云：'积章成篇，篇之彪炳，章无疵也。'又云：'篇有小大。'盖犹是本古谊以为言。"

设情有宅：《说文》："宅，所寄也。"《国语·鲁语上》："宅，章之次也。"章明情志，必有所寄乃可次序显晰。故设情有宅，置言有位，义即规定意义，划分区域也。

章者明也，句者局也：郑《注》："《尧典》'平章百姓'曰：'明也。'"《说文》："句，曲也。"局亦句也。《诗·关雎·正义》孔颖达疏曰："句者局也，联字分疆，所以局言者也。章者明也，总义包体，所以明情者也。"

区畛：《蜀都赋》："瓜畴芋区。注：'区，界畔也。'《周礼》：'十夫有沟，沟上有畛，畛，田界。'"

彪炳：光彩焕发耳。左思《蜀都赋》："符采彪炳，晖丽灼烁。"

万毕：一切了当也。《淮南子》有万毕术。

匠笔：斧削也，意匠经营也。

送迎际会：送谓收也，迎谓起也。际，边也；际会谓交接会合之处，谓收结与起始也。

文说分间法：《文说》："其间小段，间架极要分明，而不欲使人见其间架之迹，盖意分而语串，意串而语分也。"

缀兆：《礼·乐记》："屈伸俯仰，缀兆舒疾，乐之文也。"《正义》曰："缀，谓舞者行列相连缀也。兆，谓位外之营兆也。"又，《礼·乐记》："行其缀兆，要其节奏，行列得正焉。"注曰：

"缀兆，舞位也。"按，兆即今所谓活动区域。

抗坠：《礼·乐记》："歌者，上如抗，下如坠，曲如折，止如槁木。"按，抗坠即抑扬顿挫也。

诗人拟喻，断章取义：堃按，诗人为诗，常取典籍中事以喻所怀。如：《古诗十九首》中"谁能为此曲，无乃杞梁妻"，"晨风怀苦心，蟋蟀伤局促"，秦嘉《留郡赠妇诗》："诗人感木瓜，乃欲答瑶琼"，陶渊明《饮酒诗二十首》："九十行带索，饥寒况当年。"皆断章取义例也。

启行：《诗·小雅·六月》："元戎十乘，以先启行。"启行，喻始也。

绮文：绮，缯之一种，其文倚斜，不顺经文。

跗萼：《诗·小雅·常棣》："常棣之华，萼不韡韡。"《笺》：承华者曰萼，不、柎声同，柎亦作跗，萼足也。

搜句忌于颠倒：《文赋》："苟达变而相次，犹开流以纳泉。如失机而后会，恒操末以续巅。谬玄黄之秩叙，故淟涊而不鲜。或仰逼于先条，或俯侵于后章。或辞害而理比，或言顺而义妨。离之则双美，合之则两伤。考殿最于锱铢，定去留于毫芒。苟铨衡之所裁，固应绳其必当。"

裁章贵于顺序：欲有顺序，必先布置。布置之法如下：

①层次：a. 升降　b. 断续　c. 列叙　d. 类字

② a. 对偶　b. 对照

③连环（连珠）

④复叠：a. 反复　b. 叠字　c. 照应　d. 增助

⑤问答

《修辞鉴衡》：文章要布置条下，引《古今诗话》范文宝云："古人文章必谨布置，如老杜《赠韦见素》（《奉赠韦左丞丈二十二韵》）诗：'纨绔不饿死，儒冠多误身。'此一篇立意也。故令静听而陈之。自'甫昔少年日'，至'再使风俗淳'皆儒冠事业也。'此意见萧条'，至'蹭蹬无纵鳞'。言误身如此也则意举而文备，固已有是诗矣，然必言所以见韦者，于是有厚愧真知之句。所以真知者，谓传诵其诗也。然宰相职在进贤，不当徒爱人而已。士固不能无望，故曰：‘窃效贡公喜，难甘原宪贫。’果无益则去之可也。故曰：‘焉能心怏怏，止是走踆踆。’入海而去秦也，其于去也，人情必有迟迟不忍之意，故曰：‘尚怜终南山，回首清渭滨。’所知不可以不别，故曰：‘常拟报一饭，况怀辞大臣。’夫如是则相亡江海之外，虽见素亦不可以得而见矣，故曰：‘白鸥没浩荡，万里谁能驯’终焉。此诗前贤录为压卷，为其布置最得正体，如官府甲第，厅堂房屋，各有定处不乱也。”

陈骙文则“文有上下相接若继踵然，其体有三：其一曰叙积小至大。如大学‘能尽己之性，则无尽人之性；能尽人之性，则能尽物之性……’其二曰，叙由精及粗，如《庄子》‘古之明大道者，先明天道而道德次之，道德已明而仁义次之，仁义已明而分守次之，分守已明而形名次之……’其三曰，叙自流极源，如《大学》‘古之欲明明德于天下者，先治其国；欲治其国者，先齐其家；欲齐其家者，先修其身……’”

附：杜甫：《奉赠韦左丞丈二十二韵》

“纨绔不饿死，儒冠多误身。丈人试静听，贱子请具陈。

甫昔少年日，早充观国宾。读书破万卷，下笔如有神。

赋料扬雄敌，诗看子建亲。李邕求识面，王翰愿卜邻。

自谓颇挺出，立登要路津。致君尧舜上，再使风俗淳。

此意竟萧条，行歌非隐沦。骑驴十三载，旅食京华春。

朝扣富儿门，暮随肥马尘。残杯与冷炙，到处潜悲辛。

主上顷见征，欻然欲求伸。青冥却垂翅，蹭蹬无纵鳞。

甚愧丈人厚，甚知丈人真。每于百僚上，猥颂佳句新。

窃效贡公喜，难甘原宪贫。焉能心怏怏，只是走踆踆。

今欲东入海，即将西去秦。尚怜终南山，回首清渭滨。

常拟报一饭，况怀辞大臣。白鸥没浩荡，万里谁能驯?”

分为五科，科有细目，举旧文以明之，皆辨审文句之事。若夫订学谊，正讹文，虽有关于文句，然于成辞之质无所增者，虽有条例，不阑入于比云。

第一，倒文

（一）句中倒字

《左传·昭公十九年》：“谚所谓‘室于怒，市于色。’”（倒置。顺言当云：“怒于室，色于市。”）

（二）倒字叶韵

《诗·节南山》篇：“弗问弗仕，勿罔君子。式夷式已，无小人殆。”（顺言当云：“无殆小人。”）《墨子·非乐上》引《武观》曰：“启子淫溢康乐，野于饮食。将将铭苋磬以力。”（顺言当云：“饮食于野。”）

（三）倒句

《左传·闵公元年》：“为吴太伯，不亦可乎？犹有令名，与其及也。”（顺言当云：“与其及也，犹有令名。”）《礼记·檀弓》：“盖殡也，问于聊曼父之母。”（顺言当云：“问于聊曼父之母，盖殡也。”）

（四）倒序

《周礼·大宗伯职》：“以肆献祼享先王。”（以次序言，祼在先，献次之，肆又次之。)《画之政》："或五六年，或三四年。"

第二，省文

（一）蒙上省：画，《禹贡》："荆岐既旅，终南惇物，至于鸟鼠。"（不言治，蒙上荆岐既旅之久。)《左传·定公四年》："楚人为食，吴人及之，奔。食而从之。"（"奔"不言楚人，"食而从之"不言吴人，蒙上。)

（二）因下省

《书·尧典》："期三百有六旬有六日。"（三百者，三百日也，不言日，因下省。)《诗·七月》："七月在野，八月在宇，九月在户，十月蟋蟀入我床下。"（在野，在宇，在户皆蟋蟀也。不言者，因下省。)

（三）语急省

《左传·庄公二十二年》："敢辱高位，以速官谤。"（敢，不敢也。语急省。)《公羊传·隐公元年》："如勿与而已矣。"（如，不如也。语急者。)

（四）因前文已具而省

《易·同人》："'九五同人，先号咷，而后笑。'……《象》曰：'同人之先以中直也。'"（"象"意当说：同人之先号而后笑，以中直也。令但曰同人之先，蒙上省也。《易传》此类例甚多。)《诗·板》篇："天之牖民，如埙如篪。如璋如圭，如取如携。携无曰益，牖民孔易。"（无曰益，但承携言，以文不便，省埙篪以下了。)

（五）以疏略省

《论语》："沽酒、市脯，不食。"（当云"沽酒不饮"，疏而

《体之》篇——范文澜曰：而《体之》篇疑当作《二体》之篇，二体指六言、七言。梅云："而"下疑有脱字。天启本、集成本，"而"均作"两"）。

两汉：铃木云："梅本作西汉。"案，天启本、集成本、梅本均作西汉，何校作"两"。

节文：读如《孟子》："节文之斯谓礼"之节文，属动词。

魏武论赋：朱襄本：《玉海》校作论"诗"。

资代：范文澜曰："资代作贸代，是。贸，迁也。"

《札记》曰："若夫声有宫商，句中虽不必尽调，至于转韵，宜令平仄相间，则声音参错，易于入耳。魏武嫌于积韵，善于资代。所谓'善于资代'，即工于换韵耳。"

劄记——劄，以针刺也，非表非状谓之劄，戴侗："六书故曰劄，削竹刺入也。"

乎哉已也：张师曰："案上文'夫、惟、益、故'，'之、而、于、以'下并有也字，就文气言，此'乎、哉、已、也'之下亦当有"者"字。

据事似闻，在用实切：孙德谦《六朝丽指》曰"作骈文而全用排偶，文气易致窒塞。即对句之中，亦当少加虚字，使之动宕。六朝文如傅季友《为宋公求加赠刘前军表》：'俾忠贞之烈，不泯于身后，大赉所及，永旌于善人。'任彦升《宣德皇后令》：'客游梁朝，则声华藉甚，荐名宰府，则延誉自高。'邱希范《永嘉郡教》：'才异相如，而四壁徒立；高惭仲蔚，而三径没人。'或用'于'字，或用'则'字，或用'而'字，其句法乃栩栩欲活。至庾子山《谢滕王集序启》：'譬其毫翰，则风雨争飞；论其文采，则鱼龙百变。'更觉跃然纸上矣。然如去此虚字，将'譬其'、'论其'易为藻丽之字，则平板，而不能如此流利矣。于是知文章贵有虚字，旋转其间，不可落入滞相也。"

断章有检：检，检察也，引申之则为法度意。

配主：《易·丰卦》："初九：遇其配主。"

附录：《札记·约论古书文句异例》：

"恒文句读，但能辨解字谊，悉其意旨，即可憭然无疑，或专以文法剖判之，亦可以无差忒。惟古书文句，驳荦奇侅者众，不悉其例，不能得其义旨，言文法者，于此又有所未暇也。幸顾、王、俞诸君，有成书

在，兹删取其要，分为五科，科有细目，举旧文以明。”

诗颂大体：祝盟，“盟之大体”。哀吊，“哀辞大体”。颂赞，“大体斯底”。奏启，“可谓识大体”。则大体，义即大要也。

祈父：《诗·小雅·祈父》：“祈父，予王之爪牙。”

肇禋：《诗·周颂·维清》：“肇禋，迄用有成，维周之祯。”

竹弹谣：《吴越春秋》曰：“弹起于古之孝子，不忍见父母为禽兽所食，作弹以守之。歌曰‘断竹续竹，飞土逐肉。’”案所歌者本黄帝时《竹弹谣》。

洛汭：《夏书·五子之歌》也。歌曰：“内作色荒，外作禽荒，甘酒嗜音，峻宇雕墙，有一于此，未或不亡。”《序》曰：“太康失邦，兄弟五人须于洛汭，作《五子之歌》。”

元首之诗：《尚书·虞书·益稷》：“帝庸作歌……曰：‘股肱喜哉，元首起哉，百工熙哉！’皋陶……乃赓载歌曰：‘元首明哉，股肱良哉，庶事康哉！’”案，哉为语助辞，以“喜”起“熙”，“朗”、“良”、“康”为韵是三言也。

行露：《诗经·召南·行露》：“谁谓雀无角，何以穿我屋。谁谓女无家，何以速我狱。虽速我狱，室家不足。”

六言七言：挚虞《文章流别论》：“六言者‘我姑酌彼金垒’之属是也。……七言者‘交交黄鸟止于桑’是也。”

赵翼《陔余丛考》：“任昉云：‘六言始于谷永。’然刘勰云‘六言七言杂出诗骚。’今按《毛诗》‘谓尔迁于王都’、‘曰予未有室家’等句，已开其端，则不始于谷永矣。”

吴检斋先生《絸斋笔记》曰：“《后汉书》东平王苍、杜笃、崔琦、崔瑗、崔寔等《传》，并云著七言若干篇，《班固传》则有六言若干篇，由是推之：知汉人称诗，皆以四言为限，其六言、七言、八言者，或本为琴歌，或质称六言、七言、八言，皆不与之诗名也。汉人七言之词，今世已不数见，唯《文选》李注所引数事而已。《西京赋》注引刘向七言曰‘博学多识与凡殊’；王仲宣《赠士孙文始诗》注引刘歆《七略》（是刘向七言之讹）曰

‘宴处从容观《诗》、《书》’；嵇叔夜《赠秀才入军诗》注引刘向七言曰‘山鸟群鸣动我怀’，张景阳《杂诗》注引刘向七言‘揭来归耕永自疏’。按，李引七言四句，其三句以‘殊’、‘书’、‘疏’为韵，明其同出一篇。”

范文澜曰：“《吴越春秋》所载《穷劫》等曲，通首皆七言，此书出赵长君手，后汉人也。又史游《急就章》以七言成句，盖今时里闾歌诀之类，亦可以证汉世民间七言之行用。彦和所指成于两汉者，其即六言七言二体乎！”

（六）反言省疑词

《书·西伯戡黎》：“我生不有命在天?”（言有命在天也。）《老子·七十七章》：“是以圣人为而不恃，功成而不处，其不欲见贤?”（言其不欲见贤乎?）

（七）记二人之言省“曰”字

《孟子·滕文公》：“从许子之道，至屦大小同则贾相若。”（皆陈相之词。上省“曰”字。）《礼记·檀弓》篇：“悼公之丧，季昭子问于孟敬子曰：‘为君何食?’敬子曰：‘食粥天下之达礼也。’吾三臣者之不能居公室也，四方莫不闻矣。勉而为瘠，则吾能，毋乃使人疑夫不以情居瘠者乎哉！我则食食。”（自吾三臣之下皆昭子词，而省“曰”字。）

第三，复文

（一）同义字复用

《左传·襄公三十一年》：“缮完葺墙以待宾客。”《左传·昭公十六年》：“庸次比耦以艾杀此地，斩之蓬蒿藜藋而共处之。”（庸次比耦，四字同义。）

（二）复句

《易·系辞》：“言天下之至赜而不可恶也，言天下之至动而不可乱也。”（下赜字郑、虞、王本皆同，今本作“动”。）《孟子·梁惠王》篇：“故王之不王，非挟泰山以超北海之类也。王之不王，是折枝之类也。”（《诗》中复句极多，不能悉数。）

（三）两字义类相因牵连用之而复

《礼记·文王世子》篇："养老幼于东序。"（言养幼者牵扯于老而言之。）《玉藻》篇："大夫不得造车马。"（言造马者牵扯于车而言之。）

（四）语词叠用

《尚书·多方》篇："尔曷不忱裕之于尔多方？尔曷不夹介乂我周王享天之命？今尔尚宅尔宅，畋尔田，尔曷不惠王熙天之命？尔乃迪屡不静，尔心未爱；尔乃不大宅天命，尔乃屑播天命，尔乃自作不典，图忱于正。"（十一句中三"尔曷不"字，四"尔迺"字。）《诗·大雅·绵》："篇："迺慰迺止，迺左迺右。迺疆迺理，迺宣迺亩。"(四句叠用八"迺"字。)

（五）语词复用

《尚书·秦誓》："尚犹询兹黄发。"（言"尚"又言"犹"。）《礼记·檀弓》篇："人喜则斯陶。"(言"则"又言"斯"。)

（六）一人之词中加曰字

《左传·哀公十六年》："乞曰：'不可得也。'曰：'市南有熊宜僚者，若得之，可以当五百人矣。'"（下曰字仍为气语，此记者加一更端。）《论语》："'怀其宝而迷其邦，可谓仁乎？'曰：'不可！'"(曰字阳虎自答，此自为问答之词。)

第四，变化

（一）用字错综

《春秋·僖公十六年》："陨石于宋五，是月，六鹢退飞，过宋都。"(上言石五，下言六鹢，错言之耳。)《论语》："迅雷风烈。"(即迅雷烈风。)

（二）互文见义

《礼记·文王世子》篇："诸父守贵宫贵室，诸子诸孙守下宫下室。……诸父诸兄守贵室，子弟守下室，而让道达矣。"（郑曰："上言父子孙，此言兄弟互相备也。"）《祭统》篇："王后蚕于北郊以供纯……夫人蚕于北郊以供冕服。"（郑曰："纯服亦冕服也，互言之耳。”）

（三）连类并称

《仪礼·少牢馈食礼》：“日用丁巳。”（或用丁或用巳。）《孟子》：“华周、杞梁之妻善哭其夫，而变国俗。”（哭夫为杞梁妻事，华周妻乃连类言之也。）

（四）两语平列而实相连

《论语》：“君子耻其言而过其行。”（言君子耻其言之过其行也。）《诗·荡》篇：“侯作侯祝。”（《传》曰：“作祝诅。”）

（五）两语小殊而实义

《诗·关雎》：“参差荇菜，左右流之”，“参差荇菜，左右求之”。（《传》曰：“流，求也。”）《礼记·表记》：“仁有数，义有长短小大。”（数即长短小大。）

（六）变文叶韵

《易·小畜》：“上九，既雨既处。”（处，止也，与雨韵故变言处。）《诗·鄘风·柏舟》：“母也天只，不谅人只。”（《传》曰：“天谓父也。”《正义》曰：“先母后天，取其韵句。案，变父言天，亦取韵句耳。”）

（七）前文隐没，至后始显

《礼记·曲礼》篇：“天子谓之伯父，异姓谓之伯舅。”（下言异姓，则上言同姓名矣。）《檀弓》：“晋献公之丧，秦穆公使人吊公子重耳……子显以致命于穆公。”（上不言使人为谁，至后乃显。）

（八）举此见彼

《易·文言》：“地道也，臣道也，妻道也，地道无成而代有终也。”（不言臣妻。）《礼记·王制》：“大国之卿，不过三命，下卿再命。小国之卿与下大夫一命。”（郑曰：“不著次国之卿者，以大国之下互明之。”）

（九）上下文语变换

《书·洪范》：“金曰从革，土爰稼穑。”（爰，即曰也。）《论语》：“爱之，能勿劳乎？忠焉，能勿诲乎？”（焉，即之也。）

（十）叙论并行

《左传·僖公三十三年》：“秦伯素服郊次，乡师而哭，曰：‘孤违蹇叔，以辱二三子，孤之罪也。不替孟明，孤之过也。大夫何罪？且吾不以一眚掩大德。”（“不替孟明”乃记者之辞。）《史记·周本纪》：“尹佚筴祝曰：‘殷之末孙季纣，殄废先王明德，侮蔑神祇不祀，昏暴商邑百姓，其章显闻于皇天上帝。’于是武王再拜稽首，曰：‘膺更大命，革殷，受天明命。’武王又再拜稽首。”（“于是武王再拜稽首曰”，九字夹叙于祝文之中，“再拜稽首”叙其事，“曰”者，史佚更读祝文也。）

（十一）录语未竟

《左传·襄公二十五年》：“盟国人于大宫，曰：‘所不与崔、庆者。’”（下无文）

第五，足句

（一）间语

《书·君奭》：“迪惟前人光。”（惟，间语也）《左传·隐公十一年》：“天而既厌周德矣。”（而，间语也）

（二）助语用虚字

《诗·车攻》篇：“徒御不惊，大庖不盈。”（《传》：不惊，惊也；不盈，盈也。）《书·洪范》：“皇建其有极。”（有极，极也。）

（三）以语齐句

《诗·匏有苦叶》篇：“济盈不濡轨，雉鸣求其牡。”（不字所以齐句。）

上所甄举，大抵取之古书《疑义举例》中，其文与互用者殊特，不瞭其义则于其义茫然，或因以生误解。文法书虽工言排列组织之法，而于旧文有所不能施用。盖俞君有言：“执今人寻行数墨之文法，而以读周、秦、两汉之书，譬犹执山野之夫，而与言甘泉、建章之巨丽也。”斯言谅矣。兹为讲说计，窃取成篇，卿以证古书文句之异，若其详则先师遗籍具在，不烦罗缕于此云。

《练字》篇

文象列而结绳移鸟迹明而书契作：《说文·叙》："古者庖牺氏之王天下也，仰则观象于天，俯则观法于地，视鸟兽之文与地之宜，近取诸身，远取诸物，于是始作《易》八卦，以垂宪象及神农结绳为治，而统其事，庶业其繁，饰伪萌生，黄帝之史苍颉见鸟兽蹄远之迹，知分理之可相别异也，初造书契。……"

鬼哭粟飞：《淮南子·本经训》："昔者苍颉作书，而天雨粟，鬼夜哭。"王充《论衡·感虚》篇："传书言'仓颉作书，天雨粟，鬼夜哭。'此言文章兴而乱渐见，故其妖变致天雨粟、鬼夜哭也。"

书必同文：《中庸》："今天下车同轨，书同文。"

輶轩之使：《风俗通》："周秦常以岁八月遣輶轩之使求异代方言，还奏籍之，藏于秘府。"

《方言·刘歆与扬雄书》："三代周秦轩车使者，遒人使者以岁八月巡路，求代语、僮谣、歌戏。"

复文：谓如有长字、斗字，而重作"马头人"之长，"人持十"之斗。

隐训：谓诡僻之训，如屈中为虫（《说文·叙》：虫者屈中）之类。

讽诵则续（绩）在宫商：刘海峰《论文偶记》："神气者，文之最精处也；音节者，文之稍粗处也；字句者，文之最粗处也。余谓论文而至于字句，则文之能事尽矣。"一句之中或用平声，或用仄声，同一平字，仄字或阴平、阳平、上声、去声入耳，则异节迥异，故字句为音节之主。(而练字亦有时视音节而定。)

㕷呶：喧哗也。

龃龉：不安也。

重出：陆云《与兄平原书》：“‘彻’与‘察’皆不与‘日’韵，思惟不能得，愿赐此一字。”

于穆不食者：孙贻让《札迻·十二记》：“当作似《诗·周颂》‘维天之命，于穆不已’。”

字靡异流：《札记》：“‘异’当作‘易’。诸子‘经子异流’靡多也。”

论文劄记——炼一字

(一) 贾岛初赴举，在京师。一日于驴上得句云：“鸟宿池边树，僧敲月下门。”又欲“推”字，炼之未定，于驴上吟哦，引手作推敲之势，观者讶之。时韩退之权京兆尹，车骑方出，岛不觉，行至第三节，尚为手势未已。俄为左右拥至尹前，岛具对所得诗句，“推”字与“敲”字未定，神游象外，不知回避。退之立马久之，谓岛曰：“‘敲’字佳。”遂并辔而归，共论诗道，留连累日，因与岛为布衣之交。”(《诗话总龟》)

(二) 范文正公守桐庐，始于钓台建严先生祠堂，自为记。其歌词曰：“云山苍苍，江水泱泱。先生之德，山高水长。”既成，以示南丰李泰伯。泰伯读之，三叹味不已，起而言曰：“公之文一出，必将名世，某妄意辄易一字，以成盛美。”公瞿然握手扣之。答曰：“云山、江水之语，于义甚大，于词甚溥，而‘德’字承之，乃似趢趚，拟换作‘风’字，如何?’公凝坐颔首，殆欲下拜。”(《容斋随笔》)

(三) “王荆公绝句云‘京口瓜州一水间，钟山只隔数重山，春风又绿江南岸，明月何时照我还。’吴中士人家藏其草，初云‘又到江南岸’，圈去‘到’字，注曰‘不好’，改为‘过’，复圈去而改为‘入’，旋改为‘满’，凡如是十许字，始定为‘绿’。”

(《容斋续笔·卷八》)

(四)陈公时偶得杜集旧本，文多脱误，至《送蔡都尉》，诗云“身轻一鸟”，其下脱一字。陈公因与数客各用一字补之，或云“疾”，或云“落”，或云“起”，或云“下”，莫能定。其后得一善本，乃是“身轻一鸟过”。陈公叹服，以为虽一字，诸君亦不能到也。(《六一诗话》)

(五)艺祖微时《日诗》云：“欲出未出光辣达，千山万山如火发。须臾走向天上来，赶却流星赶却月。”国史润色之云：“未离海峤千山黑，才到天心万国明。”文气卑弱，大不如原作辞志慷慨，规模远大，凛凛乎已有千万世帝王气象也。(《藏一话腴》)

(六)“疾雷不及掩耳”，此兵家成言，初非偶语，古今文士未有改之者。宋子京于《李靖传》乃易“疾雷”为“震霆”，易“掩”为“塞”，不惟失真，且其理亦不安矣。

雷以其疾，故不及掩耳，而何取于震？掩且不及，复何暇塞哉！此所谓欲益反弊者也。(《滹南遗老集·新唐书辨惑》)

(七)欧阳公为韩魏公昼锦堂记云“仕宦至将相，富贵归故乡。”韩公得之爱赏。后数日，欧复遣介，别以本至，曰：“前有未是，可换此本。”韩再三玩之，无异前者，但于“仕宦”、“富贵”下各添一“而”字，文义尤畅，前辈为文不易如此。(《宋稗类钞·卷五》)

(八)《桑榆杂录》云：“或言《醉翁亭记》用‘也’字太多，荆公曰：‘以某观之，尚欠一也字。’坐有范司户者，曰‘禽鸟知山林之乐，而不知人之乐，此处欠之。’荆公大喜。”予谓不然，若如所说，不惟意断，文亦不健矣，恐荆公无此言，诚使有之，亦戏云尔。”(《滹南遗老集·文辨》)。

(九)“‘李广见草中石，以为虎而射之，中石没镞，视之，石也，因复更射，终不能复入石矣。’凡多三‘石’字，当云‘以为虎而射之，没镞。既知其石，因复更射，终不能入’。或云

'尝见草中有虎，射之，没镞，视之，石也'亦可。又云：'其射，见敌急，非在数十步内，度不中，不发。''度不中'三字重叠，若此句存，则上句宜去也。又言：广自刭，'军士大夫一军皆哭'，但云'一军'足矣；或去此二字亦可。"（《滹南遗老集·史记辨惑）

（十）《古史观·〈史记〉多省文》："《史记》曰'母韩女也，滑稽多智。'然则'樗里子'之文，其可省乎？《史记》曰'甘茂者，下蔡人也。事下蔡史举，学百家之说。'《古史》曰：'下蔡史举学百家之说'，似史举自学百家矣，然则'事'之一字，其可省乎？"（《黄氏日钞·卷五十一》）。

吕居仁《紫薇诗话》云："老杜云：'新诗改罢自长吟。'文字频改，功夫自进。欧公作文时加窜定，有终篇不留一字者。山谷晚年多定前作。"《朱子语类》云："尝见欧公《醉翁亭记》原稿，发端凡三四行，后悉涂去，而易以'环滁皆山也'五字。"洪景卢《容斋续笔》云："王荆公绝句'春风又绿江南岸'，原稿'绿'作'到'，圈去，注曰'不好'，改'过'字，复圈去，改为'入'，旋改'满'。凡如是十许字，始定为'绿'。黄鲁直诗'归燕略无三月事，高蝉正用一枝鸣。''用'字初曰'抱'，又改曰'占'，曰'在'，曰'带'，曰'要'，至'用'字始定。予闻于钱伸仲大夫如此。高蝉正用一枝鸣'，'用'字初用'抱'又改曰'占'，曰'在'，曰'带'，曰'要'，至'用'字始定。"（《文学研究法》卷四）

嘉定钱竹汀《跋方望溪文》载临川李巨来讥望溪省桐城之名而但曰"桐"，以为"县以'桐'名者有五，桐乡、桐庐、桐柏、桐梓，不独桐城。宋强行父《唐子西文录》："皎然以诗名于唐，有僧袖诗谒之，然指其《御沟诗》云：'此波涵圣泽'，'波'字未稳当改。僧艴然作色而去。僧亦能诗者也，皎然度其去必复来，乃取笔作'中'字掌中，握之以待。僧果复来，云，'欲更为中字如何？’然展手示之，遂定交。”

六书：《周礼》：“八岁入小学，保氏教国子，先以六书。一曰指事……二曰象形……三曰形声……四曰会意……五曰转注……六曰假借。”

吏师：《史记·秦始皇本纪》：“若欲学法令，以吏为师。”

刚籀造隶：《汉书·艺文志》：“苍颉七章，秦丞相李斯所作也。文学多取《史籀篇》，而篆体复颇异，所谓秦篆者是也。是时始造隶书矣，起于官狱多事，苟趋省易，施之于徒隶也。”

六体：《汉书·艺文志》：“汉兴，萧何草律，亦著其法，曰：‘太史试学童，能讽书九千字以上，乃得为史。又以六体试之，课最者以为尚书御史、史书令史；吏民上书，字或不正辄举劾。’六体者：古文、奇字、篆书、隶书、缪篆、虫书。”注：“篆书谓小篆，盖秦始皇使程邈所作也。隶书亦程邈所献。”

马字缺画：《万石君传》：“长子建为郎中令，……奏事下，建读之，惊恐曰：‘书马者与尾而五，今乃四，不足一，获谴死矣！’其为谨慎，虽他皆如是。”

相如撰篇：《汉书·艺文志》：“武帝时，司马相如作《凡将篇》，无复字。”

张敞传业：《汉书·艺文志》：“《仓颉》多古字，俗师失其读。宣帝时，征齐人能正其读者，张敞从受之。传至外孙之子杜林，为作训故，并列焉。”

《杜邺传》：“邺少孤，其母张敞女。邺壮，从敞子吉学问，得其家书。以孝廉以郎。”“吉子竦，又幼孤，从邺学问，亦著于世，尤长于小学。邺子林，清静好古，亦有雅材，其正文字，过于邺、竦，故世言小学者由杜公”。

扬雄纂训：《汉书·艺文志》：“元始中，征天下通小学者以百数，各令记字于庭中。扬雄取其有用者，以作《训纂篇》。”

太半：《东京赋》注：“凡数，三分有二为太半。”

孔徒：《西京杂记》："郭威以谓《尔雅》周公所制，而《尔雅》有'张仲孝友'，张仲，宣王时人，非周公之制，明矣。余尝以问扬子云，子云曰：'孔子门徒游、夏之俦所记，以解释六艺者也。'"

三接之外：黄叔琳注云："按三接者，如张景阳《杂诗》：'洪潦浩方割'，沈休文《和谢宣城》诗：'别羽泛清源'之类。三接之外，如曹子建《杂诗》：'绮缟何缤纷'，陆士衡《日出东南隅行》：'璚珮结瑶璠'，五字而联边者四，宜有字林之讥也。若赋则更有十接二十接不止者矣。"

黯黮：刘向《九叹》："望旧邦之黯黮兮。"《注》："黯黮，暗也"。

三写：《抱朴子·遐览》："谚云：'书三写，鱼成鲁，帝成虎'。"

三豕：《孔子家语》："子夏曰，尝返卫，见读史志者云：'晋师伐秦，三豕渡河。'子夏曰：'非也，己亥耳。'读者问诸晋史，果曰己亥。"

子夏弟子三句：《札迻》云："案，祀当作似。"

《诗·周颂》"维天之命，于穆不已。"

《毛传》引孟仲子说，《正义》引《郑谱》云："孟仲子者，子思弟子。"又云："子思论诗，于穆不已。仲子于穆不似，即彦和所本也，今所传欧阳修辑本，《郑谱》无此二文。"

《尚书大传》有"别风淮雨"，《帝王世纪》云"列风淫雨"。"别""列"、"淮"、"淫"字似潜移。"淫"、"列"义当而不奇，"淮"、"别"理乖而新异。详案卢氏文弨《锺山札记》引"别风淮雨"下，据宋本，有元长作序，亦用"别风"八字，当补入。又云《古文苑》载傅毅作《北海靖王兴诔》云："白日幽光，淮雨杳冥"，今《文心雕龙·诔碑篇》所载为后人易以"氛雾杳冥"矣。《蔡中郎集》中有《太尉杨赐碑》，云："烈风淮雨，不易其趣。”今俗间本“淮雨”改作“虽变”，余所见者宋本也。安知“烈风”不亦出后人所改乎？一字师：阮阅《诗话总龟》：萧楚见张咏作“独恨太平无一事”请改“恨”作“幸”，公曰“真一字”师。

《竹坡诗话》：汪内相将赴临川，曾吉父以诗送之，有“白玉堂中曾草诏，水晶宫里近题诗。”韩子苍改“中”为“深”，“里”作“冷”，吉父闻之，以子苍为一字师。

《总术》篇

(1)《札记》曰："此篇乃总会《神思》以至《附会》之旨，而丁宁郑重以言之，非别有所谓总术也。篇末曰：'文体多术，共相弥纶，一物携二，莫不解体，所以列在一篇，备总情变。然则彦和之撰斯文，意在提挈纲维，指陈枢要明矣。'自篇首至知言之选句，乃言文体众多。自此以下，则明文体虽多，皆宜研术，即以证圆鉴区域大判条例之不可轻。纪氏于前段则云汗漫，于次节则云与前后二段不相属，愚诚未喻纪氏之意也。今当取全文而为之销解，庶览者毋惑焉。若夫练术之功，资于平素，明术之效，呈于斯须。割情析采，笼圈条贯，摛神性，图风势，苞会通，阅声字，其事至多，其例至密，其利害是非之辨至纷纭。必先之博观，继之以勤习，然后览先士之盛藻，可以得其用心，每自属文，亦能喻得失。真积力久，而文术稠适，无所滞疑，纵复难得善文，亦可退求无疚，虽开塞之数靡定，而利病之理有常。颜之推云：'但使不失体裁，辞意可观，遂称才士。'言成就之难也，是以练术而后为文者，如轮扁之引斧；弃术而任心者，如南郭之吹竽；绳墨之外，非无美材，以不中程而去之无吝；天籁所激，非无殊响，以不合度而听者告劳。是知术之于文，等于规矩于工师，节奏之于矇瞍，岂有不先晓解而可率尔操觚者哉？若夫晓术之后，用之临文，迟则研《京》以十年，速则奏赋于食顷，始自用思，终于定藁，同此必然之条例，初无歧出之衢途。盖思理有恒，文体有定，取势有必由之准臬，谋篇有难畔之纲维，用字造句，合术者工而不合术者拙，取事属对，有术者易而无术者难。声律待术而后安，采饰待术而后美，果其辨之有明通之识，斯为之无愦惑之虞。虽文意细若秋毫，而识照朗于镜镃，故曰：乘一总万，举要治繁也。欲为文者，其可不先治练术之功哉？

(2) 今之常言：今或作令，宋翔凤《过庭录》："所谓今之常言者，盖谓当功令有此别目也，元刻作'令'，俗刻改为'今'。"案宋说迂，"令"自是"今"字之误。

(3) 有文有笔：本文：以为无韵者笔也，有韵者文也。

郭绍虞《中国文学批评史》引《晋书》引载。

《蔡谟传》："文笔议论有集行于世。"

《习凿齿传》："以文笔著称。"

《乐广传》："广善清言而不长于笔，将让尹，请潘岳为表，岳曰：'当得君意。'广乃作二百句语，述己之志，岳因取次比，便成名笔。岳不取广之旨，无以成斯美也。"

《文苑·张翰传》："其文笔数十篇行于世。"

《文苑·曹毗传》："所著文笔十五卷行于世。"

《文苑·袁弘传》："桓温重其文笔，专综书记。"

宋颜延之论其子各得文风则曰："竣得臣笔，测得臣文。"

范晔《狱中诸甥侄书》："手笔差易，文不拘韵故也。"

《金楼子·立言》篇："古人之学者有二，今人之学者有四。夫子门徒，转相师受，通圣人之经者，谓之儒。屈原、宋玉、枚乘、长卿之徒，止于辞赋，则谓之文。今之儒，博穷子史，但能识其事，不能通其理者，谓之学。至如不便为诗如阎纂，善为章奏如伯松，若此之流，泛谓之笔。……"

《金楼子·立言下》："任彦升甲部阙如，才长笔翰，善缉流略，遂有龙门之名。"

《南史·孔珪传》："与江淹对掌辞笔。"

《梁书·刘潜传》："三笔六诗。"

《南史·沈约传》："谢玄晖善为诗，任彦升工于笔。"

梁简文帝《与湘东王书》："诗既若此，笔又如之。"

（4）请夺彼矛，还攻其盾：《韩非子》："楚人有鬻矛与盾者，誉之曰，'吾盾之坚，莫能陷也。'又誉其矛曰：'吾予之利，于物无不陷也。'或曰：'以子之矛，陷子之盾，何如？'其人弗能应也。"

（5）若笔不言文：《札记》曰："'不'字为'为'字之误。"张先生案，"不"亦形迥，当为"亦"字之误。

（6）将以立论：《中庸》："凡事豫则立，不豫则废。"

（7）可强可弱：强弱犹言质文。《札记》曰："予以为以下数语，言属笔皆称为笔，而经传又笔中之细名。同出于言，同入于笔，经传之优劣在理，而不以言笔为优劣也。信如此言，则上一节所云文笔之分，何不可以是难之。以此而观，知彦和不坚守文笔之辨明矣。""分经以典奥为不刊，分当作六。"

（8）号为曲尽：陆机《文赋序》："他日殆可谓曲尽其妙。"

（9）九变之贯：汉武帝《诏》："九变复贯，知言之选。"颜师古曰："贯，事也；选，择也。"

（10）落落之玉：《老子·法本》："不欲琭琭如玉，落落如石。"张先生案，"落"当作"珞"。

（11）伶人告和：《左传·昭公二十一年》："泠州鸠曰：'王其以心疾死乎？夫乐，天子之职也；夫音，乐之舆也；而钟，音之器也。天子省风以作乐，器以钟之，舆以行之。小者不窕，大者不槬，则和于物，物和则嘉成。'"杜注："窕细不满，槬大不入。"

（12）动用挥扇，何必穷初终之韵：范《注》云："未详"。张先生案，二句略用《庄子·天运篇》："北门成问于黄帝曰：'帝张咸池之乐于洞庭之野，吾始闻之惧，复闻之怠，卒闻之而惑，荡荡默默，乃不自得。'帝曰：汝殆其然哉！吾奏之以人，征之以天……吾惊之以雷霆。其卒无尾，其始无首……变化齐一，不主故常。……其声挥绰，其名高明。……布挥而不曳，幽昏而无声。动于无方，居于窈冥……此之谓天乐……乐也者，始于惧，惧故祟；吾又次之以怠，怠故遁；卒之于惑，惑故愚。”一假大意，易原文，始卒为初终，挥绰为挥扇，又隐括动于无方诸句为动用，郭象《注》：“用其所动，而为动用挥（扇）绰，何必穷初终之韵也。”

(13) 比篇章于音乐：《典论·论文》：“文以气为主，气之清浊有体，不可力强而致。譬之音乐，曲度虽均，节奏同检，至于引气不齐，巧拙有素，虽在父兄，不能移其子弟。”

(14) 不截盘根：《后汉书·虞诩列传》：“不遇盘根错节，何以别利器乎？”

(15) 不剖文奥：班孟坚答宾戏：“守窔奥之荧烛，未仰天庭而睹白日也。”“交”与“文”形近，故误。杜诗：“文章开窔奥”，又本此文。

(16) 必资晓术：韩退之作《柳子厚墓志铭》云：“衡、湘以南为进士者，皆以子厚为师，其经承子厚口讲指画为文词者，悉有法度可观。”

《新唐书·文艺传序》云：“韩愈倡之，柳宗元、李翱、皇甫湜等和之，排逐百家，法度森严。”

《宋史·欧阳修传》云：“修之为文丰约中度。”

董其昌《论书法》曰：“其始必入于古人，其终必离于古人。”

魏际瑞《伯子论文》：“不入于法则散乱无纪；不出于法则拘迂而无以尽文章之变，由规矩者，熟于规矩，能生变化；不由规矩者，巧力所到，亦生变化；既有变化，自合规矩。夫概文之尚理法者，不大胜亦不大败，尚才气者，非大胜则大败。”

章炳麟《菿汉微言》：“以桐城义法……摧伏魔外，绰然有余。”

方苞《又书货殖传后》：“《春秋》之制义法，自太史公发之，而后深于文者亦具焉。义即《易》之所谓‘言有物’也，法即

《易》之所谓‘言有序’也，义以为经而法为之，然后为成体之文。”

（17）圆鉴区域，大判条例：上句言体，下句言用。

（18）博塞邀遇：博塞，即六博、格五等类博戏；邀遇，期求胜。《说文·竹部》：“簙，局戏也。六箸十二棋也，古者乌曹作簙。”段玉裁曰：“古戏今不得其实，箸韩非所谓箭。”

《招魂注》云：“昆路作箸，故其字从竹。”

（19）借巧傥来：《庄子·天地篇》：“物之傥来，寄者也。”

（20）视之则锦绘，听之则丝簧，味之则甘腴，佩之则芬芳：锦绘指辞采，丝簧指宫商，甘腴指事义，芬芳指情志。

（21）纆牵忌长：《战国策》：段干越人谓韩相新城君曰：“昔王良弟子驾千里之马，过京父之弟子。京父之弟子曰：马，千里之马也；服，千里之服也；而不能取千里，何也？曰：子纆牵长。故纆牵于事，万分之一也，而难千里之行。”

（22）三十之辐：《考工记》：“轮辐三十，以象日月也。”

王船山学谱

自序

明统绝祀，清以异族入主中国，当时学者，咸以神州沦亡之祸，由晚明学术空疏之故，亭林、梨洲、二曲持论皆如是也。其攻击宋明理学尤力者，在南则有潘用微，在北则有颜习斋。用微直以宋明“理气之说，始于老庄”，“非吾圣人之旨”（《求仁录》卷二），故倡求仁之说以矫之。习斋则以读书静坐，“不啻砒霜、鸩羽”（《〈朱子语类〉评》），“误人才，拜天下”（《年谱·卷下》），故倡习行之说以矫之。其实诸儒所论，皆立鲜而破多，其能自创一说以代之者，则惟有王船山一人而已。

船山深恶陆、王之学窃佛、老虚无之旨，贻害于天下国家，乃倡实有生动之论，以破虚无寂静之旨。其言曰：“尽天地只是个诚”，而其所谓诚者，则“实有”也。宇宙之起源，本为实有；宇宙之本体，亦为实有。物生于有，不生于无。而太虚本动，至诚无息，天地之德，生生不已。于是更发为天地之化日新，物质不灭诸说。实有生动之论立，则虚无寂静之旨自破。此其立言已有过于黄、顾诸儒而无不及矣。

清儒治学，咸趋好古，此种风气，渐染益甚。惟船山则以为不当“泥古过高，而菲薄方今”，“古不可以有，而今可有之”。故其论封建、井田、学校诸制度，则以“郡县之天下有利”，“井田之制，湮没无考”，书院制度，可使“教移于下”。其异于清儒之泥古，有如此者。其谓“人欲之大公，即天理之至正”，直下与戴东原所持者相合；其提倡民族主义，言论亦至激烈，皆有足多者。

亭林主张以经学代理学，梨洲亦称与人“约为读书穷经”，然于经学上之著述，实远弗逮船山之宏富。船山诸经稗疏、考异之作，讲求名物训诂校勘之学；其治经之途术，直与戴、段诸家相若；其持论之允确，且有后儒所弗能及者。则其学术之精卓，亦可知矣。

然自船山之殁，迄今二百余载，表微显幽者虽亦有人，而其学实未大白于世。如所云：“尽天地只是个诚，尽圣贤学问只是个思诚”，“太虚一实”，“器道相须”，“太虚本动”，“道自然也”诸旨，仍鲜有注意及之者，故其思想体系亦未大明。则船山之学，尚有待于研稽也。

比年以来，执教北平，所任课程，适有“清代思想”一门；船山之学，又所夙好。因感于未有一书综述其生平、学术、著述、师友者，乃撰为斯编，以供学子之参阅。博雅君子，匡其不逮，所甚幸焉。

民国二十六年（1937年）三月三日　张西堂谨序

例言

一、船山先生当明末清初之际，刻苦似二曲，贞晦过夏峰，多闻博学，志节皎然，方之梨洲、亭林，实有过之而无不及；论者谓为周子以后，一人而已！顾自来未有一书综述先生之生平、学术、著述、师友者。兹编之作，分为传纂、学述、著述考、师友记，以详确之考订，为系统之叙述，借以介绍于世之欲知先生之学者。

二、兹编《传纂》采辑先生子敔所为《姜斋公行述》（省称《行述》），潘宗洛《船山先生传》（省称《潘传》），《国史儒林传稿》（并见曾刻本、排印本遗书卷首），《湖南通志·列传》，《衡州府志·列传》（亦见旧刻本遗书卷首），余廷灿《王船山先生传》（《存吾文稿》卷四、《碑传集》卷一三〇、《国朝耆献类征初编》卷四〇三，省称《余传》），唐鉴《国朝学案小识》（卷三，《国朝耆献类征初编》卷四〇三，省称《唐案》），邓显鹤《船山著述目录》（曾刻本、排印本遗书卷首、《国朝耆献类征初编》卷四〇三，省称《邓录》），《沅湘耆旧集·小传》（卷三三），刘毓崧《王船山年谱》（省称《刘谱》），王之春《船山公年谱》（省称《王谱》），及刘继庄《广阳杂记》（卷二，省称《刘记》），钱林《文献征存录》（卷六，省称《钱录》），徐鼒《小腆纪传》（卷五三），李元度《国朝先正事略》（卷二七，省称《李略》），《清史稿·儒林传》（卷四八六，省称《清传》）各书所述先生之事迹，编纂而成。注明各句来历，并加引句符号，以资征信，并见原文。更附《年表》，以备参阅。窃谓用此种方法，以纂辑前人传记，虽觉困难，似较忠实。

三、兹编《学术》于先生之思想、渊源、背景、体系、特点，并加注意。如先生云："尽天地只是个诚"，而解释"诚"为"实有"，即本实有之义，述其宇宙论；如先生论修为之方法，其本在尽性，即从尽心知性，述其修为论。既有所本，庶稍获真，以本经证本经之法，固可用之于述学也。

四、兹编《著述考》于先生著述，《年谱》未注明成于何时者，亦就其成书先后，略加以考订推阐，庶于先生思想变迁之迹及其治学经历更稍明了。版本方面，亦就所知见者，一一注明。末附关于研究先生生平学术之参考书，以便参稽。

五、兹编《师友记》，采取罗正钧《船山师友记》，加以考订，编纂而成。《罗记》所未获见之《搔首问》，其中述及之师友，兹亦加以甄录；于较有关系之方以智等，更就《通雅》诸书证明其思想之有相合者。其不甚重要者，则仅列姓氏，以免于繁冗。

六、船山先生著述宏富，兹编所述，提要钩玄，虽不过十万言，大体固已具见。室漏之处，自亦不免；补苴之功，请俟异日。

一　传纂

生于明万历四七年（1619），卒于清康熙三十一年（1692）

王船山先生，“讳夫之，字而农，别号姜斋”，（《行述》）“一号卖姜翁”。（《王谱》）“中岁称一壶道人，更名壶”，（《行述》）“一号一瓠道人，或一瓠先生，或瓠道人，一号双髻外史，或梼杌外史”。（《王谱》）“晚岁仍用旧名，居于湘西蒸左之石船山，自为之记”，（《行述》）“称船山老人，或船山老农，或船山遗老，或船山病叟，学者称船山先生”。（《王谱》）“所评选有《汉魏六朝诗》一帙，《四唐诗》一帙，《古文》一帙，《绪论》一帙，皆驳时尚而辨伪体，名曰‘夕堂永日’，人士之赠答者，又称‘夕堂先生’焉”。（《行述》）“其先世本扬州之高邮人，明永乐初，官衡州卫，遂为衡州之衡阳人。世以军功显”（《潘传》）。

“父徵君公讳朝聘，万历乙卯辛酉两中副榜。字逸生，一字修侯。”（《王谱》）“性笃孝友，衡守李公焘嘉其行，为表其父茔以旌之。少从伍学父先生游；学父讳定相，一字玉铉，衡州人。与李若愚、魏说为文字友。游讲席，得二王、罗、李之要，博综天文、地纪、人官、物曲、兵、农、水利之学，皆淹贯。”（《刘记》）“修侯先生既得其学，已而走安成、亭州以广其识力，比归而邹东廓、泗山先生讲学于南岳，遂受业焉。”（《刘记》）“以真知实践为学，谓武夷为朱子会心之地，志游焉，以颜书室，学者称武夷先生。”（《王谱》）“母谭孺人。”（《行述》）“兄弟三人，长兄介之，字石子，一字石崖，号耐园。”“次兄参之，字立三，一字叔稽，号碰斋。”（《王谱》）“先生即武夷公之季子也。”

(《潘传》)

先生“生于万历四十七年已未九月初一日子时”(《行述》),“少负俊才”(《余传》),“颖悟过人,读书十行俱下,一字不遗。”(《潘传》)“七岁而毕十三经。”(《王谱》)“年十四,督学王闻修先生志坚拔入学,其后宁波水向若先生佳胤、昆山王澄川先生永祚皆鉴识首拔。”(《行述》)“十六而学韵语,阅古今人所作诗不下十万。”(《夕堂永日绪论·序》)。“自少喜从人间问四方事,至于江山险要,士马食货,典制沿革,皆极意研究。”(《行述》)“年二十四,与兄介之同应崇祯壬午科湖广乡试,俱获隽焉。”(《潘传》)先生“以《春秋》魁”,“大主考为太史吉水郭公之祥,副主考谏议大兴孙公承泽,房师则安福欧阳方然先生介也。华亭章公旷,江门蔡公道宪是科俱为分考。时国势渐不可支,出场后,遂引为知己,以志节相砥砺。”(《行述》)是年十一月,先生与兄介之“同赴公车北上”(《王谱》),“至南昌,道梗,欧阳先生谕以归养。”(《行述》)

“越明年癸未,流贼张献忠陷衡州;绅士降者,以伪官官之,不降者缚而投诸湘水。先生走匿南岳双髻峰下,贼执质其父以招之。先生自刺肢体创甚”(《潘传》),“傅以毒药,舁至贼所,贼不能屈。”(《行述》)“亦免之,父子俱得脱,复走匿双髻峰下,筑室名续梦庵,聊蔽风雨。”(《潘传》)“甲申五月,闻北都之变,数日不食,作《悲愤诗》一百韵,吟已辄哭,自乙酉丙戌至壬寅,同原韵凡四续焉。乙酉以还,走入永兴,将入瑶洞,以征君病不能往。明年丙戌”,(《行述》)“明藩有称隆武年号者,使其督师何腾蛟屯兵湖南,制相堵胤锡屯湖北,楚省兵燹塞野,加以大旱,赤地千里。而逆闯李自成既毙于九宫山,余党降者,号为‘忠贞营’,蹂躏潜、汉,有岌业之势;堵、何两公措置无术,而又不相能,先生忧其将败,亟走湘阴,上书于司马章旷,指画兵食,请调和南北,以防溃变。章司马报曰:‘本无异同,不必过虑。’先生默而退。卒之，贼势猖獗，司马以忧愤卒，堵、何两公遘闵凶，而势不可为矣。”（《潘传》）是年先生二十八岁，始有志于读《易》，又受父命编《春秋家说》，成《莲峰志》五卷。次年丁亥，清兵下衡州，避居湘乡山中，借书遣日。冬十月，丁父艰。翌年春，居续梦庵，讲求《易》理。（以上据《王谱》）盖先生于丧乱之中，犹自勤于钻研也。

是年（戊子）“二月，明桂王奔南宁；六月，入浔州；八月，至肇庆”。冬十月，先生与管嗣裘“举义兵于衡山，战败兵溃，走行在”。“堵公胤锡荐公为翰林院庶吉士，公告之吏部尚书晏公清，请终制，得旨覆允。”（《王谱》）次年，“去肇庆，由梧州平乐至于桂林。”（《王谱》）“前大学士瞿公式耜留守桂林，特章引荐。”（《行述》）“疏乞终丧，得旨云：‘具见孝思，足征恬品，着服阕另议。’已而叹曰：‘此非严光、魏野时也。违母远出，以君为命，死生以尔。’制终，就行人司行人介子之职。”（《行述》）“是时粤中国命所系，则瞿式耜与其少傅严起恒，而奸邪巨魁，则内阁王化澄，悍帅陈邦傅，内竖夏国祥也。桂藩驻肇庆，纪纲大坏。给谏金堡、丁时魁、刘湘客、袁彭年、蒙正发，志在振制，王化澄等害之，目为五虎；交煽中宫，逮狱将置之死。先生约中舍管嗣裘，与俱告严起恒曰：‘诸君弃坟墓，捐妻子，从王于刀剑之中，而党人杀之，则志士解体，虽欲效赵氏之亡，明白慷慨，谁与共之者?’起恒感其言，为力请于廷。化澄之党参起恒，先生亦三上疏参化澄结奸误国。化澄恚甚，必欲杀之，其党竞致力焉。”（《潘传》）先生“愤激咯血，因求解职，时有忠贞营降帅高必正者慕义营救之，乃得给假。高必正者，原名一功，闯贼所谓‘制将军’者是也”。（《行述》）先生“以其人国仇也，不以私恩释愤”（《行述》），“亦不往谢也。”（《潘传》）“返桂林，复依瞿式耜。闻母病，间道归衡，至则母已殁。其后瞿氏耜殉节于桂林，严起恒受害于南宁，先生知势愈不可为，遂决计林泉矣。初，桂藩议封孙可望为秦王，起恒力阻之，可望戕起恒，专执威柄。越数年，可望分李定国入粤，遂入衡招先生，先生不往。”（《潘传》）“遂浪游于浯溪、郴州、耒阳、晋宁、涟邵之间，凡所至期月，人士慕从者众，辄辞去。”（《潘传》）“尝匿常宁瑶洞，变姓名为瑶人。”（《王谱》）顺治十六年己亥，明桂王奔缅甸。十八年辛丑，清兵入缅甸，明桂王被执。（《王谱》）“壬寅，闻缅甸之变，明之藩封庶孽称监国假位号者，于是乎殄尽。”(《潘传》）至己酉先生五十一岁，乃“自岳阴迁船山，筑土室，名‘观生居’，遂以地之僻而久藏焉”。(《行述》）

“先生以文章气节重于时”。(《湖南通志·列传》）“自潜修以来，启瓮牖，秉孤灯，读《十三经》、《二十一史》，及朱、张遗书，玩索研究，虽饥寒交迫，生死当前而不变。迄暮年，体羸多病，腕不胜砚，指不胜笔，犹时置楮墨于卧榻之旁，力疾而纂注。颜于堂曰：‘六经责我开生面，七尺从天乞活埋。’于《四书》及《易》、《诗》、《书》、《春秋》，各有《稗疏》，悉考订草木鱼虫，山川器服，以及制度同异，字句参差，为前贤所疏略者。”（《行述》）“论《易》不取京房，以陈抟《先天诸图》为不足信。诠释《尚书》，往往有新意。又以《毛诗传》、《郑氏笺》名物训诂不备，为书辨正之。其《叶韵辨》一篇，足为典文之美焉。”（《钱录》）“经学家后先生而起者无虑百十人，所言皆有根柢，然有矜为创获，不知为先生所已言者；《四库总目》于《春秋稗疏》中曾论及之，实未易一二数也。”(《李略》）“读史读注疏，于《书志》、《年表》，考驳同异，人之所忽，必详慎搜阅之，而更以闻见证之，以是参驳古今，共成若干卷。至于敷宣精义，羽翼微言，《四书》则有《读大全说》、《详解》、《授义》；《周易》则有《内传》、《外传》、《大象解》；《诗》则有《广传》；《尚书》则有《引义》；《春秋》则有《世论》、《家说》；《左传》则有《续博议》；《礼记》则谓‘陈氏之书应科举者也’，更为《章句》，其中《大学》、《中庸》，则仍朱子《章句》而衍之。”（《行述》）“至于守正道以屏邪说，则参伍于濂、洛、关、闽，以辟象山、阳明之谬，斥钱、王、罗、李之妄，作《思问录》内、外篇，明人道以为实学，欲尽废古今虚眇之说而返之实。”（同上）“又谓张子之学，切实高明，《正蒙》一书，人莫能读，因详释其义，与《思问录内外篇》互相发明”。（同上）“又以文章莫妙于《南华》，词赋莫高于屈、宋，故于《庄》、《骚》尤流连往复，作《庄子解》、《庄子通》、《楚词通释》。又著《搔首问》、《俟解》、《噩梦》各种，及自定《诗集》，评选古今诗，《夕堂永日绪论》，注释《老子》、《吕览》、《淮南》各若干卷。”（《潘传》）“末年作《读通鉴论》三十卷，《宋论》十五卷，以上下古今兴亡得失之故，制作轻重之原。诸种卷帙繁重，一一皆楷书手录；贫无书籍纸笔，多假之故人门生，书成因以授之；其藏于家与子孙言者，无几焉。”（《行述》）“自明统绝祀，先生著书凡四十年而终。”（《潘传》）“凡百余种”，（《王谱》）“三百余卷”。（《唐案》）“其学无所不窥，于《六经》皆有发明，洞庭之南，天地元气，圣贤学脉，仅此一线耳。”（《刘记》）

康熙十八年戊午，吴三桂僭号于衡，其“僚有以《劝进表》相属者，先生曰：‘某本亡国遗臣，所欠一死耳。今汝亦安用此不祥之人哉？’遂逃入深山，作《祓禊赋》”。（《余传》）赋曰：“谓今日兮令辰，翔芳皋兮兰津；羌有事兮江干，畴凭兹兮不欢；思芳春兮迢遥，谁与娱兮今朝？意不属兮情不生，予踌躇兮倚空山而萧清。阒山中兮无人，蹇谁将兮望春？”（《行述》）“吴逆既平，湖南中丞郑公端闻而嘉之，属郡守某馈粟帛，请见，先生以病辞，受其粟，反其帛。”（《余传》）

“年七十三，久病喘嗽，而吟诵不辍”。（《行述》）次年元旦次日卒，年七十四。（《王谱》）“自题遗像曰：‘把镜相看认不来，问人云此是姜斋，龟于朽后随人卜，梦未圆时莫浪猜。谁笔仗？此形骸，闲愁输汝两眉开。铅华未落君还在，我自从天乞活埋。’”（《行述》）“葬于大乐山高节里。自题其墓曰：‘明遗臣王夫之之墓。’自铭曰：‘抱刘越石之孤忠，而命无从致；希张横渠之正学，而力不能企；幸全归于兹邱，固衔恤以永世。’呜呼！先生之志可悲也。”（《潘传》）

“先生子二人：曰攽，曰敔。”（《潘传》）“敔字虎止，能绍其家学者。”（《余传》）“操履高洁，博学有文名。”（《李略》）

“当是时，海内儒硕，北有容城，西有盩厔，东南则昆山、余姚，而亭林先生为之魁。先生刻苦似二曲，贞晦过夏峰，多闻博学，志节皎然，不愧黄、顾两君子。顾诸君子肥遯自甘，声望益炳，羔币充庭，干旌在野，虽隐逸之荐，鸿博之征，皆以死拒，而公卿交口，天子动容，其书易行。先生窜身瑶峒，绝迹人间，席棘饴荼，声影不出林莽，门人故旧，又无一有气力者为之推挽。殁后十四年（见段后注），遗书散佚，其子敔始为之收辑推阐，上之督学宜兴潘先生，因缘得上史馆，立传儒林，而其书仍湮灭不传”。（《邓录》）遗书“道光庚子族孙世佺始刻行，咸丰四年毁于兵燹”。（《李略》）“同治二年曾国荃刻于江南，海内学者，始得见其全书焉。”（《清传》）

注：“十四年”，曾刻本《船山遗书》作“四十年”，讹。兹依《王谱》更正。《李略》、《清传》并讹作“四十年”，则因《邓录》而误也。案《行述》明云：“府君之逝，今十有四年矣，值圣朝之宽大，蒙太史之采风。”而《潘传》实作于康熙四十有四年乙酉（曾刻本作“康熙己酉”实误辨，见《王谱》）。皆足证“四十”之为讹误也。

先生殁后，《潘传》、《余传》，皆谓先生“笃信好学”，（《余传》）“方明之亡，先生非不知事不可为，然且穷老尽气，奔窜于荒岩绝徼间。”“发谠论，攻险邪，终摈不用，隐而著书，其志有足悲者。（《潘传》）《唐案》则曰：“先生理究天人，事通今古，探道德性命之原，明得丧兴亡之故，流连颠沛而不违其仁，险阻艰难而不失其正。穷居四十余年，身足以砺金石；著书三百余卷，言足以名山川；遯迹自甘，立心恒苦，寄怀弥远，见性愈真。奸邪莫之能撄，渠逆莫之能慑，嵚崎莫之能踬，空乏莫之能穷。先生之道，可以奋乎百世矣。”又曰：“先生之著书也，大抵为人心之衰，世道之递，学术之不明也，汪洋浩瀚，烟雨迷离；以绵邈旷远之词，写沉菀隐幽之志，激而不尽其所欲言，婉而不失其所宜语，盖胸中之蕴蓄深，而腕下之枢机密也。斯其为有道君子乎！”《刘记》谓为：“洞庭之南，天地元气，圣贤学脉，仅此一线。”虽属赞辞，皆非虚加之也。呜呼！亦可以想见先生之为人矣！

附：《船山年表》

先生事迹，已述于《传纂》中，兹更就刘、王二谱，撮其要制为《年表》，以补《传纂》之所未详明者，刘、王二谱所未及者，亦并以附入焉。

公元	明清纪元	船山先生事迹及其有关系之事迹
1619	明万历四七年 己未	先生一岁。九月初一日生于衡州。时父武夷先生年五十，母谭孺人年四三。同时大儒孙夏峰年三六，黄梨洲年十岁，陆桴亭、张杨园年九岁，钱澄之年八岁，顾亭林年七岁。
1620	明万历四八年 庚申	先生二岁。八月，明光宗即位，九月，明熹宗即位。
1621	明天启元年 辛酉	先生三岁。父武夷先生中副榜。
1622	明天启二年 壬戌	先生四岁。与次兄同入塾，从长兄受读。

续表

公元	明清纪元	船山先生事迹及其有关系之事迹
1625	明天启五年乙丑	先生七岁。从长兄受读，毕《十三经》。
1628	明崇祯元年戊辰	先生十岁。从父受经义至数万首。是年李二曲已二岁。
1632	明崇祯五年壬申	先生十四岁。督学王闻修先生志坚拔入学。
1634	明崇祯七年甲戌	先生十六岁。始从里中和四声者问韵，学韵语，阅古今人所作诗不下十万。
1639	明崇祯十二年己卯	先生廿一岁。十月与郭凤跹、管嗣裘、文之勇初集匡社。是年颜习斋已五岁。
1641	明崇祯十四年辛巳	先生廿三岁。春构漧涛园，种竹杂植花卉。
1642	明崇祯十五年壬午	先生廿四岁。与兄赴武昌省应乡试，先生以《春秋》第一中式第五名。冬自武昌归，父命与兄同赴公车北上。是时李自成已陷河南汝宁、开封，进陷湖北襄阳，分兵逼荆州。张献忠由潜山、安庆进逼蕲水。
1643	明崇祯十六年癸未	先生廿五岁。楚中乱，先生与兄自南昌归。刻《漧涛园诗集》。三月张献忠陷黄州，五月陷武昌，八月陷岳州、长沙，十月衡州溃陷。得武夷先生，索先生及长兄；先生剺面伤腕，舁示贼，因与武夷先生俱得脱。
1644	明崇祯十七年清顺治元年甲申	先生廿六岁。三月十七日李自成陷京师，四月清兵入关破走李自成，五月清兵定北京。先生始闻国变，悲愤不食者数日，作《悲愤诗》一百韵，吟已辄哭。福王由崧立于金陵，以明年为弘光元年。营续梦庵于黑沙潭上双髻峰中。

续表

公元	明清纪元	船山先生事迹及其有关系之事迹
1645	明弘光元年 明隆武元年 清顺治二年 乙酉	先生廿七岁。五月清兵下金陵，至芜湖，明总兵田雄劫福王降，先生闻变，续《悲愤诗》一百韵。唐王聿键立于福州，改七月朔后为隆武元年。先生侍父避兵于永兴。
1646	明隆武二年 清顺治三年 丙戌	先生廿八岁。居续梦庵，始注《周易》。夏，上书佥都御史湖北巡抚章公旷于湘阴军次，指画兵食，请调和南北，督师防溃变，不省。八月清兵下汀州，明唐王被执，先生闻变，续《悲愤诗》一百韵。桂王立于肇庆，改明年为永历元年。先生受父命编《春秋家说》。成《莲峰志》五卷。
1647	明永历元年 清顺治四年 丁亥	先生廿九岁。清兵克湘阴，四月，桂王至武冈州，先生与夏汝弼由湘乡间道奔赴，淫雨弥月，困车架山，不果往。清兵克衡州，先生与夏汝弼避购索于上湘，借书遣日。十一月，武夷先生卒，年七十有八。
1648	明永历二年 清顺治五年 戊子	先生三十岁。春居莲花峰，讲求《易》理。二月桂王奔南宁，六月入浔州，八月至肇庆。冬十月，先生与管嗣裘举兵衡山，战败军溃。走行在。堵公胤锡荐先生为翰林院庶吉士。先生告之吏部尚书晏清，请终制，得旨覆允。是年刘献廷生。
1649	明永历三年 清顺治六年 己丑	先生卅一岁。夏，先生自桂林归南岳，理残书，携《买薇稿》至县侍母，土人弄兵谋危先生，几不免；劫家中所有去，《买薇稿》与焉。母谕令去衡，复赴肇庆。瞿公式耜为先生请阁试，疏请终丧免阁试，得旨具见孝思，足征恬品。

续表

公元	明清纪元	船山先生事迹及其有关系之事迹
1650	明永历四年 清顺治七年 庚寅	先生卅二岁。先生至梧州就行人司行人介子之职。时给谏金堡、丁时魁、刘湘客、袁彭年、蒙正发志在振刷，王化澄等害之，目为五虎，交煽中宫。先生约中舍管嗣裘与俱告严起恒曰："诸君弃坟墓，捐妻子，从王于刀剑之中，而党人杀之，则志士解体，虽欲赵氏之亡，明白慷慨，谁与共之者？"起恒感其言，为力请于廷，不听。锦衣卫士掠金堡等舟，先生正色责之，乃止。四月，雷德复奏讦严起恒，起恒称疾乞骸骨，先生与行人董云骧疏谏，不听。五月，先生再疏劾王化澄。会攸县役一狂人作《梅花恶诗》一帙，冒先生名为之序。王化澄因之将构大狱，挤先生死。先生愤激咯血，移疾求去，高必正为请，乃得给假。返至桂林，依留守瞿公式耜。八月母谭孺人卒。清兵逼桂林，先生挈眷走永福，自十一月至于十二月，幽困永福水岩，卧而绝食者四日。
1651	明永历五年 清顺治八年 辛卯	先生卅三岁。先生挈眷抵家，始奉母谭孺人讳。
1652	明永历六年 清顺治九年 壬辰	先生卅四岁。孙可望劫迁明桂王于安隆所，别将李定国由广东入衡州，招先生，先生不往。徙居耶姜山侧（为南岳七十二峰之一，跨衡阳祁阳邵阳三县）。
1654	明永历八年 清顺治十一年 甲午	先生卅六岁。秋避兵零陵北洞钓竹源、云台山等处。冬徙居常宁西南乡小祗园侧西庄源。变姓名为瑶人，为常人说《易》、《春秋》。
1655	明永历九年 清顺治十二年 乙未	先生卅七岁。春客游兴宁山中，寓于僧寺，有从游者，为说《春秋》。始作《周易外传》。八月，《老子衍》成。
1656	明永历十年 清顺治十三年 丙申	先生卅八岁。居西庄源。三月《黄书》成。

续表

公元	明清纪元	船山先生事迹及其有关系之事迹
1657	明永历十一年 清顺治十四年 丁酉	先生卅九岁。至小云山访刘近鲁。
1658	明永历十二年 清顺治十五年 戊戌	先生四十岁。自去年夏自西庄源徙归衡阳，居莲花峰下续梦庵。九月，《家世节录》成。
1659	明永历十三年 清顺治十六年 己亥	先生四一岁。二月，明桂王奔缅甸。
1660	明永历十四年 清顺治十七年 庚子	先生四二岁。徙居湘西金兰乡高节里，卜筑于茱萸塘，造小室名曰“败叶庐”。
1661	明永历十五年 清顺治十八年 辛丑	先生四三岁。清兵至缅甸，桂王被执。
1662	清康熙元年 壬寅	先生四四岁。居败叶庐，闻明桂王被执，续《悲愤诗》一百韵。
1665	清康熙四年 乙巳	先生四七岁。居败叶庐，重订《读书说》。
1666	清康熙五年 丙午	先生四八岁。唐端笏来游先生门下。
1668	清康熙七年 戊申	先生五十岁。居败叶庐，秋七月成《春秋家说》，望日壬子为之序。《春秋世论》成。
1669	清康熙八年 己酉	先生五一岁。居败叶庐，辑戊子以来所作古近体诗为《五十自定稿》。冬构草庵开南窗，题曰“观生居”。编《续春秋左氏传博议》。
1670	清康熙九年 庚戌	先生五二岁。居观生居，夏秋仍居败叶庐，岁以为常。

续表

公元	明清纪元	船山先生事迹及其有关系之事迹
1671	清康熙十年辛亥	先生五三岁。方以智屡劝先生逃禅，先生不应。
1672	清康熙十一年壬子	先生五四岁。方以智卒于泰和萧氏，先生闻，哭之。定《老子衍》旧稿。
1673	清康熙十二年癸丑	先生五五岁。唐端笏携《老子衍》重定稿，归于家，不戒于火，遂无副本。
1674	清康熙十三年甲寅	先生五六岁。吴三桂檄至衡州，先生至湘乡，冬始归。因避滇氛，泛宅数载。
1675	清康熙十四年乙卯	先生五七岁。先生寓郡城北，二月至长沙、岳阳，三月归至郡。章有谟来游先生门下，受所注《礼记》。八月赴江西萍乡，九月归还观生居。于相去二里许下，仍里人旧址，筑草堂曰湘西草堂。
1676	清康熙十五年丙辰	先生五八岁。居湘西草堂，夏渡湘至斗岭（衡州府城东二十里），九月留长沙，十月至湘乡。始撰《周易大象解》一卷。
1677	清康熙十六年丁巳	先生五九岁。秋七月，《礼记章句》四十九卷成。
1678	清康熙十七年戊午	先生六十岁。三月，吴三桂僭号衡州，其党以劝进表来属，先生婉词拒之，逃入深山，作《祓禊赋》。子敔出《老子衍》旧稿，复录之。
1679	清康熙十八年己未	先生六一岁。二月，与章有谟避兵植林山中，著《庄子通》。还湘西草堂，定经诠，秩散稿，辑间吟。
1680	清康熙十九年庚申	先生六二岁。辑己酉、庚戌以来所作古近体诗为《六十自定稿》。
1681	清康熙二十年辛酉	先生六三岁。为先开上人订《相宗络索》，为及门诸子说《庄子》。

续表

公元	明清纪元	船山先生事迹及其有关系之事迹
1682	清康熙二一年壬戌	先生六四岁。九月识《说文广义》，十月识《噩梦》。
1683	清康熙二二年癸亥	先生六五岁。正月序《经义》。
1684	清康熙二三年甲子	先生六六岁。五月五日作《俟解题词》。
1685	清康熙二四年乙丑	先生六七岁。八月《楚辞通释》成。病中勉为诸子作《周易内传》。
1686	清康熙二五年丙寅	先生六八岁。兄介之卒。
1687	清康熙二六年丁卯	先生六九岁。撰《读通鉴论》。
1688	清康熙二七年戊辰	先生七十岁。《南窗漫记》成。编《七十自定稿》并序。
1689	清康熙二八年己巳	先生七一岁。《识小录》成，自题小像。
1690	清康熙二九年庚午	先生七二岁。居湘西草堂评选诗文。序《夕堂永日绪论》。
1691	清康熙三十年辛未	先生七三岁。久病咳喘，吟诵不辍。
1692	清康熙三一年壬申	先生七四岁。正月初二日午时卒。

二　学述

先生之学，对于四部，造诣俱深，阐述亦明，经学则有诸经《稗疏》等书，史籍则有《读通鉴论》等书，诸子则有《老子衍》、《庄子解》等书，文学则有《夕堂永日绪论》等书，深闳博赡，较同时黄、顾诸儒，固有过之而无不及；而于哲学思想、政治思想，先生创见之卓荦，议论之精辟，尤非黄、顾诸儒所能望其项背；以清初论，先生实不愧为当代一大思想家，非梨洲、亭林、夏峰、二曲之所能企及也。

兹于先生之学，先述其思想渊源，次论其时代背景，再述先生之哲学思想，四为先生之政治思想，五为先生之经学，六为先生之史学（附诸子之学），七为先生之文学。三四两项，为先生学术思想之最重要者，稍详述焉。

（一）思想渊源

先生之学，《行述》以为“参伍于濂、洛、关、闽”，《余传》则谓“其学深博无涯涘，而原本渊源，尤神契《正蒙》一书，于清虚一大之旨，阴阳法象之状，往来原反之故，靡不有以显微抉幽，晰其奥窔”。又曰：“横渠以《礼》为堂，以《易》为室，所称四先生之学，柱立不祧者；而著《正蒙》一书，尤穷天地之奥，达性命之原，反经精义，存神达化，朱子亦谓其广大精深，未易窥测。先生究察于天人之故，通乎昼夜幽明之原，即是书畅演精绎，与自著《思问录》内外二篇皆本隐之显，原始要终，朗然如揭日月。至其扶树道教，剖析数千年学术源流、分合同异，《自序》中罗罗指掌，尤可想见先生素业。虽其逃名用晦，遁迹知稀，从游盖寡，而视真西山、魏了翁以降，姚、许、欧、吴诸名儒，仅仅拾洛、闽之糟粕以称理学，其立志存心，浅深本末，相距何如也。”《唐案》则曰：“其为学也，由关而洛而闽，力诋殊途，归宿正轨。观其于《大学》为之衍曰：‘……圣人复起，不易朱子之言矣。’其衍《中庸》曰：‘……僭承朱子之正宗而为之衍，以附章句之下，……’先生之学宗程、朱，于是可见矣。”《邓录》则曰：“先生不然，生平论学，以汉儒为门户，以宋五子为堂奥，而原本渊源，尤在《正蒙》一书，以为张子之学，上承孔孟之志，下救来兹之失，如皎日丽天，无幽不烛；圣人复起，未之能易。惟其门人未有逮庶者，而当时钜公如富、文、司马诸公，张子皆以素位隐居，未由相为羽翼；其道之行，曾不得比于邵康节之数学，而世之信从者寡，道之诚然者不著。是以不百年而异说兴，又不二百年而邪说炽。其推本阴阳法象之状，往来原反之故，反复辨论，累千百言。所以归咎上蔡、象山、姚江者甚峻，或疑其言太过，要其议论精卓，践履笃实，粹然一轨于正，固无以易也。”今案：先生之学，原本渊源，固在张子。观其自铭曰：“希张横渠之正学，而力不能企。”服膺之意，临终犹见。《余传》、《邓录》，所言为允。先生之于程、朱，则时有所訾议。如云：

程子统心、性、天于一理，于以破异端妄以在人之几为心性，而以“未始有”为天者，则正矣。若其精思而实得之，极深研几而显示之，则横渠之说尤为著明。盖言心、言性、言天、言理，俱必在气上说，若无气处则俱无也。（《读四书大全说》卷十）

张子推本神化，统动植于人，而谓万物之一源，切指人性，而谓尽性者不以天能为能，同归殊途，两尽其义，乃此篇（《诚明》）之要旨。其视程子以率性之道为人物之偕焉者，得失自晓然易见。（《张子正蒙注》卷

三下）

程子谓天命之性与气质之性为二，其所谓气质之性，才也，非性也。张子以耳目口体之必资物而安者为气质之性，合于《孟子》，而别刚柔缓急之殊质者为才，性之为性，乃独立而不为所乱。（同上）

此从张子之说，而以程子为非是也。如云：

朱子说“道体无为”，是统论道；张子言性，则似以在人者言之，……以实思之，道体亦何尝不待人弘也。……张子之意，则以发圣言之大指。（《读四书大全说》卷六）

朱子谓知性乃能尽心，而张子以尽心为知性之功，其说小异。然性处于静，而未成法象，非尽其心以体认之，则偶有见闻，遂据为性之实然，此天下之言性者所以凿也。（《张子正蒙注》卷四上）

张子以博文之功，在能立之后，与朱子以格物为始教之说有异。而《大学》之序，以知止为始，修身为本，朱子谓本始所先；则志道强礼为学之始基，而非志未大，立未定，徒恃博文以几明善，明矣。（同上，卷四下）

此从张子之说，而以朱子为非是也。《唐案》所云“由关而洛而闽”，“先生之学宗程、朱”，实非允当之论。间尝考之，先生之学，得之于《易》《春秋》者实亦甚深，当明亡后，先生避兵深山，窜居瑶峒，犹时时讲说《易》、《春秋》，足见先生于斯二经，钻研之勤。《张子正蒙注序》云：

《周易》者，天道之显也，性之藏也，圣功之牖也。阴阳动静，幽明屈伸，诚有之而神行焉，礼乐之精微存焉，鬼神之化裁出焉，仁义之大用兴焉，治乱、吉凶、生死之数准焉，故夫子曰：弥纶天下之道，以崇德而广业者也。张子之学，无非《易》也。……张子言无非《易》，立天立地立人，反经研几，精义存神，以纲维三才，贞生而安死，则往圣人之传，非张子其孰与归？

其推崇张子者，正以其学之无非《易》，而屡讥朱子以《易》为占筮之书（详见《张子正蒙注序》及《读通鉴论》卷十五）。张、朱之判，亦可以《易》为衡也。先生于《春秋》曰：

权衡之设，可以审大，可以审小；可以程重，可以程轻；物之贵贱，人之智愚，蔑不用也；以等一切，以度一物，蔑不准也。……王通曰："《春秋》王道之权衡"，谓此焉耳。以程天下而准，以程一国而准，以程万世而有通义，以程一时而有适用。……曲成万物而不遗。呜呼！此《春秋》之所以藏于密也。（《春秋家说》卷一下）

百川学海而至于海，苟学焉而皆已至也。……《春秋》，义海也，以义达之而各有至焉。（同上，卷二下）

其于《春秋》，推崇甚至，先生之政治思想，极言夷夏之防，义利之辨，时变之宜，权衡之设，颇有与《春秋》经世之思想相合者。则无惑乎先生之喜说《易》《春秋》也。他如《大学》《中庸》，先生则喜《大学》，而以"宋贤升《大学》于《中庸》之前，诚得意而忘其迹"。（《礼记章句·卷三十三》页一）而于《孟子》一书，虽亦甚为推崇，而云："《孟子》于王道，有前半截，无后半截。"（《读四书大全说·卷八》页二三）虽受影响，而有微词。先生于《老》、《庄》并有注释，于佛说则有《相宗络索》；著述之中，于佛、老之说，征引驳难，屡见不一见，先生论天地日新，性命日生，实又受道、佛二家学说之影响也。至于力诋阳明、心斋、卓吾，而先生家学，又与邹东廓、邹泗山有关系，先生于明儒之学，亦当不无涉览。固不止于以汉儒为门户，宋五子为堂奥，参伍洛、闽，推尊横渠也。此论先生思想之渊源所不可不知者。

（二）时代背景

先生生当明末清初之际，感异族之侵逼，痛神州之沦亡，其思想之发生，自与时势有关。当时古学复兴，西学输入，亦有相当之影响。夷考其详，盖有六端可述者：

(1) 道学时文之反动

当时学者，痛愤明代之亡，多由学术空疏之故，如朱舜水云：

> 痛愤明室道学之祸，丧败国家，委铜驼于荆棘，沦神器于犬羊。（《朱舜水集》卷五《答某书》）

此以明室道学之祸，至于丧败国家也。

顾亭林云：

> 刘石乱华，本于清谈之流祸，人人知之；孰知今日之清谈，有甚于前代者？昔之清谈谈老、庄，今之清谈谈孔、孟。……以明心见性之空言，代修己治人之实学，股肱惰而万事荒，爪牙亡而四国乱，神州荡覆，宗社丘墟。（《日知录》卷七《夫子之言性与天道》）

黄梨洲为崇奉阳明之学者，亦云：

> 儒者之学，经纬天地，而后世乃以语录为究竟，仅附答问一二条于伊、洛门下，便厕儒者之列，……一旦有大夫之忧，当报国之日，则蒙然张口，如坐云雾，世道以是潦倒。（《南雷文定后集·卷三·赠编修弁玉吴君墓志铭》）

先生亦云：

> 王氏之学，一传而为王畿，再传而为李贽，无忌惮之教立，而廉耻丧，盗贼兴，皆惟怠于明伦察物，而求逸获，故君父可以不恤，名义可以不顾，陆子静出而宋亡，其流祸一也。（《张子正蒙注》卷九下）

又曰：

> 正嘉之际，姚江王氏始出焉，则以其所得于佛老者，强攀是篇（《中庸》），以为证据。……迨其徒二王、钱、罗之流，恬不知耻，而窃佛、老之土苴，以相附会，则害愈烈，而人心之坏，世道之否，莫不由之矣。（《礼记章句》卷三《记十一》）

陆、王之学，空疏误国，故当时之学者，咸思有以易之。亭林之欲以经学代理学，梨洲之与人“约为读书穷经”（《南雷文案卷一·李杲堂文钞序》），先生之欲明正学以黜陆、王，习斋之励习行以抨击程、朱，皆此意也。黄、顾诸儒，又极言时文之流弊，梨洲云：“科举之学，力能亡经。”（《南雷文约·卷一·朱康流先生墓志铭》）亭林云：“今以书坊所刻之义谓之时文，……败坏天下之人材，……夫然后寇贼奸宄得而乘之，敌国外侮得而胜之。”（《亭林文集卷一·生员论上》）习斋云：“为治去四秽，其清明矣乎：时文也，僧也，道也，娼也。”（《年谱·卷上》）先生所为《夕堂永日绪论》，皆驳时尚而辨伪体，亦深恶当日文学之日趋于衰颓之风。此与当日之时势有关系者一也。

(2) 古字古音之研究

明代中叶以后，文字学研究之风，颇日甚于一日。杨慎著《古音丛目》《古音猎要》等书，据《四库全书总目》所收入者已十余种之多。赵宧光著《说文长笺》《六书长笺》等书，其平生所著字学之书凡七十余种。后陈第作《毛诗古音考》《屈宋古音考》，《四库提要》称其列举本证、旁证，“钩稽参验，本末秩然”，“言必有征，典必探本”。实开清代古音学之先路。亭林《音学五书》实成于明崇祯年间。而方以智所著《通雅》，《四库提要》亦以为“穷源溯委，词必有征，在明代考证家中，可谓卓然独立”。先生与方以智交至笃，而亦著有《说文广义》《诗经叶韵辨》及诸经《考异》等书，注重文字声韵之学。此与其时代之关系极显明者二也。

(3) 藏书刻书之渐盛

明代藏书刻书之风极盛，为清代考证学发达之一因。如天一阁范氏，澹生堂祁氏，世学楼纽氏，绛云楼钱氏，丛桂堂郑氏，传是楼徐氏，皆曾供梨洲之钞录搜讨。先生虽僻处衡湘，窜身瑶蛮，然如刘近鲁有高阁藏书六千卷，先生“岁一游之”（详《师友记》），亦必受藏书之赐也。此其三。

(4) 历算诸学之输入

明万历后，利玛窦、汤若望、南怀仁、庞迪我、龙华民、熊三拔、艾儒略、金尼阁诸人相继来华，输入历算诸学，徐光启、李之藻辈更以为“其绪余更有一种格物穷理之学，凡世间世外、万事万物之理，叩之无不河悬响答，丝分理解。退而思之，穷年累月，愈见其说之必然而不可易”。（《泰西水法序》）先生之友方以智亦崇信泰西天文之学，以为“补开辟所未有”（见《通雅》卷首），先生亦长于历算之学（见《尚书稗疏》），于西学之输入，当亦受其影响。此其四。此就学术方面可得而言者也。

(5) 明代乱亡之影响

明代既亡，清以异族入主中国，当时诸儒，多举义兵以谋恢复，志不得遂，自不能不发为经世之论，固不止于归咎明末学术之空疏也。梨洲之《明夷待访录》，亭林之《日知录》，皆谈经世致用之学。先生之著《黄书》，大阐民族主义，后复著为《噩梦》，专论治术，由眷怀故国之情，而衍为经世之论，固其宜也。此其五。

(6) 经济变革之影响

明代之亡，由于流寇之兴。而其原因，固由政治窳败，亦实原于商业稍盛，农民困苦之故。先生于《噩梦》《读通鉴论》，皆尝论流民之所由起，而主张抑豪强，贱商贾，恶俭吝，且以人欲天理，非有绝对之分。其他政论与当世之经济情形，亦多有密切之关系。此其六。此就政治方面可得而言者也。

先生之学术思想，所以发生之原由，非止一端，吾人既略知其思想渊源及其时代背景，合而观之，庶几可以明察其故矣。

（三）哲学思想

1. 宇宙论

先生生当明末清初之际，深感王学末流之弊，窃佛、老之旨，游心于虚无，而引起亡国之祸，故提倡实有生动之说，以破虚无寂静之谬论。其言曰：“尽天地只是个诚”（《读四书大全说》卷九），“通天人曰诚”（《思问录·内篇》）。而所谓“诚”者，依先生之解释则为：“夫诚者，实有者也。”（《尚书引义》卷三）实有之观念，在先生思想中，实占极重要之位置。因实有而主张生动，乃有天地日新，物质不灭诸说，以今观之，犹不失为极有价值之论。此实有生动之观念，先生于论宇宙之起源已云然，是其思想之根据也。

(1) 宇宙之起源

宇宙之起源，或以为自无而有，虚而非实，妄而非真。先生之意见则以为：本为实有，非无而有，非妄而真，其言曰：

> 两间之有，孰知其所自昉乎？无已，则将自人而言之。今我所以知两间之有者，目之所遇，心之所觉，则固然广大者先见之，其次则其固然可辨者也；其次则时与相遇，若异而实同者也；其次则盈缩有时，人可以与其事，而乃得以亲用之者也。是故寥然虚清，确然凝立，无所不在，迎目而觉，游心而不能越，是天地也。（《周易外传》卷七）

寥然虚清，确然凝立，无所不在，天地之间，本实有也。在《周易内传》中亦谓：

> 两间之见为空虚者，人目力穷于微渺而觉其虚耳。其实则絪缊之和气，充塞而无间。（同上，卷四七）

先生此说，自受张子“太虚无形，气之本体”（《张子正蒙注·太和》）之影响，以为天地之间皆气，故无所谓虚无也。先生则更以为所谓太虚者，直不可以“虚”名之，其言曰：

> 夫其所谓太虚者，吾不知其何指也，两间未有器耳，一实之理，洋溢充满，吾未见其虚也。故张子曰：“由太虚有天之名。”天者理也，气之都也，固非空而无实之谓也。（《礼记章句》卷四二）

> 太虚之中，无极而太极，充满两间，皆一实之府，特视不可见，听不可闻尔。存神以穷之，则其富有而非无者自见。（《张子正蒙注》卷四上）

理也，气也，虽视之而不可见，听之而不可闻，然皆非空而无实也。故曰：

> 说圣人者，曰与太虚同体。夫所谓太虚者，有象乎？无象乎？其无象也，耳目心思之所穷，是非得失之所废，明暗枉直之所不施，亲疏厚薄之所不设；将毋为圣人者，无形无色，无仁无义，无礼无学，流散澌灭，而别有以涤除玄览乎？若夫其有象者，气成而天，形成而地，火有其爇，水有其濡，草木有其根茎，人物有其父子，所统者为之君，所合者为之类。有是故有非，有欲斯有理，仁有其泽，义有其制，礼有其经，学有其效；则固不可以太虚名之也。（《周易外传》卷二）

太虚直不可以虚名之，故曰：

> 太虚，一实者也，故曰：“诚者天之道也。”用者，皆其体也，故曰：“诚之者人之道也。”（《思问录·内篇》）

又曰：

> 道不虚生，则凡道皆实也。（《周易外传》卷五）

凡道皆实，则天地之间，诚无所谓虚矣。先生之意，以为“实可以载虚，虚不可以载实”。（同上，卷三）故极主张实之功用，道体为实，则固不可游心于虚无，如佛、老、陆、王之所云也。

宇宙之间，无所谓虚，则当然不可云“天地万物生于有，有生于无”，如《老子》之所说。故先生谓：

> 道无为，天地有为；物生于有，不生于无。（《尚书引义》卷四）

此与老庄之意见正相反。又曰：

> 天下恶有所谓无者哉？于物或未有，于事非无；于事或未有，于理非无。寻求而不得，怠惰而不求，则曰无而已矣。甚矣言无之陋也。（《张子正蒙注》卷一上）

> 人之所见为太虚者，气也，非虚也；虚涵气，气充虚，无有所谓“无”者。（同上）

天地之间，无所谓“无”，且有者为可信，而无者为可疑，尤不当崇尚无而疑有。先生曰：

> 天下之用，皆其有者也。吾从用而知其体之有，岂待疑哉？用有以为功效，体有以为性情，体用胥有而相需以实，故盈天下而皆持循之道，故曰：诚者物之终始，不诚无物。何以效之？有者信也，无者疑也。昉我之生，洎我之亡，祖祢而上，子孙而下，观变于天地，而见其生有？何一之可疑者哉？（《周易外传》卷二）

生有皆可信而无一可疑，则虚无之说，更不足信矣。顾佛、老之说，或以“有之既妄，趣死为乐；生之既妄，灭伦为静”。（同上，卷二）或更“以有为妄，斗衡可折；以生为妄，哀乐俱舍”。（同上）然佛、老皆知“妄之不可依”，“妄之不可常”。（同上）而有为可依，生是至常，从可依与至常观之，生有皆可以决其非妄也。先生曰：

> 夫可依者有也，至常者生也，皆无妄而不可谓之妄也。奚以明其然也？既已为人矣，非蚁之仰行，则依地

住；非螾之穴壤，则依空住；非蜀山之雪蛆不求煖，则依火住；非火山之鼠不求润，则依水住；以至依粟已饥，依浆已渴，其不然而已于饥渴者，则非人矣。……其不得以有为不可依者，其亦明矣。……动而生者，一岁之生，一日之生，一念之生，放于无穷，范围不过，非得有参差傀异，或作或辍之情形也，其不得以生为不可常而谓之妄，抑又明矣。夫然，其常而可依者，皆其生而有，其生而有者，非妄而必真。（同上，卷二）

"其生而有者，非妄而必真。"有为可依，生是至常，则虚无之说，诚不足信矣。宇宙之起源，本为实有，非妄而真，此与佛、老虚无之旨，真可谓大异其趣，而陆、王窃佛、老虚无之旨以为说者，亦可以不攻而自破矣。先生本极喜《易》，《易》言"《易》有太极，是生两仪"。于全书中，并不言无。张子亦谓"知太虚即气则无'无'，诸子浅妄，有'有无'之分"。（《张子正蒙注·太和》）先生既感明末王学末流空虚之病，而欲救之以实有，故其宇宙观，自与《易》与横渠不谋而合也。

(2) 宇宙之本体

宇宙之起源，本为实有而非虚无，先生此说，可谓近于唯物论一方面。其论宇宙本体曰：

理只是以象二仪之妙，气方是二仪之实。……天人之蕴，一气而已。从乎气之善而谓之理，气外更无虚托孤立之理也。（《读四书大全说》卷十）

又曰：

天下惟器而已矣，道者器之道，器不可谓之道之器也。无其道则无其器，人类能言之，虽然，苟有其器矣，岂患无道哉？君子之所不知，而圣人知之；圣人之所不能，而匹夫匹妇能之；人或昧于其道者，其器不成，不成非无器也。无其器则无其道，人鲜能言之，而固其诚然者也。洪荒无揖让之道，唐、虞无吊伐之道，汉、唐无今日之道，则今日无他年之道者多矣。未有弓矢而无射道，未有车马而无御道，未有牢醴璧币、钟磬管弦而无礼乐之道；则未有子而无父道，未有弟而无兄道，道之可有而且无者多矣。故无其器则无其道，诚然之言也。而人特未之察耳。……形而上者，非无形之谓，既有形矣，有形而后有形而上；无形之上，亘古今，通万变，穷天穷地，穷人穷物，皆所未有者也。……老氏瞀于此，而曰道在虚，虚亦器之虚也；释氏瞀于此，而曰道在寂，寂亦器之寂也。淫词輠炙，而不能离乎器，然且标离器之名以自神，将谁欺乎？器而后有形，形而后有上，无形无下，人所言也；无形无上，显然易见之理，而邪说者淫曼以衍之而不知惭，则君子之所深鉴其愚而恶其妄也。……呜呼！君子之道，尽夫器而已矣。（《周易外传》卷五）

所谓“天人之蕴，一气而已”，“无其器则无其道”，“洪荒无揖让之道，唐、虞无吊伐之道”，“未有弓矢而无射道，未有车马而无御道”，“有形而后有形而上，无形之上，亘古今，通万变，穷天穷地，穷人穷物，皆所未有”；以为道缘形器而立，亦近于唯物论一方面；以今观之，实为惊奇可喜之论，较之明末清初，持气一元论者，实觉更为进步。但此所谓天人一气，天下惟器，实非先生常持之论，先生又有言曰：

道以阴阳为体，阴阳以道为体，交与为体，终无有虚悬孤致之道。故曰“无极而太极”，则亦太极而无极矣。……器道相须而大成焉。（《周易外传》卷三）

天者，所以主张纲维是气者也。理以治气，气所受成斯谓之天。理与气原不可分作两截。（《读四书大全说》卷九）

言气即离理不得。……理于气互相为体，而气外无理，理外亦不能成气，善言理气者，必不判然离析之。（同上，卷十）

所谓“器道相须而大成焉”，“理与气原不可分作两截”。先生之于宇宙本体，固仍持理、气一元论之说也。先生于《尚书引义》有言曰：

物之不可绝也，以己有物；物之不容绝也，以物有己。己有物而绝物，则内戕于己；物有己而绝己，则外贼乎物；物我交受其戕贼，而害乃极于天下。况夫欲绝物者，固不能充其绝也。一眠一食而皆与物俱，一动一言而必依物起。……天之风霆雨露亦物也，地之山陵原隰亦物也，则其为阴阳、为刚柔者皆物也。物之飞潜动植亦物也，民之厚生利用亦物也，则其为得失、为善恶者皆物也。凡民之父子兄弟亦物也，往圣之嘉言懿行亦物也，则其为仁义礼乐皆物也。……而又岂可屏绝而一无所容乎？……心无非物也，物无非心也。……备万物于一己而已矣。（卷一）

举凡天地阴阳，飞潜动植，得失善恶，仁义礼乐，俱莫非物，而不可屏绝而一无所容，先生之于物固极重视之。然而终曰：“心无非物也，物无非心也。”心物一元论之色彩极明。明末清初之际，中国哲学思想尚无所谓纯唯物论，故先生虽以宇宙起源于实有，而极重视乎物，所谓天下惟器论，固非先生对于宇宙本体最终之论调也。先生之学，多渊源于《易》与横渠。《易》曰：“易有太极，是生两仪。”而以一阴一阳谓之道。横渠亦谓：“一物而两体，其太极之谓。”（《易说》卷三）“万物虽多，其实无一物无阴阳者。”（《张子正蒙注·太和》）先生受《易》与横渠之影响甚深，其于事物固亦当以为一物而两体，而持器道相须、理气一元、心物一元之说也。在《周易外传》中，先生有一段极重要之理论曰：

> 天下有截然分析而必相对待之物乎？求之于天地，无有此也；求之于万物，无有此也；反而求之于心，抑未谂其必然也。……天尊于上，而天入地中，无深不察；地卑于下，而地升天际，无高不彻，其界不可得而剖也。进极于进，退者以进；退极于退，进者以退。存必于存，邃古之存，不留于今日；亡必于亡，今者所亡，不绝于将来。其局不可得而定也。天下有公是，而执是则非；天下有公非，而凡非可是。善不可谓恶，盗跖亦窃仁义；恶不可谓善，君子不废食色。其别不可得而拘也。君臣有义，用爱则私，而忠臣爱溢于羹墙；父子有恩，用敬则疏，而孝子礼严于配帝，其道不可得而歧也。故麦秋于夏，萤旦其昏，一阴阳之无门也。金炀则液，水冻则坚，一刚柔之无畛也。齿发不知其暗衰，爪甲不知其渐长，一老少之无时也。云有时而不雨，虹有时而不晴，一往来之无法也。截然分析而必相对待者，天地无有也，万物无有也，人心无有也。（卷七）

宇宙无截然分析而必相对待之事物，纯粹唯物，纯粹唯心，固先生之所不许，而谓“无截然分析必相对待之物”，则先生非持二元论之说亦明。关于此点，证以先生之论无极太极、阴阳动静益可以明。《周易内传·论太极无极》曰：

> 太者，极其大而无尚之辞；极，至也；语道至此而尽也。其实阴阳之浑合者而已。不可名之为阴阳，则但赞其极至而无以加曰太极。太极者，无有不极也，无有一极也。惟无有一极，则无所不极……张子谓之太和。中也，和也，诚也，则就人之德以言之，其实一也。（卷五下）

无所不极至，普遍之意也。无有一极至，则非有截然分析而必相对待之事物也。一物而两体，两体而一物，故曰："其实阴阳之浑合而已也。"在《周易外传》则曰：

易有太极，固有之也，同有之也。太极生两仪，两仪生四象，四象生八卦，固有之则生，同有之则俱生矣。故曰是生。是生者，立于此而生，非待推于彼而生之。则明魄同轮，而源流一水也。是故乾纯阳而非无阴，乾有太极也；坤纯阴而非无阳，坤有太极也。剥不阳孤，夬不阴虚，姤不阴弱，复不阳寡，无所变而无太极也。……皆有太极，故曰《易》有太极。（卷五）

"乾纯阳而非无阴"，"坤纯阴而非无阳"，为先生在《易》学上一最重要之发明。乾本纯阳而谓有阴在内，坤明纯阴而谓有阳在内，正可以见宇宙间非有截然分析而必相对待之物。其云"无所变而无太极"，亦正以无论何种事物皆可以如太极之为阴阳之浑合者观之，皆非绝对而为相对，皆非孤立而有联系，此所以主张道器相须，心物合一也。先生对于太极，即以为道。《张子正蒙注》曰：

太极者，天地人物之通理，即所道也。（卷一下）

在《周易外传》又曰：

道者，物所众着而共由者也。物之所着，惟其有可见之实也；物之所由，惟其有可循之恒也。既盈两间而无不可见，盈两间而无不可循，故盈两间皆道也。可见者其象也，可循者其形也。出乎象，入乎形；出乎形，入乎象。两间皆形象，则两间皆阴阳也。……阴阳之生，一太极之动静也。动者灵以生明，以晰天下而不塞；静者保而处重，以凝天下而不浮；则其为实，既可为道之体矣。（卷五）

两间皆形象，两间皆阴阳，而盈两间皆道，此所以道与阴阳，交与为体。道之所以为道，亦一物而两体，与"《易》有太极，是生两仪”之旨正合。先生对于宇宙本体之看法为太极阴阳一元论，其所以主张理气不可分作两截，道器相须，心物合一者以此，而于他处论天人合一，体用合一，常变合一，理势合一者，亦以此。凡读先生之书者，不可或忽之也。(《张子正蒙注·诚明篇》言：“义命合一，仁智合一，动静合一，阴阳合一，性与天道合一。”先生或亦受其影响。)

先生之论道，虽以阴阳为体，然以道为实有，非以为虚也。故在《周易外传》中曰：

> 盈天地之间皆器矣。器有其表者，有其里者，成表里之各用，以合用而底于成，则天德之乾，地德之坤，非其缊焉者乎？是故调之而流动以不滞，充之而凝实以不馁，而后器不死而道不虚生。器不死，则凡器皆虚也；道不虚生，则凡道皆实也。(卷五)

此虽云“盈天地之间皆器”，而以凡器皆虚，凡道皆实，是以器有变动，而道则有恒则，道比较永久且有其客观的存在也。道为实有，故先生以“诚”与“道”异名而同实。其说曰：

> 诚与道，异名而同实者也。修道以存诚，而诚固天人之道也。奚以明其然邪？今夫道：古由之，今亦由之；己安之，人亦安之，历古今而无异者，惟其实有之也。施之一室而宜，推之一国而准，推之天下而无不得，概远迩逆顺而无不容者，惟其实有然也。(《尚书引义》卷五)

道“历古今而无异，概远迩顺逆而无不容”，此不惟实有而且公有也。诚亦实有而且公有。《尚书引义》曰：

> 夫诚者实有者也，前有所始、后有所终也。实有者，天下之公有也，有目所共见，有耳所共闻也。(卷三)

“道，自然者也”（《周易外传》卷一)，诚亦无所待而然，《尚书引义》曰：

诚也者实也，实有之固有之也，无有弗然，而非他有耀也。若夫水之固润固下，火之固炎固上也，无所待而然，无不然者以相杂，尽其所可致，而莫之能御也。（卷四）

其实有相同，其自然相同，则诚与道真可谓异名而同实矣。实有固有，则天与性皆可云诚。故曰：

天诚也。（《尚书引义》卷三）

至诚无息，可以况天地生生不已之德也。又曰：

性，诚也。（《读四书大全说》卷十）

性者，实有其当然者也。其云“无所待而然，无不然者以相杂”，则又可以谓之无不善。故曰：

诚者无不善也。（《尚书引义》卷三）

此所以云“天曰无极，人曰至善，通天人曰诚”，而以为“尽天地只是个诚”也。道为实有，诚与道异名而同实，观于诚亦可以见道，实先生对于宇宙本体最重要之观念也。

（3）天地之日新

先生以宇宙之起源为实有，道体亦非虚无而为实有。且“太虚者，本动者也”（《周易外传》卷六）。可依者有，至常者生，则宇宙之由有而生，甚显然而易见。先生赞“天地之大德曰生”曰：

天地之间，流行不息，皆其生焉者也，故曰“天地之大德曰生”。自虚而实，来也；自实而虚，往也。来可见，往不可见。来实为今，往虚为古。来者生也，然而数来而不节者，将一往而难来。一嘘一吸，自然之势也。（《周易外传》卷六）

天地间之事物，本流行而不息。所谓死者，不过“生之大造”，亦非与生毫无关系，先生曰：

凡生而有者，有为胚胎，有为流荡，有为灌注，有为衰减，有为散灭，固因缘和合自然之妙合，万物之所出入，仁义之所张弛也。胚胎者，阴阳充积，聚定其基也。流荡者，静躁往来，阴在而阳感也。灌注者，有形有情，本所自生，同类牗纳，阴阳之施予而不倦者也。其既则衰减矣。基量有穷，予之而不能多受也。又其既则散灭矣。衰减之穷，予而不茹，则推故而别致其新也。由致新而言之，则死亦生之大造矣。（同上，卷二）

散灭特衰减之穷，推故而别致其新，则所谓死生者，又可谓为推陈出新。宇宙之间，固新陈代谢不已也。先生深受《易传》与张子之影响，《易传》曰："富有之谓大业，日新之谓盛德。"张子曰："日新者，久无穷也。"故先生更以富有与日新相联，而谓"知其富有者惟其日新"，日新者富有，富有者日新也。先生于是主张天地有日新之化，在《思问录·外篇》曰：

天地之德不易，而天地之化日新。今日之风雷非昨日之风雷，是以知今日之日月非昨日之日月也。风同气，雷同声，月同魄，日同明，一也。抑以知今日之官骸非昨日之官骸，视听同喻，触觉同知耳，皆以其德之不易者类聚而化相符也。其屈而消，即鬼也；伸而息，则神也。神则生，鬼则死。消之也速而息不给于相继，则夭而死。守其故物而不能日新，虽其未消，亦槁而死。不能待其消之已尽而已死，则未消者槁。故曰"日新之谓盛德"，岂特庄生藏舟之说为然哉？

又曰：

张子曰："日月之形，万古不变。"形者，言其规模仪象也，非谓质也。质日代而形如一，无恒器而有恒道也。江河之水，今犹古也，而非今水之即古水。灯烛之光，昨犹今也，而非昨火之即今火。水火近而易知，日月远而不察耳。爪发之日生而旧者消也，人所知也。肌肉之日生而旧者消也，人所未知也。人见形之不变而不知其质之已迁，则疑今兹之日月为邃古之日月，今兹之肌肉为初生之肌肉，恶足以语日新之化哉！

此所谓日新之化，即所谓宇宙之进化也。今日之风雷，非昨日之风雷；今日之日月，非昨日之日月，形虽不变，质则已迁，天地之化，诚日新也。先生此论，在今日观之，亦极合近代科学家之所说也。关于此点，先生更有两种意见，在今日犹觉其极有价值。其一为论文明进化。先生曰：

魏徵之折封德彝曰："若谓古人淳朴，渐至浇讹，则至于今日，当悉化为鬼魅矣。"伟哉其为通论已。……且夫乐道古而为过情之美称者，以其上之仁，而羡其下之顺；以贤者匡正之德，而被不肖者以淳厚之名。使能揆之以理，察之以情，取仅见之传闻，而设身易地以求其实，则尧、舜以前，夏、商之季，其民之淳浇、贞淫、刚柔、愚明之固然，亦无不有如躬阅者矣。……唐虞以前，无得而详考也，然衣裳未正，五品未清，昏姻未别，丧祭未修，狉狉獉獉，人之异于禽兽无几也。故《孟子》曰："庶民去之，君子存之。"舜之明伦察物，存唐、虞之民所去也，同气之中而有象，况天下乎？若夫三代之季，尤历历可征焉。当纣之世，朝歌之沈酗，南国之淫奔，亦孔丑矣。数纣之罪曰"为逋逃萃渊薮"，皆臣叛其君、子叛其父之枭与豺也。至于春秋之世，弑君者三十三，弑父者三，卿大夫之父子相夷、兄弟相杀、姻党相灭，无国无岁而无之，蒸报无忌，黩货无厌，日盛于朝野，孔子成《春秋》而乱贼始惧，删《诗》、《书》，定礼、乐，而道术始明。然则治唐、虞、三代之民难，而治后世之民易，亦较然矣。……泥古过高，而菲薄方今以蔑生人之性，其说行而刑名威力之术

进矣，君子奚取焉？（《读通鉴论》卷二十）

从来皆称颂古代之文明，而先生则以为治三代之民难，治后世之民易。不“泥古过高，而菲薄方今”，此由其论天地之化日新，而灼见文明之进化也。先生在《诗广传》中亦有同样之论，曰：

> 燧、农以前，我不敢知也，君无适主，妇无适匹，父子、兄弟、朋友不必相信而亲，意者其仅颎光之察乎？昏垫以前，我不敢知也，鲜食艰食相杂矣，九州之野有不粒不火者矣，毛血之气燥、而性为之不平。轩辕之治，其犹未宣乎？（卷五）

古代之文明诚不足信也。盖非有天地之化日新之观念，不能有此卓见。其二为论物质不灭，先生曰：

> 以天运物象言之，春夏为生，为来，为伸，秋冬为杀，为往，为屈，而秋冬生气潜藏于地中，枝叶槁而根本固荣，则非秋冬之一消灭而更无余也。车薪之火，一烈已尽，而为焰，为烟，为烬，木者仍归木，水者仍归水，土者仍归土，特希微而人不见尔。一甑之炊，湿热之气，蓬蓬勃勃，必有所归；若奁盖严密，则郁而不散。汞见火则飞，不知何往，而究归于地。有形者且然，况其絪缊不可象者乎！未尝有辛勤岁月之积，一旦悉化为乌有，明矣。故曰往来，曰屈伸，曰聚散，曰幽明，而不曰生灭。生灭者，释氏之陋说也。倘如散尽无余之说，则此太极浑沦之内，何处为其翕受消归之府乎？又云造化日新而不用其故，则此太虚之内，亦何从得此无尽之储，以终古趋于灭而不匮邪？（《张子正蒙注》卷一上）

此其所论，如谓“汞见火则飞，不知何往，而究归于地”非“散尽无余”，与近代科学家物质不灭之说，实极相吻合，亦极为明显，非曲为附会也。先生在《周易内传》中谓：

《易》言往来，不言生灭，……以此知人物之生，一原于二气至足之化；其死也，反于细缊之和，以待时而复，特变不测而不仍其故尔。生非创有，而死非消灭，阴阳自然之理也。（卷五上）

则此物质不灭之说，仍原于《易》而来。张子亦谓："太虚不能无气，气不能不聚而为万物，万物不能不散而为太虚。""方其聚也，安得不谓之客？方其散也，安得遽谓之无！"（《张子正蒙注·太和》）皆不认死为消灭之说也。先生本是而益发挥之，而有物质不灭之主张，诚不可多得之论也（《张子正蒙注》论"气块然太虚"等亦颇与近代科学家言合，可以参看）。

至于"天地之化日新"之原则，先生亦尝论之，（《周易外传》卷六）曰：

既往之于且来，有同焉者，有异焉者。其异者，非但人物之生死然也。今日之日月，非用昨日之明也；今岁之寒暑，非用昔岁之气也。明用昨日，则如镫如镜，而有息有昏；气用昨岁，则如汤中之热，沟浍之水，而渐衰渐泯。而非然也。是以知其富有者，惟其日新。……不用其故，方尽而生，莫之分剂而自不乱，非有同也。其同者，来以天地之生，往以天地之化，生、化各乘其机而从其类，天地非能有心而分别之。……所以生者，虚明而善动，于彼于此，虽有类之可从，而无畛之可画，而何从执其识命以相报乎？夫气升如炊湿，一山之云，不必其还雨一山；形降如炭尘，一薪之粪，不必（其）还滋一木。有形质者且然，奚况其虚明而善动者哉？则任运自然，而互听其化，非有异也。

天地之化日新，但有往来，而无生灭。既往之于且来，盖具有数种原则焉。（a）"不用其故，方尽而生，莫之分剂而自不乱”。此比较为有规律者。(b)“各乘其机而从其类”，“虽有类之可从，而无畛之可画”。此比较无定准者。(c) 先生尝曰：“一嘘一吸，自然之势也。”“因缘和合，自然之妙合。”“生非创有，而死非消灭，阴阳自然之理也。”（详前）又曰：“几天地之间，流峙动植，灵蠢华实，利用于万物者，皆此气机自然之感为之。”(《周易内传》卷三下)“道，自然者也。”(《周易外传》卷一) 天地之化日新，有自然之道存焉。故更以道为自然也。(d) 先生曰：“天地之大德曰生。天地生于道，物必肖其所生。是道无有不生之德，亦无有卒于阴之理矣。”（同上，卷四)。生生不息，天地之化日新，又永久无已也。综此四义，先生所论，虽不及近代进化论者持说之详明，然而不可不谓之难能可贵也。由于物质不灭，先生更主张无所谓盈虚，其说曰：

> 邃古无旷地，今日无余物，其消谢生育相值，而偿其登耗者适相均也。……无物不备，亦无物而或盈。夫惟大盈者得大虚。今日之不盈，岂虑将来之或虚哉？(《周易外传》卷四)

由于天地日新，先生更主张无所谓终始。其说曰：

> 天地之终，不可得而测也。以理求之，天地始者今日也，天地终者今日也。其始也，人不见其始；其终也，人不见其终。其不见也，遂以谓邃古之前，有一物初生之始；将来之日，有万物皆尽之终；亦愚矣哉！（同上）

天地之化日新，今日之风雷，非昨日之风雷；今日之日月，非昨日之日月，则固可以云天地始于今日而亦终于今日也。先生此论，固极宏通。

天地之化日新，在《易》与张子已略见其意，先生更发挥而光大之。尝疑此说，先生实又受道、佛二家之影响，今考先生《读四书大全说·卷六》曰：

> 窃疑先儒说死生处都有病在。以圣人之言而体验之于身心形色之间，则有不然者。今且可说死只是一死，而必不可云生只是一次生。生既非一次生，则始亦非一日始矣。庄子藏山、佛氏刹那之旨，皆云新故密移，则死亦非顿然而尽，其言要为不诬；而所差者，详于言死而略于言生。……断不可以初生之一日为始，正死之一日为终也。

新故密移，在道、佛两家亦言之，不过《易》已有此说，故云“岂特庄生藏舟之说为然”（详前）。先生本此数说，阐述日新之义，诚足以发人猛省也。

(4) 天人之关系

先生论宇宙之起源，以为物生于有；论宇宙之本体以心物合一，此与先生之为论天人实极有关系，先生盖以人为本者也。《周易外传》曰：

> 天、地、人，三始者也。无有天而无地，无有天地而无人。……人之于天地，又其大成者也。……以我为己而乃有人，以我为人而乃有物，则亦以我为人而乃有天地。（卷三）

宇宙之实有，本从人目之所遇、心之所觉而决定。以我为人而有天地，人之于天地，又其大成者，此至平允之论也。人实为天地之心，先生曰：

> 天地之生，以人为始。故其吊灵而聚美，首物以克家，聪明睿哲，流动以入物之藏，而显天地之妙用，人实任之。人者，天地之心也。故曰：“复其见天地之心乎！”……自然者天地，主持者人。人者天地之心。不息之诚，生于一念之复，其所赖于贤人君子者大矣。（《周易外传》卷二）

人能主持天地，显天地之妙用，苟无人，则天地之位、阴阳之化，皆失其作用矣。“人者，天地之心”，在天地之中至重要者也。故又曰：

道行于乾坤之全，而其用必以人为依。不依乎人者，人不得而用之，则耳目所穷，功效所废，其道可知而不必知，圣人之所以依人而建极也。……以人为依，则人极建而天地之位定也。（同上，卷一）

“道行于乾坤之全，而其用必以人为依”，即以人为本也。《周易外传》又曰：

“天人之合用”，人合天地之用也。……圣人所忧患者，人而已矣。（卷五）

天地之大德者生也，珍其德之生者人也。胥为生也，举蚑行喙息、高骞深泳之生汇而统之于人，人者天地之所以治万物也；举川涵石韫、敷荣落实之生质而统之于人，人者天地之所以用万物也。（卷六）

以人合天地之用，以人珍天地之生，天地之间，必当以人为本也。故曰：

功者，人所有于天地之化，非徒任诸天也。（《尚书引义》卷四）

此皆以人为本，不任诸天之意。然人不离天地而自存，天无日而不命于人也。《诗广传》曰：

命必有所受，有受于天者，有受于人者。知受于人者之莫非天也，可与观化矣。知受于人者之均于天也，可与尽伦矣。人者天之绪也。天之绪显垂于人，待人以行，故人之为、天之化也。天命而不可亢，唯其尊焉耳。天命而不可违，唯其亲焉耳。（卷一）

人为天之绪，天命不可违，亦不可亢，则必求天人之合一矣。关于此点，先生以为当合天人于一理，《尚书引义》曰：

盖天显于民，而民必依天以立命，合天人于一理。

天者，理而已矣。（卷四）

《读通鉴论》亦曰：

天不可知，知之以理……拂于理则违于天……以理律天，而不知在天者之即为理；以天制人，而不知人之所同然者即为天。（卷十九）

天者理也，不拂于理，则不违天矣。然天理又何从而知之耶？关于此点，先生则以为循夫理者心。其说曰：

性命之理显于事，理外无事也。天下之务因乎物，物有其理矣。循理而因应乎事物，则内圣外王之道尽。……理则事与物矣。……循夫理者，心也。故曰惟其所以用心者而已。（《尚书引义》卷一）

又曰：

人伦之序，天秩之矣。顾天者，生夫人之心者也，非寥廓安排，寘一成之侀于前，可弗以心酌之，而但循其轨迹者也。人各以其心而凝天，天生夫人之心而显其序，则缓急、先后、轻重、取舍之节，亦求其心之安者而理得矣。（《续春秋左氏传博议》卷上）

“惟其所以用心”而“求其心之安者而理得矣。”此所以合天人于一理也。天人合一之道，盖在是矣。关于天与理与心，先生殊不取程子“天一理也”之说（详见《读四书大全说》卷十），而所谓“循夫理者，心也”，实非如陆、王心即理之说。故又谓“理则事与物矣”。读先生之书者，固不可混同之也。

先生以天地人为三始，而立人之道则在仁与义，先生在《周易内传》中曰：

在人曰性，在天地曰受命。……学《易》者于仁义体之，而天地之道存焉，则尽性而即以至于命。占者以仁义之存去审得失，而吉凶在中矣。（卷六下）

在《续春秋左氏传博议》中亦曰：

阴阳之外无天，刚柔之外无地，仁义之外无人。（卷下）

仁义之外无人，先生之政治思想，实即植本于此（说更详下），不可以为非先生之所发明而遂忽之也。

（5）体用与动静

先生于宇宙之本体，以为道器相须，心物合一，而于天人之关系则谓："道行于乾坤之全，而其用必以人为依"，"合天人于一理"。心物合一，天人合一，故于体用则亦以体用合一。《礼记章句》曰：

体用主辅合一以为道，而内外本末历然自分，圣学所以为万善之统宗而非异端之所可冒也。（卷三一）

《读四书大全说》曰：

体用元不可分作两截。（卷一）

《周易外传》曰：

体用相函者也……体以致用，用以备体。……无车何乘？无器何贮？故曰体以致用，不贮非器，不乘非车，故曰用以备体。（卷五）

此皆论体用之合一也。《思问录·内篇》曰：

佛、老之初，皆立体而废用。用既废，则体亦无实。故其既也，体不立而一因乎用，庄生所谓"寓诸庸"，释氏所谓"行起解灭"，是也。君子不废用以立体，则致曲有诚。诚立而用自行。逮其用也，左右逢原而皆其真体。

此则主张"不废用以立体"，"诚立而用自行"，于体重用，"道行于乾坤之全，而其用必以人为依"之意见相合。故曰：

善言道者，由用以得体。（《周易外传·卷二》页四）

无用之体，则痿痹不仁之体而已。（《周易内传》卷二）

由用以得体，用之重于体，亦甚明矣。先生谓诚立而用自行，在《礼记章句》更曰：

> 诚者，实理也。体以是立，用以是当，忠信之原而义理之所自出也。（卷十）

于体用并重诚，与先生以实有为宇宙之起源，意相正合，此亦吾人所必当知者也。

先生于体重用，主张由用以见体，故于阴阳动静，则偏重于阳动。先生在《周易外传》中曰：

> 夫惟从无至有者，先静后动而静非其静；从有益有，则无有先后而动要以先。（卷五）

> 太虚者，本动者也……往之或来，来之必往，可信其自然，以为天地之大德。（同上，卷六）

此就太虚有无而论，太虚本动，动要以先也。就阴阳而论，则阴阳俱有动静，亦足见动之重要。先生在《周易内传》中曰：

> 动静者，阴阳交感之几也。动者阴阳之动，静者阴阳之静也。……非动之外无阳之实体，静之外无阴之实体，因动静而始有阴阳也。……尤非动之谓阳、静之谓阴也。（卷五上）

> 刚之性喜动，柔之性喜静，其情才因以然尔。而阳有动有静，阴亦有静有动。……故曰："乾其静也专，其动也直；坤其静也翕，其动也辟。"阴非徒静，静亦未即为阴；阳非徒动，动亦未必为阳，明矣。（同上，发例）

此论阴阳之动静也。《思问录·内篇》曰：

> 太极动而生阳，动之动也；静而生阴，动之静也。废然无动而静，阴恶从生哉！一动一静，阖辟之谓也。由阖而辟，由辟而阖，皆动也。废然之静，则是息矣。"至诚无息"，况天地乎！"维天之命，于穆不已"，何静

之有！

“‘至诚无息’，况天地乎！”天地之大德曰生，盖无往而非动也。故曰：

夫天地，亦慎用其动而已矣。（《周易外传》卷一）

圣人尽人道而合天德。合天德者，健以存生之理；尽人道者，动以顺生之几。（同上，卷二）

天下日动而君子日生，天下日生而君子日动。动者，道之枢，德之牖也。……故曰：“天地之大德曰生。”离乎死之不动之谓也。（同上，卷六）

《诗广传》亦曰：

与其专言静也，无宁言动。何也？动静无端者也，故专言静，未有能静者也。……天下之不能动者，未有能静者也。……天下之能静者，未有不自动得者也。（卷一）

此皆主动之说也。不能动者不能静，专言静则不能静，主静之说，不攻而自破矣。《周易内传》曰：

天地万物之情，感于外则必动于内，故不感则已，一感则无有能静者。（卷三上）

天地万物之情，不能无感，“感而遂通天下之故”，此先生所以主张动之一因。先生在《思问录》中极陈“诚于为”之义。此亦由于重动之故也。

太虚本动者也，动可以顺生之几，而为道德之枢牖，则宇宙之间，由生动之故，不能安于常而无变矣。故先生于常变二者亦极注意。其言曰：

有其性者有其情，有其用者有其变。（《周易外传》卷一）

天下亦变矣。变而非能改其常，……故天下亦变矣，所以变者亦常矣。相生相息而皆其常，相延相代而

无有非变。(同上，卷四)

君子常其所常，变其所变，则位安矣。常以制变，变以贞常，则功起矣。(同上，卷五)

天地之生，无可囿之变，有必合之符。(《尚书引义》卷四)

“相生相息而皆其常，相延相代而非无变”；“无可囿之变，有必合之符”，皆所以见常以制变，变以贞常，二者本非截然分析，天地之间，无时而不有常变也。然而何以能于常制变，于变贞常，此则吾人之所欲知也。先生曰：

时有常变，数有吉凶。因常而常，因变而变，宅忧患者每以因时为道，曰“此《易》之与时盈虚而行权”者也。夫因常而常，气盈而放逸；因变而变，情虚而诡随；则常必召变，而变无复常。……故圣人于常治变，于变有常，夫乃与时偕行，以待忧患。而其大用，则莫若以礼。……夫圣人之于礼，未尝不因变矣。数盈则忧患不生，乃盈则必溢而变在常之中。数虚则忧患斯起，乃虚可以受而常亦在变之中……亦因乎理之有定者焉尔。(《周易外传》卷六)

曰“与时盈虚而行权”，曰“而其大用，则莫若以礼”，曰“亦因乎理之有定者焉尔”，“时”、“权”、“礼”、“理”，皆所以於变贞常之道，先生所以诏示吾人者，固极显然易见也。

先生曰：“亦因乎理之有定者焉尔”，理何以有定邪？先生尝谓理者事与物矣。理与势亦有相当之关系。《尚书引义》曰：

势者事之所因，事者势之所就，故离事无理，离理无势。……故曰理外无势也。(卷四)

此理势合一之说也。先生于《读四书大全说》中更论之曰：

言理势者，犹言理之势也，犹凡言理气者，谓理之气也。理本非一成可执之物，不可得而见；气之条绪节文，乃理之可见者也。故其始之有理，即于气上见理；迨已得理，则自然成势，又只在势之必然处见理。……孟子于此，看得“势”字精微，“理”字广大，合而名之曰“天”。……总将理势作一合说。曲为分析，失其旨矣。（卷九）

此谓在势之必然处见理也。故曰：

顺必然之势者，理也；理之自然者，天也。（《宋论》卷七）

顺势以循理，斯可以得其理矣。虽然，顺势以循理，亦非易言也。先生于《尚书引义》中曰：

权以通古今之势，经以会民物之情。（卷五）

在《礼记章句》中曰：

理势之自然，各适其时而已。（卷十）

权也，时也，又所以审度理势也。则权与时比较重要，而所谓理势之自然，本非有一成之定轨也，先生之合理、势于一，而谓理外无势，与专就心以言理者，已非以可同日而语，更就权时以度理势，洵为知道者之言也。

先生尝谓“古今之大害有三：老、庄也，浮屠也，申韩也”（《读通鉴论》卷十七）。又深恶夫陆、王之学，故惩于虚无寂静之弊，而倡实有生动之说，宇宙之起源，实有也；宇宙之本体，一阴一阳之道，实有也。由有之生，而倡为天地之化日新，文明进化，物质不灭诸说；由有之用，而主张以人为本，天人合一，重用重动诸说。先生之宇宙观，无处不见其力主实有生动也。先生谓理气一元，心物一元，而主张天人合一，体用合一，常变合一，理势合一，皆与其论宇宙本体，谓天下无有截然分析而必相对之物之说相应，其理论极有系统而不乱，且皆极深刻而动人，清代之思想家，虽如颜习斋辈，亦知重实重动，然而能从宇宙论说出根源者，则未之见，就此一端言之，已足知先生之说，远出诸儒之右矣！

2. 心性论

先生之心性论，以形色论天性，而谓性命日生，亦合于实有生动之说；至于性情一元，理欲一元，则犹其论事物之无截然分析而必相对待之说也。以恶由习而来，颇与颜习斋之意见相合，皆极有价值之论也。

(1) 性善之根据

先生之论性，统心性天理于一气，而不从程子之统心性天于一理，气者，实有者也，此其所说，与宇宙论已相合者也。《读四书大全说·卷十》曰：

> 言心言性，言天言理，俱必在气上说，若无气处则俱无也。张子云："繇气化，有道之名。"……程子言"天，理也"……天者，固积气者也。……而曰"天一理也"，则语犹有病。……气之化而人生焉，人生而性成焉。……就气化之成于人身，实有其当然者，则曰性。……张子云"合虚与气，有性之名"，虚者理之所涵，气者理之所凝也。(卷十)

"气无不善"(同上)，则"气化之成于人身，实有其当然者"之性，固无不善也。此就气而言，可以知人性之善也。《孟子》谓"形色，天性也"。由形色言之，亦无有不善。此在《周易外传》《尚书引义》中已尝言之：

> 夫天之生人，道以成形；而人之有生，形以藏性。(《尚书引义》卷一)

> 人之体惟性，人之用惟才。性无有不善，为不善者非才，故曰，人无有不善。道则善矣，器则善矣。性者道之体，才者道之用，形者性之凝，色者才之撰也。故曰，汤、武身之也，谓即身而道在也。道恶乎察？察于天地。性恶乎著？著于形色。有形斯以谓之身，形无有

不善，身无有不善。(《尚书引义》卷四)

由形色以论性，而谓“形无有不善”，“身无有不善”，亦从实有者立论也。其谓：“惟有人之形也，则有人之性也，虽牿亡之余，犹是人也，人固无有不善而夙异乎草木禽兽者也。”(同上)直以人形与草木禽兽相比而见其必善，则人诚无有不善矣。先生此说略与颜习斋所云：“耳目、口鼻、手足、五脏、六腑、筋骨、血肉、毛发俱秀且备者，人之气也，虽蠢，犹异于物也；呼吸充周荣润，运用乎五官百骸粹且灵者，人之气也，虽蠢，犹异于物也；故曰‘人为万物之灵’，故曰‘人皆可以为尧、舜’。”(《存性篇》卷一)其意见相符合。由形色即可决知人性之善也。故曰：

惟知性者，反之吾心，而确见其固有之实，则其所为性者，果吾之性也。(《四书训义》卷三十五)

实有之而实见之，实尽之而实安之，生与俱生而不相为离，则所性者是已。(同上，卷三十七)

心性皆实有而不可离也。在《周易外传》中先生更由《易》继之者善，成之者性，以明性之本善，其言曰：

人物有性，天地非有性。阴阳之相继也善，其未相继也不可谓之善。故成之而后性存焉，继之而后善著焉。……继之者天人之际也，天则道而已矣。道大而善小，善大而性小。道生善，善生性。……善则天人相续之际，有其时矣。……性则敛于一物之中，有其量矣。……道者善之所从出也。惟其有善，是以成之为性焉，善者性之所资也。方其为善，而后道有善矣。方其为性，而后善凝于性矣。……然则先言性而系之以善，则性有善而疑不仅有善。不如先言善而纪之以性，则善为性，而信善外之无性也。观于《系传》，而天人之次序乃审矣。甚哉，继之为功于天人乎！天以此显其成能，人以此绍其生理者也。性则因乎成矣，成则因乎继矣。不成未有性，不继不能成。天人相绍之际，存乎天者莫妙于继……则君子之所以为功于性者，亦此而已矣。继之则善矣，不继则不善矣。天无所不继，故善不穷。人有所不继，则恶兴焉。……则惟其念与念之不相继也，事与事之不相继也尔矣。……至于继，而作圣之功蔑以加矣。（卷五）

此以道大而善小，善大而性小，以明善外之无性，而后善凝于性，则亦性善之明据也。其谓“念与念之不相继也，事与事之不相继也”，则在人继善之功，故又当重正心诚意，克己复礼，所以诏示人以努力者，固甚深切。然而睹先生此论，则固无疑于性之善也。

（2）性命之日生

先生依据其天地之化日新之论，又发明性命日生之说，与继善成性之旨，亦正相符合。在《尚书引义》中，先生曰：

夫性者生理也，日生则日成也。则夫天命者，岂但初生之顷命之哉？但初生之顷命之，是持一物而予之于一日，俾牢持终身以不失，天且有心于劳劳给与；而人之受之，一受其成形，而无可损益矣。

夫天之生物，其化不息。初生之顷，非无所命也。何以知其有所命？无所命，则仁、义、礼、智无其根也。幼而少，少而壮，壮而老，亦非无所命也。何以知其有所命？不更有所命，则年逝而性亦日忘也。

形化者化醇也，气化者化生也。二气之运，五行之实，始以为胎孕，后以为长养，取精用物，一受于天产地产之精英，无以异也。形日以养，气日以滋，理日以成；方生而受之，一日生而一日受之。受之者有所自授，岂非天哉？故天日命于人，而人日受命于天。故曰性者生也，日生而日成之也。（卷三）

此由“天日命于人，而人日受命于天”，以明性日生而日成也。不惟如此，由人之一方面言之，亦可以见其然。先生又曰：

生之初，人未有权也，不能自取而自用也。惟天所授，则皆其纯粹以精者矣。天用其化以与人，则固谓之命矣。已生以后，人既有权也，能自取而自用也。自取自用，则因乎习之所贯，为其情之所歆，于是而纯疵莫择矣。

乃其所取与所用者，非他取别用，而于二殊五实之外亦无所取用，一禀受于天地之施生，则又可不谓之命哉？天命之谓性，命日受则性日生矣。（同上）

由人之自取自用，亦为日受命于天，则亦可以云命日受而性日生。性之善恶，尤当注重后天之修养也。故又云：

目日生视，耳日生听，心日生思，形受以为器，气受以为充，理受以为德。取之多，用之宏而壮；取之纯，用之粹而善；取之驳，用之杂而恶；不知其所自生而生。是以君子自强不息，日乾夕惕，而择之、守之，以养性也。于是有生以后，日生之性益善而无有恶焉。

若夫二气之施不齐，五行之滞于器，不善用之则成乎疵者，人日与媮暱苟合，据之以为不释之欲，则与之浸淫披靡，以与性相成，而性亦成乎不义矣。

……惟命之不穷也而靡常，故性屡移而异。抑惟理之本正也而无固有之疵，故善来复而无难。未成可成，已成可革。性也者，岂一受成形，不受损益也哉？故君子之养性，行所无事，而非听其自然，斯以择善必精，执中必固，无敢驰驱而戏渝已。（同上）

“未成可成，已成可革”，“而非听其自然”，后天之修养，可以使有生以后，日生之性益善，则无论初生之顷为何如矣。故又曰：

天日临之，天日命之，人日受之。命之自天，受之为性。终身之永，终食之顷，何非受命之时？皆命也，则皆性也。

……

周子曰：“诚无为。”无为者诚也，诚者无不善也，故孟子以谓性善也。诚者无为也，无为而足以成，成于几也。几，善恶也，故孔子以谓可移也。

有在人之几，有在天之几。成之者性，天之几也。初生之造，生后之积，俱有之也。取精用物而性与成焉，人之几也。初生所无，少壮日增也。苟明乎此，则父母未生以前，今日是已；太极未分以前，目前是已。县一性于初生之顷，为一成不易之形，揣之曰：“无善无不善”也，“有善有不善”也，“可以为善可以为不善”也，呜呼！岂不妄与！（同上）

先生此论，以为终身之永，终食之顷，莫非受命之时，只须注意于几之善恶；性无不可移，苟趋于善，则自今日始，固可谓性善；一切关于性之争论，无善无不善，有善有不善，及可以为善可以为不善，皆可以借此以解其纠纷矣。“父母未生以前，今日是已；太极未分以前，目前是已”，迁善改过，可无迟疑，真足以发人猛省也。此论为先生所自创，先生于其他著述中尝称述之，证之以朱子之说而准（详《著述考》），证之以道、佛之说而准（详前），诚不刊之论也。（《读通鉴论》与文集中更有“造命”之说可以参阅）

（3）才情之善恶

性之为善，由气化形色等言之，其依据甚显明；而性命日生，非不可移易，吾人固易知其为善也。其所以为恶者，在才乎，抑在情乎？才情之善恶，亦吾人所极欲知者也。先生于《四书训义》中论之曰：

夫人生而有性，感而在，不感而亦在者也。其感于物而同异得失之不齐，心为之动，而喜怒哀乐之几通焉，则谓之情。情之所向，因而为之，而耳目心思效其能以成乎事者，则谓之才。三者相因而发，而及其用之，则各自为体。（卷三十五）

《读四书大全说》则曰：

在天为阴阳者，在人为仁义，皆二气之实也。在天之气以变合生，在人之气于情才凡用，皆二气之动也。

……动之有同异者，则情是已；动之于攻取者，则才是已。若夫无有同异、未尝攻取之时，有气之体焉，有气之理焉（即性），则告子未尝知也。

故曰“性犹杞柳也”，则但言才而已。又曰“性犹湍水也”，则但言情而已。又曰“生之谓性”，知觉者同异之情、运动者攻取之才而已矣。又曰“食色性也”，甘食悦色、亦情而已矣。

……

《孟子》曰：“乃若其情，则可以为善矣。”可以为善，则可以为不善也，“犹湍水”者此也；“若夫为不善，非才之罪也。”为不善非才之罪，则为善非才之功矣，“犹杞柳”者此也。

……理以纪乎善者也，气则有其善者也（气是善体），情以应夫善者也，才则成乎善者也。

……

乃应夫善，则固无适应也；成乎善，则有待于成也。无适应，则不必于善（湍水之喻）；有待于成，则固然其成（杞柳之喻）；是故不可竟予情才以无有不善之名。（卷十）

才者杞柳之喻，本无功罪；情者湍水之喻，实有善恶。无功罪者，兹姑弗论。情之可以为不善者，果何故耶？先生为之说曰：

> 《孟子》曰："若夫为不善，非才之罪也。"不善非才罪，罪将安归耶？《集注》云"乃物欲陷溺而然"，而物之可欲者，亦天地之产也。不责之当人，而以咎天地自然之产，是犹舍盗罪而以罪主人之多藏矣。毛嫱、西施，鱼见之而深藏，鸟见之而高飞，如何陷溺鱼鸟不得？牛甘细草，豕嗜糟糠；细草、糟糠如何陷溺人不得？然则才不任罪，性尤不任罪，物欲亦不任罪。其能使为不善者，罪不在情而何在哉！
>
> ……盖吾心之动几，与物相取，物欲之足相引者，与吾之动几交，而情以生。然则情者，不纯在外，不纯在内，或往或来，一来一往，吾之动几与天地之动几相合而成者也。
>
> ……唯其为然，则非吾之固有，而谓之"铄"，金不自铄，火亦不自铄，金火相构而铄生焉。铄之善，则善矣，助性以成及物之几，而可以为善者其功矣。铄之不善，则不善矣，率才以趋溺物之为，而可以为不善者其罪矣。(同上)

才性物欲俱不任罪，罪惟在情。情本吾人之动几与天地之动几相合以成；几善恶也，故可以为善，可以为不善，而居于功罪之间。若性则无不善，才又受命于情，故才性俱不任罪也。先生谓"释《孟子》者又不察于性之与情有质无质、有恒无恒、有节无节之异，乃以言性善者言情善"，乃"尽破先儒之说，……不宠情以配性"。(同上。此亦先生独特之见也。)

虽然，情居于功罪之间，铄之善则亦善矣，故情亦不可概以恶论，此又所当知者也。先生曰：

> 不善虽情之罪，而为善则非情不为功。……情虽不

生于性，而亦两间自有之几，发于不容已者。唯其然，则亦但将可以为善奖之，而不须以可为不善责之。故曰“乃所谓善也”，言其可以谓情善者此也。

功罪一归之情，则见性后亦须在情上用功。《大学》“诚意”章言好恶，正是此理。既存养以尽性，亦必省察以治情，使之为功而免于罪。

……若不会此，则情既可以为不善，何不去情以塞其不善之原，而异端之说繇此生矣。乃不知人苟无情，则不能为恶，亦且不能为善。便只管堆塌去，如何尽得才，更如何尽得性？

……若论情之本体，则如杞柳，如湍水，居于为功为罪之间，而无固善固恶，以待人之修为而决导之，而其本则在于尽性。是以非静而存养者，不能与于省察之事。《大学》之所以必正其心者乃可与言诚意也。（同上）

“不善虽情之罪，而为善非情不为功”，只当存养以尽性，省察以治情，使之为功而免于罪也。先生尝谓“情便是人心，性便是道心”，而人心道心，虽“非即人心而即道心”，亦非判然其为二也，盖为“互藏其宅，交发其用”（《尚书引义》卷一）。先生亦屡言：“情者，性之端”（《诗广传》卷二），“情者，性之绪”（《礼记章句》卷十九），于情之与性，非以为判然为二也。故终曰：

夫情之可以为善，惟其为性发动之几也，不善非才之罪，惟其为性效灵之具也。则可因情、才以求性，而不可舍性以诬情、才。（《四书训义》卷三十五）

(4) 不善之由来

先生论情，已以“不善之所自来，于情始有”。（《读四书大全说》卷八）而又归其罪于习。《续左氏春秋传博议》曰：

> 欲知舜与跖之间，善与利而已。利者，习之所熏也。……乃有所利而为恶者，习之责也。……故君子终不责性而责习。（卷下）

此谓为恶者罪在于习也。《读四书大全说》中复论之曰：

> 后天之性，亦何得有不善？“习与性成”之谓也。先天之性天成之，后天之性习成之也。乃习之所以能成乎不善者，物也。夫物亦何不善之有哉？取物而后受其蔽，此程子之所以归咎于气禀也。虽然，气禀亦何不善之有哉？然而不善之所从来，必有所自起，则在气禀与物相授受之交也。气禀能往，往非不善也；物能来，来非不善也。而一往一来之间，有其地焉，有其时焉。化之相与往来者，不能恒当其时与地，于是而有不当之物。物不当，而往来者发不及收，则不善生矣。
>
> ……此非吾形、吾色之咎也，亦非物形、物色之咎也，咎在吾之形色与物之形色往来相遇之几也。
>
> 天地无不善之物，而物有不善之几。物亦非有必不善之几，吾之动几有不善于物之几。吾之动几亦非有不善之几，物之来几与吾之往几不相应以正，而不善之几以成。
>
> 故惟圣人为能知几。知几则审位，审位则内有以尽吾形、吾色之才，而外有以正物形、物色之命，因天地自然之化，无不可以得吾心顺受之正。如是而后知天命之性无不善，吾形色之性无不善，即吾取夫物而相习以成后天之性者亦无不善矣。（卷八）

不善之所自来，在“气禀与物相授受之交”。在“物之来几与吾之往几不相应以正”。此则环境亦并非不善，“咎在吾之形色与物之形色往来相遇之几”耳。先生论情曰：“盖吾心之动几，与物相取，物欲之足相引者，与吾之动几交，而情以生”，情亦

"吾之动几与天地之动几相合而成"，情与习之关系甚巨，先生盖仍责之当人也。故云"即吾取夫物而相习以成后天之性者亦无不善"。罪不在习，惟当责人。先生于情注重省察以治情，而于习则曰：

"坊"者，治人之道，"表"者，修己之道。修己治人之实，礼而已矣。性之所繇失者，习迁之也。坊习之流则反归于善，而情欲之发皆合乎天理自然之则矣。(《礼记章句》卷三十)

注重以礼坊之，此先生之所以又重克己复礼也。习气移人，其力甚大。先生在《春秋家说·卷二》尝痛论"一乡之所习，一国渐之；一国之所习，天下渐之"。而以为所当甚忧。在《俟解》中又曰：

末俗有习气，无性气。其见为必然而必为，见为不可而不为，以婞婞然自任者，何一而果其自好自恶者哉！皆习闻习见而据之，气遂为之使者也。习之中于气，如瘴之中人，中于所不及知，而其发也，血气皆为之滮涌，故气质之偏，可致曲也，嗜欲之动，可以推及人也，惟习气移人为不可复施斤削。

又曰：

已失之习而欲求之性，虽见性且不能救其习，况不能见乎！《易》言"蒙以养正，圣功也"。养其习于童蒙，则作圣之基立于此。(同上)

习气移人，至于不可复斤削，此所以必当养其习于童蒙也。先生谓命日受，性日生，惟恐人之"自取自用，则因乎习之所贯，为其情之所歆，于是而纯疵莫择"。惟恐"二气之施不齐，五行之滞于器，不善用之则成乎疵。"则所以坊习之流，固不止于童蒙，此所以必重夫克己复礼也。

(5) 理欲之关系

先生以为为善则非情不为功，而于"物之可欲者，亦天地之产”，不任为不善之罪，故于情欲以为不当禁之遏之。《周易外传·卷三》曰：

君子之用损也，用之于“惩忿”，而忿非暴发，不可得而惩也；用之于“窒欲”，而欲非已滥，不可得而窒也。……若夫性情之本正者，固不可得而迁，不可得而替也。

性主阳以用壮，大勇浩然，亢王侯而非忿；情宾阴而善感，好乐无荒，思辗转而非欲。而尽用其惩，益摧其壮；竟加以窒，终绝其感。一自以为马，一自以为牛，废才而处于锌；一以为寒岩，一以为枯木，灭情而息其生。彼佛、老者，皆托损以鸣其修。而岂知所谓损者，因三人之行而酌损之，惟其才之可任而遇难辞也。岂并其清明之嗜欲，强固之气质，概衰替之，以游惰为否塞之归也哉？

故尊性者必录其才，达情者以养其性。故未变则泰而必亨，已变则损而有时。既登才情以辅性，抑凝性以存才情。损者，衰世之卦也。处其变矣，而后惩、窒之事起焉。若夫未变而亿其或变，早自贬损以防其意外之迁流，是惩羹而吹齑，畏金鼓之声而自投车下，不亦愚乎！

此不以惩忿窒欲为是也。《诗广传·卷四》曰：

不肖者之纵其血气以用物，非能纵也，遏之而已矣。纵其目于一色、而天下之群色隐，况其未有色者乎？纵其耳于一声、而天下之群声閟，况其未有声者乎？纵其心于一求、而天下之群求塞，况其不可以求者乎？

……无遏之者，无所不达矣。……纵其所堪而昼夜之通、鬼神之撰、善恶之几，吉凶之故、不虑而知，不劳而格，无遏焉而已矣。一朝之忿，一念之欲，一意之往，弛而不反，莫知其乡，皆唯其遏之也。

此不以纵欲遏欲为是也。先生于人心道心，谓互藏其宅，交发其用，非判然其为二，故于理欲亦本其天下事物，无有截然分析而必相对之意见，以理欲为一元。在《读四书大全说·卷八》曰：

礼虽纯为天理之节文，而必寓于人欲以见（饮食，货。男女，色）；虽居静而为感通之则，然因乎变合以章其用（饮食变之用，男女合之用）。唯然，故终不离人而别有天，终不离欲而别有理也。

离欲而别为理，其唯释氏为然。盖厌弃物则废人之大伦矣。……五峰曰“天理人欲，同行异情”，韪哉！能合颜、孟之学而一原者，其斯言也。

即此好货、好色之心，而天之以阴骘万物，人之以载天地之大德者，皆其以是为所藏之用；……于此声色臭味，廓然见万物之公欲，而即为万物之公理；

……使不于人欲之与天理同行者，即是以察夫天理，则虽若有理之可依据（老之重玄，释之见性），而总于吾视听言动之感通而有其贞者，不相交涉。

……

孟子承孔子之学，随处见人欲，即随处见天理。学者循此以求之，所谓“不远之复”者，又岂远哉？

此谓不离人而别有天，不离欲而别有理也。故曰：“廓然见万物之公欲，而即为万物之公理”。理欲一元之说也。此义在他处亦屡言之，如云：

天理充周，原不与人欲相为对垒。（同上，卷六）

人欲之各得，即天理之大同。（同上，卷四）

以我自爱之心，而为爱人之理，我与人同乎其情

也，则亦同乎其道也。人欲之大公，即天理之至正矣。（《四书训义》卷三）

夫仁者，天理之流行，推其私而私皆公，节其欲而欲皆理者也。（同上，卷一八）

若犹不协于人情，则必大违于天理。（同上，卷二一）

王道本乎人情，人情者，君子与小人同有之情也。……孟子既深达人情天理合一之原，而知王道之可即见端以推广。……私欲之中，天理所寓。（同上，卷二六）

孟子所言之王政，天理也，无非人情也。人情之通天下而一理者，即天理也。非有绝己之意欲以徇天下，推理之清刚以制天下者也。（同上，卷二六）

天下之动。人欲之，彼即能之，实有其可欲者在也。此盖性之所近，往往与天理而相合者也。（同上）

此所谓“天理充周，原不与人欲相对垒”，“人欲之各得，即天理之大同”，“私欲之中，天理所寓”。其理欲一元论之说甚明。而所谓“人欲之大公，即天理之至正”，“万物之公欲，而即为万物之公理”，则似于欲于理，并重“大公”、“至正”。其云“虽若有理之可为依据，而总于吾视听言动之感通而有贞者，不相交涉”，于欲亦重至正也。清代思想之特征，除务实好古外，颇倾向于理欲一元论，此亦宋明理学反动之一也。与先生同时之陈乾初亦主张“人欲恰好即天理”（见黄宗羲《南雷文约·卷二·陈乾初先生墓志铭》），而先生更云：“私欲之中，天理所寓”，“随处见人欲，即随处见天理”，理欲之界限，非判若鸿沟。其后戴东原乃发为“理者存乎欲者也”之论，其实先生固已早言之也。先生不主张“推理之清刚以制天下”，亦与戴氏之反对“尊者以理责卑，长者以理责幼，贵者以理责贱，……死于法，犹有怜之者；死于理，其谁怜之！”意见相去不远，先生固不仅重视人之公欲，而于不合人情之理，实不甚赞许，在先生以前，固未有能持如是之论也。先生以老、庄、浮屠、申、韩为天下之大害，其所以恶申、韩者，盖亦以其惨核寡恩，与王道之本乎人情，相去悬殊。又先生云："实有其可欲者在也"，不漠视人欲，与其"实有"、"生动"之主张，亦同条共贯，此亦读先生之书者所当注意也。

总观先生之心性论，以形色论天性，以气化之实有其当然者论性，根本于实有；而谓继善成性，注重念与事之相继，而阐性命日生之说，则就生动言。其论才情习气，使于修养方面，重在尽心知性，存养省察，正心诚意，克己复礼；以及理欲一元之论，皆与实有生动有关，线索甚明。读先生之书者，于其思想之体系，固不可忽之也。

3. 修为论

先生之心性论，以性为善，而以情则居于为功为罪之间，其说曰："若论情之本体，则如杞柳，如湍水，居于为功为罪之间，而无固善固恶，以待人之修为而决导之，而其本则在尽性。是以非静而存养，不能与于省察之事。《大学》之所以必正其心乃可与言诚意也。"（详前）先生之修为论，其大纲已略具于此。先生谓恶由习来，而坊习之深，则在于礼。则由先生之论尽心知性，存养省察，正心诚意，克已复礼，可以具见修为论之要旨矣。

(1) 论尽心知性

先生以性为善，性日生而日成者也，非尽心穷理，以扩充之，以存养之，则不为功。故先生于《张子正蒙注》论之曰：

> 大人不失其赤子之心，而非孤守其恻隐、羞恶、恭敬、自然之觉，必扩而充之以尽真致，一如天之阴阳有实，而必于阖辟动止神运以成化，则道宏而性之量尽矣。盖尽心为尽性之实功也。（卷三下）

又曰：

朱子谓知性乃能尽心，而张子以尽心为知性之功，其说小异。然性处于静而未成法象，非尽其心以体认之，则偶有见闻，遂据为性之实然，此天下之言性者所以凿也。（同上，卷四上）

此皆谓尽心则知性也。所谓尽心者，在扩而充之，以尽其致，非偶有见闻，则穷理为要矣。张子曰：“‘自明诚’，由穷理而尽性也；‘自诚明’，由尽性而穷理也。”先生释之曰：“存养以尽性，学思以穷理。”（同上，卷三下）故直以为：“穷理尽性，交相为功。”（同上）又曰：“天下之物相感而可通者，吾心皆有其理，唯意欲蔽之则小尔。由其法象，推其神化，达之于万物一源之本，则所以知明处当者，条理无不见矣。天下之物皆用也，吾心之理其体也；尽心以循之，则体立而用自无穷。”（同上，卷四上）又曰：“心不尽则有外，一曲乍得之知，未尝非天理变化之端，而所遗多矣。”（同上）此亦皆以尽心为穷理也。在《读四书大全说》中先生论之曰：

朱子以“物格”言知性，语甚奇特。非实有得于中而洞然见性，不能作此语也。

……盖格物者知性之功，而非即能知其性；物格者则于既格之后，性无不知也。

……故曰“尽心则知至之谓也”，言于吾心之知无所吝留而尽其才也。（卷十）

又曰：

孟子曰“尽其才”，曰“尽其心”。足以知天下之能为不善者，唯其不能为善而然，而非果有不善之才为心所有之咎，以成乎几之即于恶也。

特心之为几，变动甚速，而又不能处于静以待择，故欲尽心者无能审其定职以致功。是故奉性以着其当尽之职，则非思而不与性相应；穷理以复性于所知，

则又非思而不与理相应；然后心之才一尽于思，而心之思自足以尽无穷之理，故曰："尽其心者，知其性也。"（同上）

此皆言知至穷理以尽其心也。先生谓"心之才一尽于思，而心之思自足以尽无穷之理"，先生于思之意，实有特殊之解释。《读四书大全说》中论《孟子》"心之官则思"曰：

天与人以仁义之心，只在心里面。唯其有仁义之心，是以心有其思之能，不然，则但解知觉运动而已。此仁义为本而生乎思也。

……思因仁义之心而有，则必亲其始而不与他为应，故思则已远乎非道而即仁义之门矣。是天之与我以思，即与我以仁义也。此从乎成性而言也。

故思之一字，是继善、成性、存存三者一条贯通梢底大用，括仁义而统性情，致知、格物、诚意、正心，都在者上面用工夫，与《洪范》之以"睿作圣"一语斩截该尽天道、圣功者同。孟子之功，不在禹下，此其一征矣。（同上）

"'思'之一字，是继善、成性、存存三者一条贯通梢底大用，括仁义而统性情，致知、格物、诚意、正心，都在者上面用工夫"。思之功用，其大如此。且由是观之，心之才一尽于思，则尽心为尽性之实功者，必致知格物与正心诚意并重也。先生又谓："《孟子》说此一'思'字，是千古未发之藏，与《周书》言'念'，《论语》言'识'，互相性体之大用。'念'与'识'则是圣之事，思则是智之事。"（同上）其论"念"与"识"曰：

大哉，念乎！天以为强之精，地以为厚之持；四海群生以为大之归，前古后今以为久之会；大至无穷以为载之函，细至无畛以为破之入；《易》以为缊，《礼》以为诚，《诗》以为志，《春秋》以为权衡；故曰"克念作圣”，非易辞也。

……孟子曰：欲知舜与跖之分，无他，利与善之间也。圣之所克念者，善而已矣。

……《易》曰：“继之者善也。”天以继而生不息，日月、水火，动植、飞潜，万古而无殊象，惟其以来复为心也。人以继而道不匮，安危利害，吉凶善败，阅万变而无殊心，惟其以勿忘为养也。

……欲知舜与跖之分，无他，利与善之间，系乎念之忘与不忘而已矣。

孔子曰：“默而识之。”识也者，克念之实也。识之量，无多受而溢出之患，故日益以所亡，以充善之用而无不足。识之力，无经久而或渝之忧，故相守而不失，以需善之成。存天地古今于我而恒不失物，存我于君民亲友而恒不失我。耳以亶聪，目以贞明，知以知至而知终，行以可久而可大。一日之克，终身不舍；终身之念，终食无违。此岂非“终日乾乾夕惕若”之龙德乎？

……瞬有养，息有存。其用在继，其体在恒，其几在过去未来之三际。（《尚书引义》卷五）

念者善也，识者知也，亦致知格物与正心诚意并重。存养与省察并重也。然而曰“其用在继，其体在恒”，则所谓继善成性也。尽心为尽性之实功，又在继与恒，此思之所以继善成性存存也。

（2）论存养省察

先生论“念”与“识”，谓瞬有养，息有存，以存养为主之意见，已甚明显。在《礼记章句·卷三十一》中更论之曰：

能常戒惧，天则炯然，而后善者审，不善者著，加谨之功起焉。若未尝戒惧，则一念之恶未有凶危之象，昏然莫察其是非，至于人之视己，如见其肺肝，而后悔而思掩，初无有所谓独知，则亦无从致其慎也。盖庸人后念明于前念，而君子初几捷于后几，遏人欲所以全天理，而惟存天理者乃可以遏人欲。是存养为圣学之本，而省察其加功，固有主辅之分也。

存理遏欲，此所以必以存养为主也。然先生之意，虽以“中为体，和为用，存养为主，省察为辅”，而实以“体用主辅，合一以为道”(同上)。故曰：

唯存养而后可以省察，唯致中而后可以致和，用者用其体也。唯省察而后存养不失，唯致和而后中无不致，体者用之体也。(同上)

存养省察，互为先后，此又不可不察者也。《读四书大全说》亦有一段论之者，曰：

存养、省察之先后，史伯璿之论，可谓能见其大者矣。其云“有则俱有”，诚有以察夫圣功之不息；其云“动静无端”，则又以见夫理事之自然。而“立言之序，互有先后”，所以无不可者，则抑有说。《中庸》之言存养者，即《大学》之正心也。其言省察者，即《大学》之诚意也。《大学》云：“欲正其心者，先诚其意。”是学者明明德之功，以正心为主，而诚意为正心加慎之事。则必欲正其心，而后以诚意为务；若心之未正，则更不足与言诚意。此存养之功，所以得居省察之先。盖不正其心，则人所不知之处，已亦无以辨其孰为善而孰为恶；且昏瞀狂迷，并所谓独者而无之矣。……此存养先而省察后，其序固不紊也。《大学》云：“意诚而后心正”，要其学之所得，则当其静存。事未兆而念未起，且有自见为正，而非必正者矣。动而之于意焉，所以诚乎善者不欺其心之正也，则静者可以动而不爽其静，夫乃成其心之正矣。然非用意于独之时，一责乎意，而于其存养之无间断者为遂疏焉。……盖省察不恒，而随事报功；存养无期，而与身终始。故心正必在意诚之后，而不言之信、不动之敬，较无恶之志而益密也。此省察先而存养后，其序亦不紊也。（卷三）

先生之意，盖以“存养与省察交修，而存养为主”。（同上，卷六）所以二者可以互为先后。先生谓《中庸》之言存养者，即《大学》正心，其言省察者，即《大学》之诚意。欲明存养省察之意，当更观于正心诚意之说。

(3) 论正心诚意

正心诚意，所以静以存养，动以省察，于尽心知性，皆极为切要，先生论之曰：

盖曰“心统性情”者，自其所含之原而言之也。乃性之凝也。其形见则身也，其密藏则心也。是心虽统性，而其自为体也。则性之所生，与五官百骸并生而为之君主，常在人胸臆之中，而有为者则据之以为志。故欲知此所正之心，则《孟子》所谓志者近之矣。

……恒存恒持，使好善恶恶之理，隐然立不可犯之壁垒，帅吾气以待物之方来，则不睹不闻之中，而修齐治平之理，皆具足矣。此则身意之交，心之本体也；此则修诚之际，正之实功也。故曰：“心者身之所主”，主乎视听言动者也，则唯志而已矣。（《读四书大全说》卷一）

心为身之主，志者心所存，“心之正者，志持之也。是以知其恒存乎中，善而非恶”。（同上）则持志为正心之功矣。又曰：

敬以直之，正心之实功，持志勿忘之密用也。心常存，常存于正也。正者，仁义而已矣。常存者，不违仁而集义也。（《礼记章句》卷四十二）

仁义也，存心也，持志也，敬以直之也，皆正心之实功也。故曰：

正心之学不讲久矣。朱子明言知诚意而不知正心之弊，以防学者之舍本而图末，重外而轻内，以陷于异端，乃一再传而其徒已明叛而不知，又奚况陆子静、王伯安之徒，不及背圣教以入于邪哉？然正心之实功，何若？孔子曰："复礼"，《中庸》曰："致中"，孟子曰："存心"，程子曰："执持其志"，张子曰："瞬有存，息有养"，朱子曰："敬以直之"，学者亦求之此而已矣。（同上）

此正心之说也。先生之论意曰：

心之与意，动之与静，相为体用，而无分于主辅，故曰："动静无端"。故欲正其心者必诚其意，而心苟不正，则其害亦必达于意，而无所施其诚。凡忿懥、恐惧、好乐、忧患，皆意也，不能正其心，意一发而即向于邪，以成乎身之不修。故愚谓意居身心之交。……心之与意，互相为因，互相为用，互相为功，互相为效，可云由诚而正而修，不可云自意而心而身也。心之为功过于身者，必以意为之传送。（《读四书大全说》卷一）

心苟不正，则其害亦必达于意，此必正其心乃可与言诚意之说也。意居身心之交，心之与意，相为因用，而无分于主辅，此诚意之所以重要也。至于诚意之功，则先生曰：

诚意之功，则是将所知之理，遇著意发时撞将去，教他吃个满怀；及将吾固正之心，吃紧通透到吾所将应底事物上，符合穿彻，教吾意便从者上面发将出来，似竹笋般始终是者个则样，如此扑满条达，一直诚将去，更不教他中间招致自欺，便谓之毋自欺也。……当未有意时，其将来之善几恶几，不可预为拟制，而务于从容涵养，不可急迫迫地逼教好意出来，及其意已发而可知之后，不可强为补饰，以涉于小人之掩著，故待己所及知，抑仅己所独知之时而加之慎。实则以诚灌注乎意，彻表彻里，彻始彻终，强固精明，非但于独知而防之也。……诚其意者，须是金粟充满，而用之如流水，一无吝啬，则更不使有支撑之意耳。此则慎独为诚意扣紧之功，而非诚意之全恃乎此，及人所共知之后，遂无所用其力也。（虽至人所共知，尚有有其意而未有其事之时。意中千条百诸，统名为意）……故诚意者必不自欺而预禁自欺者亦诚意之法，互相为成也。（《读四书大全说》卷一）

所谓诚其意者，于已知之理，及固正之心，扑满条达，更毋自欺也。"慎独"亦为诚意之功，"预禁自欺"亦其一法也。先生尝谓：

意不尽缘心而起，则意固自为体，而以感通为因。故心自有心之用，意自有意之体。人所不及知而己所独知者，意也。（同上）

此所以重慎独与不自欺之故，意隐而心著也。至于"谓诚其意者，须是金粟充满"，则先生曰：

诚其意者，意实则邪无所容也。意受诚于心知，意皆心知之素，而无孤行之意，故曰无意。慎独者，君子加谨之功，善后以保其诚尔。（《思问录》内篇）

意实则邪无所容，此所以必先正其心乃诚其意，使意得受诚于心知也。尽心知性，思以穷理，念以继善，由是而存养焉，省察焉，以为诚正之功，所以尽性治情者，固有条而不紊也。

正心诚意之先后。于先生论存养省察，可以见之，兹不复赘。惟吾人所当注意者，则先生之论诚也。先生曰：

"反身而诚"，与《大学》"诚意""诚"字，实有不同处，不与分别，则了不知"思诚"之实际。"诚其意"只在意上说，此外有正心，有修身。修身治外而诚意治内，正心治静而诚意治动。在意发处说诚，只是“思诚”一节工夫。若“反身而诚”，则通动静、合内外之全德也。静而戒惧而不睹不闻，使此理之森森然在吾心者，诚也。动而慎于隐微，使此理随发处一直充满，无欠缺于意之初终者，诚也。外而以好以恶，以言以行，乃至加于家国天下，使此理洋溢周遍，无不足用于身者，诚也。三者一之弗至，则反身而不诚也。唯其然，故知此之言“诚”者，无对之词也。……说到一个“诚”字，是极顶字，更无一字可以代释，更无一语可以反形，尽天下之善而皆有之谓也，通吾身、心、意、知而无不一于善之谓也。(《读四书大全说》卷九)

先生于此“反身而诚”之“诚”，以为尽天下之善而皆有，通吾身心意知而无不一于善，则“诚”非“诚意”之“诚”所能尽。读先生之书者，固当明其界域，明于“诚意”之“诚”，而又了然于所谓尽天下之善之“诚”也。

(4) 论克己复礼

克己复礼，亦正心之功也。先生有言曰：“圣人于常治变，于变有常，夫乃与时偕行，以待忧患。而其大用，则莫若以礼。”此礼之重要也。故曰：

礼原于天而为生人之本，性之藏而命之主也，得之者生，失之者死，天下国家以之而正，唯圣人知天人之合于斯，而不可斯须去，所为继天而育物也。(《礼记章句》卷九)

“礼原于天而为生人之本”，天人之合，惟在于礼，故不可斯须去也。其曰性之藏而命之主者，则人心之中固有礼，非礼自外作也。此义先生于《尚书引义》中说之甚详，其言曰：

《易》之言曰：“敬以直内，义以方外。”《诰》之言曰：“以义制事，以礼制心。”故曰：“先圣后圣，其揆一也。”……夫民受天地之中以生，耳、目、口、体，形著于实，受来以虚；视、听、言、动，几发于虚，往丽于实，其互相入者，有居中以宰之者也。以凝之者行之，斯以事无不宜，而心无有僭，卓然而有其直，卓然而为其方，居乎此以治乎彼，故曰制也。……《告子》之言曰“义外”，而言礼之驳者亦曰“礼自外作”。夫内之既卓然有可凝之直方矣，则义、礼之俱非外也亦明矣。我无以辨外义礼者之非也，则以外非无礼义，而不制于我，则非我之义与礼也。蜂蚁之君臣，虎狼之父子，相鼠之皮体，燕雁之配偶，何有于我？义外之非，夫人而言之，孟子辨之已析也。礼外之云，《乐记》之枝词也。……义之内也，以智而喻；礼之内也，以仁而显。丧之哀，祭之敬，食之不紾兄臂，色之不搂处子，亦惟以求歉乎心也。必求如此而后慊于心，则心固有之，故曰“复礼”。……天理之流行，身以内，身以外，初无畛域，天下所有即吾心之得，吾心所藏即天下之诚，合智仁，通内外，岂有殊哉？（卷三）

天理流行，初无畛域，天下所有即吾心之得，吾心所藏即天下之诚。礼之内也，以仁而显，故不可云礼自外作，而“复礼”之义明矣。《读四书大全说》中先生更论克己与复礼曰：

“克”字有力，夫人而知之矣，乃不知“复”字之亦有力也。……夫谓克己、复礼，工夫相为互成而无待改辙，则可；即谓己不克则礼不复，故复礼者必资克己，亦犹之可也。若云克己便能复礼，克己之外，无别复礼之功，则悖道甚矣。可云不克己则礼不可复，亦可云不复礼则己不可克。若漫不知复礼之功，只猛著一股气力，求己克之，则何者为己，何者为非己，直是不得分明。……精而言之，礼之未复，即为己私；实而求之，己之既克，未即为礼。必将天所授我耳目心思之则，复将转来，一些也不亏欠在，斯有一现成具足之天理，昭然不昧于吾心，以统众理而应万事。若其与此不合者，便是非礼，便可判断作己，而无疑于克，故曰“非礼勿视”云云。……圣人扼要下四个“非礼”字，却不更言“己”，即此可知。（卷六）

复礼之功，在于将天所授我耳目心思之则，复将转来，非区区于己所欲者而求战胜也。复礼之功成，则自然可以克己矣。此消极的破专重克己之说也。由积极的一方面言之，则所谓克己复礼者，实秉礼以克己。先生曰：

子之言仁，曰：“克己复礼为仁”，初不徒言克己；抑曰“能行五者于天下”，初不徒言不行不仁。以体言之，则有所复也，而乃以克所克；克所克矣，而尤必复所复。以用言之，则其所不当行者不行，尤必其所当行者行之也。盖必使吾心之仁，泛应曲当于天下而无所滞，天下事物之理，秩然咸有天则于静存之中而无所缺，然后仁之全体大用，以赅存焉。故存养与省察交修，而存养为主，行天理于人欲之内，而欲皆从理，然后仁德归焉。故子之言克己曰“非礼勿视，非礼勿听，非礼勿言，非礼勿动”，奉一礼以为则。其为礼也，既视、听、言、动之所必由，而其勿视、勿听、勿言、勿动者，一取则于礼以定其非。则克己以复礼，而实秉礼以克己也。不辨之己而辨之礼。（同上）

克己复礼，虽在其所不当行者不行，尤必其所当行者行之也。故就积极的一方面言之，实在秉礼以克己也。先生论理欲之关系，曾谓“礼虽为天理之节文，而必寓于人欲以见”。此云“行天理于人欲之内，而欲皆从理，然后仁德归焉”。故于所谓己私，非漫不知复礼之功，即可云克。此与先生理欲一元之论颇有密切之关系，不可忽也。

克己复礼为仁，礼实以仁为本，故曰“义之内也，以智而喻；礼之内也，以仁而显”。先生于《尚书引义》中更论之曰：

> 礼何放乎？放于义矣。义何放乎？放于仁矣。礼何放于义？从其等而宜之为礼也。义何放于仁？准其心而安之为义也。故礼依于仁以为本，惟仁至矣。虽然，仁必以义为心之则，而后仁果其仁也。仁义必以礼为德之符，而后仁义果仁义也。故礼复而后仁可为也。（卷三）

礼虽依于仁以为本，而仁义必以礼为德之符，而后仁义果其仁义，然则复礼之重要可知矣。《读四书大全说》更曰：

> 故修身者，修其言、行、动之辟也。欲得不辟，须有一天成之矩为之范围，为之防闲，则礼是已。故曰：“非礼不动，所以修身也”。（卷一）

“礼以简束其身，矫偏而使一于正”，（同上）修身之功，必资于礼，在修为中，克己复礼，实与尽心知性，正心诚意，同为要义也。

4. 知识论

(1) 论格物致知

格物致知，亦先生所谓修为论中之一法也，顾其义不止于修为，兹别立“知识论”一项以述之。先生之论知，所谓知识者，实可分为二。先生曰：

> 因理而体其所以然，知以天也；事物至而以所闻所见者证之，知以人也。通学识之知于德性之所喻，而体用一源，则其明自诚而明也。（《张子正蒙注》卷三下）

所谓知以天者，德性之知也；所谓知以人者，见闻之知也。故又曰：

> 天下有其事而见闻乃可及之，故有尧，有象，有瞽瞍，有舜，有文王、幽、厉，有三代之民，事迹已著之

余，传闻而后知，遂挟以证性，知为之梏矣。德性之知，循理而及其原，廓然于天地万物大始之理，乃吾所得于天，而即所得以自喻者也。（同上，卷四上）

德性之知，可以“循理而及其原”，然先生之意，亦非尊德性之知，而以见闻之知为小，实二者并重之；盖无闻见之知，则又不足以启发德性之知也。故又曰：

内者，心之神，外者，物之法象；法象非神不立，神非法象不显。多闻而择，多见而识，乃以启发其心思而会归于一，又非徒恃存神而置格物穷理之学也。（同上）

此格物致知之所以重要也。格物为一事，致知为一事，先生论之曰：

夫知之方有二，二者相济也，而抑各有所从。博取之象数，远证之古今，以求尽乎理，所谓格物也。虚以生其明，思以穷其隐，所谓致知也。非致知，则物无所裁而玩物以丧志；非格物，则知非所用而荡智以入邪；二者相济，则不容不各致焉。（《尚书引义》卷三）

所谓格物者，近于归纳之法也；所谓致知者，近于演绎之法也；前者偏于客观一方面，后者偏于主观一方面，二者必相为济，乃可以无害也。《读四书大全说》中更论之曰：

朱子说“格物、致知只是一事，非今日格物，明日又致知”。此是就者两条目发出大端道理，非竟混致知，格物为一也。……吾心之知，有不从格物而得者，而非即格物即致知，审矣。且如知善知恶是知，而善恶有在物者，如大恶人不可与交，观察他举动详细，则虽巧于藏奸，而无不洞见。如砒毒杀人，看本草，听人言，便知其不可食，此固于物格之而知可至也。至如吾心一念之非几，但有愧于屋漏，则即与跖为徒；又如酒肉黍稻，本以养生，只自家食量有大小，过则伤人；此若于物格之，终不能知，而唯求诸己之自喻，则固分明不昧者也。是故孝者，不学而知，不虑而能，慈者不学养子而后嫁；意不因知而知不因物，固矣。唯夫事亲之道，有在经为宜，在变为权者，其或私意自用，则且如申生、匡章之陷于不孝，乃藉格物以推致其理，使无纤毫之疑似，而后可用其诚。此则格致相因，而致知在格物者，但谓此也。（卷一）

格物致知，本为二事，有吾心之知，不从格物而得者，此显然其为二也；有于物格之而后知乃可至者，此又足见其相因也。先生更进而论之曰：

天下之物无涯，吾之格之也有涯；吾之所知者有量，而及其致之也不复拘于量。颜子闻一知十，格一而致十也；子贡闻一知二，格一而致二也。必待格尽天下之物，而后尽知万事之理，既必不可得之数。是以《补传》云："至于用力之久，而一旦豁然贯通焉"。初不云积其所格，而吾之知已无不至也。知至者，"吾心之全体大用无不明"也。则致知者，亦以求尽夫吾心之全体大用，而岂但于物求之哉？《孟子》曰："梓匠轮舆，能与人规矩，不能使人巧。"规矩者物也，可格者也；巧者非物也，知也，不可格者也。巧固在规矩之中，故曰："致知在格物"；规矩之中无巧，则格物、致知亦自为二，而不可偏废矣。（同上）

致知在格物，巧在规矩中之喻也；格物致知亦自为二，规矩之中无巧之喻也。故二者不可偏废。然则其方法何若？先生曰：

大抵格物之功，心官与耳目均用，学问为主，而思辨辅之，所思所辨者皆其所学问之事。致知之功则唯在心官，思辨为主，而学问辅之，所学问者乃以决其思辨

之疑。"致知在格物"，以耳目资心之用而使有所循也。非耳目全操心之权而心可废也。（同上）

格物之功，以学问为主而思辨辅之；致知之功，以思辨为主而学问辅之；致知在格物，要在以耳目资心之用也。先生于《思问录》复曰：

大匠能与人以规矩，不能使人巧。巧者，圣功也，博求之事以会通其得失，……而尽其条理，巧之道也。格物穷理，而不期旦暮之效者遇之。（《内篇》）

博求之事物，以会通其得失，而尽其条理，巧自在规矩之中，此格物穷理，不期旦暮之效，则亦自能巧也。又曰：

定静安虑得，……合而言之，与学相终始；分而言之，格一物亦须有五者之效方格得。……"定"则于至善中曲折相因之致，委悉了当，……一眼覷定，则定理现，定体立矣，……就此下手做去时，心中更无恐惧疑惑，即此而心不妄动，是谓之静。……唯然，则身之所处，物之来交，无不顺而无不安。……一日具知，则虑而得可见于一日之间；终身不舍，则定静安相养于终身之久要。……惟至于得，则笃行之事。（《读四书大全说》卷一）

《大学》言"知止而后有定，定而后能静，静而后能安，安而后能虑，虑而后能得"。先生借此以言格物之法，亦可以备一说也。又，格物致知，亦为修身之事，先生云：

贤人之学，以格物致知为始，而以修其身，格致皆以修也。盖格物致知者，至善之极则，圣人以此为德之至盛，而学者之始事，必自此始焉，所谓知止为始也。下学上达，其致合一，无绳墨之可改，彀率之可变也。（《礼记章句》卷三一）

又云：

《大学》既云："欲正其心者，先诚其意。欲诚其意者，先致其知。致知在格物。"是修身之功以正心为主，三者为辅矣。又云："物格而后知至，知至而后意诚，意诚而后心正。"是身修之功，以物格为始，心正为成，此学者之所疑也。乃《大学》固云："在止于至善。"而《章句》云："知止为始。"四者一之未尽，不可谓至善；学焉而偏有所主，不可谓知止。……然则学之固无其序乎？非无序也，四者各以渐而进，而非急其一而姑置其三也。（同上）

又曰：

贤圣之学，以正心诚意贞天下之得失；以格物致知审天下之是非。得失贞，而气以贞而盛大；是非审，则知以审而博通。（《四书训义》卷十七）

诚其意者，使意皆出于不妄，而心为实心，知为实知，意亦为诚实之意，而后为善去恶之几决矣。（同上，卷一）

古之欲诚其意者，必先于善恶可知之理力致其辨，而无一理之不明，引意以为妄焉。夫致知则意知所诚心知所正，身知所修矣。（同上，卷一）

格物致知者，至善之极则，学者之始事。使意知所诚，心知所正，而后为善去恶之几决；格致与诚正皆当各以渐而进，此格物致知本属于修为之一法也。

(2) 论知行学思

格致之功，于知行二者，并有关系；又或以学问为主，或以思辨为主。则于先生之论知行学思者，不可不稍详言之也。先生之学，体用合一，故于知行，不取先知后行之说，尤恶陆、王先知废行而借于知行合一之说。此其意于《尚书引义》中甚详言之，其说曰：

宋诸先儒欲折陆、杨“知行合一，知不先，行不后”之说，而曰“知先行后”，立一划然之次序，以困学者于知见之中，且将荡然以失据，则已异于圣人之道矣。《说命》曰“知之非艰，行之惟艰”，千圣复起，不易之言也。夫人，近取之而自喻其甘苦者也。子曰：“仁者先难。”明艰者必先也。先其难，而易者从之易矣。先其易，而难者在后，力弱于中衰，情疑于未艾，气骄于已得，矜觉悟以遗下学，其不倒行逆施于修途者鲜矣。知非先，行非后，行有余力而求知，圣言决矣。而孰与易之乎？若夫陆子静、杨慈湖、王伯安之为言也，吾知之矣。彼非谓知之可后也，其所谓知者非知，而行者非行也。知者非知，然而犹有其知也，亦倘然若有所见也。行者非行，则确乎其非行，而以其所知为行也。以知为行，则以不行为行，而人之伦、物之理，若或见之，不以身心尝试焉。浮屠之言曰：“知有是事便休。”彼直以惝然之知为息肩之地，而顾诡其辞以疑天下，曰：“吾行也，运水搬柴也，行住坐卧也，大用赅乎此矣。”是其销行以归知，终始于知，而杜足于履中蹈和之节文，本汲汲于先知以废行也，而顾诎先知之说以塞君子之口而疑天下。其诡秘也如是，如之何为其所罔，而曰“知先行后”，以堕其术中乎？（卷三）

陆、杨知行合一之说，直以知为行，而以不行为行，销行以归于知，则其所持知不先，行不后之说，实先知以废行也。而曰“知先行后”以矫之，则适以堕其术中矣。其实则知非先，行非后，知之非难，行之惟难，固当不离行以为知，尤当行有余力而求知也。先生更论之曰：

且夫知也者，固以行为功者也；行也者，不以知为功者也。行焉可以得知之效也，知焉未可以得行之效也。将为格物穷理之学，抑必勉勉孜孜，而后择之精，语之详，是知必以行为功也。行于君民亲友、喜怒哀乐之间，得而信，失而疑，道乃益明，是行可有知之效也。其力行也，得不以为歆，失不以为恤，志壹动气，惟无审虑却顾，而后德可据，是行不以知为功也。冥心而思，观物而辨，时未至，理未协，情未感，力未赡，俟之他日而行乃为功，是知不得有行之效也。行可兼知，而知不可兼行。下学而上达，岂达焉而始学乎？君子之学，未尝离行以为知也必矣。离行以为知，其卑者，则训诂之末流，无异于词章之玩物而加陋焉；其高者，瞑目据梧，消心而绝物，得者或得，而失者遂叛道以流于恍惚之中。异学之贼道也，正在于此。……皆先知后行，划然离行以为知者也。而为之辞曰"知行合一"，吾滋惧矣。惧夫沈溺于行，墨者之徒，为异学哂也；尤惧夫浮游于惝怳者之偕异学以迷也。"行之惟艰"，先难者尚知所先哉！（同上）

知必以行为功，知不得有行之效；知不可兼行，而行可兼知，先生于知行二者，析之甚精，而知先行后，以及先知废行托于"知行合一"之说，皆不待辨而可以知其误，先生重行之意，亦可以睹矣。此亦所以破陆、王浸淫于佛、老之说而游心于虚无也。先生在《读四书大全说》中更有一段论知行者曰：

盖云知行者，致知、力行之谓也。唯其为致知、力行，故功可得而分。功可得而分，则可立先后之序；可立先后之序，而先后又互相为成。则由知而知所行，由行而行则知之，亦可云并进而有功。乃圣人既立之后，其知也，非待于致也，豁然贯通之余，全体明而大用行也；其行也，非待于力也，其所立者条理不爽，而循由之，则因乎事物之至也。故既立之后，"诚则明矣"。明诚

合一，则其知焉者即行矣，行焉者咸知矣。颜子之“欲从末由”者在此，而岂可以“知行并进”言哉？（卷四）

先生之于知行，盖亦重明诚合一，此则非陆、王“知行合一”之说所能企及也。良知之说，先生以为良即仁义（《读四书大全说》卷十），而从张子“抉性之藏，该之以诚明，为良知之实”，而恶夫王学之“窃释氏之沈，以无善无恶为良知”。（《张子正蒙注》卷三下）皆剖析入微之论。此矫王学之弊者也。

先生之论学也，亦甚恶顿悟之说，谓“朱子于《大学补传》亦云一旦豁然贯通焉，‘一旦’二字，亦下得骤，想朱子于生平或有此一日，要未可以为据”。（《读四书大全说·卷六》）故以为学之要，在于一多并重，博约并致，其说曰：

子曰：“女以予为多学而识之者与？”又曰：“予一以贯之”，凡两言“以”。“以”者用也。谓圣功之所自成，而非以言乎圣功之已成也。然则夫子自志学以来，即从事于“一以贯之”，而非其用功在多，得悟在一也。……天地之道，所性之德，即凡可学可识者，皆一也。故朱子曰：“天下之物，莫不有理。”理一而物备焉，岂一物一理，打破方通也哉？程子自读史，一字不遗，见人读史，则斥为“玩物丧志”。“玩物丧志”者，以学识为学识，而俟一贯于他日者也。若程子之读史，则一以贯乎所学所识也。若不会向“一以贯之”上求入处，则学识徒为玩物。古人之学，日新有得，必如以前半截学识，后半截一贯，用功在学识，而取效在一贯，是颜子早年不应有“亦足以发”之几，而夫子在志学之年，且应不察本原，贸贸然求之，而未知所归也。（《读四书大全说》卷六）

凡可学可识者，皆可一以贯之，一与多本无先后之可言，非用功在多，得悟在一也。故一、多当并重。又曰：

故博文、约礼，并致为功。方博而即方约，方文而即方礼；于文见礼，而以礼征文。礼者，天理自然之则也。约而反身求之，以尽己之理，而推己之情，则天理自然之则著焉。故《大学》修身、正心、诚意、致知、格物，初不以前日为之之谓先，后日为之之谓后，而必明德为本，知止为始，非姑从事于末，而几弋获其本也。……《孟子》曰："博学而详说之，将以反说约也。"其云"将以"者，言将此以说约也。非今之姑为博且详，以为他日说约之资也。约者博之约，而博者约之博，故将以反说夫约，于是乎博学而详说之。凡其为博且详者，皆为约致其功也。若不以说约故博学而详说之，则其博其详，假道谬途而深劳反覆，果何为哉？此优孟衣冠与说铃、书厨之士，与圣贤同其学识，而无理以为之则，无情以为之准，所以祇成其俗儒，而以希顿悟之一旦，几何而不为裴休、杨亿之归哉？圣学隐，大义乖，亦可闵已。（同上）

先生之意，要以学问之道，贵在"日新有得"，故多学而必知一贯，贵在"理以为之则"，"情以为之准"，故博文而必知约礼，此亦诚明合一之道也。苟不重在日新有得，以情理为准则，则虽博虽多，犹无益也。先生有言曰：

宋儒先以格物穷理为身、心、意、知之所自正，亦此道焉耳。虽然，但言读书，而犹有所患。所患者，以流俗之情临简编，而简编之为流俗用者不鲜也。……夫苟以流俗之心而读书，则读书亦嗜好而已。其销日糜月废事丧德也，无以愈如是者。……远流俗，审是非，宁静以镇耳目之浮明，则道贞于一。輶轩之语，里巷之谣，无不可益也。非是而涉猎六藉，且有导人以迷者，况史册有繁言，百家有琐说乎？（《宋论》卷二）

人之读书，所患以流俗之情临简编，则不徒为玩物丧志，而且为废事丧德也。凡为学者，皆不可不戒也。此所以谓“志道强礼为学之始基，而非志未大，立未定，徒恃博文以几明善”，此先生之所以推尊横渠而不从朱子也。

先生之论思辨也，以为辨浅于思，辨只求其当然，思则求其所以然。《读四书大全说》曰：

> 《集注》引程子之言，博学、审问、笃行属学，慎思、明辨属思。明辨者，思其当然；慎思者，思其所以然。当然者，唯求其明；其非当然者，辨之即无不明也。所以然者，却无凭据在，故加之以慎。不然，则至谓天地不仁，四大皆妄，亦不能证其非是，如黑白之列于前也。思中有二段工夫，缺一不成。至于学之必兼笃行，则以效先觉之为，乃学之本义，自非曰“博学”、曰“学文”，必以践履为主，不徒讲习讨论而可云学也。（卷四）

“思中有二段工夫，缺一不成”，所贵乎思者，固在明其当然，又明其所以然也。思有心官，有耳目之官，先生于《读四书大全说》中论之曰：

> “耳目之官不思”，疑与“心之官则思”相为对照。而今云“耳目之官”四字，含有“则视听”三字。“不思”二字与“不思则不得也”相对者，以官之为言司也，有其司则必有事，抑必有其事而后有所司。今既云“不思”矣，则是无其事也。无其事而言司，则岂耳目以不思为所司之职？是犹君以无为为职也，耳目当为君矣。此释氏以五识为性境现量之说，反以贱第六、七识而贵前五识也。是以知言“耳目之官”，则固有其司者存，岂非以言目司视，而耳司听乎？乃耳目则有其所司矣，非犹夫血肉爪发之无所司矣。今但以其不能思者言

之，则且与血肉爪发等，而虽在小人，亦恶乎从之？足知言不思者，谓不思而亦得，故释氏谓之现量；心之官不思则不得，故释氏谓之非量。……故不待思而得者，耳目之利也；不思而不得者，心之义也。“而蔽于物”者，耳目之害也，“思则得”者，心之道也。故耳目者利害之府；心者道义之门也。……先立乎其大者，则小者不能夺。……此大人所以备物而诚。……心思之用，暗然未能即章，而思则日章；先难而后获，先得而后丧，大小贵贱之分，由此以别。……学者明于此，而吾当体之中，可考、可择，为主、为辅之分以明，则不患圣功之无其门。而彼释氏推耳为圆通之最，奖前五为性境之智者，亦不待攻而自露矣。（卷十）

思则得者，心之道也，故心可以为道义之门，先立乎其大者，则小者不能夺。备物而诚，其道全由于思，故可以为圣功之门也。先生尝谓：“《孟子》说此一思字，是千古未发之藏，与《周书》言‘念’，《论语》言‘识’，互明性体之大用。”又谓“思之一字，是继善、成性、存存三者一条贯通梢底大用。括仁义而统性情，致知格物，诚意正心，都在者上面用功夫”。思括仁义而统性情，则又纯乎义理者也。故谓：

只思义理便是思，便是心之官；思食思色等，直非心之官，则亦不可谓之思也。《孟子》曰：“先立乎其大者”，元只在心上守定着用功，不许寄在小体上用。以耳目有不思而得之长技，一寄其思于彼，则未有不被其夺者。今试体验之：使其为思仁思义，则不因色起，不因声起，不假于视，不假于听，此心亭亭特特，显出他全体大用来。若思食色等，则虽未尝见、未尝闻，却目中若现其色，耳中若闻其声，此虽不蔽于现前之物，而亦蔽于所欲得之物；不与现前之物交，而亦与天下之物交也。此却是耳目效用，心为之役。心替其功能以效于耳目之聪明，则亦耳目之官诱心从彼，而尚得谓之思哉？……物引不动，经纬自全，方谓之思。故曰：“万物皆备于我。”不睹不闻中只有理，原无事也。无事而理固可思，此乃心官独致之功。今人但不能于形而上用思，所以不知思之本位，而必假乎耳目以成思，则愚先言尽天下人不识得心，亦尽天下人不会得思也。“万物皆备于我”，唯思，故诚通焉。……其或所思者正，而为贤者之太过，如季文子之三思，与夫子所谓“思而不学则殆”者，疑为思过。而其有所过思也，则必有所不及思，或极思之深而不能致思之大，或致思之大而不能极思之深，则亦有所不思而不得尔。深者大以广之，大者深以致之，而抑以学辅之（必竟思为主）。以善其用，而后心之官乃尽也（学亦藉思）。……《孟子》之言思，为古今未发之藏，而曰“思诚者人之道”，特以补明子思所言“诚之者”之实。思为人道，即为道心，乃天之宝命而性之良能，人之所以异于禽兽者，唯斯而已。（同上）

观先生此论，“只思义理便是思”，“不假于视，不视于听”，“物引不动，经纬自全”，则所谓思者，纯属形而上，与普通所谓之思，固大异其旨也。先生析知为见闻之知与德性之知，此其所以论思不以思食、思色为思，而以思为“天之宝命，性之良能”也。明于先生“知以人”、“知以天”之说，于此思之意义，乃可以思过半矣。“深者大以广之，大者深以致之”，此又先生诏吾人以思之方法者，其曰“万物皆备于我，唯思，故诚通焉”，则思之最高境界也。先生固曰：

思诚者，择善固执之功，以学、问、思、辨、笃行也。己百己千而弗措，要以肖天之行，尽人之才，流动充满于万殊，达于变化而不息，非但存真去伪、戒欺求慊之足以当之也。尽天地只是个诚，尽圣贤学同只是个思诚，即是“皇建其有极”，即是二殊五实合撰而为一。（《读四书大全说》卷九）

又曰：

格、致、诚、正、修、齐、治、平八大段事，只当此“思诚”一“思”字；曰“命”、曰“性”、曰“道”、曰“教”，无不受统于此一“诚”字。（同上）

“尽天地只是个诚，尽圣贤学问只是个思”，“思”“诚”二字，在先生学说中，并为要义，读先生之书者，固不可将此最重要之二语轻轻放过也。

（四）政治思想

先生生当明末清之际，痛异族之进逼，而神州以沦亡，“哀其所败，原其所剧”，自不得不悲怨繁心，于邑填膈，欲“矫其所自失，以藩扞中区”（《黄书·后序》），对于政治，固不能已于言也。先生作《周易外传》曰：“位者，天地之所以治人也。……亦待圣人而终显其功；呜乎！彼骄语贫贱，何为也哉？”（卷六）。其作《礼记章句》曰：

“《易》称之曰：‘圣人之大宝曰位。’当有道之世，而贫且贱焉，亦君子之耻矣。后世道之不明，严光、周党、魏野、林逋之流，生值盛世，而视爵禄如草芥，人君顾尊奖之以示天下，不已悖欤?”（卷五）

此亦亭林“保天下者，匹夫之贱，与有责焉”之意也。则尤不可谈经世之务，而具有政治思想焉。先生之政治著述，虽只有《黄书》《噩梦》数种，其议论散见于其他著述者实多，兹综述之如下：

(1) 根本观念

先生之论天人之关系也，曰：“天道人情，凝于仁，著于礼，本仁行礼，而施之无不顺，皆其实然之德也。”（《礼记章句》卷九）又曰：

> “礼之一本于天，而唯体天德者，为能备大顺之实，以治政安君而天人无不顺也。三代之英，所以绍大道之公而继天立极也。乃推求其本，则一言以蔽之曰仁，……仁与《中庸》之言诚一也。是礼之所自而运于天下，则顺是也。”

(同上) 而“礼放于义”，“义放于仁”，故曰：“立人之道，曰仁与义。”而以为“仁义之外无人”也。此先生论天人之关系也。虽然，所谓仁者，非无好恶之谓，非无差等之谓，为博爱之说者，不必其尽可取。先生论之曰：

> 仁非博爱之谓也。微言绝，大义隐，以博爱言仁，而儒乱于墨。墨氏之仁，妇姑之仁也，于是而宋钘、惠施之徒，衔之而为止攻善救之说，以狐媚愚氓而益其乱。说《春秋》者曰：“凡书救者，未有不善之也。”安得此墨之诐辞而亟称之哉！夫救之与攻，有异名，无异实。党其所同，则伐其所异，得失因乎曲直，而不系乎主客也。……以兵救曲，罪坐救者；见救于恶，罪坐所救；无妄救斯无妄攻，君子之仁，所由异于墨、释也。《春秋》书晋侯伐卫，楚人救卫，而卫党楚，以病中国之罪定矣。卫罪定，而晋侯之伐，不亦宜乎？爰旌目拒盗食以陨命，石敬塘怙契丹以篡唐，观其所与为徒者，而贞士恶人之辨悬绝于天壤。故曰：“唯仁者能好人，能恶人。”（《春秋家说》卷一下）

仁者非惟能好人，且当能恶人，如卫党楚以病中国，石敬塘怙契丹以篡唐，此所谓国贼，不仁之尤者，不可以博爱之义，曲为之说者也。暴君污吏，亦所当诛：好人恶人，皆在于仁，此一说也。又曰：

> 仁者，有生之类所必函也；生者，上天之仁所自荣也。故曰："本立而道生"。……韩愈氏曰："博爱之谓仁。"言博也，则亦逐流而失其源也，博则其爱也弛矣。……仁天下也有穷，而父子兄弟之仁，则不以穷而妨其爱也。唯不仁者，舍其约以务于博，即有爱焉，亦散漫以施，而自矜其惠之溥；如其穷矣，则视父子兄弟亦博爱中之一二人而已。置之可也，杀之又奚不可哉？……朱友珪、李从珂僭主中国，为不仁之倡，而徐知诰、马殷之子孙相效以自殄其族。夫此数不仁者，抑岂无爱以及人哉？爱之无择而穷矣。……墨、释之邪，韩愈氏之陋，实中于不肖者之心，以为天理之贼，不可瘥也。（《读通鉴论》卷二九）

仁当笃于父子，仁以自爱其类，凡同类者，不可相贼，而异类者，不可以骤云博爱也。今之说曰，必先言民族主义，而后言世界主义。先生之言爱有差等，亦可谓为提倡民族主义也，此一说也。先生虽常谓"君天下者，仁天下也"（详下），然非一博爱之谓仁也。

所谓义者，亦非立一成之轨，而与时无关系者也。先生尝谓："时地异则义徙"（《礼记章句》卷二四），则义与时之关系之重大可知。《春秋世论》曰：

> 太上治时，其次先时，其次因时，最下亟违于时。亟违于时，亡之疾矣。治时者，时然而弗然，消息乎己以匡时者也。先时者，时将然而导之，先时之所宗者也。因时者，时然而不得不然，从乎时以自免，而亦免矣。亟违时者，时未为得而我更失焉，或托之美名以自文，适自捐也。（卷五）

此不惟主张不违时，而当因时先时，且以治时为最高，明其消息以匡夫时，比于乘时，尤扼要也。《宋论·卷一》曰：

> 是故因亦一道也，革亦一道也。其通也，时也；万古不易者，时之贞也。其塞也，时也；古今殊异者，时之顺也。考三王，俟百世，精义以中权，存乎道而已矣。

此以古今因革、通塞、贞顺一归乎时者也。于时代之观念，可谓极重视矣。其云“精义以中枢”，则权之重要，所以治时也。其言曰：

> 圣人之会人物以经，通古今也以权，……其宰制天下也，惟此而已矣。……权以通古今之势，经以会民物之情。（《尚书引义》卷五）

又曰：

> 制天下有权，权者，轻重适如其分之准也。非诡重为轻、诡轻为重，以欺世而行其私者也。重也，而予之以重，适如其数；轻也，而予之以轻，适如其数；持其平而不忧其忒，权之所审，物莫能越也。（《读通鉴论》卷二十）

权以通古今之势，而轻重适如其分，则不仅于明其时势，又可以持平而不忧其忒，此所以宰制天下，惟以权也。先生之论权曰：“权者，以铢两而定无方之重轻，一以贯之之象，随时移易而皆得其平也。明此，则权即经之所自定。”（《张子正蒙注》卷四下）又曰：“在经曰‘宜’，在变曰‘权’，权亦宜也。”（《读四书大全说》卷五）权定于经，权亦宜也，非权变权术之谓，而实即仁即义也。先生有言曰：

> 孔子作《春秋》，何曾有仁义作影本？只权衡来便是仁义。（《读四书大全说》卷九）

“只权衡来便是仁义”，此所以极重夫权也。先生以古今、因革、通塞、贞顺一归于时，此与其重天地之化日新之意见有关，可谓受影响于《易》；其重权衡，则受影响于《春秋》，《春秋》

王道之权衡也。先生尝谓：

> 天下之大防二：夷狄、华夏也，君子、小人也，……而其归一也。一者何也？义利之分也。（《读通鉴论》卷一十四）

义利之辨，华夏之防，并《春秋》之要旨，所谓尊王攘夷，正其谊不谋其利是也。然先生并非绝对不言功利者，《春秋家说·卷一下》曰：

> 说《春秋》者曰："正其谊不谋其利，明其道不计其功"，亦谓义正而害自远，道明而功固不可败也。执一结楚亡宋之匹夫，以伸其罪于宋，谊何有于不正，而与道相背驰乎？夫岂不利而害，无功而败者之乃得为道谊也？以此为教，功利之士乃以诮道义之适足以亡，是与于不仁之甚，而诈力益昌矣。

《读四书大全说》亦曰：

> 先儒执董生谋利计功之说，以概此章之旨，失之远矣。董生之对江都者，自以折其跋扈不臣之心，而岂古今之通论哉？（卷八）

故功利非绝不可言也。特"义足以用则利足以和"，"言离义而不得有利也"。（《尚书引义》卷二）此义利之辨之要旨，不可不明也。

天道人情，凝于仁，著于礼，礼虽天理之节文，而必寓于人欲以见，故所谓行礼者，非不重情欲也。先生于《诗广传》论之曰：

> 圣人达情以生文，君子修文以函情。……故情为至，文次之，法为下。何言乎法为下？文以自尽而尊天下，法以自高而卑天下。卑天下而欲天下之尊己，贤者怼，不肖者靡矣，故下也。何言乎情为至？至者，非夫人之所易至也。圣人能即其情、肇天下之礼而不荡，天

下因圣人之情、成天下之章而不紊。情与文、无畛者也，非君子之故啮合之也。故君子嗣圣人以文而不优情之漓，使君子嗣圣人以情，则且忧情之诎矣。情以亲天下者也，文以尊天下者也。（卷一）

此所以贱法而重情文也。“圣人能即其情肇天下之礼而不荡，天下因圣人之情成天下之章而不紊”，重礼即所以情文也。又曰：

圣人之于天下，视如其家，家未有可以言言者也。化成家者，家如其身，身未有待于言言者也。……督子以孝，不如其安子；督弟以友，不如其裕弟；督妇以顺，不如其绥妇。……君子所为以天道养人也。（同上，卷一）

此又言督之不如安之，亦重人情之说也。圣人之于天下，视如其家，则“君天下者仁天下也”之说。“天道人情，凝于仁，著于礼”，而“礼放于义，义放于仁”，则仁者，诚所谓“绍大道之公而继天立极也”。证以“君天下者仁天下也”之言，则先生之政治思想，虽并重仁义时权情礼，而“仁天下也”四字尤为其本根，则其基本概念，亦可以一言以蔽之曰“仁”矣。先生尝谓“治道之极致，……其枢机则君心之敬肆也；其戒则怠荒刻核，不及者倦，过者欲速也；其大用贤与教也；其施及于民，仁爱而锡以极也”。（《读通鉴论·卷末》）敬肆怠荒之说，于先生论正心诚意足以见之；刻核之说，于先生之反对申、韩足以见之；用贤兴教，于先生论选举、学校足以见之；其最重要者，仍在“仁爱而锡以极”，此固治道之目的，所以施及于民者也。

(2) 民族主义

先生于博爱为仁，以为当有差等，而于夷夏之分，则认天下之大防；就理论言，已当主张民族主义。先生年二六时，正当明代甲申之变，清以异族入主中国，则更不能不一发而为极激烈之民族主义矣。故于丙戌受父命编《春秋家说》即曰：

> 中国於夷狄弗言战。……殄之不为不仁，欺之不为不信，斥其土、夺其资不为不义。苟与战而必败之也，殄之以全吾民之谓仁，欺以诚行其所必恶之谓信，斥其土则以文教移其俗，夺其资而以宽吾民之力之谓义。仁义以信，王伯之所以治天下，匡人道也。（卷三中）

此犹言仁言义也。其后十年，先生著为《黄书》，更云：

> 民之初生，自纪其群，远其害殄，擯其异类，统建维君。故仁以自爱其类，义以自制其伦，强干自辅，所以凝黄中之絪缊也。今族类之不能自固，而何他仁义之云云也哉？（《后序》）

则不惜"功力以为固，法禁以为措"，以谋"藩扞中区"矣。于是发为孤秦陋宋之论，其言曰：

> 无为与者，伤之致也；交自疑者，殊俗之所乘也。……生民以来未有之祸，秦开之而宋成之也。是故秦私天下而力克举，宋私天下而力自诎。祸速者绝其胄，祸长者丧其维，非独自丧也，抑丧天地分建之极。呜呼！岂不哀哉！（同上）

又曰：

> 中国财足自亿也，兵足自强也，智足自名也。不以一人疑天下，不以天下私一人，休养厉精，士佻粟积，取威万方，濯秦愚，刷宋耻，此以保延千祀，博衣、弁带、仁育、义植之士氓，足以固其族而无优矣。

此欲以全天下之义，以自固其族也。故曰：

> 可禅，可继，可革，而不可使异类间之。

此其语固益沉痛而益激烈矣。先生于《诗广传》中，更论御夷狄之法曰"时战则战，时守则守"。其说曰：

> 论御夷者曰："周得中策，汉得下策"，是周、汉各有一成之策也，我有以知其未知策也。"我戍未定，靡

使归聘”，守也；“岂敢定居，一月三捷”，战也。夫御夷者，诚不可挑之以战，而葸于战以言守，则守之心先脆矣。诚不可葸焉以守，而略于守以言战，则战之力先枵矣。抑以战为守，以守为战，而无固情也。故善御夷者，知时而已矣。时战则战，时守则守。时战，则欺之而不为不信，殄之而不为不仁，夺之而不为不义。时守，则机若可乘，不乘、而不为不智；力若可用，不用、而不为不勇。《采薇》之诗，迭言战守而无成命，斯可以为御夷之上策矣。（卷三）

“不可挑之以战，而葸于战以言守”；“不可葸焉以守，而略于守以言战”；“以战为守，以守为战，而无固情”。此数语者，固深明所以御夷之法也。虽然，先生之政治思想，植本于仁，民族之间，亦重在互不侵犯耳。故又曰：

语曰：“王者不治夷狄。”谓沙漠而北，河、洮而西，日南而南，辽海而东，天有殊气，地有殊理，人有殊质，物有殊产。各生其所生，养其所养，君长其君长，部落其部落，彼无我侵，我无彼虞，各安其纪而不相渎耳。若夫九州之内，负山阻壑之族，其中为夏者，其外为夷；其外为夏者，其中又为夷；互相襟带，而隔之绝之，使胸腋肘臂相亢悖而不相知，非无可治，而非不治也。然且不治，则又奚贵乎君天下者哉？君天下者，仁天下也。（《宋论》卷六）

一方面，固不受异族之侵略；一方面，亦不歧视其他民族，则先生所主张之民族主义，固为力谋自决，共求解放，从“仁天下”出发，其意义固极伟大者也。先生尝谓文明进化，不可以泥古过高而菲薄当今，然而谓衰旺迭相易，文明混沌，非无变迁，其说曰：

天地之气衰旺，彼此迭相易也。太昊以前，中国之

> 人若麇聚鸟集。非必日照月临之下而皆然也，必有一方焉如唐、虞、三代之中国也。……以其近且小者推之，吴、楚、闽、越，汉以前夷也，而今为文教之薮；齐、晋、燕、赵，唐、隋以前之中夏也，而今之椎钝駤戾者，十九而抱禽心矣。……推之荒远，此混沌而彼文明，又何怪乎？（《思问录》外篇）

衰旺彼此迭相易，此混沌而彼文明，颇又似于轮化之说。《易》言往来不言生灭，一往一来，固极近于轮化，先生深受《易》之影响，故有此说，此则论之未融者也。

(3) 重民思想

先生之政治思想，植本于仁，仁以自爱其类，则秉国政者，当以民为重，此不待言也。《尚书引义·卷四》曰：

> 尊无与尚，道弗能逾，人不得违者，惟天而已。曰"天视自我民视，天听自我民听"，举天而属之民，其重民也至矣。虽然，言民而系之天，其用民也尤慎矣。……征天于民，用民以天，夫然后大公以协于均平，而持衡者慎也。

"举天而属之民，其重民也至矣"，此就天人之关系而言也，征天于民，而其所用者，尤不当以贤智之天为准，而当以愚不肖之天为准。故曰：

> 均乎人之天者，通贤智愚不肖而一。圣人重用夫愚不肖。……圣人固不自矜其贤智矣。（同上，卷一）

此亦重民之意也。又曰：

> 天下之大哀有二，而刑杀无辜不与焉。君子无以待小人，而死徙中于细民；大国无能拒四夷，而灭亡中于小国。……诚哀之也。（《春秋世论》卷五）

此亦重民之旨也。先生于《孟子》民贵君轻之说，虽不喜多言之，然而曰："可禅，可继，可革，而不可使异类间之。"是所争者惟在民族之安危，而不重视一姓之兴亡，则无以异于民贵君轻之旨。其言曰：

最下，以臣与民之不顺于君者为大罪，而忘其民。（《尚书引义》卷二）

又曰：

仁莫切于笃其类，义莫大于扶其纪。笃其类者，必公天下而无疑；扶其纪者，必利天下而不吝。（同上，卷五）

不以臣民不顺于君者为大罪，而重在公天下利天下，其持论在表面上虽不如梨洲《原君》《原臣》等篇之激烈，而其实则相去不甚远也。因重民轻君，而与民最有关系者之吏与法，先生则主张严吏宽法。其说曰：

严于督民而宽于计吏，则国必无与立。史称元政不纲，唯其宽也。（《噩梦》）

此宽于计吏之病也。严之之道，则在慎选。其言曰：

革陋宋鬻贩之私，则大公行矣。百年之内，乘千岁之弊，仍科目而减其额，核资格而难其选，则始基立矣。然后抑浮藻，登德行，立庠序，讲正学，厉廉耻，易科目，升孝秀，俟之必世之后而天气清，人维固，禽心息。（《黄书》）

然对于吏之俸给则主张厚与之，以抑其贪。而以为：

核吏不得不严，而士大夫自有廉耻奖掖之者，抑其本也。……今俸入不堪，吏莫能自养。其始也，亏替公费，耗没祭祀、学校、夫马、铺递、民快之资以自入，而一责之民。其既也，则无所不为，而成乎豺虎矣。（《噩梦》）

此与亭林所谓“今日贪取之风，所以胶固于人心而不去者，以俸给之薄，而无以赡其家也”，（《日知录》卷十二）其意大略相同。虽同为有感而发，然所谓严资格，厉廉耻，在今日视之，其言亦不可废也。

先生尝谓“古今之大害有三：老庄也，浮屠也，申韩也”。又曰：“必尽者，人也；不可恃者，法也。”（《尚书引义》卷一）是先生对于法治之说，不甚取也。然亦非谓法治为绝对不善，尝曰：

得百治人不如一治法。（《春秋世论》卷一）

任人任法，皆言治也。而言治者曰：任法不如任人。虽然，任人而废法，则下以合离为毁誉，上以好恶为取舍，废职业，徇虚名，逞私意，皆其弊也。……苟有法以授之，人不得以玩而政自举矣。故曰：“择人而授以法，非立法以课人也。”（《读通鉴论》卷十）

是法治之重要，亦不讳言之也。惟于申、韩之惨覈，则主张从简以宽而救之耳。其说曰：

言治者之大病，莫甚于以申、韩之惨覈，窜入于圣王居敬之道。而不知其病天下也。……夫俭勤与敬，治道之美者也；……俭之过也则吝，吝则动于利以不知厌足而必贪。勤之亟也必烦，烦则责于人以速如己志而必暴。……如是者，其心恣肆，而持一敬之名，以鞭笞天下之不敬，则疾入於申、韩，而为天下贼也，甚矣。（《宋论》卷三）

又曰：

夫曰宽、曰不忍、曰哀矜，皆帝王用法之精意。然疑于纵弛藏奸而不可专用。以要言之，唯简其至矣乎？八口之家，不简则妇子喧争；十姓之闾不简，则胥役旁午。……简者，宽仁之本也。（《读通鉴论》卷二二）

此以宽简救申、韩之惨核也。然其主意实在于宽，惟宽始可以免于寡恩，惟宽始可以为养民之法。故曰：

宽以济猛，猛以济宽，……出于《左氏》，疑非夫子之言也。……严以治吏，宽以养民，无择于时，而并行焉，庶得之矣。（同上，卷八）

先生于死刑反对“枭之、磔之、轘之”（同上，卷九），而于肉刑亦主张不可以复古（同上，卷二）；于惩贪则反对“广逮系以成锻炼”（同上，卷二六），于治盗亦以为“莫善于缓”（同上，卷六），凡此皆可以见其主张从宽之意，亦所以仁天下也。“严于治吏，宽以养民”，亦正由其重民思想而来也。

（4）政治制度

先生之著述中，所论政治制度非一，惟以为兴废繁简之间，当因乎时而不可执，此则为其主旨所在。其言曰：

天下有定理而无定法。定理者，知人而已矣，安民而已矣，进贤远奸而已矣；无定法者，一兴一废一繁一简之间，因乎时而不可执也。（《读通鉴论》卷六）

又曰：

法者，非一时非一人非一地者也。……先后异时也，文质相救而互以相成；一人之身，老少异状，况天下乎？刚柔异人也，不及者不可强，有余者不可裁；清任各有当，而欲执其中，则交困也。南北异地也，以北之役役南人，而南人之脆者死；以南之赋赋北士，而北土之瘠也尽；以南之文责北士，则学校日劳鞭扑；以北之武任南兵，则边疆不救危亡。（《读通鉴论》卷四）

政治制度之兴替，有时间之关系存焉，有地域之关系存焉，有民性之关系存焉，故不可一概因袭古制，依样画出，以流毒天下，如王莽之于《周礼》也。（《读四书大全说》卷九）先生于封建、乡举、里选、学校等制度，皆不主张复古，于郡县、书院等制度则极颂之，先生固极具有时代观念也。其说曰：

两端争胜，而徒为益之论者，辨封建者是也。郡县之制，垂二千年而弗能改矣，合古今上下而安之，势之所趋，岂非理而能然哉？天之使人必有君也，莫之为而为之。故其始也，各推其德之长人、功之及人者而奉之，因而尤有所推以为天子。人非不欲自贵，而必有奉以为尊，人之公也。安于其位者习于其道，因而有世及之理。虽愚且暴，犹贤于草野之罔据者，如是者数千年而安之矣。强弱相噬而尽失其故，至于战国，仅存者无几，岂能役九州而听命于此数诸侯王哉？于是分国而为郡县，择人以尹之，郡县之法，已在秦先。秦之所灭者七国耳，非尽灭三代之所封也。则分之为郡，分之为县，俾才可长民者皆居民上以尽其才，而治民之纪，亦何为而非天下之公乎？……郡县者，非天子之利也，国祚所以不长也；而为天下计，利害不如封建之滋也多矣。呜呼！秦以私天下之心，而罢侯置守，而天假其私以行其大公，存乎神者之不测，有如是夫！……国祚之不长，为一姓言也，非公义也。秦所以获罪于万世者，私己而已矣！斥秦之私，而欲私其子孙以长存，又岂天下之大公哉？（《读通鉴论》卷一）

此就势理而言，以见郡县之制，垂两千年而弗能改。而就公私而论，郡县之制，俾才可长民者皆居民上以尽其才，正天假秦之私以行其大公，故封建不如郡县也。先生更论郡县之利曰：

郡县之天下有利乎？曰："有，莫利乎州郡之不得擅兴军也。"郡县之天下有善乎？曰："有，莫善于长吏之不敢专杀也。"诸侯之擅兴以相侵伐，三代之衰也，密、阮、齐、晋，莫制之也；三代之盛，王者禁之，而后不能禁也。若其专杀人也，则禹、汤、文、武之未能禁也，而郡县之天下得矣。

人而相杀矣，诸侯杀之，大夫杀之，庶人之强豪者杀之，是蛙黾之相吞而鲸鲵之相吸也。夫禹、汤、文、武岂虑之未周，法之不足以立乎？自邃古以来，各君其土，各役其民，若今化外土夷之长，名为天子之守臣，而实自据为部落，三代不能革，以待后王者也。至于战国，流血成渠，亦剥极而复之一机乎？（同上，卷十五）

郡县之不擅兴兵，不得专杀，此与仁天下之旨相合者也。较之封建之各君其土，各役其民，万其国者万其心，固不可同日而语矣。且以时势而论：

夫封建之不可复也，势也。（同上，卷二）

则封建郡县之优劣，更勿论矣。当先生之世，尚有主张复封建之制如颜习斋者，其为泥古可知。若先生由公天下、仁天下之二点，以见封建之不如郡县，匪惟颜习斋之泥古所不企及，自来持论者亦未有如是明彻也。其论井田曰：

大抵井田之制，不可考者甚多，《孟子》亦说个梗概耳。如《周礼》言不易之田百亩，一易之田二百亩，再易之田三百亩，则其广狭不等，沟浍、途径，如何能合井字之形！故朱子云“恐终不得有定论”。……

想来黄帝作井田时，偶于其畿内无一易、再易之田，区画使成井形。殷、周以后，虽其沟洫、涂径用此为式，若其授田之数，则八家或授二井，或授三井，不必一井之必八夫矣。至于七十、百亩，殷所以少而周所以多者，真不可晓，则或七十、百亩者，亦夫田赋税之法，而非果限诸民也。周既增殷三十亩，则经界必须尽改，其烦劳亦已太甚；而渐次推移，则有弃其故壤，而授田于百里之外者，得无有捐坟墓、异风土之悲乎？

考诸《考工记》，匠人治野之事，既常立一官以司之，而执其功者，取诸公旬三日之役。意者近或十年，久或数十年，有须改正者，则为之改作。故《孟子》言

“暴君汙吏，必慢其经界”。慢者，不修理改正之谓也。其法，想亦与今法十年大造黄册，推收过户之制略同。但在井田，则须加一番土功尔。

大要作一死“井”字看不得。所谓一夫百亩者，盖亦百亩一夫之谓。从田立户，而非必因户制田也。《周礼·考工》及何休、郑玄诸说，亦只记其大略，到细微处，又多龃龉。更不可于其间曲加算法，迁就使合。有所通，则必有所泥。古制已湮，阙疑焉可矣。（《读四书大全说》卷八）

井田之制，已难详考，先生虽谓“得井田之意而通之，不必问三代之成法，而可以百世而无敝也”。（《噩梦》）于此称制度，非不以为善，然而云“有所通，则必有所泥。古制已湮，阙疑焉可矣”。则实不泥古之精神也。且井田什一之赋，亦不可施于后世也。先生在《读通鉴论》论之云：

什一之赋，三代之制也。《孟子》曰：“重之则小桀，轻之则小貉。”言三代之制也。天子之畿千里；诸侯之大者，或曰百里，或曰五百里，其小者不能五十里。有疆场之守，有甲兵之役，有幣帛、饔飧、牢饩之礼，有宗庙、社稷牲币之典，有百官、有司、府史、胥徒禄食之众，其制不可胜举。《聘义》所云：“古之用财者不能均。”如此而已。故二十取一而不足。然而有上地、中地、下地之差，有一易、再易、莱田之等，则名什一，而折衷其率，亦二十而取一也。

自秦而降，罢侯置守矣。汉初封建，其提封之广，盖有倍蓰于古王畿者，而其官属典礼又极简略，率天下以守边，而中邦无会盟侵伐之事。若郡有守，县有令，非其伯叔甥舅之交，而馈问各以其私。社稷粗立，而祀典不繁。一郡之地，广于公侯之国，而掾史邮徼，曾不以当一乡一遂之长。合天下以赡九卿群司之内臣，而不逮《周礼》六官之半。是古取之一圻而用丰，今取之九州而用俭，其（他国家）之经费，百不得一也。什一而征，将以厚藏而导人主之宣欲乎？不然，亦奚用此厚敛为也！

文帝十三年，除田租税；景帝元年，复收半租，三十而税一；施及光武之世，兵革既解，复损什一之税，如景帝之制；诚有余而可以裕民也。封建不可复行于后也，民力所不堪，而势在必革也。（卷三）

又曰：

读古人书，不揆其实，欲以制法，则殃民者亦攀援附讬以起，非但耕战刑名之邪说足以祸天下也。

三代取民之法，皆有什一，当其时必有以处之者，民乃不困。

……

……后世无识之士，欲挠乱成法，谓三代之制一一可行之今，适足贼民病国，为天下僇。……三十取一，民犹不适有生，况什一乎？（卷二十三）

此则由什一之税，苟行于后世，适足贼民病国，为民力所不堪。从仁天下而言，井田之制，只可通其意，而必不可复之于后世也。先生此论，更具有无限悲天悯人之意也。其论学校与乡举里选也，亦以为与封建有关，不可孤行于后世。《读通鉴论》卷三论之曰：

郡县之与封建殊，犹裘与葛之不相沿矣。古之乡三年而宾兴，贡士唯乡大夫之所择，封建之时会然也。成周之制，六卿之长，非诸侯入相，则周、召、毕、荣、毛、刘、尹、单也。所贡之士，位止于下大夫，则虽宾兴，而侧陋显庸者亡有。且王畿千里，侯国抑愈狭矣。

地迩势亲，乡党之得失是非，旦夕而与朝右相闻。以易知易见之人才，供庶事庶官之冗职，臧否显而功罪微。宾兴者，聊以示王者之无弃材耳，非举社稷生民之安危生死而责之宾兴之士也。

郡县之天下，统中夏于一王。郡国之远者，去京师数千里。郡守之治郡，三载而迁。地远，则贿赂行而无惮。数迁，则虽贤者亦仅采流俗之论，识晋谒之士，而孤幽卓越者不能遽进于其前。且国无世卿，廷无定位。士苟闻名于天下，日陟日迁，而股肱心膂之任属焉。希一荐以徼非望之福，矫伪之士，何惮不百欺百仇以迎郡守一日之知，其诚伪淆杂甚矣。

……

一乡之称，且有乡原；四海之誉，先集伪士。故封建选举之法，不可行于郡县。

此乡举里选之不可行于后世也。《宋论》卷三曰：

三代之隆，学统于上。……后世之天下，幅员万里，文治益敷，士之秀者，不可以殚计，既非一太学之所能容。违子舍，涉关河，抑立程限以制其来去，则士之能就学于成均者，盖亦难矣。若夫州县之学，司于守令，朝廷不能多得彬雅之儒与治郡邑，而课吏之典，又以赋役狱讼为黜陟之衡，虽有修业之堂，释菜之礼，而迹袭诚亡，名存实去，士且以先圣之宫墙，为干禄之捷径。课之也愈严，则遇之也益诡；升之也愈众，则昌之也愈多。天人性命，总属雕虫，月露风云，祗供游戏。有志之士，其不屑以此为学也，将何学而可哉？恶得不倚赖鸿儒，代天子而任劳来匡直之任哉？……

当四海一王之世，虽尧、舜复起，不能育山陬海澨之人才而使为君子，则假退处之先觉，以广教思，固其

> 所尸祝而求者也。……较彼抡才司训之职官，以《诗》、《书》悬利达之标，导人弋获者，其于圣王淑世之大用，得失相差，不已远乎？
>
> 然则以书院为可毁，不得与琳宫梵宇之庄严而并峙；以讲学为必禁，不得与丹灶刹竿之幻术而偕行；非妬贤病国之小人，谁忍为此戕贼仁义峻法哉？（卷三）

此谓学校不及后代之书院也。故曰：

> 《易》曰："变通者时也。"三代之王者，其能逆知六国强秦以后之朝野，而豫建万年之制哉？……
>
> 封建也，学校也，乡举里选也，三者相扶以行，孤行则踬矣。用今日之才，任今日之事，所损益，可知已。（《读通鉴论》卷三）

封建学校、乡举里选，本有连带的关系，其时势既易，则不当泥守成法，或孤行其一，而毫不加变革，盖社会之组织既异，则其制度亦当随之而异也。准此理由，先生谓寓兵于农，亦不可行于后世。《读通鉴论》曰：

> 三代寓兵于农，封建之天下相承然也。周之初，封建亦替矣，然其存者犹千八百国也。外无匈奴、突厥、契丹之侵逼，兄弟甥舅之国，以贪愤相攻而各相防尔。然忿忮一逞，则各驱其负耒之愿民以喋血于郊原。悲夫！三代之季，民之瘅以死者，非但今之比也。禹、汤、文、武之至仁，仅能约之以礼而禁其暴乱，而卒无如此斗农民以死之者何也！上古相承之已久矣。……
>
> ……
>
> 不能反三代封建之制，幸而脱三代交争之苦，农可安农，兵可安兵，天别之以材，人别之以习，宰制天下者，因时而利用，国本坚而民生遂，自有道矣。佔毕小儒，称说寓兵于农而弗绝，其愚以祸天下，亦至此哉！

农之不可兵也，厉农而祇以弱其国；兵之不可农也，弱兵而祇以芜其土也。故卫所兴屯兵之法，销天下之兵而中国弱，以坐授洪图于异域，所繇来久矣。且所谓屯田者，卤莽灭裂，化肥壤为硗土，天下皆是也，可弗为永鉴乎！（卷十七）

寓兵于农，在三代已非善政，“民之憔悴，亦大可伤矣”，有明以卫所兴屯之法，销天下之兵于农，而中国以弱亡，则尤不可行也。先生此论，固因明亡而发，而以为不可袭封建之制，昧于古今之势，与其论乡举里选同也。先生有见于“井田、封建、乡举里选、寓兵及于农、舍笞杖而行肉刑诸法，先儒有欲必行之者矣”。（《读通鉴论》卷末）故多畅论之，皆以为不可行于后代。故今略举以见先生论政治制度之意，其他名论尚多，不能一一详述也。先生尝谓：

《周礼》：乡则比、闾、族、党，遂则邻、里、酂、鄙，各有长司其教令，未详其使何人为之也。……但据缺略散见之文，强郡县之天下，铢累以肖之，王莽之所以乱天下也。而苏威效之，命五百家而置乡正，百家而置里长，以治其辞讼，是散千万虎狼于天下，以攫贫弱之民也。李德林争之，而威挟《周礼》以钳清议之口，民之膏血殚于威佔毕之中矣。悲夫！（《读通鉴论》卷十九）

又谓：

奉一古人残缺之书，掠其迹以为言，而乱天下者，非徒勋也。庄周之言泰氏也，许行之言神农也，墨翟之言大禹也。乃至御女烧丹之言黄帝也，篡国之大恶而言舜、禹也，犯阙之巨盗而言汤、武也，皆有古之可为称说也。古先圣王之仁育而义正者，精意存乎象外，微言善其变通，研诸虑，悦诸心，征之民而无怨于民，质之

鬼神而无恫于鬼神，思之慎而言之讷，恶容此吮笔濡墨求充其幅者哉？（《宋论》卷十）

对于“奉一古人残缺之书”，“泥古过高而菲薄当今”，实深恶之；而以仁育义正，公天下，利万民为政制之准绳，则仍不离其仁天下之旨也。

(5) 经济思想

先生之经济思想，则颇倾向于重农。且以重农之故，主张抑豪强而贱商贾，此先生所处之时势使然也。《读通鉴论》曰：

以治民之制言之，民之生也，莫重于粟；故劝相其民以务本而遂其生者，莫重于农。商贾者，王者之所必抑；游惰者，王者之所必禁也。然而抑之而且张，禁之而且偷，王者亦无如民何。而惟度民以收租，而不度其田……民乃益珍其土而竞于农。其在强豪兼并之世尤便也，田已去而租不除，谁敢以其先畴为有力者之兼并乎？人各保其口分之业，人各劝于稼穑之事，强豪者又恶从而夺之？（卷十四）

此主张口收税米以劝农，且以防制兼并也。又曰：

处三代以下，欲抑豪强富贾也难，而限田又不可猝行，则莫若分别自种与佃耕，而差等以为赋役之制。人所自占为自耕者，有力不得过三百亩，审其子姓丁夫之数，以为自耕之实，过是者皆佃耕之科。轻自耕之赋，而佃耕者倍之，以互相损益，而协于什一之数。水旱则尽蠲自耕之税，而佃耕者非极荒不得辄减。（同上，卷二）

此主张区别自耕与佃耕，以抑制豪强之兼并也。其于抑商贾更曰：

尤要者，则自困辱商贾始。商贾之骄侈以罔民而夺之也……且其富也不劳，则其用也不恤，相竞以奢，而殄天物以归糜烂。……故生民者农，而戕民者贾。……

非此之惩，国固未足以立也。（《读通鉴论》卷三）

贾人者，暴君污吏所亟进而宠之者也。暴君非贾人无以供其声色之玩，污吏非贾人无以供其不急之求，假之以颜色而听其辉煌，复何忌哉！（同上，卷二）

此攻击商贾之罔民而夺之，且与暴君污吏之狼狈为奸，不遗余力。“生民者农，而戕民者贾”，固非抑商贾不可也。且商贾与夷狄、华夏，君子、小人之防，亦有极密之关系，非贱商则无以使夷不乱华，其说曰：

夫夷之乱华久矣，狎而召之、利而安之者，嗜利之小人也，而商贾为其最。夷狄资商贾而利，商贾恃夷狄而骄，而人道几于永灭。无磁则铁不动，无珀则芥不黏也。（《读通鉴论》卷十四）

则所以贱商贾者，亦所以为民族主义也。先生因义利之辨，又反对俭朴，不使有用之货财积聚而不流通，此种见地，亦极有

价值。其言曰：

《传》曰：“俭，德之共也；侈，恶之大也。”所谓德之共者，谓其敛耳目口体之淫纵，以范其心于正也，非谓吝于财而积之为利也。所谓恶之大者，谓其荡心志以外荧，导天下于淫曼也，非谓不留有余以自贫也。俭于德曰俭，俭于财曰吝，俭吝二者迹同而实异，不可不察也。……

……

若夫贤者之俭，岂其然哉？视金玉若尘土，锦绮若草芥，耳目不淫，心志不惑，澹然与之相忘，而以金粟给小人之欲，君臣父子相竞于义以贱利，其必不以为侮奢之媒审矣。（《读通鉴论》卷十九）

又曰：

天子而斤斤然以积聚贻子孙，则贫必在国；士大夫

斤斤以积聚贻子孙，则败必在家；庶人斤斤然以积聚贻子孙，则后世必饥寒以死。周有大赉，散之唯恐不速，故延及三十世，而亡之日，上无覆宗之惨，民亦无冻馁攘夺之伤。（同上，卷二）

侈者既轻于纵欲，吝者益竞于厚藏；侈犹可言也，至于吝而极矣。（同上，卷二十九）

俭于财者，但可云吝，不如“以金粟给小人之欲”，则相竞于义而贱利。其谓庶人积聚以贻子孙，则后世必饥寒以死，所以教天下勿为富而不仁，其意固极深切著明也。贱商也，贱吝也，皆仁天下之旨也。（反朴之说与崇礼文亦有关系，说见俟解）。

其关国家经济者，除论井田、限田等赋税之制外，如论盐税，则谓：“与其重征于力农之民，何如取给于天地之产？”于政府之置盐官以售盐，极端赞许（《读通鉴论》卷九）。于茶税之施行，则以为“古不可以有，而今可有之”（同上，卷二十八）。于人民之移殖，则谓“移人之余，就地之旷”为“劳费于一时，而利兴于千载”（同上，卷十二）。于救荒之策，则谓“救荒无良策，不如修水利”（《噩梦》）。皆属不可磨灭之论。其他虽有偶未融，则以所处时世之故，吾人固不可据今日之情势以论之也。

余谓先生之政治思想，并重仁义、时权、情礼，而其基本概念，则可一言以蔽之曰仁。先生在《读通鉴论》又有言曰：

治之所资者，一心而已矣。以心驭政，则凡政皆可以宜民，莫匪治之资；而善取资者，变通以成乎可久。设身于古之时势，为己之所躬逢；研虑于古之谋为，为己之所身任。取古人宗社之安危，代为之忧患，而己之去危以即安者在矣；取古昔民情之利病，代为之斟酌，而今之兴利以除害者在矣。得可资，失亦可资也；同可资，异亦可资也。故治之所资，惟在一心……（卷末）

曰“凡政皆可以宜民”，“变通以成乎可久”，“去危以即安”，

"兴利以除害"，则是治之所资，虽在一心，仍不离夫仁义、时权、情礼，而仍不外乎"仁天下也"之一言，"仁义之外无人"，此与先生论天人之关系固相合也。

（五）经学

先生经学之著述，于《易》有《稗疏》、《考异》、《外传》、《内传》、《大象解》，于《书》有《稗疏》、《考异》、《引义》，于《诗》有《稗疏》、《考异》、《叶韵辨》、《广传》，于《礼记》有《章句》，于《春秋》有《稗疏》、《家说》、《世论》、《续春秋左氏传博议》，于《四书》有《稗疏》、《考异》、《读四书大全说》、《训义》、《笺解》，于小学有《说文广义》，凡经部之著述，已达二十余种。明末学术空疏，酿成亡国之祸，当时巨儒如顾、黄辈或倡经学即理学之说，或与人约为读书穷经，然夷考其著述，其卷帙之浩繁，实多有未逮先生者，先生之于当时，盖真为读书穷经之士也。《易外传》、《书引义》、《诗广传》、《读四书大全说》诸书，多为"敷宣精义，羽翼微言"，即经学以穷理；《稗疏》、《考异》之作，则于清代中叶治经之学风，颇为相近。考订草木虫鱼、山川器服以及制度同异、字句参差，经学后先生而起者无虑百十人，所言皆有根柢，然有矜为创获，不知为先生所已言者。其功力之湛深，可以概见。其琐细处，弗能尽述，若其荦荦大端，足见先生治学之精神者，则有：

(1) 注重名物训诂

清代之经学以亭林为开山祖师，亭林之说曰："读九经自考文始，考文自知音始。"此谓治经当以文字、音韵为本也。其后戴、段、二王之学，实承其风，戴东原曰："仆自十七岁时，有志闻道，谓非求之《六经》、孔孟不得，非从事于字义、制度、名物，无由以通其语言，宋儒讥训诂之学，轻语言文字，是欲渡江河而弃舟楫，欲登高而无阶梯也。"先生之诸经《稗疏》，正重名物训诂之学，尝谓："训诂之学，不可忽也。"（《书经稗疏》卷四下）又曰："作诗亦须识字。"（《夕堂永日绪》）"字尚不识，何况文理?"（同上，外编）先生盖亦主张读书自考文始，非从事于字义、制度、名物，无由以通诸经也。先生之诸经《稗疏》，多成于传义、章句之前（详《著述考》），而于名物训诂，如《诗经稗疏》，《四库全书总目提要》谓：

是书皆辨正名物训诂，以补传、笺诸说之遗。如《诗谱》谓得圣人之化者，谓之《周南》；得贤人之化者，谓之《召南》。此则据《史记》谓洛阳为周召之语，以陕州为中线，而两分之，则周南者，周公所治之南国也。证之地理，亦可以备一解。至于鸟则辨雎鸠之为山禽而非水鸟；雀角之角为咮，诗意言雀实有角，鼠实有牙。于兽则辨"九十其犉"之语，当引《尔雅》"七尺曰犉"之文释之，不当以黄牛黑唇释之；骍刚之刚为犅，则以牛脊言之。于草则辨蒌为萑苇之属，而非蒌蒿；薇自为可食之菜，而非不可食之蕨。于木则辨《诗》之言朴者，实今之柞。言柞者，实今之栎；榛楛之榛，即《诗》之所谓栵，而非榛栗之榛。于虫则辨斯螽、莎鸡、蟋蟀之各类，而非随时异名之物；果蠃负螟蛉以食其子，而非取以为子。于鱼则辨鳣之即鲤，而《集传》误以为黄鱼；鲔之似鲤，而《集传》误以为鲟鱼。于器用则辨《集传》训重较为"两輢上出轼者"之未谙车制。及《毛传》训檠为历录，历录为纺车交萦之名、而《集传》增一然字之差。于礼制则辨公堂称觥为饮酒于序，而非如《集传》所云豳公之堂。"祼将"之训为灌，与奠一义，而历诋《白虎通》灌地降神之谬。皆确有依据，不为臆断。（《四库全书总目提要》卷十六·经部十六·诗类二）

其《书经稗疏》，《四库全书总目提要》谓其"是编诠释经文，亦多出新意”。《提要》亦谓：

如蔡《传》引《尔雅》“水北曰汭”，实无其文，世皆知之。夫之则推其致误之由，以为记孔安国“泾属渭汭”之《传》。谓禋非《周礼》之禋，类非《周礼》之类，五服、五章亦不可以周制解虞制，与陈第论周之五玉不可解虞之五玉者，同一为古人所未发。引矍相之射证“侯以明之”，谓以与射不与射为荣辱，非以射中不射中为优劣。因引《周礼》日月辰次，正《泰誓》十三年为辛卯。引《说文》、《大戴礼记》证蠙珠非蚌珠，蔡《传》不知古字假借。引《周礼·玉府》“供王食玉”证玉食，引《左传》说奄与淮夷为二，引《丧大记》证狄人，引《说文》“羑”字之训以解“羑若”，驳苏轼《传》及蔡《传》之失。则大抵辞有根据，不同游谈。虽醇疵互见，而可取者较多焉。（《四库全书总目提要》卷十二·经部十二·书类二）

此皆足见先生于名物训诂之精也。其《春秋稗疏》，《提要》谓其“论《春秋》书法及仪象典制之类，仅十之一。而考证地理者居十之九”。而以为：

然如莒人入向之向，谓当从杜预在龙亢，而驳《水经注》所引阚、骃之说，误以邑名为国名，足以申杜《注》之义。辨杞之东迁在春秋以前；辨杀州吁于濮非陈地；辨洮为曹地非鲁地，音推小反，不音他刀反；辨贯字非贳字之误；辨厉即赖国，非随县之厉乡；辨践土非郑地；辨翟泉周时不在王城之内；辨莒鲁之间有二郓；辨仲遂所卒之垂非齐地；辨次鄫之鄫非鄫国，亦非郑地；辨春秋之祝其非汉之祝其。皆足以纠杜《注》之失。据《后汉郡国志》谓郎在高平，据《括地志》谓胡在郾城，据《汉书·地理志》谓重邱在平原，据应劭

《汉书注》谓阳在都阳，皆足以补杜《注》之阙。至于谓子纠为齐襄公之子，谓鲁襄公时频月日食，由于误视晕珥，亦足以备一解。在近代说经之家，尚颇有根柢。其书向未刊行，故子纠之说，近时梁锡玙据为新义；翚不书族、定姒非谥之说，近时叶西亦据为新义，殆皆未见其书也。（《四库全书总目提要》卷二十九·经部二十九·春秋类四）

此足见先生于地理之学甚精，《尚书稗疏》中亦多有言地理者。其实天文历算之学，先生所涉亦深。《尚书稗疏》曰：

岁者，天之行也，三百六十五日四分日之一，为一岁。计行三百六十六周天又一千二百分度之三百七十五（粗率如此）。月者，月之会也，一月二十九日一千五百三十九分日之八百一十七分，而月与日会（此用三统历法，亦粗率也）。日者，日之周也。一日而恰一度，一岁而一周天（此用历家倒算法）。星者，五纬星也。所以知非言经星者，经星之行即天行也，天行不可知（西历云：有宗动天），以经星所行为天度也。辰者，五星所伏见，小周复合之次也。（卷四上）

此节所云，虽非精义，然足见先生于西历亦有涉猎，于历算并擅长也。先生之于名物训诂，即在乾嘉经师，亦多有弗及者；虽以今视之，不能谓为无智者之一失，然其精神实可钦佩。先生于《说文》有《广义》，其书非得意之作；若《诗经叶韵辨》则《四库提要》已谓为“持论明通，足解诸家之纠葛”。而各经《考异》，虽未赅备，然实后来“异文笺”“异文释”之先河也。

（2）兼采汉宋之长

清初诸传，如顾、黄辈，说经风气，尚未专宗于汉。故江藩谓：“梨洲乃蕺山之学，矫良知之弊，以实践为主；亭林乃文清之裔，辨陆、王之非，以朱子为宗。”他如阎若璩、江慎修所谓专门经学之士，亦莫不汉宋兼采。先生之治经，亦兼采汉宋，时会使然也。先生谓“训诂之学不可忽也”，此汉学之精神也。《诗经稗疏》卷三曰：

> 祃之异于类者，毛公以于内于野为分，《尔雅》《说文》俱统言师祭，则祃所祭之神，即类之所祭告也。即未出而为兆于国以祭曰类，已出次合为表于所次以祭曰祃。故郑康成谓与“田祭表貉”之“貉”同，郭璞亦曰“祃于所征之地”。盖地异而祝号不殊也。《集传》乃谓祭黄帝及蚩尤，不知何据。且祀主黄帝而并享蚩尤，亡论贞邪殊类，而生为仇敌，死共兆位，亦何异拓拔氏之以尔朱荣侑其祖乎？汉儒之必不可毁者，此类是也。

此谓“汉儒之必不可毁也”。然说《易》则不信《公羊传》董仲舒、京房、何休、蔡邕之说，谓“文王受命称王者，乃为《公羊》之学，董仲舒、何休、蔡邕之徒曲相附会之邪说”（《周易稗疏》卷一）。又谓“以八月为遯卦值位者，以康节所传陈抟之圆图遯居正西也。或以八月为值观卦者，以魏伯阳《参同契》之卦气观居酉位也。二说皆出自纬书。京房学宗谶纬，始以卦配月，而黄冠假之为丹术，为君子儒所不屑道”（同上）。而主张读《易》者以不用先天图说为正，以其杂用京房、魏伯阳、吕岩、陈抟之说也。则对于汉儒亦攻击之。《四库提要》于《周易稗疏》谓其：

> 大旨不信陈抟之学，亦不信京房之术，于先天诸圆、纬书、杂说，皆排之甚力，而亦不空谈玄妙，附合老庄之旨，故言必征实，义必切理，于近时说《易》之家，最有根据。（《四库全书总目提要》卷六·经部六·易类六）

固如是也。先生屡斥谶纬之妄，而且因此以短郑玄以“郑氏妄分天帝以立之名”（《礼记章句》卷十），而以王肃之学为醇。

《读通鉴论》卷十一曰：

晋始建国，立七世之庙，除五帝之座，罢圜丘方泽之祀，合之于郊，皆宗王肃而废郑玄也。于是而知王肃之学，醇正于郑玄远矣。后之经学传郑氏，肃之正义，没而不传，则贾公彦、孔颖达之怙专师而晦道也。

……诬神媟天，黩祀惑民，玄之罪不容贷矣。托之于星术，而实传之于谶纬，夫且诬为孔氏之书；王肃氏起而辨之，晋武因而绌之，于是禁星气谶纬之学，以严邪说之防，肃之功大矣哉！

其恶郑玄，以为罪不容贷，较之后来，六经宗服郑者，其不妄立偶像，固有足称述者。其实郑学未必尽可遵从，必如王念孙、王引之、胡培翚、马瑞辰之流，说经而有时订郑者，乃可为法，然则先生之议郑，不为过也。先生曰：

圣人之道：有大义，有微言。故有宋诸先生推极于天，而实之以性，覈之心得，严以躬修，非故取其显者而微之、卑者而高之也。……微有宋诸先生洗心藏密，即人事以推本于天，反求于性，以正大经、立大本，则圣人之言，无忌惮之小人，窃之以徼倖于富贵利达，岂非圣人之大憾哉？（《读通鉴论》卷十九）

先生虽谓汉儒必不可毁，而实亦甚服膺有宋诸先生。其述《易》也，“章句依朱子《本义》”，而为《礼记章句》，于《大学》、《中庸》，俱从朱子《章句》而为之衍。于《大学补传衍》曰：

经云：“事有终始，知所先后，则近道矣。”递推其先，则曰在格物。物格而后知至，而意诚以及于天下平皆因焉，是事之始而为先所当知者明矣。故以格物为始教，而为至善之全体，非朱子之言也，经之意也。……《补传》之旨，与夫博文约礼之教，千古合符，精者以

尽天德之深，微而浅者亦不亟叛于道，圣人复起，不易朱子之言矣。(《礼记章句》卷四十二)

于《中庸》篇首曰：

《中庸》、《大学》，自程子择之《礼记》之中，以为圣学传心入德之要典，迄于今，学官之教，取士之科，与言道者之所宗，虽有曲学邪说，莫能违也。……朱子《章句》之作，一出于心得，而深切著明，俾异端之徒，无可假借，为至严矣。……故僭承朱子之正宗而为之衍，以附《章句》之下，庶读者知圣经之作，朱子之述，皆圣功深造体验之实，……而驳儒淫邪之说，亦尚息乎？(同上，卷三十一)

于朱子之推崇，可谓备至。然以衡之张子，则朱不及张，故先生终谓“希张横渠之正学而力弗能企”也。

(3) 考据义理并重

清儒之治经，其有思想者，固不专重于考据，于义理亦并重焉。段玉裁之序《戴东原集》曰：“先生之治经，凡故训、音声、算数、天文、地理、制度、名物，人事之善恶是非，以及阴阳、气化、道德、性命，莫不究乎其实。盖由考覈以通乎性与天道。……浅者乃求先生于一名、一物、一字、一句之间，惑矣!”治经固当于义理、考据并重也。先生于诸经有《传义》，所以发明义理也；于诸经有《稗疏》，所以从事考核也。其较重要者，更有数事焉，足以见先生立说之精允，义理、考据之并重也。

(a) 先生于《易》学有一大发明，则谓乾非纯阳，坤非纯阴，而卦各有六阴六阳。《周易稗疏》曰：“卦各有六阴六阳，阴见则阳隐于中，阳见则阴隐于中，错去其所见之阴则阳见，错去其所见之阳则阴见，如乾之与坤，屯之与鼎，蒙之与革之类皆错也。就所见之爻，上下交易，若织之提综，迭相升降，如屯之与蒙，五十六卦皆综也。旧未注明，不知此乃读《易》之要，不可

忽也。(卷三)

《周易内传》发例曰：

> 乾坤并建，为《周易》之纲宗，篇中及《外传》广论之，盖所谓《易》有太极也。周子之图准此而立。其第二图，阴阳互相交函之象亦无已，而言其并著者如此尔。太极，大圆者也。图但象其一面，而三阴三阳具焉，其所不能写于图中者，亦有三阴三阳，则六阴六阳具足矣。特图但显三画卦之象，而《易》之乾坤并建，则以显六画卦之理。乃能显者，爻之六阴六阳而为十二，所终不能显者，一卦之中，向者背者，六幽六明，而位亦十二位也。十二者象天十二次之位，为大圆之体，太极一浑天之全体，见者半，隐者半，阴阳寓于其位，故毂转而恒见其六，乾明则坤处于幽，坤明则乾处于幽，《周易》并列之，示不相离，实则一卦之向背，而乾坤皆在焉。非徒乾坤为然也。明为屯蒙，则幽为鼎革，无不然也。《易》以综为用，所以象人事往复之报，而略其错，故向背之理未彰。然乾坤坎离大过小过中孚已具其机，抑于家人睽蹇解之相次，示错综并行之妙。要之絪缊升降，互相消长盈虚于大圆之中，则乾坤尽之。故谓之缊，言其充满无间，以爻之备阴阳者言也。又谓之门，言其出入递用，以爻之十二位具于向背者言也。

先生此说，六幽六明，象天十二次之位，于太极大图之体，增一说明。充满无间，出入递用，而乾坤为《易》之缊，亦多一相当之解释，所以发明《易》理，固极精审之论，而持以说明事物。更可以显微探幽矣。

(b) 先生之性命日省论，实详于《尚书引义》，此亦一大发明，而在《书经稗疏》中，谓《金縢》篇为不足信，亦颇有可取者。所列有十三证，今举其二如下：

> 《金縢》一篇，其可疑者不一。惟朱子亦云“有非人情者”，情所不协，必理所不出也。而今为胪辨之如右。
>
> 方武王遘疾厉虐，世子幼，则君国之忧，周公所恤，亦二公所同也。二公曰“我其为王穆卜”，亦臣子情义之各致，周公何用辞二公而自以功。此其可疑一也。
>
> ……蔡氏曰：“周公之卜，二公未必不知，册祝之文，二公盖不知也。”身代之语，亦偶然情至，不得已之极思耳。公不讳卜，则此区区之言，抑何足隐哉？且使二公早无疑于公，则虽素所未知，自可一见而信，何事问之诸史百执，而唯恐其为谖。如其疑也，则前云未可戚先生，而背二公以私卜者，为诈已穷，保非并卖，此诸史百执而故为是书者乎？且懿亲元老之肝胆不保，区区史执之一言，其安知非受赂而党奸乎？疑大臣而察于有司，疑君子而问之小人，此庸主奸相之以败亡其国者，而二公何为其然？况为流言者曰，“公将不利于孺子”，非谓不忠于武王也。则此册词，可以信公之忠于武王，而不可以信公之忠于孺子。即以管、蔡之恶，亦且成于武王既崩之后，则前日身代之言，不足以为后日解，胡为乎金縢未启之前，鬼车满载；金縢一启之后，阴曀咸消；将公生平至德元功，曾不如此儿女陈情之一册乎？此其可疑者十三也。（卷四上）

《金縢》一篇，疑问甚多，虽非伪古文，亦不可信也。王柏、袁枚等，亦并疑之，不及先生所说之多，治古史及《尚书》之学者，不可不察也。

（c）先生《诗经稗疏》，考订名物甚详。亦有一事，为吾人所当留意者，则说国风之年代是也。而说曰：

春秋：申包胥乞师，秦哀公为之赋《无衣》。刘向《新序》亦云然。……此诗哀公为申胥作也。……旧说删《诗》止于陈灵，乃黎侯失国，在鲁宣之末年；晋之有公族公行，在成、厉二公以后，当成、襄之间。孔子删《诗》，在鲁哀公十二年以后，凡前此者皆得录焉。秦哀有救患之义，申胥立誓死之诚，故节取之，存而不删。六经当残缺之后，编次随先儒之记忆，固不可以为年代之先后，如《载驰》后于《定之方中》，《河广》先于《木瓜》，《新台》后于《旄邱》，《清人》先于《箨兮》，讵以年代为次序耶？则亦勿疑此诗之连《黄鸟》而先《渭阳》矣。守一先生之传，而不参考之他经，所谓专己而保残也。（卷一）

此论甚莹，且有依据，于《无衣》之“言王者，因楚之僭号封其臣而王之也”之疑，可以焕然冰释。先生于此经考据之精核，固不遑枚举也（《释历录》为纺车交荣之名，王先谦《诗三家义集疏》犹用其说）。

(d) 先生于三《礼》惟有《礼记章句》一书，于《仪礼》则以为多出周公以后，非周初之旧文。其说曰：

《仪礼》虽始于周公，而后世因事增附，非周初之旧文者多矣。如慈母如母，同居继父，继母已嫁者皆服齐衰，伸私恩妨公义，盖东迁列国之失礼，所谓有司书之以遗后世者也。流及夫子之世，遂著于《礼》篇，流俗不察，守为故常，故子游疑而夫子正焉。（卷七）

于《月令》、《明堂位》，亦以为“小道害正”（见卷六），皆不为无见。先生于名物制度，说多甚核，然在先生之世，三《礼》之学，固不如后出之转精也。

(e) 先生于《春秋稗疏》中，亦有论田制、兵制者，考据与义理并重，蔼然仁者之言，与世之侈淹博者迥然不同。其论《作邱甲》曰：

尝以郑氏《王制注》参考之，周公定天下九州方七千里，名山大泽去三之一，其为名田者，约三千三百万井，以一成出七十二步卒乘之，当有三千三百万人为兵。计唐之府兵，宋之禁军、厢军，明代卫所之兵制，不是以当其百之五；即隋炀征高丽、开河之役，亦不逮其十一。虽三代之兵，不如后世死于战争之酷，而劳民罢敝于原野，亦不忍言。是民何不幸而生于三代之世，罹如此之荼毒，曾先王而忍于虐民如是乎？足知李靖之言，不仁之甚，非古之果尔也。若包子良谓十井而出一乘，则八十家而七十二人为兵，天下无非兵矣。竖儒之言，诬古以祸生民，有如此之僭者。按《诗》“公车千乘，公徒三万”，则每乘止三十人；而《司马法》十井为通，徒二人；通十为成，成百井，井三百家，革车一乘，徒二十人，则原无七十二井出七十二人之法，而井止三家，亦无八家之数。大约秦火以后，古制无稽，释经者勿掇拾残阙，强立繁重之法，为殃民者之口实。儒者之立心，常如是而已。侈淹博而重为不仁之说，天所不佑，非但如作俑者之无后也（卷下）。

“释经者勿掇拾残缺，为殃民之口实”，则诚当于考据、义理并重也。先生此论，据《诗》“公车千乘，公徒三万”，则每乘只二十人，所援引至足凭，比之专据《周礼》、《司马法》以言兵制者，可谓更善于考据，而且更合于义理。儒者之立心，能如是者，固不数觏也。

先生所处之时代，经学尚未复兴；先生所处地点，又属穷乡僻壤，而治经之方法，颇有与当代诸儒相合者。而就其结果论，且颇有当世所弗能及者，则先生学术之赅博精深有以致之也。使得与顾、阎诸儒通声气，则先生于音韵学当不止于《叶韵辨》，而于《尚书》之伪篇，当不止于疑《金縢》。然即以先生之《易》、《诗》、《春秋》之学而论，有足多者矣。

（六）史学（附诸子之学）

先生史学之论著共有五种。《永历实录》、《大行录》则专载事迹，《莲峰志》则关于地理者，《读通鉴论》、《宋论》两书虽属史论，而于修史之法，既略言之，其中精微之论，又足以见先生之历史哲学，则不当仅以史论视之。先生于《春秋》颇受其影响，《读通鉴论》论史之作用曰：

> 所贵乎史者，述往以为来者师也。为史者，记载徒繁，而经世之大略不著，后人欲得其得失之枢机以效法之，无由也，则恶用史为？（卷六）

此《春秋》经世之意也。《续春秋左氏传博议》曰：

> 古之为史者，莫不有奖善惩恶之情，随小大而立之鉴，故足以动人心而垂之久。若左氏、史迁、班固之书，记祸败之隙，纤细猥鄙之无遗，皆此意也。
>
> 宋殇之杀，华督援冯之纂也，而记之目送孔父之妻；鲁闵之杀，庆父报叔牙之戮也，而记之以公傅夺卜齮之田；同括之杀，赵盾弑君专国而众疾之也，而记之以赵婴之逐；阳州之孙，鲁公弗忍季氏之积僭也，而记之以斗鸡之介；舍其大衅而取其小，舍其祸源而取其委，左氏之不审于取舍若是也，奚以垂之久，而君子犹尸祝以为经翼哉？……左氏之于经，翼而已矣！迁、固之于史，牍而已矣！（卷上）

此《春秋》褒贬之义也。此二义者，《读通鉴论》卷末，先生有《叙论》四篇，论之甚详，且足以见先生对于历史之观念，其三、四两篇，更比较重要，兹并录之，以见其略。《叙论》三曰：

论史者有二弊焉：放于道而非道之中，依于法而非法之审；褒其所不待褒，而君子不以为荣；贬其所不胜贬，而奸邪顾以为笑。此既浅中无当之失矣，乃其为弊，尚无伤于教，无贼于民也。抑有纤曲猥琐之说出焉，谋尚其诈，谏尚其谲，徼功而行险，干誉而违道，奖诡随为中庸，夸偷生为明哲，以挑达摇人之精爽而使浮，以机巧裂人之名义而使枉，此其于世教与民生也，灾愈于洪水，恶烈于猛兽矣。

盖尝论之：史之为书，见诸行事之征也。则必推之而可行，战而克，守而固，行法而民以为便，进谏而君听以从，无取于似仁似义之浮谈。祗以致悔吝而无成者也。则智有所尚，谋有所详，人情有所必近，时势有所必因，以成与得为期，而败与失为戒，所固然矣。然因是而卑污之说进焉，以其纤曲之小慧，乐与跳荡游移、阴匿钩距之术而相取；以其躁动之客气，迫与轻佻忮忿、武健驰突之能而相依；以其妇姑之小慈，易与狐媚猫驯、淟涊柔巽之情而相昵。闻其说者，震其奇诡，歆其纤利，惊其决裂，利其呴呕；而人心以蛊，风俗以淫，彝伦以斁，廉耻以堕。若近世李贽、钟惺之流，导天下于邪淫，以酿中夏衣冠之祸，岂非逾于洪水、烈于猛兽者乎？

溯其所繇，则司马迁、班固喜为恢奇震耀之言，实有以导之矣。读项羽之破王离，则须眉皆奋而杀机动；览田延年之责霍光，则胆魄皆张而戾气生。与市侩里魁同慕汲黯、包拯之绞急，则和平之道丧；与词人游客共叹苏轼、苏辙之浮夸，则惇笃之心离。谏而尚谲，则俳优且贤于伊训；谋而尚诈，则《甘誓》不齿于孙、吴。高允、霍黑子之言，祗以奖老奸之小信；李克用三垂冈之叹，抑以侈盗贼之雄心。甚至推胡广之贪庸以抑忠直，而惬鄙夫之志；伸冯道之逆窃，以进夷盗，而顺无赖之欲。轻薄之夫，妄以为慷慨悲歌之助；雕虫之子，喜以为放言饰说之资。若此之流，允为残贼。此编所述，不敢姑容。刻志兢兢，求安于心，求顺于理，求适于用。顾惟不逮，用自惭恧；而志则已严，窃有以异于彼也。

此所云者，论史当避免“浅中无当之失”，固无论矣。而要在“智有所尚，谋有所详，人情有所必近，时势有所必因，以成与得为期，而败与失为戒”；正人心风俗，重彝伦廉耻，而必于有益于世教民生；奖善惩恶与经世致用并重也。“求安于心，求顺于理，求适于用”，不徒明理而不致用，不徒重用而不协理，修史固必如此乃不畸轻畸重也。《叙论四》曰：

治道之极致，上稽《尚书》，折以孔子之言，而蔑以尚矣。其枢，则君心之敬肆也；其戒，则怠荒刻覈，不及者倦，过者欲速也；其大用，用贤而兴教也；其施及于民，仁爱而锡以极也。以治唐、虞，以治三代，以治秦、汉而下，迄至于今，无不可以此理推而行也。以理铨选，以均赋役，以诘戎兵，以饬刑罚，以定典式，无不待此以得其宜也。至于设为规画，措之科条，《尚书》不言，孔子不言，岂遗其实而弗求详哉？以古之制，治古之天下，而未可概之今日者，君子不以立事；以今之宜，治今之天下，而非可必之后日者，君子不以垂法。故封建、井田、朝会、征伐、建官、颁禄之制，《尚书》不言，孔子不言。岂德不如舜、禹、孔子者，而敢以记诵所得者，断万世之大经乎？

《夏书》之有《禹贡》，实也，而系之以禹，则夏后一代之法，固不行于商、周；《周书》之有《周官》，实也，而系之以周，则成周一代之规，初不上因于商、夏。孔子曰："足食，足兵，民信之矣。"何以足，何以信，岂靳言哉？言所以足，而即启不足之阶；言所以信，而且致不信之咎也。

孟子之言异是，何也？战国者，古今一大变革之会也。侯王分土，各自其政，而皆以放恣渔猎之情，听耕战刑名殃民之说，与《尚书》、孔子之言，背道而驰。勿暇论其存主之敬怠仁暴，而所行者，一令出而生民即趋入于死亡。三王之遗泽，存十一于千百，而可以稍苏，则抑不能预谋汉、唐以后之天下，势异局迁，而通变以使民不倦者奚若。盖救焚拯溺，一时之所迫，于是有"徒善不足为政"之说，而未成郡县之天下，犹有可遵先王之理势，所由与《尚书》孔子之言异也。要非以参万世而咸可率繇也。

编中所论，推本得失之原，勉自竭以求合于圣治之本；而就事论法，因其时而酌其宜，即一代而各有弛张，均一事面互有伸诎，宁为无定之言，不敢执一以贼道。有自相跖盭者矣，无强天下必从其独见者也。若井田、封建、乡举、里选、寓兵于农、舍笞杖而行肉刑诸法，先儒有欲必行之者矣。袭《周官》之名迹，而适以成乎狄道者，宇文氏也；据《禹贡》以导河，而适以益其溃决者，李仲昌也。尽破天下之成规，骇万物而从其记诵之所得，浸使为之，吾恶知其所终哉？

"无不可以此种推行"，此理有定之说也。"抑不能预谋汉、唐以后之天下，势异局迁，而通变以使民不倦者奚若"，此势无定之说也。先生有言曰："理者固有也，势者非适然也。以势为必然，有不然者存焉。"（《春秋家说》卷一上）势本无定者也。故曰："理势之自然，各适其时而已。"此先生所以以时为重，而谓“因其时而酌其宜，即一代而互有弛张，均一事而互有屈伸，宁为无定之言，不敢执一以贼道”也。先生尝谓：

天下之势，循则极，极则反。（《春秋世论》卷四）

又云：

极重之势，其末必轻，轻则反之也易，此势之必然者也。顺必然之势者，理也；理之自然者，天也。（《宋论》卷七）

又云：

天下之势，一离一合，一治一乱而已。……一合而一离，一治而一乱，于此可以知天道焉，于此可以知人治焉。（《读通鉴论》卷十六）

先生于历史之发展，固重时代之变化，而谓“循则极，极则反”，一治一乱，天人之道，则仍不离《易》“穷则变，变则通，通则久”之义，此所以虽有进化之观念，而仍能不脱离循环之义，此亦先生所处之时代使然也。然而宁为无定之言，不愿执一以贼夫道，此所以终异于拘墟之小儒而成为伟大之思想家也。

先生于诸子之著述，有《老子衍》、《庄子解》、《庄子通》、《吕览释》、《淮南子注》，其关于理学、佛学者及所自著者尚多。老庄之学，本非先生所喜，故于《老子》“天下之物生于有，有生于无”为之衍曰：

若夫道，含万物而入万物，方往方来，方来方往，蜿蟺希微，固不穷已。乃当其排之而来则有，当其引之而去，则托于无以生有，而可名为无。故于其“反”观之，乃可得而觌也。（《老子衍》）

云“托于无以生有”，固不与“有生于无”之见相合也。而《序》谓“天下之言道者激俗而固反之则不公，偶见而乐持之则不经，凿慧而数扬之则不祥，三者之失，老子兼之矣。”特以“较之释氏之荒远苛酷”为贤，而为之衍耳。先生之《庄子解》

则于《外杂篇》之真伪论之颇详。曰：

《外篇》非庄子之书，盖为庄子之学者，欲引伸之，而见之弗逮，求肖而不能也。以《内篇》参观之，则灼然辨矣。《内篇》虽参差旁引，而意皆连属；《外篇》则踳驳而不续，《内篇》虽洋溢无方，而指归则约；《外篇》则言穷意尽，徒为繁说而神理不挚。《内篇》虽极意形容，而自说自扫，无所粘滞；《外篇》则固执粗说，能死而不能活。《内篇》虽轻尧舜，抑孔子，而格外相求，不党邪以丑正；《外篇》忿戾诅诽，徒为轻薄以快其喙鸣。《内篇》虽与《老子》相近，而别为一宗，以脱卸其矫激权诈之失；《外篇》则但为《老子》作训诂，而不能探化理于玄微。故其可与《内篇》相发明者，十之二三，而浅薄虚嚣之说，杂出而厌观；盖非出于一人之手，乃学《庄》者杂辑以成书。其间若《骈拇》、《马蹄》、《胠箧》、《天道》、《缮性》、《至乐》诸篇，尤为悁劣。读者遇庄子之意于象言之外，则知凡此之不足存矣。（卷八）

《杂篇》则于《让王》以下四篇以为赝作，而于其它各篇则以为“言虽不纯，而微至之语，较能发《内篇》未发之旨”。《天下篇》则以为“非庄子莫能为”。皆不为无见。先生于《管子》、《孔丛子》等书亦不甚信。（详见《读四书大全说》卷六，《四书稗疏》卷一）于诸子之真伪，固极注意也。《庄子通》则以“凡庄生之说，皆可以因以通君子之道”。独惜先生之《吕览释》、《淮南子注》，今已失传，则不知其内容何如也。

（七）文学

先生之于文学，其注释选评者，有《楚辞通释》、《夕堂永日》、《八代诗文选评》、《唐诗选评》、《明诗选评》、《李杜诗评》、《刘复愚评》，其属于创作者；辞赋则有：《仿符命》、《连珠》、

《九昭》、《九砺》、《南岳赋》、《练鹊赋》、《弧鸿赋》、《雪赋》、《霜赋》、《袚禊赋》、《章灵赋》等篇；诗词则有：《桃花诗》、《落花诗》、《遣兴诗》、《和梅花百咏诗》、《潇湘怨词》、《鼓棹词集》诸作；戏剧则有《龙舟会杂剧》一种；诗文评则有：《诗译》、《夕堂永日绪论内外编》、《南窗漫记》各书。于文学之批评与创作，盖俱擅长，非其他思想家，专知义理，不知文学者所可比拟也。先生尝谓：

> 陶冶性情，别有风旨，不可以典册、简牍、训诂之学与焉也。（《诗译》）

又谓：

> 含情而能达，会景而生心，体物而得神，则自有灵通之句，参化工之妙。（《夕堂永日绪论》内篇）

于文学之见解，极重才情，而曰：

> 情景虽有在心在物之分，而景生情，情生景，哀乐之触，荣悴之迎，互藏其宅。天情物理，可哀而可乐，用之无穷，流而不滞。穷且滞者不知尔。"吴楚东南坼，乾坤日夜浮"，乍读之若雄豪，然而适与"亲朋无一字，老病有孤舟"，相为融洽。当知"倬彼云汉"，颂作人者，增其辉光；忧旱甚者，益其炎赫；无适而无不适也。（《诗译》）

情景相生，哀乐之感，互藏其宅，无适而不适也。主张"情景名为二，而实不可离"（《夕堂永日绪论》）。唯视直觉之如何耳！唯势兴会之如何耳！先生说人生之修养，反对释氏乐奖现量，而于文学之方法，则极重所谓直觉与所谓现量。其说曰：

> "僧敲月下门"，只是妄想揣摩，如说他人梦，纵令形容酷似，何尝关心？知然者，以其沈吟推敲二字，就他作想也。若即景会心，则或推或敲，必居其一，因景因情，自然灵妙，何劳拟议哉？"长河落日圆"，初无定

景；“隔水问樵夫”，初非想得；则禅家所谓现量也。（《夕堂永日绪论》内编）

即景会心，情景不离，此所以重在直觉现量也。故曰：

禅家有三量，唯现量发光，为依佛性。此量稍有不审，便入非量；况直从非量中施朱而赤，施粉而白，勺水洗之，无盐之色，败露无余，明眼人岂为所为欺邪？（同上）

如用非量，则近于虚伪，非真挚之文学，失实有之义矣。因重现量，不用非量，故于文学极重意势，反对格局。其说曰：

无论诗歌与长行文字，俱以意为主，意犹帅也。无帅之兵，谓之乌合。李、杜所以称大家者，无意之诗，十不得一二也。烟云泉石，花鸟苔林，金铺锦帐，寓意则灵。齐梁绮语，宋人抟合成句之出处；役心向彼，掇索而不恤己情之所自发，此之谓小家数，总在圈缋中求活计也。（同上）

意犹帅也，寓意则灵。齐梁绮语，宋人抟合成句之出处，皆不恤己情之所自发，则情景不互藏其宅矣。

又曰：

把定一题一人一事一物，于其上求形模，求比似，求词采，求故实，如钝斧子劈栎柞，皮屑纷霏，何尝动得一丝纹理？以意为主，势次之；势者，意中之神理也。唯谢康乐为能取势，宛转屈伸，以求尽其意，意已尽则止，殆无剩语。天矫连蜷，烟云缭绕；乃真龙。非画龙也。（同上）

又曰：

论画者曰：“咫尺有万里之势”，一势字宜着眼。若不论势，则缩万里于咫尺。直是《广舆记》前一天下图耳。五言绝句，以此为落想时第一义。唯盛唐人能得其

妙。如："君家住何处？妾住在横塘。停船暂相问，或恐是同乡。"墨气所射，四表无穷，无字处皆其意也。（同上）

先生论文，重在才情兴会，故不得不以意为主，而势次之也。于格局之说，反对之尤力。其说曰：

凡言法者，皆非法也。释氏有言，法尚应舍，何况非法？艺文家知此，思过半矣。（同上）

故曰：

诗之有皎然、虞伯生，经义之有茅鹿门、汤宾尹、袁了凡，皆画地成牢以陷人者，有死法也。死法之立，总缘识量狭小，如演杂剧，在方丈台上，故有花样步法，稍移一步则错乱，若驰骋康庄，取途千里，而用此步法，虽至愚者不为也。（同上）

先生之意，实以"文章之弊，坏于有法"（《读通鉴论》卷十七），故屡言之也。因反对守一成之法，先生于门庭之立，亦甚恶之。其说曰：

诗文立门庭，使人学已，人一学即似者，自诩为大家，为才子，亦艺苑教师而已。……才立一门庭，则但有其局格，更无性情，更无兴会，更无思致，自缚缚人，谁为之解者？（《夕堂永日绪论》内篇）

先生之于文学，重性情，重兴会，重思致，此实不可磨灭之论也。其于历代文学，亦不"泥古过高，而非薄方今"。在《诗译》中有言曰：

故汉魏以还之比兴，可上通于《风》、《雅》、《桧》、《曹》而上之条理，可近译以三唐元韵之机兆；在人心流连泆宕，一出一入，均此情之哀乐，必求于言者也。故艺苑之士，不原本于《三百篇》之律度，则为刻木之桃李；释经之儒，不证合于汉魏唐宋之正变，抑为株守之兔罝。

此以《风》、《雅》、《桧》、《曹》可与汉魏唐宋比观也。又曰：

> 建立门庭，自建安始。曹子建铺排整饰，立阶段以赚人升堂，用此致诸趋赴之客，容易成名，伸纸挥毫，雷同一律。子桓精思逸韵、以绝人攀跻，故人不乐从，反为所掩。子建以是压倒阿兄，夺其名誉，实则子桓天才骏发，岂子建所能压倒邪？故嗣是而兴者，如郭景纯、阮嗣宗、谢客、陶公，乃至左太冲、张景阳，皆不屑染指建安之羹鼎，视子建蔑如矣。降而萧梁宫体，降而王、杨、卢、骆，降而大历十才子，降而温、李、杨、刘，降而江西宗派，降而北地、信阳、琅琊、历下，降而竟陵，所翕然从之者，皆一时和哄汉耳。宫体盛时，即有庾子山之歌行，健笔纵横。不屑烟花簇凑。唐初比偶，即有陈子昂、张子寿扢扬大雅。继以李、杜代兴，杯酒论文，雅称同调；而李不袭杜，杜不谋李，未尝党同伐异，画疆墨守。沿及宋人，始争疆垒；欧阳永叔亟反杨亿、刘筠之靡丽，而矫枉已迫，还入于枉，遂世一代无诗，掇拾夸新，殆同觞令。胡元淫艳，又以矫宋为工，蛮触之争，要于兴观群怨，未有当也。伯温、季迪，以和缓受之，不与元人竞胜，而自问风雅之津。故洪武间诗教中兴，洗四百年三变之陋。（同上）

抑曹子建而推尊子桓；抑宋元之诗人，而推尊明代之诗人刘伯温、高季迪，固非盲目从古者，所能企及也。先生之为此论，实亦本于其文学重在才情之说，故有言曰：

> 立门庭者必饾饤，非饾饤不可以立门庭。盖心灵人所自有，而不相贷，无从开方便法门，任陋人支借也。

人讥西昆体为獭祭鱼，苏子瞻、黄鲁直亦獭耳；彼所祭者肥油江豚；此所祭者，吹沙跳浪之鱏鲨也；除却书本子更无诗。如刘彦昺诗："山围晓气蟠龙虎，台枕东风忆凤皇。"贝廷琚诗："我别语儿溪上宅，月当二十四回新。""如何万国尚戎马，只恐四邻无故人。"用事不用事，总以曲写心灵动人兴观群怨，却使陋人无从支借。唯其不可支借，故无有推建门庭者，而独起四百年之衰。（同上）

此则抑苏黄而以明人诗有曲写心灵者也。又曰：

近体梁、陈已有，至杜审言而始叶于度；歌行鲍、庾初制，至李太白而后极其致。盖创作犹鱼之初漾于洲渚，继起者乃泳游自恣，情舒而鳞鬐始展也。七言绝句，初盛唐既饶有之，稍以郑重，故失其风神；至刘梦得而后宏放出于天然。于以扬扢性情，馺娑景物，无不宛尔成章，诚小诗之圣证也。此体一以才情为主，……不能作七言绝句，直是不当作诗。（同上）

此推崇刘禹锡之七绝也。七绝以才情为主，不能作七绝者直是不当作诗，则文学之当重才情抑可知矣。先生于明代之诗人有贬词者亦甚多，兹录二则，以见其略：

建立门庭，已绝望风雅。然其中有本无才情，以此为安身立命之本者，如高廷礼、何大复，王元美、钟伯敬是也。有才情固自足用，而以立门庭故自桎梏者，李献吉是也。其次则谭友夏亦有牙后慧，使不与钟为徒，几可分文征仲一席，当于其五七言绝句验之。（同上）

自李贽以佞舌惑天下，袁中郎、焦弱侯不揣而推戴之，于是以信笔扫抹为文字，而诮含吐精微、锻炼高卓者为咬姜呷醋，故万历壬辰以后，文之俗陋，亘古未有。（同上，外篇）

先生于明末之文学流弊，固甚恶之，故于李贽、钟惺，每痛诋之也。

三　著述考

先生著述，凡百余种。其著录有名者，凡经类二十四种，史类五种，子类十八种，集类四十一种，共八十八种。而如《家世节录》之类，并在文集之中计算；其他佚亡不可考者，谅亦甚多。《王船山学谱》据《王船山家谱》所称前后著书百余种之说，盖为实录。先生著述，始刊于先生子敔及门人姻友之有力者凡数种，其后增刻《周易大象解》、《春秋世论》、《四书稗疏》、《四书考异》、《老子衍》、《庄子解》、《楚辞通释》、《张子正蒙注》、《思问录》，凡十种（以下省称初刻本），外文集、诗集、诗余、诗话，复有数卷，皆奇零不成部帙。清道光初，先生六世裔孙承佺始搜集遗书藏于家；道光庚子，先生七世孙世全，始刻于湘潭，以校雠之役属之新化邹汉勋。其后二年，次第刊成《周易内传》、《周易大象解》、《周易稗疏》、《周易考异》、《周易外传》、《书经稗疏》、《尚书引义》、《诗经稗疏》、《诗经考异》、《诗广传》、《礼记章句》、《春秋稗疏》、《春秋家说》、《春秋世论》、《续春秋左氏传博议》、《四书训议》、《四书稗疏》、《四书考异》，凡十八种。首列《国史·儒林传稿》、《湖南通志·列传》、《衡州府志·列传》、潘宗洛《船山先生传》、唐鉴《王而农先生全集叙》，及审阅姓氏，编校姓氏。此所谓湘潭王氏守遗经书屋刊本《船山遗书》也（以下省称"旧刻本"）。咸丰初，板毁于兵。曾国藩与弟国荃重刻前十七种于金陵，以《四书训义》为口授讲章，始从缓刻，增刻《读四书大全说》、《说文广义》等书，共五十八种（案《王船山学谱》谓增刻《周易发例》、《四书稗疏》，实误）。

光绪四年，衡郡士绅创建船山书院于南城外；十年，曾国荃以家藏遗书刻板归之于书院；十三年夏，又于书院补刻《龙源夜话》、《忆得》、《姜斋文集補遗》、《姜斋诗分体稿》、《姜斋诗编年稿》，凡五种。此曾刻本《船山遗书》也（以下省称“曾刻本”）。《易》、《书》、《诗》、《春秋》、《稗疏》，王氏守遗经书屋刊邹氏校本，增删窜易，非复本真，或托言先生晚年改本以掩其迹。曾刻本据文渊阁本及旧抄本悉行改正。又于先生记忆偶误之处，别著为《校勘记》，此曾刻本之善也。自光绪十九年迄民国六年间，浏阳刘人熙又于曾刻本外，获先生遗稿，随得随刻于长沙；先生裔孙王之春于光绪间又刊行先生之《四书笺解》。先生避书之行世，于是又增多数种。民国十九年上海太平洋书店，得湘省政府之资助，依据王氏守遗经书屋刊本、曾刻本、浏阳刘氏补刻本，及长沙湘潭衡阳坊间各散刻本，并先生之手稿获见者，参订综合，排印为《船山遗书》（以下省称“排印本”），比之曾刻本，实多出《四书训义》、《搔首问》、《相宗络索》、《古诗评选》、《唐诗评选》、《明诗评选》数种，甚便于学者。兹合先生著述之已刻未刻者，为考如下：

《周易稗疏》四卷，旧刻本　曾刻本　排印本　续经解本

案：《王谱》，先生年二十八岁，居续梦庵，始注《周易》。《周易内传·发例·跋》云：“隆武丙戌，始有志于读《易》。”先生《周易稗疏》之作，当经始于是年。《周易外传·卷六》云：“经文‘其出入以度外内’句，‘使知惧’句，详见《稗疏》。”是《稗疏》之作，先于《外传》，故《稗疏》已言者，《外传》不复言之也。《外传》始作于先生年三十七岁时，则二十八岁始注《周易》者，实谓《稗疏》也。大抵诸经《稗疏》，其著作年代，俱早于《传义》，固不止《周易》一种为然也。说详下。《王谱》作一卷。

《周易考异》一卷，旧刻本　曾刻本　排印本

案：《考异》之作，大约晚于《稗疏》，他经《考异》，俱晚于《稗疏》，足证。说详下。

《周易外传》七卷，旧刻本　曾刻本　排印本　石印《王船山经史论八种》本，讹误甚多。

案：《王谱》，先生年三十七岁，始作《周易外传》。《周易内传·发例·跋》云："乙未于晋宁山寺，始为《外传》。"是此书经始于是时也。是书为先生为最重要之著作之一，凡先生之哲学思想具可于此窥其大略，其哲学思想盖于著作此书时已相当成熟也。

《周易大象解》，一卷　初刻本　旧刻本　曾刻本　排印本

案：《王谱》，先生年五十八岁，始撰《周易大象解》。《周易内传·发例·跋》："丙辰始为《大象传》。"《周易大象解·序》谓："《大象》之与《彖》、《爻》，自别为一义，取《大象》以释《彖》、《爻》，必龃龉不合，而强欲合之，此《易》学之所由晦也。《易》以筮，而学存焉，唯《大象》则纯乎学《易》之理。"此所以专解《大象》也。

《周易内传》，六卷，发例一卷　旧刻本 曾刻本 排印本

案：《王谱》，先生年六十七岁，病中勉为从游诸子作《周易内传》。《周易内传·发例·跋》云："岁在己丑，从游诸子，求为解说，形枯气索，畅论为难，于是乃于病中勉为作《传》。"又云："此篇之说，间有与《外传》不同者，《外传》以推广于象数之变通，极酬酢之大用。而此篇守《彖》、《爻》立诚之辞，以体天人之理，固不容有毫厘之逾越。至于《大象传》，则有引伸而无判合，正可以互通之。"《内传》为依经立传之体，虽不如《外传》极酬酢之大用，然先生之学，植本于《易》，此实为其重要著作之一也。

《书经稗疏》四卷　旧刻本　曾刻本　排印本

案：《尚书引义·卷四·洪范一》"五福、六极审而九数从"句下，小注云："详见《稗疏》。""成章有合，相得有当"句下，小注云："详《稗疏》。"《洪范三》"而叙其事五"句下，小注云：

"详《稗疏》。"《稗疏》之作，盖在《引义》之前。

《尚书考异》，一卷　未见书

《邓录》云："有目未见书。"

《尚书引义》，六卷　旧刻本　曾刻本　排印本《王船山经史论八种》本

案：《引义》之作，当在《周易外传》之后。先生"命日受则性日生"之说，实详于《引义》一书，作《外传》时，犹未大明之也。《读四书大全说·卷一》云："愚于《周易》、《尚书》传义中说生初有天命，向后日日皆有天命……今读朱子'无时而不发现于日用之间'一语，幸先得我心之所然。"然《外传》所云，实不及《引义》之详。又，先生有志于注《易》在前，则《引义》之作，当在其后，亦一证也。

《诗经稗疏》，四卷　旧刻本　曾刻本　排印本　读经解本

案：《邓录》云五卷，《王谱》云一卷，非是。曾刻本，实为四卷。邓云：旧本二卷，《四库》本四卷。曾刻本从《四库》本也。以《易》、《书》、《四书稗疏》之作在《传义》之前例之，则此亦当成于《广传》之前。

《诗经考异》，一卷　旧刻本　曾刻本　排印本

案：《考异》"绿竹猗猗"条下云"详《稗疏》"，"柱闭绲縢"条下云"详《稗疏》"，"振旅阗阗"条下云"说详《稗疏》"，"其会如林"条下云"说详《稗疏》"，"鲁邦所詹"条下云"说详《稗疏》"，则已详于《稗疏》者，《考异》不加详也。是成书晚于《稗疏》之证。《四书考异》亦当晚于《稗疏》也。

《叶韵辨》，一卷 同上

案：是书旧刻本已刊，附于《考异》后，但目录则未载。

《诗广传》，五卷　同上《王船山经史论八种》本

案：是书卷三云："故曰：'性日定，心日生，命日受'，非赤子之任也。"（《诗广传·小雅·二五》）卷四云："古之善言性者，取之有生之后……此之谓命日受、性日生也。”又云：“禽兽终其身以用其初命，人则有日新之命矣。”是书盖作于《尚书引义》之后，援用《引义》之说甚明，可证也。

《礼记章句》，四十九卷　旧刻本　曾刻本　排印本

案：《王谱》，先生年五十七岁，章有谟、唐端笏同游先生门下，受所注《礼记》。又先生年五十九岁，秋七月，《礼记章句》四十九卷成。是书之作，实在《说春秋》诸书之后。

《春秋家说》，三卷　同上《王船山经史论八种》本

案：《王谱》，先生年二十八岁，父命编《春秋家说》。又，先生年五十岁，秋七月，成《春秋家说》，《序》云：“迄今二十二载，夫之行年五十，悼手口之浑空存，念蟪蛄之生无几，恐将失坠，敬加诠次。”是书经始甚早，特迟至五十岁时，始诠次而序之耳。

《春秋稗疏》，二卷　旧刻本　曾刻本　排印本　续经解本

《春秋世论》，五卷　初刻本　旧刻本　曾刻本　排印本《王船山经史论八种》本

案：《王谱》，系是书之作于先生年五十岁下云：“《春秋世论·序》：‘著雝涒滩之岁相月望日壬子，湘西草堂王夫之序。’案，草堂成于乙卯，本年戊申，不应有湘西草堂之名。‘著雝涒滩’四字，传写必有讹误，然无从订正，姑附于此。”是书究作于何年尚有疑问。然或系先生书成于是时，而序则改作乙卯以后，因有湘西草堂之名。据《续左氏春秋传博议》作于明年，则先生或在五十年后，正努力于《春秋》之业也。

《续春秋左氏传博议》，二卷　旧刻本　曾刻本　排印本《王船山经史论八种》本

案：《王谱》，先生年五十一岁，编《春秋左氏博议》。

《四书稗疏》，一卷　初刻本　旧刻本　曾刻本排印本　续经解本

案：《稗疏》之作，当早于《读四书大全说》。《读四书大全说·卷六》云："为长府，改钱法也，详《稗疏》。"是其证。

《四书考异》，一卷　初刻本　旧刻本　曾刻本　排印本

案：是书之成，晚于《稗疏》。"诔曰"条下云："诔，力轨切，说详《疏》中。"谓见于《稗疏》也。又案：是书又当晚于《诗经稗疏》，《诗经考异》"菉竹猗猗"条下云："菉，从草，本训王刍也。详《诗稗疏》"。"鸢飞戾天"条下云："鸢当作，详《诗考异》。"是其成书晚于《诗稗疏》《诗考异》甚明。

《读四书大全说》，十卷　曾刻本　排印本

案：《王谱》，先生年四十七岁，居败叶庐，重订《读书说》。据先生《和梅花百咏诗序》有云"时方重订《读书说》"也。《刘谱》谓"盖《读书说》即《读四书大全说》之省文，其始辑在何年，俟考"。《王谱》未加案语，殊觉审慎。今考是书卷一云："愚于《周易》、《尚书》传义中，说生初有天命，向后日日皆有天命。"卷六云："释氏轮回之说，原不如此。详见愚所著《周易外传》。"卷七云："《尚书》'旧云刻子'一段，分明说得有原委。愚于《尚书引义》中辨之详矣。"卷八"性，道心也；情，人心也。恻隐、羞恶、辞让、是非，道心也；喜、怒、哀、乐，人心也。"小注云："其义详《尚书引义》。"是此书明作于《周易》、《尚书传义》后。而据《四书稗疏》，《考异》成于《诗稗疏考异》后，则先生致力于《诗》者，又似早于《四书》，此可推见者也。以思想转变之迹言之，则《礼记章句》于《大学》、《中庸》犹守朱子之说，而是书《说大学》之中于朱子之说颇有商量，他处亦多舍朱而从张，则又有晚于《礼记章句》之痕迹。《礼注》成于先生年五十七时，则是书是否于四十七时早已作成，又加重订之功，固属疑问也。

《四书训义》，三十八卷　旧刻本　刘氏补刻本　排印本

案：是书据《邓录》云："又名《授诸生讲义》。"曾刻本以为惟《四书训义》为先生口授讲章，姑从缓刻。浏阳刘氏补刻本

《序》云："先生《四书稗疏》、《读四书大全说》，钩沈砭谬，正'既灌'，无灌地之礼，明'诔曰'非哀死之辞，'割'、'切'、'方'、'正'之分，损益'三统'之辨，谅阴无'信'、'默'之训，沟渎即句渎之郎，凡此之类，不可枚数，近世通人，不谋而合。至于《训义》，专以《集注》为宗，《稗疏》、《读大全》诸说，半不羼入，盖其慎也。若心所独契，确然质百世而无疑者，则亦不与《集注》苟同。惟其深知前贤，是以不阿所好；功臣诤友，盖兼之矣。"以《周易内传》成于《外传》之后，及守《彖》、《爻》立诚之辞，不容有毫厘之逾越推之，则此或作于《读四书大全说》之后，故有不与《集注》苟同之处也。论情则犹以情为善，于尽心知性亦未显斥朱子之谬，所谓"《稗疏》、《读大全》诸说，半不羼入"，盖实可备一说。《行述》谓"四书则有《读大全说》、《详解》、《授义》"，所谓《授义》者即是书。《罗记》犹沿用《四书授义》之名称（卷五），可知也。

《四书集成批解》（未刻）

案：《王谱》云："未刻，无卷数。"

《四书详解》　佚

案：《王谱》云："佚，无卷数。"

《四书笺解》，十一卷　王之春刻本

案：是书旧刻本、曾刻本、排印本并未收。光绪二十年，王之春刊于鄂藩官廨。首有王之春叙云：

> "道之在古今，至四子之书备矣。汉宋递降，笺疏代作，不无踳驳，然背而驰者亦鲜焉。自明以制义取士，士无不尝诵其书。童而习之，至于皓首，不可谓非笃矣。厥中精诣固繁，而剽窃恢诡，用资羔雁者，亦所恒有。启、祯以降，益矜纵骋。于性命之精，平治之要，或未深求其义类。既非所以代圣贤立言之恉，于设科取士之意亦且悖之。圣清大定，通儒杰兴，经学昌

明，而以时文为小数，每弗屑道。吾宗船山公讲求质学，兼综汉宋，于《四书》尝有《稗疏》、《考异》、《读大全说》诸编，既皆所发明，然或核同异，或辨性理，于初学为文模范者，未之及焉。居尝诟病俗塾时艺讲章，莫轨正谊，课督之暇，辄取全书随意笺释，务使阅者恍然有悟，快然自得于心，盖意在示家塾法程，非云著述也。之春以为时文既代圣贤立言，则所为讲明者，即皆圣贤之道，安所见是仅为羔雁之技耶？吾知获睹是编者，因文见道，必当有异，由是涵泳焉，以求乎道之精，其庶几乎？故为亟付手民，以广其传，愿以质当世之通识者焉。光绪十有九年岁次癸巳嘉平月八月从孙之春谨叙。”

案是书虽为时文而作，于先生思想之变迁，亦有可以参证之点。《读四书大全说·卷十》曰：“朱子以‘物格’言知性，语甚奇特。非实有得于中而洞然见性，不能作此语也。……盖吾之性，本天之理也，而天下之物理，亦同此理也。……吾心之神明，虽已所固有，而本变动不居。若不穷理以知性，则变动不居者不能极其神明之用也，固矣。心原是不恒底，有恒性而后有恒心。”此犹取朱子知性而后能尽心之说，故以为穷理知性而心之变动不居者乃能极其神明之用。至《笺解》则云：“注谓知性而后能尽心，有说尽心然后能知性以实之，此说为长。若谓知性而后能尽心，不特于本文一串说下由尽心而知性，由知性而知天之理不顺，且所谓性即理者，指其实而言之，非可以理字代性字。盖理在事物在心皆谓之理，性即理，但指在心之理而言耳。若穷理则穷事物之理，故注又言格物。性岂可谓之物？又岂可在事物上能知性哉？径从知性上做工夫，如何能知？知性者实于己身未发之中，已发之和上体会，如此恻隐羞恶等心，在本体上具足仁义礼智之天德，若不尽吾心以求知，则不著不察，竟不知何者是吾性矣。此心字是心之神明，所谓‘心之官则思’，及《书》所云‘睿作圣’者。尽心则静而体之，动而察之，以学问证之，极其思之力，而后知吾性之所诚有。故曰此说为长。若必要依注，亦只可云能察吾性实有之理，则自能尽其心以穷天下之理，必不可以知性为格物也。”（卷十一 ）则反驳朱子以物格言知性，而不取知性而能尽心之说，与《张子正蒙注》之意见相合，此亦先生之思想，由其推崇朱子者转而推崇张子之明证也。说更详下。

《说文广义》，三卷　曾刻本　排印本

案：《王谱》，先生六十四岁，识《说文广义》。据是书发例言也，发例共五条，其首一条云：“兹奉六书为宗主，以广《说文》之义，诸不见《说文》者不及之。许氏始制，始于一终于亥，今旧本部次无所从考，一以集韵为序。始于东，终于甲，每部一从平上去入四声次第为序。”是书意在广《说文》之义，故如《外传》、《广传》之体例也。

凡经类二十五种。（《王谱》著录二十四种，今增《四书笺解》一种为二十五种）

《读通鉴论》，三十卷，卷末一卷　同上　商务印书馆排印本《王船山经史论八种》本

《宋论》，十五卷　同上

案：《王谱》，先生六十九岁，始撰《读通鉴论》。是书上起秦始皇，下终于五代；《宋论》则赓续而作也。是二书皆“以上下古今兴亡得失之故，制作轻重之原”，与《春秋家说》、《春秋世论》、《续春秋左氏传博议》、《黄书》、《噩梦》等合而观之，可以具见先生政治思想，非徒论史也。《读通鉴论》更有卷末一卷，共叙论四篇，其一言“论之不及正统”，谓“无所承，无所统，正不正存乎其人而已矣”。其二言“编中于大美大恶、昭然耳目、前有定论者，皆略而不赘。推其所以然之由，辨其不尽然之实”。

"所由与胡致堂诸子之有以异也"。其三、四两篇更言全书所注重之点；是二书之基本观点，亦可以略以见焉。已详前，兹不赘。

《永历实录》二十六卷　曾刻本　排印本

案：是书第十六卷已佚，共存二十五卷。《王谱》云："卷十六佚，是也。"曾刻本目录云："十六卷未见，语殊含混。是书卷一《大行皇帝纪》，终于永历十六年，则其成书，自当在四十五岁以后。先生之不奉清正朔于此亦可见。"《王谱》注桂王年号于清年号之下，尚不失先生之意，惟止于永历十五年，尚不尽合。(兹编《年表》姑从《王谱》亦未加以更张，因从《王谱》即可见先生之意也)

《莲峰志》五卷　同上

案：《王谱》，先生二十八岁，成《莲峰志》五卷。

《大行录》　佚

案：《王谱》云："佚，无卷数。"

凡史类五种

《老子衍》一卷　初刻本　曾刻本　排印本

案：《王谱》，先生三十七岁八月《老子衍》成。据《老子衍·自序》云："阅十八年壬子，重定于观生居。明年，友人唐端笏须竹携归其家，会不戒于火，遂无副本。更五年戊午，男敔出所藏旧本施乙注者，不忍弃之，复录此编。壬子稿有后序，参魏伯阳、张平叔之说，亡之矣。"是先生于是书别有重定之本也。

《庄子解》，三十三卷　同上

案：是书先生子敔有增注。前有董思凝、王天泰两序。

《庄子通》，一卷　曾刻本　排印本

案：《王谱》，先生六十一岁，著《庄子通》。先生《序》云："凡以通吾心也"、"以予通之，尤合辙焉"。"凡庄生之说，皆可因以通君子之道，类如此。故不问庄生之能及此与否，而可以成其一说”。此所以命名为《庄子通》也。是书目次，《徐无鬼》、《寓言》、《列御寇》，阙。无《让王》以下四篇。是书之成，盖晚于《庄子解》，《庄子解》三十三卷，虽以《让王》以下四篇为赝篇，不置说，而犹载原文，此则论已定矣，故目次更不列之也。

《吕览释》　佚

案：《王谱》云：“佚，无卷数。”

《淮南子注》　未刻

案：《王谱》云：“未刻，无卷数。”

《张子正蒙注》，九卷　曾刻本　排印本　初刻本

案：是书《序》言“张子言无非《易》”，“非张子其孰与归”！足见先生之推崇张子及所以著为此书之意。今考是书于程、朱颇致讥评，盖著述时间，较《读四书大全说》、《礼记章句》为晚，是二书犹有称颂程、朱者，而《正蒙注》则绝无一言，此可以推见者一也。先生物质不灭之说，始畅言于是书，与《周易内传》更为接近，《内传》著成时间亦晚，此可以推见者二也。是书言尽心知性与《四书笺解》较合，《笺解》较晚于《读四书大全说》，此可以推见者三也。综此三点，皆足见是书著述时间较晚。

《近思录释》　佚

案：《王谱》云：“佚，无卷数。”

《思问录·内篇》一卷　初刻本　曾刻本　排印本　群学社《王船山集》本

《思问录·外篇》一卷　同上

案：《行述》：“《正蒙》一书，人莫能读，因详释其义，与《思问录》内外编互相发明。”《潘传》云：“与前（从《王谱》）《思问录》内外编互相发明。”是书之作，当在《正蒙注》前。

《俟解》一卷　曾刻本　排印本　群学社《王船山集》本　泰东铅印本

案：《题词》：“然窃恐解之者希也，故命之‘俟解’……甲子重午，船山病笔。”甲子先生年六十六也。

《噩梦》，一卷　曾刻本　排印本　群学社《王船山集》本

案：《序》云：“呜呼！吾老矣，惟此心在天壤间，谁为授此者？故曰‘噩梦’。”据《序》是书成于壬戌，先生年六十四也。

《黄书》，一卷　同上

案：《王谱》，先生年三十八，《黄书》成。据是书《后序》而云然也。

《识小录》，一卷　曾刻本　排印本

案：据《小引》，是书成于己巳，先生年七十一。是书多言服制及官制考试琐节，故云《识小录》。

《搔首问》，一卷　刘氏补刻本　排印本

案：刘人熙《序》云：“《搔首问》者，即屈子之《天问》。明社既屋，中原陆沈，志士仁人，肝脑涂地，无补天倾；抱孤心而诉苍旻，天帝亦疑于醉矣。无默赞神化，以俟数百年之远复，则韦布之功，贤于台鼎。船山之搔首而问者，造物者不难一一条答，相视而笑，莫逆于心也，知此然后可以见船山之心学。船山之《搔首问》，吾师乎！吾师乎！”今案，是书所云，如谓：“刘念台先生《人谱》，用以破袁、黄《功过格》之妖……先生所集，犹有未惬处，人之为人，原不可限，善学先生者，止一人字足矣。”及论《孝经》不与天性相关，吕留良之极诋陆、王等处，其性质与《俟解》等书颇相近，比之《识小录》、《愚鼓词》实较重要。

《龙源夜话》，一卷　曾刻本　排印本

案：是书仅存先生《请终丧免阁试疏》、《陈言疏》及《自序》（不全），三篇。

《愚鼓词》，一卷　同上

案：是书全卷为词，后有《十二时歌和青原药地大师》（方以智）。曾刻本列为《夕堂戏墨》之八，实先生诗词作品也。

《相宗络索》，三卷　排印本

案：是书释“八识”、“九缘”、“四缘”、“三境”、“三量”、“三性”等，《刘谱》谓为释氏之“小学绀珠”，是也。

《三藏法师八识规矩论赞》　佚

案：《王谱》云：“佚，无卷数。”

凡子类十八种。

《楚辞通释》，十四卷，卷末一卷　初刻本　曾刻本　排印本

案：《王谱》，先生六十七岁，《楚辞通释》十四卷成。卷末一卷，乃先生所为之《九昭》。

《夕堂永日八代文选评》未刻

案：《王谱》云：“未刻，无卷数。”

《夕堂永日八代诗选评》，六卷　刘氏补刻本　排印本

案：是书浏阳刘氏补刻本及新印本改题为《古诗评选》，前有《萧序》述其先祖得先生古近体诗评选，爰别为“《船山古诗评选》、《唐诗评选》、《明诗评选》三种”。今之编次，则未知是否一仍先生之旧也。

《夕堂永日四唐诗选评》，七卷　同上

案：浏阳刘氏补刻本、排印本，改题《唐诗评选》，作四卷。

《夕堂永日明诗选评》，七卷　同上

案：浏阳刘氏补刻本、排印本，改题《明诗评选》，作八卷。

《李诗评》未刻

《杜诗评》未刻

《刘复愚集评》未刻

案：以上三种，《王谱》俱云：“未刻，无卷数。”

《词选》，一卷　同上

案：《王谱》云：“未刻。”

《姜斋文集》，十卷　曾刻本　排印本　四部丛刊《姜斋诗

文集》本

案：是书卷一有论三首：《知性论》、《老庄申韩论》、《君相可以造命论》。《知性论》与《君相可以造命论》并可以为研究先生心性论之参考。卷十则先生之《家世节录》。

《姜斋文集补遗》，二卷　曾刻本　排印本

案：是书为光绪间补刻本，其《尺牍十首》、《仿符命》、《武夷府君行状》、《谭太孺人行状》，在《文集》已有目；《谭太孺人行状》，《文集》中并未阙，《补遗》所收，特字句有异同耳。

《漧涛园初刻》　佚

《买薇集》　佚

案：两书皆先生之诗集。据《述病枕忆得》，“癸未春，有《漧涛园初刻》……乱后失其锓木……戊子后次所作为《买薇集》”。癸未先生年二十五岁，戊子先生年三十岁，二集所收，皆少作也。《王谱》于是二书俱云：“佚，无卷数。”

《忆得》，一卷　曾刻本　排印本

案：是书乃先生于六十八岁时，病中忆童年至丁亥（先生二十九岁）时诗，十不得一而录之，故名曰《忆得》。前有序曰“述病枕忆得”。

《岳余集》，一卷　同上　四部丛刊《姜斋诗文集》本

案：是书为先生癸未匿岳，甲申重游南岳之诗，有见于《忆得》者，则《忆得》为初起之稿，《岳余集》为定稿也（《参观记》卷五）。

《悲愤诗》，一卷　佚

案：《王谱》云：“佚。”

《桃花诗》，一卷　同上

案：《王谱》，先生二十八岁，作《桃花绝句》数十首。今佚。

《落花诗》，一卷　曾刻本　排印本　四部丛刊《姜斋诗文

集》本

案：是书曾刻本又题《夕堂戏墨》卷一。全卷共《正落花诗》十首，作于庚子；《续落花诗》三十首；《广落花诗》三十首；《咏落花诗》三十首；《落花诨体》十首；《补落花诗》九首。成于辛丑（先生四十三岁）。

《遣兴诗》，一卷　同上

案：是书曾刻本又题《夕堂戏墨》卷二。全卷共《遣兴诗》三十首，《广遣兴诗》三十首，并成于癸卯（先生四十五岁）。

《和梅花百咏诗》，一卷　同上

案：是书曾刻本又题《夕堂戏墨》卷三。全卷《和梅花诗》外，有追和王百谷《梅花绝句》十首，并成于乙巳（先生四十七岁）。《沅湘耆旧集小传》谓，其曰《夕堂戏墨》者，即《柳岸》、《梅花》两集所删存也；其曰《船山鼓棹》者，诗余也。邓氏所见《夕堂戏墨》如此。

《洞庭秋诗》，一卷　同上

案：是书曾刻本又题《夕堂戏墨》卷四。全卷共诗三十首，成于己酉（先生五十一岁）。

《雁字诗》，一卷　同上

案：是书曾刻本又题《夕堂戏墨》卷五。全卷前《雁字诗》十九首，《后雁字诗》十九首，成于庚戌（先生五十二岁）。末附《题芦雁绝句》十八首，成于己酉。

《仿体诗》，一卷　同上

案：曾刻本又题《夕堂戏墨》卷六。全卷仿明代诸家体共三十八首。

《姜斋诗编年稿》，一卷　曾刻本　排印本

案：全卷编年起己酉，终丙辰（先生五十八岁）。

《五十自定稿》，一卷　同上　四部丛刊《姜斋诗文集》本

《六十自定稿》，一卷　同上

《七十自定稿》，一卷　同上

《柳岸吟》，一卷　同上

《姜斋诗分体稿》，四卷　曾刻本　排印本

《姜斋诗剩稿》，一卷　同上　四部丛刊《姜斋诗文集》本

案：以上并先生之诗集。《邓录》著录《姜斋诗集》十卷，卷一《五十自定稿》，卷二《六十自定稿》，卷三《七十自定稿》，卷四《柳岸吟》，卷五《落花诗》，卷六《遣兴诗》，卷七《和梅花百咏诗》，卷八《洞庭秋》，卷九《雁字诗》，卷十《仿体》。曾刻本《柳岸吟》作《姜斋诗集》卷四。《落花诗》以下以为《夕堂戏墨》。

《潇湘怨词》，一卷　曾刻本　排印本　四部丛刊《姜斋诗文集》本

《鼓棹初集》，一卷　同上

《鼓棹二集》，一卷　同上

案：以上并先生之词集。《邓录》著录为《姜斋诗余》三卷。曾刻本《潇湘怨词》又题《夕堂戏墨》卷七。

《龙舟会杂剧》，二卷　曾刻本　排印本

案：以上一种为先生所为戏曲。

《诗译》，一卷　同上　谈艺珠丛本 四部丛刊《姜斋诗文集》本

《夕堂永日绪论内编》，一卷　同上

《夕堂永日绪论外编》，一卷　同上

《南窗漫记》，一卷　曾刻本　排印本　四部丛刊《姜斋诗文集》本

《南窗外记》，一卷　未刻

案：以上五种并先生批评文艺之作。《诗译》原附《诗经稗疏》后。《邓录》著录《姜斋诗话》三卷，卷一《诗译》，卷二《夕堂永日绪论内编》，卷三《南窗漫记》。曾刻本于《诗译》又题《姜斋诗话》卷一，于《夕堂永日绪论》又题《姜斋诗话》卷二，于《南窗漫记》下云：《姜斋诗话》卷三，从《邓录》也。《王谱》："《南窗外记》一卷，未刻。"

《船山经义》，一卷　曾刻本　排印本

《船山制义》　佚

案：《邓录》著录《姜斋外集》四卷，卷一《船山制义》，卷二《船山经义》，卷三《夕堂永日绪论外编》，卷四《龙舟会杂剧》。曾刻本不从《邓录》。《王谱》于《船山制义》云："佚，无卷数。"

凡集类四十一种

案：罗正钧《船山师友记》所据《姜斋逸文》有《三湘从事纪序》（卷二），《惜余鬓赋自跋》（卷六），《明纪野获序》（卷十），《史贯序》（同上），《曾太母申孺人寿序》（卷十二），《曾氏族谱序》（同上），《唐凰仪传》（卷十三），《遗响亭记》（同上），《唐峨臣墓志》（同上），《赠释惟印诗序》（卷十五），《宝宁寺志叙》（同上），排印本遗书尚未收入。先生遗著之未印行者尚多有之，甚盼有慕先生之学者再出而结集之也。又先生遗书刊刻时，凡触清廷之忌者，悉以"□□"代之，如能搜集稿本或旧抄本重印，当更善也。

附：研究船山先生生平学术遗著之参考书

刘毓崧：《船山丛书校勘记》曾刻本　排印本　并收入

案：此记于先生原著征引有讹误处，亦并加以校订。

刘毓崧：《王船山先生年谱》光绪丙戌江南局本

王之春：《王船山公年谱》原刊本

案：《刘谱》，成于清同治四年乙丑，《自序》称其未备者有七，“其间详略互见，罣漏讹舛，如己丑二月服阕，辛卯侨寓祁阳，丙申暂往兴宁之类，未为完本”。（用《王谱》凡例语）之春为船山八世从孙，更据《全集》及《家谱》等书褒辑以补其阙。书成于光绪十八年壬辰。次年秋刊行。

罗正钧：《船山师友记》原刊本

案：是书于光绪三十三年丁未刻成。全书并首卷为十八卷，第十七为《述赞》，谓补辑仪征刘氏《王船山先生年谱》讫，又以暇日纂辑先生师友为十有七卷。积久得百五十七人。罗氏撰是书时，尚未获见《搔首问》一书，所搜罗尚未赅备也。

林纾：《评选船山史论》商务印书馆出版

李世瑛：《船山先生行迹图》原印本

王永祥：《船山学谱》排印本

嵇文甫：《船山哲学》开明书店出版

案：王著《学谱》，未有传纂、著述考、师友考，其述先生之学，仅及哲学思想。兹更撰为新编。于《学述》中，综述先生之思想渊源、思想背景、哲学思想、政治思想、经学、史学（附诸子之学）、文学；更为《著述考》、《师友记》，订《王谱》之失，补《罗记》之缺。所冀先生之学今后能大白于世也。

《船山学报》湖南船山学社出版，民四创刊，已出十二期

徐炳昶：《王船山的道德进化论》，《哲学》第五期

案：徐著《王船山的道德进化论》甚有见地，于先生之说颇推阐尽致。其他述先生学术思想之论文散见于报章杂志者，以有《国学论文索引》诸书可查，兹不一一列举。

四　师友记

先生违世守贞，屏绝声气，与当世硕儒，并尠所往还，然其师承授受，亦非绝无可考。湘潭罗正钧《船山师友记》撰集先生师友共百五十七人，凡遗书姓名可见者咸录于篇，全书共十八卷(末卷为述赞)，所考实甚详。惟其范围不限于学术一方面，兹择其与学术、政治比较有关系者，略述于篇；更就《罗记》所未及者，参考他书，略事补苴；庶于先生之学，更可藉以明了。《罗记》未允当者，亦为之辨正焉。

父兄：

《罗记》卷首述先生父兄：武夷先生，牧石先生，贞献先生，礋斋先生，凡四人。武夷先生为先生之父，名朝聘，字修侯。先生《武夷先生行状》云："先君少从乡大儒伍学父先生定相受业，中问道邹泗山先生，承东廓之传，以真知实践为学，当罗、李之徒，纷纭树帜，独弢光退处，不立崖岸，衣冠时制，言动和易，自提诚意为省察密用。……所学于学父先生者，天人、理数、财赋、兵戎，罔不贯洽。而未尝一语及之。曾闻与释憨山德清辩率性之旨，清为挫屈，夫之举以请问，微哂不答，凡洗心退藏，不欲暴著类如此。"《春秋家说·自序》云："先征君武夷府君早受《春秋》于西阳杨氏，已乃研心旷目，历年有得……岁在丙戌，大运倾覆。府君于时春秋七十有七，悲天悯道，誓将谢世。乃呼夫之而命之，夫之受命怵惕发蒙，执经而进，叙问其所未知，府君更端博说，浚其已浅，疏其过深，折其同《三传》之未广，诘其异《三传》之未安，始于元年统天之非，终于获麟瑞应之诞……几于备矣。”先生于家学自述之显著者如此，渊源固有自也。牧石先生名廷聘，字蔚仲。先生之叔父也。《家世节录》云：“仲父牧石先生……古诗得建安风骨，近体逼何、李而上，深不喜竟陵体诗。”《述病枕忆得》云：“崇祯甲戌，余年十六，始从里中知四声者问韵……已而受教于叔父牧石先生，知比耦结构。”则先生诗学多得之于牧石先生也。石崖先生，名介之，字石子，先生长兄也。著有《周易本义质》、《春秋四传质》、《诗传合参》、《春秋家说补》、《诗经尊序》。《春秋四传质·自序》云：“余家世葩经，先君徙业，其于先师所传，亦既别有手疏矣，而时取先贤传注所未及者，进余兄弟而提命之。余兄弟是以有《家说》正续之述，而于《三传》之考订者，尚未及焉。”新化邹汉勋《学艺斋文存·与邓湘皋学博书》云：“《春秋家说》上有评语，玩其语趣，似是石崖。”则是先生昆弟，紬绎家学，更相砥砺，于此可见。礋斋先生，名参之，号礋斋，先生次兄。遇乱以疾早卒。案：《罗记》以《春秋家说》正续为先生之《家说》、《世论》，小误。《春秋四传质·自序》明云：“余兄弟是以有《家说》正续之述”，所谓续者，盖石崖自指其所著《春秋家说补》而言，《罗记》偶有未照耳（旧刻本遗书后附刻有《春秋四传质》）。

提学举主

《罗记》卷一述先生提学举主：王佥事志坚，水侍御佳胤，王中丞永祚，高提学世泰，蔡比部凰，欧阳黄门霖，郭给谏之祥，孙侍郎承泽，凡八人。案：王志坚，字弱生，崑山人。少为诗文，法唐宋名家。其读经先笺疏而后辨论，读史先证据而后发明。其于内典，亦深辨性相之宗（《明史·文苑传》）。先生治学方法，颇与之相同，或系受其影响。高世泰，字汇旃，无锡人。崇祯中督学湖广，究心经史，崇尚理学，博征名儒，读书濂溪书院。以名节相砥砺，著有《三楚文献录》。世泰少侍从父左都御史攀龙讲席，晚年以东林先绪为已任。葺道南丽泽堂于梁溪，一时同志恪遵遗规。与祁州刁包相闻问，学者有南梁北祁之称（《湖南通志·名宦传》）。先生《自序》谓梁溪高汇旃先生世泰评夫之时艺云："忠肝义胆，情见于词。"（《龙源夜话》）《莲峰志·名游》云："近之游者，有吾师高汇旃先生世泰。"《南窗漫记》云："高汇旃先生选士于濂溪书院课习之，省试后，慰诸不第者以诗，一联云：'鸟自嘤乔木，鱼无羡武昌。'敦友谊，薄荣名，人师之语也。"《漫记》晚年之作，犹拳拳追念之。则先生与汇旃先生情感甚笃。《礼记章句》曰："若近者东林诸君子之力争福邸，自出于不容已，而议者乃责其过激；不知奸邪之势已昌，而乘舆高拱，不得一进其从容之论。救焚拯溺而安步怡声以行之，非秦越其君父者不能为尔也。"（卷三）先生于东林诸君子亦深赞许，固有由来也。欧阳霖，初名介，永历中擢户科给事中，以内艰辞阙。

乡邦达官

《罗记》卷二述先生乡邦达官：蔡忠烈道宪，章文毅旷，郑中丞古爱，李大令兴玮，堵太傅胤锡，晏尚书清（子需明），凡七人。案：蔡道宪，字元白，晋江人。崇祯十年进士，为长沙推官。张献忠陷长沙，被执大骂不降，贼磔之，死。（《明史》）章旷，字于野，别号莪山，华亭人。崇祯丁丑进士，永历元年官至武英殿大学士、兵部尚书，督恢复诸军，诸军争溃不可合，旷知事不可为，慷慨悲愤不粒食死。（《永历实录》）《武夷先生行状》云："华亭章公讳旷、江门蔡公讳道宪，是时俱为分考。国势渐不可支，出场后，引为知己，互相砥砺。"蔡章并先生壬午科分考也。堵胤锡，字仲缄，别号牧游，宜兴人。宏光元年提督湖广学政，改巡抚。永历三年卒于浔州。（《永历实录》）《病枕忆得》有堵公以黄石斋先生《礼问》石刻垂赠，纪公补庐先墓事，有桐华之应，诗以纪之一首。则堵牧游与先生交谊固甚笃也。李兴玮，字天玉，湖广巴陵人。隆武丙戌授临武知县，督士民守城，兵溃被执遇害。（《永历实录》）郑古爱，字子遗，湖广江夏人。

晏清，字元洲，湖广黄冈人。(同上)

岭外僚友

《罗记》卷三述先生岭外僚友：瞿忠宣式耜，严太傅起恒，金黄门堡，刘佥都湘客，蒙给谏正发，管舍人嗣裘，董行人云骧，凡七人。案：瞿式耜，字在田，号稼轩，常熟人，万历丙辰进士。历官吏部给事中。崇祯中罢归里，筑室虞山下曰东皋，莳花药、读书其中。宏光初稍起应天府丞，已擢佥都御史，巡抚广西；隆武丙戌，与丁魁楚迎桂王立于肇庆。永历元年，晋吏部尚书、文渊阁大学士。留守桂林，多所策应。永历四年，清兵逼桂林，城陷，沐浴易衣坐署中，与总督侍郎张同敞呼酒痛饮，分韵唱和，悲吟彻旦，遂同遇害。(《永历实录》)严起恒，字秋冶，浙江山阴人。崇祯辛未进士，永历中改吏、兵二部尚书，东阁大学士。与瞿式耜孤忠济难，实为永历国命所系。永历五年，孙可望遣其将吴将军索王封，挥铜椎击起恒脑，堕水死。金堡，字卫公，别字道隐，浙江仁和人。崇祯庚辰进士。鲁王监国浙东，堡弃家依之。隆武中为给事直谏，以参郑芝龙为思文帝所倚用。永历中抗疏直言，吴贞毓率其党数十人连疏攻堡及袁彭年、刘湘客、丁时魁、蒙正发把持国政。遂褫职下锦衣卫拷掠，刑独酷。减死论戍。桂林陷，祝发为僧。刘湘客，字客生，别号端星，陕西富平人。(以上据《永历实录》)蒙正发，字圣功，崇阳人。隆武元年以诸生举义兵，败走长沙，投督师何腾蛟，授推官衔，参章旷军事。永历中旷题正发户科给事中总理军事，后为吴贞毓等疏攻下狱，归楚二十余年终。著有《三湘从事录》。(据《三湘从事录》)管嗣裘，字冶仲，衡阳人。少英爽有文名，谙壬遁象纬，中崇祯壬午乡举。张献忠陷衡州，购索之，其兄嗣箕为应捕代死，会免。永历二年与先生同举义兵于衡山，战败军溃，走行在，授中书舍人。广西陷，匿临川山中，冬月负败絮，采苦菜以食。与刘远生、刘湘客、朱昌时行吟溪洞中，以死自誓。李定国复桂林，招之出，尤优礼之。说李定国迎跸拒孙可望不果，甲午遇害于永定州。（《永历实录》、《姜斋诗分体稿》）冶仲与先生居同里闬，过从最密，又同举义兵，交谊尤笃也。董云骧，字紫帽，嘉兴人。

从王诸友

《罗记》卷四述先生从王诸友：方阁老以智，郭少马都贤，张宫詹同敞，朱侍御嗣敏，李小司马芳先，彭小司马焱，姚秀才湘，唐相国諴，钱编修秉镫，熊阁学开元，尹郎中民兴，凡十一人。案：方以智，字密之，桐城人，姿抱畅达，蚤以文章誉，望动天下。南都陷，以智改姓名为吴秀才，游南海。瞿式耜闻而迎馆之。桂王即位于肇庆，擢左中允，充经筵讲官，以智既无宦情，讲官之命，为式耜所强授，又不见庸，遂挂冠去，客桂柳间。粤西稍定，就平乐之平西村筑室以居。以智诗仿钱、刘，平远有局度，至是放情山水，觞咏自适，与客语不及时事。永历三年，超拜礼部尚书、东阁大学士。不拜，诏遣行人李浑敦趋入直，以智野服辞谢，不赴。平乐陷，马蛟麟促以智降，乃舍妻子为浮屠去。（《永历实录》）先生《南窗漫记》云："方密之阁学逃禅洁己，授觉浪记莂，主青原，屡招余将有所授，诵'人各有心'之诗以答之，意乃愈迫，书示吉水刘安礼诗，以寓从臾之至。余终不能从，而不忍忘其缱绻。"《宝庆府志·迁客方以智传》云："以智寓居新宁，复移居武冈之洞口。其居武冈时，与衡阳王夫之善，既为僧青原，以书招夫之甚勤，最后有'时乎不再来'之语。"《罗记》亦云："《五十自定稿》，己丑年有《圆通庵初雨睡起，闻朱兼五侍郎从平西谒桐城阁老归病戏赠》一首，桐城阁老即密之，平西，即平乐之平西村。诗中有'秋井托阴，梧桐新坠'之语，盖作于是年秋间，先生二次赴阙之时，而次年有刘端星《昭州初度》一诗，作于去官以后。昭州即平乐旧名，据此则密之寓平乐时，与先生常相闻问也。"《搔首问》云："读

《陈大樽集》云：‘密翁年十九而知作木牛流马。’欲就青原问之，不克，而密翁逝矣。”又云：“密翁与其公子为质测之学，诚学思兼致之实功。盖格物者，即物以穷理，惟质测为得之。”并足见先生与方氏交谊之笃，及对于方氏之钦仰也。先生《永历实录》、《方以智传》虽未言方氏《通雅》一书，然《通雅》之作，实在方氏通籍以前。自庚辰通籍以后，待诏之暇，益加详核，业有定本，为当时名公钜卿，序以行世。(《通雅·姚氏发凡》)《通雅·凡例》云：“考究之门虽卑，然非比性命可自悟，常理可守经而已。必博学积久，待征乃决。”又《卷首》云：“古今以智相积，而我生其后，考古所以决今，然不可泥古也。古人有让后人者，韦编杀青，何如雕板。龟山在今亦能长律，河源详于阔阔，江源详于《缅志》，南极下之星，唐时海中占之，至泰西人始为合图，补开辟所未有。”又云：“学校、选举、赋役、兵屯、河漕、盐钱诸事，贵知要领。……治在君相，人在师教，学在实讲，公明而已。不明时势而执成式者，迂腐之弊，愚；一以翻案见奇者，偏锋之弊，荡。井、封建，可印泥乎？”其议论多有与先生相合者。《四库提要》云：“明之中叶，以博洽著者称杨慎，而陈耀文起而与争，然慎好伪说以售欺，耀文好蔓引以求胜，次则焦竑亦喜考证，而习与李贽游，动辄牵缀佛书，伤于芜杂。惟以智崛起崇祯中，考据精核，迥出其上。风气既开，国初顾炎武、阎若璩、朱彝尊等沿波而起，始一扫悬揣之空谈。虽其中千虑一失，或所不免，而穷源溯委，词必有征，在明代考证家中，可谓卓然独立矣。”先生窜身瑶蛮，绝迹人间，而得博洽如方氏者以为之友，则无惑乎其常相闻问也。郭都贤，字天门，益阳人。著有《补山堂集》、《些庵杂着》等书。(《增辑楚宝·本传》)张同敞，号别山，湖广江陵人。与瞿式耜同殉难（《永历实录》）；钱秉镫，字幼光，后改名澄之，字饮光，安徽桐城人。与云间陈卧子夏彝仲，嘉善魏学渠交，又尝问《易》于黄道周。弘光时兴大狱，秉镫名在捕中，变姓名逸去，南都亡，走闽中，道周荐授推官。闽亡入粤。永历三年，临轩亲试，授庶吉士。南雄陷，仓卒逃跸，凡大诏悉令秉镫视草。金堡下狱，营救之。寻乞假至桂林。桂林陷，祝发为僧，名西顽。久之，返里。著《田间易学》十二卷，初从京房入，故言数颇详。后乃兼求义理，以朱子为宗。又著《田间诗学》十二卷。谓《诗》与《尚书》、《春秋》相表里，必求之《三礼》以详其制作，征诸《三传》以审其本末，稽之《五雅》以核其名物，博之《竹书纪年》、《皇王大纪》以辨时代之异同与情事之疑信。即今舆记以古之图经而参以平生所亲历。以《小序》首句为主，采诸儒论说自《注疏》、《集传》外凡二十家，持论精核，于名物训诂、山川地理言之尤详。所著又有《藏山阁集》、《田间集》、《所知录》，年八十有二而终（《小腆纪传先正事略》）。《田间诗集》卷十九，《客隐集》癸丑（康熙十一年）有《吴茂孙谒选都门晤间有怀王而农》一首云：“忆昔分携端水滨，同时去住困风尘。天南十载悲逋客，冀北三冬遇选人。吾道未妨踪迹异，交情终在乱离亲。衡山曾问墙东隐，闻说终年旧葛巾。”《罗记》云：“癸丑去庚寅从王已二十四年，犹追忆及之，其与先生之交谊可知。”据此则钱氏与先生亦深相知也。

《罗记》卷五述先生乡邑先辈：伍先生学父，谭处士允阜(弟允都、允琳)，欧阳翁正旸，梁大令志仁，郑尚书逢元，刘水部明遇，金观察九陛，凡九人。案：此数人中惟伍学父先生较有关系，学父先生名定相，一字玉铉，衡阳人。万历时贡士，十三岁即通诸经、性理、《通鉴》诸书，稍长，益纵览群籍。褐衣敝屣，授徒以养母。动静语默，必与横渠、延平两先生吻合，邹泗山先生称之曰：“居敬穷理，实践虚求，伍子一人而已。”为学综天文、地纪、人官、物曲、兵、农、水利之书，以淹贯为主，船山之学所由本也。（《沅湘耆旧集》）《罗记》云：“学父先生为武夷先生业师，考《逸文·武夷先生行状》有云：‘岁丙寅大疫，学父先生染疾不起，先君子日夕不离床榻，执手以待瞑。’丙寅为天启六年，先生时年八岁，已入塾读书。《漫记》云：幼曾见其诗，则必常晋谒先生传受家学。邓氏谓伍氏为船山之学所本，固自不诬，特箸于篇，以见渊源之所自焉。”伍氏为船山家学所自，固不可与其他乡邑先辇同日而语也。谭允阜、允都、允琳，均先生舅氏。（《家世节录》）刘明遇，字浣松，四川人，所著于《云劝斋集》、《石苍诗选》。（《宝庆府志》）

早岁会文之友

《罗记》卷六述先生早岁会文之友：夏孝廉汝弼（弟汝为），文明经之勇，欧阳文学惺，郭孝廉凤跹，李晓廉跨鳌，何孝廉一琦，包孝廉世美，熊渭公（霈），李云田以默，王又沂源曾，（朱静源、熊南吉），刘行人自煜，凡十四人。案：夏汝弼，字叔直，衡阳人。郭凤跹，字季林，衡阳人，崇祯壬午乡举人。乱后隐居，有《涉园集》。（《沅湘耆旧集》）何一琦，字伟孙，衡阳举人。先生《家世节录》云：“先君晚岁，端居屏人事。里社后进，间因夫之兄弟以文字求点定，时际欣适，亦为论次。如郭季林凤跹、夏叔直汝弼、何伟孙一琦，皆所鉴别，俱为名孝廉。”夏、郭、何皆从游于武夷先生者也。《衡阳县志》：汝弼以第五人举于乡，流寇陷衡州，汝弼居莲花峰，夫之避乱，盖依以获免云。先生《述病枕忆得》云：“丁亥与亡友夏叔直避购索于上湘，借书遣日，益知异制同心，摇荡声情，而檠括于兴观群怨。”则先生与汝弼之交甚笃。文之勇，字小勇。衡阳人，明季恩贡生。（《分体稿广哀诗注》）《病枕忆得》：己卯年有匡社初集呈郭季林、管冶仲、文小勇一首。《分体稿广哀诗注》谓之勇于丁亥蓝山遇寇死。《罗记》云：“《五十自定稿》甲午‘再哭郭季林’诗题云：‘追悼文小勇匡社旧游’，则当日立社似小勇主其事。”李跨鳌，字一超，衡阳人。（《衡阳县志》）欧阳惺，字叔敬，衡阳诸生。（《姜斋分体稿广哀诗注》）皆先生早岁同里友朋中之良者。熊霈，字渭公，黄冈人。（《明史·忠义三》）《述病枕忆得》云："昔在癸未春，有《漧涛园初刻》，亡友熊渭公为之序，乱后失其锓本。"《罗记》云："先生早岁外间会文之友，莫著于渭公。《广哀诗》有云：'勿用学秦观，眉山同汩没。生死四十秋，奉此为津筏。'先生生平力排苏氏之学，其渊源盖有自矣。"此足见其交谊之笃也。李云田字以默，湖广汉阳人。（《湖北诗人微略》）王又沂源曾，黄冈人。（《南窗漫记》）则先生在武昌乡试时所晤见也。包世美，字乃蔚，衡阳人，崇祯壬午举人。（《沅湘耆旧集》）刘自煜，字杜三，攸县人。（同上）

《罗记》卷七述先生避寇为主之友：朱王孙禋黎，李征君继体，洪文学业嘉，龙孝廉孔蒸，欧阳太仆镇（子淑），萧一夔常赓，阮参军志道，曹明经国光，凡九人。案：洪业嘉，字伯修，湘乡人，与同邑龙孔蒸、欧阳淑称湘三诗人，著有《懒吟随草》。龙孔蒸，字季霞，崇祯壬午举人，著有《类吟自删存草》。欧阳淑，字予私，亦有才名。俱死于难。（《沅湘耆旧集》）先生《莲峰志·卷三》稿本上有"上湘龙孔蒸季霞订"之语，《岳余集》稿本有"同里夏汝弼、上湘欧阳淑订"之语，足见交谊之笃，先生之于著述，亦极审慎也。李继体为先生后进，李朴大父，详下。

去官偕隐之友

《罗记》卷八述先生去官偕隐之友：刘孝廉惟赞，邹舍人统鲁（左素公），罗文学从义，罗明经英，宁孝廉朝柱，王山人文俨，殷广文铭，凡八人。案：刘惟赞，字子参，祁阳人，崇祯己卯举人。永历三年楚师败，抗疏言国之存亡，惟在严起恒之一出。以隐居终。（《沅湘耆旧集》）邹统鲁，字大系，衡阳人。崇祯壬午举人。永历中授中书舍人，后隐居祁、邵山中。（《衡阳县志》）罗从义，字养浩，邵阳人。明季为县学士，以世乱深自韬晦，购书数千卷，闭户默诵。（《宝庆府志》）据《宝庆府志·迁客传》云，先生奉母居邵阳中乡，主于罗从义家最久，教其子瑄成名宿。王文俨，常宁人。(《沅湘耆旧集·王国甲诗注》) 先生隐常宁之西庄园，为瑶人，食饮皆王文俨供赡之，则二人者又先生为主之友也。

迩山同志之友

《罗记》卷九述先生还山同志之友：王恺六，李孝廉国相，管文学嗣箕，唐处士克峻，刘孝廉向贤，刘文鲁近鲁（兄玮），朱王孙翠涛，李文学报琼，熊男公（熊畏斋），凡十一人。案：王恺六，衡阳人。(《自定稿》) 李国相，字敬公，一字芋岩，崇祯壬午以衡籍举于乡。著有《逸斋费词》二卷。(《沅湘耆旧集》) 刘象贤，字若启，崇祯壬午举人（同上）。《武夷先生行状》云："敌娶湘乡举人刘象贤女。"刘近鲁，字庶先，衡阳人。(同上)《游小云山记》云："予自甲辰始游，嗣后岁一登之，不倦。友人刘近鲁居其下，有高阁藏书六千余卷，导予游者。"《行状》云："敌娶刘氏，文学近鲁女。"则二人者，又先生之懿亲也。李报琼，字惟好，衡阳诸生。《行状》云："夫之侧室女一，适文学李报琼子向明。"亦先生之姻亲。唐克峻，字钦文；刘玮，字昆映，并衡阳人。

山中过存之友

《罗记》卷十述先生山中过存之友，周孝廉士仪，李广文灿，刘孝尼，黄将军金台，刘平思，张都督国祚，徐广文芳，董副将启行，季简尤，何诣得，凡十人。案：周士仪，字令公，号藿园，鄞县人。闭户著书，作《史贯》十卷，《野获编》若干卷。(《沅湘耆旧集》) 先生有为周氏所为《明纪野获序》、《史贯序》。节存《湖南通志》、《湖南文征》。李灿，字叔晦，巴陵人。（同上）刘孝尼，名与爵里均无考，先生有《刘孝尼诗序》。(《姜斋文集》) 徐芳，字蔚子，长沙人。有《种竹亭稿》，先生序之(《沅湘耆旧集》)。

山中通向之友

《罗记》卷十一述先生山中通问之友：陈孝廉靓，陈广文五鼎，龙孝廉孔然，李孝廉占解，刘孝廉培泰，黄度长，蒋九英，刘敉功，欧阳喜翁龙，龙衣袭，李明经遇唐，程奕先光禋，程大匡，凡十三人。案：陈靓，字二止，不剃发，隐深山中。（《广阳杂记》）刘培泰，字笃生，湘潭人。（《湘潭县志》）先生《愚鼓词》、《梦授鹧鸪天序》云："无师之师，其惟梦乎？无梦而梦，非师而谁任为师？梦之明日，中湘笃生翁投余诗云：'三一从兹守，策名玉洞仙。'不期而与梦应，然则梦果余师也。"《罗记》云："先生时亦旁及养生家言，外间所与究论者，药地大师外，则笃生翁。"吴骥，字既闲，景陵人。著有《浮园诗集》。（《湖北诗人征略》）先生《七十自定稿·病起连雨》第四首自注云："病不得省墓，春初，因松江董斯行请志铭于竟陵吴既闲，期以秋至，不得。"先生请其表章先德，则非常人可知。

后进门人

《罗记》卷十二述先生后进：欧明经大生，李大令何炜，余兼尊，徐令素，罗桐侯，李进士朴大，王文学祚隆，刘处士献廷，曾处士致文，曾陵如万年，凡十人。案：李朴大，字尔雅，永兴人。康熙戊辰进士。因母老不仕，以经学教授里中，资修脯以养。有《松涛阁集》。晚卜筑义庄，学者称义庄先生。于衡阳二王为年家子，尝为石崖先生志墓。（《沅湘耆旧集·小传》）王祚隆，字卜子，一字一峰，常宁人。县学生，常主讲岳麓书院。著有《岳麓诗草》、《半山草长沙吟》、《楚江吟》诸集。（同上）王氏与王文俨同邑，或其同族也。刘献廷，字继庄，别号广阳子，大兴人。据王源所为《墓表》云："处士颖悟绝人，博览有大志，不仕，不为词章之学。年十九，亲殁，挈家而南，隐于吴。……生平志在利济天下后世，造就人才，而身家非所计。其挈家而南也，尚有赀数千金，以交游济危难散去。……慨然欲遍历九州，览其山川形势，访遗佚，交其豪杰，博采轶事，以益广其见闻，而质证其所学。……于礼乐、象纬、医药、书数、法律、农桑、火攻器制，傍通博考，浩浩无涯涘。……留京师四年，有奇遇而讫不见用，庚午复至吴，遂南游衡岳，因而归。”全祖望《鲒埼亭集·刘继庄传·跋》云：“继庄返吴不久而卒，其书星散。平生所讲学之友，严事者曰梁溪顾畇滋、衡阳王而农。而所心服者曰彭躬庵。”《罗记》云：“《广阳杂记》纪游岳事甚悉，中有云：‘余久滞衡阳。’……《杂记》又详载修侯先生及礓斋先生事，盖当时晋谒山中饫闻之。先生僻处穷荒，外间知者甚鲜。继庄独推重如此，盖有以深知先生矣。”《杂记》云：“王而农先生住查江，在衡州府西南约九十余里”，“其学无所不窥，于《六经》皆有发明”。实深知先生者，在当时盖必获见先生，《罗记》所云，或不诬也。

《罗记》卷十三述先生门人：管永叙，罗仲宣瑄，章载谋有谟，唐如心克恕，唐古遗端典，唐须竹端笏，戴文学日焕，萧文学子石，王灏，蒙之鸿，曾广文昱，曾学博万芳，刘永治，刘存孺，凡十四人。案：管永叙为管嗣裘子。先生《五十自定稿》辛丑年有《哀管生永叙》一首。辛丑先生年四十三岁，则先生在是年前即已授徒也。罗瑄为罗从义子，据《宝庆府志·迁客·王夫之传》，先生居邵阳中乡，住罗从义家最久，教其子瑄成名宿。章有谟，字载谋，为章旷次子，乙卯由粤西还华亭，道阻不得归，遂与唐端笏同游先生门下，受所注《礼记》。五年归，名其斋曰景船，著《礼记说约》三十卷，今佚。《景船斋杂记》二卷，今存。（《景船斋杂记序》）唐如心，字克恕，衡阳诸生，为唐钦文从兄弟。从先生游十余载，常自号一竿生，著有《竹阁编岳行草》、《龙潭定旧》及《续小学》、《广舆记》、《家范》诸书。（《一竿生诗小传》）《行状》云：“敔子一范，聘文学唐克恕女。”亦先生懿亲也。唐端典，字古遗；唐端笏，字须竹；并唐钦文子。

《沅湘耆旧集·小传》云，须竹一字躬园，衡阳人，明季诸生。性至孝，父母有疾，侍医药，终夜不解带。亲终，附身附棺，纤毫不苟。以此见重于王夫之。尝得《白沙集》、《定山集》、《传习录》，读之而嗜。迎夫之住駁阁岩，为剖析源流，知后来心学之谬。夫之示以《思问录》、《内外编》、《周易内外传》。其名屡见船山《集》中，盖船山受业弟子中所倚为奔走后先者也。夫之没，筑室山中以终，所著有《惭说》、《悔说》。先生逸诗《视躬园百韵跋》云："从王船山先生游二十余载，著有《读史要言》、《十三经解》共二百余卷，惜为兵火所焚，十失其九。"（跋为后人补述）则须竹真传先生之学者。据先生《逸文》、《唐峨臣墓志》，须竹以康熙五年丙午见先生，至先生壬申之殁，则从游于先生，凡二十六年也。戴日焕，字晋元，衡山诸生。通五经及诸子，尤邃于《易》，后游船山之门。（《沅湘耆旧集》）萧子石，以字行，衡阳诸生。尝游王夫之、邹统鲁、李国相之门，求性理宗旨，著有《戴记说》、《杏园诗集》。（《衡阳县志》）蒙之鸿，衡山岁贡，父正发，崇阳人。之鸿从先生游，所造颇深。著有《遣心集诗稿》。（《湖南通志流寓》）《庄子解》先生子敔《增注逍遥游》引有之鸿说一条，则于《庄子》造诣亦深也。王灏，衡阳附贡生。（《衡阳县志》）《庄子解》先生子敔刻本卷首有门人王灏序。曾岊，字垤耶；曾万芳，字蕃祉，邵阳人。（《宝庆府志》）刘永治，邵阳人。（《武夷先生行状》）刘存孺，爵里无考。（见《鼓棹集》）先生晚年诗集中称诸子者屡见，惜皆无由得其姓名也。

亲懿子弟

《罗记》卷十四述先生亲懿子弟：郑忝生兴祖，李治尹向明，刘辑夏法忠，熊体贞时干，王幼重敏，王膴原敞，王曷功敓，王虎止敔，凡八人。郑兴祖，字忝生，襄阳人，为先生继配郑氏之弟。李向明，字治尹，衡阳人，为先生侧室女婿。刘法忠，字辑夏，衡阳人，为先生长孙女婿。熊时干字体贞，衡阳人，为先生次孙女婿。王敏，字幼重，牧石先生之孙。王敞，字膴原，为贞献先生长子，十五补邑文学，为文清通醇正，得陶、谢风旨。王攽，字曷功，先生长子，著有《诗经释略》。王敔，字虎止，先生次子。康熙己亥岁贡生，虎止禀承庭训，学问渊博，操履高洁。与邵阳车无咎补旃，王元复能愚，攸县陈之駓，桃文称楚南四家。又有称楚南三王者，谓虎止与能愚及汉阳王戬伯谷也。潘书原宗洛视学楚南时，延之入慕襄校试卷，与宜兴储大文六雅善。晚筑湘西草堂，学者多从之游。著有《蕉畦字朔》、《蕉畦存稿》、《笺云草》诸书，学者称蕉畦先生。《年谱》刘氏毓崧云，《张子正蒙注》有虎止附注，《老子衍》有虎止《纂注》，《庄子解》有虎止《增注》，此外稿本亦虎止辑录者居多，非独谨守遗书，不坠先绪也。

方外之友

《罗记》卷十五述先生方外之友：释茹蘖智霈，释凝然性翰，释悟一，释慈枝，释破门法智，释如满，释先开，释二如表，释万峰知韬，释楚云，释惟印，凡十一人。案：性翰，南岳僧，见《莲峰志》；悟一，南岳西明寺主僧，见《五十自定稿》；慈枝，续梦庵主僧，见《病枕忆得》；与先生相识皆甚早。法智有《破门诗集》，知韬有《诗文集》三十卷，则以僧而兼能诗文者。智霈、先开、二如、楚云，皆与先生过从甚密，二如、楚云且常与酬倡也。先开则为其订其《相宗络索》者。如满，南岳僧。惟印，长沙千寿寺僧，丙辰先生至長沙与之相晤者。

外间知闻之友

《罗记》卷十六述先生外间知闻之友：顾处士炎武，陆清献陇其（施行唐），王鸿博岱，郑中丞端（崔鸣鷟），张明府芳，凡六人。《罗记》据《沅湘耆旧集》邓氏显鹤云："亭林《诗集》有楚僧元瑛谈湖南三十事《七绝》四首，第一首云：'共对禅灯说《楚辞》，《国殇》《山鬼》不胜悲；心伤衡岳祠前道，如见唐臣痛哭时。’此四诗次三两首为陶密翁、杨长苍作，《自注》甚明。第一首、第四首未注何人，今以诗意观之，末首殆指些翁，第一首则船山先生无疑也。”此实不足据。陇其《三鱼堂日记》乙丑年九月一条云：“初四日施行唐言衡阳有王而农，名夫之，其高风文学，不减王价石。”（光承）王岱，字山长，一字了庵，湘潭人。其《了庵集》有云：“吾楚存没诗家，除竟陵外，如王子云、曹石霞、吴既闲、舒康伯、夏人叔、夏振叔、程青溪、胡石江、高处厚、赵简如、张读鹤，湖南如周伯孔、车孝思、王而农、冯根公、杨九嶷、过无过、龙季霞、龙孔然、徐蔚子、杨如斯、郭幼隗、易康侯、易无画、周士仪、严平子、罗月江、罗紫罗，指不胜屈。”郑端则先生拒作《劝进麦》后馈栗帛于先生者。张芳，常宁知县。有与先生书谓“先生年未五十，著述大就”。此数人与先生之交谊实甚浅也。

《罗记》卷十七《述赞》，据先生《家世节录》述武夷先生避流寇之难，旧交黄冈奚鼎铉陷贼中，曲意相脱，而武夷先生终不与语；及《行述》高必正慕义营救先生，先生以其国也，不以私恩释愤；不收奚、高二人，所见甚是。

《搔首问》中所述诸友

《罗记》撰成之时，尚未获见先生之《搔首问》，是书云晤见王端敏公之乡人权持世、王如庵（页一二），及所见郡守中之杨应震（页四），又有印雪浪与先生言其个人之经历，皆似与先生有交谊者。其称述余杭朱治升，祁阳张参可（纶），吉安刘安礼、周畴五、魏冰叔、林确庵诸人之义行，则似与先生相知闻者。惟皆与先生学术无重要之关系。

先生遗书刊行后，至咸、同间，私淑先生之学者有罗泽南、谭嗣同。嗣同所著《仁学》论无、论动、论欲、论俭，皆从先生之说；于先生论《易》，亦颇称道之；造诣之深可见。兹附识之于此。

颜习斋学谱

凡例

一、习斋先生生于明末清初，目睹亡国之祸，时萦光复之怀，提倡实行有用之学，力诋宋明学术误及政事，成为虚寂无用之局。论者以为“是二千年思想界之革命者”。近十余年，提倡先生之学者，虽不乏人，顾仍未有一书综述其生平、学术、著述、师友者。兹编分为传纂、学述、著述考、师友考，以适当之考订，为详确之叙述，藉以介绍于世之欲知先生之学者。

二、兹编传纂，采辑先生弟子李塨、王源所为《习斋先生年谱》(以下省称《年谱》)，王源《颜习斋先生传》(《居业堂文集》卷四，以下省称《王传》)，尹会一《颜习斋先生墓表》(《健余文集》卷八)，《保定府志·列传》，《博野县志·列传》，李元度《国朝先正事略》(卷三〇，以下省称《李略》)，戴望《颜氏学记》(卷一，以下省称《戴记》)，刘光汉《颜李二先生传》(《国粹学报》一卷十二号，以下省称《刘传》)，及《清史稿·儒林传》(卷四八六，以下省称《清传》)，徐世昌《颜李师承记》(卷一，以下省称《徐记》)，徐世昌《畿辅先哲传》(卷十六，以下省称《徐传》)诸书所述先生事迹编纂而成。注明各句来历，并加引句符号。更附年表，以备参阅。

三、兹编学述于先生之学术，先叙述其思想渊源、时代背景，次依先生《存性编图跋》云“故是编后次之以存学、存治”及《恕谷年谱》“颜先生省心之功甚密”之说述其哲学思想。次教育思想，于实学、实教、实习、实行、实体、实用并详述之。

次以《存治编》、《年谱》诸书述其政治思想。次学术影响，于李恕谷（塨）、王昆绳（源）、恽皋闻（鹤生）、程绵庄（廷祚）之生平及其学术思想，并为适当之叙述。关于恕谷，论列较详，并及其经学、史学。盖必如此，始可以睹颜李学术之本末全体也。次略叙戴东原、戴子高与颜学之关系，以见其影响所及。

四、兹编著述考，因学述中已详述恕谷之生平及其学术思想，故析为习斋著述考、恕谷著述考，并注重其著述年代、版本源流。末附关于研究颜李学之重要参考书，以便研索。

五、兹编师友考，分为习斋师友考、恕谷师友考，先依《年谱》，划分时期，叙述重要之师友弟子及私淑，更就其他著述录出《年谱》中所未载之师友弟子，稍略其不重要者。所以矫《徐记》于颜李师友不加剖析，于时代先后不加注意，又不注明出处，及传述过滥之失也。

六、兹编所述，尽力求详，然而罅漏之处，自亦难免，补苴之功，请俟异日。

一　传纂

（生于明崇祯八年乙亥三月十一日卯时，卒于清康熙四十三年九月二日酉时。1635—1704）

“颜习斋先生，名元，字浑然”（《王传》），“直隶保定府博野县北杨村人也”（《戴记》）。“父昶，为蠡县朱翁义子，遂姓朱”（《王传》），故“先生在朱时”（《年谱》），“名朱邦良”（《王传》），“字易直”（《戴记》）。“先生孕十四月而生，既生，有文在其手曰‘生’，舌曰‘中’，时明崇祯八年乙亥三月也”（《戴记》）。“啼声甚高，七日能翻身，适园甃井，因乳名曰园儿”（《年谱》）。

“戊寅四岁，冬，畿内警，兵至蠡，先生父不安于朱，遂随去关东，时年二十有二，自此，音耗绝”（《年谱》）。“丙戌十二岁”，“母王氏改适”（同上）。“先生时思父涕泣”（《王传》），“而事朱翁媪至孝，初不知父非朱氏子也。既，翁妾有子，稍疏先生，后更谗害谋杀之，先生孝愈笃。媪卒，泣血哀毁几殆”（《戴记》）。“朱氏一老翁怜之，私谓曰：‘若过哀，徒死耳。若祖母从来不孕，安有若父？若父异姓乞养者耳!’先生大惊”（《王传》），“潜如嫁母所问之，信。及翁卒，乃归颜氏”（《戴记》）。“先生易名元，‘元’、‘园’同声，先生念初生名‘园’，父知之也”（《年谱》，辛亥三十七岁）。

“先生幼颖异，读书二三过辄不忘”（《王传》）。“壬午八岁，就外傅吴洞云学。洞云，名持明，能骑射剑戟，慨明季国事日靡，潜心百战神机，参以己意，条类攻战守事宜二帙。时不能用，以医隐。又长术数，多奇中。盖先生之学，自蒙养时即不同也”（《年谱》）。“戊子十四岁，看寇氏丹法，遂学运气术。”“己丑十五岁，娶妻不近，学仙也”（同上）。“既而知其妄，乃益折节为学”（《戴记》）。“癸巳十九岁”（《年谱》），“朱翁以讼遁，先生被系而文日进，塾师异之，叹曰：‘此子患难不能动，岂可量乎！’”（《王传》）“未几，入庠”（《年谱》）。“讼后家落”，“日费尽责之先生，先生身任之。耕田灌园，劳苦淬砺。初食蜀秫如蒺藜，后甘之，体益丰，见者不以为贫也”（同上）。

“戊戌二十四岁，始开家塾，训子弟。王之佐、彭好古、朱体三从游。名其斋曰思古，自号思古人。谓治不法三代，终苟道也。举井田、封建、学校、乡举、里选、田赋、阵法，作《王道论》，后更名《存治编》。好古父通，号雪翁，以往来孙徵君、刁文孝间也，时作道学语。先生问之，乃出薛文清、王文成、蔡文庄《指要》及《陆王要语》，复言孙、刁行迹。先生深喜陆、王，手抄《要语》一册”（《年谱》）。“未几，从事程、朱学，信之甚笃”（《戴记》）。

“先生自言生平所严事者六人：容城孙徵君奇逢、蠡李处士明性、清苑张隐君罗喆、祁州刁孝廉包、宁晋张孝廉来凤、新城王隐君余佑也。而朝夕共学者，为蠡王养粹法乾。”“先生年三十，即与法乾共立日记，凡言行善否、意念之欺慊，遂时自勘注之”（《戴记》）。“静坐，观喜怒哀乐未发时气象。觉和适，修齐治平都在这里。”“定日功，若遇事，宁缺读书，勿缺静坐与抄《家礼》。盖静坐为存养之要，《家礼》为躬行之急也。”明年“十二月，往见（张）石卿。石卿言：‘性皆善，而有偏全厚薄不同，故曰“相近”。义理即寓于气质，不可从宋儒分为二。’又言：‘“天者理而已”，是；濂语“无极”，非是。’访吕文辅。文辅言：

‘《四书朱注》有支离者。’先生时宗程、朱，皆不然之。”又明年“除夕，写先儒主，称周濂溪为‘先圣’”。“亦尝称朱子为‘圣人’”，“盖先生性笃挚锐往，故早年见似而以为真也”。（以上并据《年谱》）

“戊申三十四岁”，“朱媪病卒”（《年谱》）。“先生居丧，守《朱氏家礼》惟谨。《古礼》：‘初丧，朝一溢米，夕一溢米，食之无算’，《家礼》删去‘无算’句，先生遵之，过朝夕，不敢食，当朝夕，遇哀至，又不能食，病几殆。又《丧服传》曰：‘既练，舍外寝，始食菜果，饭素食，哭无时’，《家礼》改为‘练后止朝夕哭，惟朔望未除服者会哭，凡哀至皆制不哭’，先生亦遵之。既，觉其过抑情，校以古丧礼，非是，因叹先王制礼，尽人之性，后儒无德无位，不可作也。自是始悟尧舜之道，在六府三事”（《戴记》）。“周公之六德、六行、六艺，孔子之四教，正学也；静坐读书，乃程、朱、陆、王为禅学、俗学所浸淫，非正务也”。“自此，毅然以明行周、孔之道为己任，尽脱宋、明诸儒习袭，而从事于全体大用之学”（《年谱》）。

“己酉三十五岁，正月，著《存性编》，原孟子之言性善，排宋儒之言气质不善。画《性图》九，言气质清浊厚薄，万有不同，总归一善。至于恶，则后起之引蔽习染也。故孔子曰：‘性相近，习相远。’”“觉思不如学，而学必以习，更‘思古斋’曰‘习斋’。”“十一月，著《存学编》，共四卷，大要谓，学者士之事也，学为明德亲民者也。《周官》取士以六德：知、仁、圣、义、忠、和；六行：孝、友、睦、姻、任、恤；六艺：礼、乐、射、御、书、数；孔门教人以礼、乐、兵、农，心意身世一致加功，是为正学。不当徒讲，讲亦学。习道艺有疑，乃讲之，不专讲书。盖读书乃致知中一事，专为之则浮学，静坐则禅学也。定自力常功，日习数，存理去欲。日记时，心在则○，不在则●，以黑白多少别在否分数。多一言则○ˊ，过五则⊗。忿一分则♂，过五则⊗。中有×，邪妄也。”翌年，“二月，与孙徵君书论学”（《年谱》）。“曰：‘宋儒言气质，不及孟子言性善。将作圣之体，杂以习染而谓之有恶，失践形尽性之旨矣。周公以三物教万民而宾兴之，孔门身通六艺者七十二人，一如唐、虞之盛，乃阴阳之秘寄于《易》，性与天道不可得而闻。近世言学者，心性外无余理，静敬外无余功，与周、孔若不相似然。即有谈经济者，亦不过空文著述。元不自揣，撰有《存性》、《存学》二编，欲得先生一诲正之，以挽士习而复孔门之旧。顾今天下，以朱、陆两门互竞，先生合而同之，意甚盛。然元窃以为，朱、陆即独行于天下，或合一同行于天下，而终此乾坤，亦只为两宋之世，终此儒运亦只为空言著书之学，岂不可为圣道生民长太息乎！先生将何以处此也？’”（《王传》）“五月，著《会典大政记》，摘《大明会典》可法可革者标目于册”（《年谱》）。明年（辛亥）四月，“易静坐以习恭”（《清传》）。“日日习之，即《论语》‘居处恭’也。”又明年三月，“与陆桴亭书论学。桴亭名世仪，字道威，太仓人，隐居不仕。其学重六艺，言性善即在气质，气质之外无性。著《思辨录》。先生喜其有同心也。”（《年谱》）“曰：‘汉、唐训诂，魏、晋清谈，虚浮日盛，而尧、舜、周、孔之学，所以实位天地育万物者，不见于天下，以致佛、老猖炽，大道沦亡。宋儒之兴善矣，乃修辑注解，犹训诂也；高坐讲论，犹清谈也；甚至谓孝弟忠信不可教，气质本有恶。与老氏以礼义为忠信之薄，佛氏以耳目口鼻为六贼者，相去几何也？元为此惧，著《存性编》，谓理气皆天，气质虽殊，无恶也。恶也者蔽也，习也。织微之恶，皆自玷其体；神圣之极，皆自践其形也。著《存学编》，明尧、舜、周、孔三事，六府，六德，六行，六艺之道。道不在章句，学不在诵读，期如孔门博文约礼，实学、实习、实用之天下。乃二千年来无人道，而元独为之，惴惴焉，恐涉偏私，毁谤前贤以自是。顷闻先生先得我心，喜而不寐，故奉书左右，祈一示宗

旨，使聋瞽得所尊奉以为依归，斯道幸甚。’”（《王传》）

“先生述《三存编》讫，人将得复性力学蒙治也，慊矣哉！而先生楸然虑，谓异端鸱张，方举世而空之虚之，人类行尽，又何学！又何治！而又安所谓性！”（李恕谷：《存人编》序）壬戌四十八岁，“先生乃复为谕俗文，号曰唤迷途”（《存人编》序）。“一唤寻常僧道，二唤参禅悟道僧道，三唤番僧，四唤惑于二氏之儒，五唤乡愚各色邪教”（《年谱》）。“为《存人编》。呜呼！先生之心迫矣”。（《存人编》序）

先生“生平不欺暗室，勇于改过，以圣人为必可师，跬步之间，必遵古礼”（《戴记》）。“乡里间语及先生，辄有颜圣人之目”。“貌古言庄，论议古今事，虽毫无假借，而心气自平”（《尹表》）。“自幼学兵法，技击驰射，阴阳象纬无不精，遇豪杰，无贵贱，莫不深交之”（《戴记》）。“帅门弟子力行孝弟，存忠信，日习礼，习乐，习射，习书数，究兵农水火，堂上琴竽弓矢，筹管森列”（《王传》）。“众生揖让进退其间，已而歌讴舞蹈，唐、宋儒室，久不见此三代威仪矣。”（《年谱》）“尝曰：‘必有事焉，学之要也。心有事则存，身有事则修，家之齐，国之治，皆有事也。无事则道与治俱废。故正德、利用、厚生曰事，不见诸事，非德非用非生也。德、行、艺曰物，不征诸物，非德、非行、非艺也。’先生之学，以事物为归，而生平未尝以空言立教。”（《戴记》）

“先生既归宗，欲寻亲。时方乱，且嗣未立，久之”（《王传》），至“甲子五十岁”（《年谱》），“乃如关东，誓不得亲不反。所至遍揭零丁道上，人有问者，则拜之求为传帖。既而果得其踪于沈阳，没矣，寻其墓，哭奠如初丧礼。见异母之妹，招魂奉主，躬自御车，哭导而行。既归，遂弃诸生，卒三年丧。”（《戴记》）

“自是，用世之志愈殷，曰：‘苍生休戚，圣道晦明，责实在予。’”（《王传》）“敢以天生之身，偷安自私乎！”（《戴记》）

“遂南游中州，张医卜肆于开封以阅人，所遇甚众。倡实学，明辨婉引，人多归之。”（《王传》）“抵上蔡，访张仲诚。仲诚曰：‘修道即在性上修，故为学必先操存，方为有主。’先生曰：‘是修性，非修道矣。周公以六艺教人，正就人伦日用为教，故曰“修道谓教”。盖三物之六德，其发现为六行，而实事为六艺；孔门“学而时习之”即此也，所谓格物也；格物而后可言操存诚正。先生教法，毋乃于《大学》先后之序有紊乎？’论取士，仲诚曰：‘如无私，八股可也。’先生曰：‘不然，不复乡举里选，无人才，无治道。’”（《年谱》）“商水李子青，大侠也，馆先生。见先生携短刀，目曰：‘君善是耶？’先生谢不敏。子青曰：‘拳法，诸技本，君欲习此，先习拳。’时月下饮酣，子青解衣演诸家拳数路。先生笑曰：‘如是，可与君一试。’乃折竹为刀舞，相击数合，中子青腕。子青大惊，掷竹拜伏地，曰：‘吾谓君学者尔，技至此乎！’遂深相结，使其三子拜，从游。”（《王传》）时先生年五十七岁也。是年九月，“先生渡河北归”。

壬申五十八岁，“谓（李）塨曰：‘子纂诸儒论学，名曰《未坠集》，盖忧予《存性》、《存学》，大翻宋、明之案，逆而难入，录其合道之言，欲使人信吾说之不谬于先儒，而教易行，意甚盛也。然予未南游时，尚有将就程、朱，附之圣门支派之意；自一南游，见人人禅子，家家虚文，直与孔门敌对，必破一分程、朱，始入一分孔、孟。乃定以为孔、孟、程、朱，判然两途，不愿作道统中乡愿’”。（《年谱》）“望天下之急舍后世新局，力复前圣故道，则或不至终此乾坤，无复儒道也。”（《习斋记余》卷一《未坠集序》）“七月，录《四书正误偶笔》，皆平日偶辨朱子《集注》之误者，至是命门人录为卷。”（《年谱》）

先生“身际鼎革，目击虏祸，光复之念，时蓄于怀”（《刘传》）。又“常语友人曰：‘如天不废予，将以七字富天下：垦荒、均田、兴水利；以六字强天下：人皆兵、官皆将；以九字安天下：举人才、正大经、兴礼乐。’其自负如此”（《清传》）。“乃隐居数十年，不见用于世且老。令长及大吏数表其门，或造庐而请，有劝之仕者，笑不答也。”（《王传》）

“肥乡有漳南书院，邑人郝文灿请先生往设教，三聘始往。为立规制甚宏，有文事、武备、经史、艺能等科，从游者数十人，远近翕然。会天大雨，经月不解，漳水溢，墙垣堂舍悉没，人迹殆绝。先生叹曰：‘天不欲行吾道也！’乃辞归。”（《戴记》）“文灿与门人不能留，俱痛哭送之。于是，先生之教亦不能大行焉。”（《王传》）

“先生自漳南归后”（《戴记》），“又鉴南宋之弊，以乐道著书为高，耻言兵农足国之实用，遂至于亡，因著《宋史评》。”（《保定府志·列传》）“为王安石、韩侂胄辩也。”（《年谱》）后又著《朱子语类评》（据《朱子语类评》），至甲申年卒，“年七十，康熙四十三年九月二日也。卒之日，谓门弟子曰：‘天下事尚可为，若等当积学待用。’言讫而逝。远近闻讣来会葬者百余人。门人私谥曰文孝先生。”（《戴记》）

“一子殇，遂无子，以族孙为之后。”（《王传》）

殁后，门人李塨为祝曰：“先生之力行为今世第一人，而倡明圣学则秦后第一人。”“乃少困以患难，中阨贫贱，内苦于家庭，外之闻者或疑或信，或谤且滋，而且奄忽以去。”“先生之神，万世不磨。”其后门人王源为《传》曰：“孔孟不得志，天下变为秦，王道熄而天下无复能平矣。非明行其道人无人哉！宋儒自谓能明能行，而道其所道，愈失其真。先生起而辨正之，躬行以实之，古今剥复之根不在是欤？百世以俟圣人而不惑，而尧、舜君民之业，终不获亲见于其身，亦可惜矣！”（《王传》）“先生崛起而寻坠绪，全体大用焕然重明，天心世道所关非鲜。有志者详谛之，可以兴矣！”（《年谱·凡例》）

附：习斋年表

公元	明清纪元	习斋事迹及与习斋有关系之事迹
1635	明崇祯八年乙亥	三月十一日，习斋先生生。同时大儒陆陇其已六岁，李二曲已九岁，毛奇龄已十三岁，陆世仪已廿五岁，刁包已三十三岁，孙奇逢已五十二岁。
1636	明崇祯九年丙子	先生二岁。是年阎若璩生。
1637	明崇祯十年丁丑	先生三岁。
1638	明崇祯十一年戊寅	先生四岁。冬，畿内警，兵至蠡，先生父不安于朱，遂随去辽东。时年二十有二。朱翁有母丧，先生着丧服冠立椅上，劝饮馔如成人，吊客咸异之。
1639	崇祯十二年己卯	先生五岁。
1640	崇祯十三年庚辰	先生六岁。“值生日，家人设桌，杂陈诸器视所取，先生携笔，如字者数十。”（钟錂《颜习斋先生言行录》）
1641	崇祯十四年辛巳	先生七岁。
1642	崇祯十五年壬午	先生八岁。就外傅吴洞云学。
1643	崇祯十六年癸未	先生九岁。
1644	崇祯十七年 清顺治元年甲申	先生十岁。三月，李自成进入北京，明亡。五月清兵占领北京。十月，清世祖福临即帝位。
1645	清顺治二年乙酉	先生十一岁。始学时文。
1646	清顺治三年丙戌	先生十二岁。母王氏改适。
1647	清顺治四年丁亥	先生十三岁。从庠生贾金玉学。
1648	清顺治五年戊子	先生十四岁。看寇氏《丹法》，遂学运气术。
1649	清顺治六年己丑	先生十五岁。娶妻，不近，学仙也。
1650	清顺治七年庚寅	先生十六岁。知仙不可学，乃谐琴瑟。遂耽内，又有比匪之伤，习染轻薄。

续表

公元	明清纪元	习斋事迹及与习斋有关系之事迹
1651	清顺治八年辛卯	先生十七岁。冬，会友夜读书，二三过辄不忘。
1652	清顺治九年壬辰	先生十八岁。
1653	清顺治十年癸巳	先生十九岁。从贾端惠先生学，习染顿洗。朱翁以讼逋，先生被系讯。作文倍佳，未几，入庠。
1654	顺治十一年甲午	先生二十岁。讼后家落，耕田灌园，劳苦淬砺。与乡人朱参两、彭恒斋、赵太若、散逸翁父子友。
1655	顺治十二年乙未	先生廿一岁。
1656	顺治十三年丙申	先生廿二岁。作《望东赋》，学医。
1657	顺治十四年丁酉	先生廿三岁。见《七家兵书》，悦之。遂学兵法，究战守机宜，技击亦学焉。
1658	顺治十五年戊戌	先生廿四岁。始开家塾。名其斋曰“思古”，自号“思古人”。作《王道论》，后更名《存治编》。深喜陆、王，手抄《要语》一册。
1659	顺治十六年己亥	先生廿五岁。作《大盒歌》、《小盒歌》。是年，李塨生
1660	顺治十七年庚子	先生廿六岁。得《性理大全》观之。虽躬稼胼胝，必乘间静坐。
1661	顺治十八年辛丑	先生廿七岁。祁州刁包以母寿求诗，先生因两书问学，拜谒，归立“道统龛”。
1662	清康熙元年壬寅	先生廿八岁。与郭敬公、汪魁楚等十五人结文社。
1663	清康熙二年癸卯	先生廿九岁。作《求源歌》。闻王法乾焚帖括读经，乃先达信，往拜之。
1664	清康熙三年甲辰	先生三十岁。王法乾来答拜。三月，与王法乾为日记。作《柳下坐记》。约王法乾访孙奇逢。纂《洒扫应对进退仪注》，识《礼文手抄》。同王法乾访王余佑问学。

续表

公元	明清纪元	习斋事迹及与习斋有关系之事迹
1665	清康熙四年乙巳	先生三十一岁。访李塨父明性。作《妇人常训》。访张罗喆问学。集《曾子言行》。
1666	清康熙五年丙午	先生三十二岁。除夕，写先儒主称周濂溪为先圣。亦尝称“素服朱子，推为圣人”（见《礼文手抄》卷四；《颜元集》）。
1667	清康熙六年丁未	先生三十三岁。辨性善理气一致，宋儒之论，不及孟子。
1668	清康熙七年戊申	先生三十四岁。朱媪病卒。知父乃异姓乞养者。居丧一遵《家礼》，觉有违性情者，校以古礼非是，作《居丧别记》。
1669	清康熙八年己酉	先生三十五岁。著《存性编》。更“思古斋”曰“习斋”。学习数，自九九以及因乘归除渐学《九章》。闻太仓陆桴亭自治教人以六艺为主。为王法乾书《农政要务》，学习《冠礼》。著《存学编》。定自力常功。
1670	清康熙九年庚戌	先生三十六岁。学习书、射及歌舞，演拳法。《与孙奇逢书》论学。刘焕章来访。罢“道统龛”。著《会典大政记》。
1671	清康熙十年辛亥	先生三十七岁。学习《士相见礼》、《祭礼》。从王法乾学琴，从张函白学《客窗夜话》、《登瀛洲》诸曲。习恭，日日习之。习卜。补六艺、六府于开蒙《三字书》内。张公仪约会于祁州刁宅。易名元。
1672	康熙十一年壬子	先生三十八岁。与陆桴亭书论学。
1673	康熙十二年癸丑	先生三十九岁。作《大风吟》、《祭泰山赋》诗。与王法乾习《祭礼》。投呈于县转申学院求归宗。
1674	康熙十三年甲寅	先生四十岁。谋东出寻父，值三藩变，塞外骚动，辽左戒严，不可往。修《家谱》。

续表

公元	明清纪元	习斋事迹及与习斋有关系之事迹
1675	康熙十四年乙卯	先生四十一岁。时及门日众，乃申订教条。率门人习射。
1676	康熙十五年丙辰	先生四十二岁。时先生与王法乾，人皆以圣人称之。日功增抄天文、占法，读《步天歌》。牧驴。
1677	康熙十六年丁巳	先生四十三岁。萧九苞问复井田。吊赵处士墓有诗。
1678	康熙十七年戊午	先生四十四岁。抄祁州《学碑》。亲御载粪。
1679	康熙十八年己未	先生四十五岁。如蠡，与李塨交，共学琴、学舞、学礼，辟佛老甚力。李塨来问学。安州陈天锡来问学。左目上生疮，后久不愈，左目遂眇。
1680	康熙十九年庚申	先生四十六岁。买石氏女为侧室，未纳，让媒氏，得原金，媒转鬻之旗下，先生悔之。以李塨之言，乃尽出原金，赎女归其父，不责偿。
1681	康熙二十年辛酉	先生四十七岁。养同高祖侄为子，名之曰尔檥。参订司马光《十科取士法》。李塨与张文升共学韬钤，先生每入蠡城，商酌彻昼夜。著《明太祖释迦佛赞解》。
1682	康熙二十一年壬戌	先生四十八岁。作《谷日燕记》。著《唤迷途》，后又名《存人编》。
1683	康熙二十二年癸亥	先生四十九岁。如易州望荆轲山，有诗。
1684	康熙二十三年甲子	先生五十岁。四月八日只身起行如关东寻父。十七日入京，六月至沈阳，七月张鼎彝作《毁锦州念佛堂议》，为之作《檄》，作《说》，入《存人编》。
1685	康熙二十四年乙丑	先生五十一岁。三月，沈阳有银工金姓者见先生报帖类寻其父者，使人延先生至家，详问父名字年貌疤识皆合。先生奉主归。

续表

公元	明清纪元	习斋事迹及与习斋有关系之事迹
1686	康熙二十五年丙寅	先生五十二岁。
1687	康熙二十六年丁卯	先生五十三岁。嫁母王氏病，卒。许三礼致书于先生论学。李塨著《瘳忘编》、《阅史郄视》，张文升著《存治翼编》，先生订之。
1688	康熙二十七年戊辰	先生五十四岁。
1689	康熙二十八年己巳	先生五十五岁。订一岁常仪常功。李塨执贽正师弟礼。习琴、习骑、刀式始及双刀。陆陇其求先生所著书，邵嗣尧欲相见。订李塨所编《讼过则例》。吹箫。
1690	康熙二十九年庚午	先生五十六岁。养族孙保成为孙。习射。
1691	康熙三十年辛未	先生五十七岁。名保成曰重光。三月，南游中州。五月，至河南开封府，张医卜肆以阅人。闰七月，抵上蔡访张仲诚。八月，至商水，拜李子青。九月，偕王次亭昆仲习冠、燕诸礼。是年程廷祚生。
1692	康熙三十一年壬申	先生五十八岁。观李塨所辑《诸儒论学》，曰："必破一分程朱，始入一分孔孟。"七月，录《四书正误偶笔》。
1693	康熙三十二年癸酉	先生五十九岁。书李塨规先生"道大而器小，宜去褊，去矜，去躁，去隘"。于记首。与尔俨言致用。
1694	康熙三十三年甲戌	先生六十岁。肥乡郝文灿来问学，请先生主漳南书院设教。
1695	康熙三十四年乙亥	先生六十一岁。为孙重光行冠礼。
1696	康熙三十五年丙子	先生六十二岁。四月，郝文灿三聘请主教肥乡漳南书院，乃往。五月，漳水泛。命诸生习恭、习数、习礼。又教弟子舞，举石习力。八月，以漳水愈涨，书斋皆没，乃旋，九月始返。为三从叔子早壮行冠礼。著《宋史评》，为王安石、韩侂胄辩也。

续表

公元	明清纪元	习斋事迹及与习斋有关系之事迹
1697	康熙三十六年丁丑	先生六十三岁。定兴刘棻、旃甫刊先生订改王应麟《三字书》。
1698	康熙三十七年戊寅	先生六十四岁。观《朱子语类》。为重光娶妇，行醮命、亲迎、馈食、飨妇礼。
1699	康熙三十八年己卯	先生六十五岁。王法乾卒。李塨自浙来，见先生，命吹篴笙，先生听之。书“小心翼翼，昭事上帝”二语于日记首，日服膺之。观毛大可《乐书》，王草堂《书解正误》，李塨质所著《大学辨业》于先生，先生喜曰：“吾道赖子明矣。”后为之作序。
1700	康熙三十九年庚辰	先生六十六岁。
1701	康熙四十年辛巳	先生六十七岁。五月，曹乾斋刊《存学编》。李塨将入京，先生曰：“道寄于纸千卷，不如寄于人一二分。此游须以鼓舞学人为第一义。”
1702	康熙四十一年壬午	先生六十八岁。
1703	康熙四十二年癸未	先生六十九岁。清苑冯辰、拱北书来问学。大兴王源执赘从学于先生。李塔质所撰小学《勺舞仪节》，画舞位执干、戚、羽、籥以舞，先生观谱监之。订李塨所谱（《小学》）。
1704	康熙四十三年甲申	先生七十岁。谓门人曰：“孟子‘必有事焉’句是圣学真传。”与门人言博、蠡修河法。李塨来言应郾城知县温益修聘，因议南迁。先生曰：“吾夙志也。”八月寝疾。先生谓门人曰：“天下事尚可为，汝等当积学待用。”九月二日酉时卒。

二　学述

先生之学，期如孔门博文约礼，实学、实习、实用之天下，以为“道不在章句，学不在诵读”，“书之所以益盛，而道之所以益衰”，故生平著述，亦不甚浩繁。《四存编》外，惟有《礼文手抄》、改定王应麟《三字书》、《会典大政记》、《四书正误》、《宋史评》、《朱子语类评》诸作。其《言行录》、《辟异录》、《习斋记余》诸书，则并门弟子钟錂所辑录。（详《著述考》）然即其书现存者观之，其思想之湛深、议论之精辟，所以矫中国二千年来崇尚虚文、咸趋无用之弊者，言之尤至痛切，此其所以于近代思想家中能独树一帜而介然成为一家言也。

兹述先生之学，先略论其：（一）思想渊源。（二）时代背景，次于其学术思想更析为。（三）哲学思想。（四）教育思想。（五）政治思想。以述先生“四存”之学。先生尝谓：“道寄于纸千卷，不如寄于人一二分”，其学术之发扬光大，尤赖其弟子李恕谷（塨）、王昆绳（源）诸人。兹述先生之学，更附论其。（六）学术影响：李恕谷之生平及其学术思想；王昆绳之生平及其学术思想；恽皋闻之生平及其学术思想；而殿以恕谷弟子程绵庄之生平及其学术思想；戴东原、戴子高与颜学之关系，以见先生学术思想之流传。庶于先生之学，其本末并可以见焉。

（一）思想渊源

有清一代思想之特征，论者多以为有三：一曰“务实”，二曰“好古”，三曰“原情”。（参看《文哲月刊》第一卷第六期拙作《清代思想的一个特征》）此三者固皆可谓为对于宋明理学之反动，然亦皆可谓为对于宋明理学之继续。先生之学，在以励实行、济实用为宗，昌明“周孔正学”，欲一返之于古，其务实好古之风，似与宋明学术，亦颇有密切之关系。先生于《未坠集序》中自述其为学之经历曰：

> 廿一岁始阅《通鉴》，以为博古今，晓兴废邪正即人矣；曾不知世有道学名也……同里彭翁九如以诗画交当时士夫，时为予道语录中言，异而问之。因出《陆王要语》示予，遂悦之。以为圣人之道在是，学得如陆、王乃人矣；从而肆力焉。迨廿五六岁得见《性理大全》，遂深悦之，以为圣人之道又在是，学得如周、程、张、朱乃人矣；从而肆力焉。……于《通书》称周子真圣人，于《小学》称朱子真圣人。农圃忧劳中，必日静坐五六次……至康熙戊申……偶取阅《性理气质之性总论》、《为学》等篇，始觉宋儒之言性，非孟子本旨；宋儒之为学，非尧、舜、周、孔旧道……（《习斋记余》卷一）

由此所述观之，先生晚年虽谓“必破一分程朱，始入一分孔孟”，然其早年曾受程、朱、陆、王之影响，自极显明。先生思想，近似陆、王为多。其诋程、朱，亦较陆、王为甚。故述先生之学者，多以为源出明之姚江王氏。《四库全书·总目提要》于先生《存性编》云：“其学主于励实行、济实用，大抵源出姚江，而加以刻苦。”近之论者，亦颇有从《提要》之说者。今案：先生之学，与王学之关系，由其性格、志愿、交游、思想四者言之，源出姚江，盖似可信。

(1) 性格。姚江王氏幼年之时，豪迈不羁，深为其父所忧。先生少年之时，亦有“比匪之伤”，“习染轻薄”。此与阳明之豪迈不羁，已觉其颇相似。其后先生友朋之中所加以规劝者，如所谓“进锐”（《年谱》壬寅二十八岁）、“多言”（《年谱》甲辰三十岁）、“欠涵养”（同上，丙午三十二岁）及好“吐时务”（同上，丁未三十三岁），皆足见其与阳明之狂放性格相近，则似当喜陆、王之学。

（2）志愿。阳明幼年之时，出游居庸三关，即慨然有经略四方之志。询诸夷种落，悉闻备御策；逐胡儿骑射，胡人不敢犯。兵家秘书，莫不精究。尝问塾师，何为第一等事？谓当“读书学圣贤”（《阳明年谱》）。先生“勇于改过，以圣人为必可师”，“见《斥奸书》，知魏阉之祸，忿然累日夜，恨不手刃之”。“见《七家兵书》，悦之，遂学兵法，究战守机宜，尝彻夜不寐技击亦学焉”。志为圣贤，留心事功，又所同也，则亦当较喜陆、王之学。

（3）交游。先生居于博、蠡，其地与孙奇逢所处之容城夏峯相距不远。孙氏之学，本宗姚江，后乃折衷朱、王，而从游者甚众。先生于孙氏亦自谓“为生平所严事者”，而早年交游之中，亦颇多出于孙氏之门，如彭九如、王五修、王介祺（参看《师友考》）皆是也。则所闻者，孙氏之学，亦即姚江王学也。

（4）思想。阳明之学，与先生相似者，约有数端：一曰气即是性；二曰知行合一；三曰重实学恶虚文；四曰重分工重专门。阳明《答顾东桥书》谓：“夫问思辨行，皆所为学，未有学而不行者也。”《传习录·下》亦有言曰：“若离了事物为学，却是著空。”与先生论学，重行与知，及必“以事物为归”，旨意颇为相近。阳明有“拔本塞源论”，谓：

> 学校之中，惟以成德为事，而才能之异，或有长于礼乐，长于政教，长于水土播植者，则就其成德，而因使益精其能于学校之中。迨夫举德而任，则使之终身居其职而不易。……圣学既远……世之学者，如入百戏之

场……莫自知其家业之所归。时君世主，亦皆昏迷颠倒于其说，而终身从事于无用之虚文。(《王文成公全书·传习录·答顾东桥书》)

此重分工专门，恶习染虚文，与先生《存性》、《存学》之旨亦颇相合。故先生之诋陆、王，远不如诋程、朱之甚。于《阅张氏王学质疑评》有：

评“六经皆我注脚”，曰：此是陆子最精语，亦最真语。(《习斋记余》卷六)

于《驳朱子分年试经史子集议》更谓：

阳明有云：“与愚夫愚妇同底便是同德，与愚夫愚妇异底便是异端。”今以朱子“半日静坐、半日读书”功课论之，是与愚夫愚妇同乎？异乎？(同上，卷九)

直用阳明之说以驳朱子，则先生之学盖似源出姚江矣。虽然，此不可以不辨明矣。先生于朱、王二家，实并不满。其《阅张氏王学质疑评》曰：

朱子看陆子之弊甚透，王子看朱子之弊亦甚透，武承看王子之弊又甚透……噫！果息王学而朱学独行，不杀人耶！果息朱学而独行王学，不杀人耶！(同上，卷六)

其《王学质疑跋》则曰：

元平生之笃服两派先生也如此，受教沐泽于两派先生也如此……朱学盖已参杂于佛氏，不止陆、王也；陆王亦近支离，不止朱学也。……遂有《存性》、《存学》之作，聊伸前二千年圣人之故道，而微易后二千年空言无用之新学，幸学者静辨之。若云乾坤中朱、陆两派相争，予又故开一派以与两派相角也，是则罪之大者；则予岂敢！则予岂敢！(同上，卷六)

其不慊于朱、王两派，实甚显明。谓先生曾受两派之影响则可，必谓其源出姚江，则一偏之论也。

且尝察之，先生从事于陆、王之日甚浅，据《年谱》云，二十四岁始得《陆王要语》，而《未坠集序》自述为学经历，云二十五六即从事程、朱，则笃信陆、王者不过一年。又有言云：

戊申遣丧后，忽觉程、朱非孔子正派，始思二家书。以朱学大行，二家高阁。求之十余年，得《象山全集》于陈太守家。（同上，卷六）

据此亦足知受陆、王影响甚浅，久而始得象山之书也，此其一。其交游之中，如恕谷父李孝悫明性，以“主一”颜其室，实从事于程、朱学者。而朝夕共学之王法乾，则始终守程、朱之学。二人皆谓“程朱固是一家学问”（并详《师友考》），若刁文孝（包），亦治程、朱学者。彭九如、王介祺皆往来孙、刁之门者也。则由交游言之，亦足见与程朱之学关系之密切，此其二。先生尝谓：“行家礼、学仪，皆始自法乾，其致知少逊我，而力行过之。”（详《师友考》）其《存学编》举刁文孝说谓：“友人刁蒙吉翻《孟子》之言曰：‘著之而不行焉，察矣而不习焉，终身知之而不由其道者，众也。’其所慨深矣。”则其重习行者，未始非由程朱学者之刁、王二人启迪之也，此其三。先生于南游后，以为“必破一分程朱，始入一分孔孟”，然而犹时谓其学本由程、朱入。如《年谱》载：

王法乾曰：“吾二人原从程、朱入。”先生曰：“从程、朱入之功，不可没也……”（癸酉五十九岁）

李植秀问曰：“张仲诚学术错，先生亦时称之，何也?”曰：“辨学不容假借，若其居官廉干，自是可取。吾尝谓今日若遇程、朱，亦在父事之列……”（同上）

七月，之小店，途诵程子《四箴》，觉神清气耸（乙亥六十一岁）。犹时时称诵程、朱，然则虽谓“必罢去一分程朱，始入一分孔孟”；其诋陆王，不如诋程朱之甚，而不得谓其即源出姚江与程朱之学并无关系甚明也。《戴记》谓先生初由陆、王、程、朱而入，返求之《六经》孔孟。《六经》、孔、孟、程、朱、陆、王，皆与先生思想渊源有关也。

先生在刁文孝宅得闻陆桴亭自治教人以六艺为主，其后乃著《存性》、《存学》编，是《存性》、《存学》之作，或亦受陆氏之影响，《与桴亭书》亦曾言其“先得我心”。其后恕谷自浙归，见先生。《年谱·乙卯六十五岁》载：

> 塨谓先生曰：“先生倡明圣学，功在万世。但窃思向者，束身以敛心功多，养心以范身功少……”乃以无念有念、无事有事、总持一敬之功质。先生曰：“然，吾无以进子，子乃于外出得之，可愧也。敢不共力！”乃书“小心翼翼，昭事上帝”二语于日记首，日服膺之。（同上）

此亦受陆氏之影响而然（详《恕谷年谱》戊寅四十岁）。“小心翼翼，昭事上帝”，此二语实《诗·大雅·大明》句，为许酉山《三礼》所提出（详《恕谷年谱》丙寅二十八岁），或又稍受许氏之影响（详下），而先生亦以之为教也。惟先生所创说，又多由时势使之然，固不得谓其思想一概渊源于先儒与受时贤之启迪也。

（二）时代背景

有清一代思想之发生与其时代背景之关系，近之论者，说虽甚繁（参看拙作《王船山学谱》卷二二页二六）；然举其要者言之，实不外两端：(1) 由于清以异族入主中国之影响，故清初诸儒，因感神州沦亡之痛，而多讲求经世致用，以谋民族之即复兴。(2) 由于晚明道学时文空疏之影响，故清初诸儒，痛愤宋明学术之误国，而多注重务实复古，以谋学术之有实用。先生生于明末清初之际，虽清兵入关，年仅十龄，不得如亭林、梨洲、船山诸大师，躬与抗清之役，然而先生眷怀故国之情、复兴民族之意，时时溢于言表，其感神州沦亡之痛，与当时诸儒，固无异也。《存学编》卷二《性理评》谓：

吾读《甲申殉难录》，至“愧无半策匡时难，惟余一死报君恩”，未尝不凄然泣下也。

《习斋记余》卷六《读刁文孝用六集四卷评语》谓：

吾郡有先生，常山有公仪，端皇帝得此二未宦臣，千秋奇节，明世亡而不亡矣！

读《甲申殉难录》而至于凄然泣下，固刁、张之奇节而云“明虽亡而不亡”，一悲一喜，非眷念故国情深，不能至此也。先生在《存学编》卷二又谓：

……以偏缺微弱，兄于契丹，臣于金、元之宋，前之居汴也，生三四尧、孔，六七禹、颜；后之南渡也，又生三四尧、孔，六七禹、颜；而乃前有数圣贤，上不见一扶危济难之功，下不见一可相可将之材，两手以二帝畀金，以汴京与豫矣！后有数十圣贤，上不见一扶危济难之功，下不见一可相可将之材，两手以少帝付海，以玉玺与元矣！多圣多贤之世，而乃如此乎？噫！

此痛疾宋儒学术之空疏，使国家亡于异族也。《四书正误》卷六曰：

孟子定三项人罪案矣。予则曰：善战者加上赏，连诸侯者次之，辟草莱、任土地者又次之。且以为孟子与予易地则皆然。……近世之祸，则在辽、金、元、夏。傥有三等人，生民不犹受干城之福哉！吾盖于北伐之役，而叹费、孙诸公之功在万世也。

此则明言近世之祸在于异族之侵逼，而主张“善战者加上赏”，其欲复兴民族之意，实极显明。其著《宋史评》为王安石、韩侂胄辩曰：

太宗北征，中流矢，二岁疮发而卒，神宗言之，惓焉流涕；夏本宋臣，叛而称帝，此皆臣子所不可与共戴天者也。宋岁输辽、夏银一百二十五万五千两，其他庆吊、聘问、赂遗近倖又倍是，宋何以为国！买以金钱，求其容我为君，宋何以为名？又臣子所不可一日安者也。而宋欲举兵，则兵不足；欲足兵，饷又不足，荆公为此，其得已哉！……南宋之金，与北宋之辽，又不可同年而语也。乃累世知岳飞之忠，累世皆秦桧之智，独韩平原毅然下诏伐金，可谓为祖宗雪耻地下者矣；仗义复雠，虽败犹荣者矣。乃宋人必欲诛之以畀金也，尚有人心哉！（《年谱》卷下）

为王、韩二人辩者，亦以其仗义复雠，以与异族抗也。宋明之天下，皆亡于异族，先生之为此论，固可以知其言外之意也。故掊击宋明学术之空疏，而谓：

宋元来儒者却习成妇女态，甚可羞。无事袖手谈心性，临危一死报君王，即为上品矣。（《存学编》卷一）

而欲救之以实行有用之学，尚武贵动之教也。恕谷《与方灵皋书》亦谓：

自明之末也，朝庙无一可倚之臣，天下无复办事之官，坐大司马堂批点《左传》，敌兵临域赋诗进讲。其习尚至于将相方面，觉建功奏绩俱属琐屑，日夜喘息著书，曰此传世业也，以致天下鱼烂河决，生民涂毒。呜呼！谁实为此！无怪颜先生之垂涕泣而道也。（《恕谷后集》卷四）

恕谷记《李氏翁媪已事》又云：

明代承平二百年有奇，及其既也，中外交讧，旱蝗频仍，庄蹻盗跖，弥地而起；日下哺则百十为群，策怒挥芒，剽若村，掠若氏，一撄其怒，辄叱咤弃之沟壑。

官吏其敢谁何，自崇祯末至顺治六七年乃熄。民不安天日者十余年。（同上，卷三）

然则明季之乱，虽无异族之侵入，亦足以使发为经世致用之想。先生目击时艰，感怀故国，自当如梨洲之著《待访录》，亭林之著《日知录》，船山之著《黄书》、《噩梦》，而有《四存编》之著述，讲求明德亲民实行有用之学。此其时代背景至明显者一也。

恕谷《送黄宗夏南归为其尊翁六十寿序》谓：

宋明而下，天地气移而南，张、程后有朱晦庵、陆象山、王阳明，各树门帜，著书立说，鼓动一世；于圣经外，益以无极、主静、致良知等名；六七百年，相从而靡，不曰宗朱，则曰宗王，徒与日盛，泛滥于天下。……讲之口，笔之书，玩弄心性，含咀章句，轻礼乐名物，使二氏之空幻，俗学之浮靡，窜入其中。人材日萎，气运日消，虽𢡟然自附于古圣贤，而一如秦鼎之暗移而不觉。於戏！此天运圣道古今升降出入之大关也。（同上，卷一）

明末清初之际，学术空疏，政治窳败，盖可谓虚学盛极，则亦不得不转而之实。恕谷之说曰：

天地之道，极则必返，实之极必趋于虚，虚之极必归于实。……今之虚学，可谓盛矣！盛极将衰，则转而返之实。（同上，卷一）

此其意实本之先生，先生亦有言曰：

文盛之极则必衰，文衰之返有二：一是文衰而返于实，则天下厌文之心，必转而为喜实之心，乾坤蒙其福矣。达而在上，则为三代，即穷而在下，如周末文衰，孔子转之以实，虽救之未获全胜，犹稍延二百年吾儒之脉。（《存学编》卷四）

此皆足见虚文胜则必转趋于务实也。当时诸儒，如亭林谓："昔之清谈谈老庄，今之清谈谈孔孟"，"以明心见性之空言，代修己治人之实学"；因而主张以经学代理学，谓"非好古而多闻，则为空虚之学"（《文集》卷三）。梨洲则以"儒者之学，经纬天地，而后世乃以语录为究竟……世道以是潦倒泥腐"（《南雷文约后集》卷三）。乃"与人约为读书穷经"，谓"读书不多，无以证斯理之变化"（全祖望《鲒埼亭集·梨洲先生神道碑》）。顾、黄二氏，盖欲以经学史学矫当时学术之流弊而使之趋于实也。船山则以"王氏之学，一传而为王畿，再传而为李贽，无忌惮之教立，而廉耻丧，盗贼兴……陆子静出而宋亡，其流祸一也"（《正蒙注》卷九）。而创实有生动之说，谓"尽天地只是个诚，尽圣贤学问只是个思"（王夫之《读四书大全说》卷九），而所谓"诚者实有者也"（王夫之《尚书引义》卷三）。"太虚一实"（王夫之《思问录·内篇》），"太虚本动"（《周易外传》卷六），以矫崇尚虚无寂静之弊。在明末清初之际，更有四明潘用微，著《求仁录》、《著道录》等书，亦以当时学者多"卜度于书理、采择于见闻为学识，而绝不以天下生民为念"（《求仁录》卷九），乃"笃信于孔孟，而深疑于程朱"，谓"宋贤之所谓理，即老庄之所谓道"（《吕用晦文集·答潘用微书》），"朱子道，陆子禅"（《恕谷后集》卷六《万季野小传》），乃专以孔孟为宗，而名其学曰"求仁"。其所说如："圣门功夫，只在人事竭力"（《求仁录》卷六）；"圣人之学，本非闭门静坐以为功夫"（同上，卷八）；"学、教、治只是一辙"（同上，卷六）；"宇宙内事，皆我分内事"（同上，卷九）；"必有事是圣学大主脑"（同上，卷八）；"孔孟以后无真儒，而三代以下无善治"（同上，卷六）。其议论尤多与先生同。但置礼乐兵农不讲，在力行上似为不及。然所以矫当时虚文之弊而欲转趋于务实则一也。故由亭林、梨洲、船山、用微观之，当时学者，靡不趋向于实学，而所谓"实之极必归于虚，虚之极必归于实”，固不诬也。先生尝谓：

宋、明两代之不竞，陈文达一言尽之，曰：“本朝是文墨世界。”……庆、历学术之杂乱，启、祯国事之日非，皆崇尚浮文之祸也。（《习斋记余》卷六）

其早年所著之《存治编》亦谓：

迨于魏、晋，学政不修，唐、宋诗文是尚，其毒流至今日。国家之取士者，文字而已；贤宰师之劝课者，文字而已；父兄之提示，朋友之切磋，亦文字而已。不则曰：“诗已为余事矣，求天下之治，又乌可得哉？”……浮文是戒，实行是崇，使天下群知所向，则人材辈出，而大法行，而天下平矣。……倘仍旧习，将朴钝者终归无用，精力困于纸笔；聪明者逞其才华，《诗》、《书》反资寇粮，无惑乎！家读尧、舜、孔、孟之书，而风俗愈坏；代有崇儒重道之名，而真才不出也。

“浮文是戒、实行是崇”；“倘仍旧习”，“终归无用”。此其早年思想已注重于“实行”、“有用”也。盖欲矫宋明“虚寂无用”之学，非讲求能实行而极有用之学不为功；欲复兴民族，还我大好河山，尤非讲求极有用而能实行之学不为功；此由时代背景言，可知其学术之精神，实重在此也。先生之论学教，注重“明德”、“亲民”、“尚武”、“贵动”，所谓实学、实教、实习、实行、实体、实用，以其纲要言之，亦不外于讲求能实行而极有用之学也。当时诸巨儒，虽言实学实用，然以实行而论，则远弗能及先生。然则先生之学，虽亦由时势所造成，而实则杰出一世也。

（三）哲学思想

先生之《四存编》，以《存治编》著述为最早，以《存学编》议论为最精，然如不明先生政治思想、教育思想与其哲学思想之关系，则其所主张之“浮文是戒，实行是崇”，不仍旧习，使归无用，而提倡明德亲民，实学、实教、实习、实行、实体、实用之学，其理论上之依据，亦必不能十分明了，故述先生之学，必当先明其哲学思想，而后及教育思想、政治思想也。且先生《存性编·图跋》曰：“故是编后，次之以《存学》、《存治》云。”(卷二) 亦以学、治为“体性道”、“尽性道”者。此先生之旨意亦如是也。兹述先生之学，亦就《存性编》诸书，先述先生之哲学思想，再及其教育思想、政治思想。

1. 宇宙论

(1) 宇宙之本体

先生之学，注重实行有用，必以事物为归，其于宇宙本原，盖持理气一元论，心物一元论。此种倾向，盖自明代中叶以后，学者间多有之。先生之“辩性善理气一致，宋儒之论不及孟子”，盖已及见于此。先生《存性编》卷二有《妄见图》七(参看《著述考》)，以申明孟子之意，其总图与论天道理气并有关系，兹录于下：

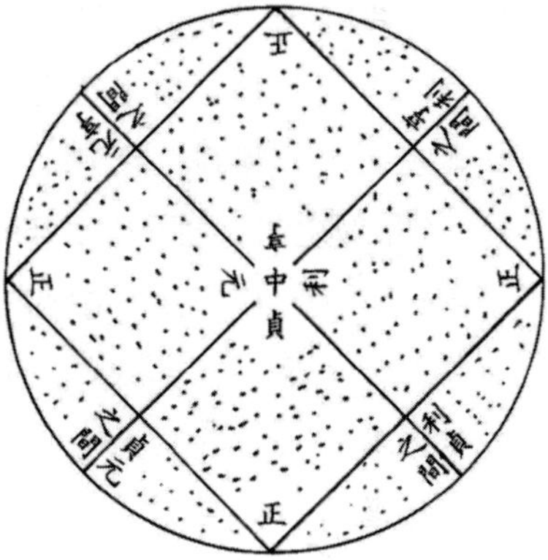

浑天地间二气四德化生万物之图

先生为之说曰：

> 大圈，天道统体也。上帝主宰其中，不可以图也。左阳也，右阴也，合之则阴阳无间也。阴阳流行而为四德，元、亨、利、贞也（四德，先儒即分春、夏、秋、冬，《论语》所谓“四时行”也），横竖正画，四德正气正理之达也，四角斜画，四德间气间理之达也。交斜之画，象交通也；满面小点，象万物之化生也。莫不交通，莫不化生也，无非是气是理也。知理气融

为一片，则知阴阳二气，天道之良能也；元、亨、利、贞四德，阴阳二气之良能也；化生万物，元、亨、利、贞四德之良能也。知天道之二气，二气之四德，四德之生万物莫非良能，则可以观此图矣。万物之性，此理之赋也；万物之气质，此气之凝也。……至于人，则尤为万物之粹，所谓“得天地之中以生”者也。二气四德者，未凝结之人也；人者，已凝结之二气四德也。（《存性编》卷二）

观于此说，先生谓“无非是气是理也，知理气融为一片，则知阴阳二气，天道之良能”。盖明以理气为一元矣。故曰：

若谓气恶，则理亦恶；若谓理善，则气亦善。盖气即理之气，理即气之理。（同上，卷一）

“气即理之气，理即气之理”，理气为一，理无不善，则气亦无不善矣。在《言行录》中亦有论理气者，曰：

天兼理、气、数，须知我与天地是一个理，是一个气、数；又要知这理与气、数是活泼，而呼吸往来、灵应感通者也。若看不到此，则“帝谓文王”、“乃眷西顾”、“予怀明德”等皆无着落，皆为妄诞矣。曰：如何是理、气、数？曰：为寒热风雨，生成万物者气也；其往来代谢、流行不已者，数也；而所以然者，理也。

此先生以理气为一，所以不贱视乎气质之性，而云“气质即二气四德所结聚者，乌得谓之恶”（《存性编》卷一）也。先生尝谓：

心也，性也，明德也，一也。（《言行录》卷上）

周公、孔子当逆知后世离事物以为道，舍事物以为学，故德行、艺统名之曰“三物”，明乎艺固事物之功，德行亦在事物上修德制行，悬空当不得他，名目混不得。（同上）

心性明德为一，而德行亦在事物上，先生之于心物盖亦主张心物一元论者也。故曰：

> 盖身也，心也，一也，持也。（《言行录》卷上）

此其所以主张："身心道艺一致加功……岂得曰'六艺非心性'也。"（《存学编》卷一）心物合一、身心合一，不惟德行当在事物上求之，亦可以见理于事，重实学、实习、实行矣。此《存学编》之理论可于其论宇宙之本体寻其根据也。

（2）天人之关系

先生《存性编·妄见图·总说》谓："二气四德者，未凝结之人也；人者，已凝结之二气四德也。"人为万物之粹，所谓得天地之中以生者。先生又曰：

> 天地一我也，我一天地也；万物一我也，我一万物也。既分形而为我，为天地万物之灵，则我为有作用之天地万物，非是天地万物外别有一我也。（《言行录》卷下）

又曰：

> 我之本体，原万物皆备，只因自己失了天理之则，便与父子兄弟皆植藩篱，况天下乎！今能一日复了天理之正，则已仍是万物皆备本体，民皆吾胞，物皆吾与，普天之下，皆入吾恺恻涵育之中，那有一物不归吾仁中者？（同上，卷下）

天地一我，我一天地；民皆吾胞，物皆吾与，人为有作用之天地万物，则人当求所以尽人道矣。故《存人编》有言：

> 盖人之与天地并大者，尽人道也。尽人道者，方且参天地，赞化育，尽幽明上下而自我治之。（卷二）

而所谓道者，亦不可以远人也。《存性编》谓：

> "率性之谓道"也；故曰"道不远人"也。……是"戕贼人以为仁义"，"远人以为道者"矣。（卷二）

《四书正误》谓：

礼乐制度谓之道矣。(卷三)

其论理曰:

理者，木中纹理也。其中原有条理，故谚云顺条顺理。(同上，卷六)

……前圣鲜有说理者，孟子忽发出，宋人遂一切废弃而倡为“明”理之学。不知孟子之所谓“理义悦心”有自己注脚，曰仁义忠信，乐善不倦。仁义又有许多注脚:未有仁遗亲、义后君……今一切抹杀，而心头玩弄，曰“孔、颜乐处”，曰“羲理悦心”，使前后贤豪皆笼盖于释氏极乐世界中，不几舍人而理会土乎哉?(同上，卷六)

先生之释道释理，就礼乐制度、文理条理、仁义忠信言之，亦以为道不远人也。此所以谓:

天之生人，有一身之人，有十人之人，有百人之人，有千人万人之人;人之治事，有一世之事，有数世之事，有百世千古之事。以一身为事者，命之曰匹夫。上此则十人、百人为其事，以至于以天下、千古为其事者，不毕其事不安也。故曰宇宙内事，皆吾分内事。(《言行录》卷上)

宇宙内事，皆吾分内事，则人之关系于天道极大，所谓道者，必寄之人乃行，此所以先生必注重于治道，而以为学、教、治当一致也。

(3) 体用与动静

先生之论体用，颇有体用一致之意。在《存学编》卷二曰:

朱子云:“程子死后，其高弟皆流于禅。”岂知程子在时已如此乎!盖儒与禅异者，正在彻始彻终，体用一致。故童子即令学乐舞勺。夫勺之羲大矣，岂童子所宜歌!圣人若曰，自洒扫应对以至参赞化育，固无高奇理，亦无卑琐事。故上智如子贡，自幼为之，不厌其浅；而闻道粗疏如陈亢，终身习之，亦不至畏难而废学。

“固无高奇理，亦无卑琐事”，由用可以见体，体用可以合一，此说之浅者也。《存人编》则谓：

尧、舜之精一执中，三事六府之体也，三事六府，精一执中之用也；周、孔之一以贯之，三物四教之体也，三物四教，一贯之用也；如树之根本枝干，通为一体，未可以精粗分也。（卷二）

是则体用虽有可分，而如树之根本枝干，通为一体，而未可以精粗分矣。体用合一，意至显明。惟由体以见用，则不如由用以见体。故曰：

盖无用之体，不惟无真用，并非真体也。（《存学编》卷二）

体必有用，无真用者，必非真体，然则徒有其体，而无真用，亦不足贵矣。先生反对静坐，提倡习动；亦以为养身养心，皆非动不为功，明理治事，皆由习行而得，由用可以见体。故先生更因之以主张实学、实教、实习、实行、实体、实用，非惟矫学术空疏之弊，当趋于实；即以体用而论，亦当重习行，重实用也。

2. **心性论**

（1）性善之理论

先生之宇宙论，主张理气一元论，理纯一善，则气质亦不得有恶，人性为二气四德所凝聚，由理气言之，由天道言之，实无不善也。其《妄见图·总图说》曰：

万物之性，此理之赋也；万物之气质，此气之凝也；正者此理此气也，间者亦此理此气也，交杂者莫非此理此气也，高明者此理此气也，卑暗者亦此理此气也，清厚者此理此气也，浊薄者亦此理此气也，长短、偏全、通塞莫非此理此气也。至于人，则尤为万物之粹，所谓“得天地之中以生”者也。二气四德者，未凝结之人也；人者，已凝结之二气四德也。存之为仁、义、礼、智，谓之性者，以在内之元、亨、利、贞名之也，发之为恻隐、羞恶、辞让、是非，谓之情者，以及物之元、亨、利、贞言之也；才者，性之为情者也，是元、亨、利、贞之力也。谓情有恶，是谓已发之元、亨、利、贞，非未发之元、亨、利、贞也；谓才有恶，是谓蓄者元、亨、利、贞，能作者非元、亨、利、贞也；谓气质有恶，是元、亨、利、贞之理谓之天道，元、亨、利、贞之气不谓之天道也。噫！天下有无理之气乎？有无气之理乎？有二气四德外之理气乎？恶其发者，是即恶其存之渐也；恶其力者，是即恶其本之渐也；恶其气者，是即恶其理之渐也。何也？人之性，即天之道也。以性为有恶，则必以天道为有恶矣；以情为有恶，则必以元、亨、利、贞为有恶矣；以才为有恶，则必以天道流行乾乾不息者亦有恶矣；其势不尽取三才而毁灭之不已也。(《存性编》卷二)

凡物之性，皆理之所赋予；凡物之气，即气之所凝聚。人为万物之粹，得天地之中，人之性即天之道，由理气由天道以言之，人之性固无不善也。先生乃本此意以驳气质性恶之说曰：

程子云：“论性论气，二之则不是。”又曰：“有自幼而善，有自幼而恶，是气禀有然也。”朱子曰：“才有天命，便有气质，不能相离。”而又曰：“既是此理，如何恶？所谓恶者，气也。”可惜二先生之高明，隐为佛氏六贼之说浸乱，一口两舌而不自觉！若谓气恶，则理亦恶，若谓理善，则气亦善。盖气即理之气，理即气之

理，乌得谓理纯一善而气质偏有恶哉！（《存性编》卷一）

理气之说，在朱子本已有“理又非别为有物，即存乎是气之中”，与其所谓“理与气决是二物”之说自相矛盾；今既谓天命与气质不相离，又以“所谓恶者，气也”，真“一口两舌而不自觉”，不知理即纯善，则气质不得有恶。则由理气以言，可决知人性之善也。由形色以言之，亦足见其然。先生曰：

孟子一生苦心，见人即言性善，言性善必取才情故迹一一指示，而直指曰：“形色，天性也，惟圣人然后可以践形。”明乎人不能作圣，皆负此形也，人至圣人乃充满此形也；此形非他，气质之谓也。以作圣之具而谓其有恶，人必将贱恶吾气质，程、朱敬身之训，又谁肯信而行之乎？（同上）

形色即气质之性，孟子之言性善，正由才情故迹与形色天性言之，则不可以气质之性为有恶矣。更由人为万物之灵言之，人性亦可决知其善也。先生曰：

明言气质浊恶，污吾性，坏吾性。不知耳目、口鼻、手足、五脏、六腑、筋骨、血肉、毛发俱秀且备者，人之质也，虽蠢，犹异于物也。呼吸充周荣润，运用乎五官百骸粹且灵者，人之气也，虽蠢，犹异于物也；呼吸充周荣润，运用乎五官百骸粹且灵者，人之气也，虽蠢，犹异于物也。故曰“人为万物之灵”，故曰“人皆可以为尧、舜”。其灵而能为者，即气质也。非气质无以为性，非气质无以见性也。今乃以本来之气质而恶之，其势不并本来之性而恶之不已也。以作圣之气质而视为污性、坏性、害性之物，明是禅家六贼之说，其势不混儒、释而一之不已也。（同上）

由人为万物之灵以言人性之善，此论之极明白易知者也。先生此说，虽如后来戴震《孟子字义疏证》之论性，其所举证，实亦不过如此。戴氏云："性者，分于阴阳五行以为血气心知。"犹先生所谓人性为二气四德所结聚者也。戴氏谓："人之才质得于天，若是其全也。……惟据才质为言，始确然可以断人之性善。"犹先生之据《孟子》形色天性以言气质之性为善也。戴氏谓："孟子言'人无有不善'，以人之心知异于禽兽，能不惑乎所行之为善。"犹先生之据人为万物之灵以言人性之善。先生此论，亦可谓卓越矣。先生于是借目以喻性，曰：

> 譬之目矣：眶、皰、睛，气质也；其中光明能见物者，性也。将谓光明之理专视正色，眶、皰、睛乃视邪色乎？余谓光明之理固是天命，眶、皰、睛皆是天命，更不必分何者是天命之性；何者是气质之性；只宜言天命人以目之性，光明能视即目之性善，其视之也；则情之善，其视之详略远近则才之强弱，皆不可以恶言。盖详且远者固善，即略且近亦第善不精耳，恶于何加！惟因有邪色引动，障蔽其明，然后有淫视而恶始名焉。然其为之引动者，性之咎乎，气质之咎乎？若归咎于气质，是必无此目而后可全目之性矣，非释氏六贼之说而何！孔、孟性旨湮没至此，是以妄为七图以明之。非好辩也，不得已也。（《存性编》卷一）

更借水以喻性曰：

> 程、朱因孟子尝借水喻性，故亦借水喻者甚多；但主意不同，所以将孟子语皆费牵合来就己说。今即就水明之，则有目者可共见，有心者可共解矣。程子云："清浊虽不同，然不可以浊者不为水。"此非正以善恶虽不同，然不可以恶者不为性乎？非正以恶为气质之性乎？请问，浊是水之气质否？吾恐澄澈渊湛者，水之气质，其浊之者，乃杂入水性本无之土，正犹吾言性之有引蔽习染也。其浊之有远近多少，正犹引蔽习染之有轻

重浅深也。若谓浊是水之气质，则浊水有气质，清水无气质矣，如之何其可也？（同上）

目之眶、皰、睛固为气质，然不可以其为气质而谓之有恶也。水之清浊其气质正同，不可以浊水之杂有土者而谓之浊乃其本质也。其喻意皆极明白易知。先生乃更进一步主张：虽气质之偏杂，亦不可以谓之恶，但在学以胜其气、复其性，其持论尤足以动人。《存性编》卷一曰：

楚越椒始生而知其必灭若敖，晋扬食我始生而知其必灭羊舌，是后世言性恶者以为明证者也，亦言气质之恶者以为定案者也。试问二子方生，其心欲弑父与君乎？欲乱伦败类乎？吾知其不然也。子文、向母不过察声容之不平而知其气禀之甚偏，他日易于为恶耳。今即气禀偏而即命之曰“恶”，是指刀而坐以杀人也，庸知刀之能利用杀贼乎！程子云：“使其能学以胜其气，复其性，可无此患。”可为善论，而惜乎不知气无恶也！

又曰：

盖周子之言善恶，或亦如言偏全耳。然偏不可谓为恶也；偏亦命于天者也，杂亦命于天者也，恶乃成于习耳。如官然：正印固君命也，副贰独非君命乎？惟山寨僭伪非君命耳。如生物之本色然：五色兼全，且均匀而有条理者，固本色也；独黄独白非本色乎？即色有错杂独非本色乎？惟灰尘污泥薰渍点染非本色耳。今乃举副贰杂职与僭伪同诛，以偏色错彩与污染并厌，是惟正印为君命，纯美为本色，惟尧、舜、孔、孟为性善也，乌乎可？（同上）

气禀偏杂，犹不可以谓之恶，直将气质性恶之说，掊击之使无立足余地，而人性诚无不善，人皆可以为尧舜，人皆有作圣之具，亦昭然若揭矣。明末东林学派诸儒，颇有矫程、张气质之性之说者，如钱启新谓：“但知生之谓性，而不知成之为性，即同人道于犬牛……宋儒小异，或遂认才禀于气，又另认有一个气质之性，安知不隳必为尧、舜之志。”孙淇澳谓：“所谓气质之性，不过就形生后说……今不知其为习，强系之性，又不敢明说性，而特创气质之性之说，此吾所不知也。”其说皆不及先生，孙氏谓气质之性为习尤不合。即后来戴东原之论性，亦无以气质之偏杂不可谓为恶说，先生此论，尤为卓绝也。

（2）情才之善恶

恶之由成，有归咎于情才者，先生则据孟子性情才皆善以为说。先生《妄见图》第一图说曰：“谓情有恶，是谓已发之元、亨、利、贞，非未发之元、亨、利、贞也。谓才有恶，是谓蓄者元、亨、利、贞，能作者非元、亨、利、贞也。”就情才之本原言之，情才固无所谓恶也。第一图“以下三图，即就总图摘出论之”；第五图为《孟子性情才皆善之图》；第六图为《孟子性情才皆善为不善非才之罪图》，则专论情才之善也。第六图比较复杂，实足以包举第五图，兹迻录于下，并附以说：

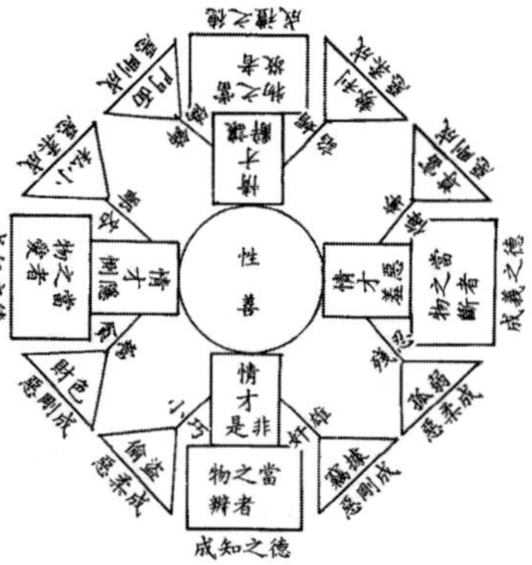

孟子性情才皆善为不善非才之罪图

其说曰：

> 中浑然一性善也。见当爱之物而情之恻隐能直及之，是性之仁；其能恻隐以及物者，才也。见当断之物而羞恶能直及之，是性之义；其能羞恶以及物者，才也。见当敬之物而辞让能直及之，是性之礼；其能辞让以及物者，才也。见当辨之物而是非能直及之，是性之智；其能是非以及物者，才也。不惟圣贤与道为一，虽常人率性，亦皆如此，更无恶之可言，故《孟子》曰“性善”，“乃若其情，可以为善”，“若为不善，非才之

罪也”。及世味纷乘，贞邪不一，惟圣人禀有全德，大中至正，顺应而不失其则。下此者，财色诱于外，引而之左，则蔽其当爱而不见，爱其所不当爱，而贪营之刚恶出焉；私小据于己，引而之右，则蔽其当爱而不见，爱其所不当爱，而鄙吝之柔恶出焉；以至羞恶被引而为侮夺、残忍，辞让被引而为伪饰、谄媚，是非被引而为奸雄、小巧，种种之恶所从来也。然种种之恶，非其不学之能、不虑之知，必且进退龃龉，本体时见，不纯为贪营、鄙吝诸恶也，犹未与财色等相习而染也。……引愈频而蔽愈远，习渐久而染渐深……呜呼！祸始引蔽，成于习染，……而岂其材之本然哉！（《存性编》卷二）

情者，恻隐、羞恶、辞让、是非，不可以谓之恶；才者，恻隐、羞恶、辞让、是非之及物者，亦不可以谓恶。种种之恶，非不虑而知，不学而能，尤不可谓情才之本有恶也。故曰：

仁、义、礼、智，性也；……以发之者知之也，则恻隐、羞恶、辞让、是非也。发者，情也，能发而见于事者才也；则非情、才无以见性，非气质无所为情、才，即无所为性。是情非他，即性之见也；才非他，即性之能也；气质非他，即性、情、才、之气质也；一理而异其名也。（同上）

情才与性，不过一理而异其名，性善故情才亦必善，后儒之以情才为恶之所由来，盖亦不免于误矣。故先生则曰：种种之恶，祸始引蔽，成于习染，而非其材之本然。明于此，则可以知恶之由来在引蔽习染矣。

（3）**论引蔽习染**

先生论性，谓气质之性为善，“杂亦命于天者也，恶乃成于习耳”。其论情才，更以种种之恶，“祸始引蔽，成于习染”，故《存性编》于驳气质性恶之后即曰：

朱子原亦识性，但为佛氏所染，为世人恶习所混。若无程、张气质之论，当必求“性、情、才”及“引蔽习杂”七字之分界，而性情才之皆善，与后日恶之所从来判然矣。惟先儒既开此论，遂以恶归之气质而求变化之，岂不思气质即二气四德所结聚者，乌得谓之恶！其恶者，引蔽习染也。（《存性编》卷一）

引蔽习染，为后日恶之所从来，正如水之浊者，乃杂入水性所本无之土，不得谓性所本有也。则欲为善去恶，但须杜绝引蔽，严防习染，不必责之性矣。故先生曰：

愚谓识得孔、孟言性原不异，方可与言性。……孔子曰："性相近也，习相远也。"……将世人引蔽习染、好色好货以至弑君弑父无穷之罪恶，皆于"习相远"一句定案，故曰"非才之罪也"，"非天之降才尔殊也"，孔、孟之旨一也。昔太甲颠覆典刑，如程、朱作阿衡，必将曰"此气质之恶"。而伊尹则曰"兹乃不义，习与性成"。大约孔、孟而前，责之习，使人去某所本无，程、朱以后，责之气，使人憎其所本有，是以人多以气质自诿，竟有"山河易改，本性难移"之谚矣，其误世岂浅哉！（同上）

责之气则人憎其本有，而无作圣之志；责之习则人以为去其所本无，则虽愚必明，虽弱必强，而可以孳孳为善矣。如程、朱之以为：

恶既从气禀来，则指渔色者气禀之性也，黩货者气禀之性也，弑父弑君者气禀之性也，将所谓引蔽、习染，反置之不问。是不但纵贼杀良，几于释盗寇而囚吾兄弟子侄矣，异哉！（同上）

其视先生之归咎于引蔽习染，本末轻重，亦可不言而喻矣。先生于《存性编》更畅论之曰：

吾之论引蔽习染也，姑以仁之一端观之，性之未发则仁，既发则恻隐顺其自然而出。父母则爱之，次有兄弟，又次有夫妻、子孙则爱之，又次有宗族、戚党、乡里、朋友则爱之。其爱兄弟、夫妻、子孙，视父母有别矣，爱宗族、戚党、乡里，视兄弟、夫妻、子孙又有别矣，至于爱百姓又别，爱鸟兽、草木又别矣。此乃天地间自然有此伦类，自然有此仁，自然有此差等，不由人造作，不由人意见。推之义、礼、智，无不皆然。故曰“浑天地间一性善也”，故曰“无性外之物也”。但气质偏驳者易流，见妻子可爱，反以爱父母者爱之，父母反不爱焉；见鸟兽、草木可爱，反以爱人者爱之，人反不爱焉；是谓贪营、鄙吝。以至贪所爱而弑父弑君，吝所爱而杀身丧国，皆非其爱之罪，误爱之罪也。又不特不仁而已也；至于爱不获宜而为不义，爱无节文而为无礼，爱昏其明而为不智，皆一误为之也，固非仁之罪也，亦岂恻隐之罪哉？使笃爱于父母，则爱妻子非恶也；使笃爱于人，则爱物非恶也。如火烹炮，水滋润，刀杀贼，何咎！或火灼人，水溺人，刀杀人，非火、水、刀之罪也；亦非其热、寒、利之罪也；手持他人物，足行不正涂，非手足之罪也，亦非持行之罪也；耳听邪声，目视邪色，非耳目之罪也，亦非视听之罪也，皆误也，皆误用其情也。误始恶，不误不恶也；引蔽始误，不引蔽不误也；习染始终误，不习染不终误也。去其引蔽习染者，则犹是爱之情也，犹是爱之才也，犹是用爱之人之气质也；而恻其所当恻，隐其所当隐，仁之性复矣。义、礼、智犹是也。故曰“率性之谓道”也；故曰“道不远人”也。

由先生之说观之，则人之性、情、才，本自然无不善，其所以成为不仁、不义、不礼、不智者，皆一误为之耳。正如水火，不善用之则适以害人，然而水火本无罪也。人之为不善，引蔽始误，习染始误，去其引蔽习染，则自能为善矣。此所以“孔、孟而前责之习，使人去其所本无”，则自足以为善；而“程、朱以后责之气，使人憎其所本有”，实戕贼人以为仁义，远人以为道也。

3. **修养论**

(1) 论存养省察

先生之心性论，以气质即二气四德所结聚者，不得谓之恶，且形色天性也，舍气质亦无以言性，才情亦皆善，其恶者乃引蔽习染耳。则修养之方法，不在责之气，而在责之习，去其引蔽习染，自不至于为恶矣。顾如何而去其引染，乃可以底于善乎？先生之意，则以为当明明德，而明明德者，又贵乎存养省察。《存性编》曰：

> 惟如孔门求仁，孟子存心养性，则明吾性之善，而耳目口鼻皆奉令而尽职。故《大学》之道曰“明明德”，《尚书》赞尧，首曰“钦明”，舜曰“濬哲”，文曰“克明”，《中庸》曰“尊德性”，既尊且明，则无所不照。譬之居高肆望，指挥大众，当恻隐者即恻隐，当羞恶者即羞恶，仁不足以恃者即以义济之，义不足以恃者即以仁济之。或用三德并济一德，或行一德兼成四德，当视即视，当听即听，不当则否。使气质皆如其天则之正，一切邪色淫声自不得引蔽，又何习于恶、染于恶之足患乎！是吾性以尊明而得其中正也。（卷一）

此“明明德”之说也。“明明德”譬如居高肆望，指挥大众，则自不得引蔽，又何习染之足患？“明明德”在乎存养省察，而存养省察之法则在于“磨励乎《诗》、《书》之中，涵濡乎礼乐之场”，先生曰：

> 然则气质偏驳者，欲使私欲不能引染，如之何？惟在明明德而已。存养省察，磨励乎《诗》、《书》之中，

涵濡乎礼乐之场，周、孔教人之成法固在也。自治以此，治人即以此。使天下相习于善，而预远其引蔽习染，所谓“以人治人”也。若静坐阖眼，但可供精神短浅者一时之葆摄；训诂著述，亦止许承接秦火者一时之补苴。如谓此为主敬，此为致知，此为有功民物，仆则不敢为诸先正党也。（《存性编》卷二）

磨励《诗》、《书》之中，涵濡礼乐之场，使天下相习为善，而预远其引蔽习染，即此可为省察存养，即此可为明明德，故即周孔之成法以教人，即愈于宋儒之读书静坐，主敬致知也。先生曰：

古者学从六艺入，其中涵濡性情，历练经济，不得躐等，力之所至，见斯至焉。故聪明如端木子，犹以孔子为多学而识，直待垂老学深，方得闻性道，一闻夫子以颜子比之，爽然自失，盖因此学好大鹜荒不得也。后世诵读、训诂、主静、致良知之学，极易于身在家庭，目遍天下，想像之久，以虚为实，遂侈然成一家言而不知其误也。（同上，卷一）

“力之所至，见斯至焉”，则《诗》、《书》、六艺之学，自足以言存养省察矣，自足以去其引蔽习染矣。比之读书静坐，主敬致知，且有虚实之不同也。故先生之言心性，既不取程、朱责之气之说，而于修养方法，亦不似宋明诸儒“高谈性命”，“舍古人六府六艺之学“，“欺人且以自欺”，“空谈易于藏丑”（同上），此先生主张即以六府六艺之学，存养心性，非徒为好古也，其实则当务于实也。故先生于《存性编》终论曰：

人则明德明而引蔽自不乘，故曰：“先立乎其大者，则其小者不能夺也。”……熟阅《孟子》而尽其意，细观赤子而得其情，则孔、孟之性旨明，而心性非精，气质非粗；不惟气质非吾性之累害，而且舍气质无以存养心性，则吾所谓三事、六府、六德、六行、六艺之学是也。是明明德之学也。……有志者倘实以是为学为教，斯孔门之博文约礼，孟子之存心养性，乃再见于今日，而吾儒有学术，天下有治平，异端净扫，复睹三代乾坤矣！（卷二）

明明德为先立乎其大，明明德之学即为三事、六府、六德、六行、六艺之学，而即为孔门之博文约礼，孟子之存心养性，先生之所以示人为学为教者，亦即所以存养省察，使天下相习于善，而远于引蔽习染，诚所谓易简而有功矣。由明末以迄戴东原诸儒之论性，驳气质性恶者甚多，责之引蔽习染者亦有人，然皆不知即以三事、六府、六德、六行、六艺之学存养心性，则皆游思高远，而不及先生之务于实也。先生于《存学编》诸书，更主张以三事、六府、六德、六行、六艺之学为实学，而身实习之，身实行之。实习实行三事、六府、六德、六行、六艺之学，即可变化习染，修养身心，实修养之要义，顾先生于《存性编》未详言，《存学编》诸书始畅论之，今亦于述先生教育思想时再详及之。

（2）论迁善改过

先生之心性论，以恶之由来，在于引蔽习染，故以为学之要，在于变化习染，时习力行三事、六府、六德、六行、六艺之学，则可常习于善，而不至习于恶。然人非圣人，不能无过，故迁善改过，亦修养之要义也。先生于发明周、孔正学之后，所记日记存理去欲，以黑白多少定欺慊分数，此即日谋所以迁善改过也。《年谱》：

内子言隐过不可记，先生曰："恶！是伪也。何如不为记！且卿欲讳吾过，不如辅吾无过。夫凡过皆记，虽盈册无妨，终有改日也；若不录，即百过尽销，更愧，以终无改机也。"（辛亥三十七岁）

先生友朋之中，有规先生之过者，先生无不拜纳。门弟子之中，有规先生之过者，先生亦乐听从，且命弟子彭好古五日投“规过录”一纸（《言行录》卷上），足见于变化习染，又极重改过迁善。故曰：

吾人迁善改过，无论大小，皆须以全副力量赴之，方是“主忠信、徙义”之学。（《言行录》卷上）

“改过迁善”，吾儒作圣贤第一羲也；“规过劝善”，吾儒交朋友第一义也；“纳谏从人”，吾儒做经济第一义也，否则人役耳。乌能居成吾德，出交天下士乎！（同上，卷下）

吾学无他，只“迁善、改过”四字。日日改迁，便是工夫；终身改迁，便是效验。（同上）

“改过迁善”，吾人实地工夫也，诚逐日有过可改，有善可迁，即“日新”之学矣。（同上）

先生之时，李二曲为学，正以“悔过自新”为宗。先生于四十四岁会李天生于清苑论学，当得闻二曲之学；其《寄关中李复元处士书》，亦称道二曲之为人。先生与二曲所倡虽有若相同，然而先生重于习行，二曲则不出纸墨见解也。先生亦尝言自新，《言行录》卷下载先生释“日新”之义曰：

《盘铭》云，“苟日新”，振起自涤矣；日岂一日乎？而复云“日日新”。盖“日新”虽上智不能保无间断也。日日已无歇工矣，何必云“又日”？盖功虽有常，不能保久而不因循惰怠也。其必学曾子之“日省”，可乎！

此先生所以重日省之功也。先生更曰：

汤，圣人也，用日新功。吾辈常人，当时新，时时新，又时新。（同上）

欲振起自涤而不因循怠惰，固当时时以自新为念也。先生尝谓：“学者但不见今日有过可改，有善可迁，便是昏惰一日。”

（《年谱》乙亥六十一岁）迁善改过，固必当言自新也。

（3）**论正心修身**

先生以为学之要，在于变化习染，习行三事、六府、六德、六行、六艺之学，即可以习善而免于为恶，先生盖以正心修身之功，不得离事物也。先生曰：

> “正心”不是悬空说正，须尝使心安顿在仁、義、礼、智上，不使引蔽偏向财色、私欲上去，方是；“修身”不是悬空说修，须如夫子“斋明盛服，非礼不动”，方是。（《言行录》卷上）

此言正心修身，皆不得悬空而离事物也。故曰：

> 古人正心、修身、齐家，专在治情上用工夫，治情又专在平好恶上用工夫，平好恶又专在待人接物上用工夫。故引莫知子、莫知苗之谚，作榜样与人看。吾辈可以知所用力矣。（《四书正误》卷一）

正心修身，在待人处物上用功夫，此所以不能离三事、六府之学，而别言存养心性也。《存学编》卷一：

> 王子曰：“艺学到精熟后，自见上面。幼学岂能有所见？”余曰：“幼学但使习之耳。必欲渠见，何为哉？”王子曰：“不见上面，何与心性？”余曰：“不然。即如夫子使阙党童子将命，使之观宾主接见之礼。有下于夫子客至，则见客求教尊长悚敬气象；有班于夫子或尊于夫子客至，则见夫子温、良、恭、俭、让，侃侃、訚訚气象。此是治童子耳目乎，治童子心性乎？故六艺之学，不待后日融会一片，乃自童龆即身心、道艺一致加功也。……岂得曰‘六艺非心性’也？”

“身心、道艺一致加功”，此所以谓：“德行亦在事物上修德制行，悬空当不得他，名目混不得”也。（详上）此所以谓：

> 心也、身也，一也。汝欲孝斯孝至矣，汝欲弟斯弟

至矣，是心乎，身乎？（《四书正误》卷三）

身心、道艺一致加功，莫重于礼。故先生谓：

> 《大学》明德之道，无时不可学，无日不可时习。如时时敬其心，即孔子所谓“齐”，习礼于心也；时时提撕警觉，莫令昏蔽，即孔子所谓“明”，亦习礼于心也。每日正其衣冠，洁净整齐，非法服不服，即孔子所谓“盛服”，习礼于身也；至“目容端”，习礼于视也；“口容止”，“声容静”，习礼于言也；至于“手容恭”，“立容德”，习礼于持行也。凡“九容”、“曲礼”，无非习礼于身也。礼真斯须不可去者！（《言行录》卷下）

“提撕警觉，莫令昏蔽”，“齐明盛服，非礼不动”，正是正心修身之法，此礼之于正心修身，于六艺之中，尤为切要也。先生论学，谓当依孔门博文约礼成法（详下），礼于修养中亦不可斯须去者，所以谓道莫重于礼也。

（4）论习恭持敬

“提撕警觉，莫令昏蔽”，所以正心；“齐明盛服，非礼不动”，所以修身；故先生又主张习恭与持敬。“四月习恭。日日习之，即《论语》‘居处恭’也。”（《年谱》辛亥三十七岁）此先生所发明以易宋儒之静坐者也。《言行录》有一段论习恭与静坐之别曰：

> 杜益斋问：“习恭即静坐乎？”曰：“非也。静坐是身心俱不动之谓，空之别名也。习恭是吾儒整修九容工夫，媿不能如尧之允，舜之温，孔之安，故习之。习恭与静坐，天渊之分也。”（卷下）

据《年谱》言，先生“行必习恭，步步规矩，如神临之”（辛酉四十七岁），“时时习恭，心神清坦，四体精健”（辛未五十七岁）。又：“主一请先生习恭，观之，因并坐习恭。先生曰：‘吾儒无一处不与异端反，即如我二人并坐习恭，俨然两儒；倘并静空，则俨然两禅和子矣！’”（同上）“衰病不能理他功，惟常习恭；觉萎怠，习恭庄；觉放肆，习恭谨；觉暴戾，习恭温；觉矜张，习恭谦；觉多言，习恭默；觉矫揉，习恭安。”（己卯六十五岁）。“一日习恭，忽闭目，自警曰：‘此昏惰之乘也，不恭孰甚？’”（庚辰六十六岁）“坐场中，觉脊骨俯屈，振起习恭。”（甲申七十岁）习恭是“整修九容功夫”，行坐并可习恭，可使四体精健，自与闭目静坐，有星渊之别也。《言行录》更有一段关于习恭之记载曰：

> 凡冠不正、衣不舒、室不洁、物器不精肃，皆不恭也。有一于此，不得言习恭。由此推之，杏坛之上，剑、佩、琴、书，一物狼藉，孔子不得谓之恭矣。此吾儒之笃恭，所以异于释氏之寂静，而静坐之学，所以入于禅而不自觉也。（卷上）

由此所述观之，则习恭实为练习一种整洁严肃之生活，正其

衣冠，端其仪容，振作其精神，澄清其思虑，时时习之，自可使生活不至于萎顿。此虽在今日，犹可斟酌以行之。其与静坐不同，甚显然易见也。述先生之学者，或以习恭为诟病，不知其实与静坐不同也。

习恭为居处恭、笃恭，“居处不恭即居处不仁”（《言行录》卷上）。此先生所以注重习恭也。恭敬一也，故又极注重持敬。先生曰：

> 孔门之敬，合内外打成一片，即整饬九容是也。故曰：“修己以敬。”百事无不精详，即尧、舜和三事，修六府，周、孔之六行、六艺是也。故《尧典》诸事皆“钦”，孔门曰“敬事”，曰“执事敬”。（同上，卷下）

敬为合内外打成一片之功，修己以敬，执事敬，敬兼修己执事，则尤为切要矣。先生尝谓：

> 须以清心寡欲为本。（同上，卷上）

寡欲以清心，寡染以清身，寡言以清口。（同上）

治病在清心，清心在知命。（同上）

制欲为吾儒第一功夫。（同上）

清心寡欲，其功夫即在持敬。故曰：

思人欲，污心之尘垢也；天理，洗心之清凉也；而持敬，则净拭之润巾也。（同上，卷下）

持敬所以洗心也。《言行录》又有言曰：

古人静中工夫，如“洗心退藏于密”，“夙夜基命宥密”，明见于经。吾人宜洗去习染之污秽，退藏精深，而不粗疏表暴，夙夜勤惕，立定天之予我，常令宽广，莫令窄狭；常令精密，莫令粗疏，此明德第一层诚、正工夫。（卷下）

《年谱》亦载其说曰：

思古人静中之功，如“洗心退藏于密”，乃洗去心之污染，退然自藏，极其严密，一无粗疏，即“不动而敬也”。（丁丑六十三岁）

此所谓静中之功，此所谓不动而敬，与宋人借禅宗空静，而文人以“主一”，又赘之以“无适”者，不同也。此李恕谷自浙归来，“以无念有念，无事有事，总持一敬之功质”，先生乃书“小心翼翼，昭事上帝”于日记首，日服膺之也。先生曰：

“小心翼翼”，翼翼者，如翼之飞，进进不已也。（卷下）

又：

习恭，见壁上书“小心翼翼，昭事上帝”。思“小心”难矣，“翼翼”更难；“事上帝”难矣，“昭事”则更难。盖“小心”祇事敬畏焉耳，“翼翼”则终日乾乾，同乎天矣。“事帝”明旦若临，仍一敬畏焉耳，“昭事”则为人君臣父子，一有不止乎仁、敬、孝、慈者，非上

帝命我意矣；视鳏、寡、孤、独，一不得所，一或欺残，非上帝降鉴意矣。（同上）

"小心翼翼，昭事上帝"，则尤不止敬畏，必仁敬孝慈，皆有其德；鳏寡孤独，各得其所。此与宋儒所谓之居敬主静，诚不可同日而语矣。此与习恭皆先生修养论中之要义，不可以其似宋儒静坐居敬，而等量齐观也。先生尝谓：

内笃敬而外肃容，人之本体也，静时践其形也；六艺习而百事当，性之良能也，动时践其形也。（同上）

笃敬肃容，所谓静时践其形，不可动有事而静无事，身有事而心无事，此所以必笃恭笃敬也。《言行录》又载：

刚主问操存，先生曰："予未审孔、孟之操存，第予所得力处，只'悚提身心'四字。"问："静中工夫如何着力？"曰："'戒慎乎其所不睹，恐惧乎其所不闻'，正是着力处。"（卷上）

思仰不愧，俯不怍，此气真觉浩然。……其直养之要有二：一在平日兢兢慎独，一在临时猛醒决断。（卷下）

果斋问："静存动察，如何下手？"先生曰："静之存也，提醒操持；动之察也，明辨刚断。二者之得力，又有三字，曰'不自恕'。"（同上）

先生之于修养，盖身心一齐提起，内外兼功并进，非动有事而静无事，身有事而心无事也。恕谷游浙，毛奇龄谓之曰："习斋好言经济，恐于存养有缺，存心养性之功不可废也。"恕谷曰："颜先生省心之功甚密。每日习恭数次，所谓'居处恭'也。置日记以省心，时下一圈，心慊则圈白，否则黑。与王法乾十日一会，规过责善甚严。塨亦与其末焉。但其存养欲内外并进，非惺惺恁地之说耳。"（《李塨年谱》）先生于修养之法，用功甚密。近述先生之学者，徒知先生掊击宋儒读书静坐之烈，不知先生固亦有其习恭持敬之法，此所以不得不略为阐述也。

4. **知识论**

(1) **论知与习行**

先生之宇宙论，主张“气即理之气，理即气之理”，持理气一元论之说，而实偏重于气：“气质即二气四德之所结聚者，乌得谓之恶!”故其心性论则主张“舍气质无以存养心性”，亦偏重于气质。先生之知识论，在《存性编》已言“力之所至，见斯至焉”，对于知识之来源，已主张知行合一，而偏重于行。《存性编》云：

> 予与友人法乾、王子，初为程、朱之学，谈性天似无龃龉。一旦从事于归除法，已多艰误，况礼乐之精繁乎！昔人云：“画鬼容易画马难。”正可喻此。(卷一)

此已谓不由经验，不能有真知也。《存学编》云：

> 吾尝谈天道、性命，若无甚捍格，一着手算九九数辄差。王子讲《冠礼》若甚易，一习初祝便差。以此知心中醒，口中说，纸上作，不从身上习过，皆无用也。(卷二)

不由行以求知，则似是而非，且不能实用。故知必以行，行而后能知。此先生对于知、行，由于经验而言，必当知行合一，且当重行于知也。故曰：

> 朱子知、行竟判为两途，知似过，行似不及，其实行不及，知亦不及。(卷三)

知、行不可判为两途，“其实行不及，知亦不及”，先生对于知行合一，重行于知之意见极显明。王阳明高唱知行合一，而曰“知之真切笃处即是行，行之明觉精察处即是知”，“知是行的主意，行是知的功夫；知是行之始，行是知之成”。以先生之说视之，阳明犹有主知之意，犹有知行判为两途之意，先生谓“其实行不及，知亦不及”，则完全以知行合一，而偏重于行矣（此参用梁任公先生说）。先生曰：

凡理必求精熟之至，是谓“穷理”。（《存学编》卷二）

“凡理必求精熟之至，是谓‘穷理’”，则所行者，又非习一次、行一次即可抵于精熟，又必时习力行，乃于理更明，而知亦真。故曰：

虽周公、孔子，亦只能使人行，不能使人有所见；功候未到，即使强有所见，亦无用也。（同上，卷二）

“功候未到，即使强有所见，亦无用也。”则可见穷理之在时习力行，此亦与阳明之仅言“知是行之始，行是知之成”，亦更进步也。《存学编》又曰：

见理已明而不能处事者多矣，有宋诸先生便谓还是见理不明，只教人明理。孔子则只教人习事，迨见理于事，则已彻上彻下矣。（卷二）

见理于事，犹为知行合一之说，教人习事，则更当重于功候矣。此先生之言学教，极注重于实习力行，时习力行，则真能见理于事也。

（2）论格物致知

知行合一，而行重于知，所谓格物致知者，当重新予以训释矣。朱子训为“穷至事物之理”，则明是致知在致知；阳明训为“正”，而曰“为善去恶是格物”，亦于格字之训不似。先生则曰：

按“格物”之“格”，王门训“正”，朱门训“至”，汉儒训“来”，似皆未稳。窃闻未窥圣人之行者，宜证之圣人之言；未解圣人之言者，宜证诸圣人之行。但观圣门如何用功，便定格物之训矣。元谓当如史书“手格猛兽”之“格”、“手格杀之”之“格”，乃犯手捶打搓弄之义，即孔门六艺之教，是也。如欲知礼，凭人悬空思悟，口读耳听，不如跪拜起居，周旋进退，捧玉帛、陈笾豆，所谓致知乎礼者，斯确在乎是矣；如欲知乐，凭人悬空思悟，口读耳听，不如手舞足蹈，搏拊考击，把吹竹，口歌诗，所谓致知乎乐者，斯确在乎是矣。推之万理皆然，似稽文义、质圣学为不谬。而汉儒、朱、陆三家失孔子学宗者，亦从可知矣。（《习斋记余》卷六）

此先生之“格物”解，异于朱、王者也。《四书正误》卷一又有言云：

李植秀问“格物致知”。予曰：“‘知’无体，以物为体，犹之目无体，以形色为体也。故人目虽明，非视黑视白，明无由用也。人心虽灵，非玩东玩西，灵无由施也。今之言‘致知’者，不过读书、讲问、思辨已耳，不知致吾知者，皆不在此也。辟如欲知礼，任读几百遍礼书，讲问几十次，思辨几十层，总不算知。直须跪拜周旋，捧玉爵，执幣帛，亲下手一番，方知礼是如此，知礼者斯至矣。辟如欲知乐，任读乐谱几百遍，讲问、思辨几十层，总不能知。直须搏拊击吹，口歌身舞，亲下手一番，方知乐是如此，知乐者斯至矣。是谓‘物格而后知至’。故吾断以为‘物’即三物之物，‘格’即手格猛兽之格、手格杀之之格。此二‘格’字见古史及《汉书》。”秀问：“不先明理，如何行？”予曰：“试观孔子，何不先教学文，而先孝弟、谨信、泛爱乎？又何不先教性、道、一贯而先三物乎？且如此冠，虽三代圣人，不知何朝之制也。虽从闻见知为肃慎之冠，亦不知皮之如何煖也。必手取而加诸首，乃知是如此取煖。如此菔蔬，虽上智、老圃，不知为可食之物也。虽从形色料为可食之物，亦不知味之如何辛也，必箸取而纳之口，乃知如此味辛。故曰：‘手格其物，而后知至。’”

必亲下手一番，方知其是如此，则行为知之始，与阳明知为行之始，其差别甚显然。此先生之学，必以实习、实行乃能有实体、实用也。“物”即三物之“物”，与先生所倡周、孔正学恰合，李恕谷《大学辨业》亦正主张斯说也。

（四）教育思想

先生之学术思想，由其时代背景言之，一为谋民族之复兴，故颇注重于经世致用；一为反宋明学术之空疏，故注重实学、实行。由其哲学思想言之，则其宇宙论颇近于唯物论，以为心物合一，体用合一；其心性论以为舍气质无以言性，而谓恶由于习染；其修养论则注重于变化其习染，不悬空以正心修身；其知识论则以知行合一，而行重于知。先生之教育思想，自与其时代背景及其哲学思想皆有极密切之关系。先生主张学、教、治当一致，注重于经世致用，反对宋明读书穷理、居敬主静之学，而提倡实学、实教、实习、实行、实体、实用。以今观之，犹不失为有价值之论，可以斟酌以行之。兹以其说之见《存学编》诸书者，分述于次：

1. 教育之目的

（1）论学在明德

教育之目的，依先生之意见观之，约可分为二种：一曰道德的，一曰政治的。此其意先生于早年所著之《存治编》已约略言之，其说曰：

> 且学所以明伦耳。故古之小学教以洒扫应对进退之节，大学教以格致诚正之功，修齐治平之务，民舍是无以为学，师舍是无以教，君相舍是无以治也。

学所以明伦，而其目的在谋天下之治平，此亦教育之目的，当注重于道德上政治上之效率也。先生尝有言曰：

> 学者，学为圣人也。（《言行录》卷下）

又曰：

> 父母生成我此身，原与圣人之体同；天地赋与我此

心，原与圣人之性同；若以小人自甘，便辜负天地之心，父母之心矣。(同上)

“人须知圣人是我做得。不能作圣、不敢作圣，皆无志也。”(同上) 学者学为圣人，则尤当注重于明明德矣。故《存学编》云：

《大学》首四句，吾奉为古圣真传。所学无二理，亦无二事，只此仁、义、礼、智之德，子、臣、弟、友之行，诗、书、礼、乐之文，以之修身，则为明德；以之齐治，则为亲民。明矣而未亲，亲矣而未止至善，吾不敢谓之道也。(卷一)

此谓大学之道，在于明亲一理，必明明德而后言亲民也。亲而未明，明而未止于至善，皆非通也。故曰：

读经、观史，非学，惟治心乃是学。置田房，积金粟，非治家，惟教子乃是治家。(《言行录》卷上)

“惟治心乃是学”，此亦以学教之目的实在于道德也。此其一。

(2) **论学在“亲民”**

虽然，学非止于独善其身，圣人亦非只重于道德，而不谋兼善天下也。则学当注重政治上之效率甚明。先生曰：

盖学术者，人才之本也；人才者，政事之本也；政事者，民命之本也。无学术则无人才，无人才则无政事，无政事则无治平，无民命。(《习斋记余》卷一)

学术关系于人才、政事、治平、民命，则学教当以政治上之作用为其目的矣。《存学编》开宗明义则谓：

圣人学、教、治，皆一致也。“民可使由之，不可使知之”，是孔子明言千圣百王持世成法，守之则易简而有功，失之徒繁难而寡效。故罕言命，自处也；性道不可得闻，教人也；立法鲁民歌怨，为治也。他如《予欲无言》、《无行不与》、《莫我知》诸章，何莫非此意哉！当时及门皆望孔子以言，孔子惟率之以下学而上达，非吝也，学、教之成法固如是也。

道不可以言传也，言传者有先于言者也。……至宋而程、朱出，乃动谈性命……但见支离分裂，参杂于释、老，徒令异端轻视吾道耳。若是者何也？以程、朱失尧、舜以来学、教之成法也。何不观精一之旨，惟尧、禹得闻，天下所可见者，命九官、十二牧所为而已。阴阳秘旨，文、周寄之于《易》；天下所可见者，王政、制礼、作乐而已。一贯之道，惟曾、赐得闻；及门与天下所可见者，《诗》、《书》六艺而已，乌得以天道性命常举诸口而人人语之哉！（卷一）

此谓学、教、治之一致，乃尧、舜以来之成法，固不当专重于学、教，而忽略其在政治上社会上之效率也。先生更有言曰：

孔子"祖述尧、舜"，孟子"言必称尧、舜"，正见明、新兼至之学，原是学作君相。后世单宗孔子，不祖尧、舜，虽亦或言孔子即尧、舜，其实是明体不达用之隐病所伏也。所以二千年来，只学孔子讲说《诗》、《书》，将其新民之学全失，便是做明德处，亦不过假捏禅法，不惟其成就不堪帝，不堪王，不堪将，不堪相，乃从其立志下功本处，便是于帝、王、将、相之外，世间另做个儒者。噫！岂不可怪也哉。……噫！岂不可哀也哉。（《言行录》卷下）

学"原是学作君相"，学当"明新兼致"，则其立志下功夫处，便当注重于学教在政治上社会上之效率，此亦极显明者也。先生曰：

夫凡读圣人书，便要为转世之人，不要为世转之人；如龆龄入学受书，即不得随世浮沉矣。（同上，卷上）

学者读书立志，便当以转移世运为目的也。故曰：

人必能斡旋乾坤，利济苍生，方是圣贤；不然，虽矫语性天，真见定静，终是释迦、庄周也。（《言行录》卷下）

天下事皆吾儒分内事；儒者不费力，谁费力乎！试观吾夫子生知安行之圣……一切涵养心性、经济生民者，盖无所不为也。……故曰“儒者天地之元气”，以其在上在下，皆能造就人材，以辅世泽民，参赞化育故也。（《存学编》卷二）

先生尝谓“圣贤者，有作用之气、数也”（《言行录》卷上）。又曰：“学者勿以转移之权委之气数。”（《李塨年谱》卷一）故学教之目的，不惟在“明德亲民”，且当以转移世运为鹄的也。学教之目的既明，则于历代之学教，可以依此而辨其臧否；于教学之方法，亦可举此而论其短长，择其善者，去其不善者，可以知所从违矣。且“明德亲民”，“学、教、治一致”，非可托之空言，而不见之行事，由斯以言，则当注重于实学、实教、实习、实行、实体、实用，由学教之目的，亦可以见其轻重。“学为明德亲民者也”，此语最要，不可或忽者也。

2. 论历代学教

先生之意，谓圣人学、教、治一致，学为明德亲民者也。秦汉以后，则正失尧、舜、文、周、孔、孟以来学教之成法。《存学编》曰：

吾道有三盛：君臣于尧、舜，父子于文、周，师弟于孔、孟。尧、舜之治，即其学也，教也，其精一执中，一二人秘受而已。百官所奉行，天下所被泽者，如其命九官、十二牧所为耳。禹之治水，非禹一身尽治天下之水，必天下士长于水学者分治之而禹总其成；伯夷之司礼，非伯夷一身尽治天下之礼，必天下士长于礼学者分司之而伯夷掌其成。推于九官、群牧咸若是，是以能平地成天也。文、周之治，亦即其学也，教也，其阴阳天人之旨，寄之于易而已。百官所奉行，天下所被泽者，如其治岐之政，制礼作乐耳。其进秀民而教之者，六德、六行、六艺，仍本唐、虞敷教典乐之法，未之有改，是以太和宇宙也。孔、孟之学教，即其治也。孔子一贯性道之微，传之颜、曾、端木而已。作当身之学，与教及门士以待后人私淑者，庸言庸德、兵农礼乐耳，仍本诸唐、虞、成周之法，未之有改。故不惟期月、三年、五年、七年胸藏其具，而且小试于鲁，三月大治，暂师于滕，四方归之，单父、武城亦见分体，是以万世永遵也。（卷一）

此尧、舜、文、周、孔、孟学、教、治之一致也。又曰：

程、朱当远宗孔子，近师安定，以六德、六行、六艺及兵农、钱谷、水火、工虞之类教其门人，成就数十百通儒。朝廷大政，天下所不能办，吾门人皆办之；险重繁难，天下所不敢任，吾门人皆任之，吾道自尊显，释、老自消亡矣。（同上）

此谓孔门之学，以六艺为教，可以办事任事，有实学，有实用。汉、唐诸儒，传经讲诵；宋之周、程、朱、陆，专以讲学为事；至明而薛、王诸儒因之，皆于世道生民无所补益，且皆与孔孟之学为不类也。先生于《上徵君孙钟元先生书》又总括《存性》、《存学》之意曰：

某静中猛思，宋儒发明气质之性，似不及孟子之言性善最真。变化气质之恶，三代圣人全未道及。将天生一副作圣全体，参杂以习染，谓之有恶，未免不使人去其本无而使人憎其本有，蒙晦先圣尽性之旨而授世间无志人一口柄。又想周公、孔子教人以礼、乐、射、御、书、数，故曰“以三物教万民而宾兴之”；故曰“身通六艺者七十二人”。故性道不可闻，而某长治赋、某长礼乐、某长足民，一如唐、虞之廷某农、某刑、某礼、某乐之旧，未之有爽也。近世言学者，心性之外无余理，静敬之外无余功。细考其气象，疑与孔门若不相似然。即有谈经济者，亦不过说场话、著种书而已。

某不自揣，撰有《存性》、《存学》二编，欲得先生一是之，以挽天下之士习而复孔门之旧。以先生之德望卜之，当易如反掌，则孟子不得专美于前矣。论今天下朱、陆两派互相争辩，先生高见，平和劝解之不暇，岂可又增一争端也！但某殊切杞人之忧，以为虽使朱学胜陆而独行于天下，或陆学胜朱而独行于天下，或和解成功，朱、陆合一，同行于天下；则终此乾坤亦只为当时两宋之世，终此儒运亦只如说话著书之道学而已，岂不堪为圣道生民长叹息乎！粗陈一二，望先生静眼一辨，及时发明前二千年之故道，以易后二千年之新辙，则斯道幸甚，斯民幸甚！（同上）

宋儒所倡之学，结果成为说话著书之道学，“即有谈经济者，亦不过说场话、著种书而已”，则诚不可不“发明前二千年之故道，以易后二千年之新辙”，力倡“周、孔正学”，以破宋、明之俗学矣。此先生之所以有《存学》之学也。《年谱·戊午四十四岁》：

思海刚峰曰：“今日之信程、朱，犹战国之信杨、墨，吾谓杨、墨道行，无君无父；程朱道行，无臣无子。试观今日臣子，其有以学术致君父之安，救君父之危者，几人乎！”

此谓程朱之学，最无补于世道生民也。其后先生于《寄桐乡钱生晓城》亦曰：

迨于秦火之后，汉儒掇拾遗文，遂误为训诂之学。

晋人又诬为清谈，汉、唐又流为佛、老，至宋人而加甚矣。仆尝有言，训诂、清谈、禅宗、乡愿，有一皆足以惑世诬民，而宋人兼之，乌得不晦圣道，误苍生至此也！（《习斋记余》卷三）

此谓宋人之学，最为“晦圣道，误苍生”。所谓程、朱之学，实与周、孔之道，相去悬殊。“程朱之道不息，孔子之道不著”，（《习斋记余》卷一）不可不力辩也。故：

安州陈天锡来问学，谓程、朱与孔、孟，隔世同堂，似不可议。曰：“请画二堂，子观之：一堂上坐孔子，剑佩、觿、决、杂玉，革带、深衣。七十子侍，或习礼，或鼓琴、瑟，或羽籥舞文，干戚舞武；或问仁孝，或商兵、农、政事，服佩皆如之。壁间置弓、矢、钺、戚、箫、磬、算器、马策、各礼衣冠之属。一堂上坐程子，峨冠博服，垂目坐如泥塑，如游、杨、朱、陆者侍，或返观打坐，或执书吾伊，或对谭静敬，或搦笔著述。壁上置书籍、字卷、翰砚、梨枣。此二堂同否？”天锡默然笑。（《年谱·己未四十五岁》）

又有言曰：

入其斋而干戚、羽籥在侧，弓矢、玦拾在悬，琴瑟、笙磬在御，鼓考习肄，不问而知其孔子之徒也；入其斋而诗书盈几，著、解、讲读盈口，合目静坐者盈座，不问而知其汉、宋、佛、老交杂之学也。（《言行录》卷上）

就讲学之情形而言，程、朱与周、孔相去悬殊也。《年谱·丙子六十二岁》曰：

程、朱与孔门，体用皆殊。居敬，孔子之礼也；静坐惺惺，程、朱之礼也。兵、农、礼、乐为东周，孔子之用也；经筵进讲“正心、诚意”，程、朱之用也。

就其讲学之体用而言，程、朱与周、孔亦相去悬殊也。程、朱之道，与孔、孟大异趣，此所以先生谓“必破一分程、朱，始入一分孔、孟”。虽然，静坐读书，“此一失，程、朱，陆、王两派所同也。”（《习斋记余》卷六《论开书院讲学》）非专恶于程朱，而稍囿于陆、王。故先生于所为《大学辨业·序》曰：

> 昔者孔子殁而诸予分传，杨、墨、庄、列乘间而起，鼓其诐说；祖龙遂毁井田、封建，焚书坑儒，使吾儒经世之法，大学之制，沦胥以亡。两汉起而治尚杂霸，儒者徒拾遗经为训传，而圣学之体用残缺莫振。浸淫于魏、晋、隋、唐，训诂日繁，佛、老互扇，清谈、词章，哗然四起。祸积而至五季，百氏学术一归兵燹，尧、舜、周、孔之道，更孰从而问之乎！
>
> 宋代当举世愦愦，罔所适向之时，而周子突出，以其传于禅僧寿涯、道士陈抟者杂入儒道，绘图著书，创开一宗。程、朱、陆、王皆奉之。相率静坐顿悟“验喜、怒、哀、乐未发时气象”，曰“以不观观之”，暗中二氏之奸诡，而“明明德”之实功溷矣；相率读讲注释，合清谈、训诂为一堂，而习行礼、乐、兵、农之功废，所谓“亲民”者无其具矣，又何“止至善”可言乎！以故于尧、舜“三事”之“事”，周、孔“三物”之“物”，偭矩而趋；而古大学教人之法，秦人强使之亡而不能尽者，潜奸暗易，而消亡遂不知所底矣。生民之祸，倍甚晋、唐。（《习斋记余》卷一）

此所云于学、教之目的当注重于明德、亲民，魏晋、隋、唐清谈词章之弊，程、朱、陆、王静坐读书之害，尧、舜、周、孔三事、三物之教，于历代学教之利病，并详哉其言之，而以程、朱、陆、王并举，谓其祸倍甚于晋、唐。学、教之方法当剔去静坐读书之弊，提倡三事、六府、三物、六德、六行、六艺之学，亦可以明矣。

3. **学教之方法**

先生论历代之学教，谓孔门之学，以六艺为教，可以使人办事任事，有实学，有实用。宋明诸儒，讲读著述，静敬空谈，则于世道生民，并无补益，且与周、孔之教不类。故先生于《存学编》诸书极言讲读、著述、静坐、居敬之非，而力倡实学、实教、实习、实行、实体、实用。南游中州以后，更以为“必破一分程、朱，始入一分孔孟”，持说尤为斩截。盖不极言讲读著述之非，静坐居敬之害，无以使人更获见实学、实教、实习、实行、实体、实用之益也。兹于先生论学教之方法，再析为：(1) 论讲读著述之非；(2) 论静坐居敬之非，以见先生于“破”一方面所持之理由；(3) 论实学与实教；(4) 论实习与实行；(5) 论实体与实用，以见先生于“立”一方面所持之理由。

(1) 论讲读著述之非

先生之知识论，以为“力之所至，见斯至焉”；“行不及，知亦不及”；讲读著述，虽多亦不能明理也。《存学编·总论诸儒讲学》曰：

> 仆妄谓性命之理不可讲也。虽讲，人亦不能听也；虽听，人亦不能醒也；虽醒，人亦不能行也。所可得而共讲之，共醒之，共行之者，性命之作用，如《诗》、《书》、六艺而已。即《诗》、《书》、六艺，亦非徒列坐讲听，要惟一讲即教习，习至难处来问，方再与讲。讲之功有限，习之功无已。孔子惟与其弟子今日习礼，明日习射。间有可与言性命者，亦因其自悟已深，方与言。盖性命，非可言传也。不特不讲而已也。(卷一)

性命之理，非可言传，“能理会者，渠自理会，不能者虽讲亦无益”，故讲论实不足以明理也。又曰：

> 近世圣道之亡，多因心内惺觉，口中讲说，纸上议

论，三者之间见道，而身世乃不见道。学堂辄称“书院”，或曰“讲堂”，皆倚“学之不讲”（《论语》）一句，为遂非之柄，殊不思置“学之”二字于何地。孔门是为学而讲，后人便以讲为学，千里矣！（《年谱·辛未五十七岁》）

“心内惺觉，口中讲说，纸上议论”，即足以见道，而身世不见道，亦非明德亲民之学，不足以致用也。不惟不足以致用，而且有害于国家，试观：

至宋而程、朱出，乃动谈性命，相推发先儒所未发。以仆观之……谈天论性，聪明者如打诨猜拳，愚浊者如捉风听梦……当日一出，徒以口舌致党祸；流而后世，全以章句误乾坤。……浮言之祸，甚于焚坑。（《存学编》卷一）

讲论空谈，其结果至于祸比焚坑，则不惟害于国家，且转足以害道矣。读书亦然，不足以明理，不足以致用。《存学编》云：

然但以读经史、订群书，为穷理处事以求道之功，则相隔千里；以读经史、订群书，为即穷理处事，曰道在是焉，则相隔万里矣。……譬之学琴然：《诗》、《书》犹琴谱也。烂熟琴谱，讲解分明，可谓学琴乎？故曰以讲读为求道之功，相隔千里也。更有一妄人指琴谱曰，是即琴也，辨音律，协声韵，理性情，通神明，此物此事也。谱果琴乎？故曰以书为道，相隔万里也。千里万里，何言之远也！亦譬之学琴然：歌得其调，抚娴其指，弦求中音，徽求中节，声求协律，是谓之学琴矣，未为习琴也。手随心，音随手，清浊、疾徐有常规，鼓有常功，奏有常乐，是之谓习琴矣，未能琴也。弦器可手制也，音律可耳审也，诗歌惟其所欲也，心与手忘，手与弦忘……于是乎命之曰能琴。今手不弹，心不会，但以讲读琴谱为学琴，是渡河而望江也，故曰千里也。今目不睹，耳不闻，但以谱为琴，是指蓟北而谈云南也，故曰万里也。（同上，卷三）

此读书不足以言穷理明道也。又曰：

辟之于医，《黄帝素问》、《金匮》、《玉函》，所以明医理也，而疗疾救世，则必诊脉、制药、针灸、摩砭为之力也。今有妄人者，止务览医书千百卷，熟读详说，以为予国手矣，视诊脉、制药、针灸、摩砭以为术家之粗，不足学也。书日博，识日精，一人倡之，举世效之，岐、黄盈天下，而天下之人病相枕、死相接也，可谓明医乎？愚以为从事方脉、药饵、针灸、摩砭，疗疾救世者，所以为医也，读书取以明此也。若读尽医书而鄙视方脉、药饵、针灸、摩砭，妄人也，不惟非岐、黄，并非医也，尚不如习一科、验一方者之为医也。读尽天下书而不习行六府、六艺，文人也，非儒也，尚不如行一节、精一艺者之为儒也。（同上，卷一）

此言读书并不足以致用也。《存学编》又云：

谢良佐记问甚博，明道谓之曰："贤却记得许多，可谓玩物丧志。"良佐身汗面赤。明道曰："此便是恻隐之心。"可见大程学教犹不靠定书本。仆掀阅至此，悚然起敬，以为此正明道优于伊川、紫阳处，又未尝不爱谢公之有志也。使朱子读此亦为之汗身赤面则善矣；乃曲为之说，谓渠是夸多斗靡，不是理会道理，又引程子看史事证之，总是不欲说坏记诵一道，恐于已读尽天下书之志有妨也。不知道理不专在书本上理会；贪记许多以求理会道理，便会丧志，不得以程子看史一字不差相混也。（卷二）

"有圣贤之言，可以引路"，今乃不走路，只效圣贤

言便当走路。每代引路之言增而愈多，卒之荡荡周道上鲜见其人也。（卷三）

《言行录》亦载：

王法乾曰："古者卿相百官，儒之出者也；儒者，卿相百官之处者也；今乃是一种读诗书、说道理、袖手无用之人，谓之儒，可叹矣！"先生曰："然。此所以与释、老伍，而称三教也。"（《颜元集·学人第五》）

彭永年曰："人之认读书为学者，固非孔子之学；以读书之学解书，并非孔子之书。"先生曰："确论。"（卷下）

《年谱·戊寅六十四岁》亦载先生之说曰：

思宋儒如得一路程本，观一处又观一处，自喜为通天下路程人，人亦以晓路称之；其实一步未行，一处未到，周行榛芜矣。

此皆谓读书之不足以明理致用，读尽天下书，其实"尚不如行一节、精一艺者之为儒"，不至于"袖手无用"也。著述之道，亦正如讲读之无用。《存学编》云：

孔子是学成内圣外王之德，教成一班治世之材，鲁人不能用……乃出而周游，周游是学教后不得已处；及将老而道不行，乃归鲁删述以传世，删述又周游后不得已处。……宋儒又置学教及行道当时，而自幼壮即学删述，教弟子亦不过是……此书之所以益盛而道之所以益衰也。（卷三）

著述之事，本孔子道不行不得已而为之，后世之著述，则误认孔子意也。故曰：

汉、宋之儒，……但见孔子叙《书》、传《礼》、删《诗》、正《乐》、系《易》、作《春秋》，不知是裁成习行经济谱，望后人照样去做，却误认纂修文字是圣人，

则我传述批注是贤人，读之熟、讲之明而会作书文者，皆圣人之徒矣，遂合二千年成一虚花无用之局。（《四书正误》卷三）

传述注解，徒成为无用之局也。故先生序恕谷所为《未坠集》曰：

诸儒之论，在其身乎，在世乎，徒纸笔耳。则言悖于尧、舜、周、孔者，坠也，言之不悖于尧、舜、周、孔者，亦坠也。（《习斋记余》卷一）

先生亦尝自谓“元之著《存学》也，病后儒之著书也，尤而效之乎！且纸墨功多，恐习行之精力少也”（《年谱·辛未五十七岁》）。而教李恕谷曰：

今即著述尽是，不过宋儒为误解之书生，我为不误解之书生耳，何与于儒者本业哉？（《年谱·辛巳六十七岁》）

盖先生以为道之亡，即亡在讲说著述与误认文字，故天下群趋于讲读著述也。故曰：

吾谓道之乱，道之亡，病根全在一“说”字。……尧、舜、周、孔岂哑人哉，全不事乎说。至汉人以书说，晋人以口说，圣人之道，乱而亡矣。宋人书、口兼说，开坛虎座，动建书院，曰大明道法也；抑知实晦之尽乎？（《朱子语类评》）

儒道之亡，亡在误认“文”字。试观帝尧“焕乎文章”，固非大家帖括，仰岂《四子》、《五经》乎！文王“经天、纬地”，周公“监二代”所制之“郁郁”，孔子所谓“在兹”，颜子所谓“博我”者，是何物事？后世全误。（《言行录》卷下）

故曰：

后世诗、文、字、画，乾坤四蠹也！（《年谱·庚午

五十六岁》）

古人“以文会友”，后世以友会话：谭论声话也，纸笔画话也，敬静之空想，无声未画之话也。（《年谱·辛亥三十七岁》）

凡讲读、著述、敬静，无不可以谓“话”。宋人则以书口兼说，尤足以晦圣道，“诗、文、字、画”，并为“乾坤四蠹”，非止于读书著书，特读书著书，其为害尤甚耳。先生于《存学编》更亟言之，云：

吾友张石卿，博极群书，自谓秦、汉以降二千年书史，殆无遗览。为诸少年发书义，至力竭偃息床上，喘息久之，复起讲，力竭复偃息，可谓劳之甚矣。不惟有伤于己，卒未见成起一才。比其时欲学六艺，何以堪也！祁阳刁蒙吉，致力于静坐读书之学，昼诵夜思，著书百卷，遗精痰嗽无虚日，将卒之三月前，已出言无声。元氏一士子，勤读丧明。吾与法乾年二三十，又无诸公之博洽，亦病无虚日。……况今天下兀坐书斋人，无一不脆弱，为武士、农夫所笑者，此岂男子态乎！（卷三）

此读书、著书足以病人也。又曰：

子试观今天下秀才晓事否？读书人便愚，多读更愚，但书生必自智，其愚却益深。（《四书正误》卷二）

吾尝谓“读书欲办天下事，如缘木求鱼也”；圣人复起，不易吾言矣。（《朱子语类评》）

率古今之文字，食天下之神智，扫天下之人才，乱古圣之本学，愚哉妄哉！（《四书正误》卷四）

此谓读书、著书足以惑人、愚人也。故先生于《朱子语类评》又曰：

千余年来，率天下入故纸堆中，耗尽身心气力，作弱人、病人、无用人者，皆晦庵为之。

更比之于砒霜、鸩羽，曰：

先生误看读书、著书为五谷乎？元以为不啻砒霜、鸩羽也，岂若稊稗尚了人饥哉？（同上）

先生于读、著之害，诚不啻泣涕以道之也。故曰：

仆亦吞砒人也！耗竭心思气力，深受其害，以致六十余岁终不能入尧、舜、周、孔之道。但于途次闻乡塾群读书声，便叹曰“可惜许多气力”；但见人把笔作文字，便叹曰“可惜许多心思”；但见场屋出入群人，便欺曰“可惜许多人才”。故二十年前但见聪明有志人，便劝之多读；近年来但见才器，便戒勿多读书。……噫！试观千圣、百王，是读书人否？虽三代后整顿乾坤者，是读书人否？吾人急醒！（同上）

读书著书，使人耗尽心力，使人弱，使人愚，先生身受其害，又证之于古，凡能辨天下事者，非必读书之人，则又焉用讲读著述为哉？故曰：

古今旋乾转坤，开务成物，由皇帝王霸以至秦、汉、唐、宋、明，皆非书生也。读书著书，能损人神智气力，不能益人才德。其间或有一二书生济时救难者，是其天资高，若不读书，其事功亦伟，然为书损耗，非受益也。（《言行录》卷下）

又曰：

书之病天下久矣，使生民被读书者之祸，读书者自受其祸。而世之名为大儒者，方且要“读尽天下书”，方且要“每篇读三万遍，以为天下倡”，历代君相方且以爵禄诱天下于章句浮文之中，此局非得大圣贤、大豪杰，不能破矣。（《言行录》卷上）

读书、著书损人神智气力，不能益人才德，此所以恶夫读著也。虽然，书亦非可废也。“学之字句皆益人，读著万卷倍为累”，“千年大患，只为忘了孔门‘学而时习之’一句”耳。(《言行录》卷下)。先生之意，故以为：

人之岁月精神有限，诵说中度一日，便习行中错一日；纸墨上多一分，便身世上少一分。(《存学编》卷一)

盖欲“使为学为教，用力于讲读者一二，加功于习行者八九”(同上)，此所以亟言讲读著述之非也。

(2) **论静坐主敬之弊**

先生谓讲读著述，不足以明理致用，使人愚，使人弱，欲使人“用力于讲读者一二，加功于习行者八九”。静坐主敬，亦不足以明理致用，使人愚、使人弱。欲使人加功于习行，亦非亟言静坐主敬之弊，不足以发人猛省也。《言行录》卷下曰：

法乾曰：“静中养得明，自会临事顺应。”先生曰：“书房习数，入市便差。则学而必习，习又必行，固也。今乃谓全不学习经世之事，但明得吾体，自然会经世，是人人皆‘不勉而中’矣。且虽不勉之圣人，亦未有不学礼、乐而能之者。今试予生知圣人一管，断不能吹。况我辈为学术所误，写字、习数已不胜昏疲，何与于礼、乐乎?”

静中虽养得明，临事则不足恃，犹之“书房习数，入市便差”，行不及则知亦不及也。故曰：

思释氏、宋儒，静中之明，不足恃也，动则不明矣。(《年谱·庚辰六十六岁》)

此谓主静实不足以明理也。静中之明，实不过如镜花水月，非所谓真明，故宋儒、释氏静坐之学，实不足恃。先生在《存学编》曾论之曰：

静极生觉，是释氏所谓至精至妙者，而其实洞照万象处皆是镜花水月，只可虚中玩弄光景，若以之照临折戴则不得也。吾闻一管姓者，与吾友汪魁楚之伯同学仙于泰山中，止语三年。汪之离家十七年，其子往觅之，管能预知，以手画字曰："汪师今日有子来。"既而果然。未几，其兄呼还，则与乡人同也。吾游北京，遇一僧敬轩，不识字，坐禅数月，能作诗，既而出关，则仍一无知人也。盖镜中花，水中月，去镜水则花月无有也。即使其静功绵延一生不息，其光景愈妙，虚幻愈深，正如人终日不离镜水，玩弄其花月一生，徒自欺一生而已，何与于吾性广大高明之体哉！（卷二）

《存人编》亦谓：

洞照万象，昔人形容其妙曰"镜花水月"，宋、明儒者所谓悟道，亦大率类此。吾非谓佛学中无此意也，亦非谓学佛者不能致此也，正谓其洞照者无用之水镜，其万象皆无用之花月也。……今使竦起静坐，不扰以事为，不杂以旁念，敏者数十日，钝者三五年，皆能洞照万象，如镜花水月。做此功至此，快然自喜，以为得之矣……予戊申前，亦尝从宋儒用静坐功，颇尝此味，故身历而知其为妄，不足据也。天地间岂有不流动之水，天地间岂有不着地、不见沙泥、不见风石之水！一动一着，仍是一物不照矣。……今玩镜里花，水里月，信足以娱人心目，若去镜水，则花月无有矣。即对镜水一生，徒自欺一生而已矣。若指水月以照临，取镜花以折佩，此必不可得之数也。故空静之理，愈谈愈惑，空静之功，愈妙愈妄。（卷一）

"空静之理，愈谈愈惑；空静之功，愈妙愈妄。"先生由其身历之境而知其不足恃也。故曰：

但凡从静坐读书中讨来识见议论，便如望梅画饼，靠之饥食渴饮不得。（《存学编》卷二）

危坐终日以验未发气象为求中之功，尤孔子以前千圣百王所未闻也。今宋家诸先生，讲读之余，继以静坐，更无别功，遂知天下之大本真在乎是。噫！果天下之大本耶，果天下之理无不自是出耶？何孔门师弟之多事耶！（同上）

静坐读书中讨来识见议论，但如望梅画饼，不足以知天下之大本，明天下之至理，则静坐实不足以明理致用也。故又曰：

为爱静空谈之学，久必至厌事，厌事必至废事，遇事即茫然，贤豪不免，况常人乎？予尝言误人才、败天下事者，宋人之学，不其信夫！（《年谱·甲戌六十岁》）

爱静空谈，必至厌事废事，遇事即觉茫然，则静坐不啻使人愚矣。《年谱·庚辰六十六岁》载：

许恭玉忧学人弱如妇人女子。先生曰："非去帖括制艺与读、著、主静之道，祸终此乾坤矣！"

《朱子语类评》亦有言曰：

耗气劳心书房中，萎惰人精神，使筋骨皆疲软，天下无不弱之书生，无不病之书生……千古儒道之祸，生民之祸，未有甚于此者也。

又曰：

但说静息将养，便日就惰弱。（《言行录》卷上）

静坐亦未有不使人弱者也。静坐读书之弊如此，故先生谓：

朱子"半日静坐"，是半日达摩也；"半日读书"，是半日汉儒也。试问十二个时辰，那一刻是尧、舜、周、孔乎？宗朱者可以思矣。（《朱子语类评》）

此先生所以亟欲昌明周、孔之正学也。宋儒主敬之弊，亦与孔子"居处恭，执事敬"不同，而与宋儒之主静则相若，故先生亦极言其不类。《存学编》云：

"穷理居敬"四字，以文观之甚美，以实考之，则以读书为穷理功力，以恍惚道体为穷理精妙，以讲解著述为穷理事业，俨然静坐为居敬容貌，主一无适为居敬工夫，舒徐安重为居敬作用。观世人之醉生梦死，奔忙放荡者，诚可谓大儒气象矣；但观之孔门，则以读书为致知中之一事，且书亦非徒占毕读之也，曰“为《周南》、《召南》”，曰“学《诗》”、“学《礼》”，曰“学《易》”、“执礼”，是读之而即行之也。曰“博学于文”，盖《诗》、《书》、六艺以及兵农、水火在天地间灿著者，皆文也，皆所当学之也。曰“约之以礼”，盖冠婚、丧祭、宗庙、会同以及升降周旋，衣服饮食，莫不有礼也，莫非约我者也。凡理必求精熟之至，是谓“穷理”；凡事必求谨慎之周，是谓“居敬”。上蔡虽贤，恐其未得此纲领也。不然，岂有“居敬穷理”之人而流入于禅者哉！（卷二）

又曰：

敬字字面好看，却是隐坏于禅学处。古人教洒扫即洒扫主敬，教应对进退即应对进退主敬；教礼、乐、射、御、书、数即度数、音律、审固、罄控、点画、乘除莫不主敬。故曰“执事敬”，故曰“敬其事”，故曰“行笃敬”，皆身心一致加功，无往非敬也。若将古人成法皆舍置，专向静坐、收摄、徐行、缓语处言主敬，乃是以吾儒虚字面做释氏实功夫，去道远矣。（同上，卷四）

宋儒之居敬，专向静坐收摄徐行缓语处言主敬，以俨然静坐为居静功夫，则与静坐之不足以明理致用，使人愚，使人弱，相去无几何矣。故宋儒之“居敬”，实是“以吾儒虚字面做释氏实功夫”也。故朱子谓“吾儒万理皆实，释氏万理皆空”，先生评之曰：

先生正少个“实”。“半日静坐”之半日固空矣，“半

日读书”之半日亦空，也是空了岁月；“虚灵不昧”，是空了此心；“主一无适”，亦空了此心也。（《朱子语类评》）

又有言曰：

吾尝言“宋儒‘主敬’而废‘六艺’，是假儒门，虚字面，做释氏实功夫”；不知释氏亦讲“敬以直内”也。观此，及秦桧一生受用在“敬以直内”，则“敬”之一字为自欺欺世之把鼻，吾非厚误［诬］宋人矣。（同上）

所谓“主一无适”之敬，不过自欺欺人之把鼻，此与孔子之“居处恭、执事敬”大异其趣，此先生所以尽力抨击之也。

先生主张“见理于事”，以为“性命之理不可讲也，虽讲，人亦不能听也”，宋儒则以“读书为穷理功力，以恍惚道体为穷理精妙，以讲解著述为穷理事业”，故于宋儒之穷理亦一并抨击之。朱子“言学者工夫，不是‘主静’，便是‘穷理’”。先生评之曰：

“主静”、“穷理”，先生云“只有此二者”，却不思二者全与吾道无干。（《朱子语类评》）

于朱子言“穷理，事事物物皆有个道理”，评云：

嗟乎！吾头又痛矣。若得孔门旧道法、旧程头，此等俱属打诨。（同上）

空言穷理，实无异于打诨。此先生之所以力诋宋儒之非，以见为学为教，当加功于习行，乃能有实得也。

（3）论实学与实教

讲读、著述、主静、居敬之非，既已辨明，则更可以知实学之为贵矣。先生所著《存治编》论学校与教民已举：“《周礼·大司徒》：‘以乡三物教万民而宾兴之：一曰六德，知、仁、圣、义、忠、和。二曰六行，孝、友、睦、婣、任、恤。三曰六艺，礼、乐、射、御、书、数。’”其后著《存性编》更谓古人三事、六府、六德、六行、六艺之学为明明德之学。六府三事者，《左传·文公七年》引《夏书》曰：“水、火、金、木、土、谷，谓之六府；正德、利用、厚生，谓之三事。”亦见《伪古文尚书·大禹谟》，为“舜禹交相儆戒之词”。此先生所谓：“尧舜三事六府，周公、孔子六德、六行、六艺之学，所以实位天地，实有万物。”（《存学编》卷一）之实学也。三事六府，可以简称之曰三事。《驳朱子分年试经史子集议》曰：

> 昔唐、虞之治天下也，三事、六府而已，君臣朝野之修、齐、治、平，和三事，修六府而已。六府亦三事之目，其实三事而已。修身者，正身之德，利身之用，厚身之生；齐家者，正家之德，利家之用，厚家之生；推而错之治、平，出其修、齐者，与国、天下共之而已。……曰六德，曰六行，曰六艺。其实六德，即所正之德也，六行即所以厚其生也，六艺即所以利其用也。周公之修其身，齐其家者，不外乎此，治其国，平其天下，至于化行俗美，比户可封，泰和宇宙，皆不外乎此也。（《习斋记余》卷九）

六府亦为三事之目，其实三事而已。修齐治平，皆不外此三事三物者，此所以为实学也。三事与三物，亦非有二致。先生之所谓学，专以三物言，或以三事言，亦无不可也。先生《寄桐乡钱生晓城》云：

> 唐、虞之儒，和三事、修六府而已，成周之儒，以三物教万民，宾兴之而已；六德即尧、舜所为正德也，六行即尧、舜所为厚生也，六艺即尧、舜所为利用也。孔门之儒，以四教教三千而已；文即六艺，行即六行，忠、信二者即记者隐括其六德也。（同上，卷三）

则孔门之四教，与三事三物，亦同条同贯。所以实教者亦即所谓实学，实一致也。虽然，先生曰：

曰“博学于文”，盖《诗》、《书》、六艺以及兵农、水火在天地间灿著者，皆文也。(《存学编》卷二)

又曰：

大约书是古人为学为治谱也。……渠满眼只看得几册文字是文，然则虞、夏以前，大圣贤皆鄙陋无学矣。解“博学”用“于文无不考”五字，蔽哉！夫“文”，不独《诗》、《书》、六艺，凡威仪、辞说、兵、农、水、火、钱、谷、工、虞，可以藻彩吾身、黼黻乾坤者，皆文也。(《四书正误》卷三)

则所谓学者，固不限于三事三物，凡《诗》、《书》、辞说，兵、农、工、虞，以及三事三物之外，在天地间灿著者，皆可以谓之文，皆可以博学之。先生之所谓学，其范围固甚广也。文为实文，故以宋儒“满眼只看得几册文字是文”为非是，故曰：

颜子明言“博我以文，约我以礼”，岂空中玩弄光景者比耶！后儒以文墨为文，以虚理为礼，将博学改为博读、博讲、博著，不又天渊之分耶！(《年谱·辛未五十七岁》)

先生所谓博学于文者，乃是经天纬地之实学，则虽曰博学于文，固无异博学于实也。至于实学之要点，依先生之意见，则约有三：

一曰不离事物。先生有言曰：

唐、虞之世，学治俱在六府、三事，外六府、三事而别有学术，便是异端。周、孔之时，学治只有个三物，外三物而别有学术，便是外道。(《言行录》卷下)

学即在于事物，则当不离事物矣。故曰：

尧、舜之正德、利用、厚生谓之三事；不见之事，非德、非用、非生也。周公之六德、六行、六艺谓之三物；不征诸物，非德、非行、非艺也。(《年谱·庚辰六

十六岁》）

此学必不当离事物也。先生《存性编》谓“舍气质无以存养心性”，则由明德以言之，不可以离事物。《存学编》谓：

> 天下事皆吾儒分内事；儒者不费力，谁费力乎！

（卷二）

则由亲民以言之，不可以离事物也。且所谓事物者，非仅知之为贵，尤在行之为贵。则无论为学为治，尤不得离事物矣。故先生总括为学之要：

> 孟子“必有事焉”句是圣贤宗旨。心有事则心存，身有事则身修，至于家之齐，国之治，天下之平，皆有事也，无事则道统、治统俱坏。（《言行录》卷上）

此先生临终所告门人者也。必有事为圣学真传，此实为学之第一义也。

二曰贵以渐进。《言行录·杜生篇》载先生之说曰：

> 学圣者如“流水不盈一科不行”，“不成此章不达”。学兵成了片段方学农，学农成了片段方学礼、学乐。孟子所见极真切，不曾岔了孔子路径。（卷下）

此先生论为学之法贵以渐进也。“先生教幼童数也，语之九数不令知有因法，九数熟而后进之因，因法熟方令知有乘，乘法熟方令知有归除。教礼教乐亦然。”（同上，钟錂案语）先生教学主以渐进，盖有经验之言。故诫李恕谷曰：

> 如方学兵，且勿及农；习冠礼未熟，不可更及昏礼。（《年谱·庚申四十六岁》）

又曰：

> 人之不肯为圣者，只因视礼之精钜者曰，是圣人事，非我辈常人所敢望；礼之粗小者曰，但能此岂便是圣，圣人不在此；是圣人无从学也！吾愿有志者，先其粗，慎其小，学得一端亦可。（《言行录》卷下）

学以渐进，则可不忽于粗迹，而固可得专门也。故曰：

学之亡也，亡其粗也，愿由粗以会其精。政之亡也，亡其迹也，愿崇迹以行其义。（《年谱·甲申七十岁》）

此亦先生临终一年之语，由粗以会其精，由迹以崇其义，此皆贵以渐进之义也。

三曰贵在专精。先生谓“如方学兵，且勿及农；习冠礼未熟，不可更及昏礼”。此即有学在专精之意。又曰：

人于六艺，但能究心一二端，深之以讨论，重之以体验，使可见之施行，则如禹终身司空，弃终身教稼，皋终身专刑，契终身专教，而已皆成其圣矣。如仲之专治赋，冉之专足民，公西之专礼乐，而已各成其贤矣。不必更读一书，著一说，斯为儒者之真，而泽及苍生矣。（《言行录》卷下）

《言行录》又载：

问果斋自度才智何取？对云：“欲无不知能。”先生曰：“误矣。孔门诸贤，礼、乐、兵、农各精其一，唐虞五臣，水、火、农、教各司其一；后世菲资，乃思兼长如是，必流于后儒思、著之学矣。盖书本上见，心头上思，可无所不及，而最易自欺、欺世。究之莫道一无能，其实一无知也。（卷下）

学必专精，乃能得其真实。各精其一，各司其一，则又分工之义，分工而所学所行益得专门，实可并行而不悖也。故先生于《存学编》云：

其实上有上，下有下，上下精粗皆尽力求全，是谓圣学之极致矣。不及此者，宁为一端一节之实，无为全体大用之虚。如六艺不能兼，终身止精一艺可也；如一艺不能全，数人共学一艺，如习礼者某冠昏，某丧祭，某宗庙，某会同，亦可也。（卷一）

一艺不能全，数人共学一艺亦可，则专而又专，先生之所谓学，固在谋真实，此亦所以提倡实学，欲学之实得也。综此三者，不离事物，贵以渐进，贵在专精，皆非时习力行不为功，非时习力行亦无由得其实体实用，此习行二者，先生并重视之也。先生尝谓："天文、地志、律历、兵机数者，若洞究渊微，皆须日夜讲习之力，数年历验之功，非比理会文字可坐而获也。"(《存学编》卷三）此亦重视习行之原因，兹于下论实习与实行再详之。

学、教、治一致，学与教之关系最为密切。学在事物，教亦在事物也。学当以渐进，教亦当以渐进也。学在专精，教亦贵有专精也。此其义先生于论实学亦已言之，如云，"三物四教，一贯之用也"；"学圣者如'流水不盈一科不行'"；及"弃终身教稼，皋终身专刑，契终身专教"，教与学所注重者实相同也。先生之于教学，更主张示之以正。《言行录》卷上载：

> 李晦翁先生云：导幼子以正。示之以正，示之以忠，教行谊不教文章，所就自不犹人。(卷上)

示之以正，以身作则，此所以实教也。又主张各因其材。《四书正误》卷四曰：

> 孔子教人，各因其材，何处不可见？……只教人静坐、读书，不惟孔子之教不可见，而天下之材从此皆误矣。

又卷六曰：

> 人之质性各异，当就其质性之所近、心志之所愿、才力之所能以为学，则易成。圣贤而无龃龉扞格终身不就之患。

各因其材、各因其性之所近以为学，亦实教之一端也。

(4) **论实学与实行**

实学之法，以习行为最要。此先生所以谓"思不如学，学必以习”，而以“习”名其斋也。重习之意见，先生于《存性编》已言之（详上）。《存学编》亦有言：

既知少时缺习善之功，长时又习于秽恶，则为学之要在变化其习染，而乃云“变化气质”，何也？（卷四）

为学之要，实莫要于以习善之功，使得免于习于秽恶，积极的可以教人为善，消极的可以戒人习恶，此法之最善者也。故先生曰：

学人不实用养性之功，皆因不理会夫子两“习”字之义，“学而时习”之习，是教人习善也；“习相远也”之习，是戒人习恶也。先王知人不习于性所本有之善，必习于性所本无之恶。故因人性之所必至，天道之所必然，而制为礼、乐、射、御、书、数，使人习其性之所本有；而性之本所无者，不得而引之、蔽之，不引蔽则自不习染，而人得免于恶矣。（《言行录》卷上《学人第五》）

又曰：

志乎正，不正不敢志焉，志之久，则所志无非正矣。习乎善，不善不敢习焉，习之久，则所习无非善矣。（同上，卷下）

习之为道，积极的为教人习善，消极的为戒人习恶，实具有二重之意义。惟教人习善，而自含有诫人习恶之意；而常习乎善，则亦自能免于引蔽习染，故但云学不如习已可。然吾人不可只知其一义，而忘其有积极的、消极的两义也。至于时习之义，先生说之亦详，其言曰：

孔子开章第一句，道尽学宗。思过，读过，总不如学过。一学便住也终殆，不如习过。习三两次，终不与我为一，总不如时习方能有得。“习与性成”，方是“乾乾不息”。（《言行录》卷下）

时习在使习与性成，故必终日乾乾，不自怠息。乃可以使所习者与我合而为一也。“学一次有一次见解，习一次有一次情趣，愈久愈入，愈入愈熟”，“不实下习工夫，不能咀此滋味也”（同上，卷下）。

先生对于实行，所以重视之者，虽由其知识论而来，然此实亦“周孔教人成法”也。《存学编》曰：

> 虽周公、孔子，亦只能使人行，不能使人有所见；功候未到，即强使有所见，亦无用也。孟子曰：“行之而不著焉，习矣而不察焉，终身由之而不知道者，众也。”此固叹知道之少，而吾正于此服周公、孔子流泽之远也。布三重以教人，使天下世世守之，后世有贤如孟子者得由行习而著察，即愚不肖者亦相与行习于吾道之中，正《中庸》所谓“行而世为天下法”。（卷二）

此言周、孔只教人以行也。又曰：

> 吾辈只向习行上做工夫，不可向言语、文字上着力。孔子之书名《论语》矣，试观门人所记，却句句是行。“学而时习之”，“有朋自远方来”，“人不知不愠”，“其为人也孝弟”，“节用爱人”，等；言乎？行乎？（《言行录》卷下《王次亭第十二》）

《论语》所记，亦句句是行也。故曰：

> 读书无他道，只须在“行”字着力。如读“学而时习”便要勉力时习，读“其为人孝弟”便要勉力孝弟，如此而已。（同上，卷上）

《言行录》又载：

> 刚主谓李毅武曰：“学不徒读。”如读一部《论语》，不徒读，只实行“学而时习之”一句，便是读《论语》；读一部《礼经》，不徒读，只实行“毋不敬”一句，便是读《礼经》。（卷上）

> 夫子教伯鱼为《周南》、《召南》，“为”字不可以读

讲混过。(同上)

此皆重实行之意也。习、行二者，由此所云观之，其意义亦不同。行之含义，比较广泛。又如实行“毋不敬”，实行“学而时习之”，有不必时习即当实行，有时习后乃实行者，其实不尽同也。先生于习行二者，则多连类言之，有时或言习行，则以二者性质相近，故亦可以不析言之也。习行之益，由理论上言之，固由于习善以免于引蔽习染，与“行不及则知亦不及”，其作用实犹不止于此。约而言之，则有数端：

一曰纯熟义理。先生曰：

> 人之为学，心中思想，口内谈论，尽有百千义理，不如身上行一理之为实也；人之共学，印证诗书，规劝功过，尽有无穷道德，不如大家共学一道之为真也。(《言行录》卷上)

此以习行一理始得真实也。真实之后，又须纯熟，故曰：

> 以讲解为学而以行为衬贴，终不免挂一漏二，即所行者亦不纯熟。不如学而时习，用全副精神，身心道艺一滚加功，进锐不得，亦退速不得。即此为学，即此为行，即此为教，举而措之，即此为治。(《存学编》卷三)

> 七十子终身追随孔子，日学习而终见不足，只为一事不学，则一事不能；一理不习，则一理不熟。(《言行录》卷上)

时习力行，不至于“习功久旷便忘”，而更加纯熟。此其一。

二曰治心养性。先生曰：

> 圣人教人六艺，正使之习熟天理。不然，虽谆谆说与无限道理，至吃紧处，依旧发出习惯俗杂念头。(《存学编》卷二)

> 心上思过，口上讲过，书上见过，都不得力，临事

时依旧是所习者出。（同上，卷一）

开聪明，长才见，固资读书；若化质养性，必在行上得之。不然，虽读书万卷，所知似几于贤圣，其性情气量仍毫无异于乡人也。（《言行录》卷上）

人心动物也，习于事则有所寄而不妄动，故吾儒时习力行，皆所以治心……闭户寂处，乌得不身日闲而心日妄乎！（同上）

时习力行，下惟不至"依旧发出习惯俗杂念头"，且可以化质养性，为治心不使之妄之要诀。此其二。

三曰强健身心。先生曰：

子产云，历事久，取精多，则魂魄强。今于礼乐、兵农无不娴，即终身莫之用而没，以体用兼全之气还于天地，是谓尽人道而死。（《存学编》卷一）

孔门习行礼、乐、射、御之学，健人筋骨，和人血气，调人情性，长人仁义。一时学行，受一时之福；一日习行，受一日之福；一人体之，锡福一人；一家体之，锡福一家；一国、天下皆然。小之却一身之疾，大之措民物之安，为其动生阳和，不积痰郁气，安内扞外也。（《言行录》卷下）

习行之益又可以强健身心，此与宋儒读书静坐之使人弱又不同也。此其三。兵、农、礼、乐、射、御之学，健人筋骨，调人性情，长人仁义，故先生于习行之中更提倡之，而归结其要点于：

(甲) 约之以礼

《存学编》曰：

"博学于文，约之以礼"，乃孔门祖述尧、舜、宪章文、武之实功，明德亲民百世不易之成法也……孔门之约礼，大而冠婚、丧祭、宗庙、会同，小而饮食、起居、衣服、男女……纤微必谨。以此约身，即以此约

心，出即以此约天下，故曰“齐之以礼”。此千圣体道之作用，百世入道之实功。（卷三）

《年谱·己酉三十五岁》，先生曰：

有生后皆因习作主。圣人无他治法，惟就其性情所自至，制为礼乐，使之习乎善，以不失其性，不惟恶念不参，俗情亦不入，此尧、舜、三王所以尽人之性，而参赞化育者也。

《言行录》又载：

与门人习礼毕，谓之曰：“试思周旋跪拜之际，可容急躁乎！可容暴慢乎！礼陶乐淑，圣人所以化人之急躁暴慢，而调理其性情也；致中、致和，以位天地、育万物者，即在此。”（卷下）

吾辈若复孔门之学，习礼则周旋跪拜，习乐则文舞、武舞，习御则挽强、把辔，活血脉，壮筋骨，“利用”也，“正德”也，而实所以“厚生”矣。岂至举天下事胥为弱女，胥为病夫哉！（卷上）

“凡礼必射，奏乐必舞，使家有弓矢，人能干戈，成文治之美，而具武治之实。无事时雍容揖让，化民悍劫之气，一旦有事，坐作击刺，素习战胜之能。”尽美尽善，此所以必当约之以礼也。（说更详下）

（乙）教人以动

习行礼乐，健人筋骨，先生又因宋、元以来儒者之好言静，因而提倡习动。《言行录·世情篇》曰：

常动则筋骨竦，气脉舒；故曰“立于礼”，故曰“制舞而民不肿”。宋、元来儒者皆习静，今日正可言习动。（卷下）

又有言曰：

三皇、五帝、三王、周、孔，皆教天下以动之圣人也，皆以动造成世道之圣人也。五霸之假，正假其动也，汉、唐袭其动之一二，以造其世也。晋、宋之苟安，佛之空，老之无，周、程、朱、邵之静坐，徒事口笔，总之皆不动也。而人才尽矣，圣道亡矣，乾坤降矣。吾尝言一身动则一身强，一家动则一家强，一国动则一国强，天下动则天下强，益自信其考前圣而不谬矣，后圣而不惑矣。（同上，卷下）

养身莫善于习动，夙兴夜寐，振起精神，寻事去作，行之有常，并不困疲，日益精壮；但说静息将养，便日就惰弱。故曰“君子庄敬日强，安肆日偷”。（同上，卷上）

习行则日益精壮，此必当教之以动也。先生尝谓“宋、元来儒者却习成妇女态，甚可羞。无事袖手谈心性，临危一死报君王”。《存学编》又云：

衣冠之士羞与武夫齿，秀才挟弓矢出，乡人皆惊，甚至子弟骑射武装，父兄便以不才目之。长此不返，四海溃弱，何有已时乎？（卷二）

其《泣血集·序》则谓：

塞天下庠序里塾中，白面书生微独无经天、纬地之略，礼、乐、兵、农之才，率柔脃脆如妇人女子，求一腹豪爽倜傥之气亦无之。（《习斋记余》卷一）

《年谱·丙子六十二岁》载：

思孔子讨陈恒，而料其民不予，会夹谷而却莱兵，反汶田，圣人之智勇也……知、仁、勇，天下之达德也，自宋儒起，而天下有不达之德。

《年谱·丁丑六十三岁》又载：

偶观宋孙觱、吴时二传，叹宋家每论人，先取不喜兵，能作文读书，不可疗之痼癖也。殃其一代君臣，毒流奕世，伤哉！

盖先生深鉴于宋明以来，民族日弱，故欲矫之以动，更注重于体育，此尤汉唐以来所未曾有之论。先生之所以注重实习实行，教人以动，亦其重要之原因也。《四书正误》又曰：

> 《鲁论》诸贤，善观圣人，事无巨细，无不备状，真有功于我辈万世后学也。此处记夫子“慎战”，必夫子亦曾临阵。又证之夫子自言“我战则克”，是吾夫子不惟战，且善战，明矣。至孟子传道，已似少差。流至汉、宋儒，峨冠博带，袖手空谈，习成妇人女子态，尚是孔门之儒乎？熟视后世书生，岂惟太息，真堪痛哭矣！（卷三）

孔子亦尝临阵，自言“我战则克”，则尤当奖励善战，而曰“善战者服上赏”也。

(丙) 不自怠息

习行之道，约之以礼，教人以动，固知所从违矣，然必持之以勤，不得久旷。先生曰：

> 思习功久旷便忘，况不习乎！宋代诸先生虽天资高，可不习而熟，可久旷而不忘，能保其门下天资皆若之乎！甚矣，孔门“时习”成法不可废也。（《言行录》卷下《杜生第十五》）

不惟不当久旷，而且当不自怠息。《年谱·庚戌三十六岁》：

> 解《乾》卦九三爻辞、旧解“终日乾乾，夕惕若”，为昼夜惕厉，未晰也。“终日乾乾”，乃终日加力习行子臣、弟友、礼乐、兵农，汲汲皇皇，一刻紧于一刻，至夕无可作事，则心中提撕警觉，不自怠息。观下释曰“终日乾乾行事也”，可见。

一刻紧于一刻，至夕犹不怠息，则不止不令间旷矣。故更为之说曰：

> 身无事干，寻事去干；心无理思，寻理去思。习此

身使勤，习此心使存，此便是暗修，此便是闲居为善，此便是存心养性，此便是豫立。学者以此为苦，何知此中之趣！（《言行录》卷下）

“身无事干，寻事去干；心无理思，寻理去思。”此则积极地力加习行，一刻紧于一刻，真能不自怠息矣。故曰：

日夜以此心照顾一身，所以养性也，九思、九容是也；日夜以此心贯通民物，所以事天也，三事、三物是也。精之无间，圣矣；勉之不忘，贤哉。（《言行录》卷下《鼓琴第十一》）

此先生所以谓孟子“必有事焉”句为圣学真传。“心有事则心存，身有事则身修，至于家之齐，国之治，天下之平，皆有事也。”此所以必重习行也。

（丁）见之实行

先生之倡习行，在理论上固超过阳明之知行合一，而先生对于习行，其用力实甚深，凡能见诸施行者，无不能实习实行，此非空言实行所可比也。据《年谱》，先生于礼、乐、兵、农、射、御、水火诸学（《李塨年谱》卷一，又言先生讲虞学），皆身实学之，身实习之（参看《年表》），且为其孙重光（其三从叔子）早壮行冠礼，皆可谓之见诸实行。先生于射、御，所习皆精熟。《年谱·辛亥三十七岁》谓：

先生与人骑行，马逸，先生善御无失。其一坠，众因共言明朝生员骑马，必一二人控辔，近失其规。先生秘叹：“不悔不惯乘，而悔不多控仆，士习为何如哉！”

又《年谱·乙卯四十一岁》：

率门人习射村首，中的六，门人各二。因思……今从吾者更不吾若，吾道其终穷矣乎！

技击之学，则先生南游时，为李子青所拜服；农圃之事，则先生至四十余，犹时躬耕力作（参看年表）。先生于兵农亦真能实行。在五十五岁时，自订常仪常功，其所行常仪至繁复，其常功则为：

> 习礼、乐、射、御、书、数，读书，随时书于日记，有他功随时书。每日习恭，时思对越上帝，谨言语，肃威仪。每时心自慊则○，否则●，以黑白多少别欺慊分数，多一言♂，过五则⊗，忿一分♂，过五则⊗，中有×，邪妄也。如妄念起，不为子嗣比内，皆是。每晨为弟子试书讲书，午判仿教字，此一岁常功也。有缺必书。（《年谱·己巳五十五岁》）

其操心省身，迁善改过，日慎月厉，未有已时；重行于知者，在昔虽有之，能如先生之内外身心兼修者，则未之见也。据《年谱》所载，先生之于习行，又不择时、不择地、不择人，尤足以为习行之法，如：

> 庚子二十六岁　“虽躬稼胼胝，必乘闲静坐。”
>
> 甲辰三十岁　“夜闻风雷，必起坐，食必祭。”“往耕田，行甚敬。”
>
> 乙巳三十一岁　“馌田，即存心于担步。”“遂耘至半，静坐息片时，耘终畦。”
>
> 戊申三十四岁　“居丧，一遵朱子《家礼》。”
>
> 辛亥三十七岁　“思习礼一人亦可，乃起习周旋之仪。凡习礼，以三为节，转行宅巷，必习折旋。”
>
> 戊午四十四岁　“亲御载粪。”“书一联曰：‘老当更壮，贫且益坚。’”
>
> 辛酉四十七岁　“行必习恭，步步规矩，如神临之。”
>
> 庚午五十六岁　“行中矩。”“乃各处亲扫，惟场，三息乃毕。”“行容恭。”“行中规矩。”
>
> 戊寅六十四岁　“独习士相见礼，如对大宾。”“习

祭礼，为身近衰惰，乃主献，升降跪拜以自振。”

癸未六十九岁　“夜坐久，无惰容。”

甲申七十岁　“思生存一日，当为生民办事一日，因自钞《存人编》。”

先生盖真可谓实力于学，实见于行，而真不自息息者也。

(5) **论实体与实用**

先生之论体用，颇有“体用一致”之意，而谓“无用之体，不惟无真用，并非真体也”（《存学编》卷二《性理评》）。故主张由用以见体。先生于《存人编》尝谓：“周、孔之一以贯之，三物四教之体也；三物四教，一贯之用也。”（《唤迷途·第四唤》）则由三物四教，止可以见一贯之体。《四书正误》卷四有言曰：

颜、曾而下，端木子为诸贤中尤品也。且年已高，终以“多学而识”即圣人，况其余六十九贤乎？又况二千九百余徒众乎？则皆以多学而识是学夫子，皆以多学而识为教，端可见矣。即夫子博文约礼成法也，必学到八九，夫子方与指点，端木子尚未豁然，故他日因其问一言终身行，乃告以“恕”字，实此一字也。彼六十九贤，二千九百余人，终身习行于博学之中。六德、六行、六艺以至兵、农、水、火，亦何莫非贯，何莫非此一之所散见流行也哉！（《卫灵公》）

终身习行于博学之中，三事六府，三物四教，皆可以见精一执中，一以贯之之体也。由用以见体，则始有实用。先生在《存学编》又论之曰：

即如朱、陆两先生，倘有一人守孔子下学之成法，而身习夫礼、乐、射、御、书、数以及兵农、钱谷、水火、工虞之属而精之。凡弟子从游者，则令某也学礼，某也学乐，某也兵农，某也水火，某也兼数艺，某也尤精几艺，则及门皆通儒，进退周旋无非性命也，声音度数无非涵养也，政事文学同归也，人己事物一致也，所谓下学而上达也，合内外之道也。（卷一）

性命涵养，皆下学而上达，由用固可以见体，而又有其实用者在。故曰：

如此，不惟必有一人虚心以相下，而且君相必实得其用，天下必实被其泽，人才既兴，王道次举，异端可靖，太平可期。正《书》所谓“府修事和”，为吾儒致中和之实地，位育之功，出处皆得致者也；是谓明亲一理，大学之道也。（同上）

此先生所谓表里精粗全体大用之学，体用兼致，可以实得其体，实得其用也。学问之道，在于实体实用，由用见体，故德性学问，胥当以实用判其得失是非，故曰：

陈同甫谓人才以用而见其能否，安坐而能者不足恃；兵食以用而见其盈虚，安坐而盈者不足恃。吾谓德性以用而见其醇驳，口笔之醇者不足恃；学问以用而见其得失，口笔之得者不足恃。（《年谱·丁巳四十三岁》）

故曰：

“正德，正利用厚生之德也；利用，利正德厚生之用也；厚生，厚正德利用之生也。”（李恕谷《瘳忘编》）

正德者，正利用厚生之德，则用尤为重要矣。故曰：

学须一件做成，便有用，便是圣贤一流。试观虞廷五臣，只各专一事终身不改，便是圣；孔门诸贤，各专一事，不必多长，便是贤；汉室三杰，各专一事，未尝兼摄，亦便是豪杰。（《言行录·学须第十三》

学须专门实学、贵用也。《年谱·壬申五十八岁》：

观堘所辑《诸儒论学》。关中李中孚曰：“吾儒之学，以经世为宗。自传久而谬，一变训诂，再变词艺，而儒名存实亡矣。”批曰：“见确如此，乃膺抚台尊礼，集多士景从，亦只讲书说话而已；何不举古人三事、三物之经世者，与人习行哉！后儒之口笔，见之非，无用；见之是，亦无用，此所以吾心益伤也！”（《颜元集》）

又：

法乾论“读书万卷，若无实得实用，终是无益”。先生曰：“然。德行、经济、涵养俱到，读书一二卷亦足，虽不读书亦足。”（《言行录》）

学须实习实行，亦贵用也。无实得实用，终是无益，故先生主张“学必求益”。《言行录》曰：

学必求益。凡举步，觉无益就莫行；凡启口，觉无益就莫言；凡起念，觉无益就莫思。（卷上，《理欲第二》）

学在实用，学在求益，以正德利用厚生言之，则又当积极地注重功利矣。《四书正误》曰：

以义为利，圣贤平正道理也。尧、舜“利用”，《尚书》明与“正德”、“厚生”并为三事。利贞，利用安身，利用刑人，无不利。利者，义之和也。《易》之言“利”更多。孟子极驳“利”字，恶夫掊克聚敛者耳。其实，义中之利，君子所贵也。后儒乃云“正其谊，不谋其利”，过矣！宋人喜道之，以文其空疏无用之学。予尝矫其偏，改云“正其谊以谋其利，明其道而计其功。”（卷一，《大学》）

《言行录》卷下：

郝公函问：“董子‘正谊明道’二句，似即‘谋道不谋食’之旨，先生不取，何也？”曰：“世有耕种，而不谋收获者乎？世有荷网持钩，而不计得鱼者乎？抑将恭而不望其不侮，宽而不计其得众乎？这‘不谋、不计’两‘不’字，便是老无、释空之根；惟吾夫子‘先难后获’、‘先事后得’、‘敬事后食’三‘后’字无弊。盖‘正谊’便谋利，‘明道’便计功，是欲速，是助长；全不谋利计功，是空寂，是腐儒。”（卷下，《教及门第十四》）

不谋功计利，是空寂，是腐儒，宋、元以来之学术政治，正受不谋功计利之病，此先生所以欲力矫其弊也。《朱子语类评》云：

都门一南客曹蛮者，与吾友王法乾谈医云“惟不效方是高手”，殆朱子之徒乎？朱子之道千年大行，使天下无一儒，无一才，无一苟定时，不愿效也。宋家老头巾群天下人才于静坐、读书中，以为千古独得之秘；指办干政事为粗豪，为俗吏；指经济生民为功利，为杂霸。究之，使五百年中平常人皆读讲《集注》，揣摩八股，走富贵利达之场；高旷人皆高谈静、敬；著书集文，贪从祀庙廷之典；莫谓唐、虞、三代之英，孔门贤众之士，世无一人、并汉、唐杰才亦不可得。是世间之德乃真乱矣，万有乃真空矣。（《颜元集》）

《颜习斋先生年谱》卷下云：

思宋人但见料理边疆，便指为多事；见理财，便指为聚敛；见心计材武，便憎恶斥为小人，此风不变，乾坤无宁日也！

不谋功计利，使天下无宁日，无以正德，无以厚生；学术误及政事，害及生民，此学、教、治必当一致，而“人必能斡旋乾坤，利济苍生，方是圣贤；不然，虽矫语性天，真见定静，终是释迦、庄周也。”（《颜习斋先生言行录》卷下）

就政治上言之，学术固当注重实用，然世无不谋身家之贤圣，则个人之职业，亦学教所当注重者也。《颜习斋先生言行录》卷下曰：

请问“谋道不谋食”。曰：“宋儒正从此误，后人遂不谋生，不知后儒之道全非孔门之道。孔门六艺，进可以获禄，退可以食力，如委吏之会计，《简兮》之伶官可见。故耕者犹有馁，学也必无饥，夫子申结不忧贫，以道信之也。若宋儒之学不谋食，能无饥乎!”（卷下，《教及门第十四》）

今世之儒，非兼农圃，则必风鉴、医、卜；否则无以为生。盖由汉、宋儒误人于章句，复苦于帖括取士，而吾儒之道、之业、之术尽亡矣。若古之谋道者，自有礼、乐、射、御、书、数等业，可以了生。观孔子委吏，《简兮》硕人，王良掌乘可见。后儒既无其业，而有大言道德，鄙小道不为，真如僧、道之不务生理者矣。（同上，《学问第二十》）

“学莫先于治生，以不治生则无以养廉节，无以长学问”。(用《恕谷后集》卷五，《与来俨若书》语）此必当谋道而不忘谋食，非不务生理者也。礼、乐、兵、农、水、火、工、虞之学，既为实学，可以实用、实习行之，又可以为职业之训练，谋生活之解决，此视宋儒专以读书静坐为业，真不啻霄壤之殊矣。论学教而能注重于技能之养成、职业之训练，此尤先生独特之见，自来所未有者也。

4. 学制与教条

学教之方法，在剔去宋儒读书静坐之弊，而代之以实学、实教、实习、实行，以期于能得其实体、实用，固已明矣，先生又有论学制与教条者，此亦当知者也。《存治编》曰：

古之小学教以洒扫应对进退之节，大学教以格致诚正之功……俾家有塾，党有庠，州有序，国有学。（《学校》，《颜元集》）

此谓学校之制，当一仍古法也。《存学编》曰：

夫古人教法，某年舞《勺》，某年舞《象》，某年习幼仪，某年学礼，何尝不是安排一定，孰先孰后，孰大孰小哉！“知所先后”，《大学》又明言之矣。（卷四，《性理评》，《颜元集》）

《四书正误》曰：

古圣人之为教也，六岁便教之数与方名，七岁便教别，八岁便教让，九岁教数、日，十岁学书计、幼仪，十有三岁学乐舞，学射御，二十学礼。又曰“博学”，兵、农、水、火、工、虞无不学矣，明载《内则》。（卷三，《述而》）

此则小学、大学为学之次第，亦可以一仍古法也。恕谷《小学稽业》大略本此以为说。先生六十二岁应郝公函之聘，主教肥乡漳南书院，当时议书院规模，亦颇足以见先生对于学校之意见。先生有《漳南书院记》纪述其事曰：

时左斋建其一，余未定。乃进郝子曰：“谬托院事，敢不明行尧、孔之万一，以为吾子辱。顾儒道自秦火失传，宋人参杂释、老以为德性，猎弋训诂以为问学，而儒几灭矣。今元与吾子力砥狂澜，宁粗而实，勿妄而虚。请建正庭四楹，曰‘习讲堂’。东第一斋西向，牓曰‘文事’，课礼、乐、书、数、天文、地理等科。西第一斋东向，牓曰‘武备’，课黄帝、太公以及孙、吴五子兵法，并攻守、营阵、陆水诸战法，射御、技击等科。东第二斋西向，曰‘经史’，课《十三经》、历代史、诰制、章奏、诗文等科。西第二斋东向，曰‘艺能’，课水学、火学、工学、象数等科。……门内直东曰‘理学斋’，课静坐、编著、程、朱、陆、王之学；直西曰‘帖括斋’，课八股举业，皆北向。……北向者，见为吾道之敌对，非周、孔本学；暂收之以示吾道之广。”（《习斋记余》卷二）

"宁粗而实，勿妄而虚"，实学实敦也。以文事、武备在前，文事究极天文、地理，武备课攻守战法，博约兼修，文武兼习，而以艺能与经史并重，则又不忘技术之培养，可使学者得有用之实学，固尽善尽美也。先生四十一岁时及门日众，乃申订教条，每节令读讲教条，其大纲为孝父母、敬尊长、主忠信、申别意、禁邪僻、勤赴学、慎威仪、肃衣冠、重诗书、习六艺、行学仪、序出入、尚和睦、贵责善、戒旷学。此则行于家塾者也。

（五）政治思想

先生生当明代乱亡之时，政治窳败，祸衅迭兴，灾旱频仍，流寇踵起；继之清以异族入主中国，幽燕之地受其蹂躏尤甚。据李恕谷谓："自崇祯末至顺治六年，民不安天日者十余年"，则人民困苦达于极点矣。先生眷怀故国，蒿目时艰，自不能不有济世之意，此其《存治编》之著论在二十四岁时已完成也。是编李恕

谷《序》云："先生自幼而壮，孤苦备尝，只身几無栖泊；而心血屏营，则无一刻不流注民物，每酒阑灯灺，抵掌天下事，辄浩歌泣下。"则先生胞与为怀，尤可想见。此所以有天地一我，我一天地；民皆吾胞，物皆吾与之说（详前），而主张学、教、治一致，必以习行经济为道也。

先生《四存编》，以《存治编》著作为最早，《存治编》之篇幅亦以较少。其所论共有十端：一、王道；二、井田；三、治赋；四、八阵图说；五、学校；六、封建；七、宫刑；八、济时；九、重征举；十、靖异端。其重要者，实不外井田、封建、学校、乡举里选、田赋、阵法数事。据《颜习斋先生年谱》，先生谓张文升曰：

> "如天不废予，将以七字富天下：垦荒，均田，兴水利；以六字强天下：人皆兵，官皆将；以九字安天下：举人材，正大经，兴礼乐。"

此“富、强、安”之三者，实无异先生对于《存治编》之提纲，其说发于《存治编》著成后三十年，先生意见之变更实甚匙也。兹就《存治编》、《颜习斋先生年谱》、《颜习斋先生言行录》诸书，述先生之政治思想如下：

1. **垦荒、均田、兴水利**

为政之道，必先富而后教；制民之产，尤为当务之急。先生《存治编》论王道者，仅寥寥三数行，即次之以论井田诸说，盖此实为根本要图，必富而后能强，强而后乃能安也。先生论井田曰：

> 或问于思古人曰：井田之不宜于世也久矣，子之《存治》，尚何执乎？曰：噫，此千余载民之所以不被王泽也！夫言不宜者，类谓亟夺富民田，或谓人众而地寡耳。岂不思天地间田宜天地间人共享之，若顺彼富民之心，即尽万人之产而给一人，所不厌也。王道之顺人情，固如是乎？况一人而数十百顷，或数十百人而不一顷，为父母者，使一子富而诸子贫，可乎？（《存治编·井田》）

天地间田，宜天地间人共享之，不可以贫富不均，教养无由，此所以主张复井田之制也。然后世贫富不均已久，一旦施行井田之制，则必生乱，而未必可行。先生之意则以为不然。在《存治编》更论之曰：

> 又或者谓画田生乱。无论至公服人，情自辑也；即以势论之，国朝之圈占，几半京辅，谁与为乱者？且古之民四，而农以一养其三；今之民十，而农以一养其九；未闻坠粟于天，食土于地，而民亦不饥死，岂尽人耕之而反不足乎！虽使人余于田，即减顷而十，减十而亩，吾知其上粪倍精，用自饶也；况今荒废至十之二三，垦而井之，移流离无告之民，给牛种而耕焉，田自更余耳。

画田生乱，可以以公服之，可以以势止之，不必其为乱也。加之垦荒之策，则田更可以有余，不畏不足分配也。虽然，地可井则井，不可井则均，可以因时而措，触类而通，固亦不必尽如古法也。故曰：

井无定而主乎地，可井则井，不可则均。至阡陌庐舍，古虽有之，今但可植分草以代阡陌，为窝铺以代庐舍，横各井一路以便田车，中十井一房，以待田畯可也。有圣君者出，推此意而行之，搜先儒之格议，尽当代之人谋，加严乎经界之际，垂意于厘成之时，意斯日也，孟子所谓“百姓亲睦”，咸于此征焉。游顽有归，而士爱心臧，不安本分者无之，为盗贼者无之，为乞丐者无之，以富凌贫者无之，学校未兴，已养而兼教矣。休哉，荡荡乎！故吾谓教以济养，养以行教，教者养也，养者教也，非是谓与？

井田均田，可使盗贼不兴，游惰并无，教以行养，养以行教，此为必行之政也。井田之法，先生于《存治编》有《井田经界图说》、《方百里图说》，牵于封建公侯古皆方百里之制，兹可毋述。先生在他处亦有论之者，《年谱》丁巳四十三岁：

萧九苞问曰：“复井田，则夺富民产，恐难行。”先生曰：“近得一策，可行也：如赵甲田十顷，分给二十家，甲止得五十亩，岂不怨咨。法使十九家仍为甲佃，给公田之半于甲，以半供上终甲身；其子贤而仕，仍食之，否则一夫可也。”

其后李恕谷《拟太平策·序》更述其意曰：

非均田则贫富不均，不能人人有恒产；均田，第一仁政也。但今世夺富与贫，殊为艰难。颜先生有佃户分种之说，今思之甚妙。如一富家有田十顷，为之留一顷，而令九家佃种九顷，耕牛子种，佃户自备，无者领于官，秋收还。秋熟以四十亩粮交地主，而以十亩代地主纳官；纳官者，即古什一之征也；地主用五十亩，则今日停分佃户也；而佃户自收五十亩。过三十年为一世，地主之享地利，终其身亦可已矣，则地全归佃户。若三十年以前，地主、佃户情愿买卖者听之。若地主子弟众，情愿力农者，三顷两顷，可以听其自种，但不得多雇佣以占地利。每一佃户，必一家有三四人可以自力耕锄，方算一家，无者或两家三家共作一家，地不足者一家五十亩亦可。无地可分者，移之荒处。（李塨《拟太平策·评乙古文》卷二）

李恕谷《平书订》亦有述先生之说以言收田之法者，曰：

颜先生曰，如赵甲田十顷，分给二十家，甲只得五十亩，岂不怨咨？法使十九家仍为甲佃，给公田之半于甲，以半供上，终甲身。一策也。田多而犯罪者，量其罪，使入田若干以赎，二策也。凡无子而死者，不许养异姓子，以其田分族亲之无田者，有余官收之，三策也。收寺庙田，四策也。（《平书订》卷七）

则先生于井田均田，实有逐渐推行之法，可以不扰民也。惟先生取请初圈田之法以喻井田均田之可行，则又以为虽扰民于一时，而兴利于千载，亦未始不可为。《颜习斋先生言行录》载：

彭永年言："行井田法，易扰民生乱，不如安常省事。"先生曰："古先王之井田浚沟，岂天造地设，不劳民力乎！又如大禹掘江、淮、河、汉，岂果神怪效灵，一呼而就乎？盖古人务其费力而永安，后人幸其苟安而省力，而卒之民生不遂，外患叠乘，未有能苟安者也，故君子贵怀永图。"（卷上，《刚峰第七》）

盖以土地平均分配之法，实永久之图也。又，

刚主问："出将奚先？"先生曰："使予得君，第一

义在均田。田不均，则教养诸政俱无措施处，纵有施为，横渠所谓‘终苟道’也。”刚主曰：“众议纷阻，民情惊怨，大难猝举。”先生曰：“所谓‘愚民不可与谋始’也。孔子犹不免麛裘之谤，况他人乎？吾于三代后最羡神宗、安石，但其术自不好，行成亦无济。今若行先王之道，须集百官，晓以朝廷断决大义，事在必行，官之忠勤才干者，尽心奉法，阻挠抗违者，定以乱法黜罪。今人文墨无识，偏能多言乱挠，不如此，一事不可行也。”（同上）

田不均，则教养诸政俱无措施处，此所以必先言均田而后可也。先生因田之荒废者在当时居十之二三，故主张垦而井之，以移流离无告之民，如此则田有余而分配之法更易。故又主张垦荒，盖垦荒与均田，可以为同时并举之政也。先生尝曰：

“天无旷泽，地无旷力，人无旷土，治生之道也。家无三旷则家富，国无三旷则国富。”

家犹不可有三旷，况于国乎？故即使田有余足以均，亦可以从事于繁殖也。据《颜习斋先生年谱》，先生于己酉三十五岁：

为王法乾书《农政要务》：耕耘、收获、辨土、酿粪以及区田、水利，皆有谟画。

先生著《存治编》外，于农政水利颇研究之。《颜习斋先生年谱》又载有先生对于治水之说曰：

吾事水学，不外‘分、浚、疏’三字；圣王治天下，亦只此三字。

《颜习斋先生言行录》又载其说曰：

治水之法，五要必备，而莫愚于防塞。盖善治水者不与水争地，因其流而导之，即因以歧为二；且水利可兴也。尝观于蠡河，以为当自上流依古河道分疏。自蠡城西南王哥庄来，又歧为二，使潆绕城之左右，至城阴而合，迤逦达杨哥庄，以通白洋淀入于海。一可为险守，一可来下流鱼、盐、苇、藕之利。且东河势杀，两河沿滨灌园植蒲，水利大兴，不可尽言也。（卷下，《不为第十八》）

则足见先生不止于研究水学，且从实际考察也。水利之兴，在可以灌园植蒲，来鱼、盐、苇、藕之利，则灾旱不至于频仍，水患不至于迭兴，此兴水利与垦荒、均田同为富天下之要图也。

2. **文武兵农之合一**

宋明以来，外患迭兴，一旦强敌压境，几乎无以御之。故文弱实为中国最大之病患，不力起而矫之，则祸无已时也。先生在《四书正误》中曾谓："予则曰：善战者加上赏，连诸侯者次之，辟草莱、任土地者又次之。且以为……近世之祸，则在辽、金、元、夏。傥有三等人，生民不犹受干城之福哉!"则明明痛心疾首于异族之压迫中国也。李恕谷为《存治编》序曰：

七制而后，古法渐湮，至于宋、明，徒文具耳，一切教养之政不及古帝王。而其最堪扼腕者，尤在于兵专而弱，士腐而靡，二者之弊不知其所底。以天下之大，士马之众，有一强寇猝发，辄鱼烂瓦解，不可收拾。黄巢之起，洗物淘城；李自成、张献忠如霜风杀草，无当其锋者，官军西出，贼已东趋川、陕、楚、豫，至于数百里人烟断绝。三代田赋出甲，民皆习兵，虽承平日久，祸起仓卒，亦断不至如此其惨也。

是则流寇之兴，杀戮之惨，亦由人民无自卫之力也。故先生于《存治编》论"井田"后，即次之论"治赋"。其说曰：

慨自兵农分而中国弱，虽唐有府兵，明有卫制，固欲一之。迨于其衰，顶名应双，皆乞丐、滑棍，或一人而买数粮；支点食银，人人皆兵；临阵遇敌，万人皆散。呜呼！可谓无兵矣，岂止分之云乎！（《存治编》）

概兵农分而中国弱，故先生以为：

间论王道，见古圣人之精意良法，万善皆备。一学校也，教文即以教武；一井田也，治农即以治兵。（同上）

此则以为文、武、兵、农之当合一也。先生乃更详述“治赋之要有九”与“治赋之便有九”。其“治赋之要有九”曰：

一曰预养。饥骥而责千里则愚。上宜菲供膳，薄税敛，汰冗费，以足民食。一曰预服。婴儿而役贲、育则怒。井之贤者为什，什之贤者为长，长之贤者为将，以平民情。一曰预教。简师儒，申孝弟，崇忠义，以保民情。一曰预练。农隙之时，聚之于场。时，宰士一较射艺；月，千长一较；十日，百长一较；同井习之不时。一曰利兵。甲胄、弓刃精利者，官赏其半直，较艺贤者庆以器。一曰养马。每井马二，公养之，彷北塞喂法。操则习射，闲则便老行，或十百长有役乘之。一曰治卫。每十长，一牌刀率之于前，九人翼之于后。器战之法具《纪效新书》。一曰备羡。八家之中，四骑四步。供役不过各二人。余则为羡卒，以备病、伤或居守。一曰体民心。亲老无靠不卒；老弱不卒。出戍给耕，不税；伤还给耕，不税。死者官葬。九者，治赋之要也。（同上）

先生尝谓“勤兵绩武”之主，其成败之机，“只在于岁，岁丰则足以给其雄威，而国运永；岁凶则适以暴民生，乱国运”。（《颜习斋先生言行录》卷上，《颜元集》）故以“预养”列于九者之首，此在今日视之，预蓄给养之道，实犹当注意也。其三曰预教，简师儒，申孝悌，崇忠义，则虽有武备，亦不忘文事也。其治赋之要有九曰：

一曰素练。陇亩皆陈法，民恒习之，不待教而知矣。一曰亲卒。同乡之人，童友日处，声气相喻，情义相结，可共生死。一曰忠上。邑宰、千百长，无事则教农、教礼、教艺，为之父母；有事则执旗、执鼓、执剑，为之将帅。其孰不亲上死长！一曰无兵耗。有事则兵，无事则民，月粮不之费矣。一曰应卒难。突然有事，随地即兵，无征救求援之待。一曰安业。无逃亡反散之虞。一曰齐勇。无老弱顶替之弊。一曰靖奸。无招募异域无凭之疑。一曰辑侯。无专拥重兵要上之患。九者，治赋之便也。（同上）

有事则兵、无事则民，邑宰、千百长有事则为之将帅，此民皆兵、官皆将之说也。当国家有事之秋，固宜举国上下皆可出而应敌，民皆兵、官皆将，固御侮之要图也。先生尝谓：

治道不必文、武分途，亦不必举人、进士，只乡里选举秀才。秀才长于文德者充乡约、耆德之职，长于武略者充保长之职，其显有功德者擢大乡长，大乡长之显有功德者升邑令郡守，或备参辅，以至三公，皆通为一体，或次递，或超擢，而又立里史、邑史、郡史以谨戒之。死则有德者配社祠，有功者配道神祀，每五世有继进者则祧之；大功德则进里祀者配享于邑，邑祀者配享于郡，郡祀者配享于国，以激劝之。虽流弊，犹足定百年之太平也。（《颜习斋先生言行录》卷上，《刚峰第七》）

中国文弱之弊，非力矫其偏枉，不足使归十正，故文武合一之道，不惟军赋当如是，即治道亦当如是也。《颜习斋先生言行录》又载先生之说曰：

军者，天地之义气，天子之强民，达德之勇，天下之至荣也。故古者童子荷戈以卫社稷，必葬以成人之礼，示荣也。明政充军以罪，疆场岂复有敌忾之军乎！（卷下，《不为第十八》）

“军者，天地之义气……天下之至荣”，此种提倡尚武精神之说，亦汉唐以来所未曾有之论。振作士气，复兴民族，胥于是赖之。此先生之所以教天下以动，而力诋宋元来儒者，“无事袖手谈心性，临危一死报君王”也。

先生幼壮之时，“见七家兵书，悦之，遂学兵法，究战守机宜，尝彻夜不寐。”（《颜习斋先生年谱》丁酉二十三岁，《颜元集》）李恕谷“与张文升共学韬钤，先生每入蠡城，则商酌彻昼夜。”（《颜习斋先生年谱》辛酉四十七岁）王昆绳等来从游，亦与之讲论兵法。（《颜习斋先生年谱》癸未六十九岁，《颜元集》）先生所考究者甚深，盖以治兵实为政之大端，不可忽也。《颜习斋先生言行录》载：

> 或问：“兵术获罪圣门乎？”先生曰：“然然，否否。今使予治兵三年而后战，则孙、吴之术可黜，节制之兵可有胜而无败。若一旦命吾为帅，遂促之战，则诡道实中庸也。此阳明子所以破宸濠，擒大鬓也。何也？率不择之将，以不教之民，畀之虎狼之口，覆三军，丧社稷，曰吾仁义之师，耻陷阱之术，此不惟圣门之腐儒，而天下之罪人矣！君子何取焉。”（卷下，《不为第十八》）

攻战之法，虽诡道亦中庸，不侈言仁义、不耻陷阱之术，以保全三军，捍卫社稷，盖为民族国家，固不惜任何牺牲，以求维护之，此固论政者所必当注意者也。

3. 举人才与正大经

先生《存治编》于论《井田》、《兵赋》后，即次之《学校》、《封建》、《重征举》诸篇，所以论举人才与正大经也。学校之制，先生主张“家有塾，党有庠，州有序，国有学。”学校者，人才之本也。先生有言曰：

> 昔人言本原之地在朝廷，吾则以为本原之地在学校。朝廷，政事之本也；学校，人才之本也，无人才则无政事矣。令天下之学校皆实才实德之士，则他日列之

朝廷者皆经济臣，虽有不愿治之君相，谁与虚尊虚贵，作无事人、浮文人、般乐人者。（《习斋记余》卷一，《送王允德教谕清苑序》）

学校为人才之渊薮，先生以为“浮文是戒，实行是崇，使天下群知所向，则人材辈出。”故在《存治编》举“《周礼·大司徒》：以乡三物教万民而宾兴之”，“乡大夫：‘三年则大比，考其德行、道艺，而兴贤者、能者……乡老及乡大夫，群吏献贤能之书于王’”及“《王制》：‘命乡论秀士，升之司徒，曰选士。司徒论选士之秀者而升之学，曰俊士。升于司徒者，不征于乡；升于学者，不征于司徒，曰造士。……大乐正论造士之秀者，以告于王而升诸司马，曰进士。司马辨论官材，论进士之贤者，以告于王而定其论。’”（以上皆见《存治编·学校》）以为当除制艺而重征举，先生曰：

近自唐、宋，试之以诗，弄之以文，上辄曰选士，曰较士，曰恩额，曰赐第；士则曰赴考，曰赴科，曰赴选。县而府，府而京，学而乡，乡而会；其间问先，察貌，索结，登年，巡视，搜检，解衣，跣足，而名而应，挫辱不可殚言。呜呼！奴之耶，盗之耶？无论庸庸辈不足有为，即有一二杰士，迫于出仕，气丧八九矣，宜道义自好者不屑就也。而更异其以文取士也。夫言自学问中来者，尚谓“有言不必有德”，况今之制艺，递相袭窃，通不知梅枣，便自言酸甜。不特士以此欺人，取士者亦以自欺，彼卿相皆从此孔穿过，岂不见考试之丧气，浮文之无用乎，顾甘以此诬天下也！观之宋、明，深可悲矣。（《存治编·重征举》）

制艺科举，丧气节，诬天下，宋、明亡国之祸，未尝不由于此，亭林、梨洲诸儒持论者如是也。先生灼见其非，故欲代之乡举里选，故曰：

窃尝谋所以代之，莫若古乡举里选之法。仿明旧制，乡置三老人，劝农，平事，正风，六年一举，县方一人。如东则东方之三老，视德可敦俗、才堪莅政者，公议举之，状签某某深知其才德，兼以事实之，县令即以币车迎为六事佐宾吏人。供用三载，经县令之亲试，百姓之实征，老人复跻堂言曰，某诚贤，则令荐之府，呈签某令深知其才德，亦兼以事实之，则守以礼征至。其有显德懋功者，即荐之公朝，余仍留为佐宾三载，经府守之亲试，州县之实征，诸县令集府言曰，某诚贤，则府守荐之朝廷，呈签某守深知其才德，亦兼以事实之，则命礼官弓旌、车马征至京。其有显德懋功者，即因才德受职不次，余仍留部办事，亲试之三载。凡经两举，用不及者，许自辞归进学。老人、令、守，荐贤者受上赏，荐奸者受上罚，则公论所结，私托不行矣，九载所验，贤否得真矣。即有一二勉强为善，盗窃声誉者，焉能九载不变哉！况九载之间，必重自检饬，即品行未粹者，亦养而可用矣。为政者复能久任，考最于九载、十二载或十七八载之后，国家不获真才，天下不被实惠者，未之有也。（同上）

由是言之，则科举、时艺与乡举里选之利病，诚相去悬殊矣。故先生于后又申论之曰：

选举即不能无弊，而所取为有用之才；科甲即使之无弊，而所得多无用之士。如汉举孝廉，而得曹操，人皆以为选举之害。不知大奸如曹，而犹环顾汉鼎而未敢迁，正因来自选举，犹有顾惜名节意。后世文人，全无顾惜矣。（《颜习斋先生言行录》卷上，《法乾第六》）

又：

王契九问：“取士乡举、里选，行之滋弊。”先生曰："犹胜时文。如一邑方举一人，一方有不肖之耆、约，党酒食贿赂之家，而登其子弟，将三方皆不肖乎？即皆不肖矣，他邑独不得一良耆、良约乎？三四举而得一贤，或三四邑而得一贤，所得不既多乎！当不至如时文，百千举而不见一贤也。况选举复，则士饬其行。试观周代盛时，士习之美，不可及矣；虽极其流弊，以至战国，亦第云'修其天爵，以要人爵'而已。今世求一修天爵而要人爵者，岂可得哉！"（同上，《刚峰第七》）

乡举里选，可得有用之才，虽有流弊，亦较之以时文取土，百千辈而不得一贤为愈也。故先生以为欲举人材，不如用选举之法也。

先生在《存学编》云："至大经大法，如班爵、班禄、井田、学校，王道所必举者"（卷三》），又曰："三代圣人之大经大法所以位天地、育万物，若井田、若封建、学校。"（《习斋记余》卷一，《送张文升佐武邢含尹盐城序》）则封建之制，正在先生所谓"正大经"之内也。当时学者，鉴于明代流寇之兴，引起亡国之祸，以为郡县权轻，无以藏祸乱于未萌，故梨洲则主张恢复藩镇，以为"封建之弊，强弱吞并，天子之政教有所不加；郡县之弊，疆埸之害苦无已时。欲去两者之弊，使其并行不悖，则沿边之方镇乎。"（《明夷待访录·方镇》）亭林则主张寓封建之意于郡县之中，其说曰："方今郡县之敝已极，而无圣人出焉，尚一一仍其故事，此民生之所以日贫，中国之所以日弱而益趋于乱也。……然则尊令长之秩，而予之以生财治人之权，罢监司之任，设世官之奖，行辟属之法，所谓寓封建之意于郡县之中，而二千年以来之敝可以复振。"（《亭林文集·卷一·郡县论一》）陆桴亭亦有封建传贤不传子之论。皆针对时弊而发也。先生则云：

先王遗典，封建无单举之理，大经大法毕著咸张，则礼乐教化自能潜消反侧，纲纪名分皆可预杜骄奢，而又经理周密。师古之意，不必袭古之迹。使十侯而一伯。侯五十里，一卿，二大夫，三士；卿，天子命之。伯百里，一卿，三大夫，六士；卿与上大夫亦天子命之。侯畜马二十五，甲士与称；伯畜马五十，甲士亦称，有命乃起田卒焉；边侯、伯，士马皆倍其畜，有事乃起田卒焉。侯庶不世爵禄，视其臣而以亲为差；侯臣不世邑采，取公田而以位计数；伯师不私出，列侯不私会。如此者，有事则一伯所掌二十万之师，足以藩维，无事而所畜士马不足并犯。封建亦何患之有？况三代建侯之善，必有博古君子能传之者，用时又必有达务王佐能因而润泽者。（《存治编》，《封建》）

先生所云，“师古之意，不必袭古之迹”，又谓用时必“因而润泽”之，其非尽如古制依样画出甚明。顾封建之不可复者，势也。而先生则持之甚力。李恕谷于所为《存治编·书后》曰：“塨出游四方，辨证益久，谬谓乡举里选，行之或亦因时酌略，而大体莫易。井田则开创后，土旷人稀之地，招流区画为易，而人安口繁，各有定业时行之难。意可井者井，难则均田，又难则限田，与先生见亦颇不参差。惟封建以为不必复古……戊寅，浙中得陆桴亭《封建传贤不传子论》，盖即郡县久任也，似有当。质之先生，先生曰：‘可，而非王道也。’商榷者数年于兹，未及合一，先生倏已作古矣。于戏！此系位育万物参赞天地之事，非可求异，亦非可强同也，因书于后，以待用者。”（《存治编·书后》，《颜元集》）封建之制，以今观之，固不可取。然细按先生之所说，实与亭林、桴亭所持相去不远，论者不察同时诸儒之所论，且忽于先生“不必袭古之迹”之说，乃专责先生以“泥古”，则求之甚苛矣。

4. **兴礼乐与安天下**

先生论学，谓学、教、治一致，而于实习、实行，亦以习行礼乐为最善。活血脉，壮筋骨；正德利用，而即所以厚生，此所以兴礼乐为安天下之法也。《颜习斋先生年谱》丙午三十二岁，先生即谓：

孔、孟之道，不以礼乐，不能化导万世。

此即以礼乐为治世之准绳也。其后谓曹敦化曰：

“天下无治乱，视礼为治乱；家国无兴衰，视礼为兴衰。”（《颜习斋先生年谱》丙子六十二岁）

治乱兴衰，咸由于礼乐之兴替，则所以安天下，必在礼乐明矣。先生尝曰：

人持身以礼，则能得人之性，如吾庄肃，则人皆去狎戏而相敬，是与天下相遇以性也。此可悟“一日克复，天下归仁”之义。（《颜习斋先生言行录》卷上，《言卜第四》）

在《与何茂才千里书》更畅论之曰：

天之生万物与人也，一理赋之性，一气凝之形。故吾养吾性之理，尝备万物之理以调剂之；吾养吾形之气，亦尝借万物之气以宣泄之。圣人明其然也，是以画衣冠，饬簠簋，制宫室，第宗庙，辨车旗，别饮食，或假诸形象羽毛以制礼，范民性于升降、周旋、跪拜、次叙、肃让；又熔金、琢石、窍竹、纠絲、刮匏、陶土、张革、击木，文羽籥，武干戚，节声律，撰诗歌，选伶佾，以作乐，调人气于歌韵舞仪，畅其积郁，舒其筋骨，和其血脉，化其乖暴，缓其急躁，而圣人致其中和以尽其性、践其形者在此，致家国天下之中和，天地之中和，以为位育，使生民、天地皆尽其性、践其形者，亦在此矣。（《习斋记余》卷四）

兴礼乐足以使天下皆归于仁，生民与天地皆尽其性、践其形，此可以为安天下之道者一也。先生又有说曰：

> 周公之制度，尽美尽善。盖使人人能兵，天下必有易动之势；人人礼乐，则中国必有易弱之忧。惟凡礼必射，奏乐必舞，使家有弓矢，人能干戈，成文治之美，而具武治之实。无事时雍容揖让，化民悍劫之气，一旦有事，坐作击刺，素习战胜之能。（《颜习斋先生言行录》卷上，《学人第五》）

此兴利乐乃可以底于尽美尽善也。故曰：

> 礼、乐，圣人之所贵，经世重典也；而举世视如今之礼生、吹手，反以为贱矣。兵学、才武，圣教之所先，经世大务也，而人皆视如不才寇盗，反皆以为轻矣。惟袖手文墨，语录、禅宗，为至尊而至贵，是谁为之也！（同上，卷下，《教及门第十四》）

礼乐为经世之重典，故虽举人材、正大经，犹不足以安天下，盖礼乐不惟不可斯须去身，且国无礼则无与立矣。先生谓：

> 治平之道，莫先于礼。惟自牌头教十家，保长教百家，乡长数千家，举行冠、婚、丧、祭、朔望、令节礼，天下可平也。（《颜习斋先生言行录》卷下，《学须第十三》）

礼乐之道，可使人习乎善，礼不可以斯须去身，故欲化天下使一轨于正，非礼莫由也。先生弟子李恕谷有言曰：

> 孔子言“博学于文，约之以礼”，约之即约所博之文也，则圣学惟一礼矣，内外合，知行尽矣，乃曰“不然”何也？礼者，孟子所谓节文也，恭敬辞让也。宗程、朱者以天理二字混之，宗陆、王者又直指良知曰礼者吾心之大规矩也，而礼入空虚矣。晋人之于礼也明废之，宋、明之于礼也阴弃之，此世道人心之忧也，岂解经之失而已哉！（《中庸传注问》）

先生弟子王昆绳亦曰：

> 盖德行之实事皆在六艺，而六艺总归一礼，故孔子谓

非礼勿动，所以修身，教颜子以“克己复礼为仁”，又曰“为国以礼”。故学礼即格也、致也，约礼即诚正修也、齐治平也。《小学》、《大学》，由浅入深，师以此教，弟以此学也，士以此造，才以此取也。士大夫之学出于此，君相之学亦出于此也。明明德、亲民由于此，止至善即由于此也。（《居业堂文集》卷八《与方灵皋书》）

“六艺要归一礼”，“则圣学惟一礼”，此礼之尤为切要也。恕谷、昆绳所云，皆足以见先生之意，合先生师弟所述观之，尤可以见礼之重要，读先生之书者，盖不可或忽之也。

先生在《存治编》中有“靖异端”、“复宫刑”诸说，以今观之，皆不重要，兹可弗述。其《济时》谓：“为今计，莫要于九典、五德矣。”所谓“九典”者，“除制艺，重征举，均田亩，重农事，征本色，轻赋税，时工役，静异端，选师儒，是谓九典也。躬勤俭，远声色，礼相臣，慎选司，逐佞人：是谓五德也”。（《颜元集》）实不外《井田》、《治赋》、《学校》诸篇所述，其五德则为人君而发。兹姑从略。

（六）学术影响

习斋先生倡明周、孔之教，主张实学、实习、实行、实用，最足以矫时弊，而有功于世道。当时闻风兴起者，考之《颜习斋先生年谱》，虽不乏人，然受影响最深者，实以李恕谷（塨）为最；能明行其道者，初亦惟有恕谷也。据《颜习斋先生年谱》，“塨质所著《大学辨业》于先生……先生喜曰：‘吾道赖子明矣。’”（《颜习斋先生年谱》，己卯六十五岁）又：“塨将入京，先生曰：‘道寄于纸千卷，不如寄于人一二分。北游，须以鼓舞学人为第一义。’”（《颜习斋先生年谱》，辛巳六十七岁）是习斋先生固以能明行其道者惟恕谷，若纂辑《颜习斋先生言行录》之钟金若（錂），实远弗逮也。其后恕谷于京，传述颜先生之学，又得王昆绳（源），据恕谷所为《王子源传》，谓“颜先生崛起，树周、孔正学，躬行善诱，志意甚伟，而传闻不出里闬。王子来学，渐播海内”。（《恕谷后集》卷六）昆绳受业于习斋先生时，年已五十有六，不可谓非信道之笃也。因恕谷、昆绳之传布其说，而又得恽皋闻（鹤生），据恕谷门人刘调赞所为《道传祠记》谓：“皋闻南居，日以颜李之学告人。今天下无虑口中津津颜李之学，王昆绳、恽皋闻二先生之倡明居多。”（《恕谷年谱》卷五），则皋闻之为颜学传人在当日已有定论也。其后程绵庄又因恕谷、皋闻而明行颜学，而戴东原乃亦受其影响，而成为有清中叶一大思想家。则颜学之影响，不可谓不巨矣。兹述习斋先生之学，故附论恕谷、昆绳、皋闻、绵庄四人之学术思想，以见颜学之流传焉。

1. 李恕谷之生平及其学术思想

（1）传纂

“李先生塨，字刚主”（《李略》），尝自谓“求仁不能，期勉于恕，因以恕谷名其乡，而为号焉”（《恕谷后集》卷十三，《李子恕谷墓志》）。“其先世本小兴州人，明初有进忠者，徙保定府之蠡县，遂为蠡人”（《戴记》）。“父明性，故明诸生”，“性笃孝”（《李略》）。“有学行，高隐不仕”（《戴记》），“时力为圣贤，敦孝弟，主忠信，崇礼义廉耻，读《论》、《孟》、《学》、《庸》及《朱注》”（《李子恕谷墓志》）。“颜其斋曰‘主一’”，“博野颜习斋来访，见《日记》及所辑《性理》、《通鉴》诸书，大叹服归”（《恕谷年谱》），“学者称为孝悫先生”（《戴记》）。“家素饶，经沧桑变，田被圈，又兄弟多，故绌于用，至难堪。乃与人言，绝口不道贫，视不义之富贵若将浼焉”（《恕谷年谱》）。“孝悫使先生奉其妾母居县中，率其四弟读书，而自与摘居乡。相距二十余里，每朔望前日薄暮，必徒步至乡，问父安否。夙兴乃还。尝曰：‘孝悫公之事亲，视无形、听无声，勉学之而未能也。’乃纂集古人事亲之礼，以时省视，鲜膏醴稻，竭力以养，而自食粗粝，不使亲知”（《戴记》）。“其友赵锡之重先生行而悯其贫，间数日辄使馈栗肉于孝悫，诡言先生所遗，孝悫不知也”（《戴记》）。

“先生幼承孝悫先生家学，以正直忠孝为本。既冠，从习斋先生游，得周孔久湮之坠绪”（《恕谷年谱》），“因从学礼”（《戴记》），“效习斋立日记自考”（同上），“逐时记身心言行得失”（《李子恕谷墓志》），“时有所省，刻有所励”（《恕谷年谱》）。“又学琴于张而素，学射、御于赵锡之、郭金城，问兵法于王馀佑，学书于彭通，学数于刘见田”，“于田赋、郊社、禘祫、宗庙诸礼，及诸史志所载经史诸务，与古帝王治绩可为法者，考校甚备，录其语曰《瘳忘编》以待用”。“年二十六，遭孝悫丧，擗踊哀慕如孺子，三日不食，寝苫枕块，敛葬虞祭皆如礼”（《戴记》）。

乙丑二十七岁，以事至京，晤郭金汤、郭金城。越明年，得知“许酉山学品，乃拜之求教。酉山言：‘道原于天，终于天。“小心翼翼，昭事上帝”，功力也。“文王陟降，在帝左右”，归结也。“天行健”，以生生也。“君子自强不息”，以行仁也’”（《恕谷年谱》）。“庚午年三十二岁，中顺天乡试”（《李子恕谷墓志》）。至三十七岁，郭金汤“为浙桐乡令，聘先生往，一岁使者三至。既往，举邑以听，期年政教大行”（《戴记》）。“遂之萧山，学乐于毛奇龄，尽得其旧所传五声、二变、四清、七始、九歌、十二律诸遗法，并受其经学。时与往复论《易》，辨《太极图》、河洛之伪；论《尚书》辨攻古文为伪之误；论《诗》，言《小序》不可废。奇龄常称为盖世一人”（《清史列传》）。先生亦尝自谓其见奇龄而于经学益进也。（《年谱》）

“已至京师，左都御史吴公涵聘主其家，命其子弟从先生学六艺，且为刊所著《大学辨业》。其时名公卿如徐少宰秉义，王相国掞，许侍郎三礼，皆过先生论学”（《戴记》）。“皆重先生行，数相从论学。”（《徐记》）“安溪李文贞公光地为直隶巡抚，闻先生名欲延致之，命其门人庶常徐元梦道意，且欲持先生所著书往，曰：‘李公虚左以待先生，先生宁不往见？’先生坚辞曰：‘部民也，往见非义。’卒不往。时三藩平后，朝廷向文学，四方名士竞集京师，无不乐交先生者”（《戴记》）。“晤王源昆绳，论学甚契”。“晤万斯同季野、胡渭生朏明”。“拜孔主事尚任，论乐”（《恕谷年谱》）。“冉进士永光，窦翰林克勤招集同人，共为讲会，先生与焉。因历及古今升降，民物安危，学术明晦之所以然，以及《太极》、河、洛图书之辨，屯田水利、天官地理、兵农礼乐之措置。诸公悚听，久之相顾谓曰：‘乾坤赖此不毁也。’而鄞万处士斯同，尤笃服先生，为特序《大学辨业》，以为学之指归在是。他日与先生考论礼制，握先生手曰：‘天下学者，唯君与下走耳，太原阎生未足多也。’万亦夙有讲会，每会皆达官主供张，翰林、部郎、处士数十人列坐而听。一日会讲于绍宁会馆，先生亦往。众请问郊社，万君向众揖先生曰：‘此蠡李先生也，负圣学正传，非予敢望。今且后郊社，请先言李先生学，以为求道者路。’因将《辨业》之旨，历历敷陈曰：‘此质之圣人而不惑者，诸君有志，无自外矣。’”（《戴记》）“于是代州冯雍璇、三原温德裕、大兴刘有余、苏州黄日瑚等俱来拜问学”（《恕谷年谱》）。“归德周峄，王昆绳并介以执贽受业习斋门下”（《徐记》）。“季野卒后，德裕冯氏兄弟皆尝立讲会”，“后雍复会昆绳、宗夏与李荫长、毛充有、吴子淳、梁质人、温邻翼、刘绰然、李中牟、许不弃、倪唐际、毛姬潢、朱字绿、张百始”，“推先生讲学，先生随问有答”。“昆绳延先生与金陵方苞灵皋论学。灵皋尊程朱者也，闻先生言，叹服”（《恕谷年谱》）。甲申四十六岁，“温益修选郾城知县，卑礼厚聘，延往论学议政，应之”。“伻来报习斋先生卒，辞归”（同上）。

己丑先生年五十一岁，“门人杨勤为陕西富平宰，聘主其事，先生曰：‘富平乱国也，治法宜严。教之禁斗争、止赌博、勤听讼、减催科、抑强恤弱。’行之如桐乡时，民俗遂变。乃语以旌孝弟，崇学校，选乡保、练民兵、劝农兴利，百废俱举。关内学者，闻风麕至，学礼、学《乐》、学《易》、学兵阵。居踰年，先生以省亲辞行，士民饯送十余里不绝，勤至唏嘘为泣下”（《徐记》）。

壬辰先生五十四岁，易州“祝兆鹏之岳丈张，以部郎放济南府知府，使来馈贽，求理其幕事。词甚恳切，许之。……十一月，到济南，太守延入署，观其署事，知非能有为者，乃决辞而归”。（《恕谷年谱》）

翌年癸巳“正月，以《周易传注》久成，入京，寻剞劂刊之”。越明年甲午“邑令浦公新下车，即来拜，求教”。“其所廷西席恽皋闻孝廉，武进人也，素闻先生学，因过请教。乃以《颜先生年谱》、《四存编》示之，抚掌称是。遂尽弃其学，而学先生六艺之学，立日记以省身心”。丁酉五十九岁，“金陵程启生书来，略云：‘圣道失传，莫甚于朱、陆，以乱真之伪，似是之非，互起而哗。自习斋先生出，乃举先圣立教之成法以示人，幸得先生嗣其后，得二千载已丧之真传，乘六百年将更之气运。伏愿先生以道自尊……’”（以上均据《恕谷年谱》）启生即程绵庄也。颜李之学，数十年来，流播至于南方，南方已颇有闻风兴起者也。

戊戌六十岁，“改选通州学正，旋以疾告归。始迁居博野，修葺习斋学舍，以收召学者。从游日众，远方邮书请正，络绎不绝，先生接引甚殷，未尝稍有矜色。尝曰：‘学者当肃其九容，使身心修整，祛妄戒昏，则天君湛如，而更习为有用之学，圣道其不远矣。’安溪、太仓两相国，将以先生学行荐于朝，皇十四子抚远大将军用兵西陲，以币再来聘，先生皆力辞。后遂称病笃，隐居治农圃。年七十五，卒于家。雍正十一年正月朔日也。

门人冯辰、刘调赞等上私谥曰文子先生。子习仁，先卒；次习中、习礼，皆能承其家学”（《戴记》）。

始，“桐城方侍郎苞与先生交甚厚，尝使子道章从学先生”（《戴记》），丁酉六十二岁，“时先生欲南迁，而灵皋为戴田有事入旗，将北居，因以其南方田宅赠先生，先生即以北方田宅易之”，乃于是年往江南相宅。翌年，使子习仁夫妇南行，而习仁病卒于途中，遂不果南。雍正元年，清廷谋聘学行兼优者教皇子，已而又谋聘人修《明史》，中堂徐蝶园、冢宰张敦复，皆拟征先生，访于灵皋，灵泉遂为辞以老病。（以上均据《恕谷年谱》）“后先生殁，方不俟其子孙之请，为作墓志，于先生德业一无所详，而唯载先生与昆绳及方论学同异，且谓先生因方言改其师法。又与人书，称浙学之坏始黄梨洲氏，北学之坏则始于习斋。故先生门人威县刘可用深非之，谓其纯构虚辞，诬及死友。今观先生遗书，知可用之言为然也”（《戴记》）。

“先生承习斋教，以躬行为先”（《戴记》），“凡冠、婚、丧、祭、燕与相见诸礼，准古酌今，随时习行。持家甚严，而孝慈友恭，胥尽其道。居室甚俭，而周急济难，倾囊不吝。且善体《易》道，作事刻刻变化而有典常。当问学时，躬诣习斋，商榷学术治道，每至夜分不息”。“凡海内道学、才隽、通儒、技勇、艺术、文士，皆委曲纳交，以悉得其所长。至于表前圣既晦之旨，辨后儒似是之非，平心以剖，易气而析。尝言圣经言道已尽，出乎此，非异端则支离。故所著《大学辨业》、《圣经学规》、《小学稽业》、《圣学成法》，皆以《六经》为证据。又为诸经传注及学六艺等录，虽诗古文辞，片牍只语，无非昌明圣道，可以实见之身世者。而经济之具，则在《阅史郄视》、《平书订》、《拟太平策》，及《郊社》、《禘祫》、《宗庙》、《田赋》等《考辨》，悉依诸经典，参以时宜，洵纯王之政，致治之法也。”（《恕谷年谱》卷五）

“其解释经义，多与宋儒相反，然其论《易》以观象为主，兼用互体，谓：‘圣教罕言性天，乾坤四德必归人事，屯蒙以下亦皆以人事立言。陈抟《龙图》、刘牧《钩隐》，以及探无极、推先天者，皆使《易》道入于无用。其说颇醇实，不涉支离恍惚之谈。其于《大学》，所争在以格物为《周礼》三物，谓孔子时三物教法尚存，人人所习，不必再言，惟以明德亲民标其目，以诚意指其入手而已。格物一传，可不必补。’奇龄独恶其说异己，作《逸讲笺》以攻之”（《清史列传》），然当时多韪先生说焉。

“先生每念及民物，辄忧悯泣下，故礼乐兵农、工虞水火、及天文地理诸学，皆日夜究心焉”（《恕谷年谱》）。“论治不外教养二端，当规其远大，而有本末先后之不同，尤不可背时为治。尝以钱谷、刑名为今时为治所必资，钱谷不扰，用一缓二，亦可云养。刑名得当，使民森然知有所畏而勿陷于邪，亦可云教。至其远大，如所谓质鬼神无疑，建天地不悖，以三重之道，原本天地电神以制之，故即可以制之者位之。而其要在以动机相感，一阴一阳，皆以动而生物，故《易》曰：‘继之者善也。’后学乃习为主静，以物不用则腐推之，已且不治，何况天地鬼神”？“自谓于内圣外王之学，粗有端委，廓清后尘，远宗古圣，盖有所于己，非貌为大言者此也”（《徐记》）。

“先生一生，志在行道，非石隐之流也。观先生《祭颜先生文》曰：‘使塨幸则得时而驾，举正学于中天，挽斯世于虞夏；即不得志，亦必周流汲引，使人材蔚起，圣道不磨。’此先生之志也”（《恕谷年谱》卷五）。“先生既知道不能行，乃壹志阐明师说，思传之其人，以待天下后世之用。”“习斋崛起闾巷，学初不显，先生为传其说于京师，与名公巨卿四方知名士，正言婉喻，转相传布，声蜚风流。”（《徐记》）“执贽来学者，皆殷勤提诲，因材造就，咸欲跻之圣域。故闻风者争自淬砺，千百里外，多遥拜而私淑焉”（《恕谷年谱》卷五）。

“从来称道学者不谙经术，能干济者不究身心，先生兼综条贯，一源共委，于先圣明亲至善之道，备体诸身，如有用者，举而措之耳。乃竟赍志以没也”（同上），呜乎！亦可哀已。

（2）恕谷之传述颜学

习斋先生之学，因恕谷而益发扬光大，此于恕谷之生平事迹，已可略见。尝试察之，恕谷之所以志传颜学，实有数事可得而述焉。据《恕谷年谱》己未二十一岁：

> 邢台李毅武来订交，时闻颜习斋先生为圣人之学，因同访于贾子一塾。……先生自此深以习斋学习六艺为是，遂却八比专为学。（《李恕谷先生年谱》卷一，《四存学会校刊》）

习斋先生长于恕谷二十四岁，是时年已四十有五，且于乡间已有圣人之目，习斋先生所昌明之学实为“周孔正学”，则恕谷自不得不弃其所学而学焉。翌年“闻习斋卖侧事，往谏”，“先生服习斋改过之勇，跃然志气若增益。效习斋立《日记》自考”，又：“习斋曰：‘学者勿以转移之权委之气数，一人行之为学术，众人从之为风俗，民之瘼矣，尚忍膜外？’先生泣下”，则其所以感动之者，至深且切。故于其次年：

> 评习斋《日记》，至“忧刚主有其才而无其学”，悚然曰：“咫尺习斋，天成我也，不传其学，是自弃弃天矣。”（《李恕谷先生年谱》卷一，辛酉二十三岁《四存学会校刊》）

此习斋先生之学术，足以使恕谷之立志为传述也。恕谷与习斋先生之年辈相去既不甚远，则二人所处之时势相同，二人所有之感想亦自当相同。此于恕谷《与方灵皋书》、《记李氏翁媪已事》、《送黄宗夏南归为其尊翁六十寿序》及《存治编序》所述皆颇足以见之（详上）。其《书明刘户郎墓表后》曰：

> 承南宋道学后，守章句，以时文八比应试。高者谈

性天，撰语录，卑者疲精死神于举业。不唯圣道之礼乐兵农不务，即当世刑名钱谷亦懵然罔识。而搦管呻吟，自矜有学。莱阳沈迅上封事曰：“中国嚼笔吮毫之一日，即外夷秣马砺兵之一日。”诵其语，惟之惭且恸也。（《恕谷后集》卷）

其《与枢天论读书》曰：

千余年成一文墨诵读之世，而人才日下，世教日衰，鱼烂瓦解，莫可收拾，则可知学文之文，不专书册，而读解书册，不足言学矣。（同上，卷一三）（《李塨集》）

此皆以中国时势之日非，由于学术误及政事，与习斋先生之意见相若，则其所昌明者，恕谷乐为传述之、发扬之，此不待烦言可知也。且尝考之，恕谷自幼年即已志在经世致用，其《与温载湄书》曰：

塨少颇负狂志，欲起而驰驱天下，建功立业，即万一蹉跎，亦必讲学明道、大声疾呼，以觉斯人。（同上，卷五）

其所为《原任户部郎中阎公易莽墓志铭》曰：

予少年厉角戴鞋，立欲驰驱宇内。（同上，卷七）

皆可见其少年之时，颇有志于经世致用。故谓：

乃承颜先生提晦，谓天地民物不忍令其尘霾，先圣先贤不忍令其堕地。当日颜先生言此泣下，塨亦泣下。（同上，卷五）

此其志愿实相同也。恕谷早年之著述，如《瘳忘编》、《阅史郄视》，皆偏于言经世者，亦其显证。故由颜学之本身，二人所处时势之相同，二人所有志愿之相同，恕谷之志传颜学，其故可以推知也。

然恕谷与习斋先生之性格异，故其倾向亦异；其经历异，其所见闻亦异：习斋先生之学，一传至于恕谷，其面目实不得稍差异，则述恕谷之学者，不可或忽者也。据《恕谷年谱》癸丑十五岁：

娶王氏，遂与其兄法乾交，论学甚欢。法乾尝谓颜先生曰："吾近狷，兄近狂，李妹夫乃近中行也。"（《恕谷年谱》癸丑，十五岁）（《李恕谷先生年谱》卷一，《四存学会校刊》）

此恕谷之性格近于中行也。丙辰十八岁又载：

先生时病，然未尝废读。先生尝言："吾少年读书，强记四五过，始成诵，比时同学者多如此。而予迤后阅书几万卷者，好故也。"（《李恕谷先生年谱》卷一，《四存学会校刊》）

此恕谷之性格颇耽文墨也。由近于中行言之，则习斋先生与恕谷，其主张不能尽相同，具行事亦不能尽相同，如《恕谷年谱》载：

论取与，习斋主"非力不食"，先生主"通功易事"。（《李恕谷先生年谱》卷一，壬戌二十四岁，《四存学会校刊》）

习斋规先生："策多救时，宜进隆古。"先生规习斋："尽执古法，宜酌时宜。"（《李恕谷先生年谱》卷一，癸亥二十五岁，《四存学会校刊》）（《李塨集》）

习斋过先生，见诸友欢聚（按：原文为"诸欢友聚"，据文意改。），谓曰："吾当勉于狎足成欢，子当勉于庄足成礼。"（《李恕谷先生年谱》卷二，庚午三十二岁，《四存学会校刊》）

吴公来请，乃入京。习斋谓曰："勿染名利。"先生曰："非敢求名利也，将以有为也。先生不交时贵，塨不论贵贱，惟其人。先生高尚不出，塨惟道是问，可明则明，可行则行。先生不与乡人事，堪于地方利弊，可陈于当道，悉陈之。先生一介不取，堪遵孟子‘可食则食之’，但求归洁其身，与先生同耳。”习斋首肯。（《李恕谷先生年谱》卷三，庚辰四十二岁，《四存学会校刊》）

先生与（冯）辰言正学难合。辰曰：“宜韬晦。”先生曰：“然否隐见，各一则易；隐见并行，故难。如守习斋之道，而专韬晦，覆蔽澌灭矣，何以明行此道于天下万世乎？故不得不通声气，广交游也。有从者，此道传，有排者，此道亦传。此颜先生意也。”（《李恕谷先生年谱》卷四，丁亥四十九岁，《四存学会校刊》）

由此所述观之，则恕谷比较易于入世，好酌时宜；更重功利，而广交游；故恕谷于政治上之主张，不似习斋先生之尽执古法，而于经世致用尤注意。恕谷不惟在外间经历较多，关于论政之著述亦较多，此二人不尽同者一也。

由恕谷之颇耽文墨言之，则恕谷在考究上与习斋先生尤相差异，在学术上自不能尽同。据《恕谷年谱》：

吴公深喜先生文，开雕行世。（同上书，丁巳十九岁，卷一）

习斋言先生病在不节饮食，又好记览，多记损心。（同上书，庚申二十二岁，卷一）

习斋评先生《日谱》，教以记事减冗繁而录大纲……看书减而读所现学，习学灭而勿贪多。（同上）

立一岁常仪功：“……以考究致用之学为业。”（同上书，辛酉二十三岁，卷一）

修《学规》，示从游：“……一、通经史……《十三经》、《廿一史》，须以渐考之。”（同上）

习斋言：“有一分名，即一分祸。”又规先生系心诗文之失……（同上书，壬戌二十四岁，卷一）

阅《廿一史》，录经济可行者于册。（同上）

至习斋，投门人刺，以《瘳忘编》、《恕谷集》为贽。（同上书，已巳三十一岁，卷二）

数日，翻《十三经注疏》十一套，觉精神劳动，深悔阅书急躁之过。（同上）

子固书至，规刊书无关经济。先生复书，言："吾友恐予蹈书生文士之习，诚为雅意，然天下之无经济，由学术差，辨学，正经济天下万世之事也。"（同上书，卷二，乙亥三十七岁，《四存学会校刊》）

谒习斋质学，习斋曰："此行历练可佳也，惟勿染南方名士习耳。"（同上）

习斋嘱以勿作无益诗文。（同上，卷二，丁丑三十九岁，《四存学会校刊》）

由此所述观之，则恕谷幼年之时，不惟耽于诵读，系心诗文，对于《十三经》、《廿一史》并加考究，且直以"辨学正经济天下万世之事"，此习斋先生所以屡加规劝，于其南行，更戒以勿染南方名士习气，勿作无益诗文也。恕谷于二十三岁时，即"以考究致用之学为业"，故其后谓其弟益溪（培）曰：

谓余好读作、损精神，此颜先生之言，而子本之……但吾之翻阅，亦为学也，与先生所见，微有不同。吾人行习六艺，必考古准今。礼残乐阙，当考古而准以今者也。射御言有其仿佛，宜准今而稽之古者也。数本于古，而可参以近日西洋诸法者也。且礼之冠昏、丧祭，非学习不能熟其仪，非考订不能得其仪之当，二者兼用者也。宗庙、郊社、禘祫、朝会，则但可考究，以待君相之求，不便自我定礼，以为习行者也。……殷辂、周冕、舜乐，孔子且以考究为事矣。今世率遵朱子《家礼》，然多杜撰无凭，行之颠踬，其考议之当急为何如者？（同

上书，卷三，癸未四十五岁，《四存学会校刊》）

则直以考订之业为当务之急，恕谷之传颜学，颇欲以考占准今补颜学之缺失矣。恕谷与益溪言，又谓："逃名者石隐也，异端也，实至而名归者圣贤也。"（同上）于习斋先生所规以"勿作无益诗文"者，始终不能改。则是犹有名心，其传颜学，于所攻击之读讲、著作、文墨之害，不能尽从之也。此实由恕谷之性格使然，在幼年时已见其端，迨其入京讲学，至浙佐政，见四方名士之所为，而其倾向益不能变。盖其才气有以使然，亦非入京至浙，乃转变其倾向也。

恕谷以二十七岁时至京，次年获见许酉山《圣学直指》，乃拜之求教。酉山言："道原十天，终于天。'小心翼翼，昭事上帝'，功力也；'文王陟降，在帝左右'，归结也。"其后于乙亥三十七岁往浙，"途中时时有帝天之载"。戊寅四十岁在浙，更得陆道威《思辨录》阅之，陆氏书谓"吾心之念虑，或有息时，吾心之敬，不容或息，能存之至于梦寐之际皆能自主，乃可"。恕谷以为"道威此论，甚有体认。自觉从前功力，尚多疏略。从此无论有事无事，有念无念，皆持以敬"。恕谷又有《警心编序》亦云："惟戊寅年功颇密，闻公庭呼暴声，心若割，主人来议催科刑名，必语以宽大，日三复'小心翼翼，昭事上帝'之句。"（《恕谷后集》卷一。此条《恕谷年谱》未收入。）则于此时并奉酉山之教，及道威之说矣。次年"《日谱》每月下，书'小心翼翼'以自课。自勘内功不密，惕然，乃以陆道威每日敬怠分数自考"。故于是年北归之后，"往拜习斋先生，曰：'先生倡明圣学，功在万世，但窃窥向者，束身以敛心功多，养心以范身功少，恐高年于心性更宜力也。'乃以无念有念，无事有事，皆持以敬之功质。先生曰：'然。'乃书'小心翼翼，昭事上帝'二语于《日记》首，日三复之"。此恕谷入京至浙以后，使习斋先生思想亦略发生变迁，更受酉山与道威之影响；于修养方法上，更能身心一致加功；此则不得不谓非恕谷之功莫属也。

恕谷初至桐乡之时，问人得王复礼草堂，往拜之。“草堂曰：‘然。’因言：‘《太极图》本道家说，今本《大学》、《孝经》，系朱子改窜，晦圣经本旨。程朱陆王皆染于禅。’其考辩甚博”。（《恕谷年谱》，乙亥三十七岁，卷二）由浙北归，次年毛奇龄寄其《驳太极图》、《驳河图洛书》二种至，明年恕谷再度至浙，“修《上颜先生书》，略谓：‘宋儒学术之误，实始周子……宋儒于训诂之外，加一体认性天，遂直居传道，而于圣道乃南辕而北辙矣。于是变旧章者有八……’”于《太极》、《河图》、《洛书》、静坐，教人以性为先，小学学其事，大学明其理，致良知，立道学名，立书院，数者并力诋之（详《恕谷年谱》卷二丁丑三十九岁）。习斋先生《存性编》“《性图》，入“太极”“五行”诸说，则于后儒误论，当时尚未有尽洒者”。恕谷以质习斋先生，并承其意而为更改《性图》（详见《著述考》）。则是恕谷游浙至京，所见闻者，于攻宋学，亦非无补益也。

惟恕谷学乐于毛奇龄，并得奇龄所著礼、乐、经、史诸书，其后所为诸经传注之学，深受奇龄之影响。其与浙江邵允斯书云：“至于经、史、子、集，皆翻阅之，以为实行之考证，非务占毕也。如是者几至四十，以乐无传，入浙拜河右先生问乐。……又得赐观其驳正《易》、《诗》、《书》、《春秋》、《礼》诸经谬解，而经学颇进。”（《恕谷年谱》卷三，庚辰四十二岁）恕谷之“以考究致用之学为业”，至是乃益并重于经学。后又与万季野、胡朏明、方灵皋诸儒相交游，所受当日提倡经学之风气且益深，故恕谷于诸经亦多有传注。所谓颜学，一传至于恕谷，其面目实已稍异，而似走入汉学之途。此则似无补于颜学。然恕谷实重习行，尤注重于经济，如谓恕谷真走入汉学之途，则又非也。其所为传注，固以昌明颜学为职志，故务与宋儒相反而近于汉学耳。此又读其书者所必当知者也。

（3）恕谷之哲学思想

①宇宙论

恕谷以考究致用之学为业，具于理气心性，所说虽尠，然其宇宙论亦颇具有新解。恕谷于三十九岁时晤王草堂，“草堂曰：‘颜先生言理气为一，理气亦似微分。’曰：‘无分也，孔子曰：“一阴一阳之谓道”，以其流行谓之道，以其有条理谓之理，非气外别有道理也’”。（《恕谷年谱》卷二，丁丑三十九岁）

其后注《易》则曰：

> 理气心性，后儒之习谈也。《易》则不多言气，惟曰“乾阳物，坤阴物”，又曰“百物不废，惧以终始”。《论语》以仁、智、孝、弟、礼、乐为道，偶一及心，一及性，而无言理者，惟曰“敬事”、“执事敬”。唐、虞于正德、利用、厚生曰“三事”，成周于六德、六行、六艺曰“三物”，与后儒虚实太有分矣。（卷一）

其《论语传注问》则曰：

> 问：“朱注：‘仁者，心之德，爱之理’，其说如何？”曰：“后儒改圣门不言性天之矩，日以理气为谈柄，而究无了义。曰‘理气不可分而为二’，又曰‘先有是理，后有是气’，则又是二矣。其曰‘太极是理，阴阳是气，太极生两仪为理生气’，则老氏道生天地之说矣。……”

其晚年所著《天道偶测》直以：

> 天为一可转之物，而日有常度，则天为有形有体之物矣。

此虽以理气无分，与习斋先生之言相合；然以理气心性，乃后儒之习谈；理能生气，同于老氏道生天地之说；直与潘用微“理气之说始于老庄”，非孔经之所有，其意见亦颇相合。故直以“天为有形有体之物”，不同后儒之玄谈，较之习斋先生之说，更征于实矣。理气之说，既不足信，则所谓道者、理者，俱当以实事释之。故其《复恽皋闻书》曰：

夫曰道之为路借语耳，是以道为正字，路为借字也，不知道亦借字也。路从足，道从辵，皆言人所共由之义理，犹人所由之街衢也……《中庸》言“行道”，《论语》言“适道”，《尚书》言“遵道”，皆与《孟子》言“由道”、“由路”同。道即路也，遂亦可曰“小人之道”，“小人道消”。若以道为定名，为专物，则老庄言道，曰：“道生天地”，曰：“有物混成，先天地生。”其视道也，非虚位，而实异端之说矣。宋人曰：“阴阳非道，所以阴阳者为道。”则显悖圣经，陷入异邪。道不训路，其失非小。（《恕谷年谱》卷五，已亥六十一岁，《四存学会校刊》）

其所为李正芳所著题辞曰：

孔子曰：“执射，执御”，是以射御为学也。子游以弦歌为学道，是以礼乐为道也。孔门身通六艺者七十二人，而有德行，有不违仁，是德、仁皆在六艺内也。以伦常日用言，曰道；得伦常于身心，曰德；心纯粹，曰仁；而所以尽伦常之实事者，则曰艺。（同上，庚子六十二岁，卷五）

故曰：

道者，人伦庶物而已矣。奚以明其然也？厥初生民，浑浑沌沌而已，有夫妇父子，有兄弟朋友，朋友之尽，有君臣。诛取禽兽，茹毛饮血，事轨次序为礼，前呼后应鼓舞相从为乐，挽强中之为射，乘马随徒为御，归而计件锲于册为书数。因之衣食滋，吉凶备，其伦为人所共由，其物为人所共习，犹逵衢然，故曰道。伦物实事也，道虚名也，异端乃曰道生天地、曰有物混成先

天地生，是道为天地前一物矣。天地尚未有，是物安在哉？（《恕谷后集·原道》，卷一二）

恕谷在《周易传注》中亦曰：“《说卦》曰：‘立天之道，曰阴与阳；立地之道，曰柔与刚；立人之道，曰仁与义。’是明以阴阳、仁义皆为道矣，而曰不是道，将仁义亦非道乎？阴阳、刚柔、仁义，其实也，谓之道者，名也。”（卷五）就《易》而言，固可谓仁义为道，其实则“孔子、子游明以弦歌为学道”（《圣经学规纂》卷一），而“圣道惟礼可以尽之”，故“习斋谓礼即道”(同上)；故不如直以伦常日用为道，曰：“道者人伦庶物而已”也。此征之“圣经学规”与习斋先生之说，皆印合者也。故习斋先生曰：“德行亦在事物上”，恕谷则曰：“德、仁皆在六艺内也。”（《论语传注问》）其意见正同也。习斋先生谓：“理者，木中纹理也。其中原有条理，故谚云顺条顺理。”又曰：“前圣鲜有说理者。”恕谷亦曰：

以阴阳之气之流行也谓之道，以其有条理谓之理。今乃分理道别为一物，曰理道善而气恶，不亦诞乎！（《周易传注》四库全书本，卷五）

理字则圣经甚少，《中庸》“文理”与《孟子》“条理”同，言道秩然有条，犹玉有脉理，地有分理也。《易》曰：“穷理尽性以至于命”，理见于事，性具于心，命出于天，亦条理之义也。今乃以理代道，而置之两仪人物以前，则铸铁成错矣。（《论语传注问》）

理字圣经罕见，惟《易》“穷理”、《中庸》“文理”、《孟子》“理也”三言，乃指道之条理，余皆言道。自宋儒以理为谈柄，而道字反轻。传至今日，智愚皆言理，而罕言道矣。窃谓即以理代道字，而气外无理。《易》曰“一阴一阳之谓道”，谓阴阳之气即道也。《中庸》：“君臣、父子、夫妇、昆弟、朋友，天下之达道也。”即以通行五伦为道也。《孟子》道性善曰："道一而已"，即以同禀之仁义礼智为道也。未有阴阳之外，仁义之先，而别有一物为道者。有之，是老庄之说，非周孔之迭也。（《中庸传注问》）

恕谷在《论学》中又谓："天下之物，因形以察理，则理可辨。""彼形不可凭而理可凭，夫理者物之脉理也，物形既置，理安傅哉？"（卷二；《李塨集》）盖恕谷之意，亦主"见理于事"，故曰："乃理与事分也，亦误也。"（《圣经学规纂》卷一；《李塨集》）此习斋先生与恕谷之释理为"纹理"、"脉理"、"条理"、"分理"，皆不离事物以言理也。此恕谷所以答其三弟益溪之问曰：

朱子云："洒扫应对之事，其然也，形而下者也；洒扫应对之理，所以然也，形而上者也。"夫事有条理曰理，即存事中。今日理在事上，是理别为一物矣。天事曰天理，人事曰人理，物事曰物理。《诗》曰："有物有则"，离事物何所为理乎？（《论语传注问·子张十九》，卷二）

此恕谷由"气外无理"而更推及"事外无理"，不认理为有一物焉先于天地而生，有其客观的存在，较之习斋先生之说更为详明也。恕谷于《论语传注·上》曰：

成己，成物，以天地万物为一体者，君子儒也。

又曰："以天地万物为一体，何我？"（同上）此习斋先生"天地一我也，我一天地也；万物一我也，我一万物也"之说也。《恕谷后集》有《论宋人分体用之讹》一篇曰：

伏羲以至孔、孟，言道已尽，后学宜世世守之，不可别立名目；一立辄误，如宋人遂分体用，其一也。以内为体，外为用；自治为立体，及人为致用；明明德立全体，亲民致大用；然质之圣经，不如此离析也。心之官则思，思非用乎？自治而行仁布义，致孝尽弟，不见于用乎？临民之道德庄莅，非立体乎？故经有以形体为体者，如易云正位居体阴阳有体，孟子曰四体是也。有以作用为体者，中庸曰体物体群臣，易曰乾坤合德以体天地之撰是也。公孙丑谓子夏、子游皆有圣人之一体，颜渊闵子骞具体而微，体谓德行、政事、言语、文学也。体即具用也，用用其体也。乃后儒曰“有有体无用”，是谓人有手足而无持行也，则痿手废足，不可言体矣。又曰“有有用无体”，是谓人能持行而无手足也，不知以何者持行乎！无此事矣。（卷十三）

此习斋先生“如树之根本枝干通为一体”之说也。然而恕谷谓“质之圣经，不如此离析也”，则恕谷考古之功密矣。恕谷更有说曰：

老子以无为体，以有为用；宋人分体用，盖亦为其所荧也。朱子《太极图说》，以中与仁与感为太极之用，正与义与寂为太极之体，则朱子注《中庸》：“中，体也；和，用也。”此又何以中仁配感而为用，正义配寂而为体耶？朱、陆虽皆染二氏之学，而陆子直走一误，朱子则两顾依违，不能自定其说，此二家之异也。（同上《又论》）

此恕谷以体用之说，亦原于老庄，非孔经所本有矣。此较之习斋先生不主张有体用之分，说尤明矣。即清初诸儒论体用之不可分者，如潘用微、李二曲、王船山诸大师所说，皆无以逾于此。恕谷固不止于颜学之功臣也。

②心性论

恕谷之心性论，亦不以气质之性为恶，亦即以形色言天性，《大学传注问》曰：

问：“孟子言：‘仁，人心也。’仁，性也，即心也，今何分心性为二也？”曰：“善哉问也！经有分言者，存其心，养其性，则心以气质言也，性以义理言也；有合言者，仁义之心，心之所同然曰理义，是义理即在气质，无二物也。异端灭去义理，而专以灵明知觉为心，已心非其心矣，又何与于性！”（《传注问卷三·大学传注问》）

此言义理即在气质，亦驳气质性恶之说也。其《与许酉山先生书》曰：

后儒之学，所依据者，曰尊德性，曰道问学。德性，《中庸》自注之矣，曰智仁勇。《易》言君子四德，《周礼》六德，《皋陶》言九德，《洪範》三德。《孟子》以仁义礼知统之。《直指》曰：“形色天性也，惟圣人然后可以践形。”践形者，践其肃乂哲谋，圣以全形色之天，形色全则性全矣。（《恕谷年谱》卷二，丙寅二十八岁，《四存学会校刊》）

此谓形色即天性也。又有言曰：“酒色财气，性也。”（同上，《恕谷年谱》卷四，庚寅五十二岁，《四存学会校刊》）皆不离物以言性也。故于《论学》假朱、王之争论之曰：

甲宗朱，乙宗王，辩且争。甲曰：“道在事物上求，言求心非。”乙曰：“绝去事物，专求心性。”予闻之曰：“言思忠，貌思恭，忿思难，疑思问，以何思之？即心性也，未有去心而能求事物者也。去耳，聪性何在？去目，明性何在？孟子曰：‘形色天性也’，未有去事物而能全心性者也。夫万物皆备于我矣，去万物，尚可为心性乎？然非心性，则备万物者何在乎？”（卷一）

此不赞同阳明言“分心与事物为二也”。（《大学辨业》卷三）

恕谷于《周易传注》又谓：

一阴一阳迭运，一道也。其继续不已造化流转者，乃阴阳本然之善也，所谓“逝者如斯，不舍昼夜”也。因而命之人，或大或小，或清或浊，各凝成一善者，则所谓性也。《中庸》言天命谓性，孟子言性善，皆本此。（卷五）

则由《易》之维善成性，亦可以言性善，比之习斋先生之说，尤明白而有据。“《易》曰：‘天地之大德曰生。’生生即仁也，即爱也，即不忍也，即性即情也。”（《论语传注问》；《李塨集》）恕谷亦不以才情为恶。据《恕谷年谱》，恕谷于己卯四十一岁谓：“思向论礼，未能考古准今，今颇知依据。向不知乐，今知乐。向以道心无私欲，今知无私欲不足尽道心，必钦而明。此自戊寅至今所历者。”（《年谱》卷三）无私欲不足尽道心，直以人欲有不可去者，与潘用微所谓“圣人本无去欲之说”（《求仁录》卷八），陈乾初所谓“人欲恰好处即天理”（黄宗羲《南雷文约》卷二《陈乾初先生墓志铭》）；及王船山主张人心道心为“互藏其宅”，“交发其用”（《尚书引义》卷一）诸说，亦甚相合。恕谷《大学辨业》曰：

阳明又有“格去物欲”之说，近宗之者，直训“物”为“私欲”，谓同《孟子》“物交物”，《祭统》“不齐（一作‘斋’，《祭统》：‘斋之为言齐也’）则于物无防”、“物”字。夫去欲乃诚意条如恶恶臭之功，非格物事也。且所引证“物”字亦非。己之物，耳目是也；今指己之耳目而即谓之私欲，可乎？外之物，声色是也；今指工歌美人，而即谓之私欲，可乎？其失在“引蔽”二字，谓耳目为声色所引蔽而邪僻也。不然，形色天性，岂私欲耶？犹人羡人金玉而盗之，始谓之盗，始谓之赃，岂人与金玉并未染指，而即坐以盗名，定为赃物邪？是昭烈之指有酒具者而诛其犯酒禁也。至于斋戒所

> 禁之物，谓葱韭薤蒜等食及视疾入内等事以为触犯斋戒之物，故曰防其邪。若以此为邪物私欲，则君子不斋之时，宜于邪物私欲无所防耶？不可通矣。（卷三）

故曰："先儒以人心为私欲，皆误。""人心维危"，谓易引于私欲耳，非即私欲也。"（同上）恕谷则竟不以私欲为尽可去者矣。故其《论语传注问》曰：

> 问"《集注》以私欲训己，不用之何也?"曰："己训私欲，从无此解。且下文即曰：'为仁由己'，一训私欲，一训我身，顷刻异训可乎！圣门专重学礼，曰'约之以礼'，宋儒专重去私。学礼则明德亲民俱有实事，故曰'天下归仁'；去私则所谓至明至健者，只在与私欲相争，故训克曰胜曰杀。训礼曰天理。而履中蹈和之实事，程子《四箴》皆不及焉，遂使二氏翦除六贼之说得以相杂。始以私欲为贼而攻伐之，究且以己之气质为贼而攻伐之，是戕贼人以为仁义也，其害可胜道哉！（《论语传注问》卷二，《颜渊十二》）

习斋先生《四书正误》谓："宋儒以气质为有恶，故视己为私欲。"（卷四）于《朱子语类评》谓："朱子惑于'六贼'之说，创出'克去己私'之解，圣贤经书所未闻。"恕谷此说，盖本习斋先生之意而发挥之，然而更觉显明，恕谷之于师说，因极能阐明之也。

③修养论

习斋先生于修养论有存养省察之说，然以为磨砺乎诗书之中，涵濡乎礼乐之场，则此可为省察存养。恕谷则亦存养省察，实为一事。《中庸传注问》：

> 谓冯枢天曰："宋儒分存养、省察为二事，不知存养、省察皆正心之功，非二事也。……盖省察则心自存，存养则心能觉，似有分功而实一事也。宋儒皆为周

子所误，周子为寿涯、陈搏所误。以主静为存养，遂分之为静存动察矣。”（卷四）

此存养省察合之说也。《大学辨业》曰：

《中庸》“戒惧”，即“正心”而微异。“正心”统动静，《中庸》“其所不睹闻”，专指静言，故曰“须臾”。“致中”则该动静，谓不睹闻以至共睹闻，无时不存其心也。《中庸》“慎独”，同此而意异。此“慎独”谓慎则不敢欺，《中庸》“慎独”，谓慎则不乖于节，“致和”也。自“微隐”至“见显”，无在不敬其事也。（卷四）

又曰：

谓心无静时，只一“慎独”尽之，非也。《中庸》“其所不睹闻”，非静与！分静于动而以主静为功者，亦非也。何者？心之静只是须臾，不可主之也；主此必入于二氏矣。（同上）

此则动静交修之说也。然而又不可主静，此恕谷所以主张有念无念、有事无事皆持以敬也。故曰：

《诗》云：“昊天曰明，及尔出王；昊天曰旦，及尔游衍。”《孟子》曰：“形色，天性也。”人全身皆是性体，人无时不与天接，故古人曰，“畏天之威，敬天之渝；小心翼翼，昭事上帝”。学者存养诚正之功，固刻刻如此也。（《论学》卷一）

恕谷之意，盖主张“礼以治心”，“礼以治身”，礼“毋不敬”，故无论动静，皆当持以敬，“则发皆中节，而天下之达道行矣”。（《中庸传注》）

恕谷于修养上，其理论与功夫并加邃密，故习斋先生亦从之拈出“小心翼翼，昭事上帝”，为持敬之功也。

④知识论

恕谷之知识论，在其主张理与事不可分，已曰：“理见于事”。亦以知必由行而来，始为真知。《恕谷年谱》庚申二十二岁载：

为毅武言：“读书不解，不如反而力行，行一言，解一言。”（《李恕谷先生年谱》卷一）

此实习斋先生之教使然也。故其《论学》曰：

请问穷理是搁置六艺，专为穷理之功乎？抑功即在于学习六艺，年长则愈精愈熟，而理自明也。譬于成衣匠学针黹，由粗及精，遂通晓成衣诀要，未闻立一法曰学针黹之后，又阁置针黹，而专思其理若何也。（卷一）

此与习斋先生所云“孔门则只教人习事，迨见理于事，则已彻上彻下”之意正合。习斋先生论格物致知，以为物即三物之物，格即手格猛兽之格。恕谷《大学辨业》亦曰：

格，《尔雅》曰：“至也”。《虞书》：“格于上下”是也。程子、朱子于“格物”，“格”字皆训“至”。又《周书·君奭篇》“格于皇天”、“夭寿平格”，《蔡注》训“通”。又《孔丛子谏格虎赋》格义同“搏”，颜习斋谓格物之格如之，谓亲手习其事也。又《尔雅》“格，格举也。”郭璞注曰：“举持物也”。又《尔雅》“到”字“极”字皆同“格”，盖到其域而通之、搏之、举之，以至于极，皆“格”义也。物，物有本末之物也。即明德亲民也，即意心身家国天下也。然而谓之物者，则以诚正修齐治平皆有其事，而学其事皆有其物，《周礼》礼乐等皆谓之物是也。格物者，谓大学中之物，如学礼、学乐类必举其事，造其极也。朱子曰：“谓实走到地头，如南剑人往建南，须到郡厅上方是至；若只到建阳境上即不谓之至也。致知在格物者，从来圣贤之道，行先以知，而知在于学。”……语云“一处不到一处黑”，最切致知在格物之义。（卷二）

《周礼》：大司徒以乡三物教万民而宾兴之。……此“物”字正“格物”之“物”，古圣之学也。（同上）

恕谷以“格”可以训“至”，此略与习斋先生之说不同者也。恕谷又曰：

不知不能行，不行不可谓真知。故《中庸》谓“道不行由于不明，道不明由于不行”。如适燕京者，不知路向北往，如何到燕京？至燕京行熟，则知其路方真。然究是二事，究是知在行先。如问燕京路是问，行燕京路是行。《中庸》“好学近知，力行近仁”，知之一，行之一，明分为二事是也。必先问清路，然后可行，《中庸》、《孟子》皆言“诚身、事亲、信友、获上、治民由于明善”是也。今日“说知已有行”，则《大学》但言格致足矣，何必又言诚正修齐治平！“说行已有知”，但言诚正修齐治平足矣，何必先言格致！（同上，卷三）

故曰：

《说命》曰：“知之匪艰，行之为艰”。世固有学而不行者，行自更重于学矣。然此乃学而不行之过，非学胜行、学先行之过也。故谓学犹故法，行乃躬行，分轻重可；谓学属小务，行为大图，分轻重不可也。（《圣经学规纂》卷一）

此与习斋先生“其实行不及，则知亦不及”之说略有不合。恕谷之意，实以考究致用，可以并行不悖，而稍重于知也。虽然，恕谷亦非不重行，其论“即物穷理”有云：

宋人以即物穷理解格物，固不切，然亦未尝即物穷理也。吾党今日，乃即物用力耳。即如一事来前，必圣贤之心，庸人之情，豪雄之略，宵小之诡，一一照彻，始有措置。宋人所言，讲书而已，其实书理即世事，世事既不透彻，书理亦必多蒙混。（《恕谷年谱》丙戌四十八岁。

此谓“世事既不透彻，书理亦必多蒙混”，则仍见理于事之说。盖好学与力行并重，尤可谓不偏不倚也。

(4) **恕谷之教育思想**

①学教之目的

恕谷之教育思想、论学教之目的、历代之学教、学教之方法等，大抵并与习斋先生相同，恕谷之《圣经学规纂》、《大学辨业》、《小学稽业》，不过考古代之成法较为详密而已，其意见固仍源本之习斋先生也。恕谷少“以考究致用之学为业”，丙寅二十八岁，在京，

> 谓子固曰：“学而时习，或以为读书，或以为见性，皆误也。”子固曰：“然。人不知，君相亦何须读书见性之人乎?”（《恕谷年谱》丙寅二十八岁）

学而时习，非为读书见性已也，必使明亲之道，实见于今日，乃所以为学也。其《圣经学规纂》曰：

> 孝弟忠信，四民所同也；兵农礼乐，士所独也。何者？士固储其学以待为民上而任经世之责者，非若农工商徒自善而可已也。乃今名道学者，祗务读书，高则立行，语以兵农礼乐，辄曰出位，岂知学为上正士之位与？不学为上之事，不惟失圣学，并有歉于士矣。(卷一)

此与习斋先生之说，“学者学为君相”，“人必斡旋乾坤，利济苍生，方是圣贤”，认学教之目的，固在于经世致用也。故于《论语·子路、曾皙、冉有、公西华侍坐章传注》曰：

> 此见圣门以用世为学为志也。……夫三子志在用世，正应“何以”之问，乃圣门之学也。故子曰：“隐居以求其志”。孟子曰：“居仁由义，大人之事备焉。”（卷下）

“圣门以用世为学为志”，则士真当“储其学以待为民上，而

任经世之责”，故曰：

今世之学，徒事记诵，与古迥异。古四术三物，仕即其学，学即其仕。今学，徒占毕非所用，用责干济非所学，而世事坏矣。(《恕谷年谱·丁卯二十九岁》)

故《大学辨业》于《大学》一篇曰：

此篇明《大学》成己成物之道也。古者，学中教人之法正而且备，圣君贤相巨儒，皆由此出。然当时从政之斗筲者，岂尽不从学中来耶？则以未尝实致力于大学之道也。自在明明德至虑而后能得，明其道也；自物有本末至国治而后天下平，言为其道则有事，而学其事则有物，物者，大学教人之成法，如礼乐等是也。古人事此物以成己成物，先后有定序，而必由于学中学习其物，而后由知以行，成己成物之道，可一一全也。(卷二)

古之大学，所以造就“圣君贤相巨儒”，故注重于明德亲民也。则尤可见学教之目的，在于经世致用矣。故恕谷又引冯应京《皇明经世实用编》之言曰：

学无二事，一之乎成德而已；德非自私，归之乎济世而已。(同上，卷二)

此所以谓学而时习，非以为读书见性，必归之于济世乃可也。

②学教之方法

习斋先生论学，力辟读讲著述，静坐居敬之非，恕谷饫闻习斋先生之教，其所见亦正相同，如云：

害政莫甚于繁文。(《恕谷年谱》卷一《庚申二十二岁》)

奇技艳货导淫俗，诗文字画蛊实学。(同上，卷二，《丙子三十八岁》)

举业聪明，则世事不聪明；时文不庸腐，则世事庸腐。甚矣！时文之害世也。（同上，卷二，《庚午三十二岁》）

寄李中孚书，略言：“圣贤正学，在明德亲民，学习礼乐。闭目静坐，古学所无也。诵读，乃致知中之一事，非专以此为学也。”（同上，卷二，《甲戌三十六岁》）

以讲性天为学，与好隐逸耽清虚者，虽曰辟佛、老而易惑也，以去之不远也。（同上，卷一，《辛酉二十三岁》）

“书生好逸恶劳，喜静厌烦，失圣学，近异端，乱天下。”又言：“隐士好清虚，道学谈心性，文人以穷二氏之书为博，孤臣孽子怨愤归空，皆与佛、老为缘者也。”（同上，卷三，《甲申四十六岁》）

思幼者以动为乐，老者以静为安；静坐者，衰世之学也。（同上，卷四，《乙酉四十七岁》）

一石生来见，自言有志于宋儒之学。又言今日惟恐异端乱道。先生曰：“何为异端？”曰：“专主静而不敬。”先生曰：“主静立人极，周子之教也；静坐，雪深尺余，程子之学也；半日静坐，半日读书，朱子之功课也；然则，主静正宋儒学也。”石曰：“主静须以敬。”先生曰：“此当有辨。《六经》无言主静者，吾儒主敬则自静，二氏主静却无敬也。”石又言“朱子为圣人”。先生曰：“何以见之？”曰：“集群圣之大成。”先生曰：“刘静修言‘朱子集宋儒之大成’，今子又言‘集君圣之大成’；汉、唐儒说，朱子已不能集矣，况群圣乎？夫孔子集大成者，得志则二典三谟，文谟武烈，皆亲见于身，非仅以删《诗》、《书》为集大成也。以读书著书为儒者，七百年来之大梦也。”（同上，卷五，《己亥六十

一岁》)

宋人主敬即主静，故曰：“主一无适。”若以小心翼翼为敬，则与主静判若黑白矣。(同上，卷五，《庚子六十二岁》)

此恕谷论讲读著述、静坐读书之非，散见于《年谱》者也。其于宋明学术之弊，似于陆、王之顿悟，程、朱之主敬，尤深恶之。《论语传注》曰：

“闻”非偶然顿悟，乃躬行心得之谓也。(《论语传注》卷上)

后儒离修己、安人、安百姓，而但言主敬，又名曰“主静”，效佛氏蒲团静坐，为敬以直内，而阳儒阴释，异端害道之祸烈矣。(《论语传注》卷下)

顿悟主敬，皆可谓之异端害道也。先生又曰：

近宗程、朱者诋陆、王顿悟为禅，不知古经无“悟”字，悟即禅，旨不在特顿也。程、朱好诵读，重惺觉，故悟欲渐；陆、王轻诵读，专惺觉，故悟欲顿，盖视程、朱又甚耳。潘用微曰：“悟者，从未有是景，而忽及之，禅家以此为法门。”愚谓《大学》言知在于格物，《论语》先觉，就应事接物言，与一旦豁然，大事顿悟，天渊有分也。(《论语传注问》)

“古经无‘悟’字，悟即禅”，则顿悟尤为禅宗之旨矣。又：

问：“何以见离事言敬也?”曰：“朱子谓程子言‘主一无适’，谢氏言‘常惺惺法’，尹氏言‘其心收敛不容一物’，盖敬心既立，由是以格致，由是以诚正修齐治平，是敬先事后，非离事言敬与?且其持敬之功，曰半日静坐，何尝著事与?四明潘用微曰：‘必有事之谓敬，非心无一事之谓敬。’心无一事，不过虚明湛然，如佛氏所谓惺惺寂寂而已，岂圣人之所谓敬乎?”(卷上；戴

望：《颜氏学记》卷四，四存学会刊印《颜李丛书》）

宋儒讲主敬，“主一无适，乃静之训，非敬之训也”（同上）。恕谷深恶陆、王、程、朱之意，可以见矣。虽然，恕谷曰：

> 武承之驳陆、王，何其明耶，然酷护程、朱。夫教人以性为先，程、朱不犹之陆、王耶？乃一主一奴，何耶？（《恕谷年谱·己巳三十一岁》）

其于程、朱、陆、王之害道，实无偏倚之见。故其《中庸传注问》曰：

> 宋明以来，儒者各立门户，一闻异己之言，辄盛气相加，以致结党修怨，害于家，凶于国。其气质之驳为何如者？岂读书不细之过邪！陆稼书、任灵寿、邵子昆、任清苑，皆有清名，而稼书以子昆宗陆、王，遂不相合，刊张武承所著《王学质疑》相诟厉。及征喀尔旦，抚院将命稼书运饷塞外，稼书不知所措，使人问计子昆。子昆答书云：“些须小事，便尔张皇，若遇宸濠大变，将何以处之？速将《王学质疑》付之丙丁，则仆之荒计出矣。”然《质疑》一书多可采，观其辟陆、王躐等性天之弊甚切，但其驳陆、王者，即驳程、朱者也，乃一主一奴，此尚归之读书不细邪？抑有所蔽，遂不自知邪？（卷二）

恕谷于《王学质疑》以为多可采取，称其说之明切，然因其酷护程、朱，谓之“一主一奴”，则恕谷于程、朱、陆、王之非，固亦等量齐观，于其学教，固以为皆不足取也。

习斋先生谓实学在三事三物，谓古者学从六艺入。恕谷之意，实亦如此。《大学辨业》谓：

> 《周礼》：“大司徒以乡三物教万民而宾兴之……”此“物”字正“格物”之“物”，古圣之学也。（卷二）

又曰：

六艺，大学之实事也。（卷三）

以三物六艺为实学，稽之于古，有明征也。恕谷又曾与方灵皋详言之，曰：

君疑格物非《周礼》之三物乎？三物之六德，即仁、义、礼、知也；六行，即子、臣、弟、友也；六艺，即礼、乐、兵、农也。请问《大学》之物，尚有出此三物外者乎？吾人格物，尚有当在此三物外者乎？即杂以彼世文章讲论，亦只发明此三者耳。格物非三物而何？（《恕谷后集》卷四，《与方灵皋书》）

此以《大学》之物，“不必作《周礼》三物观”，亦可以见学之当由三物六艺以入，甚有明据也，恕谷谓《大学》一书，曰：

诚意以至治平，下皆有覆明之文，而致知格物无者，以致知之功在于格物。而格物之事，在作书者之时，《大学》教法尚在，不必言也。惟恐学者浮游其物，而用之不实，故指其道曰：“在明亲、止善。”而明亲之道，舍学无由，故又曰：“致知在格物。”（《大学辨业》卷二）

直指其道曰“在明亲、止善”，正惟恐学者之“浮游其物，而用之不实”也。学教之目的，在明德亲民，而后可以端正其趋向矣。又曰：

孔孟前《周官》、《大学》成法具在，但恐徒习其文，而身心意知未克醇成己之仁，家国天下未克精成物之知，则《论语》所谓“可与共学，未可与适道”者矣。故直指其道曰：“在明明德，在亲民，在止于至善。”而至教学之实物，非以其有成法，不必详言也。观“修齐条”但言人情偏向之弊，而未言范围之礼乐；“治平条”言理财用人，宜絜矩不宜辟，而不言田赋、劝省、选举、计察之实政；可见若不解此，而于近者古法耗斁之时，徒读《大学》一篇，以为学教实事尽是，则又误矣。譬之言成衣然，成衣之道，在成单衣，在成缊袍，在单衣、缊袍皆成之甚佳，以识其纲；又衣袍有领、有袖、有身、有襟，领欲圆，袖欲便利，身欲正，襟欲齐，以列其目，而尚非成衣之实事也。实事则用翦用针用线之类也。师以是教，弟以是学也。朱子曰："《大学》是一个腔子，须要填实。"此言得之。（同上，卷二）

"《大学》是一个腔子，须要填实"，徒读《大学》一篇，以为学教实事尽是，则不可也。此所以必知格物之事，即在大学；而物非他，即三物六艺之学也。恕谷乃曰：

人受天地之中以生，必有仁义礼智之性，性见于行，则子臣弟友（夫妇在内）；行实以事，则礼乐兵农。盖子臣弟友之不可解者为仁，有裁制为义，恭敬之心为礼，辨是非为智。至于子臣弟友，实有其品节文为，是为先王所制之礼。鼓歌其礼则为乐，兵所以卫父兄君友者也，农所以养父兄君友者也。苟失其仁义礼智，不可以言子臣弟友矣，不可言礼、乐、兵、农矣；不尽子臣弟友，丧其仁义礼智矣，亦丧其礼、乐、兵、农矣。然使无礼、乐、兵、农，安见所谓仁义礼智哉？亦安所谓子臣弟友之事哉？三者由内而外，一物也。《周礼》教民，一曰：六德，有圣、忠、和，犹是四德而分其名也；一曰：六行，内有睦、姻与恤，五伦所推及也；一曰：六艺，及于射、御、书、数，又礼、乐、兵、农之分件也。三者总名曰：物，言心性非精，礼乐非粗，只此物也。古圣或以一仁统之，或以中统之，或以一礼统之，或曰："修以敬"，或曰："行以恕"，皆此物也。《论语》之"文、行、忠、信"，文即礼乐兵农也，行则子臣弟友也，忠信则仁义礼智也。《中庸》“天命之性”，言仁义礼智也；率性之道，子臣弟友也；“修道之教”，礼乐兵农也。由博文而约礼，由格致而诚正修齐治平，是为下学；由下学而尽性至命，是为上达，而一贯在是矣。若外是而别有途径，异端曲学，乌可训哉？（《论学》卷二）

此由内而外，以言三物之为一物，博文约礼在于是，格致诚正、修齐治平在于是，下学即可上达，修道之教即为礼乐兵农，则其所谓学，诚可谓实学矣。此所以云：

先王三物之教，六艺六行，其实事只在六艺，质之圣训，固彰彰也。（《圣经学规纂》卷一）

六艺为圣贤学习实事。……子之四教，文与行、忠、信并列，《周礼》三物教民，六艺与六德、六行并列，即《大学》之格致与诚正修齐治平并列也。必如此，乃体用兼备，知行并全。帝王圣贤，无二道二学也。（同上，卷二）

此证之“圣经学规”亦可见其然也。恕谷论三物六艺之学教，更能征之于古矣。三物六艺，可以一礼统之，故恕谷于“礼”亦曰：

圣门六艺之学，总归一礼。（《论学》卷一）

“圣门学道成规固在也。”曰：“何在？”曰：“以礼。学礼则为博文，行礼则为约礼。以礼自治则为明德，以礼及人则为亲民。”（同上，卷一）

《周礼》教士以六德、六行、六艺，而实统以礼。孔子言智廉勇艺之才德，而俱文以礼乐，求仁而视听言动必以礼，孝亲以礼，事君以礼，养德制行不出一礼也。约我以礼，齐民以礼，明德亲民皆礼也。（《恕谷年谱》卷二，《丁丑三十九岁》）

聚五问从事圣学之方，先生曰："以礼。博文，学礼也；约礼，行礼也；齐明，内养以礼也；非礼不动，外持以礼也。"（同上，卷三，《甲申四十六岁》）

此就博文约礼言也。《圣经学规纂》曰：

圣道惟礼可以尽之。发育、峻极之功用，亦不越一礼，故曰"约之以礼"，"复礼为仁"。《周礼》无所不举，统名《周礼》。《大学》言明亲，《中庸》言性教，《小戴》皆列于《礼记》，可见也。鹿忠节、颜习斋谓礼即道也。……是统天下之理皆礼也。《周礼》"三物"，礼居六艺之一，专指五礼仪文言也。《鲁论》"约之以礼"，《中庸》"非礼不动"，则三物皆该其中矣。（卷一）

专重礼教，此亦习斋先生之意也。明德亲民，率性修道，无不可谓之礼，征之"圣经学规"，其验亦甚明也。

习斋先生论学，极重习行实用，恕谷亦然。尝曰："省察力行如循环，省察精则力行勤，力行勤则省察益精。"（《恕谷年谱·辛酉二十三岁》）。又曰："读书不解，不如返而力行，行一言，解一言。"（戴望：《颜氏学记》卷四，四存学会刊印《颜李丛书》）皆重行之意也。《圣经学规纂》又论之曰：

古学非读书也。《周礼》师氏掌以三德三行教国子；保氏掌养国子以道，乃教之六艺；《内则》：习幼仪，学礼乐。朱子解学文，亦曰《诗》、《书》、六艺之文，《诗》以习歌咏，《书》以考政事，礼、乐、射、御、书、数，皆修己治人之实务，此古人之学也。至乎翻读，乃学中十分功力之一二耳。《论语》载孔门传述，未尝及于翻读，可知古人之学，不在此也。然则学者，即学事父、事兄、致君、交友之行，行者，即行事父、事兄、致君、交友之学。学者，学于学中；行者，行于

临事；本一物也。（卷一）

谓学有兼行言者可。夫子自谓下学，称颜子好学，其义皆兼行，盖行即行其所学，原非两端。……然谓行即学而废学习之功，则断不可。夫子由志学而立，颜子博文而约礼，皆各有功力，确有次程。（同上，卷一）

习行当并重，不可谓知行合一而废学习之功，不可专力于诵读而忘乎实行也。恕谷于时习力行，亦真习之行之，至老不倦，亦非空言时习力行者所可同日而语也。据《恕谷年谱》载恕谷之习行甚详，于习斋先生所倡之习恭，并效法之，恕谷固实为习行颜学者也。

恕谷之于实用，言之亦颇详，其攻击宋明学术之弊，提倡三物六艺之学者，亦正为一虚一实，一无用一有用，其功效显然不同也。据《恕谷年谱》，恕谷曰：

文，《诗》、《书》、六艺也，诵《诗》作乐，能言考《书》，知政练事，习礼乐射御书数以致用，非占毕也。（卷一，庚申二十二岁）

丰村来拜，尚崇诵读。先生曰："纸上之阅历多，则世事之阅历少；笔墨之精神多，则经济之精神少。宋明之亡，此物此志也。"（同上，卷二，丁卯二十九岁）

瑞生问圣学、俗学之分，先生曰："圣学践形以尽性。耳聪目明，践耳目之形也；手恭足重，践手足之形也；身修心睿，践身心之形也。形践而仁义礼智之性尽矣。今儒堕形以明性，耳目但用于诵读，耳目之用去其六七；手但用于写字，手之用去其七八：足恶动作，足之用去九；静坐玩弄，而身不喜事，心遇事迂板，身心之用亦去九。形既不践，性何由全？此一实一虚，一有用一无用，一为正学一染异端，不可不辨也。"（同上，卷四，《己丑五十一岁》）

宋儒内外精粗，皆与圣道相反，养心必养为无用之心，致虚守寂；修身必修为无用之身，徐言缓步；为学必为无用之学，闭目诵读；不去其痼尽，不能入道也。（同上，卷四，《庚寅五十二岁》）

学以致用，非徒占毕；笔墨之精神多，则经济之精神少；此所以当以减诵读为戒也。宋儒之学，养心修身，适以成为无用之心身，故必当抨击之也。若六艺之学则不然。恕谷尝论之曰：

全德行必由六艺，原统六艺而言……然即论四艺（射、御、书、数），父兄为贼所劫，而己不能关弓而射之；父兄欲乘车，命之御，对曰："不能"；命之记一家什器，曰："我不解书"；命之计生产业，曰："不知数"，能尽孝友服劳主事乎？非疾而不能执弓揽辔，而震駴举毛锥如枪，持珠算而颠倒，以言圣智，可乎？是射御书数之人，原未必即能孝友圣智，而欲全孝友圣智，必不可废射御书数也。近世颜习斋、陆道威两大儒皆重六艺……六艺者，日用必需之事，不可缺者也。（《论学》卷二）

又曰：

明德亲民，德行六艺，何理不具？然理虽无所不通，而事则各有其分。如冉有足民，岂不筹画农圃之务，而必不与老农老圃并耒而耕，而安得兼习胼胝之业与？且言此者，以学乃实事，非托空言。空言易全，实事难备，故治赋为宰，圣门各不相兼，况学外纷琐者乎？不然，心隐口度，万理毕具，然试问所历，亦复有几，则亦徒归无用而已矣。（同上，卷一）

六艺为日用实事，且当事各有分，以求归于有用，故此之宋儒之学，一虚一实，一无用一有用，天渊之分也。恕谷《上许酉山先生书》谓："必宜力复古辙，以忠信笃敬为德，以《诗》、

《书》、《礼》、《乐》为学，使位天地、育民物者，实有其事，则《大学》明亲之道，实见今日。”（《恕谷年谱》卷二，丙寅二十八岁）《复邵允斯书》谓：“圣道至宋儒而歧，其内地功力，皆参杂释、老，而所谓问学者，又只诵读训诂，迂阔无用，将周孔兵农礼乐之实学，一概蔑略。”（同上，卷三，庚辰四十二岁）《与张子励、韩同甫、魏肤功书》谓：“诵读则学者余事，著书乃不能行道，不得已而明道之事，而周、孔正学，则《论语》所载问仁知问孝问政，由求等所习之礼乐兵农也。今蔑略不务，而但兀兀穷年，故纸充栋，复增以纸，举世目道学为迂阔无用”，“而心性无实功，身世无实学”。（《恕谷后集》卷五）《与宋可亭学使书》谓：“后人则以讲为学，多事空言，鲜敦实事。”（同上，卷四）其所为《恽氏族谱序》谓：“自宋有道学一派，列教曰‘存诚明理’，而其流每不诚不明，何者？高坐而谈性天，捉风捕影，纂章句语录，而于礼兵、兵农、官职、地理、人事沿革诸实事，概弃掷为粗迹，惟穷理是文，离事言理，又无质据，且执理自是，遂好武断。”（同上，卷二）其《送杨公宾实贵州布政序》谓：“抑道学之仅可自治而不能及人，仅可著书立言而不能勒功树业耶？若是，则圣经之明德亲民为虚语矣。”（同上，卷二）亦皆缘于一虚一实，一无用一有用而发也。恕谷尝谓：

道学不能办事，且恶人办事。（《恕谷年谱》，卷四，《庚寅五十二岁》）

辨天下事，必耳聪、目明、心睿。（同上）

然而“天下皆壮人也，自有理学、书生二派，而皆成懦人”（《恕谷年谱》，壬戌二十四岁），则亦可见“六艺必宜复，不则天下必无强立之日”（同上，卷三，辛巳四十三岁）。故曰：

吾儒之学，在时有所事，物不用则蛊，人不事事亦蛊。《论语》言“请事”，《孟子》言“必有事”是也。（同上，卷五，乙未五十七岁）

学求有用，当人先求有用。目尽明之用，耳尽聪之用，心尽睿之用，以至言貌皆然。若视、听、言、貌、思，块然颓然，不端不灵，不大不远，虽日讲经济，无所用之。（同上，卷五，己亥六十一岁）

故曰："持身莫如敬，应事贵于敏，成材务学有用。"（同上，卷五，庚子六十二岁）此皆重实用之意也。恕谷又谓：

小务有用，乃可图大。（同上，卷五，丙子六十八岁）

又曰：

学术不可少偏。近闻习斋致用之学者，或用之于家产，或用之于排解，少不迂阔，而已流杂霸矣。故君子为学，必慎其流。（同上，卷四，乙丑五十一岁）

恕谷于经世致用之学，所见盖又比习斋先生进一步矣。其所谓"学求有用，当人先求有用"，"小务有用，乃可图大"，以今观之，犹不刊之论也。

③小学与大学

恕谷于大学有辨业，谓直指其道，在明亲至善，而其学教实事，在三物六艺；小学则与大学显然不同。《大学辨业》曰：

《大戴礼·保傅篇》曰："古者，年八岁出就外舍，学小艺焉，履小节焉。束发而就大学，学大艺焉，履大节焉。"《注》曰："束发谓成童。"而贾谊《新书·容经篇》亦有"古者，年九岁，入小学，蹍小节，业小道；束发就大学，蹍大节，业大道"之文。《尚书大传》曰："公卿之世子，元士之嫡子，年十三入小学，见小节而践小义；二十入大学，见大节而践大义。"《白虎通》曰："八岁毁齿入学，十五入大学。"诸书入学之年，互有不同。或古人通用，或朝代各异。朱晦庵据《白虎通》为断，亦可谓酌其中矣。至学之之事，则《大戴礼》与《新书》、《大传》之言为得其正。而班氏《食货志》亦曰："八岁入小学，学六甲五方书计之事，始知室家长幼之节；十五入大学，学先圣礼乐，而知朝廷君臣之礼。"《周礼》："乐师教国子小舞。"郑注曰："谓少时教之。"盖总此道艺之事而程其年力，使之从小入大，从易入难耳。至朱晦庵乃自立一说，以洒扫应对进退之节，礼、乐、射、御、书、数之文，入之小学；以穷理、正心、修己、治人八字，隐括《大学》格物等，入之大学。殊不思《内则》为学之次，成童始舞象，二十始学礼，而俱责之年幼，其能乎？且礼、乐、射、御、书、数，圣人所以成德持世也，而但归之小学乎？至谓"小学者学其事，大学者学小学之事之所以然。"蔡虚斋遂曰："格致只是穷理，非追补其事诚正修。"又说："此事不入，是进于大学，只当如后儒静坐观理、读书谈道而已。"诚正修身说此事不入，然则礼乐将何用乎？圣人言"文以礼乐"，"非礼不动"，"所以修身"，皆误语乎？夫格物致知，以诚正修齐治平，正在礼乐之道艺用功，非二事也。譬之治田，道艺，其耒耜镈铫也；诚正修齐治平，其用耒耜镈铫以耕耘收获也。今谓治田者，年幼则专习耒耜镈铫之事，年长则专讲耕耘收获之理，岂可也哉？（卷一）

小学之业，《内则》、《保傅》诸篇所载甚明，不可谓"小学者学其事，大学学小学之事之所以然"也。恕谷于大学有《辨业》矣，于小学又稽古成法，本之《内则》、《保傅》、《弟子职》、《容经》诸篇，而为《小学稽业》。其卷一，小学四字韵语，乃"将小学物事撰为四字韵语，以便幼童读而习之"。卷二即《内则》诸篇为食食能言，六年教数方名，七年别男女，八年入小学教让，九年教数日，十年学幼仪。卷三《学书》，卷四《学计》，卷五十有三年《学乐》、《诵诗》、《舞勺》。《学书》中并录《经世实用编》之《篆法歌》，及《书法百例歌》等文；《学计》中录及《九章算法》，与陆道威《思辨录》等书；卷五《学乐》所采尤博，有《六律正五音图》、时用南曲七调谱，籥籧色、笙色、琴色、正宫黄钟调曲，明宁府所纂唐乐籧谱，文舞容、武舞容等，读之亦可见恕谷对于小学学教之理想也。

（5）**恕谷之政治思想**

恕谷于既冠以后，从习斋先生游，而以考究致用之业，即“纂治平事”（《恕谷年谱》卷一，《庚申二十二岁》）、“习韬钤”、“考经济”（同上，《辛酉二十三岁》），“有所得辄经济书于《与斯集》”，“置一册曰《瘳忘编》”，“摭经世大略书之”（同上，《癸亥二十五岁》），“书《廿一史》经济可行者于曰《阅史郄视》”（同上，《丙寅二十八岁》）。恕谷早年对于经世致用已极为注意，且有著述。其后又有“《宗庙》、《田赋》诸《考》，用以论治”。而为王昆绳订《平书》，晚年又作《拟太平策》，自谓“一生总结是此书”（同上，己酉七十一岁）。恕谷有志于经世，而终不见用，故不得不一再寄之于著述也。今案恕谷之学，实承习斋先生主教，注意于礼、乐、兵、农。其早年所著之《阅史郄视》、《瘳忘编》，皆讲求所以富天下、强天下、安天下之法，《阅史郄视》孙积《序》亦谓其“独措思于其要者切者，若兵农诸大政，尤三致意焉”。《平书订》卷目虽以《分民》、《分土》、《建官》、《取士》、《制田》、《武备》、《财用》、《河淮》、《刑罚》、《礼乐》为次第，一依《平书》所订。然恕谷曰：“民不分则庞，不分则奸匿，王道何由举乎？故分民为王道之始，然必田制均，学校正，民有养有教，则各得具所，自有伦脊，而事易就。是分民与诸政兼举，又非以次序在前，而独先行也。”则恕谷之意，仍注意于有养有教也。《拟太平策》乃准《周礼》六官而作者，而实注意于富强之策。今述恕谷之政治思想，仍先述其垦荒、均田之议，再及其兵农合一之策，而后及其取士分民诸论。

a. 垦荒与均田

恕谷于《瘳忘编》及《拟太平策》中皆有极注意富强之意，如谓：

> 天下处处皆粮则天下富；天下人人习兵则天下强。（《拟太平策》卷四；《瘳忘编》）

欲天下之富，则非垦荒均田不为功。恕谷在《阅史郄视》中尝以“垦荒为第一要政”（卷三），又谓：“今天下常苦人多而田少者，必荒芜者多也。”（卷四）《平书订》有制田之策，垦荒与均田可以并行之。《平书订》曰：

> 吾有收田之策六：……一曰清官地，如卫田学田之原在官者，清之使无隐。一曰辟旷土，凡地之在官而污莱者开之，不弃之无用。一曰收闲田，兵燹之余，民户流亡而田无主者收之，有田者分田与之，不必没其全业。一曰没贼产，凡贼臣豪右，田连阡陌者没之入官。四策行，田可得什二三矣。其二策：一曰献田，一曰买田。明告天下以制民恒产之意，谓民之不得其养者以无立锥之地，所以无立锥之地者，以豪强之兼并，今立之法，有田者必自耕，毋募人以代耕；自耕者为农，……惟农为有田耳。（卷七）

“辟旷土”，垦荒之策也。“惟农为有田”，今耕者有其田之说也。恕谷订之曰：

> 收田于六者外，更有四策焉。（前已详引）……而制田之道有七：民与田相当之方立行之，一也。其荒县人少，即现在之人分给之，余田招人来授。人多之处，犯罪者则迁发至其地，二也。民有八分愿，而二分不愿者，古人谓民可与乐成，难与虑始，虽严驱就，法不惮也，三也。明白谆谕，为民立命，田多者即暂损一时，而万世子孙永无饥寒，利孰大焉，四也。凡藩郡县畯制

田有方者立加爵赏，五也。如万一有必不可行之地，则或一藩一郡一县且如旧例，而限田以数，令多者可卖而不买，买田者如数而止，而一县之内则必不可或均或不均以滋变端，六也。井田、畺田，或贡或助，或陆或水，随地随宜，无所不可，但不得过授田之数耳。每家五十亩，亦约略言之，行时以天下户口田亩，两对酌计可也，七也。(同上)

昆绳之意，对于井田犹谓当师其意而不师其法，恕谷则以井田为必宜行。昆绳谓一夫可以百亩，恕谷则谓每家五十亩。昆绳犹谓当不求之以速，恕谷则以为久以待之，即不行之说也。恕谷于垦荒均田，固必欲行之，此其所以云"虽严驱就，法不惮也"。恕谷《拟太平策·卷二》曰：

田有水可蓄泄者，则沟洫井之（沟洫从圩围之便，水田工费，一夫三十亩即可）。无水而人民新造地足分者则均之，一家八口田百亩。中人左右足各一跷与两肱舒直，等五尺也，为一步，步百为亩。如不得均则限之。一夫不得过五十亩，多者许卖不许买，宅亦有限。

恕谷之意，盖亦以为"田可井则井之，不可井则均之"，于习斋先生佃户分种之说（前已详引），并以为是；而于限田之说，且亦用之。制民之产，而均贫富，固为政之要图也。

恕谷于《阅史郄视》谓："东南水利，自钱镠而后，南宋浚治甚悉，宜其以半壁而御北方，一二百年无脱巾之患也。然扬州古称下下，地之肥瘠，岂不以其人哉?"（卷三）《平书》于制田亦极重水利，备举徐贞明《潞水客谈》，徐光启《垦田用水议之说》而曰：

今于北方可为水田者为之，不可为者，开沟洫以治旱田而已。总之，有川利于通，无川者利于蓄。通之在沟洫，蓄之在陂塘。故制田宜先治水。(《平书订》

卷八）

恕谷亦曰：

> 即无水旱田而夏停潦者，亦宜以沟洫泄水。……不然，如今六七月间，淫雨积涂，行路不适，禾苗渰损，岂细故哉？但不必多耳。（同上）

北方水利，以今视之，犹不可不亟兴，则昆绳、恕谷之所以经划甚详也。恕谷谓："旱地沟洫徒费也，但与邻田栽树，以清疆界，以毓材木。"（《拟太平策》卷二）。此其所以谓沟洫不必多，与昆绳意见稍不同也。

b. 兵农之合一

恕谷于《瘳忘编》谓："后世失武舞之法，而武艺、技击别为一事，儒者披甲胄而色赤，持戈矛而渐汗，以致天下皆痿夫尪人幼妇娇女，可胜叹哉？"又云："沿而后世，唐宋明以文艺取士，士坐老于章句间，文且为虚，武益不问，而士弱矣；承平之后，不行古田猎之法，以时练兵，而兵弱矣；兵民分而民不知兵，而民弱矣；宋忌将得士心，明中叶以下文尊武卑，而将弱矣；郡县之权太轻，有事不得专决，而官弱矣。士弱、兵弱、民弱、将弱、官弱，而天下俱弱矣。"（《阅史郄视》卷二）甚感中国之积弱。王昆绳《平书》曰：

> 夫井田寓兵于农，既已无人非兵，而又无时不习，岂后世右文左武者所可比。卫灵公问陈，而孔子不答者，非谓军旅之事不当学，以卫灵所急者不在是耳。后世儒者遂以孔子为口实，谓为国者宜文不宜武，且兵民既分，而右文之世，武备懈弛，儒以兵为讳，士以武为耻，兵冗而弱、惰而骄，縻饷则有余，御侮则不足。一旦有事，则督之以腐懦之书生，将之以庸劣之武弁，以致盗贼横行，生民屠毒，而宗社随之，岂不悲哉？然亦不必如古制尽人而兵也。尽人而兵，必尽人而练，尽人

而练则法繁；尽人而兵，不能尽人而勇，不尽人而勇则不精。（《平书订》卷九）

恕谷订之曰：

官与吏、仕与学、文与武之不可分，昆绳皆同愚见。独兵农分为二，稍有可议者。兵不出于农，而以召募，则为兵者必多游手犷獭之伦，久则暴视闾里，恣睢谁何，为农者绝不预兵，则必鲁顿畏怯，卒有变即不可支。如明季士不知兵，民不习兵，有一寇至，千百骇走，呼之，跽而待戮，骈首俸刃，至终无一敢逃者，不可为之大哀乎？况既已均田，则家皆有产，出兵为易，何不效古王之田赋治军，而乃曰尽人而兵也？……今拟制田能行，必宜寓兵于农。……但万一不能均田，则只可如昆绳召募之法，而益以乡兵亦可也。（同上）

寓兵于农，亦不必人人尽兵也。恕谷于《拟太平策》论之曰：

仿古寓兵于农，二十五家，约五口计之，得一百二十五人，除老弱妇女三之二，得强壮四十一人，选一官兵，二十应，六十退。二十五家人口田产配之，约与他二十五家等，器械二十五家按田公制。四官兵选一马官兵，甲胄刍豆，百家按田公出。无事则业其家之农，有事上戍出征，皆领粮于官，定以数。农隙，里师教其射与武艺；不上戍者，有盗同乡兵捕。千家出四十官兵……万家出四百官兵。（卷四）

恕谷谓：“天下处处皆粮则天下富，天下人人习兵则天下强。”故于寓兵于农之说，谓当必行。以今观之，征兵之制，实善于募兵之制，中国积弱，非征兵制，实无以矫之也。颜、李富强之策，于今日犹当师其意也。

c. 游惰之禁止

恕谷、昆绳皆不取封建之制，而以为当郡县重权久任。（详见《平书订》卷二《分土》第二）恕谷谓“治天下有四大端，曰：仕与学合，文与武合，官与吏合，兵与民合”（《平书订》卷三）。于是更拟有“仕与学合”之策，订学校之制度有里学、邑学、乡学、县学、府学、藩学、太学，自八岁入里学，间三年一升学，而实则至县学已教以三物之学，府学、藩学、太学，但各试之三月而已。二十一岁后，则至“县尹六衙”，“试其事而为之附”，盖专为仕而学。（详见《拟太平策》卷三）今亦可勿详述。唯恕谷、昆绳皆注意于游惰之禁止，恕谷《拟太平策》曰：

> 天下有一无事之民，则一民废；无一无事之民，则天下治。今士人静坐，讲无极性天空谈，或玩愒觞咏，或博奕嬉戏；里井之民闲处旷游，群饮聚谈。非勤学，非力农，非工商力作，皆游惰也。司徒督各藩，令各县户衙督乡官，凡保中有游惰者，保长教之；不变，禀于里师责之（自里师以上皆有杖）；不变，禀邑宰责之；不变，禀乡正责之；不变，县责之；又不变，士宜如明太祖筑逍遥楼，令为其玩而断其食，哀毁求改诚者释之；不变，闭而毙之。农工商……发其乡里执更守门，三年悔改，诚者乃除之归业，不者终其身。（卷二）

昆绳则谓：

> 若夫盗贼之律虽严，然未耳。盗贼皆民也。民各有归，而乡正以率其顽梗，乡巡以伺其奸非，保甲严，而游手无所容；武备修，而草窃不得逞。且厚储蓄以备凶荒，时补助以周困乏，虽赤地千里，频年水旱，自可安堵不动。……穷民乞丐，又何自而来乎？（《平书订》卷一）

恕谷、昆绳又皆以为“赌博者盗之渐”，宜加之严刑。（同上，卷十三）又谓当“禁娼妓，不变者幽闭之”（《拟太平策》卷五)。皆所以禁游惰也。

d. 财用与法制

昆绳《平书》有论及生财之道者，钱法、盐法一，商税一。恕谷则曰：

> 金刀之制，先王原为救荒而设，以后遂踵行之，以其赍轻致远，为移易天下之具也。如不为赍轻而致远，衣食之计，焉所用之？乃后世征粮尽折银钱，则弊有不一而足者。(《平书订》卷十)
>
> 赋用本色，而后教民勤于树艺蓄字……至于钱与银，特储之以备流通之具耳，不专恃以为用也。如是，不惟民业日饶，而民风日进于古矣。(同上)

此主张税本色，而不用银与钱也。又曰：

> 至治之世，民自不贫，亦不甚富。农不得田连阡陌，商何得有万贯以至十万贯以上者乎？……《语》云："千金之子，坐不垂堂。"商而至千金为本，亦极矣。过千金者，加税一之三；过万金者，没其余；贩鬻淫巧及异方珍奇难得之物者，没其货。(同上，卷十一)

昆绳谓："本宜重，末亦不可轻，假令天下有农而无商，尚可以为国乎?"恕谷则谓：当"贵布粟，贱淫技，重农民，抑商贾，以隆教养"，直以商"过万金者没其余"。昆绳虽谓"均也者，均上下、均贫富、均有无、均出入"，然不及恕谷意见之斩截也。

《平书》刑罚议复肉刑数条，恕谷《拟太平策》实援用之(卷五)。且俱力诋明代充军之法，此则本之习斋先生之说也。习斋先生论政，主复王道，昆绳、恕谷之意见实相若。恕谷在《论语传注》中说之尤详，其言曰：

> 汉后言治道有三：一、王道。尧、舜、周、孔之所传是也。二、清净。盖公、曹参所传黄老之学是也。

三、刑名。申、韩是也。清净胜于繁苛启乱如王莽者，然弊必废弛瓦解。刑名胜于宽纵养奸如徐偃王、梁武帝者，然弊必酷烈土崩，《论语》“民免无耻”、“毋乃太简”二章洞陈其弊矣。王道则当清净亦清净，所谓临下以简，宁失不经也。当刑名亦刑名，所谓威克厥爱允济也。但如汉武重儒术，而但知变服色，改正朔；孝元重儒术而但在经义文辞，至于道德居敬之君，极选举、教养之王政，未之有闻。则虽曰儒术，未也。（卷上）

此所以主张以礼治，谓圣道可以礼尽之也。恕谷有《给郑子书》谓：

惟念宋明来虚学蔓延，重惺觉不课行习，谋章句不理经猷，道艺荒蔑，乾坤晦蚀，故为颜先生修年谱，以见周孔学行之故迹。枢天近又为仆修谱，习斋谱多在躬行实践，而拙谱则多经济作用，合而观之，粗见圣道。……由仆以寻习斋，由习斋以寻周孔。即万一当世不得其人，后世有兴者如之，明道在兹，行道亦在兹，用以康济万物、奠安天地。（《恕谷后集》卷十一）

恕谷于治道，亦颇深自负也。

(6) 恕谷之经学史学

恕谷在幼年时，以考究致用之学为业，其论理气心性，学教政治，多本习斋先生之说；其于经史之学，则有逾越颜学，此习斋先生之学，一传至于恕谷，其面目似稍差异也。然恕谷《周易传注》，以《易》为人事而作，此犹颜学之旨也。其说曰：

夫圣人之作《易》，专为人事而已矣。何以明其然也？《乾》、《坤》索而为雷风水火山泽，本天道也。伏羲因而重之，何不皆言天道？而《蒙》、《需》、《讼》、《师》、《谦》、《履》等卦，即属人事。文王《彖辞》，于《乾》系以“元亨利贞”，犹天道人事兼言也，至《坤》

"牝马之贞"、"君子攸行"等辞，专言人事。周公《象辞》则"勿用"、"利见大人"、"朝乾夕惕"，无非人事者。以下六十二卦，言人事者勿论，如《复》、《姤》、《泰》、《否》，明属天道，而"利有攸往"、"勿用"、"取女"、"小人大人"，必归人事。乃知教人下学，不言性、天，不惟孔门教法也，自伏羲、文王、周公以来皆然。(《周易传注》序)

此不惟不失颜学之旨，且真可以发明经意，为实行之依据也。恕谷谓：

予弱冠受学于颜习斋先生，不言《易》，惟以人事为教。及壮游，见许酉山先生，颇言《易》卦象数，谒毛河右先生，剖辩《河》、《洛》、《太极》。及归而玩《易》卦象、爻象，一一与习斋所传人事相比，乃知习斋不言易，而教我《易》者至矣。(同上)

恕谷之《易》学，在一方面固可云发明颜学也。书中引用习斋先生之说，以明终日乾乾为习行 (卷一)；以理气心性为后儒习谈，《易》则不多言 (同上，页七)。引用许酉山说，谓自宋儒以理训天，则实天人之学绝 (卷二)。以分理道别为一物曰理之非 (卷五)，皆抨击宋儒者。其曰：

圣人于人事欲其行而进，故为之计者四卦：《履》《晋》《升》《渐》是也；欲其亲附，为之计者五卦：《比》《同人》《随》《萃》《中孚》是也；事必济险，为之计者四卦：《屯》《蹇》《涣》《解》是也；事成宜保，为之计者四卦：《泰》《大壮》《大有》《丰》是也；而其事始于夫妇，为之计者六卦：《姤》《渐》《归妹》《咸》《恒》《家人》是也；其余多一事一卦矣。(卷一)

则此数卦者，更积极的就人事言之也 (参看《周易传注·凡例》第十一)。惟恕谷说《易》于"爻变互卦以及伏体、反体、似体、半体”，为《易》所本无者，亦不惜详言之，以为“漫然论理”、“势必将说卦诸象，以为非圣人之言，如欧阳修辈矣。”（《恕谷后集》卷四）又援用毛奇龄、胡朏明之说，斤斤致辨于《先天》、《河》、《洛》、《太极》诸说，则与当日学风，反宋而欲复之于汉，尤为相近，此则恕谷所处之时势，有以使之然也。

恕谷于《尚书》无传注，然极不喜当时阎若璩、姚际恒辨《古文尚书》之伪。其《上毛河右书》曰：

> 今人辩《尚书》有伪之说，先生既有驳正，此事所关非小，即可行世。阎百诗书未见，姚立方所著略观之，钱生书则详观之，均属谬误。今人驳《尚书》不已，因驳《系辞》；驳《系辞》不已，因驳《中庸》；不至扬矢周、孔不止。此圣道人心之大患，岂能坐视不言？（《恕谷年谱》卷三）

其后又上书曰：

> 白客岁拜别函丈，过淮上，晤阎潜邱，因论及《古文尚书》。塨曰：“毛先生有新著云云。”潜邱大惊。索阅，示之。潜邱且阅且顾其子曰：“此书乃专难我耶？”塨曰：“求先生终定之。”潜邱强笑曰：“我自言我是耳。”塨曰：“不然。圣经在天壤，原非借之作门户者，况学殖如先生，惟是是从，何论人己？”已而再面，辨析他书甚伙，毫不及《尚书》事，想已屈服矣。（同上）

观此两书，足见恕谷卫道之苦心，且以为潜邱屈服其说。恕谷《论语传注》，曾有驳潜邱之说者（见上卷页八，下卷页二七亦引阎说），然《古文尚书》实可疑也。恕谷晚年又有《论古文尚书》一篇，谓“《古文》词明显，如出一手，诚有如宋、明所疑”。但从恽皋闻之说，以为“当是孔安国考论时所润色，故仿佛一辙”。则亦稍易前说矣。

恕谷于《礼》亦无传注，其《宗庙》、《田赋》诸考辨，则用以论治，于经学之关系甚浅。惟恕谷于礼文记诵甚熟悉，故有以折服博学如万季野者。《宗庙考辨》谓：

> 若季野又谓，东夹在东房东序之东，西夹在西房西序之西，又未必然。《公食大夫礼》曰："大夫立于东夹南，西面，北上，宰东夹北，西面，南上。"夫使夹室与房序并，则夹北在庙之后矣，宰胡为至庙后而立乎？郑康成注《仪礼》曰："房当夹室之北。"是两夹在房以南也。（《宗庙考辨》）

恕谷博闻强识，无惑乎当时季野为其所折服也。此恕谷之传颜学，虽稍变其面目，转足令人钦仰也。恕谷经学出于毛氏，而于毛说，并时商量可否。此在《宗庙考辨》之引用毛氏《庙制折衷》，及《郊社考辨》、《禘祫考辨》、《田赋考辨》之引用毛说而加以"塨案"、"恭谓"等处，固极易见，而在《论学》中，述及"河右毛先生《礼编》引据《孟子》、《左传》，谓三代之《礼》至春秋已亡，三《礼》皆战国后人所作"。塨条请曰：

> 古者杀青繁难，非若后世楮翰，易成易积；又典策藏于朝廷，学士习行皆以身相授受，不重占毕，故易代更制，则习之者少，而往籍易湮。孔子言夏、殷之礼不足征是也。若《周礼》在春秋时则不然，子云："文武之政，布在方策。"又云："郁郁乎文哉！"子贡云："文武之道，未坠于地，在人；贤者识其大者，不贤者识其小者。"是春秋时《周礼》见在也。子云："吾学《周礼》，今用之。"若《周礼》已亡，而焉从学之，而何以用之？随会讲聚典礼，季文子使晋求遭丧之礼而行，以鲁昭公之童心而知礼，子太叔晏平仲皆言礼，昭公四年申之会，向戌献公合诸侯之礼六，子产献伯子男会公之礼六，盖列国之于礼乐，或不学不行，或行而不正，昔人遂谓礼乐废坏，而岂其策书亡耶？（卷一）

此虽近人深信《周礼》、《仪礼》行于春秋时者，其举证亦不过如此也。恕谷直谓"今谬者且指为伪矣，是必礼法荡然，一无可考，变人类为禽兽而后快也"。其切齿痛恨于攻三《礼》之伪者如此。毛氏答书谓为："极有理之论，《周礼》至春秋'已亡'，改作'已微'，何如？"（同上），则无惑乎毛氏后来之亦攻恕谷格物之说，盖二人之见，固不若是其相合同也。

恕谷诸经传注最与颜学无大关系者，则《诗经传注》与《春秋传注》也。其《诗经传注·题辞》曰：

> 予自弱冠，庭训外，从颜习斋先生游，为明德亲民之学，其明德功课则日记、年谱所载者是也。其亲民条件则《瘳忘编》、《阅史郄视》，今大半汇之《平书订》者也。而无暇治经义。经义大率阅宋儒所注，今世通行者，即间及《十三经注疏》以及汉儒诸书，匆匆未深考也。迨年几四十，始遇毛河右先生，以学乐余力，受其经学；后复益之王草堂、阎百诗、万季野，皆学穷二酉，助我不逮。然取其经义，犹以证吾道德经济，如《大学辨业》、《圣经学规》则用以明道《宗庙》、《田赋》诸考，用以论治；尚无遑为《传注》计也。至于五十始衰，自知德之将耄，功之不建矣。于是始为《周易传注》，续之《四书传注》成。甲午年恽子皋闻远来辱友，语以身心经猷，皆洒然有合。力肩圣道，而学问又淹博，经史如以肉贯串，著《说诗》质予。予感之，占毕沈吟，似有所得，乃为《毛诗说质》以复之，皋闻曰："善哉！盖即为《传注》。"嗟乎！立德无能，立功何日？而乃谆谆立言，怅如之何！

观此《题辞》，可见恕谷对于经学之著述，本皆其晚年自觉"德之将耄，功之不建"，"思颜先生以天下万世为己任，卒而寄之我，我未见可寄者，不得不寄之书"，著书非其得已之事也。

惟其《毛诗传注》与颜学关系甚浅，睹此《题辞》所云，及《恕谷后集》卷十一所摘出数则，所谓“问世以见意”者，可以知之。即就全书而言，其可取者，亦只在尊序攻朱，于经义容有所发明，以见宋学之不可从而已。其于《序》之显有不合者，则仍无以为之说辞，如《墙有茨·序》谓：“公子顽通乎君母，国人疾之，而不可道也。”此《序》本《左传》说而实不足信也。恕谷亦云：

> 按《左传》亦云，卫宣公烝于夷姜，生急子，及娶急子妇齐女，生寿及朔。夷姜缢。及宣公死，惠公朔立，齐人使昭伯烝于宣姜，不可，强之，生齐子戴公、文公、宋桓夫人、许穆夫人。然其事有可疑者，作《新台》而要子妇，《诗·序》、《左传》、《史记》皆载之，诗咏之，遗臭万年，无可解说矣。惟烝夷姜、烝宣姜二事，终属影响。何者？《序》谓《雄雉》刺宣公淫乱，《苦叶》刺宣公与夫人并为淫乱，而夫人未指为谁。及康成作《笺》时，《左传》已行，乃注曰：“夫人谓夷姜。”则夷姜之烝，《诗》与《序》无明文也。……毛河右曰：“……若昭伯上烝之传，则齐人何人也？宣姜之父母乎？诸昆从大夫乎？而强昭伯烝之，天理澌灭，一至此乎？”恽皋闻曰：“宣姜何人，与昭伯通何事？而生戴公，文公，许、宋二夫人乃皆贤如此邪？且卫人恶朔，必恶宣姜，宣姜淫生之子，而国人尚肯立之耶？……”二贤之论如此，然《左传》已如彼，吾姑阙疑而已矣。（卷二）

则恕谷于《序》及《左传》之显有不合者，亦无以弥缝之也。《新台》、《墙有茨》、《毛诗》序之非，洪迈《容斋续笔》等书已疑之，恕谷未之见，不止毛奇龄、恽皋闻之说也。然恕谷宁从毛、恽之说，而不取《序》说，固知所从违矣。恕谷于是书中，所采及皋闻之说，较其他《传注》为多，如卷四《吉日》篇引：

恽皋闻曰："射御自天子以至于士，所同学也，田猎所以数车实，习战阵，国之大政，天子所有事也。……自宋、明积弱，迂儒泥《尚书》禽荒淫田之戒，竟视射猎之事为天子不可亲为者，而柔懦之气，不可振矣！

卷七《烝民篇》引：

恽皋闻曰："《朱注》谓保王躬，补王阙，尤其所急，而城彼东方，则有所不安。此宋儒之见也，宋儒重内轻外，专以空言高论为能事，而经略外藩，戮力中原，非其所能，反以为不足为。今合观诸诗……非不用于内，疏而外之，怏怏于中也。"

皋闻所论，颇能以颜学之精神发明《诗义》，恕谷于此经论及政事者，犹不及皋闻所说之多，但以攻朱申毛说耳。然恕谷此注之精，亦不数觏也。

恕谷《春秋传注》经始于乙巳年六十七岁之冬十月，至翌年季秋即完成，其用力之深，似不及其他诸经。《自序》谓："幼读《诗》、《书》、三《礼》，虽儒解错互，而雅言日用可以心证。惟《易》与《春秋》难之……乃至垂暮，而忽有所觌。"则恕谷于晚年始有志于是经也。今睹全书，于三《传》原文，一概不录，唯以意说之。如论《郑伯克段于鄢》曰：

封建相沿久，五伦多故，而首祸在兄弟。……至于友邦相杀，愈难尽述，而五伦胥灭矣。皆由封建世位世爵而争夺樊然。（卷一）

如论《鲁桓弑隐而立》云：

封建世位，遂启嫌争，以致君国子民者，首领不保接踵也。况他邦乎？封建所以不得复于后世矣。（同上）

此皆以发抒其经世济民之意见也。（卷四）惜所说甚少，无以窥其全，而如论庄公二十四年“郭公”，从《毛氏传》谓“公字乃亡字之误”（卷一）。则不免于改窜经文；如论宣公十五年“初税亩”，但录《穀梁传》及恽皋闻说，而无以发明经旨（卷三）。盖恕谷注经，实从毛奇龄之教，“注经必宜洁古，则理足而辞易明，断不可如宋人禅语乡谈，一概污秽拉杂”。（《恕谷年谱》六十一岁）故于习斋先生之学，不能于诸经《传注》中发挥之也。

恕谷《四书传注》，今得见者，有《大学》、《中庸》、《论语》之传注，则于颜氏学颇能依经以发明之，其《传注问》一书，尤为重要。此则读恕谷之书，所不可或忽者也。前已略引其说，兹不赘。

恕谷《阅史郄视》谓：“史有纪、传而无表、志，则当时之天文、地理、兵、刑、礼、乐，缺焉泯焉，何以考其治乱乎？不可以言史矣。”（卷一）又曰：“史记一代政事之治乱、人才之消长，为后世鉴耳。《廿一史》之无关系而可削者甚多，至宋以后更为繁杂。如《元史》志、表、列传，琐卑冗滥，何其漫无所裁耶？圣人删《诗》、《书》，而况后世之文与事哉？可删者多矣。”（卷四）颇知史当庄重于政治文化，而不当仅注意于帝纪、世家。其谓：“自古成功之士，史但记其得耳，其失多不载。如吴玠、吴璘等败衄，不见于《宋史》者，《金史》书之。兀术等败衄，不见于《金史》者，《宋史》书之。使非互考，安得而知之哉？”（同上）

又谓：

> 《宋史》记载甚滥，文章甚冗，论断亦无见解，非大删修，不可成书也。（卷三）
>
> 宋自元祐而后，分党攻激，此进彼退，迭改史大，则《宋史》固难以尽信矣。（同上书）

此皆不为无见。其谓：“元世祖嗜杀黩货、谤圣轻儒、崇佛道、任奸回，秽政种种，史多讳而不书。盖佞史也，王祎等漫无订正，何以示信于后哉？”（卷四）则以《元史》当重修也。恕谷固有史识者矣。

恕谷《年谱》六十七岁，“河南主事李汝懋请筵论学，深以先生学为是。尤服膺《后集》，言侯朝宗文涉摩拟，汪苕文浩而弱，方灵皋练或伤气，皆不及先生文也”。此同时人之推重恕谷“古文”之学。李次青《先正事略》亦称其博学工文辞，与慈溪姜西溟齐名。恕谷之擅长古文辞，称许之者，实不乏人。但其为文，初仿唐宋诸家。四十以后，与王昆绳晤，乃返求之于《六经》秦汉。见其所为《评乙古文·序》。此则受昆绳之影响也。恕谷于《诗》，亦颇耽好。其所为孙氏《诗钵·序》曰：

> 颜习斋先生尝言“诗文字画”为“乾坤四蠹”……乃今阅孙氏《诗钵》而定其说。诗之为道，内出于言，而外成于乐。言，心声也；诗者言之有韵者也。去诗，是去言也。长言之，咏叹之，而形为舞蹈，节以金石丝竹是为乐。去诗，是无乐也。（《恕谷后集》卷二）

则亦不尽从习斋先生之说，此亦颜学一传至于恕谷而稍变其面目者也。盖恕谷之性格使然，颜、李固不能尽同也。

2. 王昆绳之生平及其学术思想

（1）传纂

“王先生源，字昆绳，别字或庵，顺天府大兴人。”（《戴记》）“父世德，明季以世职官锦衣卫指挥佥事，国变避地高邮。”（《恕谷后集》卷六《王子源传》）“痛野史载烈皇事多诬罔，著《崇祯遗录》一卷。子二，长洁，字曰汲公。先生其次也。”（《戴记》）“年十余，与其兄洁从清苑梁以樟受学，梁说宋学”，“不首肯，兄责之，曰：‘真豪杰何必伪道学？源第矢三言，无负生平耳。’兄问之，曰：‘忠孝以事君亲，信谊以交朋友，廉耻以厉名节。’兄白之师，师笑置之”。（《徐记》）“独嗜兵法”

（《恕谷后集》卷六《王子源传》），“所慕惟汉诸葛武侯，明王文成”（《李略》）。“又从宁都魏禧为古文，著《兵论》三十二篇以示禧，禧大奇之。曰：‘此诸葛君之流也。’”“年四十余，以贫困始游京师。”（《戴记》）“公卿皆降爵齿与之交，与鄞万斯同订《明史稿》”，（《清传》）“《明史稿·兵志》其所作也”（《李略》）。“于文章自谓左丘明、太史公、韩退之外，无肯北面者。”(方苞《王源传》）“或病其不习时文，笑曰：‘是尚需学而能乎?’因就有司求试，举京兆第四人。”（《李略》）“或劝更应礼部试，谢曰：‘吾寄焉，为谋生计，使无诟厉已耳。’”（《戴记》）“当吴三桂叛，天下骚动，先生笑曰：‘无事也。三桂鼓行而前，直抵中原，上策也。顺流而下，以取金陵，跨江而守，中策也。徘徊荆襄，延日引月，此成禽耳。驽马恋栈，安知远图，必无事矣。’已果如其言。”(同上)“三藩平后，竞尚文学，昆山徐尚书乾学，开书局于吴之洞庭山，招致天下名士，于侪辈中，独与刘处士献廷善，日讨论天地阴阳之变，伯王大略，兵法、文章、典制、古今兴亡之故，方域要害、近代人才邪正，其意见皆相同云。”（《戴记》）

“未几，遇李先生恕谷于京师，大悦之。曰：‘自继庄殁，岂意复见君乎?’恕谷微言圣学，先生闻之沛然。因持《大学辨业》去，是之。恕谷乃极言颜先生明亲之道，先生曰：‘吾知所归矣。’遂介恕谷往博野，执贽颜先生门。时先生年五十有六矣。初，先生自命豪杰，每夜必置酒痛饮。论议今古，旁若无人。醉则历骂贵显时流，杂以谐謔。恕谷徐规之曰：‘君误矣，吾人当与古贤圣仁人衡长短，乃卑之较论时辈邪?’先生大悔，效习斋日记，立《省身录》，以纠身心得失。习礼，终日正衣冠，对仆隶必肃恭。”（《戴记》）“晚年，学益进。”（《王子源传》）“然自负经世之略益坚，每曰：‘吾所学乃今始可见之行事，非虚言也。’”(方苞《王源传》）

“及闻颜先生学，乃著《平书》十卷”（《王子源传》），“论平天下之道”（《徐记》）。“书成，复使恕谷商订之，然未行世。”（《戴记》）“仅分别散见于恕谷所为《平书订》”，“然观恕谷所订，其约略亦大概可睹矣”（《徐记》）。

“始先生慨不任意，五十后，葬其亲于京师西山，遂弃妻子为汗漫之游。至名山广壑辄淹留踰时，见人不自道姓名。晚岁复转客江、淮间，淮安守姚君聘之往，乃于淮署著《读易通言》五卷，明先后天河洛之出道家，与胡处士谓之言若合符节。至康熙四十九年，遂卒于淮上，年六十三。”（《戴记》）

“先生又有文集二十卷，诗十卷，其文多记明末死事诸公，与正史相表里。”（《戴记》）“《前寿一得录》十二卷，论自周至元兴亡成败之故。其言兵之书曰《兵法要略》二十二卷”，“《舆地指掌图》若干卷”，“《文章练要》若干卷”。（《徐记》）

（2）学述

昆绳之学，最初本服膺姚江，以为孟子之后一人，其所为《与李中孚先生书》述之甚明；其《与朱字绿书》（并见《居业堂文集》卷七），更力辨其辟阳明之非，而自“熟读李刚主《大学辨业》，而翻然悔，勃然兴”，以阳明之“释格物也，一以为正事物，一以为去物欲”，“皆于格物之义无当”。（同上，卷八《与方灵皋书》）而不敢以其学为宗。昆绳之从颜学，实由恕谷之学使然。其《再与毛河右书》谓：

> 颜先生以六艺为宗，其说非相河汉。六艺不出乎礼，圣人以礼修身，以礼齐家，以礼治国，以礼尽性至命，以礼经纬天地，小大内外，精细显微，一以贯之。童而习者此也，神而化者亦此也。故可尽仁道之全，备圣人之道之大，以六艺而成六德六行，颜先生实有体认之言。（《居业堂文集》卷八）

其《太极说》以太极为实有（同上，卷十一），其《立国论》

谓不急者唯文，皆实有得于颜学。其《与婿梁仙来书》谓：

> 颜习斋先生……有《存学编》一书，说尽后儒之弊，直传尧、舜、周、孔之真，开二千年不能开之口，下二千年不能下之笔，仆因恕谷执贽其门，立誓共以明行圣道为任……仙来得无意乎？（《居业堂文集》卷八）

其《与方灵皋书》谓：

> 受业于颜习斋先生之门，而慨然以斯道为任矣。……吾兄得无意乎？……盖同志无多，期与刚主博求之，天下人之好善，谁不如我？同声相应，未必无人，况吾兄夙日同肝胆、共性命之友，而可不与之共哉？（《居业堂文集》卷八）

则昆绳于传颜学，亦曾博求之人也。《徐记》因恕谷《王子源传》谓“表彰习斋，恕谷之力居多。然昆绳以耆儒硕德，声名藉甚；公卿贵人，皆握手愿交，昆绳睥睨之，蔑如；一旦躬造绳枢瓮牖、潜修无闻之士，伛偻北面就弟子位，言称师，动止唯谨；闻见所及，名流俊彦，盖多倾心”。昆绳于表彰颜学，诚不可谓无功也。

恕谷《王子源传》谓昆绳阅其“《易经传注》，知《太极》、《先天》诸图皆道家异说，与圣经牴牾，乃于淮署著《学易通言》五卷”。又为《平书》撮其要曰：“乃著《平书》十卷，一曰分民，谓士农工商以分之，甲保乡以合之，立乡官曰正、曰畯、曰巡以治之，而奸民游食异端则变之除之也。二曰分土，谓郡县久任重权如封建，县统于府，府统于藩，其地域则因山川、随幅员不相紊，不大悬也。三曰建官，谓内官设府，公、孤、端揆、御史、成均也；设部，农、礼、兵、刑等六部也；设院，通政、黄门也；设卫，金吾、羽林也；设司，历象、医卜之类也。外官则藩、府、县，县有堂，县令、县师也；有衙，六衙也；有监，亦医卜之类也。府、藩皆如之，而异其名。其铨选则以一途为升降，不以他途杂之。如县令转至相国而其官止；县师转至大司城而其官止；县衙理农者转至大司农而其官止；县医官转至京师医官而其官止之类也。别其贤否为举错，不以年劳限之。天子考相国，相国考卿二以及州藩，下则各考其属；外巡按、御史劾之，内御史府黄门院劾之；三年一考，九年三考，或陟或留或黜；而又有不时举劾者，不论年劳也。四曰取士，八岁入乡学，教之孝弟、幼仪，识字、习数、读经书、习小乐舞。十五入县学，教之六德、六行、六艺，阅史、陈策。二十后教成者进之郡学，教之三月，试之，又进之藩学；如之，进之成均；如之，遣归县，谓之太学生。分科以为士，曰礼仪、曰乐律、曰天文、曰农政、曰兵法、曰刑罚、曰艺能、曰理财、曰兼科，分之各署，三年明习厥事，乃实授之职曰下士，予禄，官以此为始。五曰制田，议均田、开水利也。六曰武备，兵制兵法也。七曰财用，论积粟、钱法、盐法、商税也。八曰河淮，治水也。九曰刑罚，谓复墨以罪赃，复刖以罪盗，复宫以罪奸也。十曰礼乐，移风易俗也。而最要者尤在建官、取士二则，所谓为万世开太平者也。”（《颜氏学记》卷八）恕谷于《平书订》卷首曰：“王子源目睹亡明之覆辙，心追三代之善政，博学广问，日稽夜营，著为《平书》，授予订之，与拙见载于《瘳忘编·学政》诸帙者，大端皆合。但予著散录，而《平书》分门递次，纲举目张，脉络贯通，可谓成矣。……因尽毁已著，但附拙见于各卷后以考正之。”（《平书订》卷一）由此所述观之，昆绳之于颜学，虽由恕谷始得闻知，然见所为《平书》，恕谷虽为订正，而恕谷之政治思想，亦未尝不受其影响；恕谷之与昆绳，在思想上实交互有影响也。

恕谷谓：昆绳“豪杰多学，自谓知兵、长古文，气盖一世”。（《恕谷后集》卷一）恕谷古文之学，实亦深受其影响，此《恕谷后集》所以于癸未以前诸文概不收入也。（详说见《著述考》）

3. 恽皋闻之生平及其学术思想

(1) 传纂

"恽鹤生，字皋闻，武进人，明行人日昇族子也。"（《戴记》）"康熙四十七年举人。"（《清传》）"晤谢野臣于秦中，道及颜先生为学大旨，心善之。其后以盩令浦君聘，过访先生，则已殁矣。因交恕谷，得遍观先生遗书，自称私淑弟子，因尽弃其学而学焉。"（《戴记》）立日记以省身心，且招恕谷长子习仁入署教之读书。尝有寄恕谷书曰："承惠颜先生《年谱》、《四存编》及《辨业》、《学规》，敬展读毕，为之心开目朗，如霾雾豁而天日皎也。如腻得浴，如尘得刷，而身为之轻，意为之爽也。先生之教我深矣。苟有识知，能无感而佩乎？所痛沉没时俗，途穷日暮，闻道已晚，用自伤也。家世以制义发科，生不知学为何事，涉笔为文，即得父兄称赏，辄自矜喜。所遇明师良友，勉以读古书、攻诗赋，已为超时出俗之学。此二十以前之一误也。既为诸生，家益落，假时文章句为人师。年益长，志科名益急，务制义益精，掇拾诸儒性理语，止供时文用，而无暇体究也。此三十以前之再误也。旋遭室人之变，贫困凄寂，夙妄自负，抑塞莫伸，遇方外人作奇哭语，似若可喜，遂甘心焉。而禅宗公案，棒喝拈提，颇有省会，愈增其妄。返观《语》、《孟》，都作妙义玄言，遂征昔人学佛然后知儒之说，此三十以后之大误也。而后此亦喜观阳明、心斋、近溪诸《语录》，竟以为真学如是耳，其误益坚。而见世专尊程、朱，因取而观之，见其言近于笃实，而亦自悔从前妄诞之非。尤服膺'主静'二字，以为圣贤的旨，而深愧未能也。然生平读书颇善疑，见宋、韩、范、司马诸公，声光震煜，居然大人，而国势厌厌，日就迫蹙，以成靖康之祸。窃谓西贼破寒心胆之谣，中国复相司马之戒，直是当日谀词，全无实验。而见朱子每过称张浚，则大非之，以为交其子而谀其父，遂乱天下是非之实，大违三代直道之旨，而《性理》载其以岳忠武为太横，秦桧能录用旧儒，后人愤然曰：‘私意如此，岂圣贤之言乎？’夫儒者之盛莫如宋，国家事势之孱馁，朝廷名义之汙辱，亦莫如宋，每疑而怪之。然以世俗所尊信，且自愧未臻诸儒学力之所造，又见其著述，服其宏博，愈不敢议。今读《存性》、《存学编》及《辨业》、《学规》，而知孔、孟之真自有在也，而知宋世之不振皆学术无用之故也。先生之教我深矣。然而窃用自伤者，六艺之事，不特身手未涉，即耳目亦少历焉。今年已半百，外强中干，蹒跚涩缩，举止无当，于此事遂已矣，不亦悲乎？且前拟躬叩讲堂，观礼容、听乐歌以自泽，今顾影增惭，面目粗鄙，语言朴率，内无得于定静从容之力，外不娴于周规折矩之仪，何以自进于大君子之前而请其学？益足痛也。驽骀病骨，伏枥悲嘶，不识尚可施鞭策否？惟先生串而教之！”乃将恕谷“所著种种订阅钞存”（《恕谷年谱·甲午五十六岁》）。翌年，皋闻入京会试，恕谷饯之，嘱以千秋大业（同上，《乙未五十七岁》）。以为“颜习斋先生之道有传”（《恕谷后集》卷一《送恽皋闻序》）；五月，皋闻以所学未坚，欲稍近于恕谷，复应保定军厅之聘（同上，《乙未五十七岁》），得与恕谷常相晤。又一年，皋闻“解馆南旋”，恕谷“闻之，怅然若失，为作赠言”且“思皋闻不已”，谓：“皋闻者，可与共明斯道者也，皋闻去，学益孤矣。”（同上，《丙申五十八岁》）次年，皋闻寄书至，恕谷揖而开读，曰：“南旋以《存学》示人，虽极倔强者亦首肯。”（同上，《丁酉五十九岁》）。盖皋闻之南，南方亦颇有闻颜、李之学而兴起者也。翌年戊戌，皋闻来京，恕谷特“入京看之，相见甚喜，互质日记，喜其乾乾惕厉”。又一年己亥，皋闻在故城，自故城寄书至，规恕谷“《大学》之‘道’，不宜注作‘路’”。又以恕谷“《传注》太文”，恕谷有覆书辨正，复“至故城，会皋闻，以前所复书细质。皋闻相合，甚喜”，并“互质日记”。皋闻长子宗恂，于丙申年从恕谷学，至是年次子敦夫亦具门生刺从恕谷学，恕谷“阅皋闻《春秋附笔》，皆有特见，修字达之，称其‘识见大进’。但其《诗说》尊毛驳郑，难为定论”。次年皋闻书来，辩词甚厉。恕谷亦有答书辨正。（以上均据《恕谷年谱》）“皋闻后不再北来，而书问常通，恕谷卒，皋闻闻之，北向恸哭，为作《恕谷先生传》。”（《徐记》）皋闻于经，长《毛诗》（《戴记》），所著《诗说》，恕谷《诗经传注》征引之不下六七十则；恕谷他经传注，亦颇引用皋闻之说（据恕谷诸经传注）。“晚归常州，为一乡祭酒，故家子弟多从之游。庄兵备柱尤重其笃行，勉其群从，必以皋闻为法。其后常州问学之盛为天下首，溯其端绪，盖自皋闻云。”（《戴记》）所著《思成堂说诗》十二卷，《春秋解》、《属辞比事说》六卷外，有《大学正业》一卷、《先民易用》二卷、《文集》五卷，卒年七十九。（《清传》）

（2）学述

皋闻之学，本初喜禅宗，其《与恕谷书》说之甚明：然其生平“读书颇善疑”，故一闻习斋先生之学，即能弃其所学而学焉。观恕谷《复皋闻书》，称其“何其信而勇也？即此为作圣之器”，又以皋闻“拟自十月朔订日记考身心，且清夜平旦存心之功，已觉有验”，不禁“为之狂喜起拜，乃知天地先圣有灵，必不忍使斯道灭迹于人世也”，“不意数千里外，来此模范，相助为理”。（《恕谷后集》卷十一）此可见皋闻于颜学信奉之笃，而恕谷以为颜学传授有人也。恕谷于颜学之流传，初颇属望于黄宗夏，见其所为《送黄宗夏南归序》，然宗夏既南归，未知其果能传颜学也。既则属望于王昆绳、冯枢天，然昆绳早逝，枢天才绌，亦未足以肩斯任也。皋闻之实学似昆绳，而其才则远迈枢天，此恕谷所以一见皋闻，而欣然色喜也。故其《送恽皋闻序》曰：

> 初，颜习斋（先生）每于塨出游，辄谆属曰：“得人。有人则圣道有传。”……塨不肖，于先生四十五岁请业……于今年亦踰五十有六矣。昆绳、枢天外，鲜与

共者。自念衰惫，每惧颜先生之道一旦堕地，日月翳昏，民物惨愦，五夜辗转，未尝不泣下而沾衣也。今皋闻陡然至……内而省察身心，外而研辨治道，以至订经说史，皆一一有实见实学。精力似昆绳而铲矗豪，睿敏则迈枢天过甚也。颜习斋先生之道有传矣。虽然，岂人之所能为哉？天也。皋闻行矣，无负天矣。（《恕谷后集》卷一）

皋闻于传颜学，亦能无负恕谷之望，其寄恕谷书谓："南旋以《存学》示人，虽极倔强者亦首肯。"《戴记》称，程绵庄识恽鹤生，始闻颜李之学。(详下）其后皋闻《与恕谷书》："自言闻道晚而躬行践，境遇多艰，惟平旦懔懔自持，庶不负先生之教耳。又言南方闻颜李之学而兴起者，有是仲明、章见心、许闻绣、孙子房。"（《恕谷年谱·乙巳六十七岁》）则皋闻南旋，不惟躬行甚力，且真传布颜李之教，有明据也。其于颜学流传关系甚大，戴东原《孟子字义疏证》颇受颜学之影响，东原与程绵庄、是仲明并相识，或得之于此二人者，则亦可谓得之于皋闻也。(说更详下）乃述颜、李之学者，未尝特为表彰皋闻，不知颜、李学之流传于南方，皋闻与有大力焉，甚足异也。

恕谷谓皋闻"内而省察身心，外而辨研治道，以至订经说史，皆一一有实见实学"，此皆非虚加之也。恕谷前《复皋闻书》，足见皋闻初从事于颜学，即于存心之功已觉有验。《恕谷后集》卷五又有《复恽皋闻〈心铭〉书》，谓："承示《心铭》，足见近功缜密，故天君呈露。"以为"此道原细，自来所交良师友，惟见习斋先生内地卓然，如王昆绳、宋豫庵皆未实得，因足下精进无疆，故妄言之"（《李塨集》），是皋闻省察身心有实学，甚且功力在昆绳之上也。恕谷《平书订》引皋闻说曰：

今西北有"乐户"，东南有"惰贯"，生而不齿于人，此亦不平之一端也。宜悉解其籍。然在其地久，良

民终不肯与通，宜听其自迁于远方，执四民之业也。（卷一）

此种极平等之见解，皋闻独能言之，昆绳、恕谷所未有也。

恽皋闻曰：分土当先于县邑，制县太大，则民情难悉、政事难举。圣门艺如冉求，圣人许之止于宰千室之邑，其自许亦止方六七十如五六十，可见也。（卷二）

此种似于区可之制，皋闻独能说之，昆绳、恕谷亦未有也。

收田之法莫善于先限田，一户不得过五十亩。其过五十亩者为逾制，必分之于人，必卖之于官而后已。……即颜先生十九家为甲佃之说，仍属多事，且牵延时日，未妥也。（卷七）

此种极斩截之辨法，昆绳、恕谷所未有也。

南方水田，虽强有力，不能一手一足之烈治二十亩也，则一夫授十余亩可耳。（卷八）

此种极少数之限制，昆绳、恕谷亦未有也。则一夫授十余亩，“边方要地，自宜多设重兵以镇之。……如沿海沿江之水师，亦宜别设，非农之可以兼为耳”（卷九）。

较本利以征商，似太琐屑，不如商岁纳户帖，分上中下，各钱若干，而其所贩货物则一如盐例，但于所出之地定额一税，与之印票照验，不问其所之可也。（卷十一）

其于武备商税，所言亦较昆绳、恕谷为善。则是皋闻辨研治道，真有实见也。皋闻订经说史之有实学实见，在恕谷诸经《传注》屡征引其说可见。皋闻说《毛诗》较恕谷尤不忘颜学（前已略引），亦足见其于颜学有实得也。皋闻《与恕谷书》，谓前录恕谷《中庸讲语》讲“中立不倚”语甚警切。自省全是依傍，犯六极“弱”字。而谓：“近思倚亦佳，倚仗圣言，如盲得引；倚仗贤师友，如痿得扶，此来获见先生，一言一行，可以恃之不疑，但恐倚之不切实耳。”似驳恕谷，而非驳恕谷。更进一解，既足见其才识，亦表示倾慕颜学之忱。此无惑乎恕谷之见皋闻，而许以颜先生之道有传也。

4. **程绵庄之生平及其学术思想**

(1) 传纂

“程先生廷祚，字启生，别字绵庄。”（《戴记》）“初名石开”（《徐记》），“名默，后更今名”（《戴记》）。“其先为新安望族，远祖元凤，相宋度宗朝。传十五世为先生，祖某始迁江宁，寄籍上元，遂为上元县人。父京萼，字韦华，能诗工书，遁迹不仕。年近六十始取妻，生二子，先生其长也。”（《戴记》）“生有异质，读书过目辄背诵。”（《勉行堂文集》卷六《绵庄先生墓志铭》）“好正襟危坐，论古今忠孝大节。韦华公家极贫，恒书屏幅易薪米，日闭户课子，俾习洒扫应对之节。客来，进鸡黍，侍立左右，如古弟子职。凡群经、诸子、《史》、《汉》、《骚》、《选》之书无不读。”“年十五，有父执过访，知其才，令作《古松赋》，日未移晷，得数千余言。由是知名。先生弟嗣章，长史学，而先生游好在六经。韦华公卒，免丧，偕弟出应试，补诸生。”（《戴记》）“弱冠后，从外舅陶甄夫所，得见颜习斋先生《四存编》，及先生《大学辨业》。”（据《恕谷后集·复程启生书·附程书》）。“旋识武进恽处士鹤生，始闻颜李之学。上书恕谷先生，致愿学之意。康熙庚子岁，恕谷南游金陵，先生屡过问学。读颜氏《存学编》，题其后云：‘古之害道出于儒之外，今之害道出于儒之中。习斋先生起于燕赵，当四海倡和翕然同风之日，乃能折衷至当，而有以斥其非，盖五百年间一人而已。故尝谓为先生者，其势难于孟子，而其功倍于孟子。读其书，则其语言行事之实可得而知也。’”（《戴记》）“撰《闲道录》，以矢愿学之心。”《恕谷后集·复程启生书·附程书》）“以博文约礼为进德居业之功，以修己治人为格物致知之要。礼、乐、兵、农、天文、舆地、食货、河渠之事，莫不穷委探原，旁及六通四辟之书，得其所与吾儒异者而详辩之。盖先生之学以习斋为主，而参以梨洲、亭林，故其读书极博而皆归于实用。”（《戴记》）先生尝谓：“‘墨守宋学者非，墨守汉学者尤非。’孟子不云‘君子深造之以道，欲其自得之’乎？”又曰：“宋人毁孙复疏经多背先儒，夫不救先儒之非，何以为孙复？”盖真可谓“深于经者也，卓然独往者也，且能至者也”。（《小仓山房文集》卷四《程绵庄先生墓志铭》）“雍正十三年举博学鸿词科，安徽巡抚王鋐以先生应诏。乾隆元年至京师，有要人慕其名，欲招致门下，属密友达其意，曰：‘主我，翰林可得也。’先生正色拒之，卒不往，遂以此报罢。时年四十有五。自此不应乡举，杜门却扫，以书史自娱。而尤注力于《易》，不善汉儒互卦、卦变、卦气，及宋元《河》、《洛》图书、太极诸说，唯取王辅嗣、程正叔、项安世及近时李文贞公《观象》数书。”（《戴记》）“乃著《易通》六卷”，“后又成《大易择言》三十卷”。（程晋芳《绵庄先生墓志铭》）“乾隆十六年，上特诏举经明行修之士，先生以江苏巡抚雅公荐入都，复报罢归。”（《戴记》）“晚年又为《彖爻求是说》六卷，《易》学于是乎大备。始先生少时，见西河毛氏《古文尚书冤词》，袒护梅氏书，乃为《古文尚书冤冤词》以攻之。”（程晋芳《绵庄先生墓志铭》）“既删定其稿，为《晚书订疑》。又推拓其说，别成《尚书通议》三十卷；又著《青溪诗说》二十卷、《论语说》四卷、《禘说》二卷，主万充宗氏之言；《春秋识小录》三卷。”（《戴记》）“同时，方君望溪”（《李略》），“沈征士彤、钟员外晼皆推重先生经学，有疑恒相与质证”。“又有文二十卷，诗二十卷。”（《戴记》）“先生状貌温粹，志清而行醇，动止必蹈规矩，与人居，不为崖岸而自不可犯。以家近青溪，生平出处与刘瓛兄弟相类，晚年乃自号‘青溪居士’。”（程晋芳《绵庄先生墓志铭》）“乾隆三十二年三月二十三日卒于家，年七十有七。无子，弟嗣章以次孙兆晋为先生主后云。”（《戴记》）“先生殁后，其

《易》学及《春秋识小录》采进《四库全书》，登诸著录。他书多未板行，唯《论语说》、《晚书订疑》及《文集》犹有传者”（略据《戴记》）。

（2）学述

绵庄于颜李之著述，初得见之于其外舅陶甄夫所，继又闻之于恽皋闻，其《上李恕谷书》，颇足见其对于颜李学笃信之深，书曰：

> 新安后学程石开顿首再拜，谨奉书恕谷先生门下：开少好辞赋，亦为制举文，其于学术之是非真伪，未有以辨也。弱冠后，从外舅陶甄夫所，得见颜习斋先生《四存编》及先生《大学辨业》，始知当世尚有力实学而绪周孔之绪于燕赵间者。盖圣学之失传久矣，数百年来学者，不入于朱，则入于陆，互起而哗。自习斋先生出，举唐虞三代学教成规以正流失，廓清绍复之烈，未见有如之者也。先生嗣其后，自当若孟子之遵孔子，不然，则荒塞于战国之横议，而孔子之道未必尊师，至今为烈也。夫物盛则衰，以先生师弟得二千载已丧之真传，乘数百年将更之气运，宜一呼而靡然从风，然而应者尚寡，非三代周孔之学必不可行于后世也。静坐读讲，其习进可以干禄，而退易以自足，二先生所为教，则孝弟忠信、礼乐兵农，躬行力学，不得漫然虚大者也，又安肯违其所甚乐，而从其所不便耶？虽然，势极必返。愿先生省可已之文辞，绝无益之交往，保爱精神，以道自尊，而专肆力于周官三物，旁求同志，益广其传，令天下不病于道之难行，而咸信夫古之易复，则先生之无负习斋，而大有功于当时后世者也。开也愚弱，未能即时北上担簦执贽，拟先撰《闲道录》，以矢愿学之心，谨条录请正。临书不胜瞻依驰溯之极。（《恕

谷后集》卷四）

恕谷复书，亦颇庆幸期许之，谓："塨自二十一岁从游颜习斋先生……于习斋之学，益扩充之……而犬马之齿，今岁亦遂忽忽五十有九矣。每午夜旁皇惆怅，以远近同学者，虽有其人，大率一长一解，求其明于心，行于身，宣畅于言语，挥发于事业，可全以付者寥寥。甲午冬，武进恽皋闻至，博淹敦廉耻，一闻习斋学，遂共学。笃行著书，裨予不逮。殆其人也。然退而思之，又挹悒不乐。皋闻少予不及十岁，其与陶甄夫、方灵皋之与予交，年之先后髣髴也。及予老耄而诸君亦就衰矣。非后进英奇使圣道相衍递嬗以至无穷者。今乃忽得之。足下年少才高，议论辉光肆映，如伟炬烛天，此天特生之以使周孔之传不至堕地者也！则习斋虽亡而不亡，谫陋虽衰而未衰也。庆幸私情，冀望无涯。"（同上）其后恕谷往金陵，有《赠张吁门序》，绵庄跋之，谓：

> 恕谷先生来金陵，请业问道者无虚日，而吁门与焉。夫先生之学，追圣轶贤。……先生以成就后学为己任，尤乐得人之善而道之。……信乎大贤之用心也。（《恕谷年谱》卷五）

此亦足见绵庄之于恕谷，实心悦而诚服之。惟绵庄于恕谷卒前，曾两游京师，一在雍正二年甲辰（见《青溪文集》续编《三储恕斋传》），一当次年乙巳应顺天乡试，逾一年至丁未始归去。两次至京，皆未至博、蠡间，亲炙恕谷之教，但于丁未有书致恕谷而已。恕谷于后亦不常道及绵庄，其所怀念者惟恽皋闻，其所奖掖者惟刘调赞。（俱见《恕谷年谱》）或绵庄于此时，思想略有迁变，而迁变之故，则在与方灵皋相晤于京师也（此参用绩溪胡适之先生说）。恕谷于灵皋，本冀其同心倡明正学（见《恕谷后集》卷四《与方灵皋书》，此书作于康熙四十七年戊子，时恕谷年五十），其后灵皋于康熙五十一年以戴名世《南山集》入狱被逮，逾年事解，恕谷如京视之，犹劝其从颜学（详见《恕谷后集》卷三《甲午如京记事》)。此恕谷《与绵庄书》犹以灵皋与陶甄夫并称也(恕谷复书作于丁酉)。至康熙五十七年戊戌,恕谷如京,灵皋使其子道章从游于恕谷,逾一年庚子,灵皋议与恕谷易宅,恕谷乃至金陵。次年七月,恕谷长子习仁南行中途病卒,灵皋所为《李伯子哀辞》,有"易哀为忧而终之以惧"之词。灵皋论学既与恕谷不尽合,又以戴名世狱受清廷之威迫利诱,乃益不敢从颜李之学,而且一变而为颜李之叛徒矣。《望溪文集》卷六有《与恕谷书》,谓习仁之卒,由于议及程朱之故,且举习斋、西河为戒。其后恕谷卒,更不待请而擅作墓志,诬及昆绳、恕谷。盖灵皋之诋毁颜、李,已无所不用其极矣。绵庄至京之前一年,恕谷入京,灵皋又言人有毁恕谷者。绵庄在京,盖必得闻其言于方灵皋,因而对于恕谷之尊崇,颜李学之信奉,或稍有迁变。今《青溪文集续编》中有《与宣城袁蕙纕书》谓:

> 承反复于某不以颜、李之书示人,其故有可得而言者。盖学者束缚于功令,而习见之蔽锢于中也,非一日矣。某弱冠得读二家之书,壮岁晤刚主先生于白门,往复议论。未几游京师,而当代名儒即有疑其以共诋程、朱相唱和者。夫孔、孟既没,程、朱奋乎百世之下,以斯道为己任,此诚圣贤之徒,而非可以妄加讥评者也。第其学出于遗经,参以己意,与杏坛亲炙者有间,故于圣道不无离合。……颜、李崛兴,乃能举其是非得失之大者,以与六经证其异同,而冀幸学者之一悟,可不谓之先圣之功臣而宋贤之益友欤?……然而闻其诋程、朱之说,不可不为大惧也。某之惧,非敢不自立而甘于徇俗也。《易》称时义之大,故君子时然后言。……当举世未能信从之日,而强聒不舍,必有加以非圣之谤而害道者,不可之大者也。……凡某人不敢轻于有言,皆为道谋,而非计一身之利害也。

由此所述观之，则绵庄于来京之时，确闻“当代名儒”议及颜、李之诋毁程、朱，而稍变其对于传述颜、李之见解。此“当代名儒”非他，或即指灵皋言，灵皋于此时正言有人诋毁恕谷者也。其谓“学者束缚于功令，而习见之蔽锢于中”，则亦可见颜学之流传，颇受时势之影响。故绵庄且恐人加以非圣之谤，而为道谋，亦不敢轻于有言。绵庄亦实有不以颜、李之书示人之事实；然绵庄谓坐视其道之终晦亦不可，故其晚年著述，仍以颜、李之学为依归，而终不畏非议程朱之讥，而谓“墨守宋学者非，墨守汉学者尤非”也。（以上参用绩溪胡氏说）绵庄《论语说》，虽其撰述之时期似甚早（据恕谷《论语传注》引有“程石开说”，是绵庄于《论语》早有说），而实写定于乾隆二十年绵庄六十五岁之时（据《序》，是书创始于乾隆乙亥年，改订于丁丑及戊寅之春）。其书有引用习斋先生说者，而其引用恕谷之说，又皆称恕谷先生，是绵庄不讳言其曾受颜、李之影响也。其《叙》谓：

“《论语》者，六经之统会，大道之权衡，所以正教学之是非，而制生人之物则于不过者也。自尧、舜至周、孔而守一道，在昔为司徒之命，典乐之设，为三物之所宾兴。其在二十篇之中，以‘文行忠信’为四教，以‘诗书执礼’为雅言，以‘孝弟谨信、泛爱亲仁、余力学文’为弟子之职业，其道易知、其教易从，要在率天下以立人道而已矣。”（金陵丛书本《论语说》）

以三物四教为言，从颜、李之旨也，率天下以立人道，亦颜、李“道不远人”之说也。全书所述，如：

古所谓业，《诗》、《书》、《礼》、《乐》而已。兹四者，君子所由适于道之具也。（金陵丛书本《论语说》卷一）

上古圣人分道之绪余，以备物致用而利天下。若自尧、舜以后，则道有统、学有宗，儒者之业，惟在经纬

天地、纲纪人物，其用则内圣外王，其本则道德仁义，其事则诗书礼乐。（同上）

圣门之学，修己即以治人，无二道也。道不外于博文约礼之事。（同上）

性与天道，事物之大原，夫子于《大易》、《中庸》言之，盖亦详矣。而设教之日，则有所不言者，以性与天道，即事物以为体，骤而语之，必有遗其当务者矣。……汉、晋而下，若王、何之清谈，世皆斥其祖述庄、老，为天下患。乃周、邵诸公出，以《太极》、《先天》唱高言于卦爻彖象之上，学者云集响应，图象之说日纷，语录之出日富，由是人人而皆妄测性讲天道矣。（同上）

所以为身心家国之用者，则莫大于六艺，文之与行，相需而成者也。（同上，卷二）

虽圣人佛氏各有天地，而学者不以实行求之，则恐一折而入于彼矣。（同上）

夫古之圣贤，可以终身不遇明王，不可使我无王佐之具，此达天尽性之业，老安少怀之实事也。（同上，卷三）

圣门教人博文之后，归于约礼。然礼接事物，用恒在外，能使内外合一，则仁矣。"克己复礼"，言自外至内，举一身而听命于礼也。为仁之道，莫要于此。……然则视听言动者，即己也。（同上）

"天理"二字，始见于《乐记》，犹前圣之言天道也。若《大传》之"言理"，皆主形见于事物者而言，故"天下之理"，"性命之理"，与"穷理"，与"理于义"，皆文理、条理之谓，无指道之蕴奥以为理者。（同上）

夫道莫大于仁，圣人教人不直以仁而以恕者，恕则

知人已一体，有时而知万物一体，则仁矣。（同上）

> 性无所谓义理气质之分也。有之，自宋儒之论性始。……是故圣人惟欲天下之人慎其所习。（金陵丛书本《论语说》卷五）

此其所述，以古所谓业，在《诗》、《书》、《礼》、《乐》。道不外于博文约礼之事，重实行、重实用；且以儒者之业，惟在明德亲民，皆宗颜、李之说。其论天理人欲之分，气质义理之性，以宋明之理学，此王、何之清谈，皆与颜、李之说合，且足以见其不畏非议程、朱之讥也。绵庄又有《礼乐论》两篇，尤纯用颜、李之说。其上篇曰：

> 今夫礼乐之为物也，不生于人而生于天。孩提而知歌咏，少长而知舞蹈，非有教之者也。五官百骸生，而用无不具，故曲折以赴礼，则一身之用行，鼓琴射御，则两手之用行焉。今也礼乐之教既亡，人之与生而俱生者，则力遏其萌而不使之遂矣。终日匡坐而诵读，无升降上下之节，无屈伸俛仰之容，则一身废矣。琴瑟之不知，射御之不习，则两手废矣。是天与人以形体，而莫不坏于有生之后，性命之理不顺，人道之纪不修，谁实为之？教之所致然也。是故莫弊于今之教法。（《青溪文集》卷三）

此本习斋先生“习行礼乐射御之学，健人筋骨，和人血气”，“一身动则一身强，一家动则一家强，一国动则一国强”之说也。此所以谓道不外博文约礼之事也。在《文集》中，绵庄又有《原人》、《原心》、《原气》、《原性》、《原道》、《原教》、《原鬼神》七篇，颇足以见其哲学思想与颜、李之关系。其《原气篇》曰：

> 自天地而下，一气而已。吾见夫天地之始也，见夫天地之化日出而不穷也，见夫万物之生死消长也，无非气者。……太极亦气也。《孟子》曰：“形色，天

性也。”夫以形色为性，则气之外无性也。又曰：“浩然之气”，不曰理而曰气，则气之外无理也。《易》曰：“一阴一阳之谓道”，领道于阴阳，则气之外无道也。（同上，卷七）

此犹颜、李理气一元论之说也。其《原人篇》曰：

人生于天地之中……本于天地之一交……而天地之所知所能，遂举其全而畀之于人。……而世界任人之辟之，民物任人之奠之，鬼神任人之所以酹酢之。……知始成物而前，则人在天地。知始成物而后，则天地在人。（同上）

此则更以人为天地之心，“自然者天地，主持者人”（王船山语）；天地之间，莫贵于人矣。故其《论心性》曰：

心者，知之所载也，气之至清者也。……天地生人而与以人之心，此人之所以不如天地也。生于天地而能全有天地之知能，此天地之所以不如人也。人惟有此心知，故学天而至于天，学地而至于地。以及天地所不知不能者，而皆知之、皆能之，岂天故纵之以至此欤？

人乘天地之气以生，天地虽有不善之气，而生人之气则无不善，性也者，其气之至善者乎？……阳必求阴，阴必求阳……绸缪交构于无间，此至善之气也。人乘此至善之气以生，而谓性有不善者，岂情也哉？

其论心性，亦承理气一元论之说，而偏重于气质。人能有天地之知能，而天地且有不如人，天地可以有不善之气，而生人之气则无不善，亦以天地之间，莫贵于人矣。其《原道篇》曰：

道者何也？道者，天命之不容已于天下者也。天地一交而生生不已；至善之原由此开，而物感之瑞亦由此启。其端则有三：饮食也，男女之欲也，乐生而恶死也。是三者，名为物感而亦发于至善之性。……至善者，天之命也。天无乎不爱而有至善，人无乎不爱而有至善之性。道也者，广其爱而节其爱者也。无以节之，则饮食也，紾兄之臂亦可也；男女也，搂东家之处子亦可也；乐生恶死也，凡可以得生者无弗为也。有以广之，故一饮食也，必至民饥则由己饥；一男女也，必至于内无怨、外无旷；一乐生恶死也，必至于无一夫不获其所。……故曰，天命之不容已于天下也。

“天地一交而生生不已”，此道之所以为天命之不容于天下也。戴东原《原善》亦有言曰：“道言化之不已也。”其说与此亦略同，盖有袭诸此。绵庄谓饮食、男女、乐生恶死为物感之端，而亦发于至善之性，则欲与理本非二元。戴东原谓“理者存乎欲者也”，说亦与此略同也。其谓道者节其爱而广其爱者也，则是道莫大于仁之说也。其《原教篇》曰：

人为天地而生，天地待人而立。彼释、老者，亦人耳，而乃置天地民物于度外，以独善其身，吾知圣人必大有不忍于此者矣。……天地以生生为心，圣人以生生为学。……彼二家者，极其能不过独善其身而止，而以天地万物为物。谓之其学可也，不可以为教也。

此《论语说》“古之圣贤，可以终身不遇明王，不可使我无王佐之具”之说也。夫道莫大于仁，仁以万物一体，天地以生生为心，圣人以生生为学，此所以儒者之业，惟在经纬天地，纲纪人物也。

程绵庄《文集》中有《汉宋儒者异同论》一文，谓：

宋世诸子自谓得不传之绪于遗经，虽其所见未必一一合于圣人，而皆能用心于内。其所谓主敬存诚，致知力行者，大端与孔孟之旨相近，视汉儒之学，苟以哗世取宠，相去远矣。（《文集》卷三）

又于其《上督学翠庭雷公论宋儒书》云：

夫能察天理人欲之分，严义利公私之界，专务于存

诚主敬，致知力行，孜孜然以圣人为必可学而至者，此宋儒之不可及者也。（《文集》卷十）

似绵庄亦颇尊宋儒，然此不过因时势之所迫，不欲专以诋毁程、朱为事耳。其与程晋芳《论学书》仍谓：

愚闲居更订说经旧稿，因念圣经莫不切于人道，而体有不同……惟《论语》一书以问答之体，质言学问政事，而为立教之准则，……万世以下，欲求实德实行者，于此乃有所持循而无陨越也。……近作《礼乐论》适缘有感于此。李恕谷《传注》诸书，足下阅之以为何如？其师弟亦非无所见者，正可与拙论相发明也。……宋儒之学，根本既与三代有异，而复好为高论，与魏、晋习尚似异而实同。然在魏、晋，出于庄、老本不自讳；而宋人之于佛氏，则陷于不自知。此庄、老之害道者浅，佛氏之害道者深。而受其病者，亦如之。程明道以言性便不是性，罗仲素令人观未发气象，此两先生岂真欲托足空门？乃渐染于其说而抱黎丘之惑也。俗儒但知掊击陆、王，而不知阴释之所由来，亦何足以定其论而服其心乎？……颜、李师弟立言过于峻激，致生惊骇，而非其人亦孰与救学术之敝耶？足下欲辨学术，惟求其归于《论语》，而无即以宋人之《论语》为《论语》，其可也。（《青溪文集续编》卷七）

绵庄以颜李师弟“亦非无所见者”，“非其人亦孰与救学术之弊”，则仍非议程、朱，而盛称颜、李也。其与袁枚尝言“墨守宋学者非，墨守汉学者亦非”，盖亦时称道颜、李，是绵庄于传布颜李之学，其态度固无大异也。顾程晋芳于颜、李学，虽经绵庄与之讲论，而其复书则犹以为“程、朱不可轻议，颜、李自视太高，视程、朱太卑”（《勉行堂文集》卷三《与家绵庄书》三）；其所作《正学论》，直据灵皋之言以为说辞，犹不如袁枚之持平，以晋芳守宋儒太狭，诋颜、李太过也。灵皋既诬及颜、李，其后姚鼐读绵庄之书，亦谓绵庄“非议程、朱，其词遂流于蔽陷之过而不自知”（据吴德旋《初月楼闻见录》）。且谓：“欲与程朱争名，安得不为天之所恶？故毛大可、李刚主、程绵庄、戴东原率皆身灭嗣绝。”（《惜抱轩文集》卷六《再复简斋书》）此《《戴记》》所以谓：“纯以虚谬之谈，思驾乎自得之学之上，可为愤疾者也。”惟绵庄生当清代汉学风气已炽之候，更多致力于经学，又于颜李学之传述，不甚彰明较著，故不易知其为颜、李之传人，其于颜学，较之恕谷，更稍易其面目矣。绵庄于颜、李省心之功、持敬之教，亦不甚力行，在思想上、习行上皆稍异于颜、李，此亦述颜学者所当加慧者也。

5. 戴东原、戴子高与颜学之关系

与绵庄同时受颜、李之影响者，又有戴东原（震）。东原亦为绵庄之友人，著有《原善》、《孟子字义疏证》等书，攻驳宋明诸儒，以气质之性非恶，释理亦为条理、脉理、文理，非别有一物存乎天地之间：谓理存乎欲者也，亦不以人欲为恶。其说颇近于颜、李，盖实受颜、李之影响者。戴氏获闻颜、李之学，或由于绵庄，绵庄《青溪文集续编》曾两引戴东原说，此可知者一（参看胡适之先生《颜李学派的程廷祚》一文，此用绩溪胡氏说）。或由于是仲明，据恽皋闻《与恕谷书》，“南方闻颜李之学而兴起者有是仲明”，今《戴东原文集》卷九有《与是仲明书》，戴氏亦可由仲明而得闻颜李之学，此可知者二。戴氏稍易颜李思想之面目，而其说大行于时，攻戴氏者，虽不知戴氏与颜李之关系，然辄因戴氏而议及颜、李，如方东树《汉学商兑》云：“又若李塨等以讲学不同，乃至说经亦故与宋人相反，虽行谊可尚，而妒惑任情，亦所不解。”（《序例》）又云：“至于颜元李塨、李颙等，知尊性崇礼矣，亦不能道中庸，尽精微。”（卷上）方氏犹得读颜李书，则戴氏当可得知颜李学，此可知者三。颜李之学，亦可云因戴氏而益使人得以知之也。

东原之时，汉学之风已炽，从事颜学者已渐稀，至咸、同间，颜李之学，益不振矣。戴子高（望）于同治八年撰《颜氏学记》，其自序谓：“每举颜、李姓氏，则人无知者。”“于京师求颜李书不可得；则使人如博野求之，卒不可得。”则颜李卒后百余年，而其传之寖微至于如斯也。然因戴氏之撰《学记》，而知颜学者亦稍多。如谭献《复堂日记》谓：“习斋先生命世大儒，遗书散失，子高所辑亦多空论。窃意先生当日于六艺行习实迹必有次第规制。”（卷四）章炳麟《太炎文录》谓：“戴望治《春秋公羊》……观其缀述《颜氏学记》，又喜集晚明故事，言中伦，行中庸，柳下、少连之侪也。”（卷二）叶德辉《学记·跋》谓：“圣贤之学，期于致用而已。习斋颜先生，生明季水火之世，灼然见尧舜周孔之道。……虽其再传末流，或仍不免为风气所囿，而先生之教之初，则固不可一世矣。……以颜氏此书，救今日之时弊，以挽一世之风气……颜先生之幸，抑亦吾湘人之幸也。”则子高于传播颜学之功甚大，固不可没也。举此数家之言，亦略可以见矣。

三　著述考

（一）习斋著述考

案：先生于辛未南游，晤张天章，天章曰："先生何不著礼仪水政书？"先生曰："元之著《存学》也，病后儒之著书也，尤而效之乎？且纸墨功多，恐习行之精力少也。"（戴望《颜氏学记》卷三）先生力戒著述，故其所著书实不过二十余种，其刊行者实不过十二种。其书刊刻之最早者为《删补三字书》，次则《存学编》，凡二种，皆于生前镂版行世。次则《存性》、《存治》、《存人》三编三种，于卒后次一年刊于郾城。次则恕谷所纂《习斋先生年谱》，刊于康熙四十六年丁亥。至嘉道间，版俱毁于火。迨光绪五六年时，定州王氏辑刊《畿辅丛书》，重刊《四存编》及《年谱》，又增刻《习斋记录》、《习斋先生言行录》、《习斋先生辟异录》三种，共八种。于印行后，并合恕谷所著为《颜李遗书》单行。至民国十二年，北京四存学会印行《颜李丛书》，更增刊《四书正误》、《礼文手抄》、《朱子语类评》、《习斋先生记余遗著》四种。计共收先生遗著凡十二种。《删补三字书》则自定州王氏刊行《畿辅丛书》时已未收入，且未有为之重刊者。兹合其已刊未刊者，为考如下：

《习斋先生年谱》二卷旧刻本　畿辅丛书本　颜李丛书本　商务丛书集成本　博野四存中学铅印本

案：是书为恕谷所纂，昆绳加以校订，据李恕谷所为《凡例》云：“《颜先生年谱》，甲辰（三十岁）三月以前，本之先生《追录稿》，及塨所传闻，以后皆采先生《日记》。”是此书虽非习斋自著，然实录之《日记》及《追录稿》，不啻自著也。自来皆以《年谱》列于遗著之内，兹姑从之。昆绳有《颜习斋先生年谱序》，载在《居业堂文集》卷十二，《序》云：“刚主以所辑先生《年谱》使源订，源为稍易体例，芟繁闲有所补益。”则《年谱》之成，昆绳实与有力焉。《恕谷年谱》“丁亥四十九岁，郑若洲邀先生如京，刊《习斋年谱》”。是《谱》始刊于丁亥也。后有张淑璋、郑知芳两《跋》，知芳即若洲也。（参《徐记》卷三）

《四书正误》六卷（第五卷缺）颜李丛书本

案：《年谱》壬申五十八岁，“七月录《四书正误偶笔》。皆平日偶辨《朱子集注》之误者，至是命门人录为卷”。是此书又名《四书正误偶笔》。《朱子语类评》云：“朱子惑于‘六贼’之说，创出‘克去己私’之解，圣贤经书所未闻。寒斋《四书正误偶笔》已具解矣。”（《颜元集》）又云：“即《四书正误》亦多偶笔也。”（《颜元集》）则是书亦名《四书正误》由来矣。又案：是书据《年谱》乃壬申年录出，其实壬申以后颇有增入。卷三有“曰：丙子七月十日卯，坐漳南书院南斋”云云（《颜元集》），卷四有“甲戌丑月廿五之夜”云云（同上书），甲戌已是壬申后二年也。全书六卷，卷一《大学》，卷二《中庸》，卷三《论语上》，卷四《论语下》，卷五《孟子上》，（缺）卷六《孟子下》。

《颜习斋先生言行录》二卷　畿辅丛书本　颜李丛书本　丛书集成本

《颜习斋先生辟异录》二卷同上

案：《言行录》、《辟异录》皆习斋门人钟錂纂。《言行录》前有钟錂所为《习斋先生叙略》一篇，叙习斋生平事迹，与他书间有出入。如云：“年四岁，东兵至，父遂随入辽东。朱翁有母丧，先生着丧服冠立椅上，劝饮馔如成人，吊客咸异之。六岁值生日，家人设桌，杂陈诸器物，视所取，先生携笔如字者数十。”又：“先生尝自言私淑孙徵君，又所父事者五人：曰张石卿，曰刁蒙吉，曰王介祺，曰李晦夫，曰张公仪。兄事者二人：曰王五修，曰吕文辅。友交者三人：曰郭敬公，曰王法乾，曰赵太若。皆有以修先生。”与《年谱》不尽同，与《言行录》贾易问交，习斋所答者亦不同。可以备一说也。书巾有“鍑案”者九处，皆无若何发明。《凡例》云：“是编挨日谱摘录，门类未分，然亦例为章数，亦窃取《鲁论》、《学而》等章之义。”《辟异录·序》云：“窃于先生辟异之语，得之闻见者，于《唤迷途》外，汇为一帙。”则《辟异录》非尽取诸《日谱》者也。是书卷上：《辟异总论》、《辟僧徒异》、《辟崇邪异》；卷下：《辟妄祀异》、《辟邪说异》，附《同人辟异语》二条。

《存学编》四卷　旧刻本　畿辅丛书本　颜李丛书本　丛书集成本　博野四存中学铅印本

案：据《年谱》载，是书成于己酉三十五岁之十一月，在《存治》、《存性》之后。今是书卷一《由道》、《总论诸儒讲学》、《明亲》，后有《上孙徵君书》，据《年谱》，此书实修于庚戌（一六七〇年）三十六岁。又有《上太仓陆桴亭书》，此书实修于壬子三十八岁：两书盖以后附入者。其《学辨》二篇，云“己酉十一月二十六日，予抱病……剩《存学稿》”，“又越旬，王子来会”等语，则亦《存学》写就之后附入者也。卷二、卷三、卷四皆为《性理评》。是书据《年谱》：辛巳六十七岁，“五月，曹乾斋刊《存学编》”。《四存编》以此编行世最早。

《存性编》二卷　同上

案：《年谱》己酉三十五岁，“正月，著《存性编》。画《性图》九……塨后并为七图”。是此编《性图》实为恕谷所删订。恕谷有《书后》云：“先生《性图》入太极五行诸说，则于后儒误论，当时尚未有尽洒者。塨后质先生曰：‘周子《太极图》，真元品道家图也。《易》有太极两仪，指揲蓍言，非谓太极为一物，而生天地万物也。五行为六府之五，乃流行于世以为民物用者。故箕子论鲧罪四：汩陈其五行，非谓五行握自帝天而能生人生物者也。生克乃邹衍以后方家粃说，圣经无有。’先生曰：‘然。吾将更之。’及先生卒后，披其编，则更者十七而未及卒业。于是承先生意，而湔洗之如右。”此恕谷入至京浙，得闻王草堂诸儒之说，乃知太极五行诸说之为不经，故习斋亦从而易之也。此亦足见恕谷如浙至京，颜、李之反宋学，乃始澈底，恕谷之出游于四方，固大有造于颜学也。是书卷一：《驳气质性恶》、《明明德》、《棉桃喻性》、《借水喻性》、《性理评》。卷二：《性图》、《朱子性图》、《妄见图》（凡七）、《图跋》，附录《同人语》。

《存治编》一卷　同上

案：据《年谱》，戊戌二十四岁，“作《王道论》，后更名《存治编》”。此书之作，实早于《存性》、《存学》。据《年谱》丁巳四十三岁，先生有赵甲田十九家佃户分种之说，今未入《存治编》；则《存性》、《存学》著成以后，是编并未加以修改。全书一卷，其目次为：《王道》、《井田》、《井田经界图说》、《方百里图说》、《治赋》、《八阵图说》、《学校》、《封建》、《宫刑》、《济时》、《重征举》、《靖异端》。

《存人编》四卷　同上

案：《年谱》壬戌四十八岁，“七月，著《唤迷途》，后又曰《存人编》。一唤寻常僧道，二唤参禅悟道僧道，三唤番僧，四唤惑于二氏之儒，五唤乡愚各色邪教”。今卷一：第一唤、第二唤、第三唤。卷二：第四唤、第五唤。卷三为《明太祖高皇帝释迦佛赞解》，据《年谱》，为辛酉四十七岁所作。卷四为《束鹿张鼎彝毁念佛堂议》，则甲子五十岁所作，亦非成于壬戌年者。《四存编》在《四库全书总目·子部·儒家类存目三》，并有提要。

《朱子语类评》一卷　颜李丛书本

案：是书云："以医事游河间，见《朱子语类》，特携三卷归。"（《颜元集》）。又云："仆亦吞砒人也！耗竭心思气力，深受其害，以致六十余岁终不能入尧、舜、周、孔之道。"（《颜元集》）是此书始纂于六十余岁之时。《年谱》戊寅六十四岁有"观《朱子语类》"云云，则其评阅当始于是年或其前一年。据此书云，已有《宋相辨》、《宋史评》之作，《宋史评》成于丙子六十二岁，故是书之经始当在丁丑、戊寅间也。

《礼文手钞》五卷　同上

案：是书前有《序》，末云："康熙三年，岁次甲辰，八月戊寅，后学颜元谨识。"盖戊申三十四岁著《存性》、《存学》前，手抄《朱子家礼》等书而成，但于后亦遵行之也。据《年谱》壬午六十八岁，"始祖祢同祀。初，先生遵程伊川说，春祭租，秋祭祢。塨按：古礼皆祖、祢同日祭，程说非也。质之先生，先生考而然之，至是，改从古礼。"足证。卷一《通礼》，卷二《冠礼》，卷三《昏礼》，卷四《丧礼》，卷五《祭礼》。

《习斋记余》十卷　畿辅丛书本　颜李丛书本　图书集成本

案：是书为钟錂所汇辑。但据卷三《寄陈宗文书》云："家藏俚帙虽数百，亦不过往来书札，祭、祝、箴、铭，不得不为者，殊无簪笔苦力雕刻若韩、欧之为者。名之曰《记余》，明非正业也。"（《颜元集》）。则《记余》之名，实习斋所自订也。《恕谷年谱》乙酉四十七岁有"选订《习斋记余》"之语（《李塨集》，《恕谷年谱》卷四），则恕谷亦有选本，或钟錂所汇辑者，实本之于恕谷也。

《习斋先生记余遗著》一卷　颜李丛书本

案：此四存学会据抄本刊印，共收遗文凡十一篇。

以上已收入《颜李丛书》者共十二种。

《洒扫应对进退仪注》未见

《勺诗舞节》已佚

案：《年谱》甲辰三十岁“六月，与王法乾纂《洒扫应对进退仪注》，作《勺诗舞节》。按，《勺诗舞节》，塨从学时先生以仪节未备，亡其稿。”此二种写作之时，与《礼文手钞》时间相近，盖亦纂辑礼文，而加以按语耳。

《妇人常训》未见

《曾子言行》未见

案：《颜习斋先生年谱》乙巳三十一岁，有“作《妇人常训》三章”，“集《曾子言行》”（同上）之语。

《农政要务》未见

案：《习斋先生年谱》己酉三十五岁，“八月，为王法乾书《农政要务》：耕耘、收获、辨土、酿粪以及区田、水利，皆有谟画”(同上)。

《会典大政记》未见

案：《习斋先生年谱》庚戌三十六岁，“五月，著《会典大政记》，摘《大明会典》可法可革者，标目于册”（同上）。又，己未四十五岁，“孔子修《春秋》曰：‘我欲托之空言，不如见诸行事之深切著明也。’《会典大政记》，实窃取之。如有志者鲜何?”(同上）又，癸酉五十九岁“予皇明大政记，只录条件，不参一议，以待用之则行”(同上)。是书盖仅摘录《明会典》而成，然足见先生眷怀故国之情也。

《删补三字书》原刊本

案：《年谱》辛亥三十七岁，“补六艺、六府于开蒙《三字书》内，端蒙识也”（同上）。《习斋记余》卷一有《删补三字书序》，末云：“康熙庚午博陵颜某谨题。”（同上）今《年谱》庚午五十六岁，未载作序之事。至丁丑六十三岁，“七月，定兴刘棻（旃甫）刊先生订改王应麟《三字书》”（同上)。故此书为先生所著书刊行最早者。《畿辅丛书》、《颜李丛书》并未收入。恕谷《评乙古文》内录有《颜习斋三字书》一篇（《李塨集》），非其全文。

《宋相辨》未见

《宋史评》今书未见

案：《朱子语类评》谓："予有《宋相辨》、《宋史评》，力为乾坤翻此大案。"《年谱》丙子六十二岁，"十二月，著《宋史评》，为王安石、韩侂胄辩也"（同上）。《年谱》于《宋史评》俱录其略，其全文今不详。《宋相辨》盖亦为荆公等而发者。

以上未收入《颜李丛书》之已刊未刊者共九种。

案：《颜习斋先生言行录》及《年谱》所载，先生诗歌等文又有《望东赋》（《习斋先生述略》），《大盒歌》、《小盒歌》（《年谱》己亥二十五岁，同上），《求源歌》（癸卯二十九岁，同上），《大风吟》、《登泰山赋诗》（癸丑三十九岁，同上），《望荆轲山诗》（癸亥四十九岁，同上），《口占》（庚辰六十六岁，同上）。亦可略见先生关于诗歌之作。惟先生以诗文字画为乾坤四蛊，故于诗歌之作甚少也。

（二）恕谷著述考

案：恕谷著述，共凡二十余种，据恕谷自为《墓志》谓："前在都，徐少宰秉义，吴都宪涵为刻《大学辨业》、《学规纂》。至是，同人为刻《论语》、《学庸传注》及《传注问》，又刻《易经传注》、《学礼》、《小学稽业》，门人又刻《恕谷后集》，毛河右开雕《李氏学乐录》。"其《讼过则例》、《论学》、《评乙古文》、《拟太平策》四种，实于恕谷生前亦已刊行。恕谷卒后，《诗经传注》、《春秋传注》二种亦于道、同间次第刊布。光绪间，定州王氏刊《畿辅丛书》，复刊印《恕谷先生年谱》、《阅史郄视》、《平书订》、《拟太平策》、《评乙古文》、《学礼》、《学射》、《小学稽业》、《大学辨业》、《圣经学规纂》、《论学》、《恕谷后集》十二种，并与所刊习斋著述单行为《颜李遗书》。民国八年，蠡县齐氏又印行恕谷《论语》、《学庸》各传注，至民国十二年，北京四存学会复就《畿辅丛书》、及各单行刊本，印行《颜李丛书》，更据抄本增刊恕谷《中庸讲语》、《郊社考辨》、《禘祫考辨》、《宗庙考辨》、《田赋考辨》、《讼过则例》、《瘳忘编》、《天道偶测》、《恕谷诗集》等书，共收恕谷遗著二十八种（实当云三十种），合之习斋著述共为四十种（实当四十二种）。兹合恕谷著述已刊未刊者，为考如次：

《恕谷先生年谱》五卷　旧刻本　畿辅丛书本　颜李丛书本　丛书集成本

案：是书前四卷为冯辰纂，恽鹤生订；卷五刘调赞续纂。恕谷孙锴于全书又重加修订。据冯辰《凡例》云："自庚申七月以后，皆采之《日谱》，以前，则本之辰所素闻于先生者。"又，此谱之作，实在恕谷生前，辰与调赞，皆承恕谷之命，而为是谱。则亦可以恕谷遗著视之也。

《周易传注》七卷附《周易筮考》一卷

案：《序》云，"予癸未注《易》至《观》。甲申春，李中丞斯义下榻京师，注卦讫。秋，又自订于郾城温令德裕署。丙戌注《系辞传》、《说卦》、《序卦》、《杂卦》，迄壬辰重订一周。"自癸未四十岁至壬辰五十四岁，是书之成，盖历十余年之久。癸巳，"始入京寻剞劂刊之"。但其书于卷一即两引恽皋闻说：是在甲午与皋闻相晤之后，又加以增订也。《序》又云共学者有印江、黄世发，世发为万宁黄令成宪名，相识在丁酉年，则是书刻成当在丁酉后也。是书《四库全书总目·经部·易类》有提要。

《诗经传注》八卷

案：据《序》及《恕谷年谱》，注《诗经》在丙申五十八岁，是时不惟《周易传注》已成，《四书传注》亦已成也。是书恕谷卒后，其裔孙桓，醵金开雕，刊成于道光二十四年。

《春秋传注》四卷

案：《恕谷年谱》乙巳六十七岁，始注《春秋》。次年秋即竣事。同治八年高阳李继曾为之刊行。

《论语传注》二卷　原刊本　蠡县齐氏刊本　颜李丛书本

《大学传注》一卷同上

《中庸传注》一卷同上

案：《论语序》作于康熙五十七年戊戌，《凡例》作于次年己亥。然据《恕谷年谱》，康熙五十四年乙未五十七岁"《注孟子》"，似恕谷《论语传注》、《大学传注》、《中庸传注》，在乙未前当已完成。恕谷《诗经传注·题辞》亦云："始为《周易传注》，续之《四书传注》成。"《诗经传注》成于丙申，亦足证其成当在乙未前也。

《传注问》一卷　原刊本　颜李丛书本

案：据是书《题辞》："作于庚子端月"，则是书成于康熙五十九年，恕谷年六十二岁。此恕谷自为《墓志》谓"至是，同人为刻《论语》、《学庸传注》及《传注问》"也。《传注问》一书因非依经立传之体，而为答问之书，故于学术思想方面，颇多发挥，恕谷诸经《传注》固皆重要，然于此书中尤足见其哲学思想之大略也。以上四种《四库全书总目》并收入《四书类》存目中。

《恕谷中庸讲语》一卷　颜李丛书本

案：《恕谷年谱》，辛巳四十三岁，"同学二十余人，约十日一会，求先生讲《中庸》。陈叡庵以先生所讲，录成卷，为《恕谷中庸讲语》"。又，癸巳四十五岁，宗夏看《恕谷中庸讲语》，奋然以圣贤为可为。曰："吾向以二氏为根，今拔去矣。"(同上)因《讲语》中录有恕谷《辟佛论》之说而云然也。

《小学稽业》五卷　原刊本　畿辅丛书本　颜李丛书本　丛书集成本

案：《恕谷年谱》庚辰四十二岁，以子侄将入学，乃著《小学稽业》，自六岁起，至十四岁止，幼仪、书数、乐舞，皆有仪注谱法。是此书经始于是时。据卷一《小学韵语》作于康熙四十三年甲申，《序》作于康熙四十四年，此书之成，实在习斋先生卒后一年也。习斋先生谓“兹小学，则稽古人成法，盍名《稽业》”（同上），此所以名《稽业》也。是书《四库全书总目》收入《子部·儒家类·存目四》。

《大学辨业》四卷　同上

案：《恕谷年谱》戊寅四十岁“著《大学辨业》”（同上）。辛巳四十三岁，“吴司寇、徐少宰……为先生刊《大学辨业》、《圣经学规纂》、《论学》”（同上）。今案，《题辞》后记有“癸未阳月李塨阅明儒学案识”（同上）之语，则是书恕谷于辛巳后二年又加以增补也。是书《四库全书总目·儒家类·存目四》有《提要》。

《圣经学规纂》二卷　同上

《论学》二卷　同上

案：《圣经学规纂·序》云：“《大学》辨讫，续纂《圣经学规》二卷。续纂者何也？古大学成规俱在，但恐人不实尽其道……是以摘圣经言学者，会为一编。”（同上）此命名为《学规纂》之意也。据《恕谷年谱》乙亥三十七岁，“子坚刊先生所著《圣学成法》及《与西山先生书》”（同上）。《圣经学规纂》或即《圣学成法》之改订本也。《学规纂》卷一为：《原学规纂》，《论语学规》三十九条，《中庸》三条，《孟子》十一条；卷二为：《尚书》三条，《易经》一条，《诗》一条，《周礼》八条，《礼记》九条，《论古学正学宜急复》，附《论学》二卷。据此则《论学》又《学规纂》之附录也。《论学》卷一前有小序云：“学明矣，而尚恐丰蔀之蹛人也，故编摘《学规》后，意有不尽者，复附以朋友往复之言如左。”（同上）此与恕谷所纂之《诸儒论学》实系两书。据《恕谷年谱》，《圣经学规纂》、《论学》皆刊于辛巳四十三岁，《论学》卷二有“辛巳冬，语万季野、王昆绳”（同上）之语，盖系刊刻时所加入也。《学规纂》、《论学》在《四库全书总目·儒家类》与《大学辨业》并收入《存目四》中。

《学礼》五卷　同上

案：是书卷一《冠礼》，卷二《昏礼》，据《恕谷年谱》成于庚辰四十二岁；卷三《丧礼》，据小序成于己亥六十一岁秋（此条《恕谷年谱》未载）；卷四《祭礼》，据《恕谷年谱》，纂于乙酉四十七岁：卷五《士相见礼》，亦成于庚辰四十二岁。全书《序》成于庚子六十二岁，其锓版盖即在是年也，《序》有“爰先锓以告学者”之语，足证也。是书《四库全书总目·经部·礼类·存目三》有《提要》。张潮《昭代丛书》摘录其卷五《士相见礼》。

《学射录》二卷　同上

案：据《恕谷年谱》戊子年五十岁，“自勘前著《射法》未善也，毁之，更著《学射》”。惟恕谷于其书卷一自序谓：“一日，忽有叟而杖见过……自称‘异叟’，言曾学道深山，技击皆精，夜半为我解衣击剑，因传射法，听而观之，豁然于心。……无何黎明，飘然而去，不知所之，因录其射法。”（同上）则是书之成，颇涉于神怪也。

《李氏学乐录》四卷　毛氏刊本（止首二卷）　颜李丛书本

案：《恕谷年谱》戊寅四十岁，“录《学乐》”。次年己卯，又著《宫调图》并《七调全图》等，皆收入卷一内。次年庚辰，又著《六律正五音图说》等，皆收入卷二内。《恕谷年谱》云：“上河右书，录《六律正五音图》求正……河右答书……言已镌《学乐》二卷入其《西河全集》内。”（同上）毛氏所刊只二卷也。卷三、卷四皆成于戊子恕谷五十岁，见《年谱》。是书二卷本《四库全书总目·经部·乐类》有《提要》。

《平书订》十四卷　畿辅丛书本　颜李丛书本　丛书集成本

案：《恕谷年谱》丁亥四十九岁，“昆绳出所著《平书》……请先生订”（同上）。次年订《平书》竣。但《平书订》后引有恽皋闻语，则是书于甲午后又有增补也。

《阅史郄视》五卷　畿辅丛书本　颜李丛书本

案：《年谱》丙寅二十八岁，“书《廿一史》经济可行者于册，曰《阅史郄视》”。又，甲戌三十六岁，“思明成祖尚武功，而明强，李东阳引进浮文，而明削，前明成败之大案也，书于《阅史郄视》”(同上)。是书卷四后续一卷，所记皆有关明代之事，是书之成，盖即在是年也。但于后亦有增补，卷一引有王昆绳语，恕谷与昆绳相晤在庚辰四十二岁，是在庚辰以后，有增订之处也。

《拟太平策》七卷　原刊本　畿辅丛书本　颜李丛书本　丛书集成本

案：《恕谷年谱》己酉七十一岁，“订《拟太平策》，觉一生总结是此书”。辛亥七十三岁，“刻《拟太平策》”(同上)。《拟太乎策》本准《周礼》六官而作，当止六卷，第七卷实补述卷一六部以外之官职，所述不多。

《瘳忘编》一卷　颜李丛书本　国粹丛书本

案：《恕谷年谱》癸亥二十五岁，“置一册曰《瘳忘编》，《序》曰：‘宋、明学者如华子病忘，伏首诵读而忘民物，一旦大难当前，半策无施，惟拼一死，并忘其身。噫！甚矣。予行年二十余，颇踔厉欲有为，而精神短浅，忽忽病忘，每恐其沦胥以溺也，乃捃摭经世大略，书之赫蹄以瘳之。’”此实恕谷少年有志于经世时之作也。《凡例》云：“是卷创于癸亥，讫于丁卯，其再得者以次入下卷，数不可以预定也。”(同上)今考《恕谷年谱》戊辰三十岁谓：“著开东北水利及治河利运之策于《瘳忘编》。”今《瘳忘编》业未收入，而收入《平书订》卷十二后，则是编实止于丁卯也。书虽少年之作，然颇有可观者。

《评乙古文》一卷　原刊本　畿辅丛书本　颜李丛书本　丛书集成本

案：是书《序》云：“塨自幼治古文，规模唐宋八大家。及壮后，王昆绳遇而见曰：'是亦为斥鷃所误而控于榆枋者，盍宗秦汉？'问其说，一一皆解，因怃然曰：'与其宗秦汉，何如宗六经？六经乃古文也。'于是教授之余，偶评乙数篇存案。"（同上）此足见恕谷文辞之学，实深受昆绳之影响也。全卷所选，除《书》、《易》、《诗》、《周礼》、《礼记》、《论》、《孟》、《左》、《国语》、《史记》外，有韩愈《原道》、习斋先生《三字书》，及恕谷父孝悫所为《与王法乾书》各一篇。初刊于雍正十年壬子。

《宗庙考辨》一卷　颜李丛书本

《郊社考辨》一卷　同上

《禘祫考辨》一卷　同上

《田赋考辨》一卷　同上

案：《恕谷年谱》戊寅四十岁，"考郊社、禘祫、诸礼，乃知《文献通考》等书皆疏略也。著《田赋考辨》"（同上）。翌年，著《宗庙考辨》，著《禘祫考辨》、《郊社考辨》。《田赋考辨》于戊子五十岁时又有增订。据《诗经传注序》云，"《宗庙》、《田赋》诸考，用以论治"。则此《四考辨》不入《学礼》之中，以其本非曰行之礼也。《四库全书总目·经部·礼类·存目三》于《郊社考辨》有《提要》。

《恕谷后集》十三卷　原刊本　畿辅丛书本　颜李丛书本　丛书集成本

案：是书前有恕谷门人阎镐《序》云："大兴王昆绳曰：'恕谷之注经，超轶汉、宋，连篇片语，皆古文也。'河南李主事汝懋曰：'吾遍阅闻人集，钱牧斋、吴梅村犹是宋明遗习；汪苕文弱；侯朝宗亦涉摹拟；方灵皋练或伤气；王昆绳主奇变，而乃有唐、陈；若夫渊源圣经，旁罗百氏，雄浩奥化，不名一家，其《恕谷后集》乎？'知言哉！镐从游久，颇得闻之。乃检录、传、书、序、记、碑版诸著，列为十卷。'恕谷'者，先生自名其里也；'后集'者，自康熙癸未以前，仿欧、苏诸大家，先生俱置之，而惟存其后焉者也。”《序》作于雍正四年丙午。据此《序》可见，(一) 当时有称颂恕谷之文超轶当时名家。(二) 其所以名“后集”者，取断自癸未（四十五岁）以后；恕谷于是时已晤昆绳而改变其作风也。(三) 是集初本十卷，其后三卷乃增刊。十卷以前，已各体具备，此由其体例可知者一也；卷十一有《孙生日记序》，作于雍正六年；卷十三有《李子恕谷墓志》，作于雍正十年（恕谷卒前一年），皆其证验极明显者。《四库全书总目·别集类·存目一一》作《恕谷后集》十卷、续刻三卷，是也。

又案：《恕谷年谱》丁酉五十九岁（康熙五十六年）述恕谷如肃宁，以《恕谷后集》赠肃宁黄令，则《后集》之刻，当始于是年前。据《恕谷年谱》乙亥三十七岁，郭子坚刊先生所著《与西山先生书》，戊子五十岁时，“郑若洲中举人，来谢教，刊先生古文数首”。恕谷古文之刊刻，实甚早也。

《天道偶测》一卷　颜李丛书本

案：是书作于雍正六年戊申七十岁时，见《恕谷年谱》及是书卷首。

《讼过则例》一卷　原刊本　颜李丛书本

案：《恕谷年谱》己巳三十一岁，“纂《讼过则例》……本刘念台《纪过格》而删订之”。又乙亥三十七岁，“子坚刊先生《讼过则例》，草堂序之”(同上)。

《恕谷诗集》二卷

案：是集所收诗不分体，不编年，盖未经整理者。恕谷卒前一年有《忆旧诗》、《思圣诗》亦并未收入。

以上已收入《颜李丛书者》共三十种。如不计《周易筮考》，又以《大学传注》、《中庸传注》并为一种计算，则为二十八种。

《圣学成法》原刊本

案：《恕谷年谱》乙亥三十七岁，“子坚刊先生所著《圣学成法》及《与西山先生书》”。“仲开一……为《圣学成法》作《跋》”，冯辰所为祭恕谷文述及恕谷著作亦有《圣学成法》。（《恕谷年谱》卷五）惟恕谷自作《墓志》记其著述已不将是种列入，盖以后改为《大学辨业》或《圣经学规纂》，故再不必以此列入，而记恕谷之著述者，如《戴记》等书，亦遂忽之也。

《学御》有传钞本

案：《恕谷年谱》庚寅五十二岁，“著《学御》，骑法、饲法、相法，得之（蔡）瑞生者也”。《学御》一书，有传钞本，四存学会刊行《颜李丛书》未以印入，非已佚也。（现四存学会有钞本发售）

《上许西山先生书》原刊本

《恕谷古文》原刊本

案：此两种均单篇论文，在《恕谷后集》未刻成以前刊行者（详上），《上许西山先生书》、《年谱》已存其略；郑氏所刊古文数首，则不详其篇目如何也。

以上四种为《颜李丛书》以外之传钞本及原有刊本今不流传者。

《求孝集》未见

案：《恕谷年谱》己未二十一岁，“纂《求孝集》，辑经书言孝之礼及昔贤与孝悫之行事，以自勉也”。

《与斯集》未见

案：《恕谷年谱》癸亥二十五岁，“有所得经济，书于《与斯集》”。

《四书言仁解》未见

案：《恕谷年谱》戊辰三十岁，“思时时以仁存心，乃集《四书》言仁者通解之，曰《四书言仁解》”。“许西山书至，言《言仁解》已得圣道之要，须以宏毅任之。”（同上）

《恕谷集》未见

案：《年谱》己巳三十一岁，“至习斋投门人刺，以《瘳忘编》、《恕谷集》为贽”。此《恕谷前集》也，恕谷又有《庞蕞草》、《南食草》等稿。兹但举此种以见之。

《诸儒论学》未见

案：《恕谷年谱》己巳三十一岁，“思程、朱、陆、王以及今儒各有其言之明者，录之，圣道自在也，不必与之多辨，乃册录曰《诸儒论学》”。此即《习斋先生年谱》。壬申五十八岁，所谓“子纂《诸儒论学》，名曰《未坠集》”者也。与恕谷以后附入《学规纂》之《论学》实非一书。

《陶澜明集选》未见

《韩昌黎文选》未见

案：此二种见《恕谷年谱》丁丑三十九岁，俱有题辞。

《律注》未见

案：此亦丁丑三十九岁所为。恕谷二十三岁学六艺，从明太祖易御以律，丁丑佐政桐乡乃为之注也。

《学易》未见

案：此见《恕谷年谱》戊寅四十岁。以后改为《易经传注》，故其自作《墓志》亦不以列入其所著之中也。

《学政》未见

案：此种恕谷自作《墓志》述所著作，列之《瘳忘编》下，盖亦关于政治之著述也。《平书订》卷首亦述及此稿。

《运心编》未见

《览天主书辨》未见

案：《恕谷后集》卷四《上毛河右先生书》述其近著有此二种。

《孟子传注》未见

案：《恕谷年谱》乙未五十七岁云，“注《孟子》”。《诗经传注·题辞》亦言“续之《四书传注》成”（同上）。惟《论语》、《大学》、《中庸》传注俱于生前锓版，此书独未刊行，岂以稿未完成，或卷帙较多，未便刊刻欤？

《经说》六卷未见

案：《戴记》述恕谷之著述有此。姑亦列入。

以上未收入《颜李丛书》之已刊未刊者共十八种。

综上所述，恕谷著述共有四十八种，其单篇论著未收入文集者，如《辟佛论》（略见《恕谷中庸讲语》）之类，尚未计入，恕谷生平之著述不可谓不宏富也。

附：关于研究颜李学之重要参考书

王源《居业堂文集》二十卷　旧刻本　畿辅丛书本　商务印务馆丛书集成本

案：是书除传述颜学诸文外，其他如卷四之《五公山人传》、《李孝悫先生传》等，极多关系颜、李师友之文字，可以参看。王氏《文章练要》无卷数，在《四库全书总目提要·春秋类·存目二》著录为《或庵评春秋三传》，实为评文之作，于颜学实无重要关系，北平四存学会有铅印本，改书名为《左传评》。

程廷祚《青溪文集》十二卷　道光丁酉程兆恒刻本　金陵丛书本　北京大学影印程本

同上，《青溪文集续编》八卷　道光戊戌程兆恒刻本　北京大学影印程本

案：是书《续编》八卷《金陵丛书》本未收入，传世甚少，北京大学为之影印流通，于民国二十六年出版。后附三卷，为“程氏集”外之文、碑传文字、友朋间论学书。附录一卷。

戴望《颜氏学记》十卷　原刊本　光绪甲午李雒才刊本　清

代学术丛书本　国粹丛书本　国学基本丛书本

案：戴氏撰是书时，于《习斋先生言行录》、《辟异录》、《四书正误》、《朱子语类评》、《习斋记余》等书，并未获见；于恕谷《诗经传注》、《春秋传注》、《小学稽业》、《阅史郄视》、《平书订》、《四书考辨》等书之言论并未采入。又间有舛误。以今观之，虽非完满，然其播传颜学之功，未可没也。

徐世昌《颜李学》十三卷　北平四存学会刊本

案：是书内容实析为三种：一、《习斋语要》二卷，二、《恕谷语要》二卷，三、《颜李师承记》九卷，共十三卷。其《师承记》九卷，述颜、李之师友弟子凡七百十三人。然不注重先后之次第，如：同为习斋先生严事师友，王五公、刁蒙吉列之卷二；王五修、张石卿等刊列之卷七。不加以详细之分别；云颜、李师友"大率彼与此相共"，然于不相共者并未明白指出也。不注明出处，使未熟读颜、李之书者，不能了然于所依据之材料。所收之人亦间有失之过滥，如卷九述及杜紫峰，紫峰年事较长，且实非颜、李师友也。又，此书所述至七百余人，仅分九卷，而前无总目录，亦无子目，各传前且无标题，极不便于检阅。

梁启超《颜李学派与现代思潮》：《东方杂志》二十卷二号

胡适《颜李学派的程廷祚》：《北京大学国学季刊》五卷三号

案：近十余年，介绍颜李学之单篇论文甚多，以上二种，为其中较为重要者。其余散见于北平四存学会出版之《四存月刊》及其他之杂志报纸者，以有《国学论文索引》诸书可资检索，兹不一一列举。

四　师友考

（一）习斋师友考

案：习斋先生师友，在恕谷所为《年谱》之中，于交游论定者，多附小传，以为“会友辅仁之学，见于是焉”。其后《戴记》撰述先生之学，末亦附以《颜李弟子录》，所收入者，凡二百又七人：惟所述既不完备，且亦不免舛误。至《徐记》乃更综述颜、李师友弟子及私淑至七百三十一人之多，似稍详矣。然其书于颜、李师友，概不加剖析：于叙次先后，则尤为紊乱；出处不为注明，传述失之过滥，又其次也。兹述先生师友，略依《年谱》所载，以见其先后；次参之他书，补《年谱》所未及，庶于出处，亦可以见。其在弟子之列者，另综述之；亦依《年谱》诸书略见其先后与出处。惟于不甚重要之师友，则但录其姓氏，以存踪迹而已。

1. 见于《年谱》者

（1）幼年求学时期

先生幼养于蠡县朱翁盛轩，父㫤早出亡。八岁时，就外傅吴洞云学。洞云名持明，能骑、射、剑、戟；慨明季国事日靡，潜心百战神机，参以己意，条类攻战守事宜二帙。时不能用，以医隐；又长术数，多奇中。盖先生之学，自幼受其影响甚深。后又从贾珍（袭什）、贾琮（金玉）受读。金玉善医，先生于后为辑其方为《美惠方集》，序以行世。二十岁时，与乡人朱参两

(湛)、彭恒斋（士奇)、赵太若、彭汉中（之炳)、彭九如（通）父子友；汉中自号散逸隐士，九如一字雪翁，往来孙夏峰、刁文孝间，时作道学语，为先生语孙、刁行迹，先生之从事陆、王，由雪翁也。以上洞云等凡八人。

（2）**从事陆王程朱时期**

先生于二十四岁时，从雪翁得《陆王要语》，从事陆、王之学。翌年己亥，以岁试赴易州，访王五修（之征），五修新安人，孙夏峰弟子。逾一年辛丑，至祁川，访刁蒙吉（包），包治程、朱学，甲申闻变，设烈皇帝位于所居之顺积楼，斩衰朝夕哭临。卒谥文孝。先生拜谒，得其所辑《斯文正统》，归，立道统龛，正位伏羲至周孔，配位颜、曾、思、孟、周、程、张、朱。从事朱学。翌年壬寅，与蠡郭敬公（靖共)、汪魁楚、李贞吉等结文社，社友共十五人。翌年癸卯，闻王法乾焚帖括，读经，依朱子《家礼》行礼，往拜。法乾名养粹，蠡人；少狂放有大志，以圣人为必可为。与先生交，约十日一会，为日记考功过，后终守程朱学。先生尝谓："吾行家礼、学仪，皆始自法乾。其致知少逊我，而力行过之。"（《恕谷年谱》卷三）先生之重行，实颇受其影响也。甲辰三十岁，先生约王法乾访孙征君，未果。征君名奇逢，号钟元，容城人。讲学初宗姚江，继主调和朱、王，著有《理学宗传》等书。明末，左光斗、魏大中、周顺昌为魏珰所陷下狱，徵君与鹿善继父正、张果中藏匿其子弟，醵金谋完"拟赃"，时称"三烈士"。甲申后，移居辉县之夏峰，故又以夏峰称焉。是年先生又访五公山人王余祐，余祐字介祺，保定新城人。以明季多故，乃读孙吴书，散万金产结士。清兵入，隐居五公山双峰，每登峰顶，慷慨悲歌，泣数行下。邃于韬钤，喜言经济，先生于后亦尝与论经济，受其影响甚深。翌年乙巳三十一岁，访恕谷父李晦夫（明性），晦夫事父兄孝友。崇祯末，天下大乱，先生方弱冠，与乡人习射御贼，挟利刃、大弓、长箭，骑生马疾驰，同辈无敌者。甲申变后，暗然弢晦，足迹不履市阙。念圣学以敬为要，颜其堂曰“主一”。慎独功甚密，谓程朱原属一家学问。晚年益好射，元旦，设弧矢神位，置弓矢于傍，酎酒祀之，曰：“文武缺一，岂道乎？”卒，门人私谥之曰：“孝悫先生”。是年，又访张石卿，论学。石卿名罗喆，保定清苑人，甲申城守，死难吏部主事张罗彦之弟。石卿尝言：“义理即寓于气质，不可从宋儒分为二。”后先生著之于《存性编》中。又访吕文辅（申），文辅言《四书朱注》有支离者。先生于后又从之问天文。先生尝自言生平所严事者一人，曰孙徵君；父事者五人，曰刁文孝、李孝悫、王五公、张石卿、张公仪；兄事者二人，曰王五修、吕文辅；交友者三人，日郭敬公、王法乾、赵太若。除张公仪外，皆于此乙巳三十一岁前谋相晤也，但孙徵君未果耳。此时知交又有任熙宇、徐蓝生二人，连王五修等共十三人。

（3）昌明周孔正学时期

先生于戊申悟宋学之非，逾一年，刘焕章（崇文）来访，焕章一字肇南，蠡人。明末，以举人署枣阳宜城县，解组后，忘年爵来拜，力涤宦习，主日记，与先生共明正学，以圣贤相规勉。冯辰尝谓：“习斋、焕章、法乾、恕谷四先生，每会学，劝善规过，互无回护。”（《恕谷年谱》卷二；《李塨集》）则亦先生共学之良友也。翌年辛亥，从张函白（而素）学琴。张公仪约会于祁州刁宅。公仪，宁晋人，原名来凤，后易名起鸿。翌年壬子三十八岁，与陆桴亭书论学。桴亭，名世仪，字道威，太仓人，隐居不仕。自治教人以六艺为主，言性善即在气质，气质之外无性。著有《思辨录》等书，恕谷入浙，得其书归，先生与恕谷在思想上受其影响并甚巨也。至乙卯四十一岁，先生有《与孙吏渊书》。吏渊，名之萍，高阳人。孙文正公承宗侄孙，隐居力学，以孝母名。文正合家死难，吏渊撄城被矢不死，自缢至三不死。曾遁于释、老，故先生贻书诤之。戊午四十四岁，会李天生于清苑。天生名因笃，陕西富平人，与顾亭林、李二曲交并笃，先生之知二曲，当得之于天生也。自戊申三十四岁至癸亥四十九岁，知交之中，又有：田沛然及其子经埏、界埏，彭朝彦（朱莪），魏帝臣（弼直），王契九（鬿），陈见夷（振瞻），任最六，彭永年（大训），萧九苞，田沛然子治埏、冯绘升（梦祯），杨孔轩（思茂），宋赓休（会龙），杨计公，王法乾父廷献，吴瑾，彭古愚，彭子谅，刘宰宇（起声），彭济寰，魏秀升，崔夏章（蔚林），杨湛子（尔淑），乔百一（己百），及同族叔愉如、羽洙，凡三十四人。

（4）**出关寻父及南游中洲时期**

先生于甲子五十岁出关寻父，过涿州，晤陈国镇（之铉），鹿忠节公善继弟子也。至奉天，主堂兄在旗者希汤家，晤束鹿友人张尚夫之兄张鼎彝（束岩），鼎彝作《毁锦州念佛堂议》，先生为之作檄作说，入《存人编》。翌年归。至丁卯许西山来书论学，西山名三礼，河南山阳人。恕谷于乙丑至京，得见其所著《圣学直指》，后从杨湛子往拜之。西山曰：“道原于天，终于天”，“‘小心翼翼，昭事上帝’，功力也”；“‘文王陟降，在帝左右’，归结也”。恕谷返至博野，为述所闻于先生，并出其所著《河洛源流》、《拟太学祀典》、《圣学直指》诸书，先生以手加额曰：“天生西山，‘其有意于斯世斯民也。’”无何，西山书至，先生有答书，后复有书与西山论学（《习斋记余》卷三）。恕谷《瘳忘编》亦尝就正于西山（《瘳忘编》凡例）。西山之学，与颜李之思想多相合，故见重如此，颜李并喜以“小心翼翼，昭事上帝”为教条，亦未始非受有西山之影响也。己巳五十五岁时，陆陇其、邵嗣尧并求见，先生以不交时贵辞之。至辛未五十七岁，先生南游中州，抵上蔡，访张仲诚。仲诚曰：“修道即在性上修，故为学必先操存，方为有主。”先生曰：“是修性，非修道矣。周公以六艺教人，正就人伦日用为教，故曰‘修道谓教’。盖三物之六德，其发现为六行，而实事为六艺，孔门‘学而时习之’即此也。所谓‘格物’也，格物而后可言操存诚正。先生教法，毋乃于《大学》先后之序有紊乎？”论取士，仲诚曰：“如无私，八股可也。”先生曰：“不然，不复乡举里选，无人才，无治道。”仲诚，名沐，以进士知内黄县事，有惠政。论学大旨宗陆、王而变其面貌，以一念常在为主，弟子从游者甚伙。及行，仲诚率门人远送，先生拜手曰：“承教不敢自弃，勉加操存。先生操存有年，愿进习行。”仲诚《语录》有“身勿无事作，身勿无理思，习此身使勤，习此心使存”。先生于后亦尝称述之。自甲子起至南游归后癸酉五十九岁，先生知交之见于《年谱》者又有：王若谷（余厚）、曹梅臣、程玉行、刁过之、刁静之、石蓝生、鹿密观、王曙光、马开一、阎大来（际泰）、恕谷伯父葆初（成性）、刘润九（荫旺）、阎辉光、杨雨苍、雨苍弟济川、贾聿修、陈子彝、耿子达、宁天木、熊伯玉、耿敬仲、孙实则、柴聚魁、丁士杰、宁季和、阎慎行、国之蒲及孙徵君子君协、君孚、君夔，耿保汝（极）、耿尔良父子，孙平子，孙箕岸，杨诚甫，李天佑，孔盖仲，周础公，张子朗，刘念庵，郭十同，李瑶之，杜聿修，周炎，赵龙文，张天章（灿然），田椒柏，郑吉人，梁以道（廷援），刘子厚，常贞一，苏子文，李子楷，侯子宾，傅惕若，王子谦，寇楣，王焉倚，李象乾，李乾行，王五公弟柔之（余严），朱宁居，刘懿叔，及同族叔怡如、绍洙、还初，同族兄弟文芳、妹夫金定国，凡七十人。

（5）**主教漳南书院及归隐时期**

先生甲戌六十岁时，肥乡郝公函文灿来问学，并以陈子彝之绍介，来请先生主教漳南书院，至丙子三聘始往。晤旧友程潜伯，访路骧皇（趋光）论治，论封建、井田，意相合。旋归博野。至乙卯，恕谷自浙归，得知毛大可（奇龄）、王草堂（复礼）。大可浙之萧山人，恕谷初在浙时，即闻萧山毛氏世传乐学，大可名能知乐，心窃向之，后大可寄其《驳太极图》、《驳〈河图〉、〈洛书〉》二种至。及复入浙，又寄书论学，馈以所著《乐录》，恕谷即入杭问乐。大可谓："习斋好言经济，于存养有缺。"恕谷告以"颜先生省心之功甚密"（《恕谷年谱》卷二）。至是年恕谷归至浙，先生得观其《乐书》，则二人实相知闻也。恕谷于戊寅年投受业刺于大可，数与书往复论乐，又曾自言晤大可后，经学颇进，其后为《易》、《诗》、《春秋》、《论语》诸经、《传注》，并引毛氏说，《四考辨》亦多用毛说，与恕谷之关系实较密切也。王草堂，浙之钱塘人，亦恕谷在浙所交友也。所著有《书解正误》诸书，驳《朱注》讹谬，内入颜先生说，则颜、王二人亦相知闻也。恕谷《诗经传注题辞》谓其经学颇得草堂之助，其《大学辨业》引草堂《二经汇刻》（卷一）及《太极图辨》（卷一）之说，《论语传注》中亦颇有引用草堂之说，则其学术上关系为较密切也。先生晚年隐居博野，交游之中，甚鲜知名之士，其可列举者惟杜益斋、刘涤翁、陈宗文三人，共惟九人而已。

其列名弟子籍者则有：王之佐、彭好古、朱体三、徐之琇、张文升（鹏举）、石鹭、石鸾、孙秉彝、齐观光、贺硕德、张澍、李仁美、王恭己、宋希廉、李全美、石继搏、贾士珩，皆戊申以前来从游者。文升后著有《存治翼编》，恕谷《阅史郄视》中颇用其说。戊申至癸亥间则有：宋瑜、朱肖文、齐泰阶、马遇乐、羽洙子亨、边之藩，及族昆弟（颜）士俊、士信、士钧、士侯、士镇、士锐、夏希舜、王久成、赵卫公、赵启公、可讱言（默）、高生、李毅武（僩）、陈天锡、贾子一（易）、国公玉（之桓）、养子尔檥、斋燧侯（爟）、魏纯嘏、杨荫千诸人；恕谷之来从游亦在斯时也。甲子至癸酉间则有：关拉江、齐林玉、王学诗（全四）、李植秀、颜亨、颜利、三从叔子早壮、养孙重光、曹敦化、郑光裕、郑克昌、徐仲容（适）、朱越千（超）、王次亭（廷佑）、刘从先、韩旋元、韩智度、李子青及其子李珗、李顺、李贞、朱主一（敬）及其少子本良、李介石（柱）、王越千、族侄修己、尔俨、希濂诸人。甲戌以后，郝公函外更有：苗尚俭、锺金芳（鋐）、郝也鲁、苗尚信、白宗伊、李宏业、韩习业、郝也廉、郝也愚、郭子固（金城）、刘旃甫（菉）、裴子馨（文芳）、詹定侯（远）、尚威如（重）、李沛公（霖）、李命侯、李益溪（培）、管廷耀、李廷献、管绍昌、李甥、曹乾斋、杜生、族孙保邦、周昆来（玗）、曹可成、田德丰、郝品、郝梦祥、郝梦麒、崔奂若（璠）、许恭玉、张振旅、张智吾、王巽发、王濬、王泽、王怀万、王溥、王绳其诸人；昆绳之来从游亦在斯时。连郝公函计凡百十二人。

2. **见于其他著述者**

先生师友弟子之散见于其他著述而为《年谱》所未及载者尚多有之。其见于《四书正误》者，知交有陈赣庵，弟子有族弟士倧，凡二人。其见于《言行录》者有：陈印尼、郭生、彭如九、马生、彭平子、马载图、靳氏子、张自天、萧治台、陈端伯、高台臣、陈康如、胡连城、吴仲常、王叙亭、赵麟书、吴玉衡、苗揆文、吴生、杜生、陈叡庵、王景万、张文典、孙其武、高生、田起凤、韩子垂，凡二十七人。

其见于《朱子语类评》者有：定州王生楷礼一人。

其见于《习斋记余》者则有：赵晋侯、安清卿、褚澄岚、谷若衡、王允德、杨计公子静甫、姚伯涛、贾吟庵、族世父慷初、族大父后溪、族曾祖龙泉、族祖邃明、洞明、邃明子心洙、王效乾、冉怀璞、赵锡之、刘启三、李埈、李孅、曹君佐、王辉臣、李复元、赵用九、钱晓城、王笃周、王顺乾、张尔韬、孙克之、何千里、刘宏斯、宏斯子君显、冯拱北（辰）、齐笃公、王元裔、王学诗子际泰、王廷秀、杨进文、朱异光、罗毅亭、王五修子文甫、献甫，钟行一、钟钦、石（鹤）、石耀亭凡四十六人。

其私淑先生之学者，除上所列郭子固、钱晓城、冯拱北外，有郭子坚（金汤）、温益修（德裕）、谢野臣、陶甄夫（窳）、恽皋闻（鹤生），皆恕谷之友朋与弟子也。连郭子固计，凡八人。以上总计三三七人。

（二）恕谷师友考

1. 见于《年谱》者

（1）恕谷幼年求学时期

恕谷幼时，其父孝悫教之读经，年十五，与内兄王法乾交论学；二十一岁，与李毅武同访习斋先生于贾子一塾。从刘见田学数。其后与张自天、刘焕章识，从张函白学琴，又从习斋先生拜王五公，问射法于赵锡之（思光）及汪若纪二人，与张文升共习韬钤，与马赏伯、国公玉（桓）识。二十四岁以娱亲计于縠日设筵，据习斋先生所为《縠日筵记》，孝悫、锡之诸人外有：冉怀璞、彭子谅、魏秀升、刘启三、王效乾诸人。又晤王契九、张贞子。翌年如易州考试，会田治埏、冯绘生、管公式及五公子曙光，所识又有张新六、阎公度、王佳璠、刘颖生诸人。又在赵太若家设帐。以上习斋先生不计外凡三十人，惟刘见田、汪若纪、张贞子、管公式、张新六、王佳璠、刘颖生、阎公度八人似不与习斋先生相识而已。

（2）恕谷初至京至入浙时期

恕谷以二十七岁至京，申佐领聘馆其家，晤郭子坚、子固兄弟，于名世、于南溟父子，从姚苏门学历。翌年，复至京，过涿州拜陈国镇，在京，学琴于冯颖明，与杨湛子晤，得见许酉山。逾年，与徐澄源、张丰村相识，得知费此度。丰村言其师费此度谓：“宋儒不及汉儒”，表章《十三经》甚力，澄源言此度见人如不识字；羡之。至三十岁时，因寓书此度论学。此度名密，号燕峰，四川成都人。父经虞，寓居扬州，得孙夏峰《岁寒集》，读而悦之，遂令燕峰往夏峰受学。夏峰喜甚，为扫雪亭留之。后著有《弘道书》，亦深辟宋、明学术，主复古治统道统。于清初亦一著名思想家也。此度得恕谷书，有覆书至，主复古经旨；后六年，又有书来。其论学主张本与颜、李略相同也。是年恕谷又与魏莲陆、王子瞻相晤。莲陆，孙征君门人；子瞻，张石卿门人也。庚午年三十二岁，赴京乡试中试，其主考为太仓王颛庵（掞）、副之者为恽城魏子相（希征），同考官为孙洓年（勷）。甲戌三十六岁，有寄李中孚书。此十年中，知交又有：有李六仪（宾）、李启若、赵泰岩、齐燧侯、齐中岳、何鲁荠、梁翚羽、伊介公、陈朗公、郭郁甫、张廉泉、陈健夫、周青士、魏帝臣、从兄萃生、张子舒、杜孟南、武彤函、杨静甫、谭彩耀、郑天波、田信侯、阎佩五、彭雪翁诸人。以上四十三人，其在习斋先生师友弟子之列者亦有：郭子坚、子固、陈国镇、杨湛子、许西山、齐燧侯、魏帝臣、杨静甫、彭雪翁九人。

（3）恕谷如浙至往郾城时期

恕谷以乙亥三十七岁始入浙，中途过扬州，拜蔡瞻岷（治），费此度弟子也。拜此度，以病不能会，晤其次子滋衡。至桐乡，问人得王草堂，往拜之。丁丑年再如浙，毛奇龄书至论学，至杭拜之，得与新安姚立方（际恒）晤，立方以所著《书经》及《仪礼》相质。立方喜于辨伪，与恕谷论学之旨不合，恕谷未详读之也。翌年，投受业刺于毛奇龄，又与嘉善周好生相晤；好生赠以陆道威《思辨录》，恕谷尝谓自幼为学，惟戊寅年功最密，即兆于此。翌年己卯，恕谷四十一岁，北归。至淮安访阎百诗，百诗名若璩，所著有《尚书古文疏证》、《四书释地》等书。恕谷不喜辨伪，至淮安相晤时，曾以言规百诗。其后恕谷著《论语传注》，又曾驳其说，然亦尝引用百诗之说（《论语传注·下》引有“阎百诗说”），且谓百诗学穷二酉，有助于其经学。盖以《尚书》一案论之，恕谷与百诗意见不相合，至于说他经，恕谷固不能不深许之也。百诗亦曾为恕谷《大学辨业》为题辞，后百诗病于都中，恕谷且往视之。翌年庚辰，恕谷四十二岁，入京会试，石门吴匪庵涵请馆其府，乃晤王昆绳（源），论学甚契。徐果亭（秉义）修《一统志》，问敷浅原，问三江，并答之。又晤万季野（斯同）、胡绌明（渭）。季野以一布衣在斯时与修《明史》，名满朝野。闻恕谷名、意不慊。又季野有叔行在史馆纂修，为毛奇龄所折，见恕谷所为《毛西河集·序》，颇不悦之。故虽屡过从，而退有后言。恕谷将刊《大学辨业》，念季野负重名，必须一质，乃持往求正。逾数日，复晤，季野下拜曰："先生负圣学正传，某惭与先生识，久为所包，不知先生。某少受学于黄梨洲先生，讲宋、明儒者绪言。后闻一潘先生论学，谓'陆释朱羽'，憬然于心。既而黄先生大怒，同学竞起攻之，某遂置学不讲，曰，'予惟穷经而已'。以故忽忽诵读者五六十年。今得见先生，乃知圣道自有正途也。"乃为《大学辨业》作序。季野又尝与恕谷论庙制，辨《古文尚书》及声韵，季野深服其学，曰："天下惟先生与下走耳!"阎百诗、洪去芜未为多也。时季野修《明史》，纪、传成，表、志未竣，因言于王尚书鸿绪来拜，且请筵，谋延恕谷馆其府，恕谷辞未就。恕谷之见重于季野者如此。恕谷所为诸经《传注》，亦颇用季野说。《诗经传注·题辞》谓"后复益之王草堂、阎百诗、万季野，皆学穷二酉，助我不逮。"季野于壬午卒，恕谷为作小传。胡朏明所著有《易图明辨》等书，恕谷《周易传注》颇用其说，亦言朏明所助多矣。是年恕谷又拜孔东塘（尚任）论乐，浙江邵允斯寄赠先生《序》至，复以书。东塘，曲阜人，名为能乐者。著有《桃花扇传奇》，谱弘光南渡事，借儿女之情，写兴亡之故。恕谷与考文武舞仪，又听东塘歌大成乐，为辨黄钟为徵之误。邵允斯名廷采，又字念鲁，余姚人。祖曾可，字子唯，沈求如再传弟子。允斯九岁，子唯送至姚江书院，从韩孔当学，后又师事毛奇龄。恕谷在杭时，允斯适他往，故今以书来也。恕谷答书言其见毛奇龄而经学乃益进，读《思辨录》而存养亦稍进。恕谷入浙，其学术思想颇有迁变，其答允斯书亦自言之也。是年又有毛孝章来访，述其师潘用微（平格）言，谓朱子误于老，陆子误于释，恕谷于用微之说，初闻之于季野，兹又闻之于孝章，然犹未得读潘氏书也。又晤王士祯，问格物问诗，答之。翌年辛巳，恕谷四十三岁，至京，晤黄叔琳（昆圃），拜杨仁澍，仁澍出其《拟献太平十二策》，内有合兵民、复选举二则，与恕谷早年著述之《瘳忘编》、《阅史郄视》意见并相合。翌年壬午，恕谷馆于肃宁，有与窦静庵书，静庵名克勤，柘城人。恕谷于馆吴匪庵时即与相晤。静庵之学，初宗程朱，主静坐观心。恕谷《与昆绳书》尝谓今世如李中孚、窦静庵，皆卓成一孝弟忠信之人。其行谊之高，可与二曲比。恕谷尝丐其为孝悫立传，静庵亦谓"刚主励志躬行，主敬循礼，守为学要"。恕谷又尝与辨心性，恕谷谓："心有动静，功不分动静。"（见《论学》）至是与之书谓"主敬循礼"为"千圣百王心法"。静庵于后亦深折服恕谷之学也。逾一年甲申，恕谷四十六岁，以温益修聘至郾城论学议政。后闻习斋卒，旋返。由乙亥至甲申十年中，恕谷知交之中，又有：淮南李绣持（钺）、李宁一（坤）、朱灏、陈荚、鹿密观及其子子濂、吴星潭、郝公函、宋豫莽（瑾）、冉永光、王绍武、虞龙章、沈卜子（日抡）、毛姬潢（远宗）、柴陛升、冯树臣、朱主一、金素公（德纯）、徐坛长（用锡）、王古修、博向亭、刘绰然（有余）、常九畴（鋐禹）、李丹崖（天柱）、曹乾济、陈心简、吴敬庵、曹正子、邢伟人、刘岩、许时庵、温睿临、周昆来、朱直岗、韩文萃、王汉臣、董载臣、刘石渠、陈诜、冯敬南（?）、吴子纯（学颢）、梁质人（盼）、索克果（亭）、可讱言、王杰期、王陶阳王绍先兄弟、蔺行上（佳进）、秦心庵、李景仁、邵时昌、杨宾实（名时）、冯璿、王天佑、冯钦南、李荫长（毓楲、李中牢、朱字绿、许不弃、倪唐际、张百始、宋若愚、陈正心、方灵皋、孙子未（勷）、周伯章、刘石村、李辑五、陈子章（四如）、孔林宗（兴泰）、王公垂（绅）、钟金若（錂）、颜敬甫、颜畏甫、李果斋、李质君（斯义）、李礼山（来章）、张御仲（息）、洪秋崖（天柱）、刘楠（百斯）、何龙章（图）、崔奂若、徐阁臣（相）、刘聚五（汉生）、郭十同（圻）、李銮云（皋）、徐公潮、乐块然、王瑄、徐仲容、张子励、魏梁园、瑰虏功、曹谦、赵九鼎，朱越千、颜重光，以上共一一八人，其在习斋先生知交弟子之列者有：王草堂、毛奇龄、钱晓城、王昆绳、温益修、鹿密观、郝公函、朱主、周昆来、曹乾斋、可讱言、钟金若、颜敬甫、颜畏甫、李果斋、崔奂若、刘聚五、郭十同、徐仲容、朱越千、颜重光，凡二十二人。

（4）恕谷至富平至济南时期

恕谷于乙酉复至鄚城，旋归。翌年至京，晤戴名世。翌年丁亥，王昆绳偕杨慎修（勤）来拜，逾一年己丑，杨慎修为富平令，聘恕谷往，乃为富平之游。至陕，朱学使可亭来拜，可亭名轼，高安人。以暗者失辞，未会；后与之书论学。可亭自谓神交恕谷者二十年，后可亭拜大学士，被命查北直水害且开水利，使人问恕谷，恕谷特如京拜之。可亭虽慕恕谷之学，然未受恕谷若何影响也。与王带存晤，带存名远，武昌人。恕谷在与慎修初至长安时与之相晤；后有书来，恕谷答之。次年庚寅，恕谷辞归，过商州，晤陶甄夫；甄夫名窳，时佐商州之幕。出所著《熊襄愍传》，言杀襄愍者，道学邹元标也。恕谷因叹“道学不能办事，且恶人办事”。《答王带存书》中亦言及甄夫论周正不敢时改月数端。其后恕谷得见甄夫《秦关稿序》，有云：“颜李之学，数十年来，海内之士，靡然从风。”甄夫实私淑颜李学者。程绵庄为甄夫之甥，从甄夫处得见《四存编》及《大学辨业》诸书，读之，奋然兴起，卓卓为颜李传人，循流溯源，甄夫亦诚有功于颜李学也。甄夫又为恕谷订《周易传注》，盖亦深于《易》学者。逾一年壬辰，恕谷五十四岁，有张部郎者，求恕谷佐其济南府幕，乃往济南。过德州，有李龙友者来拜，为言临朐上五井来子俨若，异士也。至武定州，晤李相国之芳之弟五老庵，言来俨若、张石民行踪，恕谷并修书与之论学。五老庵不著其名，盖即《周易传注序》所云之武定李之藻也。翌年癸巳，恕谷归。自乙酉至癸巳九年中，恕谷西至富平，东至济南，又常至京，然皆非久居，除上述数人外，所获见之友朋又有：畅泰征、马懋德、陈极如、谢野逸、郑见百、郑良仲、郑长民、李止庵、金应枚、廷襄、刘旃甫、宋佑咸、彭亨立、陈纯一、杨淡园、邵荣业、李兴业、李炜、黄弼臣、张西陆、韩同甫、柳生、孙开绪、陆西朋（师旦）、戴梅庄（大源）、柯岐山（凤）、胡元驭、何万锺（百禄）、张赤城、顾之珽、马呈图、郭鼎三、秦子受、茹凤仪、张二胤、周领旗、苏克宪、王璟文、赵山公、祝兆鹏、冯修五、单侯揺，凡五十一人。惟刘旃甫为习斋先生弟子，陶甄夫为习斋先生私淑弟子。

（5）恕谷至通州及归老时期

恕谷于甲午年五十六岁，得晤恽皋闻。至戊戌年六十岁，报选通州学正，与张孝先（伯行）晤。伯行，仪封人，笃行程、朱之学。见恕谷时，直言陆、王害道，宜遵程、朱。恕谷以其习痼已深，默不与辨。伯行所著有《正谊堂文集》等书，其文集卷九《论学》有云："今天下学术裂矣！李中孚以禅学起子西，颜习斋以霸学起于北，嗟乎！正学其不复明于斯世乎！……今北地颜习斋出，不程朱、不陆王，其学以事功为首，谓身心性命非所急，虽子思《中庸》，亦诋訾无所顾。呜呼！如此人者，不用则为陈同甫，用则必为王安石，是大乱天下之道也。……艾东乡曰：'李卓吾书一字一句皆可杀人'，今习斋之说亦可杀人也。而四方响和者，方靡然不知所止，可慨也夫！"其以颜李之学足以杀人，自属一偏之见，然云"四方响和者，方靡然不知所止"，则亦足见颜学之传在当日固藉甚一时也。翌年己亥，恕谷仍在通州，有宁波郑禹梅之子性，前岁在关中读《习斋年谱》，是之，数千里来拜问学，馈潘平格《求仁录》。性字义门，《求仁录》即其所刻，前有毛孝章（文强）序。恕谷前与孝章晤时，《求仁录》尚未付锓，至康熙五十六年丁酉始刻成。故恕谷于是时始得读之，在《传注问》中乃得著其说也。翌年庚子，恕谷因欲与方灵皋易宅，又往江南。至金陵，晤身在修、江素庵、周侣樵、刘伊园诸人。晤程启生、张吁门亦在斯时。至宁国晤黄瑶圃，瑶圃名叔琪，为昆圃之叔弟。瑶圃出《宁国府志》句题，恕谷为书其端。又因旧日门生刘允恭言梅定九欲来拜，而年老不能行，乃往晤之。定九称格物之解极是。恕谷北返，逾一年壬寅，有人投刺曰："北台山人李铨拜。"已而舆马众至，入晤，则李穆庵也。相与论学，看《大学辨业》，深以格物之解为是。《徐记》以为"穆庵疑为临川李绂，字穆堂，尝截漕天津，又在永定河效力，其拜恕谷当在河工时合"。则未知其果如是也。自甲午至癸丑，知交之中又有：王之臣、李翼公、朱苍澍、钱聚庵、赵伟业、刘敬庵、姬鹤亭、张熙甫、张朏明、杨兰生、刘焞、刘霁辉（熺）、弓御九、王博古、弓逊甫、王济光、王槐三、颜绍裔、陈子别、李汝懋、王仲英、李通、张海旭等。凡三十三人，惟恽皋闻为习斋先生之私淑弟子。

列名恕谷弟子籍者，在恕谷二十七岁前有：刘见田子壮吉、张汉、张澍、王自新、赵旹、赵昕、赵璘、赵士秀、郭藩。乙丑至甲戌三十六岁时有：申佐领子奇章、董汉儒、董汉杰、郭锳、于鲸、李毅武子肃和、伊维藩、伊维臣、祁鼐臣、郭培、齐熏、从侄振锳、王楫、王青甸、王宏度、（弟）李培、从孙曾达、赵宏泽、赵宏济、赵宏深、赵宏澍、（弟）李埈、（弟）李岩、阎公度子阎键、阎钢、阎铨、（侄）阎钰、（族孙）阎茂宗、闫世昌，彭如龙、彭犹龙、齐春、管廷耀、管绍昌、李廷献（此二人见《习斋先生年谱》）、王辅臣。

自乙亥三十七岁至甲申四十六岁有：郭宏、钱晓城（煌）、仲开一（宏通）、王咸休（经邦）、吴关杰、吴用楫、吴次张（师栻）、员震生（从云）、陈叡庵、冯敬南（壅）、王陶阳子王业丰、王业彪，黄宗夏（曰瑚）、吴木欣（长荣）、刘百斯（楠）、王焕曾（元亮）、赵澄溪（瓒）、朱和礼。

自乙酉至癸巳有：齐韩石（愉）、王秉公、冯枢天（辰）、阎季伯（镐）、刘心镜、刘心衡、刘心蕙、刘洪、刘发璋、发璋子习仁、李敏志、李书思、刘珙、珙侄习智、张采舒（翚）、张晓夫（天球）、郑若洲（知芳）、张瞻仰（瑚璋）、彭琨、李元英、张少文（景蔚）、王符躬（元蘅）、李果、吕易品、刘士宜、沈青山（廷桢）、张潜士（中）、陈尚孚（光陛）、于鲸、禁瑞生（麟）、黎长举（宋淳）、鲁圣居（登阙）、王子丕（孙裔）、田信侯子田斌、沈青山子沈永言、（侄）沈素存，达子旭（宸）。

甲午以后有：古季荣（葵）、恽廉夫（宗恂）、黄成宪（世发）、方灵皋子道章、宋涵可（惟孜）、石生、王绍文（宗洙）、

刘挺生（天植）、张熙甫子张铉、张钟，李文长（杜）、恽敦夫（宗和）、敦夫子恽习中，刘邦司（廷直）、李师柏（正芳）、程启生（石开）、张吁门、翁止园（荃）、刘允恭（湘煃）、张可玉（珂）、刘用可（调赞）、林启心（沃）、从子李习礼、（孙）李维周（敬承）、钟子能（淑）、刘古衡、李通子李基、刘屿洲（山）、叶惟一（新）、王顺文、赵本中、刘学山、杜谦牧、刘述舜、田夔庵（如龙）、杜谦益（友三）、凡一百三十九人。

其与习斋先生相共者，惟：张澍、弟培、陈叡庵、管廷耀、李廷献、管绍昌、钱晓城、冯枢天八人，弟埈、弟岩，则以与谷日筵亦为习斋先生所知，尚不及为弟子请益也。

2. 见于其他著述者

其见于《论语传注》、《传注问》者尚有：方铁壶、张肄六（业书）、周焕采（文忠）、张无忌、张南士、郑涣门、刘其德（廷忠）、吴颖长诸人。其见于恕谷《中庸讲语》者有：李魁春、

王芝、陈兆兴、李廷栋、王志夔、缪尔直、李淑圣、陈琪、宋殷裔、赵元璧、高捷、魏炳诸人。其见于《大学辨业》者尚有彭翔千（超）。其见于《论学》者尚有王业𨭉。此二十二人，除翔千外，盖均在恕谷弟子之列。

其见于《恕谷后集》者尚有：刘来献（琛）、彭潢、盖公谟、孙紫渊、赵渐逵、黄时雍、黄龙章、黄升远、杨三炯、王丰川、徐生、赵德生、温载湄、陈秉之、李吟秋、魏韫石、韩绳其（武）、冯壢、王兆符、冯廷献、张兴家、李树硕、戴昆生（琯）、崔堉、李用晦、崔甲镍、彭蕴秀、刘廷杰、刘涛、刘长驭（镳）、玉峰太翁、莪山、刘遗惠、张皓千、陈鸣九、弓静莽、李朴公、戴三聘诸人。此三十八人中，除赵渐逵、徐生、韩绳其、王兆符、刘廷杰，当在弟子之列，余则皆知交也。凡五十七人。

其私淑于恕谷者有：孙子房（应榴）；恽皋闻寄其日记至，云以三十岁遥拜恕谷为师。恕谷有《孙生日记序》纪其事（《恕谷后集》卷十一）。又有丹阳马岩见《大学辨业》，寄书恕谷，自称私淑弟子，言格物即穷究礼乐等事，读《大学》者，须有志亲民，方为有用。皆与恕谷说合。凡二人。

其后私淑颜李之学者，与戴子高（望）同时者，有程履正（贞），子高之乡人。读颜、李所著书，曰："周孔之传在是矣。仿立日谱，纠察身心。"同治间遭丧乱，"履正居父丧，以毁卒"。又有金正春、张壬林、蒋树培诸人。正春字裕斋，清苑人。以咸丰十一年举人纳资为县令，罢归，授徒深、冀、束鹿之间，专以恕谷所著诸经《传注》为教。其行箧所携又有习斋先生《四书正误》，间尝举以示人，曰："此圣人复起不能易者。"壬林字子有，磁州人。生平慕恕谷之学，著有《求保艾室》四种。树培字芳原，又字敏之，博野人。道光十九年举于乡。生平为颜李之学，务求实用。有同年生为曾国藩策平捻事，已而捻平，果如所议。其实皆敏之为之谋。此在道、咸、同间私淑颜氏学确然可知者也。凡五人。以上总计凡四百二十七人。

以上所列举颜李之师友弟子私淑凡七百六十四人。其达官显宦如李光地、徐蝶园、邑令如李应荐、吴国对之流尚未计入，僧道如无退、敬轩诸人亦未列入，以此等人不与会友辅仁之学有关系也。列此七百余人亦足以见颜、李之交游与其学术之流传矣。

一九三七年七月十日完稿

附录

张西堂先生年谱

张铭洽撰

一九〇一年（清光绪二十七年）五月十一日[①]出生于湖北武昌，祖籍湖北汉川杨林沟镇大芦排村。父名业骏，母易氏。家中前堂后室，为小手工业作坊，以制作、售卖手工业品为生。先生为家中次子，有长兄西坪，长先生十岁，曾于北京就读医科院校。有同父异母弟西垣、妹西琴。先生本名鼒[②]，字西堂，曾自名正。

同年，清廷诏令全国各省在省城旧书院的基础上设大学堂。

一九〇四年（清光绪三十年），三岁。六月，生母病逝，先生由其三叔抚养，故先生自幼便颇有自立精神。四五岁时入学堂，学习国学经典及新式课本，颇刻苦，善思考，常得老师夸奖。自述“自丱年受经，喜于探索辞理；丙辰（一九一六年）以还，钻研诸子，思举圣哲道术，撩理使有统序”。（《穀梁真伪考·自序》）

一九一七年（民国六年），十六岁。参加湖北省全省会考，以成绩优异，考入官费清华学堂留美预备班，全省当年有数人被清华学堂录取。

一九一九年（民国八年），十八岁。二月，在北海公园滑冰，不慎坠入冰窟，引发大病，退学（《清华同学录》称“肄业”）。同年九月，更名张正，复考入国立山西大学国文科。

一九二一年（民国十年），二十岁。在校学生会办的刊物上发表学术论文《〈中国哲学史大纲〉订误》，对胡适先生《中国哲学史大纲》书中的一些观点和史实错误等进行了批评纠正，引起轰动。时任山西省督军府秘书长的邓初民先生特意来校会晤先生，大加勉励。

一九二二年（民国十一年），二十一岁。冬，撰写《春秋六论》。《穀梁真伪考·自序》中谈及："壬戌之冬，撰《春秋六论》"，发表于《孔子哲学月刊》一九二三年第一期。

一九二三年（民国十二年），二十二岁。七月，先生自山西大学毕业，大名则以字行。至一九二六年（民国十五年）秋，先后在山西太原三晋高级中学、新民中学、斌业中学任教。此期间，撰写并发表《春秋大义是什么》（上海《时事新报·学灯》及《国故学讨论集》第三册）、《古书辨伪方法》等论文。先生所表现出的深厚学术功底，得到梁启超（任公）等学术大家的称赞，梁启超在一封信札中说："张君朴学，极所钦迟。"后刘盼遂先生在此信札题跋云任公信札所说"张君即谓西堂"，并云任公在清华授课时，"以西堂少年精进，时举以策励院中诸生，此为我所目击者"[3]。

一九二六年（民国十五年），二十五岁。秋，到北京，在北京孔教大学任讲师、教授，讲授"群经概要"等。此后至一九三一年（民国二十年）六月，先后在河北省立河北大学、中国大学、国立北平女子师范学院任讲师、副教授、教授，讲授"群经概要""清代学术思想"等课程。二十年代末，与刘盼遂、王重民、孙楷第、罗根泽等共同发起组织"学文"学社，并编辑出版《学文》杂志。期间与钱玄同、顾颉刚等先生相识并引为知己。

一九三一年（民国二十年），三十岁。本年八月至一九三三年（民国二十二年）六月，先生赴湖北武昌，任国立武汉大学中国文学系特约讲师，讲授"经学史""经学概论"等课程，并编纂了《经学史纲》《经学概论》《诗经学讲义》《诗三百篇考略》

《春秋研究讲义》。一九三一年八月一日，《穀梁真伪考》一书完稿，并由北平和记印书馆刊印出版。

一九三三年（民国二十二年）八月至一九三四年（民国二十三年）七月，三十二岁至三十三岁。赴河南开封，任河南大学教授。

一九三四年（民国二十三年）八月至一九三六年（民国二十五年）七月，三十三岁至三十五岁。任河北大学、北平师范大学、北平民国学院、中国大学讲师、教授。其间，于一九三六年八月二十八日与黄珮女士完婚（主婚人钱玄同教授、介绍人罗根泽教授、证婚人顾颉刚教授）。其间，完成校点廖平《古学考》（一九三六年三月北平景山书社出版）；《唐人辨伪集语》完稿并于一九三六年十一月由朴社出版；《孙卿子研究》完稿（后更名《荀子真伪考》，一九九四年由台北明文书局出版）；一九三七年三月三日《王船山学谱》完稿，一九三八年七月由商务印书馆出版；一九三七年七月十日《颜习斋学谱》完稿，后于一九九四年六月由台北明文书局出版。在《古史辨》第四、第五、第六册上发表论文多篇，并应顾颉刚先生之邀为《古史辨》第六册作序。

一九三六年（民国二十五年）九月至一九三七年（民国二十六年）七月，三十五岁至三十六岁。在《中国大辞典》编纂处任职，地点在北平中南海。

一九三七年（民国二十六年）三十六岁。七月七日，卢沟桥事变爆发。八月，赴广西梧州，任广东省立勷勤大学教育学院教授，至一九三八年十二月。其间，《尚书研究》完稿（一九五九年由陕西人民出版社出版，更名《尚书引论》）。

一九三九年（民国二十八年）三十八岁。三月，因广州沦陷，赴重庆国府教育部登记。至一九四一年（民国三十年）七月，在重庆江津白沙国立编译馆任职。其间，于一九四〇年四月，被国府教育部委以“史地教育委员会”专任委员。《两汉三国传经通经表》完稿。

一九四一年（民国三十年）八月至一九四二年（民国三十一年）七月，四十岁至四十一岁。在重庆任武昌中华大学教授。

一九四二年（民国三十一年）八月至一九四四年（民国三十三年）七月，四十一岁至四十三岁。赴贵州贵阳，任贵州大学中文系教授兼系主任，编纂了《汉语修辞学讲义》等。

一九四四年（民国三十三年）四十三岁，八月，赴陕西城固，至一九六〇年二月，任西北大学中文系教授。其间，曾任西北大学中文系系主任并一度兼任西北大学文学院院长。到西北大学后，完成撰写《经学史纲》先秦两汉部分，后因身体和时局等原因辍笔。《颜习斋学谱》获民国教育部一九四六～一九四七年度哲学类二等奖。柳诒徵先生评价为："述颜之学不难，难在引申辨别之语与颜、李、三程诸儒之分际昭合，是可见其于颜、李之学确有心得。"胡适先生评价为："作者尚能贯串颜、李等著作详细分析，为叙述颜、李学中最详细而最明白的著作。"（一九三五～一九三六年度教育部评奖审查意见）。

一九四八年（民国三十七年）四十七岁。四月十一日，由西北大学中文系主办、张西堂任主编的《黎明日报》副刊《文史》创刊，为西安学人发表学术及诗词等作品的一个园地，直到一九四九年五月，共出版二十八期。本年及前一年，先生延聘刘持生、傅庚生等教授来西北大学，为西北大学中文系充实、加强师资力量。

一九五六年，五十五岁。整理核定所撰写的《荀子真伪考》《诗经选注》《学术思想论集》等著作送交陕西人民出版社。后，该几部书稿均撤回。九月，将一生积累收藏的各类图书杂志等共五千余册（《西北大学大事记》记载：其中"线装古书一千七百余册"）捐赠给西北大学图书馆。

一九五七年，五十六岁。撰写的《诗经六论》由商务印书馆出版。在《西北大学学报》及《人文杂志》等发表论文数篇。

一九五九年，五十八岁。撰写的《尚书引论》由陕西人民出版社出版。八月，编纂的《语言文学书目举要》（讲义初稿）完稿。

一九六〇年，五十九岁。参加学校元旦团拜会，感受风寒，患病。二月十日，因病逝世。

一生撰写专著和编纂讲义等二十余部，发表论文数十篇。

子二：铭津、铭洽

女二：铭洁、铭源

注：

①出生日期按《张氏族谱》所记，为农历五月十一日（公元1901年6月26日）；按户口簿所记，则为公历1901年5月11日。因先父庆生及在他处所记，均以公历为准，故此处采户口簿之记载。

②见《清华同学录》，民国二十六年四月（一九三七年四月），清华大学校长办公处编印，第六十七页。先父于他处未见使用过此名。

③见吴晓丛：《张西堂黄珮先生存藏学人翰墨过眼录》，载陕西省文物局主办《文博》杂志二〇二二年第二期。

后记

在整理、校订先父张西堂先生文集的过程中，有一些感受，附写于此，以作为本项工作的一个总结和交代。

《张西堂文集》十分清楚地显示，先父一生的学术研究，是在继承清代朴学学风的基础上，始终秉持了“古史辨派”的学术宗旨，辨伪求真，力求创新，在群经诸子研究领域中是别树一帜的。同时，也使人深深感觉到，其中存在“三个不易”和“一个有幸”。

首先，是写作不易。以先父在抗战时期所撰著的数部著作为例，在手头缺少资料、信息不畅的情况下，而能够短时间撰写出数十万字的《经学史纲》等著作，其征引广博，研究精深，学术功底深厚，不能不为我等后学晚辈所惊叹和景仰。

其次，是书稿保存不易。先父去世后，遗稿一直在书箱封存，不料在那个特殊的年代，书稿竟遭到一场飞来横祸，致使部分书稿散乱不堪及佚失。三秦出版社将出版《张西堂文集》定性为“抢救性出版”，无疑是恰如其分的。可以设想，若非如此，这些书稿的命运只会是湮没在历史长河中。

再次，是整理和编校不易。当我 2009 年开始整理先父书稿时，直觉得一个头两个大：《朴学研究论集》是一包乱纸；《三国两汉传经通经表》正本散乱成毫无头绪的单页；《诗经选注》无影无踪；《经学史纲》部分章节缺失，手稿页码错乱；《目录学四论》只有三论；《晚清今文学运动》丢失了一半（一包）；《颜习斋学谱》虽然出版过，但送出的书稿是另抄的，未认真核对，以至错误多多，必须重新整理。故到十年后，才将书稿大致整理成形，而此时搜寻原作以校对引文的工作还远远没有完成。可想而知，在这样的基础上，整理和编校书稿的工作难度有多么大，何况所有的表格都得自己做，很多字迹不好辨认的手稿得自己录入，直到 2021 年年底，我才将书稿整理工作基本完成。

有幸的是，这些年来，国家加大了对文化事业的扶持力度，对优秀传统文化的保护、继承、研究、弘扬越来越成为时代的要求。乘此东风，2018 年年底，三秦出版社出面，向国家出版基金项目管理部门申报了《张西堂文集》的整理出版资金支持，有幸顺利得到批准。

这表明国家是认可先父著述的学术价值和出版价值的，这对我而言则是极大的鼓励和鞭策。同时，明确了由三秦出版社出版先父文集的出版意向。

整理出版《张西堂文集》，也包含着母亲对我的嘱托和期望，实际上是母亲对我的临终遗言，如今，终于可以让母亲放心和满意了。

在此，特向国家出版基金项目管理部门表示最衷心的感谢！

感谢三秦出版社原副总编辑（现陕西旅游出版社总编辑）李郁先生！他曾关照我编辑出版了由陕西省文史馆编的《长安学丛书·张西堂卷》，并积极与我联系，组织了向国家出版基金项目管理部门申报的工作，给了我很大的支持和帮助，这些都是我永记于心的。

感谢中国社会科学院古代史所张欣、曾磊两位小友，他们在我搜寻本书中引文原文的工作中出力甚巨，并对编校工作提出了很好的意见，是劳苦功高的。

感谢三秦出版社的领导对出版本书的支持和帮助！感谢本书的责任编辑李颖婷、赵炜、张玉婷、雷梦雯、范馨女士，他们在本书编校工作中所付出的辛劳我永志不忘。

同时，感谢贤妻高晓明女士对我的理解和支持！长期以来我能够心无旁骛、专心致志地做好整理本书的工作，与一直以来家庭的助力分不开！

在此，也感谢所有关心、帮助和支持我做好此工作的朋友们！虽无法在此一一列举，但我都会铭感于心，永志不忘的！

最后，谨以本书的出版，告慰父母亲在天之灵！

张铭洽 谨识

2022 年 7 月 5 日